स्त्री–पुरुष सम्बन्धों का रोमांचकारी इतिहास

स्त्री-पुरुष सम्बन्धों का रोमांचकारी इतिहास

मन्मथनाथ गुप्त

वाणी प्रकाशन

वाणी प्रकाशन

4695, 21-ए, दरियागंज, नयी दिल्ली 110 002

फ़ोन : +91 11 23273167 फ़ैक्स : +91 11 23275710

शाखाएँ

अशोक राजपथ, पटना 800 004, बिहार

कॉफ़ी हाउस कैम्पस, महात्मा गांधी मार्ग, इलाहाबाद 211 001, उत्तर प्रदेश

महात्मा गांधी अन्तरराष्ट्रीय हिन्दी विश्वविद्यालय, वर्धा 442 001, महाराष्ट्र

सुल्तानिया रोड, मोतिया पार्क, भोपाल 462 001, मध्य प्रदेश

www.vaniprakashan.com
marketing@vaniprakashan.in
sales@vaniprakashan.in

STRI-PURUSH SAMBANDHON KA ROMANCHKARI ITIHAS
by Manmathnath Gupt

ISBN : 978-81-8143-305-3
Feminism

संस्करण 2005, 2011
आवृत्ति 2020

मूल्य : ₹ 695

सिटी प्रेस, दिल्ली-110 095 में मुद्रित

वाणी प्रकाशन का लोगो मक़बूल फ़िदा हुसेन की कूची से

इतिहास का जिसे लेशमात्र भी ज्ञान है वह जानता है कि स्त्री जीवन के खमीर बिना महान सामाजिक परिवर्तन असंभव है। सच्ची बात तो यह है कि सुन्दरियों की (जिनमें असुन्दरियाँ भी आ जाती हैं) सामाजिक स्थिति से समाज की उन्नति को सही तरीके से नापा जा सकता है।

कुगेलमान को मार्क्स का पत्र,
12 दिसम्बर 1868

समाजवाद तो क्या, पुख्ता और सम्पूर्ण लोकतन्त्र की बात भी तब तक नहीं हो सकती, जब तक कि स्त्रियाँ अपना सही और स्थायी स्थान ग्रहण न कर लें, न केवल राजनैतिक जीवन में, बल्कि समाज के हर क्षेत्र में।

कार्ल मार्क्स

स्त्रियों की अग्रगति के बिना हम एक कदम भी आगे नहीं बढ़ सकते।

विदुषी क्रान्तिकारिणी क्लारा जैटकिन को लेनिन

विषय प्रवेश

लगभग अर्धशताब्दी पहले जब मैंने इस पुस्तक के विषय में पढ़ना, नोट लेना और सोचना शुरू किया, तब मैं अपनी अन्तिम लम्बी जेलयात्रा से गुज़र रहा था। तब मैंने सोचा था कि इस पुस्तक का नाम होगा—नारी का इतिहास अथवा नारी की दृष्टि से लिखा हुआ इतिहास। अब तक सारा इतिहास पुरुष की दृष्टि से लिखा गया था, इसलिए मैं चाहता था कि मनुष्य जाति के इतिहास को नारी की दृष्टि से लिखा जाए। पर इसमें एक अड़चन नज़र आई, वह यह कि मैं नारी नहीं था, मैं नारी नहीं हो सकता था। पर गहराई से जब और अधिक सोचा तो मैंने पाया कि नारी कीं दृष्टि से लिखा इतिहास उसी प्रकार एकांगी होगा या हो सकता है, जिस प्रकार नर की दृष्टि से लिखा गया इतिहास। इसके अलावा केवल नारी का इतिहास संभव नहीं था क्योंकि नर के अलावा न तो नारी का कोई इतिहास था, न संभव था। वे दोनों युग्म तारों की तरह अविच्छेद्य हैं, एक दूसरे के पूरक हैं।

जेल में हमारे इस शोध कार्य में एक साथी थे श्री रमेन्द्र वर्मा, जो बाद को स्वराज्य होने पर उत्तर प्रदेश में कांग्रेसी विधायक और मन्त्री बने। हम जेल में कभी साथ-साथ कभी अलग-अलग अध्ययन करते थे, पर लिखते समय मैं बोलता जाता था और वह लिखते जाते थे। अफसोस है, जेल से 1946 में छूटने के बाद रमेन्द्र वर्मा ने आगे इस शोध में कोई दिलचस्पी नहीं ली, पर मैं बराबर इस विषय पर नए-नए हवाले ढूँढ़ता रहा। वह चले गए, फिर भी उनको इस अवसर पर स्मरण करना जरूरी है। उन्होंने जेल में जिस प्रकार साथ दिया, उसके बिना यह पुस्तक भ्रूण रूप में ही सही, शायद लिखी नहीं जाती। तो फिर उस पर आगे काम कैसे होता? मैं इस पुस्तक को खाड़ी युद्ध (1990) तक ले आया।

सब कुछ कह-सुन लेने पर जो पुस्तक इस समय प्रस्तुत है, वह नर-नारी सम्बन्धों के कई हज़ार वर्षों का इतिहास है। हमने सोचा था कि मातृकुल के युग से लेकर नर-नारी सम्बन्ध के इस रोमांचकारी इतिहास को सोवियत भूमि के तत्सम्बन्धी इतिहास तक लाकर समाप्त किया जाए, पर महामति गोर्वाचोव के पेरेस्त्राइका और ग्लासनोस्त—पुनर्निर्माण और खुलापन—आन्दोलन के फलस्वरूप

सोवियत भूमि तथा अन्य समाजवादी देशों के सम्बन्ध में जो तथ्य सामने आए हैं, उनसे मैं एक नतीजे पर पहुँचा कि अन्त तक ऊँट किस करवट बैठता है, इसे बिना देखे और जो कुछ वहाँ हो रहा है, जिस तरह वहाँ पूँजीवाद आ गया, उस सबको बिना पचाए इस इतिहास में सोवियत भूमि को नर-नारी सम्बन्धों के विकास में किसी कड़ी की तरह पेश करने की चेष्टा गलत नहीं तो अगंभीर जरूर होगी। जैसा कि मैंने पुस्तक में दिखाया, रूस से आए हुए एक विद्वान से एक सेमिनार में मैंने यह चुनौती भरा प्रश्न किया था—क्या सोवियत भूमि में जितने विवाहविच्छेद और आत्महत्याएँ होती हैं, उन्हें यह कहकर टाला जा सकता है कि ये पूँजीवादी युग के अवशेष मात्र हैं? या आप इसका कोई अन्य कारण बताएँगे?

पुस्तक में कह चुका हूँ कि रूसी विद्वान इसका सदुत्तर नहीं दे सके। अभी पेरेस्त्रोइका युग बहुत दूर था। उस सेमिनार में उपस्थित अन्य लोगों ने, रूसी तथा भारतीयों ने मेरा प्रश्न पसन्द नहीं किया और सब के सामने ऐसा व्यवहार किया जैसे मैं बुढ़भस के राहु से ग्रस्त एक वरिष्ठ व्यक्ति मात्र हूँ। सोवियत भूमि में कई कानून ऐसे बने जिनसे सोवियत नेताओं की ईमानदारी सूचित होती थी।

पेरेस्त्रोइका के बाद जो गन्द सामने आई, जिस प्रकार सोवियत टूट बिखर गया, उससे यह पता लग गया कि रूस आदि देशों में समाजवाद तक आमूल-चूल परिवर्तन होने पर भी उन देशों में कई बड़ी समस्याएँ जैसे भाषावाद, प्रान्तीयता, धार्मिक पिछड़ापन जहाँ की तहाँ रह गईं, यानी उन क्षेत्रों में कोई अग्रगति नहीं हुई। रूस-चीन के समाजवादी नेता गहराई तक जाकर प्रतिक्रियावाद की जड़ों को काट नहीं सके। पहला बड़ा धक्का मुझे तब लगा जब रूस-चीन के सीमान्त पर झड़प में दोनों पक्षों के कुछ फौजी मारे गए। उस समय मैंने यह लिखा कि जो लोग इस प्रकार आपस में लड़कर मारे गए, क्या उन्हें समाजवादी शहीदों में रखा जा सकता है या वे उसी श्रेणी में रखे जाएँगे जैसे हिटलर या चर्चिल किराए के फौजी?

दूसरा बड़ा धक्का तब लगा, जब परिवार कल्याण के सिलसिले में चीन के लोगों पर एक ही बच्चे की पाबन्दी लगा दी गई और चीन के लोग पैदा हुई बच्चियों को मारने लगे, क्योंकि वे बच्चा चाहते थे। अर्धशताब्दी के समाजवादी शासन और शिक्षा के बाद यह दयनीय हालत थी। समाजवाद का एक आधारभूत सिद्धान्त है—पुरुष और स्त्री की बराबरी। लगता है समाजवादी नेताओं ने अमेरिका आदि देशों के शोषक नेताओं को गालियाँ देने में ही अपनी सारी ऊर्जा खत्म कर दी, मौलिक सिद्धान्तों के लिए अर्थात् उनकी पुष्टि, पालन, प्रचार, प्रसार के लिए उनके पास समय या ऊर्जा नहीं बची। यही कारण है कि सोवियत संघ बिखर गया।

यदि दोनों देश समाजवादी हैं, तो उनमें से एक की एक गज़ जमीन उधर चली गई या इधर, इससे क्या फर्क पड़ता है? इसी तरह लड़का पैदा हुआ या लड़की,

इससे क्या आता-जाता है? सब से मजे की बात है कि टीटो के देश युगोस्लाविया में, जो रूस से स्वतन्त्र रहा, क्रोसिया, सर्बिया में यह झगड़ा चला कि वे एक रहें या अलग हों। लिथुआनिया, लैतविया, एस्थोनिया, जो हमारे एक-एक जिले के बराबर हैं, रूस से लड़े, और ये किसी सिद्धान्त पर नहीं, बल्कि अत्यन्त तुच्छ राष्ट्रीयता पर, जिसके पीछे केवल कुछ नए लोगों के राष्ट्रपति आदि कहलाने का घिनौना और बचकाना लोभ था।

हम ऊपर जो कुछ सूत्र रूप से लिख चुके हैं, उसका तात्पर्य यह है कि रूस में, युगोस्लाविया में, चीन में, लिथुआनिया में जो हार हुई, वह इस कारण हुई कि लोग समाजवाद से च्युत होकर व्यक्ति हो गए थे। मार्क्स (1818-83) और लेनिन (1870-1924) दोनों क्रान्तिकारी जोश में इस प्रकार बह गए कि यह भूल गए कि मनुष्य बहुत स्वार्थी प्राणी है। परमार्थवाद तो बोगस है पर परार्थवाद त्याज्य नहीं।

जहाँ तक इस पुस्तक के विषय का सम्बन्ध है, पुरुष और स्त्री की बराबरी या समानता एक मूलभूत, अपरिहार्य मानवीय सिद्धान्त है। पुस्तक में जो कुछ दिखाया गया है, उससे यह स्पष्ट हो जाता है कि पुरुष और स्त्री के बीच यौन व्यवहार को हम त्याज्य या परिहार्य प्रवृत्ति मानकर नहीं चलते। काम-प्रवृत्ति की चीरफाड़ पुस्तक में की गई है।

केवल धर्मों ने, पैगम्बरों, अवतारों, मनुओं तथा मूसाओं ने ही नहीं, ऐतिहासिक समय के प्रख्यात विद्वानों ने स्त्रियों को समझने में बहुत भारी गलती की है। ऐसी गलतियाँ और अन्याय करनेवाले लोगों में अरस्तू (384-322 ई. पू.) का नाम सर्वोपरि है। वह मानते थे कि दासों का होना जरूरी है, दासों के कन्धों पर ही सभ्य संसार पनप सकता है। इसी विचारपद्धति को आगे बढ़ाते हुए वह कहते हैं, जैसा कि बारबरा डेकार्ड ने अपनी पुस्तक 'दि विमेन्स मूवमेन्ट' (नारी आन्दोलन) में दिखलाया है—

"हम इस प्रकार इस उपसंहार तक पहुँचते हैं कि यह एक साधारण प्राकृतिक नियम है कि शासक होंगे, साथ ही शासित उपादान दास पर नागरिक का शासन होगा और स्त्री पर पुरुष का। दास कतई विवेचना शक्ति से हीन होता है, स्त्री में कुछ विवेचना शक्ति होती है, पर इतनी नहीं कि वह किसी विषय पर किसी उपसंहार तक पहुँच सके।"

महर्षि अरस्तू में इस प्रकार हम मनु के वचन 'न स्त्री स्वातन्त्र्यमर्हति' की प्रतिध्वनि पाते हैं।

अपेक्षाकृत आधुनिक काल में रूसो (1712-1778) कहते हैं—

"स्त्रियों की सारी शिक्षा पुरुषों से संयुक्त हो। पुरुषों को खुश रखना, उनका प्यार तथा उनसे सम्मान पाना, बच्चों को शिक्षा देना, दुःख में सान्त्वना देना, उनका

जीवन मधुर बनाना, उन्हें आराम पहुँचाना—यही युग-युग में "स्त्री का कर्त्तव्य है, बचपन से स्त्रियों को इन बातों की शिक्षा हो।" (वही)

स्मरण रहे कि यह रूसो वही हैं, जिन्हें वोल्तेयर (1694-1778) के साथ फ्रांस की राज्यक्रान्ति (1789) का बौद्धिक प्रवर्तक माना जाता है। इन्होंने ही सामाजिक ठेके के रूप में एक क्रान्तिकारी चिन्तन रखकर राजतन्त्र से लोहा लिया।

शोपेनहावेर (1788-1860) एक बड़े दार्शनिक माने जाते हैं। वह कहते हैं—"जिस भी दृष्टि से देखा जाए, स्त्रियाँ पिछड़ी हुई और बुद्धिहीन हैं। स्त्रियाँ पुरुष (जो पूर्ण है) और शिशु के बीच का एक जीव है।"

अरस्तू, रूसो, शोपेनहावेर वैज्ञानिक नहीं हैं, पर हमें आश्चर्य है कि सर्वोच्च श्रेणी के वैज्ञानिक डार्विन (1809-1882) कहते हैं—पुरुष और स्त्री की बौद्धिक शक्तियों में तुलना करने पर पता लगता है कि पुरुष चाहे जिस दिशा में (चाहे उसमें गहन चिन्तन, युक्ति और कल्पना की आवश्यकता हो—केवल हाथों और वृत्तियों की जरूरत ही नहीं) सफल होता है, पर स्त्री सफल नहीं हो सकतीं।

डार्विन ने अपने युग की स्त्रियों को देखकर यह निष्कर्ष निकाला होगा। पुरुषों ने उनको उसी पतित अवस्था में रखा था। डार्विन के युग में मादाम क्यूरी (1867-1934) जैसी माँ और बेटी का होना संभव नहीं था। कई लेखिकाओं को, जैसे पर्लबक, नोबेल पुरस्कार मिला।

स्त्रियों के सम्बन्ध में डार्विन का मन्तव्य गलत है। यदि स्त्रियाँ कई मामलों में पुरुषों से हीनतर हैं, तो अन्य मामलों में वे उसकी क्षतिपूर्ति कर लेती हैं। फ्रॉयड (1856-1939) का कहना है कि साधारण स्त्री शरीर विज्ञान की दृष्टि से हीनतर होती है। वह एक असम्पूर्ण, अंगरहित पुरुष है, क्योंकि वह शिश्नहीन है।" (वही, पृ. 15)

काम विकृति नहीं है, बशर्ते कि वह प्रेम से युक्त हो और किसी प्रकार असामाजिक न हो। हम विवाह-विच्छेद या तलाक को एक आपातकालीन कदम से अधिक महत्व नहीं दे सकते। वह भी तभी तक जब तक कि विवाह-विच्छेद या तलाक एकतरफा अधिकार न हो और तलाक होने पर बच्चों को हानि न पहुँचती हो। ज्योंही बच्चा पैदा होता है, विवाह बन्धन में एक तीसरा पक्ष पैदा हो जाता है और यदि पिता-माता उस तीसरे पक्ष के स्वार्थों को अनदेखा करके विवाह विच्छेद की ओर लपकते हैं, तो समाज को यह अधिकार है और होना चाहिए कि वह या तो सम्पूर्ण रूप से माँ और बाप के अभाव की पूर्ति करे, यहाँ तक कि जरूरत हो तो तलाक को रद्द करा दे। बच्चे पैदा होने के पहले स्त्री और पुरुष को (चाहे वे बकायदा विवाहित हों या न हों) पूर्ण अधिकार है, पर उन्हें यह अधिकार नहीं कि वे मनमाना करें। मनमाना से मतलब समाज विरुद्ध कार्य से है। इस अधिकार का दुरुपयोग कर वे भ्रमरवृत्ति नहीं कर सकते, क्योंकि वह शोषण का प्रकारान्तर

है। सोवियत समाज में भी पुरुष और स्त्री, विवाह विच्छेद का दुरुपयोग कर भ्रमरवृत्ति करते रहे।

प्रेम के साथ कामवृत्ति का ज़िकर हम ने किया है। धर्म ने काम को यहाँ तक स्वीकृति दी है कि मुताह या दो घण्टे के लिए भी स्त्री-पुरुष का सम्बन्ध हो सकता है, यानी वैध है। धनी अरब धर्म की आड़ में भारतीय गरीब मुसलमान स्त्रियों का व्यापक यौन शोषण करते हैं। ऐसी स्त्रियों को हम पीड़िता, शोषिता वेश्या और पुरुषों को शोषक वेश्यागामी से अधिक मर्यादा नहीं दे सकते। यह स्त्रियों का सरासर शोषण है। स्त्री शोषण के अन्य तरीकों पर पुस्तक में रोशनी डाल चुके हैं।

मैंने इस पुस्तक को जहाँ तक बन पड़ा, कालक्रमिक रखा है। उस दृष्टि से इसमें 'पूँजीवादी युग में नारी' यह अध्याय होना चाहिए था, पर 'वेश्यावृत्ति का इतिहास' और 'आगामी समाज की एक झलक' नामक अध्यायों में पूँजीवादी युग की स्त्रियों का ब्यौरा आ गया है। हमने यह भी संकेत दिया है के यों तो वर्तमान युग में स्त्रियाँ सर्वत्र शोषित हैं, पर जिन स्त्रियों के हाथों में बहुत धन आ गया है, वे भी पुरुषों का निर्मम यौन शोषण करती हैं। इससे प्रमाणित होता है कि न पुरुष शोषक है न नारी, असली शोषक तो धन है। इस कारण कुछ हाथों में धन का जाम हो जाना समाज के लिए खतरनाक है।

नई दिल्ली, **मन्मथनाथ गुप्त**

अनुक्रम

नर-नारी-उत्पत्ति : दन्तकथा और विज्ञान

जब से डार्विन (1809-1882) ने विकासवाद के सिद्धान्त को वैज्ञानिक आधार पर स्थापित किया [यों तो इसका आभास ग्रीक दार्शनिक डिमोक्रिटस (जन्म 460 ई. पू.) को और जर्मन कवि गेटे (1749-1832) को था] तब से इस सिद्धान्त में कुछ संशोधन अवश्य हुए हैं, पर जहाँ तक इस तथ्य का सम्बन्ध है कि मनुष्य किसी निम्नतर प्राणी से विकसित होकर उद्भूत हुआ तथा उसका तन और मन आदिमतम, मुश्किल से स्पन्दनशील, प्राणी के शरीर और मुश्किल से माने जा सकनेवाले मन से उद्भूत हुए हैं, तब से इसमें कोई परिवर्तन नहीं हुआ है। इन आविष्कार को कुसंस्कारग्रस्त मनुष्य के मन ने, विशेषकर धर्मध्वजियों ने, बहुत दिनों तक बिल्कुल नहीं माना। इस धारणा की खिल्ली उड़ाई गई, कहा गया कि मनुष्य का पिता या जनक या पूर्वपुरुष कोई स्वर्ग का देवता नहीं बल्कि किसी न किसी प्रकार का बन्दर था। यह मान लेना मनुष्य की मर्यादा के बिल्कुल विरुद्ध है।

उत्पत्ति की दो धारणाएँ

यदि हम मनुष्य की उत्पत्ति सम्बन्धी अवैज्ञानिक या धार्मिक धारणाओं का वर्गीकरण करें, तो हमें मुख्यतः दो तरह की धारणाएँ मिलेंगी। एक तो यह कि मनुष्य की उत्पत्ति किसी न किसी रूप में किसी अन्य प्राणी से हुई और दूसरी यह कि किसी ईश्वर ने या प्रेत ने उसे बनाया। ऐसा कहना गलत होगा कि प्रथम धारणा कथित असभ्य जातियों की है और द्वितीय धारणा कथित सभ्य जातियों की विशेषता है। सच बात तो यह है कि यद्यपि धर्म के कारण ईश्वर से मनुष्य की उत्पत्ति की धारणा ही प्राप्त है, फिर भी असभ्य जातियों में हम दोनों तरह की धारणाएँ पाते हैं। ऐतिहासिक दृष्टि से यह कहना शायद अधिक उचित हो कि बहुत आदिम युग में जब शायद मनुष्य को अन्य प्राणी से अपनी उत्पत्ति की याद थी, वह अपने को किसी न किसी इतर प्राणी से उद्भूत समझता था। आदिमतम मनुष्य के लिए इस बात का कोई कारण नहीं था कि वह अपने को आसपास के जानवरों से अधिक गुणवान रूप से पृथक करके समझे। वस्तुस्थिति तो यह है कि उस समय उसमें और इतर प्राणियों में प्रभेद का अभी सूत्रपात ही हो रहा था और वह अपने पूर्वपुरुषों

से धीरे-धीरे, पर निश्चित रूप से कटकर अलग होता चला जा रहा था। इसके बाद के युग में अर्थात् जो जातियाँ इस अवस्था से आगे बढ़कर उन्नति कर (केवल समय दृष्टि से नहीं, यथार्थ रूप से अर्थात ऐतिहासिक स्तर की दृष्टि से) आगे बढ़ गईं, और उनमें अपनी मनुष्यता के सम्बन्ध में गर्वबोध उत्पन्न हुआ, तथा इस गर्वबोध पर आधारित धर्म तथा विचारधारा का उद्भव हुआ, मनुष्य ने अपनी उत्पत्ति भुला दी और किसी न किसी रूप में अपने को किसी कल्पित देवता, प्रेत या वोंगा आदि से उत्पन्न मानने लगा। इस सोपान में मनुष्य ने स्वयं की इतर प्राणियों से सम्पूर्ण पृथक रूप में कल्पना कर ली। कुछ हालत में तो हम यहाँ तक देखते हैं कि पशु से अपनी उत्पत्ति मानने की बजाय उसने मनुष्य से पशुओं को उत्पन्न मान लिया। सृष्टि सम्बन्धी उसकी धारणा में ही नहीं बल्कि उसकी खगोल सम्बन्धी धारणा में भी हम इसी गर्वबोध को प्रलम्बित पाते हैं, और मनुष्य यह समझता है कि पृथ्वी सारी सृष्टि के बीच में है, और मनुष्य उसमें सर्वश्रेष्ठ प्राणी—अशरफुलमखलूकात है। कई विचारों में तो यह भी कहा गया कि जानवरों में आत्मा नहीं होती यानी वे पत्थर, मिट्टी से अधिक महत्त्व नहीं रखते।

डार्विन का सिद्धान्त

मनुष्य की उत्पत्ति सम्बन्धी धारणाओं में तीसरा सोपान तब शुरू होता है, जब डार्विन ने अपनी 'ओरिजिन ऑफ स्पीसिज़' नामक पुस्तक में मनुष्य को निम्नतर प्राणी से विकसित बतलाया। इस आविष्कार के बाद मनुष्य फिर एक बार पशुओं की बिरादरी में आ गया। स्वाभाविक रूप से इसका विरोध उन धर्मों ने संगठित रूप से किया, जो यह दावा करते थे कि मनुष्य किसी देवता से उत्पन्न है या स्वर्गभ्रष्ट देवता है। इस सिद्धान्त का उसी प्रकार बल्कि उससे कहीं ज्यादा विरोध हुआ जब गैलिलियो (1564-1642) ने यह कहा था कि पृथ्वी सूर्य के चारों ओर घूमती है। सूर्य के चारों ओर पृथ्वी के घूमने से पृथ्वी की मर्यादा घट जरूर जाती थी, पर डार्विन के इस आविष्कार से विपत्ति तो बिल्कुल मनुष्य के सिर पर ही आ पड़ी, इसलिए इस मत का जमकर विरोध हुआ। समझ में नहीं आता कि यह विरोध क्यों हुआ, क्योंकि जहाँ तक 84 लाख योनियों में मनुष्य के सर्वश्रेष्ठ या अशरफुलमखलुकात होने की बात का सम्बन्ध है, कोई आँच नहीं आई, बल्कि विज्ञान ने तो डंके की चोट पर यही कहा कि प्राणियों में मनुष्य सबसे अधिक विकसित है। हर्ष की बात है कि इस पहले धक्के के बाद मनुष्य फिर एक बार सँभल गया। उसकी मन्द बुद्धि ने धीरे-धीरे यह समझ लिया कि कुछ भी हो, उसे जीवविज्ञान के इस आधारभूत सिद्धान्त और तथ्य के बावजूद अपना बड़प्पन कायम रखना ही है। तदनुसार इस बात की खोज शुरू हुई कि मनुष्य पशु से विकसित भले ही हुआ हो, उसमें क्या जीववैज्ञानिक विशेषताएँ हैं। हमें इस इतिहास के ब्योरे

म जाना नहीं है, पर इतना कह दें कि जब विचारों का रुख इस ओर गया, तो उसकी अन्तर्निहित महत्ता और अधिक खुल गई। मनुष्य की सबसे बड़ी विशेषता यह पाई गई कि वह सूक्ष्म रूप से विचार कर सकता है, इसके अतिरिक्त पिछली पीढ़ियों की अभिज्ञताओं से सज्ञान रूप से फायदा उठा सकता है। जानवरों में यह प्रक्रिया केवल अनजान में होने वाली प्राकृतिक निर्वाचन प्रक्रिय तक ही सीमित है। इसके अतिरिक्त मनुष्य औजारों का इस्तेमाल कर सकता है, इत्यादि। इस प्रकार मनुष्य की महत्ता का अब जो उद्घाटन हुआ, तो वह पहले की काल्पनिक महत्ता से कहीं अधिक स्थायी और पुख्ता थी। अब तक प्रकृति की प्रक्रिया यह थी कि किसी प्राकृतिक या अन्य विपत्ति या परिस्थिति का सामना करने के लिए जीनेवाले प्राणी में किसी नए अंग का या किसी शारीरिक परिवर्तन, परिवर्धन या संशोधन का सूत्रपात होता था, पर मनुष्य में आकर यह प्रक्रिया उच्चतर क्षेत्रों में चली गई है। मनुष्य में अब नए इन्द्रिय या रोएँ आदि उद्भूत नहीं हो रहे हैं, बल्कि उसे जब किसी विपत्ति या प्रतिकूल स्थिति का सामना करना होता है, तो वह शरीर से बाहर किसी द्रव्य या उपाय के आविष्कार या प्रयोग के द्वारा उसका मुकाबला करता है। यही मनुष्य की महत्ता है।

अपनी उत्पत्ति के सम्बन्ध में विभिन्न सोपानों में मनुष्य ने क्या समझा, इसे हम संक्षेप में दिखलाएँगे। लगे हाथों हमें यह भी देखने का मौका मिलेगा कि स्त्री की उत्पत्ति कैसे बताई गई। जैसा कि हम बता चुके, आदिम जातियों में अर्थात् आदिम अवस्था में सभी जातियों में पशुओं से उत्पत्तिवाली धारणा तथा किसी देवता से उत्पत्ति की धारणा दोनों मौजूद हैं। इनमें से कौन-सी धारणा प्राचीनतर होगी, इस सम्बन्ध में हम अपना अनुमान पहले ही बता चुके।

आदिम जातियों में शुरू में पशु और मनुष्य में प्रभेद सर्वत्र न तो स्पष्ट है और न धारणा में ही इस सम्बन्ध में कोई स्पष्टता है। एक बुशमैन को जब तक पादरी ने पूछा कि तुम्हें क्या लगता है कि तुम में और पशु में कोई फर्क है, तो उसने कहा—"मुझे तो ऐसा नहीं मालूम होता। कदाचित एक भैंसा भी यदि उसके पास तीर-धनुष होता, तो वह चला लेता।" अलास्का के लोगों पर रिपोर्ट देते हुए इस प्रकार इवान पेट्राक ने लिखा है कि जिस समय रूसी वहाँ उतरे, उस समय उनके कपड़ों के कारण वहाँ के लोगों ने उन्हें एक प्रकार की बड़ी मछली समझा। गिलियाक इसी प्रकार समझते थे कि प्रत्येक जानवर भी एक तरह का आदमी ही है, और उनमें और मनुष्यों में फर्क यही है कि जानवर अधिक तगड़े होते हैं। *(क्रिएशन एण्ड इवोल्युशन इन प्रमिटिव कास्मोगनिज—फ्रेजर, पृ. 16)*

प्रत्येक देश की कथा में पशु और मनुष्य बराबर बात करते हैं और उनमें लेन-देन होता है। इनमें कुछ तो पशु नहीं थे और पशु के रूप में कथाओं में आते हैं, जैसे जटायु। पर हितोपदेश और इसी प्रकार की कहानियों से लेकर सर्वत्र पशुओं

के जरिये नीति का उपदेश दिया गया है या कही हुई बातों का स्पष्टीकरण किया गया है। देवताओं ने अक्सर पशु का रूप धारण कर लोगों की परीक्षा भी ली है। इस प्रकार पशु और मनुष्य में एक तरह की बराबरी, लेन-देन तथा भाईचारे की धारणा थी।

सर्वत्र टोटम

सभी प्राचीन जातियों में किसी न किसी रूप में टोटम या पशु प्रतीक-पूजा प्रचलित थी, हमें इसके ब्यौरे में नहीं जाना है। कबीले का पशु प्रतीक अक्सर उस जाति का आदि पिता भी माना गया है। ब्राजील के वारोरोरोस कबीला लाल परवाले तोतों को बहुत सम्मान की दृष्टि से देखता था। इसलिए जब कोई लाल तोता मर जाता था, तो वे बहुत शोक मनाते थे। बेचुआना के साही कबीले के लोग साही को मारने नहीं देते, इसी प्रकार वहाँ के घड़ियाल तथा सिंह कबीले के लोग घड़ियल और सिंह को मारने नहीं देते, क्योंकि ये इनके आदि पिता हैं। कहीं-कहीं लोगों में यह भी धारणा पाई गई है कि किसी विशेष प्राणी का प्राण उनके प्राण से बँधा हुआ है। दक्षिण नाइजीरिया के लोगों ने चार्ल्स नामक पर्यटक को कुछ मछलियों को दिखाकर कहा था कि इनमें हमारी आत्मा है। इसी प्रकार कांगों के नोडोलो नामक स्थान में एक सरदार ने एक पर्यटक से यह बताया था कि एक घड़ियाल में उनका प्राण है। इराकवा के कछुआ कबीले के लोग समझते हैं कि उनकी उत्पत्ति कछुओं से हुई। वे कहते हैं कि कछुए एक गड़ही में रहते थे, गर्मी से गड़ही सूख गई। तब वे दूसरी गड़ही की तलाश में चले। एक मोटा कछुआ रास्ते में बहुत थक गया। उसको अपने ऊपर का कड़ा खोल बहुत भारी लग रहा था। किसी तरह वह खोल उससे अलग हो गया। फिर वह धीरे-धीरे मनुष्य में परिणत हो गया। चोक्टवा कबीले के लोग अपने को क्राफिश मछली से उद्भूत समझते हैं। ओभाहा कबीले के लोग अपने को भैंस से पैदा समझते हैं और यह समझते हैं कि मरने के बाद वह फिर भैंस हो जाएँगे। उन लोगों में जब कोई मरता है, तो उसे भैंस का चमड़ा ओढ़ा देते हैं, और उससे कहा जाता है, "तुम भैसों से यहाँ पर आए, अब कभी यहाँ न आना।" यह उसी प्रकार हुआ जैसे जेल के कर्मचारी किसी कैदी को रिहा करते समय सदुपदेश के रूप में कहते हैं। कई जातियों में दो विभिन्न जानवरों के जोड़े से मनुष्य की उत्पत्ति मानी गई है। ओसाड़ों के आदिम निवासी यह समझते थे कि एक पुरुष स्नेल (घोंघा) और स्त्री वीवर से उनकी उत्पत्ति हुई। इसी प्रकार क्लीन चार्लट द्वीप के हैडाग्गा यह समझते हैं कि काले कौए ने काकल प्राणी से विवाह किया और वे उससे उत्पन्न हुए। ऐसे यथेष्ट उदाहरण हैं और उनमें विकासवाद यानी क्रमिक विकास की बात भी सम्मिलित है। (*वही, पृ. 20-24*)

कैलिफोर्निया के आदिम निवासी यह समझते थे कि वे मैदान के भेड़िए से उत्पन्न हैं। वे पहले चारों पैरों पर चलते थे, फिर धीरे-धीरे उनके कुछ मनुष्य

अंग निकल आए, धीरे-धीरे पैर की उँगलियाँ निकलीं। इस प्रकार वे अन्त में मनुष्य हो गए१ जिस अन्वेषक ने उनका यह विवरण लिखा है, वह यह भी लिखते हैं कि इन लोगों को अपनी पूँछ झड़ जाने का बड़ा अफसोस था।

देवताओं से उत्पत्ति

देवताओं से मनुष्य की उत्पत्ति की धारणा के भी कुछ उदाहरण आदिम निवासियों से लिये जा सकते हैं। मेलवोर्न के आसपास की एक आदिम जाति यह समझती थी कि उनके ब्रह्मा पुण्डजेल (Pundjal) ने अपने चाकू से वल्कल के तीन टुकड़े काटे। इसके बाद उन्होंने उनमें से एक पर कुछ कीचड़ लगाया और अपनी छुरी से उसको सुडौल बनाया। पहले उन्होंने पैर का तलुआवाला हिस्सा तैयार किया, फिर पैर बनाए, फिर धड़, फिर हाथ और फिर सिर बनाया। इस प्रकार उन्होंने दो वल्कलों को बनाया। जब उन्होंने यह कार्य सम्पूर्ण कर लिया, तब वे खुशी के मारे उसके चारों तरफ नाचने लगे। उन्होंने उनके सिर पर युक्लिप्टस पेड़ के रेशे चिपका दिए, फिर वे एक बार नाचे। इसके बाद उन्होंने उनके मुँह में, नाक में तथा नाभि में साँस फूँक दी और वे आदमी होकर चलने, बोलने, और काम करने लगे।

अपनी ही अनुकृति

न्यूजीलैण्ड के माओरी भी इसी प्रकार यह समझते हैं कि उनके देवता टीकी ने उन्हें अपने चेहरे का अनुकरण कर बनाया। यह बाइबल की कथा से मिलता है। परं जैसे बताया गया, वह भिन्न है। टीकी ने लाल कीचड़ लिया, उसमें अपना खून मिलाया और इस प्रकार उनको मनुष्य रूप में बनाया। चूँकि उन्होंने अपने ही रूप पर मनुष्य को बनाया था, इसलिए मनुष्य का नाम टीको अहुआ हुआ।

सूअर और मनुष्य की एक उत्पत्ति

मेलेनिसिया की कथा में क्वाट (Quat) नामक देवता ने लाल कीचड़ से मनुष्य और सूअर की सृष्टि की। पहले उन्होंने मनुष्य और सूअर दोनों को एक सूरत का बनाया था। इस पर उनके भाई नाराज हो गए। तब उन्होंने सूअरों को पीट-पाटकर चार पैरों पर चला दिया और मनुष्य दो ही पैर पर चलता रहा। सैन्टामेरिया में इसी कथा का दूसरा संस्करण यह है कि क्वाट और मरावा नामक एक दूसरे देवता या भूत ने मनुष्य की सृष्टि की। केई द्वीप समूह के नुई रोआ निवासी यह कहते हैं कि डुआडलेरा नामक देवता ने मिट्टी के पुतलों में साँस फूँक दी और इस प्रकार मनुष्य की सृष्टि हुई।

सलिवीस द्वीप के मिनाहासा के आदिम निवासी यह कहते हैं कि

वाइलानवान्को और वागी एक द्वीप पर दो ही व्यक्ति थे। इस द्वीप में नारियल का एक पेड़ था। एक दिन वाइलानवान्को ने वांगी से कहा कि तुम नीचे रहो, मैं पेड़ पर चढ़ता हूँ। वागी ने कहा, अच्छी बात है। इतने में वाइलान पेड़ पर चढ़ गया। तब वागी को यह बात सूझी कि वह अकेला क्यों रहे, तदनुसार वह वाइलान के पास पहुँचा और बोला कि मैं अकेला क्यों रहूँ। इस पर वाइलानवान्को ने वागी से कहा कि दो पुतले बनाओ—एक पुरुष और एक स्त्री। वागी ने वैसा ही किया, पर वे पुतले बोल न पाए। तब वागी फिर पेड़ पर चढ़ा। इस पर वाइलान ने अदरक का एक टुकड़ा वागी को दिया और कहा कि इसे इन दो पुतलों की खोपड़ियों तथा कानों में फूँक दो। आदमी का नाम आदम और स्त्री का नाम इवा रखना। (वही, पृ. 11)

इन नामों से पता चलता है कि कथा का नामवाला हिस्सा किसी न किसी प्रकार यहूदियों या ईसाइयों से जुड़ा है, बाकी नारियल पर चढ़नेवाला या अन्य हिस्सा देशी ही होगा। रोगोलैण्ड की यू भाषी जातियाँ यह समझती हैं कि उनका ईश्वर कीचड़ से सृष्टि बनाता है। अलास्का के इन्वीट या एस्कीमो यह समझते हैं कि आसिलु (A Se lu) नामक एक देवता ने कीचड़ से आदमी बनाया। कीचड़वाली धारणा बहुत आम है। लुईसाना के नाटचे (Natchey), मैक्सिको के मिकुआकन यह समझते हैं कि उनके ईश्वरों ने कीचड़ से ही आदमी बनाया। मिकुआकन यह समझते हैं कि उनके ईश्वर टूकापाचा ने पहले कीचड़ से एक स्त्री और एक पुरुष बनाया। ये दोनों नदी में नहाने गए, और वहीं घुलकर रह गए। तब टूकापाचा ने राख से उनको फिर बनाया। उनका भी यही हाल हुआ। इसके बाद उन्होंने धातु से उनको बनाया, तब कहीं वे टिकाऊ हुए और वहीं से मनुष्य जाति की सृष्टि हुई। (*वही, पृ. 14*)

द्रव्य से सृष्टि

ईश्वर द्वारा सृष्टि के सम्बन्ध में एक बात यह विशेष द्रष्टव्य है कि आदिम निवासियों की सभी कथाओं के अनुसार ईश्वर ने मनुष्य की सृष्टि किसी न किसी प्रकार के द्रव्य से, विशेषकर कीचड़ से की। बाद को या यों कहिए कि समय की दृष्टि से ही नहीं, सोपान दृष्टि से बाद की जातियों में ही इस प्रकार की धारणा उत्पन्न हुई कि ईश्वर ने कुन या स्यात् कहा या ईश्वर की इच्छा मात्र से इस जगत की सृष्टि हुई।

नारी की उत्पत्ति

अब हम देखें कि नारी की उत्पत्ति के सम्बन्ध में आदिम जातियों में क्या धारणा रही। सच बात तो यह है कि कहीं भी नर और नारी की उत्पत्ति अलग-अलग

तरीके से नहीं बताई गई। टाहिटी के आदिम निवासियों में स्त्री की उत्पत्ति अवश्य पुरुषों की उत्पत्ति से अलग तरीके से बतलाई गई है, पर जैसा कि हम देखेंगे, यह कथा बाहर से आई, ऐसा समझने का कारण है। इसके अतिरिक्त नारी की उत्पत्ति के सम्बन्ध में जितनी भी कथाएँ हैं, उन सब में यही है कि पुरुष और स्त्री की उत्पत्ति एक साथ और एक ही तरीके से और एक ही वस्तु से हुई। आदिम निवासियों में स्त्री की सामाजिक हैसियत बहुत हद तक पुरुषों के बराबर रही, उत्पादन के कार्य में वे भी हिस्सा लेती हैं—अवश्य युद्ध तथा शिकार के कारण और पशुपालन तथा कृषि की कम उन्नति के कारण उसकी हैसियत पुरुष से कम है, पर इतनी भी कम नहीं कि वे आत्माहीन या पशु मात्र करार दी जाएँ।

पुरुष की पसली से उत्पत्ति

टाहिटी में यह कथा है कि टरना नामक देवता ने सृष्टि करने के बाद लाल मिट्टी से एक पुरुष उत्पन्न किया। फिर टरना ने एक दिन उस पुरुष को सुलाकर उसकी एक पसली (वहाँ की भाषा में इवी) ले ली और उससे स्त्री की उत्पत्ति हुई। कुछ अनुश्रुतियों के अनुसार इस स्त्री का नाम भी इवी पड़ा और इसका उच्चारण इव की तरह किया जाता है। इसी शब्द का वहाँ की भाषा में न केवल हड्डी बल्कि विधवा और लड़ाई में निहत व्यक्ति का भी अर्थ है। यह कथा बाइबिल की कथा में मिलती है, इसलिए डब्लू. इलिस और सर जेम्स फ्रेजर दोनों यह सन्देह करते हैं कि किसी न किसी प्रकार यह कथा बाहर से गई। टाहिटी के अतिरिक्त पोलिनेसिया के और कई स्थानों में आदिम स्त्री का नाम इवी है। स्पष्ट है कि यह कथा सब जगह एक ही तरीके से प्रचलित हुई। इस विषय में किसी नतीजे पर पहुँचने में जो बात बाधक हुई, वह यह है कि इन भूभागों की भाषा में इसी शब्द का अर्थ हड्डी या पसली है। बाकी कथाओं में इस प्रकार स्त्री के पुरुष से पैदा होने का किसी जंगली जाति में प्रचलन नहीं। टोगोलैण्ड की कथा मैं जैसा कि हम देख चुके हैं, मनुष्य कीचड़ से बनाया गया। इसमें पहले पुरुष बनाया गया, फिर स्त्री बनाई गई। दोनों एक दूसरे की तरफ देखकर हँसने लगे। इस पर ईश्वर ने इनको जमीन पर उतार दिया। हम पहले बता चुके हैं कि क्लीन चार्ल्ट द्वीप समूह की हेडा जाति में काले कौए और काकल के जोड़े से सृष्टि हुई, पर हमने यह नहीं बतलाया था कि इस प्रकार जो सन्तान हुई, वह बच्ची थी। इस तरह हेडा जाति में स्त्री पहले पैदा हुई। इस बच्ची को काले कौए ने स्त्री रूप में रखा और इस प्रकार हैडा जाति की उत्पत्ति हुई। काला कौआ इस लड़की का पिता था, फिर वह उसका पति हो गया। हम बाद को देखेंगे कि यह कोई आश्चर्य की बात नहीं है। ऐतिहासिक रूप से यह सोपान सभी जातियों में मौजूद था।

देवी या उभयलिंग देवता से मनुष्य

खाल्दिय सृष्टितत्त्व के अनुसार लियामत नामक सर्प देवता से सृष्टि की उत्पत्ति हुई, यह कभी-कभी देवी तथा उभयलिंग रूप में भी आते हैं। लोकमान्य का कहना है कि अथर्ववेद में जो तैमात आया है, वह इसी तियामत शब्द से सम्बद्ध है। तियामत के साथ मरदुक का जो युद्ध हुआ है, उसका वर्णन खाल्दिय इष्ट ग्रन्थों में मिलता है। (*भण्डारकर स्मारक ग्रन्थ, पृ. 34*)

यदि इन्हीं कथित असभ्य धारणाओं के बगल में मनुष्य की उत्पत्ति सम्बन्धी यहूदी धारणा को हम रक्खें, तो हम देखेंगे कि इनमें और यहूदी धारणा में कोई फर्क नहीं है। अफलातून (ई. पू. 384-322) ने अपने टिमियस नामक ग्रन्थ में पुनर्जन्मवाद का एक अजीब इस्तेमाल किया है। वह कहते हैं कि पुरुष के बाद स्त्री और इस प्रकार धीरे-धीरे दर्जा घटते-घटते अन्य योनि के प्राणी उत्पन्न हुए (*आउटलाइन ऑफ दि हिस्ट्री ऑफ दि ग्रीक फिलासफी*)

यह धारणा भी स्त्री के लिए अपमानजनक है। यहूदी या बाइबल की धारणा के अनुसार ईश्वर ने जमीन की धूल से मनुष्य की सृष्टि की। फिर उसकी नासिकाओं में उन्होंने जीवन की साँस फूँक दी, और मनुष्य जीवित हो गया। यहूदी भाषा में अ दमाः शब्द का अर्थ जमीन है, इसलिए आदम से आदमी पैदा है, इस धारणा के लिए कोई अधिक कष्ट कल्पना की जरूरत नहीं पड़ी होगी। इस सम्बन्ध में जिस बात की ओर हम दृष्टि आकर्षित करना चाहते हैं, वह यह है कि इस धारणा में भी मनुष्य को कीचड़ या मिट्‌टी से उत्पन्न माना गया है। यहूदी धारणा के अनुसार आदिम स्त्री हौआ की उत्पत्ति पुरुष की पसली से हुई। सन्देह नहीं कि इस धारणा में और कुछ हो या न हो, इतनी बात तो अवश्य है कि स्त्री का दर्जा पुरुष से कम है। सृष्टि सम्बन्धी करीब-करीब सभी धारणाओं में मनुष्य के मिट्‌टी से बने होने के कारण यह प्रश्न स्वतः मन में उदित होता है कि क्या यह बात वैज्ञानिक रूप से निर्विवाद ऐतिहासिक प्रमाणों से सिद्ध हो चुकी है कि कीचड़ से उत्पन्न होनेवाली धारणा कथित सभ्य जातियों ने असभ्य जातियों से नहीं ली।

धारणा यहूदियों की बपौती नहीं

हम यह बात जानते हैं कि कीचड़ या मिट्टी से मनुष्य की उत्पत्ति सम्बन्धी धारणा यहूदियों की कोई बपौती नहीं है। बेबीलोनिया के पुराण में भी इस प्रकार की कथा है कि मनुष्य की उत्पत्ति कीचड़ से हुई। बेबीलोनियन पुरोहित वैरोसस सृष्टि की उत्पत्ति के सम्बन्ध में जो विचार रखते थे, वे ग्रीक संस्करण में मौजूद हैं। उसके अनुसार वहाँ के वेल नामक ईश्वर ने अपना सिर काट डाला और दूसरे देवताओं ने उस बहते हुए रक्त को रोक लिया, उसे मिट्टी के साथ मिलाया और इस प्रकार जो रक्तमय गारा बना, उससे मनुष्य की सृष्टि हुई। कहा जाता है कि इसी कारण

मनुष्य इतना बुद्धिमान है। उनके अनुसार मरणशील कीचड़ में ईश्वरीय रक्त मिले होने के कारण ऐसा होना चाहिए था।

इस प्रकार इस कथा में भी कीचड़ से ही आदमी बना है, और हम जानते हैं कि यहूदियों ने अपनी बहुत-सी धारणाएँ बेबीलोनियनों से लीं, अतएव यह कैसे समझा जाए कि मिट्टी से मनुष्य की उत्पत्तिवाली धारणा को भी उन्होंने बेबीलोनियनों से नहीं लिया। हम यह भी जानते हैं कि मिस्र की सभ्यता यहूदियों से पुरानी है। वहाँ से भी हम देखते हैं कि यहूदियों ने बहुत-सी धारणाएँ लीं। मिस्र पुराण में ख्नुमोन नामक देवताओं के पिता ने कीचड़ से मनुष्य बनाया। इस प्रकार यह धारणा कथित सभ्य और असभ्य सभी जातियों में थी कि मनुष्य कीचड़ से बनाया गया।

भारतीय धारणा

भारतीयों में इस सम्बन्ध में क्या धारणा थी, इस पर जाने से पहले हम संक्षेप में इन धारणाओं का विश्लेषण करेंगे। क्या सभ्य और क्या असभ्य, तत्सम्बन्धी ऐसी सभी धारणाओं में हम यह पाते हैं कि मनुष्य पशुओं से उत्पन्न हुआ। यह बात मान ली जाती है कि पशु उसके पहले से मौजूद थे और मनुष्य उसके बाद उत्पन्न हुआ। जिन धारणाओं में मनुष्य को वल्कल से उत्पन्न माना गया है, उनमें मनुष्य से पहले पेड़ों का होना माना गया है। किसी भी धारणा में, यहाँ तक कि बाइबिल की धारणा में यह नहीं है कि मनुष्य की उत्पत्ति आइडिया या विचारमात्र से हुई। बाइबिल के सम्बन्ध में यह याद रहे कि उसमें मनुष्य के पहले की सृष्टि में यह धारणा रही कि ईश्वर के चाहने मात्र से आलोक वगैरह की उत्पत्ति होती गई। ईश्वर ने मनुष्य को किसी पदार्थ से उत्पन्न किया, यह भाववाद और भौतिकवाद में एक समझौता-सा है। मालूम होता है बहुत-सी जातियाँ सृष्टि तत्त्व के इसी सोपान में रह गईं। स्पेन्सर और गिलेन ने अरून्टा जाति (आस्ट्रेलिया) के सम्बन्ध में जो खोजें की हैं, उनसे पता चलता है कि वे भी इस सोपान में थे। उनमें यह माना जाता था कि मनुष्य किसी न किसी प्रकार किसी जानवर या पौधे का अवतार है।

अदिति आदिमाता

ऋग्वेद में उत्पत्ति के सम्बन्ध में कई तरह की कथाएँ हैं। कुछ ऋचाओं में तो सृष्टि की उत्पत्ति भौतिकवादी तरीके से किसी उपादान से मानी गई है। एक ऋचा के अनुसार पहले पानी उत्पन्न हुआ, और फिर उससे सृष्टि हुई। हमें यहाँ ऋग्वेद से सृष्टितत्त्व की आलोचना नहीं करनी है। हमें केवल उस पर वहीं तक विचार करना है, जहाँ तक आदिम पुरुष या स्त्री का सम्बन्ध है। ऋग्वेद में अदिति आकाश है, अदिति बीच का स्थान है, अदिति माता है, अदिति पिता है, अदिति पुत्र है,

अदिति सब देवता तथा पाँचों कबीलें हैं, जो कुछ भी पैदा होगा वह अदिति है। इस प्रकार अदिति से ही सारी सृष्टि मानी गई है। अध्यात्मवादी विचारक अदिति का शब्दार्थ अपरिमेय तथा सीमाहीन को लेकर उसे ब्रह्म की शक्ति या इस प्रकार की कोई बात प्रमाणित करने की चेष्टा करते हैं, पर हमारा विचार है कि अदिति नाम से कोई स्त्री थी जिससे सारी सृष्टि पाँच कबीलों की उत्पत्ति मानी गई है। हम बाद को चलकर देखेंगे कि समाज में पहले किसी को अपने पिता का ज्ञान न होता था, बहुत युगों तक पितृकुल या फादर राईट का उद्भव नहीं हुआ था। सब लोग अपना परिचय माता से ही देते थे। ऐसा ज्ञात होता है कि आर्यों के पाँच कबीलों की आदि माता अदिति सर्वोपरि देवी हो गई, और देवताओं में श्रेष्ठ आदित्य उनकी सन्तान समझे गए। बहुत संभव है वे उनकी सन्तान थे भी। ऋग्वेद में यह अदितिवाली कथा इसी रूप में आती है। वहाँ यह तो कहा गया है कि आदित्यों की माँ अदिति है। अथर्ववेद (6/4 × 1) में अदिति को पुत्रों की जननी के अतिरिक्त भाइयों की बहन भी बताया गया है। ऋग्वेद में अदिति को आदित्यों की बहिन भी बताया गया है। इसके अतिरिक्त अदिति को इसी मन्त्र में दुहितावसु, यानी वसुओं की बेटी बताया गया है। यह जो वसुओं की बेटीवाली बात है, यह बहुत मार्के की है, क्योंकि आदिम यौथ समाज में किसी एक पुरुष की लड़की या लड़का नहीं हो सकता था, बल्कि वह कुल के सारे पुरुषों का, पुश्त का या भ्रातृवृंद का लड़का या लड़की होती थी। अन्यत्र (ऋक : 2/27/1, 10/72/4,5) अदिति को क्रमशः दक्ष की माता तथा कन्या भी कहा गया है। (*विमेन इन ऋग्वेद—बी.एस. उपाध्याय, पृ. 4*) वैलिस और ओडेनबर्ग अदिति को स्वतन्त्रता का मूर्त रूप, पिसल, हाडी और कोलीते उन्हें पृथ्वी समझते हैं, पर हम समझते हैं कि बाद को इन सब धारणाओं का उनमें समावेश होते जाने पर भी अदिति यौथ समाज की एक ऐतिहासिक स्त्री थी। यह कहीं नहीं कहा गया कि आदित्यों का बाप कौन है।

रवींद्रनाथ का मत

1912 में एक लेख पढ़ते हुए कविवर रवीन्द्रनाथ ने यह कहा था कि "आर्य जाति के मूल में पितृशासन तन्त्र है और अनार्य समाज के मूल में मातृशासन तन्त्र है। इसीलिए वेदों में स्त्री देवताओं की प्रधानता नहीं है। अनार्य प्रभाव की वृद्धि के साथ स्त्री देवताओं का प्रादुर्भाव हुआ।" कविवर ने यह जो लिखा है कि आर्यों में पितृशासन था, वह ठीक है। इसका अर्थ केवल इतना ही नहीं है कि आर्य मातृशासन तन्त्र के युग को पीछे छोड़ आए थे। हमारी आलोच्य अदिति इसका प्रमाण हैं। हमें बाद को यह देखने का मौका मिलेगा कि वेदों में और भी बहुत-सी देवियाँ हैं, अवश्य उनमें से कोई भी आदि माता अदिति की समकक्षा नहीं है।

यदि इस दृष्टि से देखा जाए तो बाद की कोई भी देवी देवताओं से अधिक महत्त्वपूर्ण नहीं हो सकी और वह हो ही कैसे सकती थी।

अदिति का सभ्यीकरण

बाद को जब मातृकुल समाज समाप्त हो गया और उसके स्थान पर पितृकुल समाज का उद्‌भव हुआ, तब लोगों को शर्म लगने लगी कि केवल अदिति से भला कोई कैसे उत्पन्न हुआ होगा, इसलिए उस कथा को नए रूप में ढाला गया और अदिति को सभ्यता के साँचे में डालकर सभ्य बना दिया गया। इस नई कथा में अदिति को एक पति दे दिया गया। पर हम इस कथा में भी देखेंगे कि यद्यपि लुप्त समाज पद्धति के समय के इतिहास को इस प्रकार नई सभ्यता का जामा पहनाकर झुठलाया गया, फिर भी अपने समय के समाज में प्रचलित और कदाचित आदृत बहुपतित्व की प्रथा के प्रतिफलन से बच न सकी। महाभारत के अनुसार (आदिपर्व) अदिति की कथा का रूप यों हो गया–

ब्रह्मा जी के मानसपुत्र मरीचि, अत्रि, अंगिरा, पुलस्त्य, पुलह और क्रतु हुए। इस प्रकार इस नई कथा में सृष्टि का आदि कारण एक पुरुष हुआ। साथ ही नए युग के सूक्ष्मीकरण के कारण ब्रह्मा के ये पुत्र मानस पुत्र थे, यानी किसी स्त्री से उत्पन्न नहीं थे। अदिति का पुत्र होना, और उस पुत्र को अपने पिता का पता न होना तो तार्किक और ऐतिहासिक दोनों तरह से संभव है, पर इस नई कथा में ब्रह्मा का जो मानस पुत्र उत्पन्न कराया गया, वह बिल्कुल कल्पना की उड़ान है। पुत्र किसी भी समय उत्पन्न हो, उसे अपनी माँ का पता होना स्वाभाविक है। आगे यह कथा यों है। मरीचि के पुत्र कश्यप हुए और कश्यप से ही यह सारी प्रजा उत्पन्न हुई। दक्ष प्रजापति की तेरह कन्याएँ थीं–अदिति, दिति, दनु, काला, दनायु, सिंहिका, क्रोधा, प्राधा, विश्वा, विनता, कपिता, मुनि और कद्रू। ये तेरहों लड़कियाँ कश्यप से ब्याही गईं। अदिति के गर्भ से बारह आदित्य हुए। इसमें सबसे मजेदार बात यह है कि महाभारत के अनुसार बारह आदित्य हुए धाता, मित्र, अर्यमा, शक्र, वरुण, अंश, भंग, विवस्वान, पूषा, सविता, त्वष्टा और विष्णु। पर ऋग्वेद में आठ ही आदित्य हैं। इस प्रकार महाभारत में चार आदित्य बढ़ गए। मालूम होता है, और कबीलों को उनके देवताओं को आदित्य की पदवी देकर खुश करना था। इसके अतिरिक्त ऐसा भी हो सकता है कि कुछ प्रसिद्ध व्यक्ति हुए जिनमें आदित्यों में स्थान देकर इतिहास को अप-टू-डेट या अति आधुनिक समय तक सही बनाना था। इससे भी मजेदार बात यह है कि कश्यप का नाम वैदिक सूची में अदिति के पुत्रों में प्राप्त है। इस प्रकार जो पहले पुत्र था, वह पति के रूप में आया। हम इस बात को केवल मनगढ़न्त कहके ही उड़ा नहीं सकते। हम देखेंगे कि मनुष्य समाज की अति

आदिम अवस्था में पुत्र और जननी में मैथुन प्रचलित था। हम बाद में यह भी दिखलाएँगे कि आदिम अवस्था में स्थित बहुत-सी जातियों में यह आधुनिक युग तक बुरा नहीं समझा जाता था। कहीं इस नई कथा के गढ़ने में उस पुरानी स्मृति की बात प्रस्तरीकृत रूप में प्रतिफलित तथा गृहीत तो नहीं है।

बाकी बारह कन्याओं से कौन उत्पन्न हुए, यह भी महाभारत की कथा में आता है। दिति का पुत्र हिरण्यकश्यपु हुआ और इसके पुत्र दैत्य हुए। दनु के चालीस पुत्र हुए। ये दानव थे। सिरिका से राहु उत्पन्न हुआ। यह राहु वह नहीं है जो चन्द्र और सूर्य को ग्रसता है और जिससे चन्द्र और सूर्य की मुक्ति कराने के लिए या मुक्ति की खुशी में, जैसा भी कहिए, हिन्दू ब्राह्मण को दान देते तथा गंगास्नान करते हैं। इस सम्बन्ध में द्रष्टव्य है कि वैदिक सभ्यता में गंगा का कोई स्थान नहीं है। ऋग्वेद की सभ्यता तो सम्पूर्ण रूप से सप्तसिंधव प्रदेश में ही पनपी, इसलिए राहु की उत्पत्ति और उसके द्वारा चन्द्र-सूर्य के ग्रसे जाने के साथ-साथ गंगास्नान की बात बिल्कुल बाद के युग की धारणा होगी। अस्तु।

क्रोधा से सुचन्द्र आदि उत्पन्न हुए। दनायु के चार पुत्र हुए। प्राधा से अप्सरा तथा गन्धर्व उत्पन्न हुए। कपिता से गऊ, ब्राह्मण, गन्धर्व और अप्सराएँ उत्पन्न हुईं। कद्रू से सर्प उत्पन्न हुए। विनता से गरुड़ उत्पन्न हुए। इस प्रकार महाभारत के अनुसार पशु से मनुष्य नहीं बल्कि मनुष्य से सर्प, गऊ, गरुड़ उत्पन्न हुए। हम जानते हैं कि यह जो सर्प और गरुड़ का उल्लेख है, ये असल में मनुष्य ही थे, पर जंगली होने के कारण वे सर्प आदि के रूप में उल्लिखित हुए। यह तो व्याख्या और इतिहासोद्धार की बात हुई, पर जिस रूप में एक सनातनी हिन्दू इस बात को समझता है, वह यह है कि इन स्त्रियों से सचमुच सर्प आदि उत्पन्न हुए।

अदिति का अवमूल्यन

इस प्रकार अदिति के इस नए रूप में यह बात प्रमाणित हो गई कि जिस समय यह कथा बनाई गई या इसका नया संस्करण किया गया, उस समय समाज पहले की तुलना में आगे सरक चुका था। स्त्री की प्रधानता की बात तो दूर रही, अब वह बिल्कुल तुच्छ हो चुकी थी। ऋग्वेद के अदिति सम्बन्धी मन्त्रों को पढ़िए, विशेष कर जिनमें कहा गया है कि वह पिता है, माता है, कबीला है। उनमें उसके प्रति कितनी श्रद्धा का भाव था, उसका कितना विपुल सम्मान था। पर इस नई कथा में अदिति कश्यप की स्त्रियों में से एक स्त्री है। हाँ, उसके पुत्रों की प्रसिद्धि के कारण वह भले ही बड़ी समझी जाए, पर हम देखते हैं कि वह इस कारण भी कुछ बड़ी समझी गई।

अदिति का भाग्यविपर्यय स्त्री का भाग्यविपर्यय

जो भी हो, एक पद्धति के सम्बन्ध में धारणा बदल जाने पर बाद के लोग उसका किस प्रकार आधुनिकीकरण करते हैं, यानी दूसरे शब्दों में कहिए कि इतिहास को झुठलाते हैं, इसका एक प्रकृष्ट उदाहरण अदिति का भाग्यविपर्यय है। यह केवल अदिति का भाग्यविपर्यय नहीं है, बल्कि स्त्री जाति के भाग्य का विपर्यय है। फिर भी अदिति से आदित्यों की उत्पत्तिवाली कथा वेद में मौजूद ही है, उसमें बाद को चाहे जो कुछ परिवर्तन किया गया हो, वह बाद के युग की दृष्टि से अपना अर्थ तो रखता ही है, जैसा कि हम देख चुके हैं, पर वेद के अदिति उपाख्यान का अपना ही अर्थ है। यद्यपि ऋग्वेद के युग में पितृकुल का बोल-बाला हो चुका था, फिर भी आर्यों की आदिम पराक्रमशीला गुणवती माता अदिति की याद अभी लोगों के दिलों में ताजा थी। आदित्यों के जन्म की बात बताना ही था, इसलिए अदिति का नाम आ ही गया। बाद को पितृकुलमूलक समाज के ज्ञानियों के हाथों में अदिति की जो दुर्गति हुई, वह हम देख चुके। अदिति से जगत की उत्पत्ति वाली कथा आदम और हौआ से जगत की उत्पत्तिवाली कथा से ऐतिहासिक रूप से अधिक सही है, क्योंकि एक विवाह बहुत बाद की उपज है, बिल्कुल प्रारम्भिक अवस्था में लोग केवल माता को ही जानते थे, पिता को नहीं।

वृहदारण्यक तथा मनुसंहिता में पुरुरवा की माता इला के सम्बन्ध में भी इसी प्रकार कथा है कि वह पुरुरवा की माता और पिता दोनों थी, यह भी संदिग्ध है। (*महाभारत, पृ.69*) पुरुष और स्त्री की उत्पत्ति के सम्बन्ध में एक कथा यह भी है कि ब्रह्मा आधे हिस्से से स्त्री हो गए। यह भी एक तरह से पुरुष से स्त्री की उत्पत्ति मानना हुआ। इससे यह कहानी आदम और हौआ वाली कहानी से, जिसमें स्त्री पुरुष की एक पसली से उत्पन्न मानी गई है, स्त्री के लिए अधिक सम्मानजनक है। मनुसंहिता में तो यह भी लिखा है कि हिरण्यगर्भ ने अपने शरीर के दो भाग किए और आधे से पुरुष और आधे से स्त्री बन गया। इसमें आगे की बात यों है कि इस स्त्री में उसने विराट पुरुष की सृष्टि की। अर्थात् अपने से उत्पन्न स्त्री ने विराट पुरुष को उत्पन्न किया। जिस समय यह कहानी गढ़ी गई या प्रचलित हुई होगी, उस समय समाज में स्त्रियों की अवस्था अवश्य ही अच्छी रही होगी और यह समझा जाता होगा कि व्यावहारिक रूप से नहीं तो विचारगत रूप से स्त्री पुरुष के समान है।

कोल जाति का सृष्टितत्व

कोल जाति में सृष्टि की जो कथा है, वह किसी अंश में ऋग्वैदिक सृष्टि तत्त्व से न्यून ज्ञात नहीं होती। इसके अनुसार भी पहले केवल जल ही था, पर ज्ञात होता है कि जल के अतिरिक्त सिंगबोंगा या सूर्य भी पहले से था। सिंगबोंगा की

इच्छा मात्र से एक जोंक, एक केकड़ा और एक कछुआ उत्पन्न हुआ। अब यदि कोल जाति में कोई राधाकृष्णन से व्यक्ति होते, तो बिना हिचकिचाए यह कहते कि कोल ऋषियों को विकासवाद की सब बातों का पता था, क्योंकि उन्होंने तीन जलज प्राणियों को ही आदि प्राणी माना। इन तीन प्राणियों की उत्पत्ति के बाद सिंगबोंगा ने इनसे कहा कि अनन्त सागर के नीचे से मिट्टी ले जाओ। केकड़ा और कछुआ बार-बार चेष्टा करने पर भी ऐसा न कर सके। अन्त में जाकर जोंक को ही यह श्रेय प्राप्त हुआ कि वह पानी के नीचे से तिल-भर मिट्टी ले आई। इसी की सहायता से सिंगबोंगा ने पृथ्वी की सृष्टि की। इसके बाद उनकी इच्छा के अनुसार घास, पेड़, पौधे इत्यादि निकले। इसके बाद पशुओं और अन्त में पक्षियों की सृष्टि हुई। पक्षी ने पहले-पहल जो दो अण्डे दिए, उनमें से एक लड़का और एक लड़की उत्पन्न हुई। तब सिंगबोंगा ने सोचा कि इनको जनसंख्या वृद्धि का मौका देना चाहिए, और उन्होंने तोता हाड़ाम और तोता बुड़ी नाम के आदम और हौवा को मारांगबुरू याने एक बड़े पहाड़ की गुफा में रख दिया। कुछ दिन बाद जब सिंगबोंगा लौट आए तो उन्होंने देखा कि इनमें पति-पत्नी का सम्बन्ध नहीं हुआ, तब उन्होंने उनको इल्ली नाम की शराब बनाना और पीना सिखा दिया। इससे सृष्टिकर्ता की इच्छा पूर्ण हुई और इसके आठ पुत्र और आठ कन्याएँ उत्पन्न हुईं। ये आठ जोड़े आठ जातियों के पूर्व पुरुष हुए। एनसाइक्लोपिडिया ब्रिटानिका के अनुसार कोलारियन भाषा समूह के आठ हिस्से हैं....संताली, मुण्डेरी, हो, करवा, खरिया, जुवांग, कुर्क, शावर। इस प्रकार इस कहानी का कुछ समर्थन भी हो जाता है। इस मानुश्रूयति में भगिनीगमन वाली बात विशेष द्रष्टव्य है। हम यथासमय आगे चलकर इस विवाह-प्रथा का विवरण देंगे।

भागवत पुराण में यह कथा है कि स्रष्टा एक के बाद एक सृष्टि करते गए, पर जब उन्होंने मनुष्य की सृष्टि की तो उन्हें बहुत आनन्द आया, क्योंकि वही ऐसा था जो ईश्वर का साक्षात्कार कर सकता था। कहना न होगा कि इस कथा के पीछे अशरफुलमखलूकात का विचार झाँक रहा है।

ऐतरेय में यह कथा है कि उसने (स), अम्भ (स्वर्ग), मरीचि (भूतलोक) मर (पृथ्वी) और आप (पृथ्वी के नीचे) नामक लोकों की रचना की। उसने यह विचार किया कि ये लोक तो तैयार हो गए, अब लोकपालों की रचना करूँ। ऐसा सोचकर उसने जल में से ही एक पुरुष निकालकर अवयवयुक्त किया। इस प्रकार इस कथा में भी जल से मनुष्य उत्पन्न माना गया। अवश्य इस जल का उत्पादक वह है।

जीवविज्ञान के अनुसार पुरुष और नारी

आमतौर से लोगों की धारणा है कि सारा जीव-जगत बल्कि उद्भिद जगत भी पुरुष और स्त्री—दो हिस्सों में बँटा हुआ है। इस धारणा पर एक दर्शनशास्त्र ही बन गया है कि चूँकि ईश्वर को सृष्टि करनी थी, और सन्तान-पालन का कार्य दिलचस्प नहीं है, इसलिए ईश्वर ने लिंगभेद और सुखकर मैथुन उत्पन्न किया, जिससे लोग उसके लोभ में सृष्टि करते जाएँ और यह संसार कायम रहे। इसके साथ ही फ्रॉयड के विचार का प्रसारित रूप यह है कि सब कार्यों का उत्स स्थल यौन-इच्छा है। इसका आधार यह है कि सारी सृष्टि में मैथुनिक प्रवृत्ति है, इसीलिए यह और भी जरूरी है कि हम यह दिखलाएँ कि जीवविज्ञान के अनुसार इस सम्बन्ध में वस्तुस्थिति क्या है।

न लिंगभेद न मैथुन

कई प्राणियों में न तो लिंगभेद है न मैथुन ही है। फिर प्रश्न यह है कि उनमें प्रजनन किस उपाय से होता है। बिना मैथुन के ही उत्पत्ति हो सकती है, यह विचार विज्ञान द्वारा पूर्ण रूप से प्रमाणित हो चुका है, पर किसी न किसी रूप में यह विचार महाभारतकार को भी ज्ञात था। शान्ति पर्व में भीष्म भगवान विष्णु से विश्व की उत्पत्ति बताते हुए कह रहे हैं—"(सत्य युग में) सन्तान उत्पन्न करने के लिए भी उन्हें मैथुन धर्म में प्रवृत्त होने की आवश्यकता नहीं थी। वे संकल्प मात्र से प्रजा की उत्पत्ति कर सकते थे। इसके बाद त्रेता युग में भी मैथुन धर्म का प्रश्न नहीं उठा। उस समय स्पर्श मात्र से ही प्रजा उत्पन्न हो जाती थी। द्वापर में मैथुन द्वारा प्रजा उत्पन्न होने लगी, और कलियुग में तो सब लोग दाम्पत्य में रहने लगेंगे।" (*महाभारत-अनुवाद, गीता प्रेस, पृ. 1312*) विष्णु पुराण में भी यह लिखा है कि दक्ष के समय से ही प्रजा मैथुन द्वारा उत्पन्न हुई। उससे पहले तो अत्यन्त तपस्वी प्राचीन सिद्ध पुरुषों के तपोबल से, उनके संकल्प, दर्शन अथवा स्पर्श मात्र से ही प्रजा उत्पन्न होती थी। (*वि.पु. 1 (15) 7880*)

द्विधाकरण से सृष्टि

आदिम सृष्टि में सचमुच ही मैथुन या लिंगभेद अपरिज्ञात था। इस प्रकार पुरुष पहले कि स्त्री पहले, इस प्रश्न का यों ही समाधान हो जाता है। पहले जो एक-कोष प्राणी उत्पन्न हुए, उनके शरीर का एक हिस्सा पूर्ण वयस्क हो जाता था, फिर अपनी बारी में इस प्राणी से कुछ हिस्सा कटकर अलग हो जाता था, और संसारचक्र जारी रहता था। इसको बाइनरी फिशन या द्विधाकरण कहते हैं। इस प्रक्रिया में पूर्वपुरुष (या पूर्वस्त्री?) मरता नहीं है, पर वंशज उत्पन्न हो जाता है। पूर्वपुरुष खत्म नहीं होता है, मरता नहीं है, केवल दो हिस्सों में विभाजित होकर दो विभिन्न व्यक्तियों में परिणत-भर हो जाता है। बैक्टीरिया इसी प्रकार बढ़ते हैं। प्रजनन की यह द्विधाकरण प्रक्रिया केवल एक-कोष प्राणियों तक ही सीमित है, यह बात नहीं। बहुत-से सामुद्रिक ऐनीमोन (Anemone), पोलिय (Polyh) तथा प्लेनेरियन (Plenarian) इसी प्रकार प्रजनन करते हैं।

बहुधाकरण

द्विधाकरण के अतिरिक्त एक दूसरी प्रक्रिया है, जिसे बहुधाकरण कहेंगे। इस प्रक्रिया के अनुसार प्रजनन करनेवाले प्राणी एक साथ बहुत-से टुकड़ों में बँट जाते हैं और उनमें से हर एक टुकड़ा एक अलग प्राणी हो जाता है। यह तरीका कई प्राणियों में प्रचलित है। अमैथुनिक प्रजनन का एक अन्य तरीका यह है कि द्विधाकरण तो होता है, पर एक टुकड़ा बहुत बड़ा होता है और एक छोटा। जो हिस्सा अलग होता है, वह छोटा होता है। इस प्रकार बड़ा हिस्सा अपना पूर्व व्यक्तित्व कायम रखता है, छोटा हिस्सा बड़ा होने पर अपना व्यक्तित्व विकसित कर लेता है। यह तरीका कई कीड़ों में प्रचलित है। इसी ढंग से हमारे सुपरिचित स्पंजों की उत्पत्ति होती है।

इस प्रकार हम यह देख चुके हैं कि आदिम काल में जो प्रथम जीव उत्पन्न हुए, वे मैथुन से उत्पन्न नहीं हुए। इस प्रकार जो मतवाद ईश्वर पर यह आरोप लगाता है कि सृष्टि को कायम रखने के लिए उन्होंने मैथुन को आनन्दमय बनाया, उसका आधार ही टूट जाता है। इसी प्रकार जब हम देख रहे हैं कि बहुत-से प्राणियों में मैथुन है ही नहीं, तो वह भला उनके सारे व्यवहारों की व्याख्या कैसे कर सकते हैं। अन्यत्र हमने इस विषय पर विशद आलोचना की है। यहाँ केवल इतना ही बतलाना यथेष्ठ है कि फ्रॉयड की यौन-इच्छामूलक व्याख्या कम से कम एक सार्वदेशिक नियम तो हो ही नहीं सकता। कुछ प्राणियों में, विशेषकर आदिमतम प्राणियों में मैथुनिक प्रवृत्ति है ही नहीं, तो फिर उनके व्यवहारों की मैथुनिक व्याख्या कैसे हो सकती है?

नाना प्रक्रियाएँ

जिन प्राणियों में कोई लिंगभेद नहीं है, उनमें द्विधाकरण, बहुधाकरण आदि उपायों से वंश रक्षा तो समझ में आती है, पर आश्चर्य तब होता है जब लिंगभेदयुक्त प्राणियों में मैथुनहीन वंशरक्षा प्रक्रिया पाई जाती है। मालूम यह होता है कि ऐसे प्राणियों में एक बार तो मैथुनिक वंशरक्षा जारी हो गई, और फिर किसी कारण से सृष्टि का पहिया पीछे की ओर घूमा, और पहले के उपाय से वंशरक्षा होने लगी। कुछ प्राणियों के बारे में यह स्पष्ट ज्ञात हुआ है कि उनमें मैथुनिक वंशरक्षा प्रक्रिया एक बार जारी होकर फिर बन्द हो गई। ऐसी नस्लों में मादाएँ नर की सहायता के बिना ही अण्डा देती हैं और इस प्रकार के अण्डे बाद को उस प्राणी में परिणत हो जाते हैं। इस प्रक्रिया को पार्थजिनेसिस या कुमारी उत्पादन प्रक्रिया कहते हैं। यह प्रक्रिया नीली मक्खी, ग्रीनफ्लाई, जलकीट, वाटरफ्लाई, रोटीफेर तथा अन्य प्राणधारियों में प्रचलित हैं। मौलिक द्विधाकरण प्रक्रिया से इस प्रक्रिया में कई भेद हैं। एक तो भेद यह है कि इन प्राणियों में यह द्विधाकरण प्रक्रिया मौलिक नहीं है, अर्थात् एक बार लुप्त होकर दूसरी प्रक्रिया आई, फिर मौलिक प्रक्रिया लौट आई। दूसरा प्रभेद यह है कि अब की बार सृष्टिशक्ति केवल बीच में जो मादाएँ हो गई थीं, उनमें भी आई। अब की बार पहले की तरह प्रत्येक जीव को सृष्टि शक्ति प्राप्त न रही।

कृत्रिम उपाय से पुरुष का कार्य

1899 में जेम्स लोयब नामक वैज्ञानिक ने यह अद्भुत आविष्कार किया कि अब तक प्रकृति मादा अंश को क्रियाशील बनाकर उसमें प्राण-प्रतिष्ठा का जो काम नर से लेती थी, अब वह काम मनुष्यकृत कृत्रिम उपाय से सिद्ध होने लगा। उन्होंने पहले-पहले यह दिखलाया कि समुद्र के एक प्राणी (Sea Vrchin) के अण्डे को जिस पानी में रखा जाए, उसमें कई तरह के लवण डालने पर नय प्राणी उत्पन्न किया जा सकता है। आर. हेरेट्वीग तथा जी. हेरेट्वीग यह भी दिखाने में समर्थ हुए कि जोर से रगड़ने पर इन अण्डों से कुछ हिस्से विकसित होते हैं। इसके बाद फ्रेंच वैज्ञानिक वताइयो मेंढक के अण्डों को बारीक सूई से छेदकर मेंढक उत्पन्न करने में समर्थ हुए।

इसी प्रक्रिया में मादा प्राणी के बगैर केवल नर प्राणी के द्वारा ही कई क्षेत्रों में उस प्राणी का उत्पादन संभव हुआ है। इस प्रक्रिया को ऐन्ड्रोजेनेसिस या कुमारी उत्पादन प्रक्रिया कहते हैं। इस प्रक्रिया को जिस प्रकार कार्य रूप में परिणत किया गया है, उसका विवरण डॉक्टर वैविक के अनुसार इस प्रकार है। एक्सरश्मियों के द्वारा आघातप्राप्त एक अण्डे के आकार में एक अनाहत वीर्यकोष (Sparm cell) को इस प्रकार घुसने दिया जाता है कि वीर्यकोष के असर से पहले ही वह अण्डा

मर जाता है। उस हालत में जो प्राणी पैदा होता है, उसको अण्डों से आवश्यक प्रोटोप्लाज्म प्राप्त होता है, क्योंकि इसके अतिरिक्त वीर्यकोष किसी प्रकार विकसित नहीं हो सकता। पर बस यहीं तक। इस प्रकार उत्पन्न किए गए प्राणी को अपने पिता के ही गुण-स्वभाव प्राप्त होते हैं।

इस स्थान पर यदि हम अन्य प्रजनन-पद्धतियों का उल्लेख न करें तो वर्णन अपूर्ण रह जाएगा। टेपवार्म नामक प्राणी में बताया जाता है कि ऐसा शरीरयन्त्र है कि उसके पचास से लेकर दो सौ तक हिस्सों में लिंग और योनि दोनों होते हैं और उसका सारा जीवन इन्हीं दो तरह के अवयवों में संगम कराने में बीतता है। एंगेल्स ने इस धारणा का मजाक उड़ाते हुए कहा है कि यदि केवल एकविवाह ही समाज की सब स्थितियों में श्रेष्ठ पद्धति मानी जाए, तो इस प्राणी को सबसे श्रेष्ठ समझना पड़ेगा। एंगेल्स का यहाँ मतलब यह है कि प्रत्येक पद्धति को उसके वस्तुनिष्ठ आधार के साथ मिलाकर देखना पड़ेगा कि वह उसके आगे है या पीछे, तब उसे अच्छा या बुरा कहना संभव होगा। इस प्रकार हम देख चुके कि प्रजा की सृष्टि के लिए लिंगभेद यानी किसी प्राणी का स्त्री और पुरुष दो हिस्सों में बँटा होना कोई जरूरी नहीं था, और अब भी मैथुनगत प्रजनन के साथ-साथ उल्लिखित उत्पादन-प्रक्रिया प्रकृति में जारी है। प्रश्न यह उठता है कि क्या मनुष्य में भी इसी प्रकार का प्रजनन यानी बिना मैथुन के प्रजनन संभव है? इस का उत्तर विज्ञान ने यही दिया है कि मादा अंश और नर अंश यानी जिसे अवैज्ञानिक तरीके से रज और वीर्य कहते हैं, उनका जीवित अवस्था में एकीकरण अपरिहार्य है। मैथुन के अतिरिक्त इन दोनों अंशों को जीवित अवस्था में एकत्र करना संभव हो गया है, जिससे टेस्ट टयूब शिशु उत्पन्न होते हैं। संभव है आगे चलकर स्त्रियाँ गर्भधारण से इन्कार कर दें, तो भी सृष्टि चल सकती है।

वैज्ञानिक सृजन

वैज्ञानिकों ने सृष्टि के क्षेत्र में और भी कई तरह से प्राकृतिक के नियमों का परिदर्शन किया, और यह चेष्टा की कि उनका अनुसरण कर कृत्रिम रूप से वे ही काम किए जाएँ जो प्रकृति करती है। तद्नुसार वैज्ञानिकों ने द्विधाकरण और बहुधाकरण की प्रक्रिया को कृत्रिम रूप से सर्जन की छुरी से किया और देखा कि उसका क्या नतीजा होता है। जिन प्राणियों में द्विधाकरण तथा बहुधाकरण प्रक्रिया में सृष्टि होती है, वैज्ञानिकों ने अपनी मेज पर रखकर उनके उसी प्रकार टुकड़े किए। इसका परिणाम बहुत आश्चर्यजनक रहा, क्योंकि इस प्रकार कटे हुए सब हिस्से नवीन प्राणियों में उसी प्रकार परिणत हो गए, जिस प्रकार द्विधाकरण और बहुधाकरण की प्राकृतिक प्रक्रिया से अलग होते थे। लुम्ब्रिकुलस नामक कीड़े को यदि छुरी से कई टुकड़ों में बेड़ा काटा जाए तो उनमें से हर एक का एक नया सिर और

पूँछ निकल आती है। प्लारीयन नामक कीड़े में यह गुण और भी अधिक मात्रा में है, यानी इनके काटने में यह रोक नहीं कि बेड़ा ही काटा जाए बल्कि आड़ा-बेड़ा जिस प्रकार भी उनको काटा जाय, बशर्ते कि वे टुकड़े बहुत छोटे न हों, ये नए प्राणियों में परिणत हो जाते हैं। इसी प्रकार कोइलन्टरेट, प्रोटोगोआ आदि कीड़ों में इस उपाय से बढ़ाया जा सकता है। पौधों में कलम लगाना तो बहुत पुराने जमाने से ज्ञात है।

इससे भी कहीं अधिक आश्चर्यजनक कुछ ऐसे प्राणी हैं कि यदि उन्हें पतली रेशमी चलनी में घिस दिया जाए, तो उससे जो बहुत ही बारीक टुकड़े होंगे, उनमें से प्रत्येक टुकड़ा एक नए प्राणी में परिणत हो जाएगा। पुराणों में रक्तबीज की जो कहानी है कि उसके जितने भी टुकड़े किए गए, वह संख्या में उतना ही हो गया, एक वैज्ञानिक तथ्य के रूप में सामने आ गई। केवल बहुत निम्न प्राणियों के ही प्रजनन को इस प्रकार नियन्त्रित किया जाना संभव है, यह बात नहीं। न्यूट नामक छोटे गिरगिट की सृष्टि कृत्रिम रूप से नियमित की जा सकती है। जिस समय न्यूट के एक अण्डे में प्राण-प्रतिष्ठा हो चुकी हो, उस सम्य यदि उसको एक बाल से दो टुकड़ों में बाँटा जाए तो ये दोनों अलग-अलग स्वतन्त्र गिरगिटों में परिणत हो जाएँगे।

लिंगभेद क्यों? कैसे?

इस प्रकार द्विधाकरण, बहुधाकरण आदि प्रक्रिया से आदिम सृष्टि का सूत्रपात होने पर भी उसमें लिंगभेद का क्यों विकास हुआ, अर्थात् प्राकृतिक निर्वाचन में लिंगभेद नामक परिवर्तन क्यों संभव हो सका, यह एक बहुत दिलचस्प विषय है। स्पष्ट है कि इस विषय का विशद वर्णन न तो यहाँ किया जा सकता है न वह प्रासंगिक ही होगा। फिर भी कुछ मोटी बातों को हम यहाँ पर बताएँगे। पहले ही हम बता चुके हैं कि कई प्राणी, जैसे कि अमीबा नामक एककोषीय आदिम जीव द्विधाकरण प्रक्रिया से अपनी नस्ल को कायम रखते हैं, फिर भी ऐसा ज्ञात होता है कि इस उपाय से वंशवृद्धि की उसकी ताकत असीम नहीं है। एक जगह पर जाकर यह शक्ति थक जाती है। उस समय फिर द्विधाकरण प्रक्रिया से काम नहीं चलता, यानी द्विधाकरण की सामर्थ्य लुप्त हो जाती है। उस समय दो अलग-अलग प्राणी इकट्ठे होते हैं और उनमें घनिष्ठ सहयोग होता है। इसके फलस्वरूप उनमें सारवस्तुगत (Nuclear) तथा अन्यान्य परिवर्तन होते हैं। इस आदान-प्रदान का कार्य समाप्त हो जाने पर दोनों प्राणी अपना-अपना रास्ता पकड़ते हैं, और फिर से स्वतन्त्र रूप से इसी द्विधाकरण और बहुधाकरण की प्रक्रिया को जारी करते हैं। इस प्रक्रिया को हम अभी मैथुन नहीं कह सकते। जब गर्भ ही नहीं, तो गर्भाधान का सवाल ही कैसे उठ सकता है। इस प्रक्रिया की तुलना डॉक्टर वोरोनाफ की

वानर-ग्रन्थि-संयोगवाली प्रक्रिया से करना उचित न होगा, क्योंकि मनुष्य की किसी ग्रन्थि के स्थान पर बन्दर की जो ग्रन्थि लगाई जाती है, उससे केवल मनुष्य को ही नवयौवन प्राप्त होता है, बन्दर को नहीं। पर इस प्रक्रिया से दोनों की प्रजनन शक्ति फिर एक बार जाग्रत हो जाती है। रहा यह कि क्या हम इसे मैथुन का आदिम रूप कह सकते हैं, इसका उत्तर देना कठिन है, क्योंकि जब तक बीच की कड़ियाँ साफ न हो जाएँ, तब तक किसी पूर्ववर्ती प्रक्रिया को किसी परवर्ती प्रक्रिया का आदिम रूप बताना अनुचित होगा। डॉक्टर वाकर के अनुसार मैथुनिक प्रजनन का मतलब दो विभिन्न प्रकार के व्यक्तियों के सारभाग (Nuclus) का एकीकरण है, पर अमीबा जब अपनी प्रजनन शक्ति के पुनरुद्धार के लिए आपस में मिलते हैं, तो इस शर्त की पूर्ति नहीं होती। वहाँ तो दो तरह के व्यक्ति होते ही नहीं। फिर जो सारभाग है, उसका एकीकरण केवल इसी अर्थ में होता है कि उनका आदान-प्रदान होता है। इस कारण यह स्पष्ट है कि अमीबाओं का इस प्रकार सहवास लैंगिक मैथुन से गुणगत रूप से भिन्न है। अब रहा प्रश्न यह कि क्या यही गुणगत परिवर्तन होकर लैंगिक मैथुन में परिणत हो गया या नहीं। इसका अन्तिम उत्तर देना कठिन है, पर विकासवाद के साधारण सिद्धान्त को देखते हुए हमें इसको सिद्धान्त रूप से मानने में कोई हर्ज नहीं कि मैथुनहीन प्रजनन से ही मैथुनिक प्रजनन विकसित हुआ होगा। हमारे लिए यहाँ इतना ही यथेष्ठ है।

ऊपर जो बातें कहीं गई हैं, उनसे हम नतीजे के रूप में कई बातें निकाल सकते हैं। सबसे पहली बात तो यह है कि प्रजनन या सृष्टि-परम्परा को कायम रखने के लिए किसी प्राणी का नर और मादा में विभाजन अनिवार्य नहीं है। केवल यही नहीं, अत्यन्त आदिम प्राणियों में यह पद्धति है ही नहीं। द्विधाकरण या बहुधाकरण केवल एक प्रागैतिहासिक प्रक्रिया ही हो, ऐसी बात नहीं है। इस समय भी बहुत-से प्राणी इस प्रकार अपनी वंश-परम्परा कायम रखते हैं।

सृष्टि के पीछे कोई उद्देश्य नहीं

इस प्रकार पुरुष और नारी की सृष्टि के पीछे कोई टेलिओलॉजी या परमात्मा की ओर से आया हुआ उद्देश्य रहा हो, यह बात नहीं है। प्रकृति में जैसे सब उन्नत तरीकों की उत्पत्ति हुई है, वैसे इसकी भी हुई, याने निरन्तर परीक्षण की पद्धति से। प्रकृति के इन चालू उन्नत तरीकों के मुकाबले सैकड़ों ऐसे तरीके हैं जो इस कारण लुप्त हो गए कि वे जीवन संग्राम के क्षेत्र में ठहर न सके। यदि इस एक उन्नत तरीके के साथ उन सैकड़ों तरीकों को, जिनको प्रकृति ने त्याग दिया, साथ रखकर गिना जाए तो यही कहना पड़ेगा कि प्रकृति में कोई बुद्धि नहीं है, वह टटोलती रही है और सैकड़ों वर्षों तक टटोलने के बाद किसी सही ढंग पर यानी ऐसे ढंग पर पहुँचती है, जिसमें चीजें जारी रहती हैं। फिर सही का मतलब यहाँ

वह ढंग है जो उसे जीवन-संग्राम में आगे ले जा सके। इस प्रकार पुरुष और स्त्री की उत्पत्ति के पीछे कोई रहस्य नहीं, बल्कि अत्यन्त साधारण प्राकृतिक निर्वाचन कार्यशील है।

मैथुन जरूरी नहीं

इस प्रसंग में हमें एक और वैज्ञानिक तथ्य का ज्ञान आवश्यक है। वह यह कि कुछ प्राणियों में जिनमें नर और मादा की सृष्टि हो चुकी है, और नरवस्तु और मादावस्तु के संयोग से नवीन प्राणी की उत्पत्ति भी होती है, यह जरूरी नहीं है कि नर और मादा का लैंगिक मैथुन हो, जैसे मनुष्य तथा हमारे आसपास के प्राणियों में होता है। ऐसे प्रजनन के तरीके हैं, जिनमें नरवस्तु या मादावस्तु का संयोग तो होता है, पर यह संयोग एक दूसरे को बिना देखे, सुने, और सम्पर्क में आए हो जाता है। कुछ छोटे मेल के गिरगिटों में ऐसा होता है कि नर अपनी नरवस्तु को नदी के नीचे एक कोष में बन्द अवस्था में डाल देता है। मादा गिरगिट मानो इसी की टोह में रहती है। वह झट इसे अपने योनि-गर्त में ले लेती है। इस प्रकार इसकी गर्भाधान-क्रिया बिना नर के प्रत्यक्ष सम्पर्क में आए ही सम्पन्न हो जाती है। इसी तरह की छोटी कटल मछली होती है, इसमें नरवस्तु उसके एक प्रकार के बाहु में जाकर स्थिर हो जाती है, फिर वह अंग कटकर अलग हो जाता है, और पानी में तैरने लगता है। उसका यह तैरना तब तक जारी रहता है जब तक कि उसे कोई मादा देह न मिल जाए। ऐसा होते ही वह मादा देह में प्रविष्ट हो जाती है। इस प्रकार के और भी उदाहरण हैं जिनमें मादा और नर के संयोग बिना ही नरवस्तु और मादावस्तु का एकीकरण होता है, और इस एकीकरण से सन्तानोत्पत्ति होती है। इस सम्बन्ध में यह बात फिर भी स्मरण रहे कि बिना मैथुन के ही स्त्री के गर्भाधान हो जाने की बात कुछ वैज्ञानिकों ने संभव करके दिखलाई। एक लेखक का कहना है कि ऐसे बहुत-से प्रामाणिक उदाहरण मौजूद हैं जिनमें स्त्री, पुरुष के वीर्य से भीगे हुए कपड़े या चादर के संस्पर्श में आकर गर्भवती हो गई है। (*Anomalies and Curiositces of medicine by gould and pyleh–40-45*) ब्रिटिश मेडिकल एसोसियेशन की ओर से प्रकाशित How I was born (मैं कैसे जन्मा) नामक पुस्तक में भी इस प्रकार के कई उदाहरण दिए गए हैं। कुछ लोग इसकी आड़ लेकर कुमारी माता से ईसा का जन्म संभव बताते हैं।

प्रजनन और मैथुन का सम्बन्ध अज्ञात

ज्ञात होता है कि अत्यन्त प्राचीन काल में सभी मनुष्य और कुछ आधुनिक (19वीं सदी तक) जातियों के लोग मैथुन और प्रजनन दोनों बातों का एकीकरण करके नहीं देख पाते थे। 19वीं शताब्दी में भी ऐसी जातियाँ पाई गईं, जो यह समझती

थीं कि पहाड़ों, पेड़ों तथा एकान्त स्थानों में पुनर्जन्म के लिए उदग्रीव आत्माएँ पड़ी रहती हैं। उनको ज्यों ही मौका मिला, वे किसी स्त्री के गर्भ में प्रवेश कर जन्म ग्रहण करती हैं। वे लोग यह नहीं जानते थे कि वंशवृद्धि में मैथुन का क्या रोल है। वे समझते थे कि जिस स्थान पर स्त्री पहले-पहल अनुभव करती है कि उसके गर्भ में सन्तान है, समझना चाहिए कि उसी स्थान पर आत्मा ने उसके अन्दर प्रवेश किया।

अज्ञान के रूप

सर जेम्स फ्रेजर का मत है कि इस प्रकार का अज्ञान पहले सारी मनुष्यजाति में व्याप्त रहा होगा। वेरियर एल्विन ने वैगा जाति के सम्बन्ध में लिखा है कि उनमें यह कथा प्रचलित है कि बन्दाओ गढ़ में राम-लक्ष्मण दो भाई और उनकी बहिन अंजनी रहती थी। वहाँ सात मकान थे। दोनों भाई सातवें मकान में पेशाब करने जाते थे। उन लोगों ने अंजनी से यह कह रखा था कि वह सातवें मकान में न जाए। एक दिन ऐसा हुआ कि वे शिकार करने गए। उनकी बहिन ने कौतूहलवश उस मकान में प्रवेश किया और वहाँ देखा कि लाल पालक बढ़ रहा है। देखते ही वह उसे खाने के लिए व्याकुल हो गई। वह वहाँ पर गई और साड़ी में रखकर कुछ पालक घर लाई और उसे जल्दी से खा लिया। अगले दिन ही वह गर्भवती हो गई और उससे खाना न खाया गया। जब राम-लक्ष्मण लौट आए तो उनको बड़ी हैरानी हुई कि यहाँ कोई पुरुष नहीं है और इसे गर्भ कैसे रह गया। अन्त में अंजनी ने बता दिया कि बात क्या थी। वे बहुत बिगड़े और उन्होंने उसे ले जाकर जंगल में छोड़ दिया। नौवें महीने बच्चा उत्पन्न हुआ। इस प्रकार इस कहानी में पालक खाने से गर्भ रह जाता है। यदि इस कहानी की मनोविश्लेषण शास्त्र के अनुसार व्याख्या की जाए तो कदाचित इसका अर्थ कुछ और ही निकले। पुरुष के मूत्र से प्रजनन दिखाया गया है। इस कहानी में आदम और हौवा की भी कुछ छाप है।

आधुनिक गोंडों में भी यह धारणा प्रचलित है कि प्रथम गर्भ आज्ञा न मानने से ही रह गया। जहाँ पर प्रथम भाई और प्रथम बहिन शौच आदि के लिए जाते थे, वहाँ कुछ साग उत्पन्न हुआ। बहिन ने एक दिन भाई से कहा कि इसे खाना चाहिए। भाई ने मना कर दिया, पर बहिन ने मौका पाकर उसे खा लिया और उसे गर्भ रह गया। एल्विन ने गोंडों की इस कहानी को ट्रेंच की पुस्तक से उद्धृत किया है। जो भी हो, वैगा और गोंडों की कहानियों में कोई विशेष फर्क नहीं है।

'चन्द्रमा पिता है' यह कल्पना

दुनिया के बहुत से भागों में चाँद को सब बच्चों का पिता समझने का रिवाज है।

माओरी लोगों में चाँद को सब स्त्रियों का असली पति समझा जाता है। चाँद के पति या बच्चों के पिता होने का शायद यह अर्थ है कि रात में अज्ञात पुरुष से गर्भाधान होता था। बहुत-सी जंगली जातियों को अब यह ज्ञान है कि मैथुन से सन्तानों की उत्पत्ति होती है, पर यह देखा गया है कि अपेक्षाकृत उच्चतर संस्कृति यानी उच्चतर उत्पादन प्रक्रिया के बावजूद इस प्रकार का अज्ञान कहीं पूर्ण रूप से और कहीं-कहीं आंशिक रूप से मौजूद है। टोब्रियाण्ड द्वीप समूह के आदिम निवासी आस्ट्रेलिया के आदिम निवासियों की तुलना में अधिक उन्नत हैं, क्योंकि वे खेती करते हैं, मकानों में रहते हैं, समुद्र यात्रा तथा विनिमय भी करते हैं, फिर भी उनमें यह अज्ञान पाया गया। स्पेन्सर और गिलेन ने पहले अपनी खोजों के फलस्वरूप जब यह कहा कि कुछ ऐसी जातियाँ हैं जिनको मैथुन और सन्तानों की उत्पत्ति के बीच का सम्बन्ध ज्ञात नहीं है, तो लोगों ने इस पर कहकहे लगाए और कहा कि चाहे मनुष्य कितना ही असभ्य-अविकसित हो, पर इस बात को तो वह जानता ही होगा। बहुत से विद्वानों ने भी उनका विश्वास नहीं किया। पर इसके कुछ दिन बाद ही मध्य आस्ट्रेलिया के क्वीन्सलैण्ड के बिशप ने स्वतन्त्र रूप से अपने ही इलाके के आदिम निवासियों में इस अज्ञान का पता पाया।

इस प्रकार इस अज्ञान के अस्तित्व को लोगों ने स्वीकार कर लिया। जिस समय मनुष्य पशु से अभी अलग हो ही रहा था, यानी मनुष्य और पशु के सीमान्त पर था, उस समय उसमें यह ज्ञान न रहा होगा, ऐसा सहज ही कहा जा सकता है।

युवनाश्व की कथा

महाभारत में एक कथा है कि राजा युवनाश्व का कोई पुत्र नहीं हुआ। उन्होंने पुत्र प्राप्ति के लिए यज्ञ कराया। रात्रि के समय उपवास से गला सूख जाने के कारण राजा को बड़ी प्यास लगी। उसने आश्रम के भीतर जाकर जल माँगा। पर सब लोग रात्रि-जागरण से थककर गहरी नींद में पड़े हुए थे। किसी ने उनकी आवाज़ न सुनी। सामने पानी का घड़ा रखा हुआ था। उन्होंने उसको उठाकर पी लिया। कुछ देर में मुनिगण उठे। तब उन्होंने देखा कि घड़ा खाली है। इसका पता लगाया कि कैसे यह हुआ, तो पता चला कि युवनाश्व जिम्मेदार है। यह सुनकर भृगु पुत्र ने कहा—यह काम अच्छा नहीं हुआ। तुम्हारा महाबलवान पुत्र उत्पन्न हो, इसलिए मैंने यह जल मन्त्र पढ़कर रखा था। अब जो हो गया, उसे पलटा नहीं जा सकता। तदनुसार सौ वर्ष बीतने पर राजा की बाईं कोख फाड़कर एक अत्यन्त तेजस्वी बालक उत्पन्न हुआ।

अभी 1986 में एक वैज्ञानिक ने यह बताया है कि पुरुष भी बिना गर्भाशय के शरीर के अनुकूल हिस्से में उर्वरीकृत भ्रूण धारण कर सकता है, जिसे सीजेरियन ऑपरेशन से निकालना सम्भव है।

युवनाश्व राजा की कोख से बच्चा निकला, फिर भी वे मरे नहीं। उसी बालक को देखने के लिए स्वयं देवराज इन्द्र उस स्थान पर आए। उनसे देवताओं ने पूछा कि यह क्या पिएगा। इस पर इन्द्र ने उसके मुँह में अपनी तर्जनी डालकर कहा—मान्धता या मैं धाता, याने मेरी अँगुली पिएगा। इसी से इस लड़के का नाम मान्धाता हुआ। यह कहानी गपोड़ा ही सही, पर इस प्रकार की कहानियाँ उन्हीं लोगों में चालू हो सकती हैं, जिन्हें मैथुन से जन्म के सम्बन्ध का पता न हो। महाभारत-अनुशासन पर्व में प्राचीन ऋषि भी इसी प्रकार सताती से कह रहे हैं कि तुम्हारी माता ऋतुस्नान के पश्चात पीपल के वृक्ष का आलिंगन करे और तुम गूलर के वृक्ष का आलिंगन करो, इससे तुम दोनों को पुत्र-प्राप्ति होगी। इससे भी उसी अज्ञान की भनक आती है।

अयोनिसंभव

किसी देवता के अयोनिसंभव होने या कुमारी से उत्पन्न होने का जो विचार है, उसमें एक बात यह तो है ही कि इतने बड़े देवता या महापुरुष कभी भी इस प्रक्रिया से पैदा नहीं हुए होंगे, जिस प्रक्रिया से साधारण लोग उत्पन्न होते हैं, पर उसके साथ यह धारणा भी इसमें अवश्य छिपी है कि बिना स्त्री-पुरुष संगम के भी सन्तानोन्पत्ति हो सकती है। यशपाल ने अपनी आत्मकथा में यह दिखलाया है कि कैसे गुरुकुल के छात्र जीवन में अबोध ब्रह्मचारी नौजवान यह समझते थे कि स्वामी दयानन्द आदि इस 'गन्दे' कार्य से भला क्या उत्पन्न हुए होंगे।

जो भी हो, इस समय मनुष्यजाति एक तो इस बात से परिचित है कि स्त्री और पुरुष के संयोग के बिना सन्तानोत्पत्ति नहीं हो सकती, दूसरे यह बात भी वह जानती है कि स्त्री और पुरुष मनुष्यजाति के रथ के दो पहिए हैं, और उनके सहयोग के बिना न तो आगे मनुष्य की नस्ल ही कायम रह सकती है, न कला ही रह सकती है, न साहित्य। सारांश यह कि जिनको हम जीवन की सबसे अपरिहार्य, सबसे आवश्यक तथा सबसे मूल्यवान वस्तु समझते हैं, उनमें से एक भी इस सहयोग के आधार के बिना कायम नहीं रह सकती।

इस पुस्तक में हमें देखना है कि इतिहास में इस सहयोग का क्या स्वरूप रहा है, और आगे इसके कौन-से स्वरूप से हमारा जीवन अधिक से अधिक सफल तथा सुखकर हो सकता है। इस अनुसंधान के दौरान हमें एक तरह से सारी मनुष्यजाति के इतिहास का ही सिंहावलोकन करना पड़ेगा।

मातृगमन तथा भगिनीगमन का आदिम युग

कुछ इतिहास लेखकों की शैली में सबसे बड़ी त्रुटि यह रही है कि वे जिस युग में मौजूद हैं, उस युग की संस्थाओं को, उत्पादन के तरीकों को किसी न किसी प्रकार उसी रूप में मौजूद मानकर चलते हैं, जिस रूप में वे आदिम युग में थीं। इसके विपरीत वस्तुस्थिति यह है कि न केवल मनुष्य के शरीर तथा मन का विकास हुआ है, बल्कि उसके आसपास की सब वस्तुओं तथा संस्थाओं का विकास भी हुआ है। साधारणतः हम भौगोलिक घटक को एक अपरिवर्तनीय बात समझते हैं, पर भूगर्भ-विज्ञान की खोजों ने हमें बताया है कि पृथ्वी की रूपरेखा तथा आबोहवा में भी बराबर परिवर्तन होते रहे, कभी-कभी तो ये परिवर्तन इतने तीव्र हुए कि उसके फलस्वरूप मनुष्य की कई जातियाँ लुप्त हो गईं और कइयों को जल्दी-जल्दी अपना डेरा-डण्डा उठाकर कहीं से कहीं भाग जाना पड़ा। सच तो यह है कि इतिहास में कोई भी स्थिति स्थायी नहीं रही है। नदी के जल की तरह, वह एक मुहूर्त में जो था, अगले मुहूर्त में वह नहीं रहा। इसी सत्य को जर्मन महाकवि गेटे ने इस प्रकार कहा था कि कोई उसी नदी में दो बार नहीं नहा सकता। हम यह भी देख चुके कि आदिम अवस्था में मनुष्यजाति को यह ज्ञान नहीं था कि मैथुन और प्रजनन में कोई सम्बन्ध भी है। केवल इतना ही यदि मान लें, तो यह साफ हो जाएगा कि जिस माने में आज हम परिवार को लेते हैं, उस माने में ऐसे लोगों में परिवार हो ही नहीं सकता था, क्योंकि परिवार के सदस्य यानी पुत्र, माता, पिता, बहिन, भाई और सम्बन्ध मैथुन को (सीमित ही सही) केन्द्र करके ही चलते थे। इस बात के और भी अकाट्य प्रमाण हैं कि आदिम अवस्था में मनुष्यों में परिवार नहीं थे। फिर यह प्रश्न उठता है कि क्या था?

समाज से परिवार

नृतत्वविदों ने मनुष्य की आदिम अवस्था पर खोज करने के बाद आमतौर से यह नतीजा निकाला कि उस अवस्था में, आजकल हम जिस अर्थ में परिवार शब्द का व्यवहार करते हैं, वह नहीं था। वाखोफेन, मैक्लेनान, मारगन, पोन्ट, कोवालेवस्की, लवक, क्रोपाटकीन आदि विद्वानों ने यही नतीजा निकाला कि समाज का उद्भव

परिवार से नहीं हुआ (*Dialecties by gachson, p.132*) पर डेनिस, अध्यापक सी. एन. स्टारके. हेसिनफोर्स म्यूनो, क्राउन, रिवर्स, सेलिगमैन, रास्को, लोवी, क्रेवर, गोल्डेन वाईजर, गोडार्ड, वेस्टरमार्क ने इस मत का विरोध किया। इन लोगों ने यह कहा कि मनुष्य में प्रारम्भ से ही परिवार-रूप में रहने की प्रथा थी। इन लोगों ने यह कहा कि दूसरे विद्वानों ने यह जो कहा है कि कई मंजिलों से होकर मनुष्य परिवार की मंजिल में पहुँचा, यह गलत है।

वेस्टरमार्क की स्थापना

वेस्टरमार्क ने विपुल तथ्यों का समावेश कर अपने मत का प्रतिपादन करना चाहा। वेस्टरमार्क के तत्सम्बन्धी विचार संक्षेप में यों हैं। वे कहते हैं कि प्राणी विज्ञान की दृष्टि से उच्चतर प्राणियों में जोड़ों में रहना पाया जाता है। शरीर-विज्ञान की दृष्टि से प्रमिश्रण से बाँझपन उत्पन्न होता है, मनोविज्ञान की दृष्टि से ईर्ष्या के कारण प्रमिश्रण असंभव हो जाता है। जीव-विज्ञान की दृष्टि से मनुष्य के लम्बे बचपन की दीर्घकाल तक रक्षा तथा खबरदारी की जरूरत है।

इसमें से प्रत्येक तर्क का उत्तर दिया जा चुका है। जोड़े में रहना केवल उच्चतर प्राणियों में ही सीमित नहीं है। इसलिए जोड़े से रहना उच्चता का कोई द्योतक नहीं है। शरीरविज्ञान की दृष्टि से यह जो कहा गया है कि प्रमिश्रण से बाँझपन उत्पन्न होता है, सो एंगेल्स ने इसका उत्तर अच्छी तरह दिया है। प्रमिश्रण का अर्थ आदिम समाज में यह नहीं था कि जब जो चाहे सो जिस औरत को पकड़ ले और उसके साथ मैथुन करे। एंगेल्स कहते हैं कि मेरे मतानुसार ऐसे लोग आदिम समाज को कतई नहीं समझ सकते, जो उसे एक विराट चकला मानते हैं। स्त्री-पुरुष के सम्बन्ध पर कबीले की नजर हमेशा रहती थी। मातृगमन के युग में भी कबीले के अन्दर ही स्त्री-पुरुष सम्बन्ध सीमित रहता होगा। ऐतिहासिक रूप से हम यह जानते हैं कि आबादी बराबर बढ़ती गई और बाँझपन वाली बात इतनी गलत प्रमाणित हुई कि आदिम जातियों में शिशुहत्या के अलावा अन्य रूपों में आबादी नियन्त्रण की आवश्यकता पाई गई। मनोविज्ञानिक दृष्टि से यह जो कहा गया है कि ईर्ष्या के कारण एक पुरुष का सम्बन्ध एक स्त्री तक सीमित होने को बाध्य था, सो हम बाद को दिखलाएँगे कि संवेदना के रूप में ईर्ष्या बहुत बाद के युग की उपज है। वेस्टरमार्क जैसे लेखकों की यह बड़ी भारी त्रुटि है कि वे मानकर चलते हैं कि हमारी मानसिक कृतियाँ जैसी आज के युग में हैं, वैसी हमेशा थीं। रही मनुष्य के लम्बे बचपन तथा उसकी दीर्घकाल तक रक्षा की जरूरत की बात, सो यह भी हम बाद को देखेंगे कि यौथ समाज में बच्चों का परिपालन बाद के पितृप्रधान समाज से किसी प्रकार कम नहीं होता था। फिर भी वेस्टरमार्क ने जो कुछ लिखा है, उसका मूल्य कम नहीं है। जिन लोगों ने अन्य विद्वानों की तत्सम्बन्धी

पुस्तकों को पढ़ा है, वे इस नतीजे पर पहुँचे बगैर नहीं रह सकते कि वेस्टरमार्क का मत सही नहीं हो सकता।

मारगन का सबसे बड़ा अवदान यह था कि उन्होंने यह दिखलाया कि समाज के विकास में एक सिलसिला है। मारगन के बाद जो नए तथ्य प्राप्त हुए हैं, उनसे मारगन का निराकरण नहीं होता, बल्कि उनका इस सम्बन्ध में समर्थन ही होता है। रहा यह कि उन्होंने सब समाजों के लिए यान्त्रिक कड़ाई के साथ एक सिलसिला होने का जो सिद्धान्त रखा, उसमें कुछ संशोधन हो सकते हैं और हुए भी। अमेरिका में इनके आविष्कारों पर जो कहकहेबाजी की गई है, उसके पीछे वहाँ के शासक वर्ग की व्यग्रता छिपी हुई है, जो प्रत्येक प्रचलित पद्धति को अन्तिम बतलाने की अपचेष्टा करती है। मुख्यतः जैम्सन ने बतलाया है कि दो ही किस्म के लोग उनका विरोध बराबर कर रहे हैं, एक कैथोलिक नेतृत्ववादी और दूसरे पूँजीवादी वैज्ञानिक। इन दोनों का उद्देश्य समझना मुश्किल नहीं है।

वैज्ञानिक खोज

परिवार के सम्बन्ध में वैज्ञानिक खोज का सूत्रपात एक तरह से 1861 में बाखोपेन ने किया। इस साल बाखोपेन ने 'Mutterrecnt' यानी मातृकुल नामक एक पुस्तक लिखी। एंगेल्स ने इस पुस्तक का सार संकलन यों किया है : "इस ग्रन्थ में लेखक ने इन बातों का प्रतिपादन किया है, (1) प्रारम्भिक युग में मनुष्य यौन स्वेच्छाचारिता की अवस्था में था, इसके लिए बाखोपेन ने जो शब्द Hetuerism इस्तेमाल किया, वह सही नहीं है। (2) ऐसी यौन स्वेच्छाचारिता की अवस्था में पितृत्व का कोई निश्चय नहीं होता था, सभी देशों में पहले-पहल यही अवस्था थी। (3) चूँकि माता के रूप में स्त्रियों के ही द्वारा कुल का बोध होता था, इस कारण स्त्रियों की इतनी इज्जत थी कि बाखोपेन के मतानुसार पहले स्त्रियों का ही राज्य था। स्त्री राज्य के लिए उन्होंने एक शब्द Gynaecoeracy का व्यवहार किया। (4) इस अवस्था में तब परिवर्तन हुआ, जब स्त्री एक ही पुरुष की स्त्री होने लगी, तो यह चूँकि प्राचीन प्रथा का अंग था, यानी इससे उस प्रथा का भंग होता था, जिसके अनुसार हर स्त्री पर प्रत्येक पुरुष का अधिकार था, इसलिए इस नियमभंग का प्रायश्चित करने के लिए या इसकी क्षतिपूर्ति के रूप में स्त्री को कुछ निश्चित समय के लिए, जैसे विवाह की पहली रात को या साल में एक दिन या किसी खास त्यौहार के अवसर पर, अपनी आदिम हैसियत में लौट जाना पड़ता था, यानी उस दिन वह समाज के सब पुरुषों की स्त्री हो जाती थी। (*Origin of family*)

बाखोपेन की गलती

बाखोपेन ने यह कहा कि इस प्रकार आदिम यौन स्वेच्छाचारिता की अवस्था से

मनुष्य एक विवाह की अवस्था में इस कारण पहुँचा कि उसके धार्मिक विचारों में परिवर्तन हुए और पुराने देवताओं की जगह (जो पुराने विचारों के द्योतक थे) उनमें नए विचार के द्योतक नए देवताओं का उदय हुआ। इसीलिए उनमें सामाजिक परिवर्तन हुआ और समाज मातृप्रधान से पितृप्रधान हो गया। वह विशेषकर ग्रीकों के पुराण, अनुश्रुति तथा प्रथाओं का अनुशीलन करने के बाद इस नतीजे पर पहुँचे। हम देखेंगे कि इस प्रकार नए देवताओं के आगमन से सामाजिक परिवर्तन वाला सिद्धान्त बिल्कुल गलत है, बल्कि इसके विपरीत सत्य यह है कि सामाजिक परिवर्तन हुए, इसीलिए नए देवताओं की आमदनी हुई। हम अदिति के उदाहरण से देख चुके हैं कि किस प्रकार मातृकुल की धारणा अप्रचलित हो जाने के कारण अदिति के सम्बन्ध में धारणा ही बदल दी गई, न कि यह कि अदिति की बदली हुई धारणा के कारण समाज का परिवर्तन हुआ। ग्रीक पुराण में क्लिटमनेष्ट्रा (Clytaemnestra) नामक स्त्री ने अपने प्रेमी एजिस्टस (Aegisthes) के कारण अपने पति अगमेनन की हत्या कर डाली। इस पर उसका पुत्र ओरेस्टंस (Orostes) अपने पिता की हत्या का बदला माता को मारकर लेता है। इस पर नरकदूतियाँ (Furies) उसका पीछा करती हैं पर ओरालो तथा एंथेना नामक देवता उसे अपने संरक्षण में लेते हैं, और दोनों में यानी इन देवताओं में तथा नरकदूतियों में वाद-विवाद होता है। ओरेस्टस यह कहता है कि क्लिटमनेष्ट्रा ने दोहरा अपराध किया है, क्योंकि एक तो उसने अपने पति को मारा और दूसरा एक पिता को मारा है, तो ऐसी हालत में नरकदूतियाँ उसका पीछा क्यों कर रही हैं, उन्हें तो बल्कि क्लिटमनेस्ट्रा का पीछा करना चाहिए। इस पर दिया हुआ उत्तर बहुत ही अर्थपूर्ण है, वह यह है कि जिस व्यक्ति को मैंने मारा है, उसके साथ मेरा कोई रक्तजनित सम्बन्ध नहीं है। यानी इसका मतलब यह है कि पति के साथ पत्नी का सम्बन्ध भाई-बहन के सम्बन्ध से केवल निम्नतर ही नहीं, बल्कि उसकी तुलना में वह कुछ भी नहीं है। ये नरकदूतियाँ मातृकुल के अधिकारों से रक्षित हैं। इनके अनुसार पतिहत्या एक ऐसा अपराध है, जिसका प्रायश्चित है, और इसलिए उनका काम केवल ऐसी ही हत्याओं के लिए सजा देना है, जिनमें रक्त-सम्बन्धयुक्त व्यक्ति की हत्या की जाती है।

प्राचीन धारणा के अनुसार यानी मातृकुल की धारणा के अनुसार पति कुल और गोत्र के बाहर का व्यक्ति है, इसलिए वह अपना नहीं है, इसलिए उसकी हत्या हर हालत में गोत्र के अन्दर के व्यक्ति—इस क्षेत्र में मातृगोत्र के अन्तर्गत व्यक्ति यानी भाई-बहन या बहन का लड़का—की हत्या के मुकाबले बहुत कम दर्जे का अपराध है। इसमें सन्देह नहीं कि क्लिटमनेष्ट्रा वाली घटना के फलस्वरूप जो वाद-विवाद हुआ है, उसकी बाखोपेन ने जो व्याख्या की है, वह उचित है। यदि यह व्याख्या न की जाए तो इस घटना का कोई अर्थ ही नहीं होता।

मनुष्य के पूर्वपुरुष पर प्रकाश

अब हम दूसरे पक्ष के तर्कों को सुनें कि उनका क्या कहना है। विकासवाद के अनुसार मनुष्य की उत्पत्ति किसी न किसी प्रकार के ब्राइमेट या आदिम बन्दर से प्रत्यक्षरूप से हुई है। इस समय दो बन्दर जातियाँ—ओरांगओटांग और गोरिल्ला—ऐसी मौजूद हैं, जो सामाजिक रूप से नहीं बल्कि पारिवारिक रूप से रहते देखी गईं। ये दो बन्दर जातियाँ अफ्रीका के मध्य में तथा सुमात्रा और बोर्नियो द्वीप समूह में प्राप्त थीं और उनके सम्बन्ध में ऐसा ज्ञात होता है कि पहले इनकी जाति बहुत बड़ी रही होगी, पर अब वे ह्रासशील थीं। गोरिल्ला के विषय में यह बात मालूम होती है कि प्राचीन युग में यह जाति सामाजिक रूप से रहती थी, ऐसा पेरिप्लस (Periplus) के उल्लेख के आधार पर समझा गया है। (*Multip mid by kropatkim, P. 7*) ऐसा समझने का कोई कारण नहीं है कि मनुष्य की उत्पत्ति इन दो में से किसी एक बन्दर जाति से हुई है, बल्कि सच तो यह है कि उस युग में जब मनुष्य की उत्पत्ति हुई होगी, उस समय कोई आदिम बन्दर जाति थी जो इस समय शायद मौजूद नहीं है। इसके अतिरिक्त यह भी मालूम नहीं है कि उस युग में उन बन्दरों में नर और मादा का क्या सम्बन्ध था, यानी उनमें जोड़े में रहने की प्रथा थी या हर एक बन्दर से हर एक बन्दरी का सम्बन्ध प्रचलित था। गत दो-तीन सौ वर्षों में जानवरों की आदतों का वैज्ञानिक रूप से निरीक्षण करने तथा उन निरीक्षणों के परिणामों को लिपिबद्ध करने की प्रथा रही है। तब से अब तक जब इन प्राणियों के स्वभावों में बहुत कुछ परिवर्तन हुआ है, तब यह कैसे कहा जा सकता है कि चूँकि दो मौजूद बन्दर जातियों में आज जो प्रथा है, वही पहले रही होगी, यानी मनुष्य जाति का आदिम तरीका रहा होगा। इसके अतिरिक्त जिस युग में मनुष्य की उत्पत्ति का अनुमान किया जाता है, उस युग में बन्दरों की अधुनालुप्त हजारों किस्में थीं। जब तक उनके विषय में हमें कुछ ठीक-ठीक पता न लगे, तब तक केवल दो ह्रासशील बन्दर जातियों की आदतों के निरीक्षण पर मनुष्य की आदिमावस्था पर कोई सिद्धान्त बना लेना अत्यन्त असंगत होगा। डार्विन ने यह स्पष्ट लिख दिया कि वह पृथक परिवारों के रूप में रहनेवाले बन्दर कभी भी मनुष्य के पूर्व पुरुष नहीं थे। उन्होंने इनको मनुष्य का पूर्वपुरुष मानने के बजाय चिम्पाजी की तरह किसी दुर्बल, पर सामाजिक प्राणी को मनुष्य का पूर्वरूप मानना अधिक युक्तियुक्त समझा। (*Desecent of man by Darevin, chapter 2*)

इसलिए क्रोपाटकीन बहुत सही तरीके से इस नतीजे पर पहुँचते हैं कि इस सम्बन्ध में हमारी सारी खोज का आधार आदिमतम मानवीय रिवाजों तथा संस्थाओं तक ही सीमित होना चाहिए। इस सम्बन्ध में जो कुछ भी हमें ज्ञात हो, वह चाहे वेदों के द्वारा हो, अवेस्ता में हो या किसी भी अन्य अनुश्रुति या अन्य कथाओं

में हो, उसकी पंखानुपंख छानबीन करनी चाहिए। इस सम्बन्ध में विभिन्न जातियों में प्राप्त सबूतों का मिलान कर फिर किसी नतीजे पर पहुँचना चाहिए। कहना न होगा कि हम जिस प्रकार की खोज को जिस तरीके से करने की बात कर रहे हैं, उसमें हम एक बात को आधारगत रूप से मान-सा ले रहे हैं कि प्रत्येक जाति का इतिहास एक निरवच्छिन्न विकास का इतिहास है, यानी जो कुछ भी विकास हुआ है, वह एक के बाद एक निर्दिष्ट सिलसिले से हुआ है, और उसमें एक खास व्यवस्था या क्रम है। कहना न होगा कि यह बात स्वयं ऐसी है जिसे हम तभी प्रमाणित कर सकते हैं, जब सब जातियों के इतिहास के सिलसिले का अनुशीलन कर लें। इस पुस्तक में हमारे लिए न तो यह संभव है कि हम इस संबंध के पूरे ज्ञान को कड़ी-दर-कड़ी पेश करें और न शायद हम से यह उम्मीद ही की जाती है। रही इतिहास में एक कड़ी या सिलसिला होने की बात, उसकी ओर हेगेल ने पहले-पहले इशारा किया, और मार्क्स ने उसे एक वैज्ञानिक रूप दे दिया। थोड़े में इस सम्बन्ध में मार्क्स का वक्तव्य यह है कि मनुष्य जाति का विकास उत्पादन के साधनों में विकास के फलस्वरूप हुआ है और यह विकास सब जातियों में एक ही क्रम से हुआ।

असभ्य जातियों में खोज

मौजूद असभ्य जातियों की खोज मनुष्यजाति की आदिमावस्था पर इसलिए रोशनी डाल सकी है कि यह बहुत-से प्रमाणों से सिद्ध हो चुका है कि आज की सभ्य जातियाँ जिस युग को बहुत पीछे छोड़ आईं, कथित असभ्य जातियाँ अब भी उसी युग में हैं, अन्यथा इनमें और सभ्य जातियों में कोई मौलिक भेद नहीं है। यों तो तफसील में थोड़ा-बहुत भेद सभी जातियों में होता है और है, पर जहाँ तक ऐतिहासिक मंजिलों की बात है, वहाँ तक सभ्य और असभ्य जातियों में कोई प्रभेद नहीं है, सिवा इसके कि जैसा हम बता चुके कि कुछ जातियाँ आगे बढ़ गईं और कुछ पीछे रह गईं।

विभिन्न विद्वानों ने इस कारण बड़ी बारीकी के साथ इन असभ्य जातियों के सम्बन्ध में खोज की और यह पता लगाने की चेष्टा की कि ये लोग विभिन्न क्षेत्रों में किस सोपान में थे। मारगन ने इस सम्बन्ध में जिस त्याग और तपस्या के साथ अमेरिका की आदिम जातियों की खोज की, वह बहुत ही मार्के की है। उन्होंने इस समय जहाँ न्यूयार्क है, उस भूभाग की आदिम जातियों में अपने जीवन का एक बहुत बड़ा हिस्सा व्यतीत किया। न केवल यह बल्कि वे उनके सेनेका नामक कबीले से अन्तर्भुक्त भी हो गए और वहाँ उन्होंने अपनी खोजें उसी प्रकार जारी रक्खीं जैसे एक वैज्ञानिक प्रयोगशाला में प्रयोग करता है। उन्होंने वहाँ पर कुछ ऐसे सम्बन्ध यानी रिश्ते भी प्रचलित देखे, जो वहाँ प्रचलित पद्धति से भिन्न

थे। इसी प्रकार बाल्डविन, स्पेन्सर तथा गिलेन ने आस्ट्रेलिया की अरूण्टा जाति के सम्बन्ध में खोज की, और उन्होंने संयुक्त रूप से 'The native tribes of central Australia' नाम की एक पुस्तक लिखी। वे वहाँ की प्रथाओं के अनुशीलन के बाद इस नतीजे पर पहुँचे कि उनमें पहले युग में, जिसे हम परिवार कहते हैं, वह नहीं था, बल्कि यौथ विवाह (ग्रुप मैरेज) पद्धति थी। फ्रेजर ने लिखा है कि वह अपने इस मत के बहुत कायल थे और एक बार उनका अध्यापक एडवर्ड वेस्टरमार्क के साथ, जो परिवार की आदिमता वाले मत के प्रतिपादक रहे हैं, तर्क-वितर्क हुआ था। इस प्रकार जिस भी विद्वान ने इन असभ्य जातियों का निरीक्षण किया, वे बहुत से ऐसे तथ्यों का आविष्कार करने में समर्थ हुए जिनसे गुत्थियाँ सुलझती चली गईं।

आदिम अरूण्टा जाति

स्पेन्सर ने पहले-पहल अरूण्टा जाति में प्रवेश किया, पर गिलेन इसके पहले ही उनसे परिचित थे। आस्ट्रेलिया की जिस अरूण्टा जाति पर इन लोगों ने खोज की, वह बहुत ही आदिम सोपान में थी। ये लोग अब तक प्रस्तर युग में पड़े थे। इनमें धातुओं का, कपड़ों का, ढंग के मकानों का, कुत्तों के अतिरिक्त पालतू जानवरों का ज्ञान अज्ञात था। ये लोग खेती से परिचित नहीं थे। ये यह भी नहीं जानते थे कि यदि खेत में बीज डाले जाएँ, तो अनाज पैदा होगा। ये लोग सम्पूर्ण रूप से पुरुषों के द्वारा शिकार में प्राप्त मांस तथा स्त्रियों के द्वारा एकत्रित पेड़ों-पौधों से प्राप्त फल-मूलों पर निर्भर थे। इसके अतिरिक्त एक तरह की छड़ी से कुछ कन्द-मूल भी जमीन से निकाल लेते थे। जो जड़ें मिलती थीं, वे उन्हें पूरी निकाल लेते थे। उनको यह ज्ञात नहीं था कि यदि जड़ें नहीं छोड़ी जाएँगी तो अगले साल कुछ न होगा। वहाँ भेड़ यूरोप से गई थी। इन लोगों में यह धारणा थी कि स्त्री के गर्भ में किसी देवता के प्रवेश से गर्भाधान होता है। इनमें स्त्री-पुरुष के प्रचलित सम्बन्धों में, जैसा कि हम बता चुके हैं, यौथ समाज-प्रथा की ही पुष्टि हुई। हम देखेंगे कि 19वीं शताब्दी में बहुत-सी जातियों में, जहाँ तक स्त्री-पुरुष का सम्बन्ध है, और भी आदिम सोपान चल रहा था। हम पहले उन्हीं की आलोचना करेंगे।

'रोकें' सभ्यता का प्रतीक

ऐसा अनुमान है कि अत्यन्त आदिम युग में मैथुन के लिए किसी प्रकार की कोई रोकटोक नहीं थी। बाद को धीरे-धीरे इस पर एक के बाद एक रोक लगती गई और अब सभ्य समाजों में हम इसका परिपक्व रूप पाते हैं। अब तो बहुत-सी रोकें पैदा हो गई हैं। उत्पादन पद्धति में विकास के साथ तथा सभ्यता की उन्नति के साथ ये रोकें लगती गईं। इसलिए ये रोकें सभ्यता के चिन्ह हैं, इसमें कोई

सन्देह नहीं। आदिम युग में जिसे हम आज 'ईर्ष्या' कहते हैं, वह नहीं थी। यह संवेदन बाद की उपज है। इसी प्रकार आदिम सोपान में जिसे हम प्रेम कहते हैं, वह भी नहीं था। हम देख चुके कि अति आदिम युग में प्रजनन के साथ मैथुन का सम्बन्ध ज्ञात नहीं था। क्योंकि जब वे लोग यह जानते ही नहीं थे कि इस क्रिया से प्रजनन का सम्बन्ध है, तो फिर इस बारे में उनकी भावनाएँ कैसे होतीं। मान्टरो नामक पर्यटक ने कुछ अफ्रीकावासियों के सम्बन्ध में लिखा है कि वे प्रेम, अनुराग और ईर्ष्या नाम की किसी भावना को नहीं जानते, उनकी भाषा में इन भावनाओं के लिए कोई शब्द नहीं था। ईर्ष्या और प्रेम बहुत बाद की उपजें हैं। जब मनुष्य जाति की बहुत उन्नति हुई और उसमें जोड़े के विवाह के युग का उदय हुआ, तभी कहा जा सकता है कि प्रेम और साथ ही ईर्ष्या का उदय हुआ। हमें बाद को इन दोनों शब्दों को बहुत इस्तेमाल करना है, इसलिए संक्षेप में इनकी परिभाषा भी कर दें। हमारी पुस्तक के लिए प्रेम शब्द का अर्थ वही होगा जो अर्थ तोल्स्तोय की एक पुस्तक 'क्रायत्सेर सोनाता' (Kreutzer sonata) के एक पात्र ने इसकी परिभाषा करते हुए बताया है, यानी एक व्यक्ति दूसरे व्यक्ति को दूसरों के मुकाबले सम्पूर्ण रूप से अपने लिए चाहे, तो वह प्रेम है। जब इसमें कोई बाधा होती है, तभी ईर्ष्या का उद्‌गम हुआ। इस अर्थ में सारे यौथ समाज के युग में यह चाहे बाधाहीन मैथुन का युग रहा हो, या उसके बाद आनेवाली कुछ थोड़ी-सी बाधाओं के साथ मैथुन का युग, ये दोनों भावनाएँ बिल्कुल अज्ञात थीं।

आज की अवस्था में प्रेम और ईर्ष्या जैसी भावनाओं से रिक्त समाज की कल्पना करना बहुत कठिन ही नहीं, करीब-करीब असंभव है, पर यह एक ऐतिहासिक तथ्य है कि ऐसा युग मौजूद था। जब एक पुरुष को इस बात की कतई फिक्र नहीं होती थी कि जिस स्त्री के साथ उसका अभी सम्बन्ध है, उसे कोई भी लेकर चल दे, यानी वह स्त्री किसी और के साथ चल दे, तो उसे ईर्ष्याबोध नहीं होता था।

वेदों-पुराणों में मातृगमन के उल्लेख

ऋग्वेद में अदिति के सम्बन्ध में यह जो स्थिति है कि अदिति के पुत्र तो थे, पर पति का कहीं पता नहीं है, यह उसी सोपान का सूचक है। पर इसके अतिरिक्त भी ऋग्वेद में ऐसे उल्लेख हैं जिनके आधार पर यह अनुमान किया जा सकता है कि माँ और बेटे में नहीं तो भाई और बहन में संगम जारी था। जिस युग में माँ और बेटे या पिता और पुत्री में संगम होता था, उस युग की स्मृति को बाद के युग में बहुत सावधानी के साथ और सज्ञात तरीके से साहित्य से मिटा दिया गया है। फिर भी कुछ उदाहरण मिटते-मिटते रह ही गए हैं। एक तो प्रजापति की अपनी कन्या पर बलात्कार करने की बात (ऋग्. 6/55/5) है, दूसरा पुषाण अपनी माँ

(ऋग्. 7/78/3) से प्रेम निवेदन कर रहे हैं। इनके अतिरिक्त उषा अपने पिता सूर्य के साथ रमण करती है। इस अन्तिम उदाहरण को कविता करके उड़ा तो दिया जा सकता है, पर जिस समाज में इस तरह की कविता अच्छी या सुरुचिसम्पन्न या 'गुडटेस्ट' समझी जाए, उसमें मातृगमन के उदाहरणों की स्मृति का अवशेष मौजूद था, यह कहा जा सकता है। डॉक्टर प्राणनाथ ने यौथ विवाह के कुछ उदाहरणों के आधार पर यह अनुमान लगाने का साहस किया है कि वेदों की उत्पत्ति सुमेरो-मिस्री है। हम इस तर्क में यहाँ नहीं पड़ सकते, पर यह बता चुके हैं कि यौथ विवाह, मातृगमन या भगिनीगमन किसी समाज विशेष की प्रथा नहीं, बल्कि सभी समाजों में किसी न किसी युग में रही होगी। पर बहुत बाद के पुराणों में कहीं-कहीं ऐसी बात आ जाती है, जिससे यह अनुमान किया जा सकता है कि ऐसे समय की स्मृति कुछ न कुछ बाकी थी और उन्हीं के आधार पर ऐसी कथाएँ प्रचलित हैं। महाभारत के अनुशासन पर्व में उत्तर कुरु में स्त्रियों के स्वच्छन्द होने की बात लिखी गई है। इसके अतिरिक्त कर्ण ने शल्य के उपहास का जवाब देते हुए जो कुछ कहा है, उसका निष्कर्ष यह है कि मद्र देश में यौन-सम्बन्ध पर कोई रोक-टोक नहीं थी।

देवी से उत्पत्ति

देवी भागवत में देवी जगत की उत्पत्तिकारिणी मानी गई है। उस पुस्तक के अनुसार श्रीदेवी से ही जगत की उत्पत्ति हुई है। देवी के हाथ में एक छाला पड़ा और उसी छाले से ब्रह्मा की उत्पत्ति हुई। देवी ने ब्रह्मा से कहा कि तू मुझसे संगम कर। इस पर ब्रह्मा ने कहा कि तू मेरी माता लगती है, भला मैं तेरे साथ यह काम कैसे कर सकता हूँ। इस पर देवी कुपित हुई और उन्होंने उनको उसी समय भस्म कर दिया। इसी प्रकार देवी ने विष्णु को उत्पन्न किया, और उससे भी यही अनुरोध किया। उसने भी देवी की इच्छा का पालन करने से इन्कार किया, तदनुसार देवी ने उसको भी भस्म कर दिया। इसके बाद महादेव उत्पन्न हो गए। महादेव ने अपने पूर्ववर्तियों की हालत देखकर एक बीच का रास्ता निकाला और देवी से कहा कि तुम्हारे इस शरीर से तो मैं ऐसा नहीं कर सकता, और मैं भी दूसरा शरीर धारण करूँ तभी ऐसा हो सकता है। फिर महादेव ने पड़ी हुई राख को देखकर पूछा कि यह सब क्या है। इस पर देवी ने ब्रह्मा और विष्णु को भस्म करने की सारी कहानी सुनाई। इस पर महादेव ने कहा कि जो हुआ सो हुआ, मैं अकेला नहीं रह सकता। अतएव तुम मेरे लिए उनको जिला दो और उनके लिए दो स्त्री और उत्पन्न करो। ऐसा ही हुआ। इसके बाद इन्द्र आदि देवता बनाए गए और फिर तो संसार-चक्र चल निकला।

इसमें सन्देह नहीं कि यह कहानी बिल्कुल गपोड़े की श्रेणी की है। पर जैसा

कि हम अन्यत्र लिख चुके हैं, महान से महान काल्पनिक उड़ानों में भी मनुष्य वास्तविकता से कुछ न कुछ बँधा होता है। हम तो इस कहानी में प्रागैतिहासिक समाज की स्मृति ही पाते हैं। स्वामी दयानन्द ने इस कहानी को उद्धृत कर जिस प्रकार खिल्ली उड़ाई है, उसका हम कोई कारण नहीं पाते। यदि हम ऐतिहासिक दृष्टि से किसी घटना को देखें और इस फ्रेंच कहावत को याद रक्खें कि सब कुछ समझ जाना, सब कुछ क्षमा कर देना है तो हमें इसमें कोई भोंडी बात नहीं मिलती। खोजने पर शायद ऐसे उदाहरण शास्त्रों में और मिलें, जिनकी तह में माता और पुत्र तथा कन्या और पिता के संगम की स्मृति प्रस्तरीभूत मिले। ब्रह्मा के विषय में जो कहानी है कि उनके मस्तिष्क से सरस्वती का उदय हुआ, और फिर वही उनकी स्त्री हुई, यह भी इसी श्रेणी की है।

ईरान में आदिम प्रथाएँ

ईरानियों के साहित्य में भी मातृगमन तथा भगिनीगमन के युग का पता मिलता है। इन उल्लेखों की अन्य प्रकार से व्याख्या करने की यथेष्ट चेष्टा, विशेषकर पारसियों की ओर से हुई है। इन उल्लेखों को मिटाने के लिए कुतर्क या सरासर धोखे का सहारा लिया गया है। स्वर्गीय एरवदजी कवासजी एदलजी कंगा ने वेन्दीदाद के ऐसे ही एक उल्लेख की जिस प्रकार जानबूझकर अपव्याख्या की है, उसका पर्दाफाश जे. एस. तारापुरवाला ने किया है। वह कहते हैं कि डॉक्टर जान विल्सन तथा अन्य मिशनरियों से बचाव करने तथा आजकल के पारसियों को बिदकने से बचाने के लिए उन्होंने ऐसा किया। जो भी हो, इसमें सन्देह नहीं कि कई प्राचीन पारसी पुस्तकों में ऐसे उल्लेख हैं, जिनसे ज्ञात होता है कि किसी युग में ईरानियों में से रव्वायतदास पद्धति यानी निकट सम्बन्धियों में विवाह करने की प्रथा थी। ग्रीक, रोमन, आरमिनियन, अरब, चीनी लेखकों ने ईरान में इस प्रकार की प्रथाओं के बाद तक होने का उल्लेख किया है। इ. डब्ल्यू वेस्ट नामक विद्वान ने यह लिखा है कि रव्वायतदास की प्रथा अवश्य ही मौजूद थी। बाद को इस शब्द का अर्थ चचा की लड़की से शादी का लिया जाने लगा, पर पहले इसका अर्थ व्यापक था। बाद के ईरानी लेखों में यद्यपि इस शब्द का यही अर्थ है, पर पहले के युग में इसका अर्थ कुछ और था, इसमें वेस्ट को कोई सन्देह नहीं है। ऐसा विवाह बुरी दृष्टि से नहीं देखा जाता था। इसी से ज्ञात है कि बाद को जब इसका सूक्ष्मीकृत रूप चचा की लड़की के साथ शादी का हो गया, उस समय इस प्रकार शादी करनेवाले इतने पवित्र समझे जाते थे कि यदि और कोई अग्नि न मिल सके तो इनके सामने प्रार्थना की आवृत्ति का विधान है। वेन्दीदाद में एक उल्लेख आया है कि कैसे मुर्दे का संस्कार करके आए हुए लोगों को शुद्ध किया जाय। इसमें यों लिखा है कि छोटे या बड़े जानवर का पेशाब हो, पुरुष तथा स्त्री का मूत्र न हो। हाँ, इसके दो

अपवाद हैं। एक तो ऐसा पुरुष जो ख्वायतदास है या ऐसी स्त्री जो ख्वायतदासी है, ये लोग पेशाब करें और मुर्दे का संस्कार करनेवाले इसमें अपने बालों तथा शरीरों को धो लें। केगारजी ने इसकी खींचातानी कर अन्य अर्थ किया है, पर न तो कोई पाश्चात्य विद्वान न तारापुरवाला ही इस अर्थ का समर्थन करते हैं। जो भी हो, इसमें सन्देह नहीं कि किसी युग में ऐसे लोग अच्छे समझे जाते थे। बार्थ्यलोम्यु (Bartoholomew) ने इस प्रकार के सम्बन्ध का उदाहरण देते हुए लिखा है कि राजा विस्तारस्य की रानी हुतोवोसा उनकी बहिन थी। हरलेज नामक विद्वान ने स्पष्ट लिखा है कि ईरान के धर्मशास्त्रों में इस प्रकार के अगम्यागमनयुक्त विवाह करनेवालों को विशेष महिमा का अधिकारी बतलाया गया है। तारापुरवाला समझते हैं कि ईरानी धर्मशास्त्रों में निःसन्देह ऐसे उल्लेख हैं जो ऐसे विवाहों का होना बताते हैं, पर साथ ही यह बताते हैं कि चूँकि यह उल्लेख बाद के हैं, इसलिए ईरानी धर्म के पतन के बाद ही ये बातें हुई होंगी। (*Silvere jubclee volume of the Bhandarkar institute P. 568*) ठीक इसी प्रकार की हालत हम वेद और महाभारत में देखते हैं कि स्वयं वेदों में मातृगमन तथा भगिनीगमन के उदाहरण स्पष्ट हैं, पर महाभारत में जैसा कि हम बाद को देखेंगे, ढेरों उदाहरण इन दोनों तरीकों विशेषकर भगिनीगमन के मौजूद हैं। मिहिर कुल के गांधारी ब्राह्मणों में निकट-विवाह की मातृकुल प्रथा मौजूद थी। भिहिरकुल ने जिस विवाह पद्धति को स्वीकार किया, उसके सम्बन्ध में भी कहा जाता है कि वह मातृकुलमूलक समाज के युग का था और ईरान के कुछ कबीलों में आम था। (*Bhandarkar Commemoration p. 78*) पाँचवीं-छठी सदी के भारतीय ग्रन्थकार पारसिक मातृकुल समाज का उल्लेख कर गए हैं।

जैनेसिस में उल्लेख

जैनेसिस नामक धर्मग्रन्थ में यह कहानी आती है कि जब महात्मा लूत अपने देशवासियों के दुराचारों से घबराकर ईश्वर की आज्ञा के अनुसार भाग गए, तो उनकी स्त्री ने ईश्वर ज्ञान के विरुद्ध पीछे मुड़कर देखा, इसलिए वह एक नमक के खम्भे में परिणत हो गई। तब लूत अपनी दो कन्याओं के साथ पहाड़ की एक खोह में रहने लगे। एक दिन बड़ी कन्या ने छोटी से कहा कि हम लोगों के पिता वृद्ध हो चुके हैं, और जिस प्रकार लोग और स्त्रियों के निकट आते हैं, इस प्रकार हमारे निकट कोई व्यक्ति आनेवाला नहीं है, इसलिए हम पिता को शराब पिला दें और उनके साथ सोएँ जिससे पिता का वंश चले। तदनुसार इन लोगों ने अपने पिता को शराब पिला दी और उनके पास बड़ी कन्या जाकर लेट गई। दूसरे दिन बड़ी ने छोटी से कहा कि देख कल मैं पिता के साथ लेट चुकी, आज फिर उन्हें शराब पिला और तू जाकर उनके साथ लेट। ऐसा ही किया गया। इस प्रकार दोनों कन्याएँ गर्भवती हुईं। बड़ी

कन्या के बेटे का नाम मुआव हुआ और उसी से मुआवी कबीला चला। इसी प्रकार छोटी कन्या से वेनअम्मी पैदा हुए और यही अम्मन नामक कुल के जनक हुए। कहना न होगा कि यह उदाहरण सामाजिक रूप से पितृगमन के दायरे में नहीं आ सकता, पर इससे इतना ज्ञात होता है कि यदि यह कथा ऐतिहासिक है, तो उस युग में उसकी जड़ें हैं। अभी तक पिता से सन्तान उत्पन्न करवाने की स्मृति बाकी थी। इस सम्बन्ध में यह भी द्रष्टव्य है कि इस प्रकार इन कन्याओं ने अपने पिता से जो सन्तान उत्पन्न करवाई, उसकी कहीं निन्दा नहीं है। जो कबीले उनसे उत्पन्न हुए बताए जाते हैं, वे किसी प्रकार घटिया नहीं समझ गए।

अन्य उदाहरण

उन्नीसवीं शताब्दी में भी बहुत-सी जंगली जातियाँ ऐसी मौजूद थीं जिनमें पिता और कन्या, माता और पुत्र में यौन संगम स्वाभाविक समझा जाता था और इसके लिए न तो किसी को शर्मिन्दा होना पड़ता था और न कोई प्रायश्चित करना था, और न ही कोई सजा भुगतनी पड़ती थी।

वेक्राफ्ट ने अपनी पुस्तक 'The native races of the pacificastates of North America' में जो विवरण दिया है, उसके आधार पर एंगेल्स ने यह लिखा है कि वेअरिंग डमरू मध्य की कावियाक, अलास्का के पास के काडियाक और उत्तर अमेरिका की टीने जातियों में इस प्रकार का संगम प्रचलित है। इसी प्रकार लतुर्नो ने बर्मा की कारेन, चिली की क्युक्स आदि जातियों के सम्बन्ध में यह लिखा है कि उनमें भी यह प्रथा आम है। ग्रीकों और रोमनों ने यह लिखा है कि पार्थियन ईरानी, हूण तथा शक जातियों में यह प्रथा थी। (*Origin of family, p.28*)

इस प्रथा की बात सुनकर हमें आज चाहे जितनी घृणा हो, उस आदिम युग का यही सदाचार था, क्योंकि मौलिक रूप से सदाचार शब्द का अर्थ है सत, यानी उस समय अच्छे समझे जानेवाले लोगों का आचार। प्रचलित सदाचार एक नियन्त्रण था। यह नियन्त्रण चाहे सारे समाज के हक में हो या वर्ग विशेष के हक में हो। उस युग के लिए यही स्वाभाविक था।

मनुष्य अभी-अभी पशुओं से अलग हुए थे। इसका अर्थ यह नहीं है कि सब पशुओं में मातृगमन या कन्यागमन एक आम घटना है, बल्कि अधिकतर पशुओं में यह बात बहुत कम पाई जाती है। अवश्य इससे यह स्थापित करने या अनुमान करने की चेष्टा न की जाय कि कोई आन्तरिक या चिरन्तन प्रकृतिगत सदाचार ऐसा है जो पशुओं को भी इस व्यवहार से रोकता है, बल्कि इसमें सबसे बड़ा बाधक यह है कि एक पुश्त दूसरी पुश्त से स्वाभाविक तौर पर यौन सम्बन्ध स्थापित करने के लिए आकृष्ट नहीं होती। ऐसा अनुमान किया जा सकता है कि यह आदिम अवस्था मनुष्यजाति में बहुत जल्द ही समाप्त हो गई और मातृगमन और

कन्यागमन और चूँकि उस युग में कौन किसका बाप है, यह पता नहीं लगता था, इसलिए यह कहना चाहिए कि एक पुश्त के साथ अगली पुश्त का यौन सम्बन्ध बुरा समझा जाने लगा और उस पर रोक लगा दी गई। द्रष्टव्य है कि कई चिड़ियों में इसी प्रकार एक पुश्त अगली पुश्त से अलग रहती है और बच्चों का अपने माँ-बाप से अलग पोषण होता है। (*Mutual Aid, P. 82*)

गुरुभार्यागमन

गुरुभार्यागमन को यों मातृगमन के ही तुल्य माना गया है, पर ऐतिहासिक दृष्टि से गुरुभार्यागमन, यदि गुरु, पिता या चेला आदि कोई रिश्तेदार नहीं है, साधारण व्यभिचार की श्रेणी में आता है। जो भी हो, महाभारत में इसके अनेक उदाहरण हैं। चंद्रमा ने अपनी गुरुपत्नी तारा के साथ व्यभिचार किया था। इससे बुध नामक एक लड़का उत्पन्न हुआ। तब गुरु और चेला इस पर लड़े कि लड़का किसका है। अन्त में तारा के कहने पर झगड़े का फैसला हुआ। इसी प्रकार उत्तम नामक एक चेलाराम ने अपनी गुरुपत्नी के साथ ऋतु-शान्ति के लिए समागम किया। जैसा हम बता चुके, ऐसे उदाहरण बहुत हैं। जब चेले घर-द्वार छोड़कर बहुत अधिक उम्र तक ब्रह्मचर्य धारण कर गुरु के घर में रहते थे, तो यह व्यवहार स्वाभाविक था। हमने इसको यों ही मातृगमन के साथ गिना दिया, पर यह केवल आलंकारिक अर्थ में ही मातृगमन समझा जा सकता है।

विमातागमन

लिखा है कि मुहम्मद के पहले के अरब में मन्सूर इब्बन जबन नामक एक व्यक्ति था, जिसने इस्लाम कबूल करने के पहले अपने मृत पिता की भार्या यानी विमाता से विवाह किया था। इस्लाम कबूल करने के बाद भी यह शादी कायम रही। (*The social contract and the Islamic state by Ilias Ahmad, p. 30*)

भगिनीगमन का युग

इसके बाद के युग में जिसमें हम आज रहते हैं, उस पुश्त के साथ पुत्र, कन्या की पुश्त का संगम मना हो गया, पर इन पुत्र-कन्याओं में आपस में यानी हमारी आज की भाषा में भाइयों और बहनों में आपस में शारीरिक संगम नियमित समझा गया। इस सोपान में एक पुश्त के सब लोग एक दूसरे की स्त्री और पति समझे जाने लगे। जिनको हमारी भाषा में भाई, बहन, चचेरा भाई, चचेरी बहन, फुफेरा भाई, फुफेरी बहन इत्यादि कहेंगे, ये सब इस नए युग में एक दूसरे की स्त्री और पति हो गए। इसी प्रकार चाचा, चाची, फूफा, फूफी, माँ-बाप ये सब इस युग में एक दूसरे के स्त्री और पति हुए। प्राचीन बाधाहीन शारीरिक संगम के युग से इस

युग में परिवर्तन एकाएक न हुआ होगा, बल्कि ऐसा होने में सैकड़ों वर्ष लग गए होंगे। ऐसा अनुमान किया गया है कि यह पहली रोक पुश्तों के अन्दर अबाध मैथुन के कारण जो गड़बड़ी उत्पन्न होती थी, उसको दूर करने के लिए उत्पन्न हुई होगी।

भाई और बहन में सामाजिक रूप से स्वीकृत यौन सम्बन्ध की बहुत-सी स्मृतियाँ प्राचीन साहित्यों में मौजूद हैं। जर्मनों की एक पुरानी गाथा में इस प्रकार की एक कथा थी। इस पर वागनर नामक सम्पादक ने यह लिख मारा कि भला यह भी कभी हो सकता है कि बहन और भाई में इस प्रकार का सम्बन्ध हो और बहन भाई की बीवी हो जाय। इस पर मार्क्स ने टिप्पणी करते हुए लिखा कि जनाब, आपको याद होना चाहिए कि उस आदिम युग में बहन भी भाई की स्त्री होती थी और यही उस समय की नैतिकता थी।

यम-यमी की कथा

ऋग्वेद की यम-यमी की कथा भी ऐसे ही युग की स्मृति है। यमी यम की बहन है, पर वह यम से कहती है कि तुम मेरे साथ पति का व्यवहार करो। इस पर यम रांजी नहीं होता और वह मना कर देता है। यम ने कहा—हम तुम भाई-बहन हैं, वरुण यह सब देख रहे होंगे, अतएव यह नहीं हो सकता। इस पर यमी क्रुद्ध हो जाती है और कहती है कि धर्म के विषय में बढ़-बढ़कर बातें करते हो, पर पहले युग में धर्म का क्या स्वरूप था, यह तुम क्या जानो। यानी दूसरे शब्दों में यमी यम से कहती है कि यह जो नया सदाचार है, उसके अनुसार तुम्हारा-हमारा आलिंगन भले ही गर्हित समझा गया हो, पर प्राचीन सनातन धर्म के अनुसार इसमें कोई दोष नहीं है। यहाँ इस कहानी में यमी को यम को वरण करने वाली के रूप में दिखलाया गया है। पर नहीं, स्त्री यहाँ भी प्राचीन सनातन धर्म की परिपोषिका के रूप में है। पुरुष उसे नए धर्म की ओर खींच रहा है, पर वह प्राचीन सनातन धर्म की दुहाई देती है। हमें ज्ञात है कि हिन्दू धर्मशास्त्र में यम धर्मराज समझे गए हैं। इसका कोई कारण अवश्य होना चाहिए। कारण यह हो सकता है कि यम ने अपने आचरण के द्वारा भाई-बहन के मैथुन पर समाज द्वारा लगी हुई रोक को दृढ़ बनाकर अन्तिम कर दिया। इसलिए वह धर्मराज समझे गए। सन्देह नहीं कि समाज के इतिहास में यह एक बहुत बड़ा अगला कदम था और इसके कारण यदि यम धर्मराज समझे गए तो कोई आश्चर्य नहीं।

ए. विन्टर इस सम्बन्ध में लिखते हुए, इस कथा की तुलना एक लेट लोकगीत से करते हैं, जिसमें एक भाई अपनी बहन को अगम्यागमन के लिए बहकाता है। मालूम होता है, विन्टर को केवल एक इसी बात का पता था। उन्हें यह पता नहीं था कि ऐसे सैकड़ों लोकगीत और अनुश्रुतियाँ हैं।

रुद्र-अम्बिका की कथा

इसी प्रकार रुद्र के विषय में हम देखते हैं कि अम्बिका पहले उनकी स्त्री नहीं, बल्कि बहन थी। पर बाद को चलकर वह उनकी स्त्री मानी गई। (*Cultural heritage of India* जिल्द-2, पृ. 106)

अन्य उदाहरण

इस कथा में भी उस युग की स्मृति ज्ञात होती है, जिस समय मातृगमन और भगिनीगमन ही समाज का सदाचार माना जाता था। पुराणों में इसके बहुत से उदाहरण हैं कि भाइयों और बहिनों में शादी हुई। श्री भगवतशरण उपाध्याय ने उनकी एक पूरी सूची तैयार कर दी है। वेण के पिता अंग ने अपनी पितृकन्या सुनिता से विवाह किया था। विप्रचित्ति ने अपने पिता कश्यप की कन्या सिंहिका से विवाह किया था...। मनु ने (जो विवस्वान के पुत्र थे) विवस्वान की कन्या श्रद्धा से विवाह किया। नहुषऐल ने इसी प्रकार अपनी पितृकन्या से विवाह किया, जिससे ऋग्वेद में उल्लिखित ययाति पैदा हुए। अमावस्तु ऐल की पितृकन्या ने उनको पति रूप में वरण किया। ययाति के ससुर ने अपनी पितृकन्या से विवाह किया। देवयानी की बड़ी बहन देवी ने वरुण नामक एक व्यक्ति से विवाह किया, जो शक्रउसनस के प्रत्यक्ष वंशज होने के कारण या तो उनके भाई, वैमात्रेय भाई या चचाजाद ताऊजादि भाई थे। अंगिरसों में भरत ने अपनी तीन बहनों से शादी की। हेमवती दृश्द्वती ने अपने पिता के पुत्रों से विवाह किया। मान्धाता के पुत्र ने अपनी पितृकन्या नर्मदा से विवाह किया। सगर के पौत्र ने यशोदा नामक अपनी पितृकन्या से शादी की। अध्यापक सरकार का कहना है कि दशरथ ने जो कौशल्या से शादी की, वह उनकी चचेरी बहन लगती थी।..कृष्णद्वैपायन व्यास के पुत्र शुक ने अपनी पितृकन्या से विवाह किया, ऐसा हरिवंश में आता है। राजा जीत ने 10 बहनों से विवाह किया। श्रंजदी ने अपने पिता की दो पुत्रियों से शादी की। सात्वत ने जो सात्वती से शादी की, वह भी उसके कुल की स्त्री (नजदीकी) रही होगी। उनके प्रपितामह का विवाह एक ऐक्ष्वाकी से हुआ और फिर उनके पुत्र ने एक ऐक्ष्वाकी कौशल्या से विवाह किया। जातकों में भी इस प्रकार के उदाहरण हैं...एक जातक कथा के अनुसार सीता और राम भाई-बहन थे।....कृष्ण के यमज भाई के सम्बन्ध में कहा जाता है कि उन्होंने द्वितीय पति से उत्पन्न अपनी माँ की लड़की से शादी की। काशी के उदयभद्र ने अपनी विमाता की कन्या उदयभद्रा से विवाह किया।

विष्णु पुराण में सृष्टि का जो क्रम बतलाया गया है, उसके अनुसार ब्रह्मा ने भृगु, पुलस्त्य, पुलह, कृतु, अंगिरा, मरीचि, दक्ष, अचि, और वशिष्ट—इन अपने ही सदृश मानस पुत्रों की सृष्टि की। फिर ख्याति, भूति, सम्भूति, क्षमा, प्रीति, सन्नति, ऊर्जा, अनसूया तथा प्रसूति—इन नौ कन्याओं को उत्पन्न किया और इन्हें

इन महात्माओं को सौंप दिया। ब्रह्मा ने "तुम इनकी पत्नी बनो" कहकर इन कन्याओं को उन्हें सौंपा (विष्णु पुराण 1/7)। इस कथा में भी आदिम सृष्टि के भगिनीगमनमूलक सोपान की स्मृति मौजूद है।

शाक्यों में इस युग में भाई-बहन की शादी एक आम बात थी और इसमें कोई आपत्ति नहीं करता था। पसेनदी के पिता महाकौशल ने अपनी कन्या कौशल देवी को राजा बिम्बिसार से ब्याहा था और राजकुमारी वजीरा का विवाह उनके चचेरे भाई अजातशत्रु से हुआ था।

बौद्ध काल में कई कबीलों में बहन के साथ विवाह की प्रथा मौजूद थी, ऐसा डॉक्टर विमलाचरण लाहा ने लिखा है। इसमें आश्चर्य नहीं है, क्योंकि इन समाजों में बहुत बाद तक वह अवस्था रही। वैदिक आर्यों में बहुत पहले ही करीब-करीब कबीलों का लोप होकर राष्ट्र का उदय हो चुका था।

अन्य सभ्य जातियों में

अन्य कई सभ्य जातियों में भगिनीगमनमूलक समाज का पता चलता है। मिस्र के फरऊन अपनी सगी बहन के साथ विवाह करते थे। इसका कारण यह बतलाया जाता है कि वे अपने रक्त में दूसरे रक्त का सम्मिश्रण नहीं करना चाहते थे, क्योंकि उनका रक्त देवताओं का रक्त था। असली बात यों है कि मिस्र का सारा समाज ही पहले के सब समाजों की तरह भगिनीगमनयुक्त सोपान से गुजर चुका था, पर राजपरिवार में यह प्रथा प्रस्तरीभूत होकर अभी तक मौजूद थी। इसका कोई न कोई कारण होगा, पर फिर इस प्रथा का टूटना आवश्यक हो गया। अफ्रीका के मैथुन प्रदेश की रानी के पति की जब मृत्यु हो गई, तो उसने अपने कई लड़कों से शादी कर ली। पेरू में रोका इन्का के वंशधर छठे और सातवें इन्का ने अपने बेटे और बेटी का एक दूसरे के साथ विवाह कर दिया था। लंका द्वीप के वेद्दा भी अपनी बहन के साथ शादी करते रहे। श्याम के राजवंश में भी यही प्रथा है।

जब नृतत्वादियों ने जंगली जातियों के सम्बन्ध में अनुसन्धान शुरू किया, उस समय बहुत कम समाज ऐसे मिले, जिनमें अभी तक मातृगमन या भगिनीगमन प्रचलित था। अवश्य हवाई तथा पोलिनेशिया के बहुत से स्थानों में मारगन तथा नृतत्वविदों ने ऐसे बहुत से समाज पाए, जिनमें यह प्रथा मिट चुकी थी, पर रिश्तेदारी-द्योतक शब्द तथा सम्बन्ध प्रचलित मिले, जिनसे यह बोध होता है कि अनुसन्धान के समय प्रचलित समाज-पद्धति के ऐन पहले मातृगमन और भगिनीगमनमूलक यौथ समाज मौजूद था। जो भी हो, समाज में पुत्र-माता और पुत्र-पुत्री में यौन सम्बन्ध का जो निषेध हुआ, वह आसान था, क्योंकि उसमें दोतरफा प्रवृत्ति होना कठिन था। युवती अपने पिता, चाचा या मामा के साथ यौन सम्बन्ध बनाने के बजाय अपने किसी समवयस्क पुरुष से इस प्रकार का सम्बन्ध स्थापित

करना अधिक पसन्द करती होगी। यही बात पुरुष के लिए भी होगी। पर भ्राता और भगिनी में यौन सम्बन्ध का निषेध अपेक्षाकृत कठिन था, क्योंकि वे समवयस्क होते थे। जिन्होंने पशुओं को थोड़ा भी ध्यान से देखा है, वे जानते हैं कि उनमें बाल-क्रीड़ा एक सोपान में पहुँचकर प्रेम-क्रीड़ा में परिणत हो जाती है।

परिवर्तन के बीज

भ्राता और भगिनी में यौन सम्बन्ध का निषेध किस प्रकार उद्‌भूत हुआ, इस बारे में अनुमान यह है कि पहले किसी-किसी क्षेत्र में एक माता की सन्तानों में पारस्परिक यौन सम्बन्ध बन्द हो गया होगा, और जब इसका परिणाम अच्छा हुआ होगा, तब धीरे-धीरे इसका अनुकरण समाज में व्याप्त हो गया होगा। मातृगमन और कन्यागमन के निषेध में यौन सम्बन्ध के मामले में अपनी-अपनी पुश्त के प्रति पक्षपात की मनोवृत्ति ने निषेधात्मक काम किया होगा, पर इस नए निषेध के पीछे कौन-सी ऐसी बात थी जिसने न केवल काम किया, बल्कि धीरे-धीरे इसने इस प्रथा को मिटा ही दिया।

जब हम इस पर विचार करते हैं, तो ज्ञात होता है कि इस प्रकार बाहर यौन सम्बन्ध बनाने के कुछ विशेष फायदे थे, वह यह कि रिश्तेदारी की परिधिं बढ़ जाती थी और उस युग में जिस में किसी एक रिश्तेदारी का अन्तर्भुक्त होना ही एकमात्र दुर्बलता थी, इसकी महत्ता की हम कल्पना कर सकते हैं। धीरे-धीरे यही पद्धति उन्नति करते-करते कबीले के बाहर विवाह में परिणत हो गई।

सभ्यता का क्रम

मारगन ने इस नए निषेध की विजय को प्राकृतिक निर्वाचन की विजय बताया। एंगेल्स ने इस पर लिखा है : "इस विषय में कोई प्रश्न नहीं उठ सकता कि जिन कबीलों में अपने ही भीतर यौन सम्बन्ध को रोक दिया गया, वे तेजी के साथ बढ़े और जिन समाजों में भाई और बहन में यौन सम्बन्ध बचे रहे, उनके मुकाबिले उनकी दिन-दूनी रात चौगुनी उन्नति हुई। इस प्रगतिमूलक कदम का कितना भारी प्रभाव हुआ, यह हम उस संख्या में देख सकते हैं जिसका विकास इसी पद्धति से हुआ। यानी जेन्स या जन, गण, गोत्र में देख सकते हैं। संसार के सभी समाजों में, कम से कम अधिकांश समाजों में यही संस्था आधार रूप में रही, ग्रीस और रोम में इस अवस्था के बाद ही सभ्यता का उदय हुआ (*Origin of Family by Engels, p. 3031*)

डार्विन ने 'Animals and plants and domestication' में लिखा है कि बहुत दिनों तक निकट सम्पर्क में शादी-ब्याह या यौन सम्बन्ध होते रहने से उस वंश की हानि होती है। कद छोटा हो जाता है, प्रजनन की सामर्थ्य घट जाती है और

अक्सर तो अंग विकृति की ओर प्रवृत्ति होती है। डार्विन ने जीव-जगत और वनस्पति जगत दोनों के आधार पर ऐसा बतलाया था।

क्रोपाटकीन ने भागिनीगमन पर रोक लगने का एक कारण यह भी बतलाया है कि यह प्रथा कई दृष्टि से नस्ल की उन्नति में बाधक थी। रहा यह कि यह बात लोगों की समझ में आ गई होगी, तो एक अनुमान तो यह है कि जिन लोगों ने पुराने रिवाज को छोड़कर भगिनी से इतर स्त्रियों से सम्बन्ध किया, उनकी श्रेष्ठता को देखकर दूसरे समझ गए होंगे और दूसरा अनुमान यह है कि जंगली लोगों में भी कुछ 'सयाने' लोग इस चीज को समझ गए होंगे और उन्होंने ही इस नए मत का प्रचार किया। (*Mutual Aid, पृ. 82*)

यौथ स्त्री-पुरुष सम्बन्धों का युग

सच कहा जाए तो जोड़े के विवाह के युग से पहले के सारे युगों को ही यौथ विवाह का युग कह सकते हैं, क्योंकि इन युगों में कोई एक पुरुष किसी एक स्त्री का पति या कोई एक स्त्री किसी एक पुरुष की पत्नी नहीं होती थी। पहले अर्थात् मातृगमन के युग में एक कबीले के सब पुरुष उस कबीले की सभी स्त्रियों के सामूहिक रूप से पति होते थे। इसके बाद के युग अर्थात भगिनीगमन के युग में एक पुश्त के सभी पुरुष उस पुश्त की सभी स्त्रियों के सामूहिक रूप से पति होते थे। इस प्रकार ये दोनों युग यौथ विवाह के युग थे।

यौथ विवाह का ढंग बदला

इसके बाद के युग में भी यौथ विवाह रहा, पर उसका ढंग कुछ बदल गया। हवाई में मारगन ने जिस समाज का पता लगाया था, उसमें सगी यानी एक माँ से उत्पन्न बहनें तथा जिन्हें हम चचेरी, मौसेरी, फुफेरी कहेंगे, इन सबके एक पतिसमूह होते थे, पर इस पतिसमूह में अब भाइयों का स्थान नहीं रहा। पहले भाई और पति एकार्थवाची था, पर बाद को जब समाज पर यह नया निषेध लग गया या नई मर्यादा लागू हुई, उस समय हवाई द्वीप के समाज में वह भाई नहीं, बल्कि पुनलुआ यानी अन्तरंग साथी हो गया। इसी प्रकार पुरुषों की जो सामूहिक पत्नी-मण्डली होती थी, उसमें उनकी अपनी बहनें नहीं होती थीं। ये स्त्रियाँ भी एक दूसरे को पुनलुआ कहती थीं। इस प्रकार इस पद्धति में पहले के मुकाबिले केवल यही उन्नति हुई कि यौथ विवाह का सम्बन्ध वैसा ही रहा, पर अब भाई और बहन में पति-पत्नी सम्बन्ध नहीं हो सकता था।

अमेरिका में इस समाज का जो पता चला है, उसके मुताबिक एक स्त्री की बहन के या आज की भाषा में मौसियों के लड़के एक दूसरे के लड़के हैं, इस प्रकार भाइयों के लड़के भी एक दूसरे के लड़के हैं और ये सब एक दूसरे के भाई और बहन हैं। स्मरण रहे कि यों तो अब भी हमारे देश में मौसेरे और चचेरे भाई आपस में भाई ही होते हैं, पर अमेरिका के आदिम समाज में ये सचमुच भाई होते थे, यानी किसी प्रकार का प्रभेद नहीं किया जाता था। भगिनीगमन मूलक समाज में

भाइ और बहन के लड़के एक ही होते थे, क्योंकि वे एक दूसरे के पति-पत्नी होते थे, पर अब भाई का लड़का बहन का लड़का नहीं, बल्कि भतीजा और बहन का लड़का भाई का भांजा हो गया। स्पष्ट भाषा में यों कि अब बहनें एक दूसरे की सौतें नहीं (स्मरण रहे कि इस शब्द को हम सम्बन्ध के अर्थ में ही इस्तेमाल कर रहे हैं, पर अब तक ईर्ष्या की कोई बात नहीं है), भाई भी भाई के करीब हुए (यह भी उसी ईर्ष्याहीन अर्थ में)। इस प्रकार एक भाई का लड़का दूसरे भाई का लड़का है, तथा एक बहन का लड़का दूसरी बहन का लड़का है, पर भाई के लड़के न तो अब बहन के लड़के हैं और न बहन के लड़के ही भाई के लड़के हैं।

सभी यौथ विवाह पद्धतियों में—चाहे वह मातृगमन, भगिनीगमन या पुनलुआ हो, यह पता नहीं लग सकता कि लड़के या लड़की का बाप कौन है। उस युग में इसलिए लोगों का वंश माँ से गिना जाता था। यह कोई शौकिया बात नहीं थी, बल्कि ऐसी गणना इसलिए अनिवार्य थी कि किसी को यह पता नहीं होता था कि वह किस पुरुष का लड़का है।

भाषाविज्ञान की गवाही

भाषाविज्ञान की गवाही यह है कि आदिम समाज के सबसे पहले जिस जेन्स संगठन का पता हम पाते हैं, वह ग्रीक gyne, स्लाव जेना, गोथिक Guino, कोना, कूना से आया है। (*Origin of family, पृ. 124*) फारसी में ज़न शब्द स्त्रीवाचक है, संस्कृत में जन शब्द का सम्बन्ध जन—उत्पन्न करना धातु से है। इसी शब्द से बाद को चलकर कींग, जर्मन का केलिंग (Kolnig) आदि राजावाचक शब्द आए हैं। इससे सारे gen समाज की ही मातृमूलक उत्पत्ति सूचित होती है। ऋग्वेद में मातराः शब्द (3/33/3/7/2/5) पिता-माता के अर्थ में आया है। इससे भी सूचित होता है कि पहले लोग एकमात्र माता को ही जानते होंगे। इसके अतिरिक्त माता-पिता अथवा मातराः पितराः शब्दों में माता का ही नाम पहले आता है (ऋग्. 4/6/7)। श्री भगवतशरण उपाध्याय इसका अर्थ केवल यह लेते हैं कि माता का वैदिक समाज में अधिक सम्मान था, पर मातराः से जो पिता-माता दोनों का बाद में बोध होने लगा, इससे पितृमूलक समाज से पहले मातृकुल के होने का पता चलता है।

माँ किस प्रकार अपने कर्त्तव्य अदा करती थी, इसका इशारा हम पहले ही कर चुके कि उसे अपने सब पुत्रों का अर्थात् अपनी कोख के पुत्रों के साथ-साथ अपनी बहनों के (तथा जिस अर्थ में सौत शब्द का इस्तेमाल किया जाता है, उसकी शब्दावली में अपनी सौतों के) पुत्रों का पालन-पोषण आदि समभाव से करना पड़ता था। इस प्रकार अपनी कोख के पुत्रों के प्रति पक्षपात रखने की भावना अभी उत्पन्न नहीं हुई थी। जिसे सौतिया डाह कहते हैं या रकाबत की जलन कहते हैं, वह भी उस युग में मौजूद नहीं थी। अभी हाल के समय तक कई जंगली जातियों

में यह देखा गया कि सन्तान के परिपालन में मौसी माँ की ही तरह महत्त्वपूर्ण स्थान रखती है।

माँ से मौसी क्यों भली?

क्रोपाटकीन ने पुख्ता प्रमाणों के आधार पर लिखा है कि कई जातियों में ऐसा देखा गया है कि यदि एक बच्चा मर जाए, तो उसकी दूसरी माँ यानी मौसी भी परलोक में उसकी देखरेख के लिए उसके साथ चली जाती है। (*Mutual Aid, पृ. 247*)

मालिनोवस्की ने यह दिखलाने की चेष्टा की है कि पिता में पुत्र या पुत्री के प्रति प्रेम तभी होता है, जब पिता के साथ माता गर्भधारण काल में रहे। उनके अनुसार सन्तानवत्सलता का यही कारण है। मालिनोवस्की के शब्दों में, मानवीय पितृत्व जीवविज्ञान की दृष्टि से बिल्कुल व्यर्थ लगने पर भी प्राकृतिक गुणों तथा रक्षासम्बन्धी आवश्यकता की दृष्टि से गंभीर रूप से महत्त्वपूर्ण है। हम यौथ समाज में देखते हैं कि जिसे हम आजकल पिता कहेंगे, उसे एक तो उन दिनों यह पता नहीं लगता होगा कि किसी स्त्री में उससे गर्भ रह गया, दूसरा यदि पता भी लगता हो तो वह उसे विशेष महत्त्व नहीं देता होगा। सच बात तो यह है कि इस प्रकार के ज्ञान में उसे कोई दिलचस्पी नहीं हो सकती थी। जो भी हो, इस ज्ञान से भी बच्चों के प्रति उसके प्रेम में कोई पक्षपात की भावना नहीं थी। इसलिए जिसे आज के शब्दों में हम पैतृक प्रेम कहते हैं, वह बाद के पितृप्रधान समाज की उपज नहीं है। केवल इतना हुआ कि पहले शिशु प्रेम-व्यापक था, बाद को वह संकुचित हो गया। प्राकृतिक या चिरन्तन किसी घटक में उसका कारण ढूँढ़ने लग जाना व्यर्थ है।

सत्यकाम जावाल

भारतवर्ष में भी बल्कि भारतीय आर्यों में माँ से परिचय देने की बात बिल्कुल अज्ञात नहीं है, यद्यपि भारतीय आर्य जिस समय भारत में आए उस समय के यौथ समाज से बहुत आगे बढ़ चुके थे। छांदोग्य उपनिषद में सत्यकाम जावाल की कथा इस बात का प्रमाण है कि माता से परिचय देना अब भी बिल्कुल असंभव नहीं था। कथा यों है कि सत्यकाम अध्ययन के लिए ब्रह्मचारी बनने गए, तो उनसे गुरुजी ने पूछा कि तुम्हारे पिता का नाम क्या है? इस पर वह चुप रहे, क्योंकि इस सम्बन्ध में उन्हें कुछ बताया नहीं गया था। उन्होंने घर लौटकर अपनी माँ से यह बात पूछी, तो माँ ने बताया कि बेटा, जवानी में मुझे परिचारिका के रूप में घर से बाहर इधर-उधर बहुत घूमना पड़ा। उसी समय मैंने तुमको गर्भ में धारण किया। मैं यह नहीं बता सकती कि तुम किस कुल के हो, पर क्योंकि मैं जवाला हूँ, इसलिए तुम अपने को जावाल कह सकते हो। तुम अपने को सत्यकाम जावाल कहो। सत्यकाम ने जाकर यह बात ज्यों की त्यों अपने गुरु गौतम से बता दी। इस पर

गौतम ऋषि ने कहा कि सिवाय असली ब्राह्मण के कोई इस प्रकार सत्य नहीं बोल सकता, इसलिए मैं तुम्हें अपने शिष्यत्व में ग्रहण करूँगा।

इस कहानी से यह सूचित होता है कि छांदोग्य के युग में मातृकुल बिल्कुल अप्रचलित हो चुका था। केवल यही नहीं, माता से परिचय देने के लिए मजबूर होना समाज में बिल्कुल निन्दनीय समझा जाता था, पर अभी उसकी स्मृति बाकी थी और यह एकदम असंभव नहीं समझा जाता होगा। तभी तो गौतम ने, चाहे वे बहुत विख्यात ऋषि ही क्यों न रहे हों, यह साहस किया कि सत्यकाम को जावाल रूप में अपने शिष्यत्व में ले लें।

इस सम्बन्ध में यह भी द्रष्टव्य है कि यज्ञ में अपने कुल के पहले की दस मातृपरम्पराओं के उल्लेख का विधान है। (*Cultural heritage of India पृ. 168*) ज्ञात होता है कि इसमें भी उसी युग की स्मृति बाकी है, जिस युग में माँ की ओर से कुल चलता था। द्रष्टव्य है कि पिता का कहीं पता नहीं।

अन्य उदाहरण

इसी प्रकार मैत्रायणी संहिता (1/4/10) में एक व्यक्ति है जो कहता है कि मैं नहीं जानता कि मैं ब्राह्मण हूँ या अब्राह्मण हूँ, या जिस ऋषि का मैं बता रहा हूँ उसका हूँ या किसी और का हूँ...जो भी हूँ उसी को जानकर यजन कर रहा हूँ, मैं जैसा भी हूँ वैसा ही होकर कर रहा हूँ। इस समय भी इसका अवशेष भारतवर्ष के दक्षिण में प्रचलित मासमाक्काथोयाम और मुप्पु और पंजाब की माओवर प्रथा में है। इनमें से दक्षिण की प्रथा तो मालूम होता है आदिम द्राविड़ों से चली आ रही है। इसलिए उसे आर्यों के रिवाज के अवशेष के रूप में कहना उचित न होगा। यह भी द्रष्टव्य है कि महाभारत के समय में भी मद्र देश में भांजा उत्तराधिकारी होता था, ऐसा बतलाया गया है। दक्षिण के कुछ हिस्से में इस प्रकार का उत्तराधिकार अब भी प्रचलित है।

भारत के बाहर अरबों के बद्दू और अफ्रीका की तुआरी जाति में अब भी मातृक्रम है। बीड़ के अनुसार स्काटलैण्ड में मातृक्रम है। बीड़ के अनुसार स्काटलैंड में मातृक्रम का होना प्रमाणित है। तदनुसार पीक्ट लोगों की राजवंश परम्परा मातृकुल में चलती थी। मिसौरी के आठ कबीलों में से दो में 19वीं शताब्दी तक मातृकुल चलता था। जार्जियनों में भाई और बहन कहने के बजाय बहन और भाई कहते हैं। इसके अतिरिक्त वे अपने बाप को माँ कहकर बुलाते हैं। आसाम की जयन्तिया जाति में राजा के बाद उसकी बहन, जिसे कुआँरी या कुमारी कहते हैं, राज्याधिकारिणी समझी जाती है और कोई उच्चकुल का खासिया उसका पति चुना जाता है। इस प्रकार से कार्नेल डाल्टन के अनुसार इन लोगों में राज्याधिकार विशुद्ध खासिया रक्त में ही आबद्ध रखा है।

ऐसे समाज में अर्थव्यवस्था

संक्षेप में, हमें यह भी देख लेना चाहिए कि इस प्रकार के समाज में किस प्रकार की आर्थिक तथा उत्पादन सम्बन्धी व्यवस्था थी। इसमें सन्देह नहीं कि ऐसे समाज में स्त्रियों की ही प्रधानता होती थी। बात यह है कि स्त्रियों का उत्पादन में भाग होता था, और समाज की धनसम्पत्ति का यों तो समाज ही मालिक होता था, पर इस मिल्कियत की कार्यकत्री के रूप में स्त्रियाँ ही होती थीं। प्राचीन जर्मनों में स्त्रियाँ विशेष सम्मान की दृष्टि से देखी जाती थीं। प्रत्येक महत्त्वपूर्ण विषय पर स्त्रियों का मत लिया जाता था। बाद के युग में भी हम देखते हैं कि गाल में रोमन शासन के विरुद्ध वेलेडा नामक एक स्त्री ने विद्रोह का नेतृत्व किया था। जब तक जर्मन रोमनों के संम्पर्क में आकर बदल नहीं गए, तब तक घर में स्त्रियों का पूर्ण राज्य रहता था। पुरुष थोड़ी-बहुन खेती तथा शिकार करते थे। बाकी पशुपालन तथा खेती के बहुत से काम स्त्रियाँ करती थीं।

सम्पत्ति सामूहिक

इस युग में लोग बड़े-बड़े मकानों में रहते थे। खेती यदि कुछ होती थी तो साझे में होती थी। पशु सारे समाज के होते थे। सारी सम्पत्ति के सामाजिक होने का क्या अर्थ है, इसे भी थोड़ा समझ लेना चाहिए। कई आदिम जातियों में वैज्ञानिकों को स्वयं की आँखों से यह देखने का मौका मिला कि सामाजिक सम्पत्ति का क्या अर्थ होता है। डार्विन ने अपनी 'बिगुल यात्रा' नामक पुस्तक में लिखा है कि टेयराडेलफुगो नामक स्थान में यदि एक भी वस्त्र किसी को दिया जाता है, तो फौरन उसे टुकड़े-टुकड़े करके सबको बाँट दिया जाता था। इस प्रकार वहाँ के व्यक्ति के धनी होने की नौबत ही नहीं आती थी। कई जातियों में प्राचीन काल में यह प्रथा थी कि व्यक्ति की जो भी निजी सम्पत्ति होती थी (बात यह है कि उत्पादन के साधनों में हमेशा कुछ न कुछ निजी सम्पत्ति होती थी), वह उसकी कब्र पर छोड़ दी जाती थी या उसे जलाकर या अन्य किसी तरह नष्ट कर दिया जाता था। पर ऐसी सम्पत्ति जो समाज की सम्पत्ति थी, तथा जिसे वह औरों के साथ सामूहिक रूप से इस्तेमाल करता था, जैसे नाव या मछली मारने के सामाजिक सामान, उनको नष्ट नहीं किया जाता था। (*Mutual Aid, पृ.40*) इस जलाने या नष्ट करने के साथ कालक्रम से और भी धारणाएँ जुड़ गईं। एक लेखक ने यह लिखा है कि चीन में आदिम काल में मृत व्यक्ति की सारी सम्पत्ति यहाँ तक कि उसके गुलाम, मित्र और उसकी विधवा स्त्री या स्त्रियाँ नष्ट कर दी जाती थीं। इंग्लैण्ड में कहा जाता है कि जिप्सी या भ्रमणशील जातियों में सारी सम्पत्ति को मृत व्यक्ति के साथ नष्ट करने का रिवाज है। क्रोपाटकीन ने लिखा है कि कुछ साल पहले जब जिप्सी रानी मरी थी तो उसकी सारी सम्पत्ति उसकी कब्र पर नष्ट कर दी गई थी।

असल में कुल या गोत्र ही सम्पत्ति का मालिक है, इसका स्पष्ट उदाहरण हमारे देश का मिताक्षरा कानून है। इसी के एक रूप को हम दक्षिण के तिरुवांकुर में 'कारइयीद' प्रथा में पाते हैं। इसे ही हम उत्तर प्रदेश के बाँदा जिले की यौथ प्रथा और उत्तर-पश्चिम पंजाब की वेश या बाश प्रथा में पाते हैं। इन सब में गाँव की जोत के योग्य सारी जमीन गाँव की सम्पत्ति मानी जाती थी न कि किसी व्यक्ति की। आदिम समाजवाद तथा यौथ विवाह समाप्त हो जाने पर भी ये प्रथाएँ भारतवर्ष में प्रागैतिहासिक स्मृति के रूप में बची हुई हैं। इन प्रथाओं के अनुसार जमीन का बीच-बीच में फिर से बँटवारा भी होता था। जर्मनों में मर्गगेनोसेनसाफ्ट तथा डोर्फमेनोशनशाफ्ट् भी इसी प्रकार के संगठन थे, जिनमें समाज, जन या ग्राम ही सम्पत्ति का, विशेषकर जमीन का मालिक होता था। आलेमान्नी लोगों के कानून में इसी प्रकार 'geneaelogial' नामक एक संस्था का पता चलता है, जिसमें जमीन का मालिक समाज होता था।

स्त्री के अधिकार अधिक

जो भी हो, मातृकुल-मूलक समाज में स्त्रियों को बहुत अधिक अधिकार प्राप्त थे। असभ्य फ़्युजियन, हायदा तथा अन्य अनेक जातियों में स्त्रियों को बहुत अधिक अधिकार प्राप्त थे। भारतवर्ष की खासिया जाति में स्त्रियों का इतना अधिकार है कि यदि वे नाराज हो जाएँ, तो अपने पति को घर से निकाल सकती हैं। ''निकारगुआ और टाहिटी की स्त्रियाँ अपने पति को घर से निकाल कर दूसरा विवाह कर लेती हैं। जब आयात जाति के लोग लड़ाई में हार कर लौटते हैं तब स्त्रियाँ अपने पति को घर में घुसने नहीं देतीं।'' (नारी मूल्य, शरत चटर्जी, पृ. 87) इससे भी अजीब यह तथ्य है : नरमांस-भोजी कारीन जाति के लोग पुरुषों को तो मारकर खा सकते हैं, पर वे स्त्रियों का मांस नहीं खा सकते...इसके अतिरिक्त और भी कई जातियों में, उदाहरणस्वरूप सुमात्रा द्वीप के बाठा प्रदेश में, अफ्रीका के सवर्ण उपकुल के हब्शियों में, द. अमेरिका के पेरू देश की असभ्य जातियों में, और दूसरी कई आदिम जातियों में, और हम समझते हैं कि कदाचित हमारे देश के टोड़ा लोगों में भी सम्पत्ति का उत्तराधिकार स्त्री की ओर से ही होता है, पुरुषों की ओर से नहीं।

शरत, एच.जी. वेल्स आदि की गलतफहमी

सुप्रसिद्ध उपन्यासकार शरत बाबू इन तथ्यों को जानते हुए भी कैसे इस निष्कर्ष पर पहुँचते हैं कि सदा से ही स्त्रियों का पीड़न चला आ रहा है, यह समझ में नहीं आता ऐतिहासिक रूप से यह बात बिल्कुल गलत है। ऐसी गलत धारणा केवल शरत बाबू ही रखते थे, यह बात नहीं। एंगेल्स ने लिखा है कि 18वीं शताब्दी की नई रोशनी में यह भी एक फैशन हो गया कि लोग यह समझते थे कि समाज

के प्रारम्भिक युग से ही स्त्रियाँ पुरुषों की दासी रही हैं। सब जंगली या बर्बर जातियों में केवल बर्बरता में निम्नतर तथा मध्यम सोपान में ही नहीं, बल्कि कुछ हद तक उच्चतर सोपान में भी स्त्रियों को बड़े सम्मान की दृष्टि से देखा जाता था। एंगेल्स ने जहाँ 18वीं शताब्दी में लिखा है, वहाँ यदि हम 19वीं कर दें तो भारतवर्ष की नई रोशनी के सम्बन्ध में यह बात सम्पूर्ण रूप से लागू हो जाएगी। केवल यही नहीं, इस धारणा का मूल और भी सुदूरगत है। एच. जी. वेल्स जैसे विद्वान लेखकों ने अपने विश्व इतिहास में लिखा है–*primitive woman was a subjected, ereasture (Outline of world history, p. 95)* अर्थात् आदिम स्त्री परवश प्राणी थी। हम समझते हैं कि यह उपसंहार बिलकुल गलत है। स्वयं वेल्स ने ही अन्यत्र (पृ. 224) माना है कि मिस्र में स्त्रियों को बहुत अधिक सम्मान प्राप्त था और कई बार मिस्र का शासन रानियों ने किया है।

पुरुष एक गौण प्राणी

जिस युग में स्त्रियों का किसी प्रकार शोषण नहीं हो सकता था, होता भी नहीं था, और शोषण की बात यदि थी भी–अव्वल तो वह थी नहीं–तो पुरुष का ही शोषण होता था। पुरुष उस युग के समाज में एक गौण प्राणीमात्र समझा जाता था। शरत बाबू ने यह जो लिखा है कि स्त्रियों की गणना सम्पत्ति के अन्तर्गत होती थी और इसलिए सम्पत्ति का उत्तराधिकार नारी को प्राप्त नहीं होता था, बिल्कुल गलत है। युगों की बातों को अलग-अलग करके न समझ पाने के कारण ही उन्होंने ऐसा लिखा है। यौथ समाज में स्त्री कभी पुरुष की सम्पत्ति नहीं समझी जाती थी। उन युगों के बारे में ऐसा कोई तथ्य प्राप्त नहीं हुआ कि पुरुष के मरने पर किसी स्त्री को उसकी कब्र में गाड़ा गया या मारा गया। जब स्त्री को पुरुष की सम्पत्ति समझा गया, तभी इस प्रकार के रिवाज शुरू हुए। यौथ विवाह के सारे युग में स्त्री को पुरुष विशेष की स्त्री समझने का कोई कारण नहीं था। अतएव शरत बाबू का यह मत बिल्कुल भ्रान्त है कि स्त्रियाँ सदा से ही पुरुष की सम्पत्ति रहीं। जैसा हम दिखला चुके हैं कि आदिम समाजवाद के युग में, विशेषकर मातृकुल के सारे युग में पुरुष की तुलना में स्त्री की मर्यादा अधिक थी। खेवसुरे नामक कबीले में ऐसा देखा गया है कि बात-बात में लड़ाई छिड़ जाती है और तलवार निकाल ली जाती है, पर ज्यों ही कोई स्त्री आ जाती है और उनके बीच अपने सिर का रूमाल खोलकर उछाल देती है, त्यों ही लड़ाई बन्द कर दी जाती है। इस रूमाल को वहाँ की भाषा में अनय कहते हैं। (*Mutual Aid, पृ. 123*)

कबीले के दो हिस्से

अध्यापक सेलिगमैन ने मातृकुलमूलक समाज का जो चित्र खींचा है, उसे हम आगे

उद्धृत करेंगे। जिस युग का वर्णन है, उसमें समाज पर एक निषेध या रोक भी लागू हो चुकी थी, यानी अब कबीले के दो हिस्से हो चुके थे और उसमें से एक दूसरे के साथ आज के अर्थ में विवाह बन्धन में आबद्ध होता था। दक्षिण आस्ट्रेलिया के गैम्बियर की एक आदिम जाति में लारीमेर फिशन ने यह देखा कि वहाँ कबीला क्रोकी और कुमीर दो हिस्सों में बँटा हुआ है। क्रोकी अपने भीतर यौन सम्बन्ध नहीं बना सकते। इसी प्रकार कुमीर भी अपने भीतर यौन सम्बन्ध स्थापित नहीं कर सकते। हर एक क्रोकी स्त्री हर एक कुमीर पुरुष की पत्नी होती है। इन लोगों में देखा गया कि यों तो क्रोकी और कुमीर अपने भीतर कोई यौन सम्बन्ध नहीं बना सकते, पर इनमें पुश्तवाली बाधा न होने के कारण एक अजीब स्थिति यह पैदा हो जाती है कि क्रोकी पुरुष की कन्या क्योंकि कुमीर है, इसलिए वहाँ के नियम के अनुसार वह अपने पिता की भी पत्नी हुई। रहा यह कि इस प्रकार का सम्बन्ध स्थापित होता है या नहीं, यह दूसरी बात है, पर वहाँ के नियमानुसार इसमें कोई बाधा नहीं है।

एक जंगली द्रविड़ जाति

मातृमूलक समाज के सम्बन्धों में लिखते हुए जयचन्द्र विद्यालंकार ने, आधुनिक जंगली द्रविड़ जातियों के बारे में जो अध्ययन हुए हैं, यह निष्कर्ष निकाला है कि एक-एक टोटम को पूजने या माननेवाले लोगों की एक-एक टोली थी। प्रत्येक टोटम में टोली का जंगल में अस्थायी बस्ती या डेरा था। एक बस्ती के स्त्री-पुरुष परस्पर बहन-भाई होते थे। पुरुष एक तरफ और स्त्रियाँ दूसरी तरफ रहतीं। उनमें आपस में सम्बन्ध नहीं हो सकता था और उस नियम को तोड़ने वाले को कठोर दण्ड, प्रायः निर्वासन, मिलता था। छोटे बच्चे स्त्रियों के पास और बड़े पुरुषों के पास रहते। बच्चा या बच्ची अपनी माँ को जान सकती थी, पिता को नहीं। टोली में अपने से उम्र में बड़े सभी आदमियों को वह पिता कहता था। वह एक सामूहिक परिवार था। उसमें एक-एक मिथुन या जोड़े का अपना अलग कुटुम्ब नहीं था। बच्चे भी सामूहिक थे, अर्थात् आर्थिक जीवन में भी सामूहिक शिकार और फल लाकर समूची टोली डेरे के बीच शायद एक बड़े पेड़ के नीचे एक साथ भोजन करती और जो स्त्रियाँ बाहर जाने लायक न होतीं, उनकी चिन्ता भी कोई एक व्यक्ति नहीं; बल्कि सारी टोली करती। बसन्त के उत्सवों या अन्य वैसे किन्हीं अवसरों पर भिन्न-भिन्न टोलियों का जमघट होता। नृत्यगीत के उन उत्सवों में स्त्रियों के गर्भ रह जाते। प्रत्येक स्त्री का कोई विशेष पति होता हो और उस उत्सव के दौरान वह उसी से संभोग करती हो, ऐसी बात नहीं थी। नियम इतना ही था कि अपने टोटम में समागम नहीं हो सकता था। उसी प्रकार जिन टोटमों में परस्पर शत्रुता होती, उनमें समागम नहीं हो सकता था। विशेष टोटमों की स्त्रियाँ विशेष

टोटमों के पुरुषों से ही समागम कर सकती थीं। यौन सम्बन्ध सामूहिक रहते। उत्सवों के बाद सब अपनी-अपनी टोली में वापस चले जाते। (*भारतीय इतिहास की रूपरेखा—जयचन्द्र विद्यालंकार, पृ. 223*) इस प्रकार द्रविड़ों में असत्रोग विवाह या समागन उसी ढंग पर था जिस ढंग पर संसार में सर्वत्र था। द्रविड़ों के इन उत्सवों का, जिनमें कुछ रोकों के साथ स्त्रियों और पुरुषों का मिलन होता था, क्या चरित्र है, यह अगले अध्यायों में स्पष्ट हो जाएगा, क्योंकि इस प्रकार के उत्सव अभी हाल तक बहुत-सी जातियों में रहे हैं।

कई भारतीय जातियों में मातृकुल

भारत की खोंद जाति में पशु प्रतीकवाद का पता चलता है। एक लेखक के अनुसार एक पशु प्रतीक को माननेवाले आपस में विवाह नहीं कर सकते। इस प्रकार उस समाज को, जिसके अन्दर विवाह नहीं हो सकता, वे गोत्री कहते हैं। पशु प्रतीकवादी खास शब्द का पता उस लेख से जयचन्द्र जी को नहीं मिला। कोलों में भिन्न-भिन्न गोत्रों का एक-एक पशु प्रतीक होता है और वे आपस में विवाह नहीं कर सकते, यानी एक किलि (गोत्र) दूसरे किलियों से विवाह कर सकता है।

पूर्व भारत की जयन्तिया या खासिया जाति में भी गोत्रमूलक विवाह का प्रचलन 19वीं सदी तक था। इन लोगों में जैसा कि हम पहले ही बता चुके हैं, राजा की बहन राज्याधिकारिणी होती थी। इन लोगों में वर-कन्या का परिवार मुक्त हो जाता है। तलाक का अधिकार पुरुष तथा स्त्री दोनों को है। जब तलाक दोनों पक्ष की राय से होता है, उस समय परस्पर एक दूसरे से कौड़ी लेकर यदि सभा में डाल दें तो यह समझा जाता है कि तलाक हो गया। तलाक के बाद सन्तान माता के ही निकट रह जाती थी। इन लोगों में गोत्र की धारणा इतनी प्रबल है, और इस धारणा में मातृकुल का इतना जबरदस्त पुट है कि मरने के बाद भी पति-पत्नी की राख एक जगह नहीं की जा सकती, क्योंकि पति और पत्नी भिन्न गोत्र के हैं। स्त्री और उसकी सन्तान माँ के गोत्र की समझी जाती है। पति की राख उसकी माता के गोत्र के साथ रखी जाती है। इस प्रकार की व्यवस्था में यह जो गड़बड़ी रह गई, इसका कारण बताते हुए एंगेल्स ने लिखा है कि अपने भीतर यौन सम्बन्ध करने के विरुद्ध भावना उत्पन्न होने के बावजूद पिता और पुत्री में यौन सम्बन्ध अभी खास बुरा नहीं समझा जाता था। ऐसी हालत में यही समझना उचित होगा कि कबीलों के आधे में बँट जाने की उत्पत्ति सीधे-सादे आदिम बाधानिषेधहीन यौन सम्बन्ध के युग से हुई होगी। इसकी व्याख्या यह भी हो सकती है कि जिस समय इन बाधाओं का उदय हुआ, उस समय सन्तान और पिता-माता का यौन सम्बन्ध रिवाज के अनुसार समझ लिया गया होगा और उस हालत में इसका अर्थ यह है कि यह आधे में बँटने की पद्धति समरक्त-परिवार पद्धति के

आगे का कदम है। एंगेल्स ने द्वितीय संभावना को ही अधिक संभव समझा है। सन्देह नहीं कि दूसरी बात को ही मानना अधिक युक्तियुक्त होगा। ऐसा समझना गलत है कि आदिम समाजों में या असभ्य जातियों के समाज या समाज व्यवस्था में किसी प्रकार का सज्ञान प्रयत्न नहीं था। भाई और बहन का आपस में यौन सम्बन्ध अनुचित था, साथ ही आर्थिक कारणों से यौथ विवाह के आगे कल्पना नहीं की जा सकती थी। तभी इस प्रकार कबीले को दो में बाँटने की प्रवृत्ति हुई। पर जैसा कि हम देखते हैं, इससे प्रश्न सुलझा नहीं, बल्कि उसमें नई असंगति दिखलाई पड़ी।

सेनेका कबीला

मारगन ने सेनेका कबीले में देखा कि वहाँ वे आठ जेन्स में बँटे हुए हैं। इनका नाम क्रमशः यों था—1. भेड़िया 2. भालू 3. कछुआ 4. बीवर 5. हरिण 6. स्नाइप 7. हिरन 8. बाज़। यहाँ पर भी इन लोगों में मृत व्यक्ति की सम्पत्ति जेन्स के अन्दर ही रह जाती थी, यानी स्त्री की संपत्ति उसके बच्चों, बहनों या बहनों के बच्चों को मिलती थी, पर किसी भी हालत में उसके पति या उसके भाइयों को नहीं मिलती थी। पुरुष की सम्पत्ति के अधिकारी उसके भाई, बहनें तथा मामा यानी उसके मौलिक गोत्र के ही लोग होते थे। सेनेका लोगों में दो गोत्र वर्ग हैं। प्रथम गोत्र वर्ग में गिनाए गए गोत्र में से एक से चार तथा दूसरे गोत्र वर्ग में पाँच से आठ आते हैं।

ऐसा ज्ञात होता है कि प्रारम्भ में कबीला एक था। फिर वह दो में बँटा, फिर आठ में। पहले कोई सेनेका अपने गोत्र में विवाह नहीं कर सकता था, पर बाद को यह रोक खत्म हो गई और जिस समय मारगन ने उनको देखा, उस समय यह रोक केवल अपने गोत्र तक ही थी। सेनेका लोगों की अनुश्रुति के अनुसार भालू और हरिण दो ही मौलिक गोत्र हैं। इन्हीं में से बाकी गोत्रों का धीरे-धीरे उद्भव हुआ। (Origin of Family, पृ. 79) यह द्रष्टव्य है कि इस समाज में सभी के अधिकार बराबर हैं।

शरत बाबू ने जो लिखा है कि स्त्रियाँ हमेशा से पुरुषों के अधीन रहीं, इसका हम वहाँ कोई भी पता नहीं पाते, बल्कि मारगन के अनुसार वहाँ सभी बराबर थे और औरतें भी पुरुषों के बराबर थीं, इसलिए ऐसे समाजों में स्त्रियों की अधीनता का कोई सवाल ही नहीं उठता था।

द्रोब्रियाण्ड द्वीप के रहनेवालों में यह रिवाज पाया गया कि बच्चों पर मामा का अधिकार होता है। वहाँ इसका क्या अर्थ है, यह स्पष्ट नहीं दिखाई पड़ता, क्योंकि यद्यपि मामा का बच्चों पर अधिकार रहता है, फिर भी उस पर यह रोक है कि वह अपनी बहन से बात न करे। मामा इस प्रकार बच्चों को केवल उसी समय

देख सकता है, जब बच्चे माँ के पास न हों या घर से दूर हों। इसी द्वीप के रहनेवालों में मालिनोवस्की ने यह भी देखा है कि जब कोई व्यक्ति एक या एकाधिक वर्ष के लिए बाहर जाता था और लौटकर देखता था कि उसकी पत्नी के बच्चे हुए हैं, तो वह बहुत खुश होता था। बात यह है कि बच्चे कैसे होते हैं, यह उसे स्पष्ट नहीं था। इतना वह जानता था कि कुमारियों के बच्चे नहीं हो सकते। फिर भी वहाँ अविवाहित स्त्री और अविवाहित पुरुष मजे से स्त्री-पुरुष की तरह रह सकते हैं। इन बातों से ज्ञात होता है कि इस द्वीप में पुरुषप्रधान समाज की बहुत-सी बातें पहुँच जाने पर भी अब भी यौथ समाज की सबसे बड़ी विशेषता यौन जीवन में स्वेच्छाचार है। (*Marriage and morals by Bertrand Russel, पृ. 20-21*)

मातृकुल में पुरुष

अब हम सेलिगमैन को उद्धृत कर यह दिखलाएँगे कि मातृकुलमूलक समाज में पुरुष की क्या स्थिति रही। वह लिखते हैं, "जिन समाजों में मातृकुल प्रचलित है, उनमें पुरुष बाहर से जाकर स्त्री के काम-धन्धे में मदद देने लगता है और इस प्रकार उसकी शादी होती है। ऐसे समाज में एक-एक गिरोह का जीवन अलग-अलग होता है और प्रत्येक स्त्री अपना अलग घर बनाती है, उसका अपना काम-धन्धा होता है और उसकी खेतीबाड़ी भी अलग होने लगती है। ज्यों ही पुरुष आकर मदद देने लगता है, त्यों ही समझना चाहिए कि उसको पालतू बनाने का कार्य शुरू हो जाता है। जब पुरुष इस प्रकार दिन-भर दूसरे के खेत वगैरह में काम करता है, तब उसके घरवाले भी उससे धीरे-धीरे उदासीन होने लगते हैं। इस प्रकार एक तरफ उसको खींचा जाता है और दूसरी तरफ उसको निकाला जाता है। इसका नतीजा स्पष्ट है। यदि उसके घरवाले चाहें तो वे उसकी मजदूरी भी ले लेते हैं। इस प्रकार ऐसे समाज में स्त्री-पुरुषमूलक परिवार की धारणा अभी दूर है। पर वह जोर पकड़ती जा रही है। (*Outline of Modern knowledge, पृ. 414*)

श्री हीरालाल ने प्राचीन अजरबैजान के कथित स्त्री राज्य का जो वर्णन किया है, वह इस सम्बन्ध में द्रष्टव्य है। "अजरबैजान के स्त्री राज्यों में पुरुष से कोई काम नहीं लिया जाता। स्त्रियाँ सब कुछ करती हैं। यदि कोई पुरुष निठल्लेपन से उकता कर कुछ काम करे, तो स्त्रियाँ उसकी निन्दा करती हैं और अपनी बेइज्जती समझती हैं। स्त्री के तीन बार 'चले जाओ', 'चले जाओ', 'चले जाओ' कह देने से तलाक हो जाता है। (*भारतभूमि और उसके निवासी, पृ. 17*)

प्राचीन पेरू के सम्बन्ध में भी यह बात है कि वहाँ के पुरुष चर्खा कातते और कपड़ा बुनते थे और स्त्रियाँ हल चलाती थीं। आजकल भी सुमात्रा के निवासी घर में भोजन बनाते हैं और स्त्रियाँ बाजार-हाट में सौदा खरीदने जाती हैं। अबीसिनिया के पुरुषों के विषय में यह कहा जाता है कि बाजार जाते हुए तो

मानो उनको मौत ही आ जाती है, पर वे घाट पर जाकर स्त्रियों और पुरुषों के सब कपड़े मजे से धो लाते हैं। (नारीर मूल्य—शरत चटर्जी, पृ. 69)

इस प्रकार जो लोग समझते हैं कि स्त्रियाँ हर समाज में हमारे यहाँ की उच्च-मध्यवित्त श्रेणी की स्त्रियों की तरह अकर्मण्य होती हैं, वह गलत है। जिस भी समाज में स्त्रियों की मात्र दिखावटी नहीं बल्कि वास्तविक इज्जत है, वहाँ स्त्रियाँ वास्तविक रूप से सामाजिक उत्पादन में हिस्सा लेती हैं।

प्रथम शताब्दी के अंग्रेज आदि

सिंजर ने ईसापूर्व शताब्दी के ब्रिटेनवासियों के सम्बन्ध में यह जो लिखा है कि "वहाँ के लोगों में दस-दस और बारह-बारह के दलों में ऐसी स्त्रियाँ होती हैं जो सबकी पत्नियाँ हैं। इन पुरुषों में भाई भी, यहाँ तक कि बाप और पुत्र भी होते हैं।" इसके सम्बन्ध में एंगेल्स ने यह अनुमान किया है कि वहाँ यौथ विवाह प्रथा प्रचलित थी। रहा यह कि सिंजर ने जो लिखा है कि बाप और बेटे की स्त्रियाँ एक हो सकती थीं, ऐसा उन्होंने गलतफहमी के कारण लिखा था, यद्यपि इस बात की संभावना है कि बाप और बेटा और माँ तथा बेटी एक ही विराट यूथ (Marriage group) के अन्तर्गत रहे हों। इसी प्रकार हेरोडेट्स (484 ई.पू. से 425 ई.पू.) ने भी ग्रीको के साथ जिन अन्य जातियों का संस्पर्श हुआ, उनके बारे में लिखा है कि उनमें कोई विवाह बन्धन नहीं था। इसकी भी व्याख्या यही है। स्त्रियों की यौथ होने की बात यानी किसी व्यक्ति विशेष की नहीं, बल्कि सारे यूथ की स्त्री होने की बात महाभारत वर्णित उत्तरकुरु, माहिष्मति आदि स्थानों में जो स्वैरिणीभाव तथा अनावृतभाव आदि का वर्णन प्रस्तुत किया है, उससे सूचित होता है। कनिंगहम ने Bhilsa takes नामक ग्रन्थ में कई एक उल्लेख किए हैं, जो इस सम्बन्ध में ध्यान देने योग्य हैं। बाद को फ्लीट् ने भी इस विषय का और अधिक स्पष्टीकरण किया तो यह पता लगा कि उज्जैन में तापसीय नाम की एक जाति कुल या श्रेणी थी, जिसमें यौथ विवाह प्रचलित था। यानी उनमें जो कन्या दी जाती थी, वह किसी व्यक्ति विशेष को नहीं बल्कि सारे कुल को दी जाती थी। (प्रवासी पौष 1350)

हम लोग आमतौर से जो कहते हैं कि फलाने कुल में कन्या दे दी गई, अब इसका अर्थ यों हो गया है कि फलाने कुल के व्यक्ति विशेष को कन्या दी गई, पर इसका मौलिक अर्थ सचमुच यही था कि वह सारे कुल की स्त्री हो जाती थी। क्रोकी और कुमीर में हम जिस बात को देख चुके हैं, वही दुनिया में सर्वत्र प्रचलित थी।

विमलाचरण डे लिखते हैं कि अब भी भारतवर्ष में कम से कम एक स्थान में कुल में कन्यादान की प्रथा का असली रूप प्रचलित है। देहरादून जिले के उत्तर में अवस्थित जौनसार बाबर में यह प्रथा अब भी जीवित है। जौनसार बाबर के

हरिजनों के सम्बन्ध में जब कुछ लोगों ने तथ्य इकट्ठे किए, तो ज्ञात हुआ कि वहाँ के लोग मुख्यतः ब्राह्मण, राजपूत, बाजगी और कोल्टा जातियों में बँटे हुए हैं। इस स्थान में पाण्डवों के नाम पर बहुत से मन्दिर बने हुए हैं। यहाँ के कुछ लोग अपने को पाण्डवों की सन्तान भी समझते हैं। इस समय भी वहाँ बहुपतित्व की प्रथा प्रचलित है और लोग यह समझते हैं कि यह प्रथा उनके लिए आर्थिक रूप से अच्छी है। यद्यपि वहाँ के शिक्षितों में से कुछ ने एक विवाह पद्धति को अपनाया है, फिर भी उनको एक कुल के सब भाइयों के हाथों में अपनी कन्या को देने में कोई आपत्ति नहीं है। जिस प्रकार जिस हिन्दू परिवार में बाप की दो स्त्रियाँ हैं, वहाँ बच्चे उन दोनों स्त्रियों को माँ कहकर पुकारते हैं, उसी प्रकार यहाँ पर बच्चे अपनी माँ के दो, चार या पाँच पतियों को पिता कहकर पुकारते हैं। कभी-कभी ऐसा भी होता है कि एक पत्नी वाले भाइयों में सबसे छोटे भाई और सबसे बड़े भाई की उम्र में बहुत फर्क होता है, ऐसी हालत में भी छोटा भाई बाप कहलाने का हकदार होता है—चाहे वह प्रथम बच्चे से छोटा ही क्यों न हो। कई भाइयों की एक पत्नी होने के अतिरिक्त यहाँ कई भाइयों की दो या तीन सामान्य पत्नियों के होने की प्रथा भी पाई जाती है। ऐसी अवस्था में बच्चों के कई बाप तथा कई माताएँ होती हैं। ये सबके सब सामाजिक रूप से समान समझे जाते हैं। इस प्रकार बहुपतित्व के समर्थन में वे यह कहते हैं कि उस उपाय से पारिवारिक सम्पत्ति छोटे-छोटे टुकड़ों में बँटती नहीं है। यदि प्रत्येक भाई अलग विवाह करता और उसका पृथक परिवार होता, तो उसका नतीजा यही होता कि जो थोड़ी-सी जमीन है, वह बँट जाती। पहाड़ों में जोतने लायक जमीन बहुत थोड़ी है, इसलिए यह कहा जाता है कि बहुपतित्व की प्रथा परिवार को सीमित करती है और इसलिए यह एक विवाह के मुकाबले अच्छी है। आम तौर पर लड़कियों की बहुत कम उम्र में शादी होती है। यह कहा जाता है कि इसके कारण स्त्रियाँ बाँझ रहती हैं और इस कारण कई भाइयों की पत्नी होने पर उन्हें द्वितीय तथा तृतीय पत्नी ग्रहण करनी पड़ती है। हल जोतने के अतिरिक्त खेती के सभी कामों में स्त्रियों का बहुत बड़ा भाग होता है, इसलिए कई भाइयों की कई पत्नियों से विवाह करने की प्रथा बढ़ रही है। (*हिन्दुस्तान टाइम्स, 6 नवम्बर 1944*) इस प्रकार यहाँ केवल बहुपतित्व ही नहीं, यौथ विवाह भी मौजूद है।

डॉक्टर डी.एन. मजूमदार ने जौनसार बाबर के सम्बन्ध में एक वृहत् अध्ययन प्रकाशित किया है। चूँकि जौनसार बाबर में बहुपतित्व की प्रथा अभी जीवित है, जैसा कि दुनिया के बहुत कम स्थानों में है, इसलिए हम डॉक्टर साहब के लेख से कुछ दिलचस्प अंश उद्धृत करेंगे। वह लिखते हैं—''बड़ा भाई छोटे भाइयों को यह बताता है कि किसे क्या काम करना है। छोटे भाइयों को बड़े भाई की आज्ञाओं का पालन करना पड़ता है, और अपनी कमाई बड़े भाई के हवाले करनी पड़ती है।

यदि कोई भाई किसी खास स्त्री से शादी करना चाहता है, तो बड़ा भाई विवाह की रस्मों को अदा कर उस स्त्री से विवाह करता है, और फिर चाहे तो उस स्त्री को उस भाई के सुपुर्द कर देता है। यदि दो भाइयों में प्रतियोगिता या ईर्ष्या के कारण कोई झगड़ा हो, तो बड़े भाई का फैसला अन्तिम समझा जाता है। यदि वह सब भाइयों की स्त्री को यह कह देता है कि वह भाइयों में से फलाँ पर कृपा दृष्टि न रखे, तो उस भाई को इसके विरुद्ध गाँव की किसी पंचायत आदि से शिकायत करने का अधिकार नहीं है। समाज सबसे बड़े भाई की मर्यादा की रक्षा करता है। यदि समाज ऐसा न करे तो अनाचार ही हो जाए, जिसे समाज किसी हालत में प्रोत्साहन नहीं देता। इस प्रकार भाइयों के एकपत्नीमूलक परिवार में इस सम्बन्ध में भी रिवाज है, जिससे बच्चों के पितृत्व का निर्णय कर लिया जाता है। वह रिवाज यह है कि सबसे बड़ा बच्चा बड़े भाई का लड़का, उसके बाद वाला बच्चा उसके बाद वाले भाई का समझा जाता है। यदि इस सम्बन्ध में कोई झगड़ा हो, और यह झगड़ा तभी खड़ा हो सकता है, जब कोई भाई अपने भाइयों से अलग अपना परिवार बसाना चाहे, उस समय सब भाइयों की बीवी से यह पूछा जाता है कि वह बताए कि कौन बच्चा किस भाई की सन्तान है। कभी-कभी दूसरे तरीके से भी इस प्रश्न का निर्णय किया जाता है, वह यह कि सभी भाइयों की बीवी से कहा जाता है कि वह पर्ची डाले। यदि चार भाइयों के बीच एक स्त्री हो, और उनके चार या पाँच बच्चे हों, और छोटे भाइयों में से कोई फिर शादी करना चाहे, तो बच्चे साधारणतः उस स्त्री के साथ यानी अपनी माँ के साथ रह जाते हैं। पहले की सबकी स्त्री को इस भाई के पास नहीं जाने दिया जाता...पर बच्चों को सब भाइयों से सम्पत्ति प्राप्त करने का अधिकार होता है, यहाँ तक कि जो भाई अलग हो जाता है, उसकी सम्पत्ति पर भी बच्चों का अधिकार हो जाता है। यदि छोटा भाई अलग हो जाना चाहे, तो सबसे बड़े भाई को उसकी शादी का खर्च उठाना पड़ता है।"

डॉक्टर मजूमदार ने यह बतलाया है कि इस तरह के बहुत कम झगड़े होते हैं। यहाँ के समाज के सम्बन्ध में डॉक्टर मजूमदार ने यह भी लिखा है कि बच्चे पिता-माता के सम्बन्ध के विषय में बहुत खुलकर बातचीत करते हैं। उदाहरणार्थ माँ किस बाप से अधिक प्रेम रखती है तथा किस बाप पर माँ यौन रूप से अधिक कृपा करती है, इत्यादि मामले में भी बच्चे बातचीत करते हैं। ऐसा ज्ञात है कि इन लोगों में यौन सम्बन्ध बहुत ही स्वाभाविक बात समझी जाती है। बच्चे इस प्रकार की बातें करते पाए गए हैं कि आज माँ फलाँ बाप के साथ सोएगी। इसके साथ ही डॉक्टर साहब ने यह भी लिखा है कि एक दिन वह एक नौजवान के साथ बैठे हुए थे। इतने में उसका पिता आया और बोला कि इसे घर जाने दीजिए, क्योंकि आज इसकी बीवी इसके साथ सोएगी और वह इसका इन्तजार कर रही

है। फिर भी डॉक्टर साहब ने इन लोगों में कोई गड़बड़ी नहीं देखी। अवश्य डॉक्टर साहब ने इन लोगों की प्रथाओं पर कुछ नाक-भौं को सिकोड़ी है, पर तथ्य यह है कि इनमें कोई खराबी नहीं है। यह ऐतिहासिक स्तर की बात है।

बच्चे पिताओं को इस प्रकार याद करते हैं—घरवाले पिता, भेड़ चरानेवाले पिता, गाय चरानेवाले पिता इत्यादि। बच्चों का पालन-पोषण भी बहुत अच्छी तरह होता है और उनको प्यार भी खूब मिलता है। डॉक्टर मजूमदार ने यह भी लिखा है कि जौनसार बाबर में भाइयों में ईर्ष्या बहुत कम पाई जाती है। इससे हमारे उस कथन की पुष्टि होती है कि यौथ समाज में ईर्ष्या नहीं थी। भाइयों में ईर्ष्या न होने की एक वजह यह भी बताई गई है कि अक्सर भाइयों की उम्र में फर्क होता है। जब तक बड़ा भाई उस स्त्री से तृप्त हो पाता है, तब तक छोटा भाई उस पर यौन दावा करने लायक हो जाता है। इस सम्बन्ध में बहुत सर्वमान्य रीति-रिवाज है। फिर भी झगड़े बिलकुल नहीं होते, यह बात नहीं। इन झगड़ों का होना इस बात का प्रमाण है कि जौनसार बाबर में पहले का समाज टूट रहा है। छोटे भाइयों के हित में नई शादियाँ भी की जाती हैं। घर में दूसरी स्त्री के आने की हालत में झगड़े-बखेड़े से बचने के लिए कुछ अनुष्ठान या झाड़फूँक की जाती है। अक्सर वह दूसरी स्त्री पहली स्त्री की बहन होती है, पर जब यह स्त्री बहन नहीं होती, तो दूसरी स्त्री को कमरे के एक कोने में और पहली को उसके विपरीत कोने में बैठाया जाता है। इसके बाद एक बुढ़िया अपने हाथ में एक प्रज्वलित दीया लेकर पहली स्त्री के पास खड़ी होती है। इसी प्रकार दूसरी बुढ़िया दूसरी स्त्री के पास खड़ी होती है। बीच में एक अन्य स्त्री खड़ी होती है और दोनों का हाथ मिलाकर एक दूसरी को चाँदी का एक सिक्का देती है। दीये इस प्रकार पकड़े जाते हैं कि एक की छाया दूसरे पर नहीं पड़ती।

जौनसार बाबर में दो से दस साल के अन्दर ही लड़कियों की शादी हो जाती है। अवश्य लड़कियों का गौना 17-18 साल से पहले नहीं होता। कभी-कभी लड़की 8-10 साल की उम्र में ही अपनी सास के पास रहने आती है, पर उस समय उसके साथ पत्नी का व्यवहार नहीं होता। इनके विवाह में कोई खास बात नहीं है। पहाड़ी ब्राह्मण वर कन्या के माथे पर पिठी का या सिन्दूर का तिलक लगा देता है, कुछ मन्त्र पाठ होता है और महादेव महसू के सम्मान में एक बकरे का बलिदान दिया जाता है। यदि कन्या बाँझ साबित हो, तो कन्या के अभिभावकों को वर की क्षतिपूर्ति के रूप में विवाह में प्रदत्त धन का आधा वापस करना पड़ता है। सच बात तो यह है कि विवाह के समय केवल आधा कन्यामूल्य ही दिया जाता है, बाकी आधा कन्यामूल्य वापस कर देने का अर्थ इस क्षेत्र में पूरा मूल्य वापस कर देना होता है।

सिरमौर आदि इलाके

इसी प्रकार सिरमौर तथा पास के पहाड़ी इलाकों में बहुपतित्व प्रथा प्रचलित है। सबकी बीवी सब भाइयों के साथ एक ही कमरे में सोती है और रात के लिए साथी चुनने की उसे पूर्ण स्वतन्त्रता होती है। अवश्य ऐसा करने में वह पतियों की राय ले लेती है और इस प्रकार से चलती है कि किसी पति के प्रति पक्षपात न करना पड़े। इसके लिए इस पत्नी को अधिक दिक्कत उठानी नहीं पड़ती, क्योंकि परम्परा तथा रिवाज से वह इस काम के लिए तैयार होती है। डॉक्टर मजूमदार ने इस सम्बन्ध में खोज की और उन्हें पता लगा कि स्त्री को यह अधिकार है कि वह रोज ही एक विशेष पति के साथ सोए, पर उसे अन्य पतियों का तकाजा भी बारी-बारी से पूर्ण करना पड़ता है। कुछ लड़कियों ने साफ-साफ डॉक्टर साहब से बताया कि वे पतियों में से एक विशेष पति को अधिक पसन्द करती हैं, पर यदि कोई दूसरा पति उससे किसी भी उचित समय में शारीरिक सम्बन्ध की माँग करे, तो वह उससे इनकार नहीं करती। जब इस प्रकार एक पति को चाहनेवाली स्त्री से यह पूछा गया कि वह जिस पति से प्यार करती है, उसी के साथ क्यों नहीं रहती, तो इसके उत्तर में उसने कहा कि वह इसे जरूरी नहीं समझती, क्योंकि जब दूसरे पति उसके व्यवहार पर कोई आपत्ति नहीं करते तो उसके लिए इसमें क्या हर्ज हो सकता है। (*Fortunes of primitive tribes, पृ. 176*)

यहाँ एक समाज सुधारक का भी उदय हुआ था, जिन्होंने प्रचलित प्रथा की जगह एकविवाह प्रचलित करना चाहा। इस पर वहाँ के लोग इतने नाराज हुए कि बेचारे को अपनी जान से हाथ धोना पड़ा। तिब्बत में अब भी जो कन्या दी जाती है वह सारे कुल को तो नहीं, किन्तु सब भाइयों को दी जाती है। पहले ही हम बता चुके हैं कि जिस समाज में इस प्रकार की प्रथा है, उसमें ईर्ष्या नहीं होगी। इसके अतिरिक्त उसके कुछ विशेष नियम भी होंगे, जो व्यावहारिक रूप से इस पद्धति को सफल बनाने में कारगर हो सकें। तिब्बत में तो हम जानते हैं कि यदि पाँच भाई हुए, तो घर में एक ही भाई रह जाता है और बाकी चार भाई मेहनत-मजदूरी-व्यापार करने विदेश चले जाते हैं। इस प्रकार वहाँ तो समस्या का समाधान विदेश जाने से होता रहा, पर जहाँ सब भाई वहीं मौजूद हैं, वहाँ भी व्यावहारिक रूप से एक स्त्री का पाँचों पति उपभोग कर सकें, इसके लिए कुछ नियमों की आवश्यकता होती है। हम जानते हैं कि ऐसे नियम पाण्डवों में मौजूद थे और इसी नियम के भंग होने से अर्जुन को वनवास में जाना पड़ा था।

द्रौपदी

महाभारत में द्रौपदी की कथा भी कुल में कन्यादान-प्रथा का एक अच्छा उदाहरण है, यद्यपि यह स्मरण रहे कि इतने बड़े महाभारत में भी केवल यही एक ऐसा उदाहरण

है। हाँ, द्रौपदी के विवाह के समय जटिलानाम गौतमी और मुनिजावाक्षी, ये दो उदाहरण ऐसे दिए गए थे, जिनके द्वारा यह बताया गया था कि इस प्रकार के विवाह प्राचीन काल में हुए हैं। बात यह है कि द्रौपदी का विवाह जिस पद्धति के अनुसार हुआ है, वह प्राक्वैदिक प्रथा है, अर्थात् जिस समय आर्य भारत में आए थे और जब वे सप्तसिन्धव प्रदेश में बसे, उस समय इस युग से बहुत आगे बढ़ चुके थे, इसीलिए द्रौपदी के विवाह को किस श्रेणी में रखा जाए, इस सम्बन्ध में विद्वानों में भी मतभेद है। कइयों ने तो इसी बात को आधार मानकर यह कहा है कि पाण्डव आर्य थे ही नहीं, और असल में कुरु-पाण्डवों की युद्ध कथा का मूलभूत इतिहास अनार्यों का इतिहास है। बाद को आर्यों ने अन्य बहुत-सी अनार्य-कथाओं के आर्यीकरण के साथ-साथ इस कहानी का भी आर्यीकरण किया। केवल यही नहीं, यह कथा उनके पुराणों की सबसे बड़ी कथा हो गई। हमें यह जरूरी नहीं जान पड़ता कि पाण्डवों को अनार्य मानने पर ही यह कथा समझी जा सकती है। बहुत-सी प्रथाएँ स्मृति के रूप में रह जाती हैं। कम से कम बड़े लोगों की ऐसी प्रथाओं को पुनरुज्जीवित करने में कोई कठिनाई नहीं पड़ती। प्रथा के रूप में तो एक स्त्री का पाँच पति होना या बहुत-सी स्त्रियों का बहुत से पति होना प्राक्वैदिक है, पर ऐसा होते हुए भी यह माना जा सकता है कि नियमच्युति के रूप में द्रौपदीवाली घटना यदि बाद में भी घटित मानी जाए, तो कोई हर्ज न होगा।

इसलिए हम यह मानकर कि द्रौपदी का विवाह प्राक्वैदिक युग की विवाह प्रथा पर रोशनी डालता है, हम यह देखेंगे कि द्रौपदी का विवाह किस प्रकार हुआ तथा इसमें कौन-कौन से विशेष नियम लागू किए गए। कहा जाता है कि द्रौपदी का स्वयंवर हुआ, उसमें देश-देश के राजा लक्ष्यवेध के लिए आए। यह द्रष्टव्य है कि इस प्रकार की स्वयंवर प्रथा, जिसमें स्त्री को यह अधिकार होता था कि वह बहुत-से पाणिप्रार्थी पुरुषों में से एक को चुने, स्त्रियों की तत्सम्बन्धी प्रधानता को सूचित करती है। ऐसे स्वयंवरों में दूर-दूर के राजा आते थे, और द्रौपदी के स्वयंवर में भी बहुत से राजा आये। इस स्वयंवर में यह शर्त थी कि जो व्यक्ति पानी में देखकर ऊपर टँगी हुई मछली की आँख को एक विशेष धनुष पर तीर चढ़ाकर बींध सकेगा, वही द्रौपदी के पाणिग्रहण का अधिकारी होगा। इस प्रकार की शर्त केवल पाणिप्रार्थी के शौर्य का द्योतक थी। इस प्रकार शौर्य की परीक्षा लेकर विवाह करना बहुत से पशु-पक्षियों तथा जंगली जातियों में भी पाया जाता है। पशु-पक्षियों में तो ऐसा होता है कि मादा खड़ी होकर निष्पक्ष रूप से दोनों रकीबों की लड़ाई देखती है और जो विजयी होता है, उसके साथ चल देती है।

पशु-पक्षी जगत की स्थिति

इस सम्बन्ध में पशु-पक्षी जगत से थोड़े ब्यौरे अप्रासंगिक न होंगे। जिन प्राणियों

में नर और मादा तो हैं, पर प्रजनन के लिए उनका मिलन जरूरी नहीं है, उनमें परस्पर एक-दूसरे को रिझाने की बात उठती ही नहीं। जुलियन हक्सले ने लिखा है कि साल के कुछ मौसमों में और किसी-किसी तिथि पर पोलिकिट (Polychect) नामक प्राणी अपने चट्टानस्थ घोंसलों से निकल आते हैं और सब एक दूसरे के इर्द-गिर्द इकट्ठे हो जाते हैं। नर पोलिकिट मादा पोलिकिटों के सामने नाचते हैं। सम्भव है इस नृत्य से प्रभावित होकर किसी प्रकार मादाएँ उत्तेजित हो जाती हों और वे अण्डा-सा देती हों। इस पर नर अपने नरोपादान को डाल देते हैं। स्नेल या घोंघों में भी एक प्रकार का रिझाना होता है, पर रिझाने की यह प्रक्रिया इस अर्थ में बहुत जटिल है कि प्रत्येक स्नेल उभयलिंगी होता है, इसलिए वह एक बार नर होकर मादा को रिझाता है, फिर दूसरी बार मादा होकर नर को रिझाती है। हक्सले का कथन है कि फिर भी कोर्टशिप या सचमुच रिझाने की क्रिया केकड़ों और मकड़ी जैसे प्राणियों से शुरू होती है। जिस समय दिमाग का विकास एक हद तक हो चुका था, उसी समय रिझाने की प्रक्रिया का सूत्रपात होता है। मकड़ियों के सामने मकड़े अजीब-अजीब तरह के नाच दिखलाते हैं। मकड़ियों की दो किस्में हैं, एक शिकारी और दूसरी बुनकर। पहली किस्मवाली ही नाचती हैं। दूसरी किस्म की मकड़ियाँ करीब-करीब अन्धी होती हैं, इसलिए उनके मकड़े नाचते नहीं हैं, बल्कि एक विशेष तरीके से मकड़ी के पास आकर अपने तन्तु से उसके एक तन्तु को स्पन्दित करते हैं। इस प्रकार दोनों हालात में रिझाने की प्राथमिक क्रिया यह है कि उत्पन्न परिस्थिति यौन सम्बन्ध का तकाजा करती है।

केकड़ों में केकड़े अपने एक वृहत पंजे को आगे बढ़ाकर केकड़ी को बतला देते हैं कि मैं केकड़ा हूँ, नहीं तो केकड़ी अक्सर उसे खा जाती है। सच बात तो यह है कि यौन सम्बन्ध के बाद भी प्रायः केकड़ी केकड़े को खा जाती है। बिच्छुओं में भी यही होता है। बात यह है कि इन प्राणियों में नर मादा के मुकाबिले बहुत छोटे होते हैं। कई प्राणियों में प्रणय निवेदन के साथ-साथ उपहार दान भी संयुक्त है। शिकारी मकड़ा मकड़ी को एक अच्छी-सी मक्खी रेशम में लपेटकर उपहार में देता है। एमपिडी (Emipidue) परिवार की मांसभोजी मक्खियों में मक्खा मक्खी को एक लाश उपहार के रूप में देता है। यह देना बहुत शानदार तरीके से होता है।

पक्षियों में रिझाने की यह क्रिया अपने उच्चतम गौरव में पहुँच जाती है। मेढ़क अपने स्वर से मेढ़कियों को रिझाते हैं। माचेट नामक चिड़ियों में रिझाने की प्रक्रिया का रूप यह है कि वे झुण्ड के झुण्ड प्रणय स्थान पर पहुँच जाती हैं, और जिस समय वहाँ पर कोई मादा माचेट आती है तो वे सबके सब जमीन पर लेट जाते हैं। मादा माचेट उनके पास से गुजरती है और यदि किसी नर पर उसकी तबीयत आ गई, तो उसके गले को बपटती है। बस फिर सम्बन्ध शुरू हो जाता

है। यह एक प्रकार का स्वयंवर ही हुआ। कई चिड़ियों में ही इस प्रकार स्वयंवर की प्रथा है। इस प्रकार से प्राकृतिक निर्वाचन काम करता है। कुछ पक्षियों में एक विवाह प्रचलित है, कम से कम एक मौसम के लिए एक ही जोड़े में सम्बन्ध रहता है। यहाँ पर हमें यह बताने की आवश्यकता नहीं है कि किस प्रकार यह कथित एकविवाह या जोड़े का विवाह बच्चों के परिपालन के लिए हितकर होता है। इन पक्षियों में बच्चे का भार दोनों पर रहता है। यही जीव वैज्ञानिक रूप से इनके एकविवाह का स्वरूप है। किसी-किसी क्षेत्र में दो पक्षियाँ होती हैं, और एक पक्षी। उस समय मादा पक्षियों में लड़ाई होती है और नर निष्पक्ष रूप से इस लड़ाई को देखता है। यदि एक चिड़ा और एक चिड़िया इकट्ठी हो गए, तो जरूरी नहीं है कि फौरन यौन सम्बन्ध शुरू हो जाए। जिस समय बच्चों के लिए प्रचुर खाद्य का मौसम आता है, उसी के ऐन पहले बच्चे पैदा होते हैं। निसन्देह यह तजुर्बा भी निर्वाचन प्रक्रिया के द्वारा ही ज्ञात हुआ होगा। कई चिड़ियों में पारस्परिक रिझाना भी चलता है और दोनों के सुन्दर रंग होते हैं। इस प्रक्रिया में कई बातें होती हैं। वे सिर हिलाती हैं, खाद्य के लिए एकाएक झपटने का बहाना करती हैं, सीने से सीने मिलाकर नाचती हैं, परेड के ढंग से घोंसले के सामने पहरा बदलती हैं, इत्यादि। हक्सले का कहना है कि इस प्रकार रिझाने की प्रक्रिया में केवल वैयक्तिक उपादान ही नहीं, बल्कि परिवार की भावना की प्रधानता है। कई चिड़ियों में रिझाने की प्रक्रिया में उस वस्तु को चोंच में लेकर नाचने का तरीका है, जिससे घोंसला बनाया जाता है।

डॉक्टर लेबिक नामक एक वैज्ञानिक ने इस सम्बन्ध में एक प्रयोग यह किया कि उन्होंने छोटी-छोटी रँगी हुई कंकड़ियों को घोंसलों में बाँट दिया। थोड़े दिन में ये कंकड़ियाँ चिड़ियों के सारे उपनिवेश में बँट गईं। स्तनपायी जानवरों में रिझाना कम होता है और युद्ध अधिक। इसका कारण यह बताया गया है कि हाथी या सील को सिर्फ यह देखना पड़ता है कि उसका हरम सुरक्षित रहे, फिर बाकी सब हो जाता है। फिर भी हाथियों में सूँड से सूँड मिलाना प्यार जताने के रूप में होता है। बन्दरों में रिझाने का रूप बहुत कुछ मनुष्यों की ही तरह है।

मनुष्यों में रिझाने के जो रूप हैं, उसके सम्बन्ध में केवल इतना ही कहा जा सकता है कि मनुष्य जितना ही जटिल है, उसके रिझाने के रूप भी उतने ही जटिल हैं।

मनुष्यों में सभी तरीके

स्वयंवर, द्वन्द्व युद्ध आदि मनुष्यों के तरीके हैं। कई जंगली जातियों में इसी प्रकार जो लड़ाई में जीतता है, उसको स्त्री वरती है। बोर्नियो की डायक जाति में यह प्रथा है कि जब पाणिप्रार्थी दुश्मन जाति का कोई सिर ले आता है तो डायक सुन्दरी

उस पर रीझती है। भारत की कई कथित जरायम पेशा जातियों में यह प्रथा थी कि जब तक कोई पुरुष एक-दो बार जेल न हो आए तब तक उसकी शादी नहीं हो सकती।

प्राचीन सभी जातियों—ग्रीको, रोमनों—में पुरुष की शौर्य-परीक्षा ली जाती थी। विजगापट्टन की अनार्य गदवा जाति में यह रिवाज है कि वर जब विवाह का प्रस्ताव करता है, तो वर-कन्या एक जंगल में जाते हैं और वहाँ पर कन्या एक लकड़ी में आग लगाकर उसे वर के शरीर से छुआ देती है। यदि इस पर वर न चिल्लाए तभी उसकी शादी होती है। (प्रवासी 8/5) इस घटना का यह अर्थ तो स्पष्ट ही है कि वर को दुलहिन के निकट परीक्षा देनी पड़ती है। जब वह इस अग्नि परीक्षा में उत्तीर्ण होता था, तभी विवाह योग्य समझा जाता था। इसमें दुलहिन की प्रधानता बिल्कुल साफ है। इस घटना की यौन व्याख्या भी हो सकती है, वह यह कि विवाह के पहले कन्या को यह देखने का अधिकार होता है कि वर उसे सन्तुष्ट कर सकता है या नहीं। आधुनिक विवाह-विशेषज्ञों ने इसे बहुत जरूरी समझा है।

स्वयंवर में कन्या द्वारा नियन्त्रण

महाभारत की कथा के अनुसार यह स्पष्ट होता है कि इस प्रकार वर चुनने की प्रथा एक अदृष्टवादी तरीका नहीं है। पहली बात तो यह है कि जिस धनुष से जिस लक्ष्य बेध की शर्त रखी गई थी, वह बहुत गिने-चुने लोगों के द्वारा ही पूरी की जा सकती थी। ऐसे लोगों में भी जो चाहे सो लक्ष्यबेध करके कन्या ले जाए, यह बात नहीं थी। जिस समय पाणिप्रार्थी धनुष उठाकर लक्ष्यबेध करने चलता था, उस समय कन्या वहाँ खड़ी होती थी और वह चाहती तो लक्ष्यबेध करने वाले उम्मीदवार से यह कह सकती थी कि आप यह कष्ट न करें, मैं आपको नहीं वरूँगी। इसके लिए उसे कारण देने की भी जरूरत नहीं थी। द्रौपदी के स्वयंवर में जिस समय कर्ण लक्ष्यबेध करने के लिए आगे बढ़े और उन्होंने धनुष को उठाकर देखते ही देखते उस पर डोरी चढ़ा दी और लक्ष्य बेधने ही वाले थे, तभी द्रौपदी जोर से बोल उठी, "मैं सूत पुत्र को नहीं वरूँगी।" कर्ण ने यह सुनकर ईर्ष्या भरी हँसी हँसकर सूर्य को देखा और पकड़े हुए धनुष को नीचे रख दिया। इससे यही ज्ञात होता है कि द्रौपदी को इस बात की स्वतन्त्रता थी कि वह लक्ष्यबेध-समर्थ किसी भी पुरुष को मना कर दे।

अर्जुन लक्ष्यबेध करने में सफल होकर द्रौपदी को लेकर घर चले। भीमसेन और अर्जुन ने द्रौपदी के साथ एक कुम्हार के घर में प्रवेश कर अपनी माता से कहा कि माँ, आज हम लोग यह भिक्षा लाए हैं। माता कुन्ती उस समय कमरे के अन्दर थीं। उन्होंने रोज की तरह पुत्रों और भिक्षा को बिना देखे ही कहा कि बेटा, पाँचों भाई मिलकर उसका उपभोग करो। कहते हैं, इसी वाणी को झूठी न होने देने के लिए

पाँचों पाण्डवों को द्रौपदी से विवाह करना पड़ा। यह प्रथा उचित है या अनुचित, इस पर जब व्यासजी का मत लिया गया, तो उन्होंने कहा कि माता की बात झूठी न होने दी जाए, पर यह भी कहा कि द्रौपदी पहले जन्म में भी पाण्डवों की पत्नी थी। भगवान शंकर ने ऐसा ही उन्हें वरदान दिया था। द्रौपदी का एक नाम पांचाली भी है। सम्भव है कि उस युग में जिसकी यह कथा है या जिसकी स्मृति इसमें प्रस्तरीभूत है, पांचाल देश में यह प्रथा समग्ररूप से नहीं तो आंशिक रूप में हो। द्रौपदी व्यावहारिक रूप से पाँचों पाण्डवों की पत्नी हो सके, इसके लिए देवर्षि नारद ने क्या नियम बनाए, यह भी द्रष्टव्य है। देवर्षि नारद ने यह नियम बना दिया कि जिस समय द्रौपदी के पास एक भाई हो, उस समय दूसरा भाई वहाँ न जाए। पाण्डवों ने नारद के सामने ही यह प्रतिज्ञा की कि एक नियत समय तक ही एक भाई के पास द्रौपदी रहेगी। जब एक भाई एकान्त में होगा तब दूसरा भाई वहाँ न जाएगा। यदि कोई भाई वहाँ जाकर द्रौपदी के एकान्तवास को देख लेगा, तो उसे ब्रह्मचारी होकर बारह वर्ष तक वन में रहना पड़ेगा।

पर एक दिन यह नियम भंग हो ही गया। वह यों कि लुटेरे किसी ब्राह्मण की गायें लेकर भाग रहे थे। ब्राह्मण को बड़ा क्रोध आया और उसने दौड़कर अर्जुन से कहा कि डाकू हमारी गायों को लिये जा रहे हैं। तुम दौड़कर उन्हें छुड़ा लाओ। अर्जुन ने उस ब्राह्मण को ढाढ़स बँधाया, पर अड़चन यह थी कि जिस कमरे में उसका धनुष रखा था, उसमें उस समय युधिष्ठिर और द्रौपदी थे। नियमानुसार अर्जुन उस कमरे में नहीं जा सकते थे। वे बड़े असमंजस में पड़ गए। अन्त में उन्होंने यही निश्चय किया कि नियम तोड़ दिया जाए। वह यथासमय गायों को तो छुड़ा लाए, पर नियम भंग के कारण उनको वनवास जाना पड़ा। युधिष्ठिर ने उनको वन में जाने से यह कहकर मना किया कि मैं क्षमा करता हूँ, फिर भी अर्जुन नहीं माने। इसमें सन्देह नहीं कि ऐसे नियम के बिना वह प्रथा अव्यावहारिक हो जाती। जौनसार बाबर में भी इसी प्रकार के नियम थे।

सुन्द-उपसुन्द

नारदजी जिस समय नियम बनाकर चले गए थे, उस समय उन्होंने पाण्डवों को सुन्द, उपसुन्द की कथा सुनाई थी। सुन्द, उपसुन्द दो भाई थे और उनमें बड़ा मेल था। उनके मेल तथा प्रबल पराक्रम के कारण देवता उनसे हार गए थे और देवताओं ने यह तय किया कि इन दोनों में बिना लड़ाई कराए इनको जीता नहीं जा सकता। तदनुसार एक त्रिलोकसुन्दरी अप्सरा की सृष्टि हुई, जिसका नाम तिलोत्तमा रखा गया। अब दोनों भाई जहाँ बैठे थे, तिलोत्तमा वहीं पर नाज-नखरे से कनेर के पुष्पों को चुनती हुई आ निकली। तिलोत्तमा पर दृष्टि पड़ते ही दोनों भाई काम मोहित हो गए और बिना कुछ सोचे-विचारे तिलोत्तमा के हाथ पकड़ लिए। सुन्द ने दायाँ

हाथ पकड़ा और उपसुन्द ने बायाँ। दोनों कामातुर होकर आपस में तनातनी करने लगे। सुन्द ने कहा—अरे यह तो मेरी पत्नी है, तेरी भाभी लगती है। उपसुन्द ने कहा—यह मेरी पत्नी है, तुम्हारी पुत्रवधू के समान है। दोनों ही अपनी-अपनी बात पर डटे रहे और 'तेरी नहीं, मेरी' कहकर लड़ने लगे। पहले मैंने इसका हाथ पकड़ा, पहले मैंने इसका हाथ पकड़ा, कहते हुए एक दूसरे पर टूट पड़े। थोड़ी ही देर में दोनों मारे गए। हम इस कहानी को न देते, पर इसमें जो लिखा है कि पहले मैंने इसका हाथ पकड़ा है, इसलिए यह मेरी पत्नी है, इससे यौथ विवाह के युग के दृष्टिकोण का पता लगता है। मालूम ऐसा होता है कि जो पहले हाथ पकड़ लेता था, स्त्री उसी की होती थी, यदि वह आपत्ति न करे तो। यह अनुमान ठीक हो या न हो, इसमें सन्देह नहीं कि यौथ विवाह के युग में कोई न कोई तरीका ऐसा रहा होगा जिससे यौथ विवाह पद्धति शान्तिमय ढंग से चलती रही। जंगल में शिकारियों में जो रिवाज है कि जिसने पशु को पहले पहल देखा या मारा, शिकार उसी का होता है। उसी प्रकार बिल्कुल अनावृत्तता या बाद के यौथ विवाह में इस प्रकार की कोई न कोई व्यवस्था रही होगी।

एकविवाह-प्रथा का प्रवर्तन

महाभारत में इस सम्बन्ध में अनुश्रुति मौजूद है कि पहले विवाह प्रथा नहीं थी, तथा स्त्रियाँ और पुरुष दोनों स्वतन्त्र थे। यह तो ऐतिहासिक रूप में स्वीकृत हो चुका है कि आर्यों के आने के पहले द्रविड़ जातियों में मातृमूलक परिवार प्रथा या मातृकुल प्रचलित था। पर आर्य जिस समय भारतवर्ष में आए थे, उस समय एकविवाह बिल्कुल ही दृढ़ हो गया हो, यह बात नहीं। दीर्घतमा ऋषि को ही आर्यो में विवाह प्रथा प्रवर्तित करने का श्रेय दिया जाता है। एक दूसरी अनुश्रुति के अनुसार श्वेतकेतु और औद्दालकि इस प्रथा के प्रवर्तक थे। मिस्र और चीन में इसी प्रकार विवाह प्रथा के प्रवर्तक क्रमशः सेनेस और फाउही समझे जाते हैं।

ऐसा पता लगता है कि दीर्घतमा पहले हो गए और श्वेतकेतु बाद को हुए। इसलिए यह अनुमान है कि दीर्घतमा ने विवाह प्रथा को प्रवर्तित किया और श्वेतकेतु ने उसमें कुछ सुधार किए। जयचन्द्र विद्यालंकार के अनुसार, श्वेतकेतु भारत युद्ध के पहले के हैं, इसलिए इस अनुमान से ही चीजें ठीक बैठती हैं, क्योंकि भारत युद्ध के बहुत पहले ही विवाह प्रथा आर्यों में दृढ़ हो चुकी थी। हम पहले ही बता चुके हैं कि ऐसा भी एक मत है, जिसके अनुसार भारत युद्ध आर्यों की कोई ऐतिहासिक घटना ही नहीं है।

शरत बाबू ने सात दीर्घतमा ऋषियों के विषय में, जो आपस में भाई थे, एक अनुश्रुति का उल्लेख किया है, जिसके अनुसार उन्होंने एक ही स्त्री को लेकर अपनी ऋषि यात्रा का निर्वाह किया था और इसी को महाभारत के आदि पर्व में सनातन

प्रथा कहा गया है। पता नहीं ये दीर्घतमा कौन थे। यदि वे वही थे जिन्होंने विवाह प्रथा का प्रवर्तन किया तो उनका योगदान केवल इतना दिखता है कि इन्होंने स्त्री को सामूहिक न रहने देकर कुछ थोड़े से लोगों का बना दिया। राहुल जी ने श्वेतकेतु वाली कथा के सम्बन्ध में लिखते हुए श्वेतकेतु की माँ के साथ पिता के विवाह को जोड़े की शादी बतलाया है। हमारे पास इसका कोई भी प्रमाण नहीं है कि इस युग में ज़ोड़े के विवाह का प्रवर्तन हो चुका था।

राहुल जी के अनुसार वह घटना यों थी—"श्वेतकेतु की माँ को एक ऋषि अपने साथ यौन क्रिया के लिए ले जाना चाहता था। श्वेतकेतु ने इसका विरोध किया। यह विवाद उसके पिता के सामने हो रहा था। पिता ने कहा कि इसमें कोई हर्ज नहीं, यह धर्म है।" इस घटना को कितना भी तोड़ा-मरोड़ा जाए, इसमें से जोड़े की शादी प्रथा को निकालना मुश्किल है। जोड़े की शादी में स्त्री दोनों पक्षों की सम्पत्ति सूचित है, पर इस घटना में ऐसा दिखलाया गया है मानो श्वेतकेतु की माँ के साथ कमोबेश जबरदस्ती की गई है। ऐसी हालत में इसे यौथ या उच्छृंखलता के युग की घटना कहना अधिक उचित होगा। यद्यपि बाकी सब शर्तें जोड़े की शादी के समय की हैं। इसी उदाहरण को हम सब के सामने बिना लजाए समागम करने की श्रेणी में रख सकते हैं। जब बेटे के सामने माँ को पकड़ ले जाया जाय तो इससे बढ़कर बेपर्दगी और क्या हो सकती है? कहा जाता है कि उत्तथातनय ने भी इसी प्रकार लोगों के सामने समागम किया। जो भी हो, बाद के युग में अर्थात उत्तरवैदिक युग तथा उसके बाद के युगों में यौथ विवाह की बहुत-सी स्मृतियाँ बाकी थीं। सच बात तो यह है कि ऐसी स्मृतियाँ बहुत-सी अब भी बाकी हैं, जिनकी हम यथास्थान आलोचना करेंगे।

डॉक्टर सुविमल सरकार ने 'Some aspect of the earliest social history of India' में कुछ प्रासंगिक बातें लिखी हैं। यद्यपि वे ऊलजलूल हैं, फिर भी हम उन्हें इसलिए उद्धृत करेंगे कि उनके मतानुसार भी यहाँ विवाह प्रथा के पहले भगिनीगमन आदि का एक युग था। उनके अनुसार राम ने जो जनकदुहिता से शादी की, वह उनकी बहन थी, क्योंकि जनकदुहिता माने पिता की बेटी। उन्होंने सीता को चार भाइयों की संयुक्त पत्नी प्रमाणित करने की चेष्टा की है। एक अन्य अध्यापक ने लिखा है कि श्वेतकेतु औद्दालकी कामशास्त्र के प्रथम आचार्य थे। कामशास्त्र की तभी आवश्यकता पड़ी होगी जब एक विवाह प्रथा स्थापित हो गई होगी। हम दिखा चुके हैं कि श्वेतकेतु के पहले दीर्घतमा विवाह पद्धति का प्रवर्तन कर चुके थे। श्वेतकेतु के सम्बन्ध में एक अन्य अनुश्रुति यह है कि उन्होंने अपने गुरु उद्दालक की पत्नी से गुरु की ही आज्ञा से पुत्रोत्पन्न किया था। (वही) इससे वात्स्यायन ने उनको जो कामशास्त्र का प्रथम आचार्य माना, उसका समर्थन हो जाता है।

एंगेल्स को नए प्रमाण मिले

'ओरिजिन ऑफ फैमिली' लिखने के आठ साल बाद एंगेल्स को यौथ विवाह प्रथा के सम्बन्ध में बिल्कुल एक नया प्रमाण मिला। इसको उन्होंने अपनी पुस्तक के बाद के संस्करणों में जोड़ दिया। हम उसको यहाँ पर उद्धृत करते हैं। कुछ विद्वान नृतत्वविदों में अब यह फैशन हो गया है कि यौथ विवाह के अस्तित्व को ही अस्वीकार कर देते हैं, इसलिए 1892 के 14 अक्टूबर को मास्को के 'रुस्काया बेडमोपस्टी' में जो विवरण छपा था, वह दिलचस्पी से खाली नहीं है। इस विवरण में न केवल यौथ विवाह यानी पुरुषों की एक टोली के साथ स्त्रियों की एक टोली का यौन सम्बन्ध मौजूद है, बल्कि यौथ विवाह के सबसे विकसित तथा क्लासिक सोपान पुनालुया पद्धति के होने का भी प्रमाण मिलता है। हम जानते हैं कि पुनालुया परिवार में कुछ सगे तथा चचेरे आदि भाइयों के साथ कुछ सगी तथा चचेरी आदि बहनों का सम्बन्ध होता था। हम सखालिन द्वीप में यह देखते हैं कि एक पुरुष अपने भाइयों की सब बीवियों का और अपनी स्त्री की बहनों का पति होता है। इसी बात को यदि स्त्री की दृष्टि से देखा जाए तो यों है कि एक स्त्री को अपनी बहनों के सब पतियों तथा अपने पति के सब भाइयों के साथ पत्नी का सम्बन्ध स्थापित करने का अधिकार होता है। इस प्रकार यह पुनालुया विवाह पद्धति से इस माने में ही एकता है कि इस प्रथा में पति के भाई और बहनों के पति जरूरी तौर पर एक ही व्यक्ति नहीं हैं।...यह सारा विवरण इसलिए दिलचस्प है कि विकास के करीब-करीब उसी सोपान में स्थित सभी आदिम जातियों की सामाजिक संस्थाएँ एक ही तरह की हैं। इस विवरण में सखालिन द्वीप के मंगोलापडों के बारे में जो कुछ कहा गया है, वह भारत की द्रविड़ जातियों तथा आविष्कार के समय दक्षिण सागर द्वीपपुंज तथा अमेरिका के आदिम निवासियों के विषय में एक ही है। यह विवरण नृतत्वविदों की एक सभा में पढ़ा गया था।

"मिस्टर एन.ए. जानस्चुक को स्टर्नवर्ग नामक एक व्यक्ति से सखालिन द्वीप की गिलियाक जाति के सम्बन्ध में जो बातें मालूम हुई थीं, उन्हीं को उन्होंने सभा के सामने पढ़ा था। ये गिलियाक न तो खेती से ही परिचित थे और न कुम्हारी कला का ही उन्हें ज्ञान था। ये मुख्यतः शिकार तथा मछली मारकर जीवनयापन करते थे। ये लोग पानी को गरम करने के लिए उसमें गरम पत्थर डाल देते हैं, इत्यादि-इत्यादि। गिलियाक अपने बाप के सब भाइयों को भी बाप कहते हैं तथा बाप के भाइयों की सब बीवियों तथा माँ की सब बहनों को माँ कहते हैं। इन 'पिताओं' तथा 'माताओं' की सब सन्तानों को ये भाई और बहन कहते हैं। यह कोई अजनबी बात नहीं है, क्योंकि उत्तर अमेरिका के इराकुआ तथा अन्य आदिम कबीलों में भारतवर्ष में भी बहुत-सी जगहों पर इस प्रकार की प्रथा प्रचलित है।

हाँ, अन्य स्थानों में इस प्रकार पुकारना केवल एक ऐतिहासिक पद्धति का अवशेष मात्र है, पर गिलियाकों में पुकारने की यह प्रथा अब भी बिलकुल अपनी ऐतिहासिक विशुद्धता में मौजूद है। आज तक प्रत्येक गिलियाक को यह अधिकार है कि वह अपने भाइयों की स्त्रियों तथा स्त्री की बहनों के साथ पति का व्यवहार करे, कम से कम ऐसा करने के लिए निषेध नहीं है।'' सैंडवीच द्वीप समूह में 19वीं शताब्दी के पूर्वार्द्ध तक एक तरह की पुनालुया पद्धति मौजूद थी, जो सखालिन की प्रथाओं की याद दिलाती है। ''जिस समय कोई गिलियाक मरता है, उस समय गोत्र की अनुमति से उसकी स्त्री उसके सगे तथा अन्य भाइयों की स्त्री के रूप में रहती है।'' *(ओरिजिन ऑफ फैमिली)*

यौथ स्त्री-पुरुष सम्बन्धों के अवशेष

यौथ विवाह का युग प्रत्येक जाति में सैकड़ों वर्षों तक चलता रहा। सच बात तो यह है कि गत तीन हजार वर्ष या अधिक से अधिक चार हजार वर्ष पहले अधिकांश अधुनासभ्य जातियों में भी यौथ विवाह का कोई न कोई रूप प्रचलित था। कैसे जोड़े की शादी और एकविवाह की उत्पत्ति हुई, वह दिखाने के पहले हम यह दिखलायेंगे कि किस प्रकार समाज में एकविवाह नियम के रूप में स्वीकृत हो जाने पर भी यौथ विवाह के कुछ न कुछ धार्मिक-सामाजिक अवशेष या अन्य रूप मौजूद हैं। यौथ विवाह युग के अवशेष इतने हैं कि उन सबको गिनना कठिन होगा, इसलिए हम उनमें से कुछ चुने हुए रिवाजों का ही वर्णन करेंगे। यों तो हम सारे विश्व इतिहास की एकता दिखाने के लिए सब देशों के उदाहरण इस अध्याय में देंगे, पर भारतवर्ष स्वयं ही इतना बड़ा अजायबघर है कि यहीं पर सब तरह के उदाहरण प्राप्त होंगे। केवल यही नहीं, इसके लिए हमें सारे भारतवर्ष में जाने की भी जरूरत नहीं। केवल हिमालय की तराई में ही एकपत्नीत्व, बहुपतित्व तथा यौथ विवाह आदि सब तरह के नमूनों का सहअस्तित्व है। डॉक्टर मजूमदार के शब्दों में हिमालय की तराई में एक मकान में तीन भाइयों की एक बीवी और बगल के मकान में एक पुरुष की तीन पत्नियाँ हैं, फिर उसकी बगल में तीन भाइयों की चार बीवियाँ हैं। इस प्रकार भारतवर्ष का यह कोना इस मामले में एक पूरा अजायबघर है। (*Fortunes of Premitive tribes, p. 167*)

अमेरिका की कोई चालीस आदिम जातियों में—यद्यपि उनमें जोड़े की शादी प्रचलित हो चुकी थी—यह प्रथा अनुसन्धान के समय तक थी कि यदि एक भाई ने सबसे बड़ी बहन से विवाह किया, तो उसको यह अधिकार था कि ज्यों ही उस लड़की की और बहनें बड़ी हो जाएँ, त्यों ही वह उनके साथ भी पति का व्यवहार कर सके। सन्देह नहीं कि यह उस युग की स्मृति दिलाता है, जब सब भाई मिलकर सब बहनों से यौन सम्बन्ध में आबद्ध हो जाते थे। बहुत-सी आदिम जातियों में—जिनमें अब यौथ विवाह नहीं है—यह रिवाज है कि एक दिन सारा कबीला इकट्ठा होता है और फिर जिसका जिससे जी चाहता है, संभोग करता है। उस दिन

सब बन्धन तोड़ दिये जाते हैं। पर उस दिन के बाद फिर पहले के बन्धन स्थापित हो जाते हैं। कैलिफोर्निया के आदिम निवासियों में इसी प्रकार का रिवाज देखा गया। आस्ट्रेलिया की अधिकांश आदिम जातियों में इसी प्रकार के एक या एक से अधिक त्यौहार होते हैं।

कुलटाचक्र

हमने अन्यत्र यह दिखाया है कि तान्त्रिकों का कुलटाचक्र या भैरवीचक्र इसी प्रकार यौथ विवाह के युग की एक स्मृति मात्र है। इतिहास में बहुधा ऐसा हुआ है कि जब किसी प्रथा के पीछे मौजूद आर्थिक-सामाजिक अवस्थाएँ चली गईं, तो भी वह प्रथा सीमित रूप में कुछ व्यक्ति विशेष या दल विशेष के धर्म या मत के रूप में रह गईं। यौथ विवाहमूलक समाज में हम देख चुके हैं कि मातृगमन और भगिनीगमन उसी प्रकार अपने-अपने युग में स्वाभाविक था, जिस प्रकार आज अपनी पत्नी के साथ यौन सम्बन्ध स्थापित करना। इससे तान्त्रिकों में जो मातरमपिनत्यजेत शब्द प्रचलित है, यानी माँ को भी न छोड़ें, उससे यह समझ में आ सकता है। इसमें जो 'न त्यजेत' शब्द है यानी माँ को भी न छोड़ा जाए, इसकी जगह पर यदि 'न अत्यजेत' कर दिया जाए कि माँ को भी नहीं छोड़ते थे, तो यह एक ऐतिहासिक बात हो जाए। कहा जाता है कि कुलटाचक्र-भैरवीचक्र आदि के अवसर पर वाममार्गी एकत्र होते हैं और आँखों पर पट्टी बाँधकर जो स्त्री जिस पुरुष के हाथ पड़ जाती है—वह चाहे उसकी माँ या बहन ही क्यों न हो—वह उसके साथ मैथुन करता है। कहना न होगा कि हमने नर-नारी के पारस्परिक इतिहास को जिस प्रकार देखा है, उससे इस प्रथा में कोई आश्चर्य की बात नहीं।

सैटरनेलिया बैकानेलिया

बैकानेलिया उत्सव मनाया जाता था। राबर्ट ब्रिफोल ने 'Sex in cuilesation' नामक अपनी पुस्तक में यह लिखा है कि खेती के त्यौहार, विशेषकर ऐसे त्यौहार जिनका सम्बन्ध बीज बोने तथा फसल काटने से है, दुनिया के प्रत्येक देश और प्रत्येक युग में यौन-यथेच्छाचार के साथ संयुक्त रहे हैं। अल्जीरिया के खेती करनेवाले लोग इस बात को बिलकुल बुरा समझते थे कि उनकी स्त्रियों की कामुकता पर किसी प्रकार की रोक लगाई जाए। वे कहते हैं कि यदि ऐसा किया गया तो खेती की सफलता में बाधा पहुँचेगी। एथेन्स में जो थसमोफोरिया (Thesmophoria) या बुआई के उत्सव होते हैं, उनमें किसी न किसी रूप में उर्वरता सम्बन्धी जादू-टोना का मौलिक चरित्र मौजूद है। इस अवसर पर स्त्रियाँ लैंगिक प्रतीक लेकर चलती थीं और अश्लील भाषा में बातचीत करती थीं। सैटेरनेलिया नामक रोमन उत्सव भी बुआई का उत्सव है। बाद को दक्षिण यूरोप में यही उत्सव कारनिवल के रूप में

रह गया है। अभी हाल के समय तक इन उत्सवों में सीऊ और दाहोमे नामक स्थानों में प्रचलित लैंगिक प्रतीकों से शायद ही कुछ भिन्न प्रतीक बहुत जोरों के साथ दिखलाये जाते थे।

थारू और शिया

हिमालय की तराई की थारू जाति में होली का उत्सव करीब-करीब एक हफ्ते तक मनाया जाता है और इस अवसर पर स्त्रियाँ करीब-करीब एक हफ्ते तक यथेच्छाचार विहार करती हैं। (वही, पृ. 109) अन्य समाजों में भी होली में इसी प्रकार आदिम यौथ समाज की स्मृतियाँ मौजूद हैं। सुन्नियों के कथनानुसार शिया लोगों में एक उत्सव होता है, जिसे इंदेर्गादिर कहते हैं। इस अवसर पर कहा जाता है कि सब शिया इकट्ठे होते हैं और जो स्त्री जिसके हाथ लग जाती है, वह उसके साथ यौन सम्बन्ध स्थापित करता है। जितने भी शियों से पूछा तो वे इस प्रकार की किसी प्रथा के अस्तित्व को स्वीकार नहीं करते, पर जैसा हम देख चुके हैं, इस प्रकार की प्रथा का होना असम्भव नहीं है। किसी न किसी कारण से तो इस किंवदन्ती की उत्पत्ति हुई होगी। यह तो लतुर्नो ने ही लिखा है कि अरब में यजीदी सम्प्रदाय के लोग हैं, जो रात के अँधेरे में जो भी स्त्री सामने पड़ जाए, उसे नहीं छोड़ते, चाहे वह माँ या बहन, कोई भी हो।

हमारी होली

होली के दिन जो बड़े-बड़े सभ्य व्यक्ति भी गालियाँ देते और सुनते हैं तथा उस दिन के लिए यह जो कहा जाता है कि होली में बाबा भी देवर लगता है, यानी उसके साथ भी बेरोकटोक मजाक हो सकता है, यह उसी आदिम यौथ युग की स्मृति है। बहुत सम्भव है कि इस अवसर पर पहले जमाने में समाज के सारे बन्धन तोड़कर यौथ समाज की स्मृति ताजा की जाती हो। यह भी द्रष्टव्य है कि होली के सम्बन्ध में यह भी कहा गया है कि इस अवसर पर मनुष्यों में उसी प्रकार की कामोत्तेजना होती है, जिस प्रकार पशुओं में किसी खास दिवस पर होती है और इस दिन सब अनावृत हो जाते हैं। कुछ स्थानों के सम्बन्ध में यह सुनने में आया है कि इस अवसर पर वहाँ एक गाँव की लड़कियों के साथ दूसरे गाँव के लड़कों की मार होती है। इसके महीने दो महीने पहले से लड़कियों को खूब खिलाया-पिलाया जाता है, और उस दिन ये और दूसरे गाँव के लड़के इकट्ठे होते हैं। लड़कों को यह अधिकार नहीं होता कि वे हमला करें, बल्कि वे केवल आत्मरक्षा करते हैं और लड़कियाँ खूब मार करती हैं। कहना न होगा कि यह स्पष्टतः यौथ विवाहमूलक समाज की सूक्ष्मीकृत स्मृति है। किसी युग में दोनों गाँवों के लोग या तो दो अलग-अलग कबीलों के लोग होंगे या एक ही कबीले के दो परस्पर

विवाह सम्बन्धमुक्त टुकड़े होंगे और इस अवसर पर कैलिफोर्निया के आदिम निवासियों की तरह सामूहिक यौन सम्बन्ध होते होंगे। पर अब वह सिर्फ क्रीड़ा तथा मदनोत्सव युवक-युवतियों के खेल के रूप में सूक्ष्मीकृत होकर रह गया है।

दुर्गापूजा के पीछे

बंगाल में दुर्गापूजा का उत्सव सबसे बड़ा उत्सव है। इसका असली स्वरूप क्या है, वह शाबरोत्सव से पता लगता है। इस समय जिस दिन दुर्गापूजा होती है, यानी शारदीय दुर्गापूजा के अवसर पर जिस दशमी को आजकल अन्तिम पूजा होती है, उस अवसर पर पहले शाबरोत्सव मनाया जाता था। यहाँ यह याद रखने की बात है कि शबर एक जंगली जाति का नाम है, जिनमें सभ्यता उस युग में जो रही हो, पर अब भी बहुत निम्नकोटि की है। इस जाति के लोग कपड़ा नहीं पहनते थे और अपने शरीरों को पत्तों से ढक लेते थे और ऊपर से कीचड़ मल लेते थे, जिससे वे असभ्य शाबरजाति के ज्ञात हों। इस प्रकार भेष बदलकर लोग ऊटपटाँग तरीके से नाचते, गाते और बजाते थे। कहना न होगा कि इस प्रकार पत्तों से शरीर ढककर नाचने का क्या मतलब होता था। कालिका पुराण तथा काल विवेक के कुछ श्लोकों से पता चलता है कि इस उत्सव पर आये हुए भक्तों से न केवल यह उम्मीद की जाती थी कि वे अश्लील गाने गाएँ, बल्कि उनसे यह भी आशा की जाती थी कि वे अश्लील इशारे करके हावभाव जताएँ।

बंगाल का कई जिल्दों में समाप्त इतिहास लिखते हुए डॉक्टर आर.सी. मजूमदार, डॉक्टर डी.सी. गांगुली तथा आर.सी. हाजरा ने लिखा है कि यदि इस अवसर पर अश्लील हावभाव नहीं जताते थे, तो यह समझा जाता था कि भगवती ऐसे लोगों से नाराज होंगी। कालिका पुराण में इस सम्बन्ध में जो शब्द आए हैं (भगलिंग क्रियाभिः), उनसे यह सन्देह नहीं रह जाता कि इस प्रकार के हावभावों से क्या आशय है। इन विद्वान डॉक्टरों ने दुर्गापूजा के अवसर पर यह जो शाबरोत्सव होता था उसमें और भी क्या-क्या होता था, इसको वृहद्धर्म पुराण के आधार पर लिखा है। वृहद्धर्मपुराण में लिखा है कि यों तो दूसरों के सामने लिंग-योनिवाचक शब्दों का उच्चारण नहीं करना चाहिए, पर आश्विन मास में दुर्गापूजा के अवसर पर इन शब्दों के उच्चारण में दोष नहीं लगता। हाँ, उस अवसर पर माताओं, बहनों या ऐसी शिष्याओं के सामने, जिनको अभी शक्ति (काली) की दीक्षा नहीं दी गई है, इन शब्दों का उच्चारण न किया जाए।

काम-महोत्सव

इसी प्रकार चैत्र मास में पूर्व भारत में काम महोत्सव मनाया जाता है। इसका सम्बन्ध देवी से नहीं, बल्कि सीधे-सीधे कामदेव से है। कामदेव पुत्रैश्वर्यदाता समझे जाते

हैं, इसलिए इस अवसर पर उनकी पूजा होती है और ऊटपटाँग नृत्य-गीत तथा वाद्य आदि बजते हैं। यह द्रष्टव्य है कि यह उत्सव चैत्रमास में होता है और सार्वजनिक कामोत्तेजना के आदिम अवसर या Periodieity से इसका सम्बन्ध जोड़ा जा सकता है। इसमें सन्देह नहीं कि यह भी आदिम यौथ विवाह के युग की एक स्मृति है।

इसी तरह पूर्व भारत में एक सुखरात्रि व्रत मनाया जाता था। इस सुखरात्रि का स्वरूप क्या होता था, यह बताने की आवश्यकता नहीं है। इस अवसर पर आमतौर पर लोग रात को मिलते थे। इसके बाद सवेरे खानपान होता था। इसको भी हम यौथ विवाह की एक स्मृति ही मानेंगे।

आश्विन मास की पूर्णिमा पूर्वी भारत में अब भी कोजागर लक्ष्मी पूजा के रूप में मनाई जाती है, पर इसका असली स्वरूप क्या था, इसमें भी हमें सन्देह नहीं है। कोजागर शब्द का ही अर्थ है, कौन जाग रहा है। इस अवसर पर रतजगा होता था और लोग जुआ, नाचगान इत्यादि करते थे। (*History of Bengal, पृ. 606-7*)

जातक से पुष्टि

जातक साहित्य में एक राजा के सम्बन्ध में लिखा है कि जब अनावृष्टि हुई, तो लोगों ने कहा कि एक संन्यासी बहुत तपस्या कर रहा है, इसी कारण वृष्टि नहीं हो रही है। इस पर राजा इस बात पर तैयार हो गए कि अपनी कन्या सौंपकर उसका तपोभंग कराया जाए। तदनुसार राजा ने जाकर अपने राज्य के रक्षार्थ अपनी कन्या से ऐसी-ऐसी बातें कहीं जो एक पिता कन्या से नहीं कह सकता। राजकुमारी फौरन 'साधु' कहकर राजी हो गई। (*Social and Rural Economy of Northern India by Atindra Bose, p. 111*) यह द्रष्टव्य है कि इस प्रकार धर्म की आड़ में यौथ समाज की बहुत-सी रस्में हमारे अन्दर मौजूद हैं। इनसे से कुछ इतनी सूक्ष्मकृत हो गई हैं कि अब उनको उनके आदिम रूप में पहचानना मुश्किल है, पर खोज करनेवाले के निकट इनका असली रूप नहीं छिपता।

देवीपूजा देवपूजा से पुरानी

हमारे मतानुसार तन्त्रोक्त विशेष कृत्य ही नहीं बल्कि देवी पूजा का सारा वातावरण ही हमें समाज के उस युग का स्मरण दिलाता है, जब समाज पर मातृकुल के रूप में स्त्रियों की प्रधानता थी। हम यह दिखला चुके हैं कि यद्यपि वैदिक युग में पुरुषों का बहुत कुछ आधिपत्य हो गया, फिर भी अदिति की पूजा, स्तुति या उपासना एक स्मृति के रूप में उस समाज में भी रही। सुप्रसिद्ध इतिहासकार रमाप्रसाद चन्दा ने अपनी पुस्तक 'Indo-Aryan Races in India' में इस मत का प्रतिपादन किया

है कि शक्तिपूजा की धारणा वहीं उत्पन्न हुई, जहाँ मातृकुल का बोलबाला था। ऐतिहासिक रूप से हम यह देख चुके हैं कि प्रत्येक समाज में पितृकुल से पहले मातृकुल था, इसलिए स्वाभाविक रूप से देवीपूजा देवपूजा से प्राचीनतर है, इसमें सन्देह नहीं। देवीपूजा की प्राचीनता को सिद्ध करते हुए लेखकों ने ऋग्वेद के देवी सूक्त, वागदेवी, सरस्वती आदि का उल्लेख किया, पर हमने पहले-पहल यह दिखाया कि अदिति के रूप में देवीपूजा सब देवताओं की पूजा से प्राचीनतर है। हमने इतिहास की जो तस्वीर पेश की है, उसके साथ यह सिद्धान्त बिलकुल सही बैठता है। हमारा काम यह नहीं है कि हम यह बतलाएँ कि देवीपूजा उचित है या देवपूजा, न हमारा काम यही है कि हम तन्त्रोक्त पद्धतियों का खण्डन या मण्डन करें, हमारा काम यहाँ केवल इन ऐतिहासिक धाराओं तथा तथ्यों को उनके सही परिप्रेक्ष्य में पेश करना मात्र है। फिर भी हम इतना कहने का लोभ संवरण नहीं कर सकते कि स्वामी दयानन्द से लेकर विन्टरनित्स तक जिन लोगों ने भी तन्त्रों की पद्धति को ऐतिहासिक रूप से समझने की चेष्टा करने के बजाय उन पर गालियों की बौछार तथा मिथ्याचार आदि के आरोप लगाए हैं, हम उनसे सहमत नहीं हो सकते, और साथ ही हम उनमें कोई ऐसी बात नहीं पाते जिनसे हमें परेशानी हो। हमने इस विषय पर अधिक विस्तार से अन्यत्र आलोचना की है, इसलिए यहाँ इस सम्बन्ध में इतना ही लिखना यथेष्ट होगा।

प्राचीन मिस्र

हमें यह ज्ञात है कि प्राचीन मिस्र में मातृकुल के युग के अन्त से पूर्व धर्म में यौन उपादान लिंग के रूप में नहीं, बल्कि योनि के रूप में था। कौड़ी को योनि के आकार का मानकर पूजा जाता था और उसे बहुत-सी दैवी शक्तियों से संयुक्त समझा जाता था। अन्य सभ्यताओं की तरह मिस्र में योनिपूजा का यह सोपान समाप्त हो गया और समाज में पुरुषों की प्रधानता के साथ योनि के स्थान पर लिंगपूजा का प्रादुर्भाव हुआ। इस सम्बन्ध में यह भी स्मरणीय है कि हिन्दुओं में जो लक्ष्मीपूजा होती है, उसमें कौड़ी की भी पूजा होती है। इसी कारण कौड़ी दिव्य शक्तिसम्पन्न समझी गई और बच्चों को अलाय-बलाय से बचाने के लिए कौड़ी पहनाई जाती है। स्त्रियों की प्रजनन-शक्ति से मासिक धर्म का किसी न किसी प्रकार सम्बन्ध है। मासिक धर्म का और पहले चन्द्र मासों से सम्बन्ध था। कहा जाता है, यह भी एक कारण है कि चन्द्र देवता विशेषकर प्रजनन के देवता माने गए।

युद्धशान्ति के बाद मदनोत्सव

हम बाद को चलकर यह दिखलाएँगे कि किस प्रकार युद्धकाल में यौन-सदाचार

की धारणा शिथिल हो जाती है। कहा जाता है कि जिस समय 1914-18 तथा 1939-45 के महायुद्ध के बाद शान्ति की घोषणा हुई, उस समय सभी राजधानियों की सड़कों पर मदनोत्सव शुरू हो गया था। इसकी व्याख्या में यह कहा गया कि मनुष्य तो मौका खोजता है कि किसी न किसी बहाने आदिम युग में लौट जाए, युद्ध काल की समाप्ति के बहाने उसने ऐसा ही किया है।

कृष्ण कथा का विश्लेषण

हिन्दुओं के पूर्णावतार कृष्ण की रासलीला तथा उनकी अगणित गोपियों के सम्बन्ध में जो कथा है, उसको कई लोगों ने, जैसे वन्देमातरम के रचयिता उपन्यासकार बंकिमचन्द्र ने बिल्कुल गपोड़ा समझकर उड़ा देना चाहा है, और कुछ लोगों ने, जैसे कि सस्ते वैष्णव कथाकार कहते हैं कि कृष्ण ने कहीं भी गोपियों का संग नहीं किया था, बल्कि ये मनोवृत्तियाँ हैं, इन कथाओं का जबरदस्ती आध्यात्मिक अर्थ लगाया है। महाभारत के मौसल पर्व में यह कथा है कि आभीर नामक गोपालक कबीले में एक बाल देवता की पूजा होती थी। आर. जी. भंडारकर इससे यह अनुमान लगाते हैं कि यह कबीला असभ्य था और कृष्ण के जीवन के सम्बन्ध में जो व्यभिचारमूलक कथाएँ हैं, उनकी उत्पत्ति इसी से हुई होगी। हम अन्यत्र यह लिख चुके हैं कि आभीर जाति के बाल देवता के सम्बन्ध में जो व्यभिचारमूलक कहानियाँ हैं, वह व्याभिचार था ही नहीं, बल्कि यौथ युग की अवस्था में पड़ी हुई एक जाति का साधारण व्यवहार था। अवश्य जिस रूप में कृष्ण की यह लीला हमारे सामने आती है, उसमें बाद के युग के और भी उपादान जुड़ गए, पर मौलिक रूप से रासलीला यौथ समाज में सामूहिक मैथुन का दिवस मात्र है, और उसमें कृष्ण के अतिरिक्त और भी पुरुष भाग लेते होंगे, पर बाद को सभ्यता की प्रगति के साथ-साथ कृष्ण ही एकमात्र पुरुष रह गए और रासलीला का वर्तमान रूप बन गया। हम इस कथा में कुछ ऐसे उपादान पाते हैं, जिनसे उस पर यौथ विवाहमूलक समाज की छाप स्पष्ट हो जाती है।

रासलीला के सभी विवरणों में कृष्ण के अतिरिक्त पुरुष उस अवसर पर होते हैं, पर उनमें से कोई भी पुरुष का व्यवहार नहीं करता, बल्कि सभी एक तरह से कृष्ण के बेयरा के रूप में काम करते दिखलाई देते हैं। दूसरी तरफ ये पुरुष कृष्ण के सखा भी हैं, अतः स्पष्टतः कहीं न कहीं किसी कड़ी में गड़बड़ी मौजूद है। इसके अतिरिक्त यह जो वर्णन मिलता है कि रासलीला में सभी गोपियों को अपने बगल में कृष्ण दिखाई देते हैं, इसका अर्थ यही है कि प्रत्येक गोपी के पास अपना-अपना पुरुष था। नहीं तो इस कथन का कोई अर्थ नहीं है। इसके अतिरिक्त यह भी द्रष्टव्य है कि इन वर्णनों में भी गोपियों में पारस्परिक ईर्ष्या नहीं मिलती, बल्कि वे एक दूसरे की सहायता ही करती हैं। हम जानते हैं कि इस प्रकार ईर्ष्याहीन

व्यवहार या मनोवृत्ति केवल यौथ युग में ही सम्भव थी। यह द्रष्टव्य है कि कृष्ण की मौलिक लीला में उनकी कोई विशेष प्रिय पात्री नहीं है। सभी गोपियाँ उनकी दृष्टि में बराबर हैं। वह किसी के साथ पक्षपात नहीं करते, न उनके साथ किसी का कोई विशेष सम्बन्ध है। कृष्णलीला में राधा का जुड़ जाना बहुत बाद की बात है। भागवत में राधा का उल्लेख नहीं है। जयदेव कवि (12वीं शताब्दी ईस्वी) की रचना तथा ब्रह्मवैवर्तपुराण में राधा दिखाई पड़ती है। ये दोनों रचनाएँ ग्यारहवीं सदी के बाद की हैं।

हम पहले ही बता चुके हैं कि यौथ पद्धति के कई तरह के अवशेष बाद के समाज में दृष्टिगोचर होते हैं। इनमें से एक यह है कि पुराने युग की स्मृति में साल में एक दिन के लिए स्त्री सामूहिक हो जाती है। इसका और भी किस प्रकार सूक्ष्मीकरण हुआ, यह द्रष्टव्य है। अफ्रीका की बहुत-सी जातियों में तथा भारत की हो, संथाल, पंजा, कोटार आदि जंगली जातियों में इसी प्रकार एक दिन के लिए स्त्री को सामूहिक बनाने की प्रथा जीवित है, पर आर्यों या सभ्यों में वह किस प्रकार तान्त्रिक उपचारों तथा होली आदि की आड़ में जीवित है, यह हम पहले ही बता चुके हैं। अफ्रीका की जंगली जातियों तथा भारत की असभ्य जातियों के विषय में इन तथ्यों को वेस्टरमार्क ने ही सभ्य जगत के सामने रखा, पर उन्होंने यह नहीं माना कि ये रिवाज या उत्सव आदिम यौथ विवाह के युग के अवशेष हैं, बल्कि उन्होंने उसकी यह व्याख्या की कि जैसे जानवरों में प्रजनन का एक खास मौसम या दिन होता है, इसी प्रकार मनुष्यों में होता था और यह उसी का द्योतक है। हम पहले ही बता चुके कि वेस्टरमार्क की बात में सच्चाई है, पर इसके साथ-साथ यौथ समाज के अवशेष वाला उपादान भी सही है। स्पष्टतः जिस युग में समाज की यौथ अवस्था थी, उस युग में मनुष्य पशुओं के और करीब थे और उनमें प्रजनन का एक मौसम होता था, इसमें कोई आश्चर्य की बात नहीं है। यहीं हम यह भी कह दें कि हम मनुष्यों में उस युग के होने की कल्पना कर सकते हैं, जब उनमें प्रजनन के खास-खास मौसम होते थे, साथ ही यौथ पद्धति थी, इसलिए उस युग में यौन सम्बन्ध के मुकाबिले दूसरी बातों का, विशेषकर उत्पादन-पद्धति का, बहुत अधिक जोर होता था। सच बात तो यह है, जैसा हम बाद को देखेंगे कि उत्पादन-पद्धति में विकास के साथ-साथ समाज में भी नर-नारी के सम्बन्ध में परिवर्तन होते चले गए।

मिथिला का वैवाहिक हाट

मिथिला में एक अजीब वैवाहिक हाट लगता है, जो कदाचित आदिम प्रजनन मेला या सार्वजनिक प्रजनन मौसम का द्योतक या अवशेष है। दरभंगा के लहरिया सराय के इन्द्रनाथ भट्टाचार्य ने 'प्रवासी' में 'दूल्हा-दुलहिन का हाट' नामक एक लेख लिखा

था। दूल्हा-दुलहिन का यह हाट बहुत ही कौतूहल उत्पादक है। लेखक के अनुसार सौ में अस्सी मिथिलावासी ब्राह्मणों का विवाह इसी हाट से तय होता था—अब भी होता है। चन्द्रबाबू के अनुसार सोराठ नामक एक गाँव में हर साल फागुन, बैशाख और चैत्र मास में यह हाट लगता है। विवाह के लिए प्रशस्त अन्य समयों में भी यह हाट लगता है। यह गाँव दरभंगा की मधुबनी तहसील से तीन मील पश्चिम में है। यह गाँव अच्छा-खासा बसा हुआ है, इसमें कोई दो हजार ब्राह्मणों के अतिरिक्त अन्य जाति के लोग भी रहते हैं। इस गाँव के पास तीन बहुत बड़े आम के बाग हैं। आम के उन्हीं बागों में यह हाट लगता है। लेखक को यह पता न लग सका कि इस प्रकार का हाट कितने सालों से लगता है। कहनेवाले तो कहते हैं कि राजा जनक के समय से इसी प्रकार का हाट लगता चला आ रहा है। इस गाँव में महादेव का एक पुराना मन्दिर भी है। जब-जब इस हाट का जमाव होता है, तब-तब हजारों लोग हाट में आते हैं। इनमें ब्राह्मणों की संख्या अधिक होती है। लेखक के अनुसार सब लोग विवाह करने ही आते हैं, यह बात नहीं। कुछ तमाशाई भी आते हैं। इनके अतिरिक्त कुछ लोग ब्याह तुड़वाने या ब्याह में बाधा देने भी आते हैं। इस अवसर पर पेशेवर ब्याह करानेवाले पंडितों का भी जमाव होता है।

जिस प्रकार काशी-प्रयाग में आनेवाले हिन्दूमात्र की घिराई दो या चार स्टेशन पहले से ही शुरू हो जाती है, उसी प्रकार जो व्यक्ति यहाँ हाट में आते हैं, ये पंडित उनका पीछा करते हैं, क्योंकि ये चाहते हैं कि इन्हीं के जरिये विवाह हो, ताकि उन्हें लाभ हो। आम के पेड़ के नीचे बहीखाते लेकर पंडित जमा होते हैं और उनके एजेंट लोगों को पकड़कर उनके सामने पेश करते हैं। इन पंडितों के पास मिथिला के सारे ब्राह्मणों का कुल-परिचय मौजूद है। ये पंडित बहुत से विवाहयोग्य युवकों तथा विवाहयोग्य कन्याओं का पता रखते हैं, इसलिए ज्यों ही उनको मालूम हो गया कि अमुक व्यक्ति विवाह करना चाहता है, त्यों ही वे विवाहार्थी के रिश्तेदार के सामने एक लम्बी सूची पेश कर देते हैं। पहले तो कुल मिलाया जाता है, फिर देखा जाता है कि कुल में कौन श्रेष्ठ है। इस श्रेष्ठता के अनुसार यह तय होता है कि कौन किसको कितने रुपये देगा। यदि वरवाले तथा कन्यावाले दोनों तैयार हो जाते हैं, तब विवाह पक्का हो जाता है। कन्या तथा वर इस प्रकार एक दूसरे को देखते नहीं हैं, दोनों पक्ष एक दूसरे से सम्पूर्ण रूप से अपरिचित होते हैं, इसलिए इस बात की व्यवस्था भी इस हाट में होती है कि विवाह हो जाने के बाद कोई विश्वासपात्र व्यक्ति आकर कन्यापक्ष और वरपक्ष दोनों को स्पष्ट करे कि वर और कन्या के कुल में कोई नुक्स तो नहीं है। इस प्रकार सब लिखा-पढ़ी हो जाने के बाद और वरपक्ष और कन्यापक्ष के एक दूसरे के कुल के विषय में निश्चित हो जाने के बाद वर और बाराती फौरन ही कन्या के घर को रवाना हो जाते हैं। अवश्य यह बताने की जरूरत नहीं कि इस रवानगी के पहले ही पंडित और उसके एजेंटों

की फीस अदा कर दी जाती है। इस सम्बन्ध में यह भी स्मरण रहे कि लिखा-पढ़ी खजूर के पत्ते पर ही पक्की की जाती है।

इस प्रकार के विवाह में अधिक समारोह निषिद्ध है। इसका अर्थ यह नहीं है कि बिल्कुल जल्दबाजी में कुछ होता ही नहीं। कन्या पक्षवाले सामान को ठीक-ठाक करके ही हाट में जाते हैं। अतएव कन्या के घर पहुँचने पर बारातियों का स्वागत होता है। जिस समय वर और बाराती कन्या के यहाँ उपस्थित होते हैं, उस समय कन्या के घर की स्त्रियाँ गाना गाने लगती हैं। यों एक गाने के बाद वर जाकर कन्या पक्ष की स्त्रियों में मिल जाता है। इन्द्र बाबू ने लिखा है कि इसके बाद स्त्रियों द्वारा कई रस्में अदा की जाती हैं। इसके बाद कन्या सम्प्रदान होता है। इस हाट में सबको जाने का अधिकार है, पर आम के पेड़ के नीचे पत्राधारी पंडितों के पास केवल ब्याह से सम्बद्ध लोग ही जा सकते हैं। बाकी लोग तमाशा देखते हैं। इन्द्र बाबू ने लिखा है कि इस प्रकार से विवाह में एक बड़ी सुविधा यह है कि जिसे जैसा विवाह करना है, उतना धन लेकर वह हाट में जाए तो तुरन्त उसका विवाह हो जाता है। इस प्रकार से विवाहित होना अच्छा समझा जाता है। यह विचारणीय है कि यह प्रथा आदिम सार्वजनिक मैथुन दिवस या मौसम का कहाँ तक सूक्ष्मीकरण है। इसमें सन्देह नहीं कि अब जहाँ पर केवल बहीखाते के जरिये दूल्हा-दुलहिन का सम्मेलन कराया जाता है और जहाँ पंडित, उसके एजेंट दूल्हा और दुलहिन के रिश्तेदार बीच में पड़ते हैं, वहाँ पहले दूल्हा-दुलहिन स्वयं मिलकर अपने भाग्य का निर्णय करते होंगे। हमें इसमें सन्देह नहीं कि वैदिक समन का ही यह एक सूक्ष्मीकृत रूप है। रहा यह कि यह रूप समन से अच्छा है या बुरा, यह विषय हमारे लिए यहाँ विचारणीय नहीं है।

अन्य उदाहरण

बेबीलोनिया के इतिहास में हम यह देखते हैं कि आदिम युग की स्मृति के रूप में कहिए या वर्तमान युग में जब स्त्री सामूहिक से वैयक्तिक हो गई तो उसके प्रायश्चित स्वरूप देव मन्दिर में वह एक बार सामूहिक हो जाती थी। यह द्रष्टव्य है कि धर्म की आड़ में यौथ युग की याद बनी हुई थी। इसी प्रकार एशियाई कोचक के लोग अपनी लड़कियों को अनैटिस (Anaitis) के मन्दिर में भेजते थे। वहाँ पर यह स्वतन्त्र कामकला में दिन बिताती थी, यानी इनका जिस किसी से भी मन्दिर के नियमों के तहत यौन सम्बन्ध हो सकता था। इस प्रकार ये लड़कियाँ सालों रहती थीं। जब वे किसी को अपने वर रूप में चुन लेती थीं, तब वह वहाँ से निकलती थीं। इसमें आश्चर्य नहीं कि इस कारण मन्दिरों में भक्तों की कमी नहीं होती थी। बर्टेंड रसेल के लफ्जों में, ''न केवल जंगलियों में बल्कि अपेक्षाकृत सभ्य जातियों में यह रिवाज रहा है कि कुमारियाँ न केवल अधिकारपूर्ण अधिकार

से, बल्कि अक्सर खुलेआम पुरोहितों के द्वारा पहली बार घर्षिता (deflwered) होती थीं।" (*मैरेज एंड मॉरल्स, पृ. 18*)

देवदासी प्रथा

भारतवर्ष की देवदासी प्रथा भी इससे मिलती-जुलती रही। बहुत छोटी उम्र में ही मन्दिरों के लिए लड़कियाँ ले ली जाती थीं और उनको नाचने-गाने आदि कला में शिक्षा दी जाती थी। यों तो उनका यह नृत्यगीत मन्दिर के देवता को रिझाने के लिए होता था, पर उसका व्यावहारिक अर्थ स्पष्ट है। ये देवदासियाँ केवल पण्डों की ही नहीं बल्कि पण्डों के दुष्टमित्रों और धनी भक्तों की रखैल होती थीं। ये लड़कियाँ जन्म-भर वहाँ रह जाती थीं, इसलिए यह पूछा जा सकता है कि इनका आंशिक या सामयिक आत्मसमर्पण से क्या सम्बन्ध है। पर नहीं, इसका सम्बन्ध यह है कि यह समझा जाता है कि एक परिवार से एक लड़की को देवदासी होना चाहिए। इस प्रकार एक लड़की को सामूहिक बनाकर परिवार की सारी लड़कियों का पापक्षालन होता था। स्मरण रहे कि यौथ युग की दृष्टि से किसी लड़की का किसी व्यक्ति विशेष की स्त्री मात्र होना पाप समझा जाता था।

आधुनिक समय में देवदासी प्रथा का जोर केवल दक्षिण में ही था और इसे बहुत कठिनता के साथ कानून द्वारा बन्द कर दिया गया, पर यह प्रथा बहुत प्राचीन थी, इसमें सन्देह नहीं। कौटिल्य के अर्थशास्त्र में देवदासियों का जिक्र है, जैसा कि हम बाद को दिखलाएँगे। राजतरंगिणी में आठवीं शताब्दी ईस्वी में कमला नाम्नी एक वेश्या के पुंड्रवर्धन मन्दिर में होने का उल्लेख है। बंगाल में भी देवदासी प्रथा का किसी समय बहुत जोर था। राजा विजय सेन और भट्टभवदेव ने जिन मन्दिरों को बनाया था, उनमें इस प्रकार की सौ युवतियों के साथ-साथ नियुक्त करने की बात लिखी है। धोपी नामक संस्कृत कवि ने सूम्ह के एक राजा (शायद लक्ष्मण सेन) के द्वारा निर्मित मन्दिर में इस प्रकार की स्त्रियों के होने की बात का जिक्र किया है। 'पवनदूत' में जो देववारवनिता शब्द है, उसके सम्बन्ध में भी अनुमान है कि इस शब्द से मतलब देवदासियों से ही है। जो सौ स्त्रियाँ मन्दिरों को समर्पित की गई थीं, उनके विषय में लिखते हुए भवदेव ने लिखा है कि मानो इनसे प्रेम देवता का बोधन हो गया। (*हिस्ट्री ऑफ बंगाल, पृ. 619*)

अन्य प्रमाण

इन प्रमाणों से स्पष्ट है कि देवदासी प्रथा से क्या काम लिया जाता था। बहुत से लोगों ने देवदासी प्रथा के सम्बन्ध में यह जो कहा है कि पहले इसका उद्देश्य कुछ और था और बाद को पतन होते-होते मद्रास के मन्दिरों की हालत में पहुँच गया, यह बात बिलकुल गलत है, बल्कि इसकी उल्टी बात ही सही है। पहले इसका

रूप सम्पूर्ण रूप से यौथ विवाह पद्धति के अवशेष के रूप में अर्थात् धर्म के रूप में प्रस्तरीभूत एक पुराने रिवाज के अन्तर्गत था, बाद को ही इसका कुछ परिष्करण और सूक्ष्मीकरण हुआ। इनके स्वीकृत कर्तव्यों में भक्तों का मनोरंजन और कामवासना की तृप्ति नहीं था। मोहनजोदड़ो के खण्डहर में नर्तकी की कांस्य मूर्तियाँ मिली हैं। इनके विषय में लिखते हुए एस. वेंकटेश्वर ने यह साफ लिखा है कि इसमें किसी तरह अन्य अश्लील बातें नहीं, बल्कि ये कांस्य की बनी नर्तकियाँ सूचित करती हैं कि धार्मिक वेश्यावृत्ति का वह एक प्राचीन रूप है और जिस समय समाज बहुपत्नीत्व से एकपत्नीत्व में जा रहा था, उस समय समाज के लिए एक सेफ्टी वाल्व या बचत दरवाजे का काम दे रहा था। एस. वेंकटेश्वर ने इतिहास को बिलकुल ठीक समझा है, पर उन्होंने जहाँ बहुपत्नीत्व शब्द का इस्तेमाल किया है, उस स्थान पर यौथ विवाह होना चाहिए था और बचत दरवाजा शब्द से जो बात जाहिर होती है, वे देवदासी किस्म की प्रथा की सही व्याख्या नहीं है, बल्कि यह पापक्षालन के रूप में तथा पुराने युग की स्मृति या अवशेष के रूप में मौजूद थी।

जहाँ पहले साल के 365 दिन हर पुरुष और हर स्त्री सामूहिक रहते थे, वहाँ वे सूक्ष्मीकृत स्वरूप में केवल साल में एक दिन सामूहिक हो गए। कुछ जातियाँ इसी सोपान में रह गईं, जैसे हम वेस्टरमार्क के उदाहरणों से बता चुके हैं। पर इसका भी सूक्ष्मीकरण हुआ और कई जातियों में देवदासी प्रथा का उद्भव हुआ, जैसा हम पहले ही बता चुके। कुछ अप्रासंगिक होते हुए भी यह बतला दिया जाए कि यही देवदासियाँ कम से कम अरमेनिया में अनैटीस के मन्दिर तथा कोरिन्थ में अफ्रोडाइट के मन्दिर में पैसे भी लेने लगीं और इस प्रकार पहले-पहल धर्म की छत्रछाया में वेश्यावृत्ति का उद्भव हुआ। यौथ स्त्री-पुरुष सम्बन्ध अर्थात् आदिम युग में वेश्यावृत्ति का प्रश्न उठता ही नहीं था, क्योंकि उस सारे युग में समस्त सम्पत्ति सामाजिक होती थी और धन के लिए शरीर विक्रय का कोई सवाल ही नहीं उठता था। इसके अतिरिक्त इसी सामूहिक सम्पत्ति के कारण स्त्रियाँ, बल्कि यों कहना चाहिए कि स्त्रियाँ और पुरुष सामूहिक थे, अतएव उस युग में रूप या देह विक्रय का कोई प्रश्न उठ नहीं सकता था। कवि फिरदौसी ने लिखा है कि वहरामगोर नामक राजा ने तुर्कों के खोकन की रानी को एक अग्नि मन्दिर में राज्य बन्दिनी के रूप में रहने के लिए भेजा था। बहुत सम्भव है कि इसका अर्थ देवदासी से था।

दोतरफा रस्में

बाद में यौथ विवाह का रूप यह रह गया कि 365 दिन की जगह एक दिन और इसके बाद एक दिन की जगह केवल एक बार शरीर दान। प्राचीन ग्रीस में हम देखते हैं कि इसका एक और सूक्ष्मीकरण यह था कि कुमारियाँ बिलकुल स्वतन्त्र

होती थीं और जिस किसी पुरुष के साथ सहवास कर सकती थीं, पर जब उनका विवाह हो जाता था, तब उनको एकपतिव्रता होना पड़ता था। इसी प्रथा को ग्रीस में हेटीरिज़्म (Hetaerism) कहा जाता था। यह प्रथा थ्रेसवासियों, केल्टो, बहुत-सी भारतीय जातियों, मलय निवासियों, अमेरिका के आदिम निवासियों तथा अन्य अनेक स्थानों में प्रचलित रही। उदाहरणार्थ जौनसार बाबर की एक जाति में एक तो बहुपतित्व की प्रथा प्रचलित रही, दूसरे यहाँ पत्नियाँ बुवाई के मौसम में अपने मायके में लौट आती हैं। मायके में उनको पूरी यौन स्वतन्त्रता रहती है और इसे कोई बुरा नहीं समझता। इस प्रकार इस समाज की अजीब परिस्थिति है कि पति के घर बल्कि पतियों के घर में रहते समय स्त्री सम्पूर्ण रूप से अपने पतियों तक ही अपने को सीमित रखती है, पर मायके में पूर्ण स्वेच्छाचारिता प्राप्त करती है। इस प्रकार इनकी समाज-व्यवस्था द्विधारायुक्त है, और इसी प्रकार उसमें एक तरफ पितृप्रधान समाज की ओर रुख है तो दूसरी तरफ यौथ समाज का खिंचाव है। जौनसार बाबर के इर्दगिर्द स्त्रियों में बाँझपन बहुत है, इसका पता लगाते हुए भी डॉक्टर डी.एन. मजूमदार को यह ज्ञात हुआ कि कई आदिम भारतीय कबीलों में यह जो प्रथा है कि विवाह के पहले पूर्ण यौन स्वतन्त्रता रहती है, हो न हो, यही उनके बाँझपन के लिए जिम्मेदार हो। यह स्त्रियाँ कुमारी अवस्था में गर्भ से बचने के लिए कई प्रकार की जड़ी-बूटियाँ खाती रहती हैं। विवाह होने के बाद भी कई बार उनका असर रहता होगा। कंजड़ों में भी स्त्रियों को विवाह के पहले बहुत स्वतन्त्रता रहती है, पर विवाह के बाद उनसे यह उम्मीद की जाती है कि वह अपने पति के प्रति वफादार रहें।

ब्राजील के आदिवासी

एक पर्यटक ने ब्राजील यात्रा का वर्णन करते हुए लिखा है कि एक बार वह एक सम्भ्रान्त आदिवासी के परिवार में गया, तो उससे एक लड़की का परिचय कराया गया। लड़की की माँ से उसका पहले ही परिचय हो चुका था। गृहपति उस समय पैरागुवे के विरुद्ध लड़ाई में गया हुआ था। पर्यटक ने यों ही पूछा कि इस लड़की का पिता कहाँ है? इस पर लड़की की मात्ता ने कहा कि इस लड़की का कोई बाप नहीं है, वह यों ही पैदा हुई है। यह बताते हुए पर्यटक ने लिखा है कि वहाँ स्त्रियाँ इस तरह कुमारी अवस्था में उत्पन्न सन्तान के विषय में बिल्कुल लज्जा नहीं करतीं और इसका उल्लेख करते समय उनके लहजे में किसी प्रकार की लड़खड़ाहट नहीं होती। बच्चे भी इस सम्बन्ध में कोई दिलचस्पी नहीं दिखाते कि उनका बाप कौन है। बच्चों की सारी रखवाली माँ के ही जिम्मे रहती है, इसलिए वे भी माँ को ही जानते हैं। वह स्त्री नहीं समझती कि उस पुरुष पर उसका या उसकी सन्तान का कोई हक है। इसमें कोई आश्चर्य नहीं है, क्योंकि सारे मातृकुल के युग में यही

बात थी। परिवर्तन काल में भी मर्यादा का नया रूप स्थापित होते-होते बहुत दिन लग गए होंगे।

दक्षिण की एक जाति

दक्षिण भारत के सलेम तथा त्रिचनापल्ली जिलों की लालघाट पहाड़ियों में कोल्लीमलयालि एक जाति है, जिसके विषय में 1943 में लिखते हुए भारत की मातृकुलमूलक सभ्यताओं के विशेषज्ञ ओ.आर. वेरन एरेनफेल्स ने लिखा है कि कोल्लीमलयालि स्त्रियों के जन्मसिद्ध अधिकारों में यह भी है कि वह किसी भी प्रेमिक के प्रेम निवेदन को सुन सकती हैं। यहाँ तक कि उस प्रेमिक के घर में भी जा सकती हैं। इस पर वहाँ के लोग बिलकुल किसी प्रकार की ईर्ष्या या द्वेष भावना नहीं रखते। एरेस फेल्स ने सही तौर पर यह अर्थ निकाला है कि पहले वहाँ यौथ विवाह पद्धति रही होगी, इसी से विवाह के मामले में कुमारियों को बहुत अधिकार प्राप्त है। यदि किसी कारण से पति-पत्नी में विच्छेद हुआ, तो लड़के पत्नी के होते हैं अर्थात् सन्तानों पर बाप का अधिकार नहीं होता। यह भी यौथ विवाह पद्धति का ही अवशेष है। इस सम्बन्ध में सबसे मार्के की बात तो यह है कि इन लोगों में ईर्ष्या नहीं है, यद्यपि एरेन फेल्स का यह कहना है कि सम्मान और मर्यादा के सम्बन्ध में इनकी धारणाएँ बहुत कट्टर हैं। कोल्लीमलयालियों में घर पर सम्पूर्ण रूप से स्त्री का राज्य रहता है। इस सम्बन्ध में एरेन फेल्स के शब्द यों हैं–''इस जाति में पुरुष स्त्रियों की व्यवस्था को स्वाभाविक रूप से मान लेते हैं और ऐसा करते हुए वे किसी प्रकार का विरोध या तर्क नहीं करते।'' कोल्लिमलयालियों में ईर्ष्या की क्या परिस्थिति है, इस सम्बन्ध में भी एरेन फेल्स ने निरीक्षण किया। उनका कहना है कि बाहरी लोगों के साथ यदि स्त्री का सम्बन्ध हो जाए तो उस से वे बहुत चिढ़ते हैं, पर यदि आपस में सम्बन्ध हो तो वे उस पर जरा भी ध्यान नहीं देते।

इस प्रकार ईर्ष्या नामक गुण या अवगुण उनमें कुल के बाहर किए गए व्यभिचार तक सीमित है। सच बात तो यह है कि प्रचलित अर्थ में यह ईर्ष्या ही नहीं है, बल्कि कुल की शुद्धता बनाए रखने की एक प्रकार से आदिम चेष्टा मात्र है। कोल्लीमलयालियों में जमीन पर लड़ाई होती है और इन लड़ाइयों में अक्सर जानें भी जाती हैं, पर एरेन फेल्स का कहना है कि पितृप्रधान समाजपद्धति के अन्तर्गत अन्य लोगों की तरह इनमें स्त्रियों पर लड़ाई नहीं होती। इस प्रकार जर-जमीन वाली कहावत उन पर आंशिक रूप से ही लागू होती है। कोल्लीमलयालि के लिए स्त्री एक स्वतन्त्र मानवी है, जिसकी सहानुभूति या प्रेम मुक्तदान के रूप में प्रायः मिल जाता है, पर वह कोई जड़ पदार्थ नहीं जो किसी के अधिकार में पशु की तरह रहे। कोल्लीमलयालियों में सम्पत्ति सम्बन्धी धारणा जमीन तक ही

सीमित रह गई है। उसका असर स्त्रियों तक नहीं हुआ, यानी स्त्रियों को सम्पत्ति नहीं समझा गया। जो भी हो, कोल्लिमलयालियों में सम्पत्ति पुरुष के बाद पुरुष को ही मिलती है। यहाँ तक कि यदि पिता ने अपनी लड़की को कुछ गहने दिए हैं तो पिता की मृत्यु के बाद ये गहने भाई के पास लौट आते हैं। कोल्लीमलयालियों में विवाह कुल के बाहर होता है। यद्यपि व्यावहारिक रूप से इसका कोई अर्थ नहीं रह गया है, क्योंकि स्त्री चाहे जिसके साथ रहे।

इस वर्णन से ज्ञात होता है कि यद्यपि कोल्लीमलयालियों में पितृप्रधान समाज पद्धति का आक्रमण हो चुका था, फिर भी उनमें मातृमूलक समाज के इतने अवशेष अब भी हैं कि बेझिझक यह कहा जा सकता है कि इनमें कुछ वर्ष पहले तक मातृकुलमूलक समाज रहा होगा। कोल्लीमलयालियों में यह प्रथा भी है कि लड़की का विवाह उससे बहुत ही कमउम्र के वर के साथ होता है, पर वह लड़की उस कमउम्र पति के साथ नहीं, बल्कि किसी और पुरुष के साथ पत्नी की तरह रहती है। एरेन फेल्स ने दिखलाया है कि प्राचीन दक्षिणी स्लैवों में स्नोवाचेस्तवो नाम से यही प्रथा मान्य थी, और इस प्रकार पतोहू के साथ ससुर का सम्बन्ध रहता था। डॉक्टर विन्सकी का यह मत है कि स्लैवों के संयुक्त परिवारों की यह प्रथा एक पितृप्रधान प्रथा है और मध्य एशिया के सभी वद्दु कबीलों और उनके वंशधरों में पाई जाती है। कोल्लीमलयालियों में इस प्रथा का प्रचलित होना बहुत ही अर्थपूर्ण है और यह उसकी मातृकुलमूलक उत्पत्ति का परिचायक है।

सामुआ निवासियों में यह प्रथा है कि यदि कोई पुरुष विदेश यात्रा करे और उसकी स्त्री पर पुरुष के साथ अपना दिल बहलाए, तो वे जरा भी बुरा नहीं समझते, बल्कि वे यह उम्मीद करते हैं कि इस प्रकार वह अपने विरह-दुख का निवारण करेगी।

कुन्ती की कथा

महाभारत में कुन्ती की कथा कुमारी अवस्था में इस प्रकार स्वतन्त्रता का एक उदाहरण है। कुन्तीपुत्र कर्ण का जन्म कुन्ती या पृथा के विवाह से पहले ही कुमारी अवस्था में हुआ था। इस घटना की व्याख्या करते हुए आदि पर्व में यह बताया गया कि जिस समय पृथा छोटी थी, उस समय उन्होंने दुर्वासा ऋषि की बड़ी सेवा की। उसकी सेवा से प्रसन्न होकर उन्होंने पृथा को एक मंत्र बतलाया, जिसमें यह सामर्थ्य थी कि उस मन्त्र को पढ़कर वह जिस देवता को भी बुलाएगी, वह वहाँ आएगा और उसकी इच्छा से गर्भस्थापन कर सकेगा। मन्त्र पाकर कौतूहलवश पृथा ने सूर्य को बुलाया और उसका गर्भधारण हो गया। कर्ण के जन्म के बाद कुन्ती या पृथा ने कलंक लगने के भय से उसको नदी में बहा दिया। जिस समय महाभारत लिखा गया है, निश्चय ही उस समय समाज सम्बन्धी धारणाओं में परिवर्तन हो

चुका था, इसीलिए कुमारी अवस्था में कुन्ती के माता होने की बात को यह रूप दिया गया कि कर्ण के पिता सूर्य थे। इस पर भी हम इसकी यथार्थता क्या है, यह समझ सकते हैं। महाभारत में इस प्रकार के उदाहरण जहाँ तक ज्ञात हैं और नहीं हैं, पर महाभारत के मुख्य नायकों की माता के सम्बन्ध में इस कथा के कारण यौथ विवाह का एकविवाह के परिवर्तन काल में कितना महत्व प्राप्त रहा होगा, यह कल्पना कर सकते हैं। महाभारत की प्रचलित कथा के अनुसार कुन्ती ने कर्ण की जन्मकथा को अन्त तक छिपा रखा था। इसके साथ ही जिस समय कर्ण उत्पन्न हुआ था, उस समय कुन्ती ने उसे नदी में बहा दिया था और राधा नाम की एक स्त्री ने उसका पालन किया था। लोग कर्ण को आमतौर से अधिरथ और राधा की कोख से उत्पन्न सूत पुत्र ही समझते थे। जिस समय कर्ण मारे गए, उस समय कुन्ती ने कर्ण की जन्मकथा अपने पुत्रों से बतलाई। यह द्रष्टव्य है कि इस पर पाण्डवों ने किसी प्रकार आश्चर्य या ग्लानि प्रकट नहीं की, बल्कि युधिष्ठिर ने यही कहा कि इस रहस्य को छिपाकर तो आपने हमारा सत्यानाश ही कर दिया। कर्ण की मृत्यु से हम सभी पाण्डवों को बड़ा दुख हो रहा है। अभिमन्यु, द्रौपदी के पुत्र पांचालवीरों और कौरवों के मारे जाने से मुझे जितना दुख है, उससे सौ गुना दुख कर्ण की मृत्यु से हो रहा है। (*महाभारत, पृ. 1140*)

इस प्रकार यह स्पष्ट है कि कुमारी अवस्था में सन्तान को जन्म देने पर किसी प्रकार निन्दनीय न होने पर भी कुछ लोग ऐसे जरूर थे, जो उसे निन्दनीय दृष्टि से देखते थे। तभी तो कुन्ती ने कर्ण की जन्मकथा को छिपाया था। यही नहीं, उसके उत्पन्न होते ही उसका जल-विसर्जन कर दिया था।

प्रथम रात्रि का अधिकार

कई जातियों में यौथ विवाह के अवशेष स्वरूप यह प्रथा पाई गई है कि नवविवाहित वधू पर सबसे पहले बारातियों या वर के इष्ट मित्रों का हक होता था, और उसके बाद बल्कि सबसे अन्त में वर की बारी आती थी। अफ्रीका की ओगिलर नामक जाति में प्राचीन काल में यही रिवाज था। वैलियरिक द्वीप समूह में यह प्रथा कभी थी। अबीसिनिया की बैरिया नामक जाति में यह प्रथा देर तक रही। कई जातियों में सब बरातियों का नहीं बल्कि वहाँ के सरदार, राजा, पुरोहित या किसी विशिष्ट व्यक्ति का हक माना जाता था। कहना न होगा कि यह व्यक्ति समाज के प्रतिनिधि के रूप में इस हक का उपयोग करता था। यह प्रथा केल्ट जातियों में थी, इसमें कोई सन्देह नहीं। वैंक्राफ्ट ने उत्तर मैक्सिको की राहू जाति तथा अलास्का निवासियों में 'प्रथम रात्रि का हक' प्रचलित पाया गया है। मध्ययुग में सारे यूरोप में यह प्रथा किसी न किसी रूप में थी। एरेगेन में इसके होने का बहुत अच्छा प्रमाण मिलता है। 1486 में राजा फर्डिनेंड ने जो हुक्मनामा निकाला था, वह यों है—"हम

यह फरमान देते हैं कि जिस समय कोई किसान शादी करे, उस समय ये जमींदार तालुकेदार या सरदार उस नववधू के साथ पहली रात को नहीं सोएँगे और न वह विवाह रात्रि के दौरान जिस समय स्त्री अपने बिस्तर पर जा चुकी है, उस समय अपनी सरदारी के स्वरूप उसके बिस्तरे पर पैर रखेंगे। हम यह भी फरमान देते हैं कि ये सरदार किसान के लड़के या लड़कियों का इस्तेमाल पैसा देकर या बिना पैसा देकर नहीं कर सकेंगे।" (*Origin of Family by Engels, p. 44*)

इस फरमान से यह स्पष्ट है कि कुछ सरदार तो सचमुच प्रथम रात्रि के हक का आक्षरिक रूप से उपयोग करते थे, पर कुछ सरदारों के क्षेत्र में सूक्ष्मीकरण हो चुका था और वे केवल प्रतीकात्मक रूप से नववधू के बिस्तर पर पैर रख देते थे। भारतवर्ष में भी यह प्रथा किसी न किसी रूप में मध्ययुग में मौजूद थी और कहीं-कहीं अब भी मौजूद है। हमें यह बताया गया है कि कई स्थानों में जब किसान विवाह करके लौटते हैं, तो वे नवदम्पति जमींदार की देहली तक जाते हैं। अब इसका रूप एक तरह से आशीर्वाद प्राप्ति का हो गया है, पर पहले देहली के उस पार क्या होता था, इसकी कल्पना कर सकते हैं।

अधिकार कानूनी था

प्रथम रात्रि के हक का सूक्ष्मीकरण कुछ रुपया देकर छुटकारे के रूप में भी पाया जाता है और इस रूप में तो यह उन सभी मुल्कों में अब तक प्रचलित है, जहाँ सामन्तवादी प्रथा कमोबेश जीवित है। यूरोप के मध्ययुग में इस प्रकार जिसे धन देकर प्रथम रात्रि के हक से छुटकारा किया जाता था, उसको Marcheta या फ्रेंच में Maraquette कहते थे। प्राचीन कानून की पुस्तकों में इसका उल्लेख सर्वत्र पाया जाता है। (वही, पृ. 121)

हिमयुग में मनुष्य का क्या चरित्र रहा होगा, इस सम्बन्ध में अनुमान करते हुए क्रोपाटकीन एस्कीमों तथा उनके निकटतम पड़ोसी श्लीकेटो, कोलोशों और आइलेउटों के सम्बन्ध में कुछ तथ्य देते हैं, जो बहुत प्रासंगिक हैं। ये लोग लोहे का इस्तेमाल सीख चुके थे, पर इनको लोहा यूरोपियनों से प्राप्त होता था। इनका सामाजिक संगठन बिलकुल आदिम था, फिर भी ये यौथ सम्बन्धों के युग को पार कर चुके थे। ये लोग परिवारों में बँटे हुए रहते थे, पर ये पारिवारिक बन्धन अक्सर टूट जाते थे और स्त्री और पुरुष अक्सर अपने पति तथा पत्नी को बदल लेते थे। पति और पत्नी में यह अदल-बदल बहुत अर्थपूर्ण है। आदिम यौथ समाज की दृष्टि से एकपतित्व और एकपत्नीत्व नियम भंग है, इसलिए उसके प्रायश्चित के लिए इस प्रकार पति और पत्नी का कभी-कभी विनिमय हो जाता था। विनिमय का स्वरूप, पोस्ट ने आस्ट्रेलिया की कुछ जातियों के सम्बन्ध में जो तथ्य दिए हैं, उनसे साफ हो जाता है। उन लोगों में जब कोई दैवी विपत्ति पड़ती है, तो

कबीले-भर के लोग अपनी-अपनी पत्नी और पति को अदल-बदल कर लेते हैं। इससे यह साफ जाहिर है कि कबीले के अवचेतन में यह बात मौजूद है कि एकपतित्व और एकपत्नीत्व बड़ा पाप है, इसलिए किसी विपत्ति के पड़ने पर उसका इस प्रकार प्रायश्चित किया जाता था।

काशी में स्त्रीदान

भारतवर्ष में भी स्त्रीदान करने की प्रथा का पता चलता है। क्षेमेन्द्र की 'अवदान कल्पलता' में डॉ. वि. लाहा यह निष्कर्ष निकालते हैं कि नारी पुरुष की सम्पत्ति मानी जाती थी। अरिष्ट देश के प्रसिद्ध दाता राजा श्रीसेन ने अपनी पत्नी जयप्रभा को माँगे जाने पर गुरुदक्षिणा के रूप में दे दिया, पर यह परीक्षा मात्र थी। रानी लौटा दी गई। इसी प्रकार मरीचि के शिष्य वाह्लीक ने अपने पुत्र और रानी पद्मावती को ऋषि को दान में दिया। एक कथा यह भी है कि इन्द्र ने युवराज विश्वन्तर के पास ब्राह्मण के रूप में आकर उसकी पत्नी माद्री को माँगा। युवराज ने इन्द्र की इच्छा पूरी की। (*बौद्धरमणी, पृ. 25*)

अब भी (1988 में) काशी आदि में स्त्रीदान, कुमारीदान, सधवादान प्रचलित है। अवश्य इस आधुनिक रूप में स्त्री ज्यों ही दान में दी जाती है, त्यों ही उसे पहले से तयशुदा दाम पर फिर खरीद लिया जाता है। एक बार काशी में ऐसा हुआ कि एक पण्डे ने स्त्रीदान लेकर उस स्त्री को सचमुच ले लेना चाहा। खैरियत यह हुई कि लोगों के समझाने पर वह उस स्त्री को उसके पति के हाथों में बेचने को तैयार हो गया।

महाभारत में भी स्त्रीदान के उदाहरण मिलते हैं। युवनाश्व तथा सुदर्शन राजा ने अपनी स्त्रियों का दान देकर स्वर्ग प्राप्त किया था। कई वनवासियों में स्त्रीदान देकर अतिथि को खुश करने का रिवाज है, यह हम पहले ही बता चुके हैं। केवल वनवासी ही क्यों, ग्रीक तत्ववेत्ता सुकरात ने अपनी स्त्री जानथिप को अलकीवियादिस को अतिथिसेवा के रूप में दे दिया था।

नैयरों की प्रथाएँ

इसी प्रकार दूसरा अवशेष बल्कि यौथ विवाह का ही एक रूप हम भारत के नैयरों में पाते हैं। इनमें तीन या चार पुरुष मिलकर एक स्त्री को रखते हैं, फिर इनमें से प्रत्येक व्यक्ति अन्य तीन या चार व्यक्तियों से मिलकर अन्य स्त्री के भी पति होते हैं। इस प्रकार एक पुरुष कई स्त्रियों का पति और एक स्त्री कई पुरुषों की स्त्री होती है। कदाचित इससे बढ़कर इस युग में कथित सभ्य जातियों में कोई ऐसी प्रथा नहीं है, जो यौथ समाज के निकट हो। अब कदाचित नैयरों में ये रिवाज नहीं रहे।

1925 के करीब तक इनमें सम्पत्ति पर केवल लड़कियों का अधिकार होता था, पर बाद में कानून बनाकर यह अधिकार लड़कों तक विस्तृत कर दिया गया। चारों तरफ पितृप्रधान तथा पितृकुल प्रथा से घिरे होने पर भी नैयरों की प्रथा कैसे इतने दिनों तक टिकी, क्यों टिकी, इसका ठीक-ठीक उत्तर देना सम्भव नहीं है, पर इस सम्बन्ध में जो सारा दोष ब्राह्मणों की स्वार्थपरता पर लादा गया है, यह सही नहीं जान पड़ता, क्योंकि भारत के अन्य भूभागों के लोगों ने भी कम शोषण नहीं किया है। फिर एक ही स्थान में ये प्रथाएँ क्यों रह गईं? इस सम्बन्ध में अभी खोज की गुंजाइश है। नम्बुदरी ब्राह्मणों में केवल बड़े लड़के को सम्पत्ति मिलती थी, बाकी लड़के बड़े भाई के आश्रित या किसी के दामाद बनकर उसके घर जाकर बस सकते थे। यह दामाद बनकर रहने, साथ ही बड़े भाई की उत्तराधिकार मातृकुल और पितृकुल प्रथा के बीच एक अजीब-सा समझौता था। हिन्दू ब्राह्मण प्रधानता के प्रभाव में पड़कर नैयरों में एक अजीब प्रथा यह और हुई कि ब्राह्मण कुमार नैयर कन्या से विवाह कर सकते थे, पर वह अपनी स्त्री के हाथ का पानी नहीं पी सकते थे। केरल के राजवंश में भी सिंहासन का उत्तराधिकारी बड़ा भांजा होता था। हम इन सब रिवाजों में एक बात साफ पढ़ सकते हैं कि केरल में मातृकुल के अवशेष हैं। तमिल लोगों में कहीं-कहीं अब भी मामा की लड़की के साथ भांजे का ही नहीं, बल्कि मामा को भी यह अधिकार है कि वह अपनी भांजी के साथ विवाह करे। हम देख चुके हैं कि गोत्र की मातृकुल-धारणा के अनुसार मामा और भांजा तथा भांजी एक ही गोत्र के समझे जाते थे, इसलिए यह रिवाज या तो पहले के समय का अवशेष है या बाद की गोत्र सम्बन्धी धारणा का, जिसके अनुसार भाई और बहन अलग गोत्र के होते थे।

प्राचीन जर्मनों में

मातृकुल के युग का एक अवशेष यह था कि प्राचीन जर्मनों से जब रोमनों की लड़ाई होती थी, तो जमानत के तौर पर उनसे उनकी लड़कियाँ ली जाती थीं। जर्मनों में लड़कियों को दासी बनाए जाने की बात बहुत ही बुरी समझी जाती थी, इसलिए वे हर तरह से यह चेष्टा करते थे कि शर्तें न टूटें और लड़कियाँ सही-सलामत घर लौट आएँ। यदि किसी हालत में लड़कियों के बजाय लड़के लिये जाते थे, तो पुत्र नहीं बल्कि भांजे जमानत के रूप में लिये जाते थे। मामा के लिए यह बहुत ही लज्जा की बात समझी जाती थी कि उसके कारण किसी प्रकार भांजे को नुकसान पहुँचे। ओगसबुर्ग, बास्ले आदि स्थानों में यदि कोई अर्धगुलाम शहर से भाग जाता था, तो वह अर्धगुलाम है, इसकी कसम उसकी माँ की तरफ से छः व्यक्तियों को आकर खानी पड़ती थी। (*Origin of Family, p. 127*) इस प्रकार माँ की तरफ के लोग उसके अधिक करीब समझे जाते थे और यह समझा जाता

था कि वे जो कुछ भी कह देंगे, वह ठीक ही होगा।

साली, सहबाला

यौथ विवाह के अवशेषों में जिसको हम सहबाला कहते हैं, शायद वह भी एक है। हम पहले ही बता चुके हैं कि प्रत्येक भाई की बीवी सब भाइयों की बीबी होती थी। सहबाला में अब उसका एक प्रतीकवादी रूप मात्र रह गया है। यह जो कहा जाता है कि भौजाई या साली में आधा हक होता है, यह केवल एक मजाक नहीं है, बल्कि इसके पीछे मानवजाति का शताब्दियों का इतिहास प्रस्तरीभूत है।

काकेशश की प्रथा

काकेशश के कुछ कबीलों में यह रिवाज था कि जब आपसी लड़ाई खत्म होती थी, तो दोषी व्यक्ति कबीले की सबसे बूढ़ी स्त्री के स्तन का अपने मुँह से स्पर्श करता था। इस प्रकार वह कबीले के लोगों का दूध भाई हो जाता था। (*Mutual Aid, p. 115*) इस प्रथा में हम स्पष्टतः देख सकते हैं कि कबीले की सबसे बूढ़ी स्त्री ही कबीले की माँ या प्रधान समझी जाती थी। इस प्रकार कबीले की माँ को माँ मान लेना अपने को कबीले के अन्तर्गत स्वीकार करना हुआ। इसी सम्बन्ध में यह भी द्रष्टव्य है कि आमतौर से किसी भी अनजान स्त्री को जो माँ कहने में लोग नहीं हिचकिचाते, जबकि किसी अनजान पुरुष को उसी तरह बाप नहीं कह सकते, इससे भी पुरानी सहजात बुद्धि का जीवित रहना और नई सहजात बुद्धि का सजग रहना सूचित होता है।

मिर्जापुर का रिवाज

मिर्जापुर के दुधी नामक स्थान के कोरवा कबीले में यह रिवाज था कि जिस समय उनमें शादी होती थी, मामा से वर को आज्ञा लेनी पड़ती है, और यह आज्ञा ग्रहण उपहार के रूप में होता है। इसके अतिरिक्त उन लोगों में विवाह के अवसर पर एक तरफ कन्या अपने मामा या नाना की गोद में बैठती है, फिर कन्या का मामा या नाना वर के हाथ में कन्या का सम्प्रदान करता है। विवाह में यह जो पिता की जगह या पिता से अधिक मामा या नाना को महत्व मिलता है, यह प्राचीन मातृकुलमूलक समाज का ही अवशेष है, इसमें सन्देह नहीं है। (*Fortunes of premitus tribes by D.N. Majumdar, p. 56-7*)

नियोग

यौथ विवाह के अवशेष के रूप में नियोग प्रथा बाद के युग में दिखलाई देती है। यहूदियों से लेकर भारतीय आर्यों तक सभी जातियों में यह प्रथा किसी न किसी

रूप में रही है। एंगेल्स ने 'परिवार की उत्पत्ति' नामक पुस्तक में यौथ विवाह के युग की कौन-कौन सी बातें सूक्ष्मीकृत रूप में बाद के युग में दृष्टिगोचर होती हैं, उनको बड़ी खोज के साथ गिनाया है, पर नियोग प्रथा का उन्होंने कोई उल्लेख नहीं किया। विमलाचरण डे ने यह ठीक ही लिखा है कि नियोग प्रथा के मूल में हमारी यह धारणा है कि कन्या कुल को दी जाती थी न कि व्यक्ति विशेष को। नियोग प्रथा पर और आलोचना करने के पहले हम बता दें कि नियोग प्रथा है क्या? जब किसी कारण से किसी पुरुष से सन्तान नहीं होती थी, तो उसको सामाजिक रूप से यह अधिकार था कि वह अपनी स्त्री और किसी दूसरे पुरुष से सन्तानोत्पत्ति कराए। जो पुरुष इस प्रकार सन्तानोत्पत्ति के लिए नियुक्त होता था, उसका उस स्त्री से केवल तभी तक के लिए सम्बन्ध होता था, जब तक उसको गर्भ न रह जाए। इसके बाद उस स्त्री से उस पुरुष का कोई सम्बन्ध नहीं होता था और वह सन्तान हर तरीके से उस पुरुष की ही सन्तान समझी जाती थी, जिसकी वह विवाहिता है।

लेविरेट

यहूदियों में लेविरेट (Levirate) प्रथा नियोग ही का एक सीमित रूपान्तर है। इसमें पुत्रहीन भ्रातृवधू से भाई को सन्तानोत्पत्ति का अधिकार था। यहूदियों की 'डायटोनामी' नामक पुस्तक में ऐसा विधान है, जिससे पता चलता है कि यहूदी जाति को किसी स्त्री के बाँझपन से कितना भय था। वे किसी भी तरह नहीं चाहते थे कि कोई स्त्री बाँझ रहे। आत्मप्रसारण के लिए इच्छुक एक जाति के लिए इस प्रकार अपनी संख्या बढ़ाने की इच्छा करना बहुत ही स्वाभाविक था। 'डाएट्रोनामी' इस विषय में स्पष्ट रूप से कहती है कि यदि साथ में रहनेवाले भाइयों में से एक की मृत्यु हो जाए और उसकी कोई सन्तान न हो, तो मृत व्यक्ति की स्त्री बाहर शादी नहीं करेगी। उसके पति का भाई उसका पति होगा और इस प्रकार देवर के कर्तव्य का सम्पादन करेगा और उनसे जो प्रथम सन्तान उत्पन्न होगी, वह मृतभाई की वंशरक्षा करेगी, जिससे उसका नाम इसरायली कबीले के बाहर न जाए। और यदि वह पुरुष मृत भाई की बीवी से विवाह करना न चाहे, तो वह स्त्री नगर द्वार में जाकर बड़ों से शिकायत करे कि मेरे पति के भाई ने अपने भाई के नाम की रक्षा करने से इन्कार किया है और इस प्रकार देवर का कर्तव्य नहीं निभाया है। इस प्रकार नगर वृद्ध उस भाई को बुलाते थे, और उससे बात करते थे। पर यदि वह इस पर कहे कि वह भाभी से सम्बन्ध नहीं करना चाहता, तब उसकी वह भाभी बड़ों के सामने उसके पास जाएगी और उसका जूता उसके पैर से निकाल लेगी, उसके मुँह पर थूक देगी और कहेगी कि जो भी व्यक्ति अपने भाई के वंश की रक्षा नहीं करता है, उसके साथ ऐसे ही होगा। फिर इसरायल में उसकी बदनामी

होगी और कहा जाएगा कि यह वह आदमी है जिसका जूता छीन लिया गया था। (*अहदनामा, 25/5/10, पृ. 187*)

फासिस्टों में नियोग

फासिस्ट जर्मनी तथा इटली में सन्तानोत्पत्ति पर जो जोर दिया गया था और जिस प्रकार अनेक सन्तानों की माताओं को वीरा तथा पूजिता करार देने की चेष्टा की गई, वह अभी कल की बात है। बहुत से जर्मन सैनिक प्रेयसियों को गर्भवती छोड़कर इस आशय से लड़ाई में गए थे कि दो-चार महीने बाद लौटकर शादी करेंगे और प्रेम में उत्पन्न सन्तानों को इस प्रकार जायज बनवा देंगे, पर हुआ यह कि उनमें से कुछ खेत रहे। तब नाजायज रूप से उत्पन्न नागरिकों की संख्या में वृद्धि न होने देने के लिए हिटलर (1889-1945) ने यह फरमान निकाला कि यदि लड़ाई में गया हुआ सैनिक किसी भी हालत में यह लिख या कह दे कि अमुक कुमारी के गर्भ में जो सन्तान है, वह मेरी है, तो उत्पन्न होने पर वह सन्तान उस व्यक्ति की जायज सन्तान समझी जाएगी। जो भी हो, हिटलर इस मामले में यहूदियों तथा आर्यों से पीछे ही रहा, क्योंकि लेविरट प्रथा के अनुसार भाई के मरने के बाद पैदा सन्तान भी उसी की मानी जाती।

नात्सी जर्मनी को प्रजावृद्धि की शुरू से ही भारी झक थी, इसमें सन्देह नहीं। रहा यह कि इस सम्बन्ध में ब्रिटिश और अमेरिकी पत्रों में जो प्रचार हुआ, वह कहाँ तक सही था। एक उदाहरण लीजिए। एक अमेरिकन पत्र के अनुसार 1941 में यह लिखा गया कि हाईनरिख हिटलर ने किसी वक्तव्य में कहा है कि जर्मन स्त्रियों का सबसे बड़ा कर्तव्य लड़ाई में जा रहे पुरुषों द्वारा गर्भवती होना है। कहते हैं, इस प्रकार के निवेदन से प्रभावित होकर लड़ाई में जानेवाले सैनिकों ने अखबारों में इस प्रकार के विज्ञापन निकाले। एक विज्ञापन में यह कहा गया कि "मैं एक सैनिक हूँ। मेरी उम्र बाईस साल की है। मैं लम्बा-गोरा तथा नीली आँखों वाला हूँ। अपने फ्यूरेर (नेता) और पितृभूमि के लिए जीवनदान करने के पहले मैं चाहता हूँ कि मैं किसी जर्मन स्त्री के गर्भ में जर्मनी के लिए बच्चा छोडूँ।" एक दूसरे विज्ञापन में कहा गया था (यह एक स्त्री की ओर से है) "एक जर्मन लड़की एक ऐसे बच्चे की माँ होना चाहती है, जिसका पिता राष्ट्रीय समाजवाद के लिए लड़नेवाला कोई जर्मन सैनिक हो।" स्वात्सेकोट के एक अंक में एक ऐसा लेख निकला था जिसमें कहा गया कि यदि और तरीके असफल रहें तो कृत्रिम रूप से वीर्यधारण होना चाहिए। यह भी कहा गया कि यदि इसमें असफल हों, तो पुत्रोत्पादन के लिए सहायक बुलाए जाएँ, और यदि सम्भव हो तो स्त्री का देवर यह काम करे। इस प्रकार युद्ध के लिए प्रजावृद्धि की झक में जर्मनी में फिर से नियोग प्रथा के प्रचलन की बात चली। सभी युद्धनिरत जातियों जैसे यहूदियों,

भारतीय आर्यों इत्यादि के यही विचार थे।

भारतीय आर्यों में नियोग का क्या रूप रहा, इसके वर्णन से पहले हम यह बता दें कि केवल सभ्य जातियों में ही नहीं, असभ्य जातियों में भी स्त्रियों का बाँझ होना बहुत बुरा समझा जाता है, और वहाँ के जनमत के दबाव के कारण स्त्रियों को सन्तानोत्पत्ति के लिए तरह-तरह के असाध्य साधन करते पाया गया है। अफ्रीका के पूर्वी भाग में अविवाहित स्त्रियाँ अक्सर बहुत से बच्चों की माँ हो जाती हैं, इसके लिए उन्हें शर्म उठानी नहीं पड़ती, बल्कि अनेक सन्तानों की माता होने के कारण उनके दूसरे ऐब भुला दिए जाते हैं। ओटियाम्स लोगों के सम्बन्ध में यह कहा गया है कि उनमें कुमारी के बाल-बच्चे होना बहुत सम्मानित समझा जाता है। केवल यही नहीं, जब इस प्रकार बच्चे होते हैं तो उसको और अच्छे पति मिलते हैं (*रीडर्स डाइजेस्ट, जून 1941*)। सन्देह नहीं कि इस प्रकार सन्तानोत्पत्ति को सम्मानित करार देने के पीछे जाति की रक्षा की ही भावना है।

स्वामी दयानन्द द्वारा नियोग की वकालत

स्वामी दयानन्द ने 'सत्यार्थप्रकाश' के चतुर्थ समुल्लास में नियोग प्रथा को वेद विहित बतलाया है और उस पर काफी विस्तार के साथ लिखा है। स्वामी जी ने आर्य समाज के रूप में अपनी कल्पना के प्राचीन भारतीय समाज के पुनरुद्धार की चेष्टा की। स्मरण रहे कि यों तो आर्यसमाजियों ने स्वामीजी की सभी बातों को अपनाया, पर कभी किसी आर्यसमाजी ने क्षेत्रज सन्तान उत्पन्न करवाई, ऐसा सुनने में नहीं आया। अतएव जहाँ तक इस विधान के परिपालन का सम्बन्ध है, यह एक डेड लेटर या कागजी जमाखर्च मात्र रह गया। जो भी हो, इसमें सन्देह नहीं कि आर्यसमाजी इस सम्बन्ध में अपने सम्प्रदाय के प्रवर्तक से अधिक बुद्धिमान साबित हुए, या यों कहा जाए कि स्वामीजी का विपुल दबाव पड़ने पर भी एक ऐसी प्रथा जो एक बिलकुल भिन्न सामाजिक-आर्थिक परिस्थितियों में मौजूद थी, वह इस युग में—ईर्ष्या और प्रेम के युग में—किसी तरह जड़ न जमा सकी। हमें ज्ञात नहीं कि स्वामी दयानन्द के अतिरिक्त किसी अन्य सुधारक ने वर्तमान समय में भी नियोग के औचित्य को माना है या नहीं। अब जबकि हम आबादी घटाने के लिए जमीन और आसमान के कुलांबे मिला रहे हैं, नियोग हास्यास्पद ही लगेगा।

स्वामीजी ने नियोग के सम्बन्ध में लिखा है, "जिस स्त्री का पुरुष मर जाता है, उसी का नियोग होता है, कुमारी का नहीं। जैसे विवाहित स्त्री-पुरुष सदा संग में रहते हैं, वैसा नियुक्त स्त्री-पुरुष का व्यवहार न होना चाहिए। वे बिना ऋतुदान के समय एकत्र न हों। जो स्त्री अपने लिए नियोग करे, तो जब उसे दूसरा गर्भ रहे, उसी दिन से स्त्री-पुरुष का सम्बन्ध छूट जाए। परन्तु वही नियुक्त स्त्री दो-तीन वर्ष पर्यन्त उन लड़कों का पालन कर नियुक्त पुरुष को दे दे। ऐसी एक विधवा

स्त्री दो अपने लिए और दो-दो अन्य चार नियुक्त पुरुषों के लिए सन्तान उत्पन्न कर सकती है, और एक विधुर पुरुष भी दो अपने लिए और दो-दो अन्यान्य चार विधवाओं के लिए पुत्र उत्पन्न कर सकता है। ऐसे मिलकर दस-दस सन्तान उत्पत्ति की आज्ञा वेद में है।'' इस प्रथा के समर्थन में स्वामी जी ने ऋग्वेद (10/85/45) का हवाला दिया है। इसके नैतिक समर्थन में स्वामी जी कहते हैं, ''जैसे दूसरे की कन्या का दूसरे के कुमार के साथ शास्त्रोक्त विधिपूर्वक विवाह होने पर समागम से व्यभिचार, पाप या लज्जा जैसी बात नहीं होती, वैसे ही वेद-शास्त्रोक्त नियोग में व्यभिचार, पाप, लज्जा न मानना चाहिए...। वेश्या के समागम में किसी निश्चित पुरुष का कोई नियम नहीं है, पर नियोग में विवाह के समान नियम है।'' स्वामी जी जोरदार ढंग से कहते हैं कि ''यदि नियोग की बात में पाप मानते हो, तो विवाह में पाप क्यों नहीं मानते? पाप तो नियोग को रोकने में है, क्योंकि ईश्वर के सृष्टि क्रमानुकूल स्त्री का स्वाभाविक व्यवहार रुक नहीं सकता।'' नियोग किस प्रकार हो, इस सम्बन्ध में वह कहते हैं, ''जब नियोग होता हो तब स्त्री-पुरुष को चाहिए कि वह अपने कुटुम्ब की पुरुष-स्त्रियों के सामने यह प्रकट करें कि हम दोनों सन्तानोत्पत्ति के लिए नियोग करते हैं। जब नियोग का नियम पूरा होगा, तब हम संयोग न करेंगे।''

स्वामीजी ने ऋग्वेद (10/40/2) से यह दिखलाया है कि उसमें देवर और विधवा के एकत्र ही नहीं, एक शय्या पर रहने की बात लिखी है। निरुक्त से स्वामीजी ने यह भी दिखलाया है कि देवर शब्द का अर्थ पहले आज की तरह केवल पति का छोटा भाई नहीं, बल्कि उसका द्वितीय वर और उससे भी अधिक अर्ध था। यास्क ने निरुक्त में इस सम्बन्ध में जो कुछ लिखा है, वह यह है कि देवर इसलिए देवर कहलाता है कि वह द्वितीय वर है। रामायण में जिस समय स्वर्णमृग के लोभ में आकर राम दूर चले गए और मारीच ने राम के स्वर का अनुकरण कर (मालूम होता है मारीच Ventriloquist था) राम की तरह विलाप किया कि हे लक्ष्मण, मुझे बचाओ, उस समय जब लक्ष्मण वहाँ से नहीं हटे तो सीता ने उन्हें उलाहना दिया था कि तुम इसलिए नहीं जा रहे कि तुम समझते हो, राम के बाद मुझ पर तुम्हारा अधिकार होगा।

स्वामी जी ने लिखा है कि स्त्री जिससे नियोग करे, उसी का नाम देवर है। इससे भी यह स्पष्ट होता है कि कुल के अन्दर के नियोगयोग्य जितने भी पुरुष होते थे, वे सब देवर नाम के अन्दर आ जाते थे। देवर शब्द के इस प्रकार अर्थ से सम्पूर्ण रूप से कुल में कन्यादान प्रथा सम्बन्धी तथ्य की पुष्टि होती है। एक अन्य ऋग्वेदीय मन्त्र (10/18/8) से स्वामी जी ने यह दिखलाया है कि एक सद्योविधवा को यह तसल्ली दी जा रही है कि उसका नियोग होगा। उसमें कहा गया है, ''हे विधवे, तू इस मरे हुए पति की आशा छोड़कर बाकी पुरुषों (शब्द

के लिए भूल में शेष है), यानी शेष पुरुषों में से किसी को चुन ले।" हम यह समझते हैं कि शेष से मतलब उन पुरुषों से है, जिनके साथ कुल के नियमानुसार नियोग हो सकता है। एक अन्य मन्त्र (अथर्व. 14/2/18) में स्त्री को पति और देवर को दुख न देनेवाली बताया गया है। इसमें पति और देवर को एक कोष्ठक में रखा गया है, यह द्रष्टव्य है। स्वामीज़ी ने मनु का प्रमाण (मनुस्मृति, 9/79) भी दिया है कि यदि स्त्री विधवा हो जाए, तो पति का छोटा भाई (मूल में देवर शब्द है) उससे विवाह कर सकता है। एक वेदमन्त्र (ऋग्. 10/85/40) में यह बतलाया गया है कि स्त्री को जो पहला विवाहित पति प्राप्त होता है, उसका नाम सोम होता है, दूसरा जो नियोग के लिए प्राप्त होता है वह गन्धर्व, जो दो के पश्चात तीसरा पति होता है, वह अग्निसंज्ञक और इसके बाद के मनुष्य नामधेय होते हैं। स्वामीजी के अर्थानुसार इस मन्त्र से ग्यारहवें पुरुष तक स्त्री नियोग कर सकती है, वैसे ही पुरुष ग्यारहवीं स्त्री तक नियोग कर सकता है। ऋग्वेद (10/10 × 10) के एक मन्त्र का हवाला देकर स्वामीजी कहते हैं, जब पति सन्तानोत्पत्ति में असमर्थ हो, तब अपनी स्त्री को आज्ञा दे कि "हे सुभगे, तू दूसरे पति की इच्छा कर, क्योंकि अब मुझसे सन्तानोत्पत्ति न हो सकेगी।" मनुस्मृति में नियोग के और भी प्रमाण हैं, जिनके अनुसार केवल देवर ही नहीं, बल्कि सपिण्ड द्वारा भी नियोग कराने का विधान है। क्षेत्रज पुत्र मृत पिता का दाय भागी होता है। इन विधानों को देख लेने के बाद अब हम देखेंगे कि व्यावहारिक रूप से पुराणों में इसका किस प्रकार उल्लेख है।

महाभारत में नियोग की कथाएँ

हम पहले ही कुन्ती कर्ण की माता कैसे हुई, यह बता चुके हैं। बाद को कुन्ती का विवाह पाण्डु से हुआ। पाण्डु की एक और स्त्री माद्री थी। पर पाण्डु पर श्राप था कि वह ज्यों ही कामचेष्टा करेगा, त्यों ही मर जाएगा। इस तथ्य की व्याख्या के रूप में महाभारतकार ने बतलाया है कि एक समय राजा पाण्डु आखेट को गए हुए थे। उस समय उन्होंने मैथुनरत मृग-मृगी को पाँच बाण मारे, जिससे वे दोनों व्याकुल हो गये। वह मृग किन्दम नामक तपस्वी था। उसने फौरन प्रकट होकर राजा को यह श्राप दिया कि यदि कभी आप अपनी पत्नी के साथ सहवास करने का प्रयत्न करेंगे, तो आप की मृत्यु होगी। कुछ भी हो, राजा पाण्डु व्यावहारिक दृष्टि से नपुंसक ही थे। एक दिन पाण्डु ने अपनी पत्नी कुन्ती से कहा कि तुम पुत्रोत्पत्ति के लिए प्रयत्न करो। कुन्ती ने फौरन यह बतलाया कि कुमारी अवस्था में दुर्वासा ऋषि की सेवा करने के कारण किस प्रकार उनको यह मन्त्र प्राप्त हुआ था कि जब चाहे तब जिस देवता को बुलाकर गर्भ धारण कर सकती है। तदनुसार यह तय हुआ कि विधिपूर्वक धर्मराज का आवाहन किया जाए। इस प्रकार युधिष्ठिर

उत्पन्न हुए। महाभारत में यह लिखा है कि "योग मूर्तिधारी धर्मराज के संयोग से युधिष्ठिर उत्पन्न हुए। कुन्ती को गर्भ रहा।" यानी केवल वर से नहीं, बल्कि संयोग से युधिष्ठिर उत्पन्न हुए। इसी प्रकार क्रमशः वायु तथा इन्द्र से भीम और अर्जुन उत्पन्न हुए। पाण्डु के अनुरोध पर कुन्ती अपने मन्त्र का फायदा एक बार माद्री को भी देने पर तैयार हो गई, तदनुसार माद्री ने एक ऐसे देवता का स्मरण किया जिससे एक के बजाय दो पुत्र हों। इस प्रकार उसके गर्भ से नकुल और सहदेव की उत्पत्ति हुई। इसमें सन्देह नहीं कि ये पाँचों उदाहरण नियोग के हैं। उस युग में यह प्रथा निन्दनीय नहीं समझी जाती थी। इसका प्रमाण यह है कि इसके लिए कभी—पाण्डवों की घोर निन्दा करते समय भी—किसी ने कुछ नहीं कहा। यह भी द्रष्टव्य है कि कुन्ती और माद्री के ये पाँचों पुत्र पाण्डव, यानी पाण्डु के ही पुत्र कहलाए।

पाण्डु ने अपनी पत्नियों पर ही नियोग नहीं करवाया, बल्कि वह स्वयं नियोग से उत्पन्न पुत्र थे। उनके पिता विचित्रवीर्य के सम्बन्ध में यह कथा है कि भीष्म ने काशी नरेश की स्वयंवर सभा से तीन कन्याओं का हरण इस कारण किया था कि राजा विचित्रवीर्य से विवाह करवाए। इनमें से एक अम्बा ने भीष्म से कहा कि मैं पहले मन-ही-मन राजा शाल्य को पति मान चुकी हूँ। इस प्र अम्बा छोड़ दी गई, पर अम्बिका और अम्बालिका विचित्रवीर्य के साथ ब्याह दी गईं। "विवाह के बाद विचित्रवीर्य यौवन के उन्माद में उन्मत्त होकर कामासक्त हो गया और उसे क्षयरोग हो गया। बहुत चिकित्सा करने पर भी वह चल बसा।" इस प्रकार विचित्रवीर्य की माता सत्यवती ने भीष्म को बुलाकर कहा कि जिस कारण से तुमने ब्रह्मचर्य व्रत धारण किया था, वह तो जाता रहा, अब तुम धर्म के अनुसार अम्बिका और अम्बालिका से पुत्रोत्पादन करो, स्वयं राजसिंहासन पर बैठो और प्रजा का पालन करो। सत्यवती की इस आज्ञा से यह स्पष्ट है कि इस प्रकार मृत भ्राता के क्षेत्र में, अर्थात उसकी पत्नी में पुत्रोत्पादन का हक हमारे पूर्व कथित देवर अर्थात पति के भाइयों को सबसे पहले होता था।

भीष्म इस पर राजी नहीं हुए। तब सत्यवती ने उनसे सलाह ली, और इस सेवा के लिए व्यास को बुलाया गया। व्यास ने उपस्थित होकर कहा कि मैं आपकी क्या सेवा करूँ? तब सत्यवती ने कहा कि तुम्हारा भाई विचित्रवीर्य अपुत्रक मर गया है, तुम उसके क्षेत्र से पुत्र उत्पन्न करो। यहाँ भी यह द्रष्टव्य है कि व्यास विचित्रवीर्य के भाई बतलाए गए हैं। व्यास ने सत्यवती के अनुरोध को स्वीकार किया और अम्बिका से धृतराष्ट्र और अम्बालिका से पाण्डु उत्पन्न हुए। व्यास को आते देखकर अम्बिका ने आँखें बन्द कर ली थीं, और अम्बालिका पीली पड़ गई थी, इस कारण धृतराष्ट्र अन्धे और पाण्डु पीले पैदा हुए। तब अम्बिका की प्रेरणा से उसकी एक दासी ने व्यास जी द्वारा विदुर उत्पन्न किए। इस प्रकार हम देखते

हैं कि नियोग प्रथा का सम्बन्ध कौरवों और पाण्डवों से बहुत सीधे था। इस सम्बन्ध में यह भी द्रष्टव्य है कि पति के भ्रातृस्थानीय व्यक्ति को ही मृत भ्राता के क्षेत्र में पुत्रोत्पादन करने का हक होता था। अवश्य हम इसके पहले ही यह बता चुके हैं कि एक अनुश्रुति के अनुसार श्वेतकेतु ने अपनी गुरु पत्नी, यानी मातृस्थानीय महिला से पुत्र उत्पन्न किया था।

अम्बरीष वंश के पृषदश्व के पुत्र रथीतर की कोई सन्तान नहीं थी। उसने इसके लिए अंगिरा ऋषि से प्रार्थना की। इस पर अंगिरा ने रथीतर की भार्या से पुत्र उत्पन्न किया। यह पुत्र रथीतर के पुत्र नहीं समझे गए बल्कि आंगिरस कहलाए। इसी प्रकार राजा विशाप को पाण्डु की तरह यह भय था कि श्राप के कारण भोग करते समय उनकी मृत्यु हो जाएगी। इसलिए वशिष्ठ ऋषि ने दमयन्ती से राजा की आज्ञा से अश्मक नामक पुत्र उत्पन्न किया।

नियोग से दमयन्ती से पुत्र प्राप्ति

किस प्रकार वशिष्ठ ने रानी दमयन्ती से पुत्र उत्पन्न किया, इसकी कहानी दिलचस्प है। यह कहानी ब्रह्म नारदीय पुराण में है। एक बार राजा सुदास ने एक बाघ का शिकार किया। यह बाघ जब मरने को हुआ, तो उसने एक भयंकर दैत्य का रूप धारण कर राजा से बदला लेने की ठानी। शीघ्र ही बदला लेने का एक मौका आया। दैत्य ने यह सोचा कि यों तो मैं राजा को मार नहीं सकता, इसलिए उसने छल से राजा से बदला लेने की तैयारी की। उस दैत्य ने वशिष्ठ का रूप धारण किया और राजा से कहा कि हमारी तबीयत मांस खाने की है। राजा ने कहा, यह कौन-सी बड़ी बात है, मैं अभी बनवाये देता हूँ। इसके बाद दैत्य ने एक रसोइये का रूप धारण किया और मनुष्य का गोश्त पकाकर धर दिया। इतने में असली वशिष्ठ ऋषि लौट आये, और राजा ने अपने रसोइये से लेकर उस गोश्त को ऋषि के सामने रख दिया। अब वशिष्ठ ऋषि ने जब सामने गोश्त देखा, तो वह बहुत चकराए। जब इस पर उन्होंने विचार किया, तो उन्हें ज्ञात हुआ कि यह नरमांस है। जब ऋषि ने यह बात जान ली, तो उन्होंने राजा को श्राप दिया कि वह दैत्य होगा। राजा ने ऋषि से कहा कि उन्हीं की आज्ञा से यह गोश्त बनाया गया। अब ऋषि फिर चकराए, पर योगबल से अब की बार उन्होंने पूर्ण सत्य जान लिया। फिर भी शाप तो वह दे ही चुके थे, इसलिए यह हुआ कि शाप का जोर बारह वर्ष तक रहेगा। अब राजा ने वशिष्ठ को शाप देने के लिए पानी उठाया, पर रानी दमयन्ती ने उन्हें रोक दिया। तब राजा ने उस शाप देने के जल से अपने पैरों को धो लिया। पर वह जल इतना विषाक्त हो चुका था कि उससे उनके पैर काले पड़ गए। तब से वे राजा कल्मषपाद कहलाए। अब यह राजा प्रत्येक तीसरे दिन राक्षस हो जाते थे और नरमांस भक्षण करते थे। एक दिन उन्होंने ऐसी ही हालत

में एक ब्राह्मणी के पति को खा लिया। इस पर ब्राह्मणी ने उनको यह कहकर शाप दिया कि तुम अपनी स्त्री के साथ संगम करते ही मर जाओगे। बारह वर्ष के बाद राजा वशिष्ठ के शाप से वे मुक्त हुए, पर ब्राह्मणी वाला शाप चलता रहा। एक दिन राजा को इच्छा हुई कि अपना उत्तराधिकारी उत्पन्न करें, पर ब्राह्मणी के शाप को स्मरण कर उन्होंने वशिष्ठ को बुलाकर दमयन्ती के साथ नियोग कराया। सात वर्ष के बाद अश्मक नामक पुत्र उत्पन्न हुआ। कहते हैं इस अश्मक से एक जाति ही चली आई। इस पुत्र का नाम अश्मक इसलिए पड़ा था कि जब पुत्र उत्पन्न होने में देर हो रही थी, तो रानी ने अश्म या पत्थर से अपने गर्भ की ताड़ना की थी।

जातक में नियोग

ज्ञात होता है कि नियोग प्रथा जातक के युग में भी थी। 'कुल जातक' के आधार पर जयचन्द्र जी ने लिखा है, "स्त्री-पुरुष सम्बन्धों में बहुत कुछ सरलता इस युग में भी बनी हुई थी। राजकीय परिवारों में यह रिवाज था कि यदि सन्तान न हो, तो नगर में नाटक (उत्सव) रचकर रानियों या राजकीय स्त्रियों को भेज दिया जाता और उनकी इच्छानुसार जिस किसी पुरुष से नियोग द्वारा उनके गर्भ रह जाता।" काशी के चन्द्रवंशी राजा बलि ने भी इसी प्रकार अपनी भार्या से दीर्घतमा ऋषि से पुत्र उत्पन्न कराया। तदनुसार सुदेष्णा को दीर्घतमा ऋषि के साथ भेज दिया। ऋषि दीर्घतमा ने सुदेष्णा के अंगों का स्पर्श करके कहा, "देवी, तुम्हारे पुत्र आदित्य के समान तेजस्वी होंगे। उनके नाम अंग, बंग, कलिंग पुण्ड्र, सुहम हैं।" इसका अर्थ यह है कि दीर्घतमा ऋषि ने केवल एक नहीं, बल्कि कई पुत्र उत्पन्न किए। इसी प्रकार कहा जाता है कि जिस समय परशुराम ने 21 बार पृथ्वी को निक्षत्रिय किया, तब क्षत्राणियों ने वेदज्ञ विद्वानों का संग कर पुत्र उत्पन्न किये। इस प्रकार फिर से क्षत्रियों का वंश चल निकला।

नियोग के उदाहरण केवल पुराणों में ही हों, ऐसी बात नहीं। ऋग्वेद में कई जगह नियोग का स्पष्ट उल्लेख है। पुरुकुत्सानी नामक एक स्त्री का पति कहीं कैद हो गया था, तो उसने पति की अनुपस्थिति में एक पुत्र अन्य पुरुष से प्राप्त किया। (ऋग्. 4/42/28) पुरन्धी वध्नीमति ने इसी प्रकार अपने पति की नपुंसकावस्था में अन्य पुरुष से पुत्र प्राप्त किया। इस काम में खास तौर से अश्विनों की नियुक्ति होती थी। कम से कम दो जगह अश्विनों ने इस प्रकार दूसरे के क्षेत्र में पुत्र उत्पन्न किया और इसके लिए उनकी तारीफ की गई। एक जगह पर (ऋग्. 1/117/24) उन्होंने एक नपुंसक की स्त्री से हिरण्यहस्त नामक पुत्र उत्पन्न किया, दूसरी जगह (ऋग्. 10/39/7) उन्होंने पुरुमित्र कुमारी से एक पुत्र उत्पन्न किया। बाह्लीक देश की स्त्रियाँ घर के नौकरों से मैथुन कर सन्तान उत्पन्न करती

हैं, ऐसा उल्लेख कई जगह आया है।

दिवंगत भाई की पत्नी को ग्रहण करना यानी भ्रातृभार्या-ग्रहण के रूप में नियोग प्रथा अब भी शायद भारतवर्ष में जीवित है। पंजाब की कई जातियों में यह प्रथा है। जाटों में कई जगह बड़े भाई की स्त्री दूसरे भाइयों की सामूहिक स्त्री होती है, ऐसा विमलाचरण डे ने लिखा है। उड़ीसा में एक प्रथा के अनुसार पति के बाद देवर पति होता है। मदुरै की कारकोट वेल्लर जाति में यदि कोई स्त्री अपने पति के परिवार या रिश्तेदारों में से किसी के साथ व्यभिचार करे, तो वह दूषणीय नहीं समझी जाती, पर इसके बाहर यदि वह कहीं जाए तो उसे जाति से निकाल दिया जाता है। इस प्रथा की तह में बिलकुल साफ-साफ जेन्स या गोत्र समाज की वह अवस्था है, जब पति के कुल का प्रत्येक व्यक्ति स्त्री का पति होता था। रावलपिण्डी जिले की गक्खर जाति में जो स्त्रियों का बहुपतित्व है, वह भी इसी प्रकार यौथ विवाह-युग की स्मृति का अवशेष था।

इसी प्रकार कुल्लू में विधवाओं के लिए यह जो प्रथा है कि वे अपने मृत पति की सम्पत्ति की अधिकारिणी होते हुए भी, अपने पति के गृह में रहने के लिए किसी पुरुष को बुला सकती हैं, यद्यपि उससे शादी नहीं कर सकतीं, तो यह यौथ समाज का ही एक अवशेष है। पर नियोग से इसका सीधा सम्बन्ध शायद ही हो।

पितृप्रधान समाज-व्यवस्था के पहले

यौथ विवाह के ही युग में कुछ लोगों में एकपत्नीत्व और एकपतित्व की भावना जागृत हो गई थी, पर यह प्रवृत्ति जब तक कुछ व्यक्तियों की खामखयाली मात्र रही और उसको कोई आर्थिक आधार प्राप्त नहीं हुआ, तब तक वह एक आन्दोलन अथवा सार्वजनिक प्रवृत्ति का रूप धारण न कर सकी। उस युग में समाज की दृष्टि से इस प्रकार की प्रवृत्ति निन्दनीय और गर्हित थी, इसलिए हमें इस बात पर आश्चर्य नहीं है कि ऐसे लोगों को इस प्रकार के समाज में बुरी दृष्टि से देखा जाता था और ऐसे लोगों को इसके लिए सजा भी मिलती थी। उनको निर्वासन दिया जाता था। जयचन्द्र विद्यालंकार ने लिखा है कि "अनेक लोग उन निर्वासनों से नष्ट होते रहे, पर धीरे-धीरे शायद उन निर्वासितों के भी कई जत्थे बन गए। नियमित टोलियों की अपेक्षा इन विद्रोही जत्थों के लोग अधिक पराक्रमशील और उत्साही तो थे ही। साधारण टोलियों को लूटना-खसोटना, उनकी तुच्छ सम्पत्ति और सुन्दरियों को छीन लाना उनमें से कइयों का व्यवसाय हो गया। लूटमार के काम में सबसे अधिक साहसी व्यक्ति जत्थे का मुखिया बनता रहा। इस प्रकार इन विद्रोही टोलियों में व्यक्तिगत शासनाधिकार या राज्यशक्ति का आरम्भ हुआ। सामूहिक लूट व्यक्तियों में बाँट ली जाती। मुखिया शायद सबके परामर्श से वह बँटवारा करता। इस प्रकार व्यक्तिगत सम्पत्ति और व्यक्तिगत परिवार शुरू हुए।" (*भारतीय इतिहास की रूपरेखा, पृ. 224-25*)

व्यक्तिगत परिवार, व्यक्तिगत सम्पत्ति और राष्ट्र की उत्पत्ति का जयचन्द्र वाला विवरण इतिहाससम्मत नहीं, बल्कि उसके विपरीत है। हमें इस समय अन्य तर्कों में पड़ना नहीं है, फिर भी इतना तो स्पष्ट कर ही देना चाहिए कि व्यक्तिगत शासनाधिकार को जो उन्होंने राज्यशक्ति का आरम्भ बतलाया है, यह गलत है। राज्यशक्ति का अर्थ व्यक्तिगत शासनाधिकार की नहीं, बल्कि वर्गीय शासनाधिकार की स्थापना है। वर्गीय शासनाधिकार तभी उठा, जब समाज दो वर्गों में विभक्त हो गया और दो वर्गों में समाज तभी विभक्त हुआ, जब व्यक्तिगत सम्पत्ति यानी उत्पादन के साधनों में व्यक्तिगत सम्पत्ति का उदय हुआ। जयचन्द्र जी ने यह जो

लिखा है कि लूटमार का माल बाँट लिया जाता था, और इससे व्यक्तिगत सम्पत्ति का उदय हुआ, यह भी गलत है और ऐसी गलती उन्होंने इसलिए की कि व्यक्तिगत सम्पत्ति का क्या अर्थ है, इसे वह नहीं समझ पाए। यौथ समाज के युग में भी हम बराबर देखते हैं कि उपभोग की सामग्रियों में एक हद तक व्यक्तिगत सम्पत्ति थी। जितनी भी असभ्य जातियाँ यौथ सम्पत्ति की हालत में पाई गईं, उन सबमें उपभोग की सामग्री में व्यक्तिगत सम्पत्ति एक हद तक मौजूद थी। हमने पहले जो दिखलाया है कि टेराडेलफियों के विषय में डार्विन ने लिखा है कि वहाँ के लोगों को यदि एक कपड़ा भी दिया जाता, तो वे उसे टुकड़े-टुकड़े करके आपस में बाँट लेते थे। इसका स्पष्ट अर्थ यह है कि उनमें उपभोग सामग्रीगत वैयक्तिक सम्पत्ति मौजूद थी। हम यह भी दिखला चुके हैं कि कुछ जातियों में मृत्यु के बाद मृत व्यक्ति की निजी सम्पत्ति नष्ट कर दी जाती थी, इसलिए यह भी स्पष्ट है कि केवल उपभोग की सामग्रियों में ही नहीं, बल्कि कुछ हद तक धनुष जैसे साधन को भी निजी सम्पत्ति माना जाता था।

सम्पत्ति का पुनर्वंटन

क्रोपाटकीन ने दिखलाया है कि यौथ समाज के टूट जाने के बाद भी बहुत-सी जातियों में समय-समय पर बढ़ी हुई वैयक्तिक सम्पत्ति के सामाजिक बँटवारे का रिवाज था। कुछ एस्किमो जातियों में यह प्रथा पाई गई कि जब उनमें से कोई व्यक्ति धनी हो जाता था, तो वह अपनी जाति के लोगों को एक बड़े उत्सव में बुलाता था और भूमिनियोजन के बाद सबमें अपनी सम्पत्ति बाँट देता था। यूकन नदी के किनारे डाल नामक पर्यटक ने इसी प्रकार एक परिवार में दस बन्दूकों, दस रोएँदार ऊनी कपड़ों, दो सौ गुरियों के दानों, बहुत-से कम्बलों तथा एस्किमो जाति की धन समझी जानेवाली अन्य वस्तुओं को बाँटते देखा। इस उत्सव के बाद भूतपूर्व धनी व्यक्ति एक फटा कपड़ा पहनता था और सबके सामने जाकर कहता था कि अब हम गरीब तो हो गए, पर आप सबों की मित्रता मुझे मिली। इसी प्रकार बेयरिंग प्रणाली के पास इगनिटाक में याकोवसन ने, तथा वेंकुवर की आदिम जातियों में मिलवर्ट स्प्रोट और डॉक्टर रिंग ने इस प्रकार के उत्सव देखे। (*Mutual Aid, p. 89*)

हम इस विषय में अधिक ब्यौरे में न जाएँगे। यदि जयचन्द्र आदिम समाज की घटना श्रृंखलाओं का पूर्वापर सम्बन्ध सही-सही नहीं समझ पाए, तो इसमें कोई आश्चर्य की बात नहीं; क्योंकि मैकलेनान, वैंक्राफ्ट, लवक आदि आदिम समाज के बहुत-से विशेषज्ञ भी इन श्रृंखलाओं को ठीक-ठीक समझने में असमर्थ रहे। हम यथास्थान दिखलाएँगे कि किस प्रकार व्यक्तिगत सम्पत्ति से क्रमशः जोड़े की शादी और एकविवाह का उदय हुआ। उसी सिलसिले में इसका भी इंगित कर देंगे कि

किस प्रकार वर्गों का उदय हुआ और उनके साथ राष्ट्रों का उदय भी हुआ।

यौथ समाज के युग में किसी एक विशेष पुरुष या विशेष स्त्री के प्रति आसक्ति किस प्रकार असामाजिक या प्रति-सामाजिक समझी जाती थी, इसकी एक झलक हम द्रौपदी के जीवन से ही पा सकते हैं। द्रौपदी अपने पाँच पतियों में अर्जुन से अधिक प्रेम रखती थी। कहते हैं, इसी कारण वह सशरीर स्वर्ग न जा सकी। यौथ समाज के सदाचार की दृष्टि से यह अपराध था। इस कारण यह उचित ही था, और इसमें हमें कोई आश्चर्य नहीं। कुछ ईसाई लेखकों ने आदिम जातियों में यौथ विवाह पद्धति को देखकर बहुत नाक-भौं सिकोड़ी है। पहली बात तो यह है कि ऐसे लोगों को यह पता नहीं था कि सभी जातियाँ इस सोपान से गुजर चुकी हैं। दूसरी बात यह है कि सब पर्यटक इस बात पर सहमत हैं कि यदि यौथ विवाह छोड़ दिया जाए, तो ये लोग बड़े आदर्श चरित्र के थे। कभी झूठ नहीं बोलते, वादाखिलाफी नहीं क़रते, कायरता नहीं दिखलाते। यौथ विवाह उस युग का सदाचार था और जो इससे हट जाता था, वह दुराचारी समझा जाता था, इसमें आश्चर्य ही क्या है। पर इतिहासक्रम के ज्ञान से शून्य लेखक इस बात को कैसे समझते?

यौथ विवाह के युग में स्त्री-हरण द्वारा विवाह आम तौर पर तो नहीं, पर किसी-किसी क्षेत्र में प्रचलित था। तमिल भाषा में राक्षस विवाह को इरराकधन कहते हैं। एक विशेष स्त्री को भगाने की बात बिलकुल आदिम युग में न होगी, क्योंकि एक विशेष स्त्री के प्रति यौन दृष्टि से पक्षपात करना या उसे प्राप्त स्त्रियों से अच्छी समझना, यह प्रेम का सूचक है। हम बता चुके हैं कि आदिम युग में मनुष्य कबीलों में बँटे हुए थे, किसी व्यक्ति विशेष के लिए—यदि वह उस युग की दृष्टि से बहका हुआ हो, तो भी—यह सम्भव नहीं था कि वह किसी कबीले की स्त्री को छीन ले या भगा ले जाए। जब कबीलों में लड़ाई होती थी और उसके फलस्वरूप एक कबीला दूसरे कबीले की स्त्रियों पर कब्जा कर लेता था, तो वह स्त्रियाँ भी सामूहिक हो जाती थीं, न कि वैयक्तिक। स्मरण रहे कि इससे भी पहले के युग में जब उत्पादन के साधन इतने अनुन्नत थे कि किसी बाहरी आदमी का तो क्या, कबीले के लोगों का ही पालन-पोषण मुश्किल था, उस युग में दूसरे कबीलों की स्त्रियों को न तो ले आने की प्रथा हो सकती थी और न पुरुषों का गुलाम बनाने की ही प्रथा हो सकती थी। जब उत्पादन के साधनों में कुछ उन्नति हुई होगी, तभी लड़ाई में हारे हुए कबीले की स्त्रियों को ग्रहण करने की बात सम्भव हुई होगी। इसके पहले के युग में कदाचित लड़ाई में पकड़ी गई स्त्रियों की भी वही दशा होती होगी जो पुरुषों की होती थी, यानी उन्हें या तो खा लिया जाता होगा या मार डाला जाता होगा। एडमिरल फिटज़राय, हम्बोल्ट और बिलकेस आदि लोगों ने यह लिखा है कि कई जंगली जातियों में स्त्रियों को खा लेने का रिवाज था। (नारी मूल्य, पृ. 43)

स्त्रीहरण की पृष्ठभूमि

इसलिए यह स्पष्ट है कि हरण द्वारा किसी स्त्री को अपनी निजी स्त्री या प्रेयसी बनाने की बात समाज के बहुत बाद के सोपान में सम्भव हुई होगी। एंगेल्स ने यह ठीक ही लिखा है कि हरण द्वारा विवाह करना एक विवाह की ओर, कम से कम जोड़े की शादी की ओर, जाने की सूचना है। फिर भी, जैसा हम बता चुके हैं, कई सोपानों के बाद हरण की हुई स्त्री हरणकर्ता की ही वैयक्तिक स्त्री समझी जाने लगी होगी। स्त्री हरण के प्रारम्भिक युग में, जैसा हम देख चुके हैं, व्यक्ति के लिए यह सम्भव नहीं था कि वह किसी स्त्री का हरण करे। स्मरण रहे, हम बराबर हरण शब्द में ऐसी घटना को गिन रहे हैं जिसमें स्त्री का मत एकदम लिया नहीं गया है। प्रारम्भिक युग में हरणकर्ता यानी जिस व्यक्ति के मन में पहले स्त्रीहरण की बात आई, वह और लोगों की सहायता से ही हरण कर सकता था। इस कारण उस युग में जब स्त्री यौथ नहीं, बल्कि वैयक्तिक होने लगी थी, यह ज्ञात होता है कि हरण की हुई स्त्री कुछ दिनों तक जिन व्यक्तियों की सहायता से हरणकर्ता ने उसका हरण किया है, उनकी यौथ स्त्री रहती थी, इसके बाद वह उस व्यक्ति की वैयक्तिक स्त्री हो जाती थी, जिसने हरण कराया अर्थात् जिसके मन में पहले-पहल हरण की योजना आई। इस प्रकार इस सूत्र से भी वैयक्तिक परिवार के उदय की सूचना मिलती है। (*Mutual Aid, p. 81*)

स्त्रीहरण के तीन सोपान

इस प्रकार हम देखते हैं कि स्त्री हरण के भी कम से कम तीन सोपान हुए। प्रथम सोपान में अपहृत स्त्री यूथ की स्त्री हो जाती थी। उस युग में सभी स्त्री और सभी पुरुष यौथ थे। परिवर्तन काल में अथवा मध्यकाल में वह कुछ दिनों के लिए यौथ स्त्री और फिर हरणकर्ता की स्त्री हो जाती थी। अक्सर यह खबर आती है कि कुछ बदमाशों ने मिलकर एक स्त्री को भगाया, फिर सबने मिलकर उसके साथ बलात्कार किया और फिर वह मुख्य हरणकर्ता की उपपत्नी हो गई। इसे यदि इस दृष्टि से देखें तो बहुत आदिम युग के लोगों की रीति के रूप में ही पाएँगे। कहीं इससे यह न समझा जाए कि हम ऐसे लोगों का दोष कम कर रहे हैं, इसलिए यह स्पष्ट कर दिया जाए कि ऐसे लोगों को आज के समाज में रहने का कोई अधिकार नहीं है।

स्त्री-हरण के तृतीय युग में यानी सामन्ती और पूँजीवादी युग में अपहृत स्त्री हरणकर्ता की ही स्त्री होती है। इस युग में जिन लोगों ने हरण में सहायता की थी वे या तो हरणकर्ता के नौकर होते हैं या उनकी किसी न किसी रूप में क्षतिपूर्ति कर दी जाती है।

ग्रीक पुराण की कथाएँ

ग्रीक पुराण में स्त्रियों के हरण की बहुत-सी कथाएँ हैं, पर वे सब कथाएँ तृतीय सोपान की हैं अर्थात अपहृत स्त्री हरणकर्ता की ही स्त्री हो जाती है। होमर की रचनाओं में हम देखते हैं कि लड़ाई में और सब चीजों के साथ युवतियों का भी हरण होता है और जिसका ओहदा जितना ऊँचा होता, उसे उसी प्रकार से अपहृत स्त्रियों में से पहले या बाद को अपने लिए स्त्री चुनने का अधिकार होता था। सच बात तो यह है कि सारा 'इलियड' ग्रन्थ ही एक स्त्री को लेकर हुए झगड़े के रूप में है। एकिलिस और एगमेनन एक स्त्री के लिए ही लड़ते हैं। लड़ाई में अपहृता स्त्रियों को लोग अपने देश में लौटा ले जाते थे और अक्सर उनको अपनी स्त्री के साथ ही एक मकान में रखा जाता था। इस प्रकार की स्त्रियों से जो पुत्र होते थे, उनको गुलाम नहीं बल्कि स्वतन्त्र समझा जाता था और उन्हें पैतृक सम्पत्ति का कुछ हिस्सा भी मिलता था। ट्यूसर इसी प्रकार टेलेमन के औरस से एक अपहृत स्त्री के गर्भ में उत्पन्न होते हैं, पर उन्हें अपने पिता के नाम को इस्तेमाल करने का अधिकार था। यह अपहृत स्त्री विवाहित स्त्री के साथ एक मकान में रखी जाती थी। इससे यह स्पष्ट है कि ग्रीक पौराणिक युग में पुरुषों का अधिकार बहुत बढ़ गया था। यहाँ तक कि विवाहित स्त्री से यह आशा की जाती थी कि वह अपने पति का दुराचार देखे और स्वयं पूर्ण सती बनी रहे। ग्रीक स्त्रियाँ फिर भी यथेष्ट सम्मान की दृष्टि से देखी जाती थीं, पर अपहृत स्त्री के सम्बन्ध में जिस बात का हमने वर्णन किया, उससे पता चलता है कि पुरुष की दृष्टि में उसका सम्मान बहुत घट चुका था। यह इस बात को भी स्पष्ट करता है कि जब से एक विवाह की प्रथा हुई, तब से यह केवल स्त्रियों के लिए ही हुई, पुरुष का बराबर किसी न किसी रूप में इधर-उधर मुँह मारने का सामाजिक अधिकार लगभग सुरक्षित रहा। यथासमय हम इस बात पर विस्तार से और आलोचना करेंगे।

हम पहले ही बतला चुके हैं कि भीष्म ने काशीराज-कन्याओं की स्वयंवर सभा से उनकी तीन कन्याओं अम्बा, अम्बिका, अम्बालिका का हरण किया था। वे किस प्रकार बाद को ब्याही गईं, यह भी हम बता चुके। इस प्रकार हरण द्वारा विवाह एकविवाह के युग में भी उचित समझा जाता था। महाभारत में यह भी कथा है कि कृष्ण की सम्मति से, बल्कि उनके षड्यन्त्र से, अर्जुन ने उनकी बहन सुभद्रा का हरण किया। कथा यों है कि यादवों ने रैवतक पर्वत पर बहुत बड़ा उत्सव मनाया। इस अवसर पर कृष्ण और अर्जुन भी साथ-साथ घूम रहे थे। वहीं श्रीकृष्ण की बहन सुभद्रा भी थी। उसकी रूपराशि से मोहित होकर अर्जुन एकटक उसकी ओर देखते रह गए। कृष्ण ने उनके अभिप्राय को समझकर उनसे कहा कि यह निश्चय नहीं है कि कल क्या होगा, पर क्षत्रियों में बलपूर्वक हर कर ब्याह करने की भी रीति है, और तुम्हारे लिए यही मार्ग प्रशस्त है। तदनुसार दोनों ने सलाह

करके अनुमति के लिए युधिष्ठिर के पास दूत भेजा। युधिष्ठिर ने इस पर अनुमति दे दी। एक दिन सुभद्रा देवपूजा कर लौट रही थी कि अर्जुन ने बलपूर्वक उसे अपने रथ में बिठा लिया। जब इसकी खबर लोगों को हुई, तो यादवों की आँखें चढ़ गईं और उन्होंने इसका बदला लेने का निश्चय किया। एकत्रित यादवों में कृष्ण चुप रहे। इस पर बलराम ने उनसे कहा कि इस अपमान पर तुम्हारी चुप्पी का क्या मतलब है? जब बलराम बहुत उबल चुके, तब कृष्ण ने कहा कि अर्जुन ने हमारा अपमान नहीं बल्कि सम्मान किया है। उसे जीतकर कन्या को वापस लाना दुष्कर है, अतएव मित्र भाव से उसे कन्या सौंप देना ही उत्तम है। सब लोग श्रीकृष्ण की बात मान गए। सम्मान के साथ अर्जुन विदा किए गए। द्वारका में सुभद्रा के साथ उनका विधिपूर्वक विवाह हुआ। इसी सुभद्रा के गर्भ से प्रसिद्ध महाभारतीय वीर अभिमन्यु का जन्म हुआ था।

अन्य उदाहरण

कृष्ण ने इस प्रकार जो सुभद्रा-हरण का समर्थन किया, इसमें कोई आश्चर्य नहीं, क्योंकि स्वयं कृष्ण ने भी रुक्मिणी का हरण किया था। विष्णु पुराण में यह कथा इस प्रकार है कि विदर्भ देशान्तरगत कुंडिनपुर नामक नगर में भीष्मक नामक एक राजा थे। उनके रुक्मी नामक एक पुत्र और रुक्मिणी नाम की एक कन्या थी। श्रीकृष्ण और रुक्मिणी में प्रेम था, पर रुक्मी ने उन्हें रुक्मिणी न देकर शिशुपाल को देने का निश्चय किया। विवाह का जब एक दिन रह गया, तो कृष्ण ने उस कन्याँ का हरण कर लिया। इस पर जो लड़ाई हुई, उसमें रुक्मी के दलवाले हार गए। हरण करने के अनन्तर कृष्ण ने रुक्मिणी का विधिवत पाणिग्रहण किया। (विष्णु पुराण, 5/26) इसके अतिरिक्त एक कथा यह भी है कि कृष्ण ने नरकासुर द्वारा हरण करके लाई हुई कन्याओं को स्वयं वर लिया। (वही 5/31) इन कन्याओं को नरकासुर ने भी हरण किया था और वे उसके पास से हरकर लाई गई थीं। उन स्त्रियों की संख्या सोलह हजार एक सौ बतलाई गई है। इस सम्बन्ध में यह भी लिखा है कि उनमें से प्रत्येक कन्या ने यह समझा कि कृष्ण ने मेरा ही पाणिग्रहण किया है। इसके अतिरिक्त नरकासुर के यहाँ से लाए गए धन को कृष्ण ने बाँट दिया, यह भी इसी अनुश्रुति में है। इस प्रकार हम देखते हैं कि लूटे हुए धन को केवल आदिम जाति के लोगों या मध्ययुग के महमूद गजनवी, बाबर आदि आक्रमणकारियों ने ही नहीं, बल्कि कृष्ण ने भी अपने बन्धु-बान्धवों में बाँटा था। यह रोग सामन्तवाद में अन्तर्निहित था।

विष्णु पुराण में यह भी उल्लेख है कि कृष्णपुत्र साम्ब ने दुर्योधन की पुत्री का स्वयंवर के अवसर पर हरण किया। इस पर कौरव पक्ष के वीर क्रुद्ध होकर उसे युद्ध में हराकर बाँध ले गए। इस पर बलराम दूत की तरह कौरवों में गए

और कहा कि उग्रसेन की आज्ञा है कि साम्ब को छोड़ दें। इस पर कौरवों ने उनकी बड़ी हँसी उड़ाई कि उग्रसेन हम लोगों का कौन होता है। बलराम ने इस पर पराक्रम दिखलाया तो कौरव डर गए और उन्होंने बलराम सहित साम्ब का पूजन किया और दहेज सहित वधु को द्वारिकापुरी भिजवा दिया। (*वि.पु. 5/37*)

यदुवंश-ध्वंस के बाद अर्जुन के पहरे में कृष्णचन्द्र की सहस्रों पत्नियाँ तथा अन्यान्य बान्धव जा रहे थे। अनुश्रुति यह है कि रास्ते में उनको आभीरों ने लूट लिया। लिखा है कि उनके साथ ही स्त्रियाँ भी लूट ली गईं। इस कहानी की ऐतिहासिकता चाहे जैसी हो, इन उदाहरणों से स्पष्ट है कि बहुत बाद के युग तक स्त्रियों को हरण कर ले जाने की प्रथा रही, और यह ऊँचे लोगों में भी उचित समझा जाता था। हम बता चुके कि ग्रीस में पौराणिक युग में स्त्री हरण के बहुत-से उदाहरण मिलते हैं। ट्राय का युद्ध ही इस बात पर हुआ था। इंग्लैंड में तथा अन्य कई देशों में जब वर वधू को लेकर लौटता है तो अब भी उसके ऊपर जूता उछालने का रिवाज है। इसका मौलिक अर्थ यह है कि किसी युग में सचमुच ही वर वधू को भगा ले जाता था। एस्किमो लोगों में वर जब स्त्री को लेकर चलता है, तो स्त्री उसे काटती है और मारती है।

हनीमून की असलियत

हनीमून की उत्पत्ति के सम्बन्ध में यह कहा जाता है कि आदिम काल में पुरुष स्त्री को भगाकर गुमनाम जगह में जाकर रहता था। इसी प्रथा को अब कवित्वपूर्ण मधु चाँदनी का रूप दिया गया है, यद्यपि एक समय यह फरारी मात्र थी। इस प्रकार खोजने पर हमारे यहाँ जो बारात पर ढेले आदि मारे जाते हैं, उसकी तह में शायद यही बात हो। बड़ी बारातों का भी यही उद्देश्य हो सकता है।

हिन्दुओं में जो आठ प्रकार के विवाह गिनाए गए हैं, उनमें राक्षस विवाह भी एक है। इस प्रकार बलपूर्वक हरण कर लड़की से शादी करना केवल यौथ समाज में ही स्वीकृत तरीका नहीं बल्कि बाद के युग में भी अवशेष की तरह रहा। सच बात तो यह है कि आजकल की सभ्य जातियों की लड़ाइयों में यदि कानूनी तौर पर नहीं तो व्यावहारिक तौर पर जीते हुए प्रदेश की स्त्रियाँ सैनिकों की सम्पत्ति नहीं, तो सामयिक रूप से उपभोग्या हो जाती हैं। 1971 में जब बांग्ला देश के लिए युद्ध हो रहा था, तो एक लाख बंगाली स्त्रियों के साथ पंजाबी सैनिकों ने बलात्कार किया। ऐसा इस्लाम और पाकिस्तान के नाम पर हुआ, यद्यपि ज्यादातर स्त्रियाँ मुसलमान ही थीं।

असामाजिक तत्व के जरिए अग्रगति

प्रत्येक समाज में कुछ असामाजिक विद्रोही लोग होते हैं। यौथ समाज में भी

असामाजिक रूप से कुछ लोग यौथ परिवार से हटकर, बल्कि भागकर वैयक्तिक परिवार के रूप में रहते थे। इस विषय में समस्त प्राप्त प्रमाणों की छानबीन करने के बाद हम इस नतीजे पर पहुँचे बिना नहीं रह सकते कि अवश्य ही अत्यन्त आदिम काल में कुछ वैयक्तिक परिवार थे, पर ये नियम के रूप में नहीं, अपवाद रूप में थे और बहुत हुआ तो लोग उनको किसी तरह सहन ही करते थे। प्रत्येक समाज के अन्दर उत्पादन की पद्धति में होते परिवर्तनों की आड़ में आगामी समाज को बनानेवाले बीज उत्पन्न और पुष्ट होते रहते हैं। ऐसा तब तक होता रहता है, जब तक उस समाज के दायरे में ऐसा होना सम्भव है, यानी परिमाणगत वृद्धि होती रहती है, पर एक जगह जाकर गाड़ी का पहिया जाम हो जाता है। समाज के पुराने छिलके के अन्दर तब उसका आगे बढ़ना सम्भव नहीं होता। उस समय छिलके का टूटना आवश्यक हो जाता है और छिलका टूट भी जाता है, इसलिए यदि कुछ विद्वानों ने आदिम काल में वैयक्तिक परिवारों के होने का कुछ प्रमाण प्राप्त किया है, तो उससे यौथ समाज के अस्तित्व पर कोई बट्टा नहीं आता। अमेरिका से लेकर पोलिनेशिया, अफ्रीका, एशिया तथा यूरोप आदि सभी महादेशों की आदिम जातियों में यौथ समाज के अस्तित्व का प्रमाण मिला है। इन्हीं महादेशों की सभ्य जातियों के साहित्य में यौथ समाज की स्मृति प्राप्त हुई है। साथ ही जैसा कि हमने बतलाया, उस युग में कुछ ऐसे लोग भी होंगे जो एक स्त्री या एक पुरुषव्रती होंगे या होना चाहते होंगे। यों तो समाज में बहुत तरह के विद्रोही होते हैं, पर कुछ ऐसे विद्रोही भी होते हैं जिनका 'अनियम' बाद का उन्नत नियम हो जाता है, और कुछ ऐसे विद्रोही होते हैं जिनका 'अनियम' अन्त तक अनियम या जुर्म साबित होता है।

आदिम लोगों में पारस्परिक प्रेम

यौथ समाज से बिछुड़ते समय हमें एक-दो और बातों पर रोशनी डालनी होगी। उस समाज में बच्चों को माँ का तो पता होता था, पर बाप का नहीं, इससे स्वभावतः यह कौतूहल पैदा होता है कि उस युग में बच्चों से प्यार नामक कोई वस्तु थी या नहीं थी। हम यह तो देख ही चुके कि जिसे हमें आजकल प्रणय या पति-पत्नी का बल्कि प्रिय-प्रेयसी का प्रेम कहते हैं, वह उस युग में नहीं था, यानी अगर बीज रूप में था तो वह समाज-विद्रोहियों में ही रहा होगा। बच्चों का प्यार अन्य प्यारों से बँधा होता है, इसलिए पहले हम देखेंगे कि आदिम अवस्था में स्थित असभ्य जातियों में पारस्परिक प्रेम की क्या अवस्था थी। आस्ट्रेलिया की बुशमैन जाति के सम्बन्ध में यह मालूम है कि योरोपीय लोग जब उनके देशों में जाकर बसने लगे तो उनमें और योरोपियों में तुमुल विनाशमूलक युद्धों का सूत्रपात हुआ। पर वे बेचारे यूरोपियों का कुछ बिगाड़ न पाए और उनका बड़े जोरों से संहार हुआ। जहाँ भी

यूरोपियों ने पाया, उनको जानवरों की तरह मारा। उन्हें जहर दिया गया तथा हर तरीके से उनका संहार हुआ। इन बुशमैनों के सम्बन्ध में जो कुछ भी हमें मालूम है, वह हमें इन्हीं यूरोपियों से मालूम है। सन्देह नहीं कि इन लोगों का विवरण कुछ विशेष विश्वसनीय नहीं है। फिर भी इतना मालूम हुआ है कि बुशमैन यानी जंगली लोग सामूहिक रूप से शिकार करते थे और शिकारलब्ध वस्तु को आपस में बाँट लेते थे। फिर भी यह द्रष्टव्य है कि उपभोग सामग्री को बाँट लेने से जिसे वैयक्तिक सम्पत्ति कहते हैं उसका उदय हो गया, ऐसा नहीं कहा जा सकता, क्योंकि सभी युगों में उपभोग की सामग्रियों में कुछ कथित वैयक्तिक सम्पत्ति भी होती थी।

इन बुशमैनों में जब कोई व्यक्ति घायल होता था, तो ये उसे छोड़कर चले नहीं जाते थे। इनमें आपस में बड़ा सहयोग और प्रेम था। लिखटेन स्टाइन नामक एक जर्मन पर्यटक ने एक बुशमैन को नदी में डूबते हुए देखा। फौरन ही सब लोग दौड़ पड़े, और जान जोखिम में डालकर उसे पानी से निकाला, उसके बदन को पोंछा और आग के सामने ले जाकर उसके बदन पर गर्म चर्बी की मालिश करते रहे। अन्त में वह व्यक्ति ठीक हो गया। (*म्युचुअल एड, पृ. 83*)

वोरचल और मोफाट नामक पर्यटकों ने भी इसी प्रकार आदिम जातियों में पारस्परिक सहायता के प्रसार की बात लिखी है। इन लोगों ने लिखा है कि ये जंगली लोग बिल्कुल निःस्वार्थ, कृतज्ञ, सत्यवादी तथा सरल हृदय होते हैं। (वही) एक अन्य पर्यटक ने लिखा है कि असभ्य जातियों में बच्चों का प्रेम बड़ा ही जबरदस्त होता है। एक यूरोपीय एक स्त्री को अपने यहाँ दासी के रूप में बुलाना चाहता था। वह स्त्री किसी प्रकार इस पर राजी नहीं हुई, तब उस यूरोपीय ने बजाय उस स्त्री को भगाने के उसके बच्चे को भगाकर अपने पास रख लिया। ऐसा उस यूरोपीय ने यह जानकर किया कि यदि वह बच्चा उसके पास रहेगा, तो उसकी माँ प्रेमवश स्वयं ही यहाँ आकर रहने लगेगी। ऐसा ही हुआ भी। (वही) न्यू हेब्रापिड द्वीप में रहनेवाली आदिम जातियों में बच्चों के प्रेम के बहुत-से उदाहरण पर्यटकों को मिले। कई पर्यटकों ने यह देखा है कि जिस समय अकाल पड़ता है या दो-चार-छः दिन शिकार नहीं मिलता, उस समय बच्चों का पिता तथा माता हफ्तों भूखे या अधभूखे रहते हैं, पर अपने बच्चों को कहीं न कहीं से कुछ न कुछ खिलाते हैं। पर्यटकों ने यह भी देखा है कि एक बच्चे को साँप ने काट लिया तो उसका बाप उसको कन्धे पर लेकर पागलों की तरह दौड़ रहा था। यह भी देखा गया है कि बच्चे के मर जाने पर जंगलियों में माँ-बाप बहुत दुख मनाते हैं। एक पर्यटक ने तो यह लिखा है कि जब एक प्यारा बच्चा मर गया, तो परलोक में उसकी देखभाल करने के लिए उसकी माँ-मौसी ने आत्महत्या कर ली। (वही, पृ. 92)

इन उदाहरणों से यह स्पष्ट है कि यौथ समाज में भी बच्चों के प्रति प्यार

था। यह अवश्य है कि जिस रूप में हम आज बच्चों के प्यार को देखते हैं, उस युग में उसका वह रूप न था और न हो सकता था। आज के युग में या कहना चाहिए पृथक परिवारमूलक समाज के सारे युग में बच्चों के प्यार का स्वरूप यह है कि बच्चों की गर्भधारिणी माता तथा उसका पिता अपने बच्चों को दूसरे बच्चों, यानी उनके भाई तथा बहन के बच्चों के मुकाबिले अधिक प्यार ही नहीं करते, बल्कि उन्हीं को यानी अपने बच्चों को ही प्यार करते हैं, और शिक्षित जन उनके शिक्षण और उन्हें किसी पेशे में स्थापित करने के लिए हर तरह से चेष्टा करते हैं।

यौथ समाज में पिता की ओर से बच्चों को कुल के अन्य बच्चों से अधिक प्यार करने का कोई सवाल ही नहीं था, क्योंकि वह यह तो जानता ही नहीं था कि कौन उसकी सन्तान है। यह बात नहीं कि कोशिश करने पर वह इस बात को जान नहीं सकता था, पर जिस समाज और परिस्थिति में ऐसे ज्ञान का कोई मूल्य या अर्थ नहीं था, उसमें इस प्रकार यदि कोई बात मालूम भी हो जाती तो स्पष्ट है कि उसको कोई महत्व नहीं प्राप्त हो सकता था। फिर भी हम देख चुके हैं कि कुल के बच्चों के लिए प्रत्येक पुरुष की एक बहुत बड़ी जिम्मेदारी होती थी। वह जिम्मेदारी कितनी बड़ी होती थी, इसकी कल्पना करना आज के पृथक परिवारमूलक समाज में उत्पन्न किसी पुरुष के लिए सम्भव नहीं है।

माँ यह जानती थी कि कुल के बच्चों में अमुक-अमुक हमारी कोख से उत्पन्न बच्चे हैं। आज के समाज में हमें ऐसा ज्ञात होता है कि इस ज्ञान के कारण वह अवश्य ही अपने बच्चों के साथ अपनी बहन या सौतों (आजकल की भाषा में) के बच्चों के मुकाबिले पक्षपात करती होगी। पर यह बात नहीं। किसी समाज का जैसा संगठन होता है, उसी के अनुसार उसमें भावनाएँ होती हैं। यदि ऐसा न हो तो वह समाज अधिक दिन नहीं ठहर सकता। यदि यौथ समाज में मातागण अपनी गर्भज सन्तानों के साथ पक्षपात करतीं तो यही समझना चाहिए कि यौथ समाज खत्म हो चुका था और यदि दृश्यमान रूप से कायम था, तो जल्दी ही उसका उच्छेद होने वाला है।

यौथ समाज की उत्पादन पद्धति में पुरुष और स्त्री की करीब-करीब समान उपयोगिता थी। यदि इस सम्बन्ध में कोई विषमता थी, तो वह स्त्री के ही हक में थी। इसके अतिरिक्त अपनी माँ को सब जानते थे, बाप को कोई नहीं जानता था, न जानने की कोई जरूरत ही समझता था, इसलिए ऐसे समाज में माँओं का महत्व पिता से अधिक था।

बच्चा-बच्ची में भेद नहीं

इस कारण ऐसे समाज में बच्चे और बच्ची में किसी प्रकार का भेदभाव नहीं रखा जाता था। बाद के युग में जब स्त्रियों के मुकाबिले में पुरुष प्रधान हो गए, और

ऐसा इसलिए हुआ जैसा कि बाद को हम देखेंगे कि उत्पादन पद्धति में पुरुषों का स्थान स्त्रियों से बढ़ गया, उस समय लड़का उत्पन्न होना लड़की उत्पन्न होने से अधिक अच्छा समझा गया। पर यह भेदबुद्धि यौथ समाज के पिता-माताओं में न रही होगी, बल्कि जहाँ तक हम समझ सकते हैं, जैसे आजकल बहुत-सी स्त्रियाँ पुरुषों के भाग्य को सराहती हैं, उसी प्रकार उस युग में पुरुष स्त्रियों के भाग्य को सराहते होंगे। हम यह भी दिखला चुके हैं कि जिस समय यौथ समाज में क्रोकी और कुमीर की तरह द्विगोत्रीयता का प्रादुर्भाव हुआ, उस समय आजकल जैसे लड़कियाँ अपने पहले के समूचे जीवन, संगी-साथी, इष्ट मित्र सबसे नाता तोड़कर ससुराल जाती हैं, उसी प्रकार पुरुष ससुराल जाते थे। यह भी हम दिखला चुके हैं कि पुरुष अपनी ससुराल में बहुत कुछ ठलुआ समझा जाता था, तथा उसे कहीं-कहीं निकाल भी दिया जाता था। ऐसी अवस्था में उस युग के समाज में बच्चे के उत्पन्न होने पर खुशी और बच्ची के उत्पन्न होने पर गमी का कोई सवाल नहीं था, बल्कि कुछ हद तक इसके विपरीत ही रहा होगा। आजकल माँ-बाप लड़के और लड़की में यह भेद जानकर या अनजाने रखते हैं कि लड़का तो हमारे साथ रहेगा, और लड़की कुछ दिनों बाद पराये घर जाएगी। तदनुसार उसके पढ़ने-पढ़ाने में भेद न सही, पर कुछ मानसिक भेद अवश्य रखते हैं। यही भेद पहले के युग में लड़कियों के पक्ष में किए जाने की सम्भावना है। चीन में अनाप-शनाप ढंग से आबादी बढ़ने की विभीषिका से बचने के लिए वहाँ की साम्यवादी सरकार ने एक सन्तान का नारा दिया, पर दशकों तक साम्यवाद के प्रचार के बाद भी लोगों के मन में लड़के के प्रति ऐसा प्रेम है कि वे भी बच्ची होते ही उसका वध करते रहे। मजबूरन साम्यवादी सरकार को अपनी नीति कुछ बदलनी पड़ी।

आजकल कई समाजों में यह समझा जाता है कि यदि किसी स्त्री को केवल लड़कियाँ हो रही हैं तो उसके पति को यह नैतिक अधिकार है कि वह दूसरी शादी करे। भारतीय हिन्दू इसमें सबसे आगे हैं। पुन्नाम नरक से त्राण दिलानेवाला पुत्र ही होता है न कि पुत्री। यह संस्कार बनाकर इस पर धार्मिक ठप्पा लगा दिया गया।

हिमालय की तराई की थारू जाति में स्त्रियों की ही प्रधानता है। वहाँ लड़कियों का पैदा होना ही अच्छा समझा जाता है और लोग समझते हैं कि लड़की पैदा हुई तो बहुत अच्छा हुआ। कहना न होगा कि ऐसे समाज में न तो बच्चियों के पालन में ही कोई कमी होती है और न बच्चियों की हत्या ही होती है। डॉक्टर मजूमदार ने यह जो लिखा है कि किसी समाज में स्त्री की जो हैसियत होती है, उसी से वहाँ मातृत्व के सम्बन्ध में रिवाजों का प्रत्यक्ष सामंजस्य होता है, यह बात बिलकुल ठीक है। कई जातियों में बच्चा जनने के बाद स्त्रियों को अशौच हुआ है, ऐसा समझा जाता है। थारुओं में ऐसा कोई संस्कार नहीं है। हाँ, वहाँ की पंचायत धीरे-धीरे यह कोशिश कर रही है कि स्त्रियाँ जिस समय मासिक से हों, उस समय वे रसोईघर

में न घुसें या कोई खाना न छुएँ, पर यह अभी सफल नहीं है। जब तक वहाँ के समाज में स्त्रियों की प्रधानता रहेगी, तब तक इस प्रकार की रोकें सफल न होंगी, और न बच्चियाँ ही बच्चों से किसी प्रकार हीन समझी जाएँगी।

हमारे समाज में आजकल बाँझ औरत के सम्बन्ध में तो बुरा समझा ही जाता है, लेकिन दूसरे शब्दों में लड़की ही लड़की पैदा करना और बाँझ होना एक ही बात हुई। पर यौथ समाज में इस प्रकार का कोई भेदभाव सम्भव नहीं था।

शिशु हत्या

बच्चों के प्रति इतना जबरदस्त प्रेम होते हुए भी आदिम समाज में शिशु हत्या की आम प्रथा थी। असभ्य जातियों में शिशु हत्या के कुछ उदाहरण दिए जाते हैं। एक हब्शी कबीले में जब खाने-पीने का अभाव होता, तब माताएँ बकरी के बदले अपने बच्चों को बेच देतीं। कहना न होगा कि यह घटना केवल पिछड़े हुओं तक ही सीमित नहीं है, गृहयुद्ध के युग में रूस में तथा 1943 के बंगाल के दुर्भिक्ष में इसके बहुत-से उदाहरण मिले हैं। फर्क केवल इतना है कि हब्शी माता यह जानकर भी अपने बच्चे को बेच देती थी कि उस बच्चे को खरीदनेवाले खा जायेंगे। अमेरिका की कुचिल जाति का बच्चा जब अधिक बीमार हो जाता है, तो माँ उसे जंगल में छोड़ आती है। जी.एस. अंगस वाकर तो आस्ट्रेलिया और न्यूजीलैंड की किसी जंगली जाति के सम्बन्ध में यहाँ तक कह गए कि वे जीवित लड़के और लड़कियों को मगर वगैरा पकड़ने के लिए अपनी बंसी में चारे की जगह लगा देते हैं और उनकी चर्बी से मछलियाँ पकड़ते हैं, पर हर्बर्ट स्वेसर ने इन बातों पर अविश्वास किया है। शरत बाबू ने इन घटनाओं पर विचार करते हुए लिखा है कि ये मनोविकार के परिणाम हैं। कहना न होगा कि शरत बाबू की व्याख्या अत्यन्त बचकाना है। प्रयोगात्मक रूप से यह देखा गया है कि आर्थिक उन्नति के साथ-साथ इस प्रकार की प्रथा नष्ट हो जाती है। वेनिया माप के दृष्टान्त से पता लग जाएगा कि शिशु हत्या का एकमात्र कारण आर्थिक है न कि किसी प्रकार की दुष्टता या मनोविकार। इस सम्बन्ध में विशेष द्रष्टव्य है कि प्रायः प्रत्येक प्राचीन जाति में शिशु हत्या की प्रथा किसी न किसी रूप में पाई जाती है। प्राचीन भारतीयों में भी इस प्रथा के होने का पता चलता है, बल्कि यह ब्रिटिश युग तक मौजूद थी। त्रिवेणी तथा गंगा सागर पर आमतौर से लोग बच्चों को जल देवता को चढ़ा देते थे।

मुहम्मद के समय तक आमतौर पर और उसके बाद भी कुछ छिपे और खुले तौर पर यह प्रथा स्वयं कुरैशों में मौजूद थी। अवश्य यही लोग अपनी लड़की को ही मारते थे। आम तौर पर ये लड़कियाँ गाड़ दी जाती थीं। मक्के के पास अबूदिलामा नामक पहाड़ पर लड़कियों का वध किया जाता था। जब कुरैशों का यह हाल था तो अरब के और कबीलों की क्या हालत होगी, यह कल्पनीय है। एक अरब कबीले

में कन्या के पाँच वर्ष की हो जाने पर उसका शृंगार किया जाता था और इसके बाद यह कहकर कि उसे माँ के घर भेजा जाएगा, मार डाला जाता था। भारतीय राजपूत भी अपनी कन्याओं को नमक चटाकर या अन्य प्रकार से मार डालते थे। स्मरण रहे कि विशेष रूप से कन्याओं को मार डालना यौथ समाज के युग की बात नहीं हो सकती। जब तक उत्पादन प्रणाली में स्त्री और पुरुष का समान दर्जा था, या स्त्री का दर्जा पुरुष से ऊँचा था, तब तक केवल लड़कियों के मारने की बात असम्भव थी। फिर भी लड़कियों को मारने की प्रथा बहुत पुरानी है, इसमें कोई सन्देह नहीं।

ग्रीक इतिहास लेखक स्ट्रोवो (ईसापूर्व 60 से 24 ईस्वी) ने लिखा है कि प्राचीन लोगों में शिशु हत्या की प्रथा इतनी आम थी कि मिस्र के लोगों द्वारा अपने सब बच्चों यानी बच्चे और बच्चियों का पालन करना बहुत आश्चर्य से देखा जाता था। ग्रीक लोगों के सम्बन्ध में पोसीडिप्स की यह उक्ति सेज साहब ने उद्धृत की है कि यदि कोई व्यक्ति गरीब होगा तो वह अपनी लड़की को जंगल में नहीं फेंकेगा, पर यदि वह अमीर होगा तो शायद ही अपनी लड़की का पालन-पोषण करे। (नारीर मूल्य, पृ. 78) प्राचीन चीनियों में भी बल्कि अभी-अभी तक यानी क्रान्तिपूर्व चीन में इस प्रथा के होने का पता लगा है। क्रान्ति के बाद अभी हाल तक जिस प्रकार कन्या की हत्या होती थी, वह हम बता चुके हैं। देहरादून जिले के जौनसार बाबर के भाटों में अभी तक कन्या-हत्या की प्रथा मौजूद है। हालत यह हो गई है कि इनमें कन्या बहुत कम मिलती है। इसके विपरीत यहीं पर कनैत नामक एक जाति है। इस जाति का नाम ही कन्याहेत यानी कन्या प्रेम से पड़ा है, और ये लोग कन्या की हत्या नहीं करते। भाटों को कन्याओं की कमी के कारण कनैतों की कन्याएँ लेनी पड़ती हैं। (*Fortunes of hrimitive tribes, p. 131*) वैज्ञानिक उन्नति के कारण गर्भिणी स्त्री के पेट में बच्चा है या बच्ची, यह जानना सम्भव है। इसका फायदा उठाकर इस युग में भी कई लोग गर्भस्थ कन्या को मरवा देते हैं। इसके पीछे दहेज आदि आर्थिक कारण भी है। दहेज पुरुषप्रधान समाज की ही एक प्रथा है।

इस हालत में यह प्रश्न और भी जोरों के साथ उठता है कि यौथ समाज से लेकर अभी तक शिशु हत्या की प्रथा का क्या कारण है। इस सम्बन्ध में पहली बात यह स्पष्ट हो जानी चाहिए कि यौथ समाज में शिशु हत्या एक बड़ी हद तक गुणगत रूप से बाद के युगों की शिशु हत्या, विशेषकर कन्या शिशु की हत्या से पृथक है। यौथ समाज में शिशु हत्या में बच्चा और बच्ची में कोई फर्क नहीं किया जाता था, जैसा कि हम बतला चुके हैं।

स्त्री राज्य?

"महाभारत में जो स्त्री राज्य का उल्लेख है, उसमें इस नियम का व्यतिक्रम है।

उस राज्य में पुरुषों की कोई माँग नहीं थी। जो कोई भूला-भटका अथवा व्यापार आदि के लिए वहाँ जा पहुँचता, तो वह पकड़ लिया जाता था और एक महीने के बाद निकाल दिया जाता था। यदि निकलने में आनाकानी करता था तो मार दिया जाता था। उसके सहवास से जो लड़के उत्पन्न होते थे, वे भी मार डाले जाते थे, केवल लड़कियों को जीवनदान दिया जाता था। जब यज्ञ का अश्व घूमते-घामते उस राज्य में प्रविष्ट हुआ, तब अर्जुन बड़े चक्कर में पड़ गए, क्योंकि स्त्रियों को पराजित करने में कोई बहादुरी नहीं थी और यदि हारते तो मुँह दिखाने लायक नहीं रह जाते।" (*हीरालाल की भूमिका, भा. उ. नि., पृ. 18*) यह राज्य काल्पनिक ज्ञात होता है। अवश्य जैसा प्रत्येक कल्पना में होता है इसमें प्राचीन यौथ समाज के अवशेषों का स्मरण निहित है, इसमें सन्देह नहीं। विद्वानों ने इस स्त्री राज्य की भौगोलिक स्थिति का पता लगाने की चेष्टा भी की है।

फिर भी यह बात समझना बाकी ही रहता है कि एक तरफ तो यह मालूम होता है कि आदिम जातियों में बच्चों का स्नेह—यद्यपि वे यौथ बच्चे होते थे—किसी बाद के युग के बच्चों के प्रति प्रेम से कम नहीं था, और दूसरी तरफ शिशु हत्या आम थी, इन दोनों का सामंजस्य कैसे हो सकता है? इतिहास में दो भिन्न प्रवृत्तियाँ बराबर एक साथ चला करती हैं, इसमें कोई आश्चर्य की बात नहीं। सारा इतिहास इसका प्रमाण है। यह कोई ऐसा रहस्यवादी नियम नहीं जो इतिहास में अन्तर्निहित हो, बल्कि सारे इतिहास की गति का निरीक्षण करके बुद्धिमान व्यक्ति इसी नतीजे पर पहुँचने के लिए विवश होगा। आदिम समाज में शिशु हत्या अस्तित्व की मजबूरी थी।

आदिम जातियाँ जिन कारणों से लड़ाई के बाद बन्दी लोगों को खा डालती थीं और बाद के युग में उनको मार डालती थीं। इसके पीछे अत्यन्त प्रबल आर्थिक कारण थे, और उत्पादन पद्धति के पिछड़ेपन के कारण ही कुछ कबीले अपने सब बच्चों को जीवित नहीं रख सकते थे। (*मैरिज एंड मॉरल्स, पृ. 174-5*)

वृद्ध हत्या

केवल जंगलियों में ही नहीं, बाद को अत्यन्त सभ्य समझी जानेवाली ग्रीक जाति के आदिम युग में भी वृद्ध हत्या की प्रथा रही होगी। इसका प्रमाण हमें बाद के युगों में बूढ़ों के साथ ग्रीक समाज में जो व्यवहार आम तौर से किया जाता था, उससे मिलता है। ग्रीको में शिशु हत्या थी, पर ऐतिहासिक काल में भी वे वृद्धों के साथ अत्यन्त दुर्व्यवहार करते थे। बेंजामिन किड लिखते हैं कि प्राचीन ग्रीकों में साधारण तौर पर वृद्धों को सम्मान की दृष्टि से नहीं देखा जाता था। मिस्टर महाफी ने लिखा है कि "ग्रीकों में जो सबसे रोशनीयाफ्ता लोग थे, वे भी वर्तमान युग के जंगलियों के बहुत करीब इस अर्थ में थे कि जंगलियों में जो व्यक्ति जीवन

की दौड़ में बेकार हो चुका है, या मनुष्य की प्रगति को रोकता है, उसे कोई इज्जत की निगाह से नहीं देखा जाता। हम जानते हैं कि एथेन्स में लड़के अपने पिता के विरुद्ध सम्पत्ति के मुकदमे करते थे, और उनको सम्पत्ति पर कब्जा दे दिया जाता था। इसके लिए आजकल जैसे डॉक्टरी सार्टिफिकेट की जरूरत होती है कि अब अमुक व्यक्ति का दिमाग सही नहीं है, उस प्रकार के सर्टिफिकेट की भी आवश्यकता नहीं होती थी। स्पार्टा की तरह कुछ अपरिवर्तनवादी शहरों में तथा कुछ अत्यन्त सुरुचियुक्त व्यक्तियों में जैसे अफलातून थे, जिसे हम दया या वरुणा कहते हैं, उसका परिचय प्राप्त होता है। (*Social evolution by Kidd, p. 174-5*) इसका आशय स्पष्ट है। समाज जितना ही आगे बढ़ता गया है, उतना ही उसकी प्रथाओं का सूक्ष्मीकरण हुआ है। जिन कारणों से आधुनिक युग में लोग जन्म निरोध करते हैं, उन्हीं कारणों से आदिम यौथ समाज में लोग शिशु हत्या करते थे। दोनों में प्रभेद यह है कि इस युग में विज्ञान की उन्नति अधिक हुई है तथा समाज की आर्थिक प्रणाली ऐसी हो चुकी है कि आज यह अधिक बच्चें का बोझा सँभाल सकती है।

आदिम जातियाँ किसी दुष्ट मनोवृत्ति के कारण शिशु हत्या करती थीं, यह कहना गलत होगा। यह एक अच्छी तरह निरीक्षित ऐतिहासिक तथ्य है कि ज्यों-ज्यों आदिम जातियों के उत्पादन के साधनों में उन्नति होती गई, त्यों-त्यों वे शिशु हत्या की प्रथा खत्म होती गई। इसी प्रकार वृद्धों को मारने की प्रथा भी धीरे-धीरे उत्पादन पद्धति में उन्नति के साथ-साथ खत्म होती गई। जिस समाज में जिस प्रकार की उत्पादन पद्धति होती है, उस समाज में उसी प्रकार के सदाचार बोध का उदय होता है। इसका पक्का प्रमाण यह है कि जब उत्पादन पद्धति बहुत ही पिछड़ी हुई थी, और लोग अपने बूढ़ों को मारकर खा जाते थे, उस समय का धर्म या उस समय का प्रचलित विश्वास यह था कि वृद्धों को मारना उनका अपमान नहीं, बल्कि उनका सम्मान है। उनको खा लेने से खानेवाला उनके सद्गुणों का अधिकारी होता है, इत्यादि। यह बात नहीं कि इन बूढ़ों को मारने में कोई जबरदस्ती करनी पड़ी हो, ये स्वयं जब यह जान लेते थे कि अब उनके हाथ-पाँव नहीं उठते, और उत्पादन पद्धति में वे बिलकुल बेकार हो गए हैं, तब वे खुद ही अपने लड़कों को बुलाकर कहते थे कि हमारा समय आ गया।

क्रोपाटकीन ने दिखलाया है कि रूस में (उनका मतलब क्रान्ति के पहले के जाहिल रूसी किसानों से है) जब कोई किसान बहुत बूढ़ा हो जाता था तब वह कहता था, "अब हम दूसरों के हिस्से का जीवन जी रहे हैं, इसलिए समय आ गया कि हम चले जाएँ।" ऐसे समय में जंगली जातियों में बूढ़े वही करते थे, जो वह सैनिक करता है जो समझता है कि वह स्वयं चल नहीं सकता और उसके लें चलने से टुकड़ी की गति रुकती है। ऐसे समय में वह अपने मित्र से

कहता है कि उसे बन्दूक से उड़ा दिया जाए। तदनुसार उसका मित्र सैनिक यही करता है। ठीक यही बात जंगली जातियों में बूढ़े करते हैं। वह मरने की अनुमति माँगता है, फिर अपनी कब्र खोदता है, और अन्तिम भोज में वह अपने साथियों को बुलाता है। ऐसा ही उसके पहले उसके पिता ने किया था, और वह भी प्रेम सहित अपने लोगों से बिछुड़ता है। इसलिए इसमें किसी प्रकार निष्ठुरता की बात नहीं था, बल्कि यह एक सामाजिक कर्तव्य और प्राकृतिक आवश्यकता मात्र थी। यह विषय खुद ही एक बहुत दिलचस्प और बड़ा विषय है, हम इसके ब्यौरे में यहाँ नहीं जा सकते। हमारा कहना केवल इतना है कि उत्पादन की पद्धति में थोड़ी उन्नति होते ही यह समझा गया कि अब उन्हें खाना बेकार है, ये हमारे साथ दूसरे तरीकों से भी यानी हमारे पेट में गए बिना ही रह सकते हैं। बूढ़ों को इसलिए अब मारकर खाने की जरूरत नहीं रही, बल्कि उनको केवल मार डालना ही काफी समझा गया। अब आदिम समाज की इतनी उन्नति हो चुकी थी कि वह अपने बूढ़ों के मन दो मन प्रोटीन का लोभ न करे। इसके बाद के युग में यानी उत्पादन पद्धति की और उन्नति हुई तो बूढ़ों को प्राकृतिक रूप से मरने दिया जाने लगा और यह समझा जाने लगा कि यदि वे हाथ-पैर से काम नहीं कर सकते तो न करें, पर उनकी सलाहें बहुमूल्य हैं। इस प्रकार बराबर उत्पादन पद्धति के साथ सामंजस्यपूर्ण विचार पद्धति और सदाचार का उदय हुआ। इसी प्रकार शिशु हत्या के विषय में भी परिवर्तन हुए। ज्यों ही समाज इस योग्य हुआ कि वह सब बच्चों का परिपालन करे, त्यों ही शिशु हत्या का रूप बदल गया, यानी या तो उसका सूक्ष्मीकरण हुआ या वह खत्म होकर अपराध करार दिया गया।

अग्रगति के स्वर

यहाँ पर संक्षेप में यह भी बता दिया जाए कि मनुष्य की उत्पादन पद्धति में किस प्रकार प्रगति हुई। प्रथम युग में मनुष्य को शिकार के अतिरिक्त कोई अन्य उत्पादन पद्धति ज्ञात नहीं थी। शिकार की कमीबेशी तथा शिकार योग्य जानवरों के इधर से उधर जाने के कारण मनुष्य को भी इधर से उधर जाना पड़ता था। धीरे-धीरे वे जंगली फल-मूल और अन्न का भी संग्रह करने लगे। जूलियस हक्सले का अनुमान है कि "निकट पूर्व में ईसा पूर्व 5000 के लगभग खेती की उत्पत्ति हुई। ऐसी कथा है कि देवी इसिस ने शाम देश में हरमन पर्वत पर अन्न प्राप्त कर अपने पवित्र पुत्र को दिया था।" इस कथा में सत्य के दो पहलू हो सकते हैं। यह सम्भव है कि पुरुषों की बनिस्बत स्त्रियों के ही दिमाग में पहले-पहल खेती करने की बात आई, क्योंकि वे घर पर रहती थीं और पुरुष बाहर शिकार पर रहते थे। इस कथा का दूसरा पहलू यह है कि शाम या इसके निकट पड़ोस में ही कहीं पर कृषि का आविष्कार हुआ था। ईसा पूर्व 5000 तक कृषि विद्या फिलिस्तीन

से ईराक तक फैल गई और धीरे-धीरे स्थायी बस्तियाँ बसने लगीं। जमीन की खुदाइ तथा गुड़ाई करने के कारण पत्थर के औजारों पर जो चमक आ जाती थी, शायद उसी से अपने औजारों पर सज्ञान तरीके से पालिश करने की बात आई। इस प्रकार खेती से नव प्रस्तर युग में परिवर्तन हुआ। जो भी हो, पुरातत्व की गवाही यह है कि खेती और पालिश किए हुए नव प्रस्तर युग के औजारों का एक ही साथ उदय हुआ।

बर्तन बनाने और बुनकारी की कला का उदय भी खेती के साथ हुआ। इसी के बाद पशुपालन भी पाया जाता है, ऐसा हक्सले का मत है, पर आदिम शिकार के युग में भी एक हद तक पशुपालन रहा होगा, ऐसा दूसरे विद्वानों का मत है। जो भी हो, इस सम्बन्ध में सही मत यह है कि शिकारियों ने ही पशुपालन सिखाया और स्थायी बस्ती के युग में आकर इस कला की पूर्ण उन्नति हुई। इसके बाद धातु का काम भी आया। युगों तक ताँबे और सोने का ही इस्तेमाल होता था, लोहे का इस्तेमाल बाद को हुआ।

अब हम देख सकते हैं कि आदिम शिकार के युग में स्त्रियों का उत्पादन में बड़ा भाग इसलिए था कि स्त्रियाँ भी घर के काम के अलावा शिकार के लिए की गई यात्रा और शिकार में पूरा हिस्सा लेती थीं। कृषि का तो आविष्कार स्त्रियों से ही किया। रोड ने लिखा है कि इसमें कोई सन्देह नहीं कि खेती पहले के युग में स्त्रियों का ही काम था। पशुपालन अब तक गरीबों में मुख्यतः स्त्रियाँ ही करती हैं। फिर भी स्त्रियों द्वारा खेती का आविष्कार करने पर भी खेती में उनका हाथ धीरे-धीरे कम होता गया। इसके अतिरिक्त युद्ध के कारण तथा निरन्तर युद्ध से जाति का भाग्य निर्णय होने के कारण पुरुष का महत्व बढ़ता गया और साथ ही स्त्री का महत्व घटता गया। अवश्य यह बात भी स्मरण रहे कि आदिम युग में स्त्रियाँ लड़ाई में पूरा हिस्सा लेती थीं, बाद को इस क्षेत्र में उनके निकल जाने से स्वाभाविक रूप से उनकी मर्यादा में कमी होने का एक कारण यह भी रहा।

अब यह प्रश्न बहुत दिलचस्प है कि आदिम जातियों में अर्थात् जातियों की आदिम अवस्था में यह जो शिशु हत्या होती थी, उसमें किन नियमों के अनुसार कौन से बच्चे मारे या पाले जाते थे। क्रोपाटकीन के एक नृतत्वविद मित्र एलीरेक्लुज ने यह दिखलाया है कि कुछ जातियों में यह प्रथा है कि बच्चों के जन्मदिवस पर देखते हैं कि यह शुभ है या अशुभ—यह शुभाशुभ का निर्णय वे अपने ही ढंग से करते हैं—और इसी के अनुसार वे बच्चे को जिलाते या मारते हैं। अवश्य ही इसी प्रकार कोई न कोई हिसाब यौथ समाज में होगा, जिसके अनुसार बच्चे मारे या पाले जाते थे।

यह प्रश्न भी दिलचस्प है कि जो बच्चे मारने के लिए चुने जाते थे, उनको किस प्रकार मारा जाता था। अक्सर असभ्य जातियों में देखा गया कि वे ऐसे बच्चों

को मारते नहीं बल्कि जंगल, पहाड़ या किसी निर्जन स्थान में ले जाकर छोड़ देते हैं। उद्देश्य स्पष्टतः यह होता था कि यदि वह किसी तरह जी जाएँ तो जी जाएँ। एक जंगली जाति में इसी प्रकार शिशु हत्या की प्रथा आम थी। बेनियामोफ नामक एक सज्जन बराबर इस जाति को रोटी, और मछली मारने के उन्नत औजार पहुँचाते रहे। इसका नतीजा यह हुआ कि कुछ ही सालों के अन्दर इस जंगली जाति में (चुकची) शिशु हत्या प्रथा बन्द हो गई। इससे यह बिलकुल स्पष्ट है कि आदिम जातियों में जहाँ भी शिशु हत्या है, वह केवल उत्पादन के पिछड़ेपन के कारण थी। अवश्य एक बात यहाँ पर यह याद रहे कि जब कोई प्रथा आर्थिक कारणों से चल पड़ती है, तो वह एक रूढ़ि हो जाती है और उस आर्थिक कारण के दूर हो जाने पर भी वह तब तक मौजूद रहती है, जब तक नए आर्थिक कारण उसे बिल्कुल असम्भव न बना दे, या नई आर्थिक अवस्था उसके स्थान पर किसी नई प्रथा के प्रवर्तन का सख्त तकाजा न करे।

अब प्रश्न यह है कि क्या यौथ समाज में ही शिशु हत्या में बच्ची और बच्चे में फर्क शुरू हो गया था? इसका जो उत्तर हम दे चुके, उससे एक बात का समाधान नहीं होता, वह यह कि आदिम यौथ युग में लड़ाइयाँ तो होती ही थीं, इन लड़ाइयों में पुरुष ही अधिकतर मारे जाते थे, इसलिए पुरुषों और स्त्रियों की संख्या बराबर कर देने के लिए भी लड़कियों को मारना जरूरी था। विनवुड रीड ने लिखा है कि लड़ाई की जरूरत के कारण समाज में शुरू से ही बच्ची की तुलना में बच्चों की अधिक कदर थी। (मेरिज एंड मॉरल्स)

इस सम्बन्ध में पहली बात तो यह है कि पहले की लड़ाइयों में लड़ने वाले कम मारे जाते थे, क्योंकि अस्त्र उन्नत नहीं थे। फिर रोज-बरोज लड़ाई होती हो, ऐसी बात भी नहीं। इसलिए लड़ाइयों में अधिक पुरुष-नाश की बात अक्सर दोनों के लिए कष्ट कल्पना मात्र है। जिस समय जमीनें बहुत थीं और मनुष्य कम, उस युग में लड़ाई रोज की घटना नहीं थी, यानी जब उन्नति हुई है, जनसंख्या बढ़ी है, उत्पादन पद्धति में उन्नति हुई है, तभी लोग अपने इलाकों को छोड़कर इधर-उधर भटकने और हाथ-पैर मारने लगे। वह यौथ समाज के टूटने का तथा सामरिक नेतृत्व के बढ़ते-बढ़ते राष्ट्र के उदय का युग है।

जो बाद को अत्यन्त सभ्य जातियाँ समझी गईं, उनमें जो नर बलि प्रथा थी, उसमें भी शिशु हत्या का पता लगता है। वैदिक शुनःशेप एक लड़का ही था, जिसको लोग बलि पर चढ़ाना चाहते थे, पर वशिष्ठ ने उसको बलिदान से बचा लिया और अपना पुत्र मान लिया। अरब प्रायःद्वीप में हजरत इब्राहीम तक लड़के को बलिदान करने की प्रथा मौजूद थी। कहा जाता है कि हजरत इब्राहीम भी अपने पुत्र को बलिदान करने गए, पर तभी गैबी आवाज आई कि इसकी कोई आवश्यकता नहीं, इसके बदले में जानवर चढ़ाना ही काफी है। तदनुसार हजरत ने अपने बेटे को

न चढ़ाकर बकरा चढ़ाया। तब से इस प्रकार पुत्र-बलि का सूक्ष्मीकरण हुआ। पौराणिक कथाओं में कंस ने देवकी के सात पुत्रों को मार डाला, आठवें श्रीकृष्ण थे। अन्तिम उदाहरण हमारे विषय के ठीक उपयुक्त नहीं है, पर इससे इतना तो ज्ञात होता है कि किसी न किसी कारण से शिशु हत्या की जाती थी। कृष्ण के सम्बन्ध में जो कहानी है, वही कहानी जरथुस्त्र के भाइयों के भी सम्बन्ध में कही जाती है। प्राचीन ग्रीकों और रोमनों में भी आमतौर पर शिशु हत्या प्रचलित थी, और यह किसी भी प्रकार से लोगों की दृष्टि में बुरी नहीं समझी जाती थी। (*Social Evolution पृ. 143*)

जो भी हो, इसमें सन्देह नहीं कि बाद के युग में शिशु हत्या की प्रथा ने विशेषकर बच्ची की हत्या का रूप ग्रहण किया। इसे समझने में कोई कठिनाई नहीं होती, क्योंकि बाद के युग में आर्थिक उत्पादन में स्त्रियों का दर्जा कम हो जाने के कारण उनकी कदर घटती गई। अब यह एक मजेदार बात है कि इसी परिवर्तन के साथ-साथ इस प्रथा के सहायक के रूप में नई विचारधारा की भी उत्पत्ति हुई, जिसके अनुसार यह समझा गया कि किसी को लड़की देना बहुत खराब है और उसके सामने छोटा होना है। कन्या अब एक दाय हो गई। अरबों में तथा राजपूतों में, और पठान आदि बहुत-सी जातियों में यह धारणा अब भी मौजूद है। कहना न होगा कि इस विचारधारा ने कन्याओं के मारे जाने के काम को आसान बना दिया और इस प्रकार इस विचारधारा का भी एक ऐतिहासिक महत्व रहा, इसमें कोई सन्देह नहीं। आज कन्या के पैदा होने पर उसे मार तो नहीं डाला जाता, पर सौ में निन्यानवे क्षेत्रों में इसे दुर्भाग्यपूर्ण समझा जाता है, इसमें कोई सन्देह नहीं। कहना न होगा कि इस धारणा के पीछे पुरुष और स्त्री का तुलनात्मक आर्थिक मूल्य ही है। अज्ञ या अल्पज्ञ लोगों में इतिहास की आर्थिक या भौतिक व्याख्या का उपहास करना फैशन समझा जाता है, पर इस क्षेत्र में भी हम देख सकते हैं कि पुत्र या पुत्री स्नेह के केन्द्र में किस प्रकार आर्थिक कारण मौजूद हैं। हम सती प्रथा की आलोचना करते समय भी यह देखेंगे कि वह इसी कन्या हत्या का दूसरा रूप है।

मातृकुलमूलक समाज का अन्त

जब तक यौथ सम्पत्ति थी, तब तक यौथ समाज और यौथ स्त्री-पुरुष सम्बन्ध था, पर ज्यों ही वैयक्तिक सम्पत्ति का उदय हुआ, त्यों ही यौथ समाज-प्रणाली टूटने लगी। अब प्रश्न यह है कि एकाएक एक वैयक्तिक सम्पत्ति का उदय कैसे हुआ? स्मरण रहे कि वैयक्तिक सम्पत्ति से मतलब उत्पादन के साधनों में वैयक्तिक सम्पत्ति है, न कि उपभोग के साधनों में वैयक्तिक सम्पत्ति। हम पहले ही दिखला चुके हैं कि अत्यन्त आदिम युग में भी एक बहुत ही सीमित अर्थ में उत्पादन के साधन में वैयक्तिक सम्पत्ति कहीं-कहीं थी, ऐसा ज्ञात होता है। वैयक्तिक सम्पत्ति का उदय इतिहास की एक बहुत बड़ी घटना है। हमारे विषय से बाहर होने के कारण हम केवल संक्षेप में ही यानी वहीं तक इसकी आलोचना करेंगे, जहाँ तक इसको समझे बिना स्त्री-पुरुष के सम्बन्ध में जो अगला कदम है, वह समझ में नहीं आ सकता।

यौथ समाज में वैयक्तिक सम्पत्ति का उदय एक प्रगतिशील कदम के रूप में हुआ। जब औजारों में कुछ उन्नति हुई, तो स्वाभाविक रूप से धीरे-धीरे इसका तकाजा यह हुआ कि जो लोग उन्हें बनाते हैं तथा जिन्होंने उसका आविष्कार किया, उनको अन्य लोगों की बनिस्बत कुछ अधिक सुविधा प्राप्त हो।

खाड़ी युद्ध (1991) में देखा गया कि उन्नत औजारों का कितना भारी महत्व है। उन्नत औजारों के आविष्कर्ता तथा इस्तेमाल करनेवाले मुख्यतः पुरुष हुए, ऐसा ज्ञात होता है, इसलिए अब समाज में पुरुषों का महत्व बढ़ गया है। अब तक मातृकुल के नियमानुसार समाज की सम्पत्ति मातृकुल में ही चलती थी। पहले ही हम बता चुके हैं कि पिता और सन्तान विभिन्न कुल के समझे जाते थे—फिर पिता का भी निश्चय नहीं होता था, इसलिए स्वाभाविक रूप से सम्पत्ति मातृकुल में चलती थी। पर अब उत्पादन प्रणाली में पुरुष का महत्व बढ़ जाने के कारण पुरुष का यह निष्क्रिय भाव समाज के लिए असामंजस्यपूर्ण हो गया। ज्यों-ज्यों उत्पादन के साधन उन्नत होने लगे, त्यों-त्यों आनुपातिक रूप से पुरुषों का महत्व बढ़ता ही गया। उसमें यह इच्छा पैदा हुई कि वही सम्पत्ति का मालिक हो और

यह भी कि उसने जिस सम्पत्ति को पैदा किया, वह अपनी औरसजात सन्तान को दे दे। तदनुसार उसमें यह भी इच्छा हुई कि वह सही तौर पर जाने कि उसकी औरस सन्तान कौन है?

कहना न होगा कि यह शेषोक्त ज्ञान मातृकुलमूलक यौथ समाज में सम्भव नहीं था, इसलिए यौथ समाज और साम्पत्तिक सम्बन्धों में असंगति पैदा हो गई। अब परिस्थिति यह थी कि इस असंगति को मिटाकर या तो समाज पितृकुलमूलक समाज की ओर जाए, या वह वहीं पर ठप्प हो जाए।

युद्धों के कारण स्त्रियों का अवमूल्यन

संसार में स्त्रियों का स्थान पुरुषों के मुकाबले में क्यों नीचा होता चला गया, इस सम्बन्ध में एक सिद्धान्त यह भी है कि यह अधिकाधिक युद्धों के कारण स्त्रियों की हैसियत समाज में घटती गई। शरत बाबू ने इसी मत को अपनाया है, यद्यपि जैसा कि हम देख चुके हैं कि उन्हें इस प्रकार के किसी मत के मानने की आवश्यकता नहीं थी, क्योंकि वह तो मानते थे कि स्त्रियाँ हमेशा से निर्यातित रही हैं और कभी भी स्वतन्त्र नहीं रहीं।

प्राचीन जर्मन बहुत युद्धप्रिय थे, पर उनमें स्त्रियों की बहुत इज्जत थी। भारतीय आर्य भी अत्यन्त युद्धप्रिय थे, पर स्त्री का सम्मान करने में वे किसी से पीछे नहीं थे। सच बात तो यह है कि इस प्रकार का तर्क मूल कारण तक नहीं जाता। हम आधुनिक इतिहास से इसका एक उदाहरण लें।

हिटलर युग में स्त्री

हिटलर ने सत्तारूढ़ होने के बाद वहाँ की बेकारी की समस्या का समाधान कृत्रिम रूप से यानी जड़ तक न जाकर करने के लिए स्त्री के सम्बन्ध में यह नारा दिया कि वे घर में लौट जाएँ, और अपने को रसोईघर, गिर्जा और जच्चाघर तक सीमित रखें। इसके अनुसार स्त्रियाँ हर तरह की नौकरियों से निकाली जाने लगीं। हिटलरी राज में यह सिलसिला बराबर कायम रहा, पर जब 1939 की लड़ाई छिड़ गई और कारखानों तथा दफ्तरों से पुरुषों को लड़ाई के मोर्चों की ओर खींचा गया, तो हिटलर ने ही फिर यह नारा दिया कि स्त्रियाँ दफ्तरों और कारखानों में काम करें। केवल हिटलर ही नहीं, बल्कि सभी युद्धरत देशों में यह नारा दिया गया और स्त्रियाँ धड़ाधड़ मोटर चलाने लगीं, यहाँ तक कि हवाई जहाज में काम करने लगीं। यहाँ हम स्पष्ट देखते हैं कि युद्ध के कारण स्त्रियों की हैसियत बढ़ गई, और वे समाज के कामों में पहले से अधिक हिस्सा लेने लगीं। अन्त में देखा जाए तो युद्ध नहीं, इसकी जड़ में आर्थिक सम्बन्ध तथा उनमें परिवर्तन था। आदिम समाज में भी युद्ध के कारण स्त्रियों का महत्व कभी बढ़ा होगा, कभी घटा होगा। यह नियम के तौर पर

नहीं कहा जा सकता कि हर हालत में ऐसा हुआ ही होगा, जब तक यह न मालूम हो जाए कि उस विशेष समाज में समाज के अन्य आर्थिक सम्बन्धों की दृष्टि से युद्ध की क्या हैसियत थी। इसलिए किसी-किसी हालत में स्पेन्सर तथा शरत बाबू के मत लागू होने पर भी आर्थिक प्रणाली में मर्यादा घटने के कारण ही स्त्रियों की मर्यादा घटी या बढ़ी, यही कहा जा सकता है। फिर शरत बाबू ने यह स्वयं ही माना है कि स्त्रियाँ भी निष्ठुरता और रक्त-पिपासा में पुरुषों से तिल-भर भी कम सिद्ध हुईं। बहुत से देशों में स्त्रियों की सेनाएँ मौजूद थीं, और उन सेनाओं में वही विशेषताएँ थीं, जो पुरुषों में थीं।

महान क्रान्ति

मातृकुल समाज से पितृकुल समाज में परिवर्तन इतनी बड़ी क्रान्ति है, जिसके आगे अन्य सब क्रान्तियाँ फीकी पड़ जाती हैं, पर यह क्रान्ति किसी एक समय के बिन्दु पर नहीं हुई। सच बात तो यह है कि कोई भी क्रान्ति समय के एक बिन्दु पर नहीं होती है। असंगतियाँ पैदा होती हैं, नए समाज बल्कि आगामी समाज के उपादान पुराने समाज के गर्भ के अन्दर परिपुष्ट होते रहते हैं, फिर विस्फोट होता है। फिर भी मातृकुल से पितृकुल समाज में परिवर्तन बहुत वर्षों, कदाचित सैकड़ों वर्षों, के दौरान हुआ। इसलिए परिवर्तन इतना अधिक हो गया कि सारी चीजें बदल गईं। एक समय के बिन्दु पर किसी मनु ने या मूसा ने इस नई व्यवस्था को नियमित करार दिया।

एंगेल्स ने इस सम्बन्ध में लिखा है—"जो चीजें पहले जैसी थीं, वैसी ही रह सकती थीं। केवल एक नियम की जरूरत हुई कि भविष्य में पुरुष सदस्यों की सन्तानें जेन्स या गोत्र के अन्दर समझी जाएँगी, पर स्त्री सदस्यों की सन्तानें अपने पिता के गोत्र की समझी जाएँगी। इस प्रकार मातृकुल में कुल-परिचय तथा उत्तराधिकार का मातृकुलमूलक नियम खत्म हो गया और उसके स्थान पर उत्तराधिकार का पितृकुलमूलक नियम आ गया। रहा यह कि कब और कैसे यह क्रान्ति अलग-अलग सभ्य जातियों में हुई, इसका हमें सही पता नहीं है। यह क्रान्ति प्रागैतिहासिक युग में हुई। फिर भी इसमें सन्देह नहीं कि इस प्रकार की क्रान्ति हुई, क्योंकि मातृकुलमूलक समाज में जिन अवशेषों का पता लगाया गया है, उनसे इसमें सन्देह नहीं रह जाता। (*ओरिजिन ऑफ फैमिली, पृ. 47*)

ऐंगेल्स ने सभ्य जातियों का इसलिए उल्लेख किया है कि सभी सभ्य जातियाँ जिस समय इतिहास में पदार्पण करती हैं, उस समय तक उनमें मातृकुलमूलक समाज का अन्त हो चुका था। पिछले अध्याय में हम दिखला चुके हैं कि फिर भी इन सभ्य जातियों के रिवाजों में बहुत से अवशेष ऐसे हैं, जिनको हम मातृकुल समाज के अस्तित्व को स्वीकार करके ही समझ सकते हैं।

असभ्य जातियों में तो मातृकुल का बिल्कुल प्रत्यक्ष प्रमाण मिला है। अमेरिका के आदिम निवासी कबीलों में यह परिवर्तन ऐतिहासिक काल के अन्दर ही हुआ और मारगन ने यह दिखलाया है कि यह परिवर्तित जीवन यानी जंगल से बड़े मैदान में चले आने, तथा बाहर से आई सभ्यता और मिशनरियों के प्रभाव के कारण हुआ। शेष कारण गौण हैं, क्योंकि यदि साम्पत्तिक सम्बन्ध वे ही होते, तो केवल बाहरी नैतिक दबाव से कुछ अधिक बनता-बिगड़ता नहीं है।

तिब्बत की प्रथाएँ

तिब्बत में जो बहुपतित्व प्रथा थी, वह एक रूढ़ि के रूप में तो थी ही, पर उसका असली आधार आर्थिक ही है। हाँ, यह हो सकता है कि बाहरी सभ्यता के संस्पर्श का दोहरा प्रभाव हुआ। एक तो साम्पत्तिक सम्बन्ध बदले, दूसरे नैतिक रूप से भी मातृकुलमूलक समाज का विखण्डन हुआ। तिब्बत की बहुपतित्व प्रथा के स्वरूप को भी समझ लिया जाए। केवल तिब्बत में ही नहीं, हिमालय के इर्द-गिर्द बहुत-सी जातियों में परिवार के बड़े लड़के की हैसियत बहुत बड़ी होती है। वही परिवार की सारी सम्पत्ति का मालिक होता है। इसका अर्थ यह नहीं है कि वह चाहे तो सब सम्पत्ति हथिया ले, बल्कि उस पर यह भी बाध्यता होती है कि वह सब भाइयों का पालन करे। जिस समय किसी व्यक्ति का सबसे बड़ा लड़का विवाह करता है, उस समय वह घर-भर की सम्पत्ति का मालिक हो जाता है और पिता उसको घर का भार सौंप देता है। घर-भर की सम्पत्ति की तरह घर-भर की बीवियों पर भी उसका अधिकार होता है। डॉक्टर डी.एन. मजूमदार ने लिखा है कि केवल अपनी पुश्त की स्त्रियों पर ही नहीं, अर्थात भाई की बीवियों पर ही नहीं, उसे अपने लड़के या भतीजे की बीवियों पर भी अधिकार होता है। (*Fortunes of Primitive Tribes,* पृ. *172*)

इस प्रकार मातृकुल का अन्त होकर जो पितृकुलमूलक समाज आया, उसके सम्बन्ध में यह ठीक ही कहा गया है कि यह सार्वदेशिक पैमाने पर स्त्री की पराजय थी। "पुरुष ने घर पर भी अपना राज्य कायम कर लिया, स्त्री को अर्ध गुलाम में परिणत कर दिया गया। स्त्री पुरुष की कामवासना को चरितार्थ करने और बच्चे पैदा करने के लिए एक यंत्र मात्र रह गई।" तब से स्त्रियों की गुलामी बराबर कायम है। यहाँ यह कि सभ्यता के साथ-साथ इस गुलामी को एक सूक्ष्म रूप देने की चेष्टा की गई है। अब प्रश्न यह है कि क्या स्त्री की इस गुलामी के बावजूद यह कहा जा सकता है कि पितृकुलमूलक समाज एक प्रगतिशील कदम था।

प्रगति और उत्पादन

प्रगति कोई एक स्थायी कल्पना नहीं है, बल्कि इसके सही अर्थ का ज्ञान तुलनात्मक रूप से ही हो सकता है। प्रगति की सही धारणा स्वयं प्रगतिशील है। ज्यों-ज्यों

प्रगति होती जाती है, त्यों-त्यों प्रगति एक बिन्दु पर आकर प्रतिष्ठित हो जाती है और रूढ़िवाद का नामान्तर मात्र हो जाती है। यदि मातृकुलमूलक समाज और पुरुष प्रधान उत्पादन—इस असंगति के निराकरण के रूप में पितृकुलमूलक समाज का उदय न होता, तो इसमें सन्देह नहीं कि समाज की आगे उन्नति नहीं हो सकती थी। उत्पादन के साधन आगे नहीं बढ़ सकते थे, और वर्गों के दौरान जो विपुल उन्नति हुई है, वह नहीं हो सकती थी। फिर भी एक प्रश्न का उत्तर देना रह ही जाता है मान लिया कि उत्पादन के क्षेत्र में विपुल उन्नति हुई, यह भी मान लिया कि इस उन्नति के बगैर आज जो विपुल जनसंख्या पल रही है, उसका भरणपोषण नहीं हो सकता था, पर इसके बदले यह जो मनुष्य जाति के अर्धांश को गुलाम या गुलामवत् जीवन हजारों वर्ष तक व्यतीत करना पड़ा, क्या इसे देखते हुए यह कहा जा सकता है कि प्रगति हुई? इसका उत्तर हम केवल इतिहास की, जैसा वह रहा है, गति को बताकर ही दे सकते हैं, किसी प्रकार निरविच्छिन्न मानदण्ड को ग्रहण करने पर सही नतीजे पर नहीं पहुँच सकते। इतिहास में जो भी युग आता गया, उसमें हम देखते हैं कि एक अल्पसंख्या द्वारा विपुल बहुसंख्या का शोषण हुआ है, यानी प्रगति का मुख्य बोझ बहुसंख्या को ही ढोना पड़ा है। गुलामी के युग, बल्कि युगों में गुलामों की कीमत पर प्रगति हुई, सामन्तवाद के युग में अर्धगुलामों या किसान गुलामों के दम पर प्रगति हुई, और पूँजीवादी युग में मजदूरों के दम पर उन्नति हुई। केवल इसके आगे जो समाजवाद का युग आता है, उसी में हम चीजों को बदलते देखते हैं। यहाँ हम इस मुद्दे को नहीं उठाते कि समाजवाद के नेता सिद्धान्तच्युत क्यों हो गए और उन्हें पेरस्त्रोइका की जरूरत क्यों पड़ी।

इसी प्रकार स्त्रियों की गुलामी या अर्द्धगुलामी, या छिपी हुई गुलामी के आधार पर ही सारे पितृकुलमूलक समाज का उदय हुआ, फिर भी यह तत्थ ऊपर दिए गए तथ्यों से इस अर्थ में बहुत भिन्न है कि दिए गए उदाहरणों में गुलाम, अर्द्धगुलाम तथा मजदूर ही असली उत्पादक है, उत्पादन में उन्हीं का मुख्य हिस्सा है। पर स्त्रियों की यह जो मर्यादा-हानि हुई, समाज में उनका यह जो रुतबा गिर गया, इसका कारण यही था कि उत्पादन प्रणाली में उनका महत्व कम हो गया, और पुरुष का भाग बढ़ गया। गुलाम, अर्द्धगुलाम, मजदूर—इनके साथ स्त्रियों के शोषण की तुलना करते समय हमें भावुकता में बहकर इस तथ्य को नहीं भुला देना चाहिए, क्योंकि इसी निदान में रोगमुक्ति के तत्व भी छिपे हैं। इसके अतिरिक्त और भी एक फर्क है, वह यह कि गुलामीमूलक समाज में गुलाम का मालिक, सामन्तवादी समाज में सामन्तवादी प्रभु, पूँजीवादी समाज में पूँजीपति सम्पूर्ण रूप में या करीब-करीब अनुत्पादक है, यानी कम-से-कम शोषित उत्पादकों के मुकाबले शोषक अल्पसंख्या का उत्पादन में नहीं के बराबर भाग है। पर स्त्री और पुरुष के सम्बन्ध में यह बात नहीं है। स्त्री पुरुष के मुकाबले में कम उत्पादक अवश्य हो गई, पर व्यवस्था

में उसका एक सामाजिक हिस्सा अवश्य रहा। स्मरण रहे, यहाँ पर हम अधिकांश स्त्रियों की बात कर रहे हैं।

जिन घरों में, घरानों में, वर्गों, उपवर्गों में स्त्रियाँ हर तरह के उत्पादक काम से, यहाँ तक कि चूल्हा-चक्की से भी अलग हो गईं, उन परिवारों में तो स्त्रियों का उत्पादन में कोई भी हिस्सा नहीं रह गया और पुरुषों की कामवासना चरितार्थ अथवा मनोरंजन करने के अतिरिक्त उनका कोई काम नहीं रह गया। पर इस वर्ग के अतिरिक्त समाज के सभी क्षेत्रों में स्त्रियाँ उत्पादन में पुरुषों के साथ-साथ प्रमुख हिस्सा लेती हैं, यद्यपि जैसा हम कह चुके, यह हिस्सा पुरुषों से कहीं कम होता है। किसानों की स्त्रियाँ कृषि में किसी न किसी रूप में यथेष्ठ हिस्सा लेती हैं। निम्न वर्ग में स्त्रियों को घर का कामकाज करना ही पड़ता है, पर कुछ क्षेत्रों में वे बिल्कुल ही निकम्मी हो चुकी हैं—और इसमें ताज्जुब नहीं कि इसी तबके की आलसी परोपजीवी स्त्रियों की ओर से स्त्री-स्वाधीनता का नारा दसों दिशाओं में गूँजता है—यद्यपि स्त्रियों का यह वही तबका है जो स्वतन्त्रता का दाम चुकाने के लिए कतई तैयार नहीं है।

स्त्रियों का शोषण पुरुषों ने गुलाम, अर्धगुलाम तथा मजदूरों से कुछ भिन्न तरीके से किया है। इस भिन्नता का स्वरूप क्या है, तथा उसके कारण क्या हैं, यह हम पहले ही बता चुके।

फिर भी यह स्मरण रहे कि यौथ विवाह का अन्त होकर जोड़े की शादी और उसके बाद एकविवाह के जिस युग का प्रवर्तन हुआ, यह पुरुष और स्त्री के बीच के सम्बन्धों में सामंजस्य स्थापना के रूप में नहीं, बल्कि स्त्री को पुरुषों के अधीन कर देने में हुआ। इस पर एंगेल्स जो लिखते हैं, वह द्रष्टव्य है—"एक विवाहात्मक प्रणाली का प्रवर्तन स्त्री को पुरुष के अधीन किए जाने के रूप में हुआ है।" यौथ युग में पुरुष के स्त्री के अधीन या स्त्री के पुरुष के अधीन होने की कोई बात नहीं उठती थी। पुरुष और स्त्री दोनों ही स्वतन्त्र थे, अर्थात् उनके सम्बन्ध आर्थिक दबाव से मुक्त थे। इसलिए उस युग में सामंजस्य स्थापना की बात का कोई अर्थ ही नहीं है। एंगेल्स आगे लिखते हैं—"एकविवाह प्रणाली पुरुष और स्त्री के दर्मियान एक ऐसे संघर्ष की सूचना देती है, जो सारे प्रागैतिहासिक युग में अज्ञात है! 1846 में मैंने और मार्क्स ने सम्मिलित रूप से एक पुस्तिका लिखी थी जिसमें ये शब्द आते हैं—'सन्तान उत्पादन के लिए पुरुष और स्त्री में सर्वप्रथम श्रम का विभाजन उत्पन्न होता है।' इसमें आज इतना और जोड़ सकता हूँ कि इतिहास में जो पहला वर्ग-संघर्ष दृष्टिगोचर होता है, वह एकविवाह में पुरुष और स्त्री के बीच में विरोध के विकास के साथ-साथ दृष्टिगोचर होता है और समाज में पहली बार जो वर्ग निर्यातन शुरू होता है, उसका समय पुरुष द्वारा स्त्री के निर्यातन के समय से मिलता है।" यहाँ यह द्रष्टव्य है कि एंगेल्स ने यह नहीं कहा—जैसा कि आम तौर से

कहा जाता है कि स्त्री और पुरुष का संघर्ष ही प्रथम वर्ग-संघर्ष है, बल्कि इसमें केवल इतना कहा गया है कि समाज में वर्ग-संघर्ष का सूत्रपात और एकविवाह के अन्दर स्त्री के निर्यातन का सूत्रपात एक ही समय में शुरू होता है।

एकविवाह एक अगला कदम

इस विचार का और स्पष्टीकरण करते हुए एंगेल्स लिखते हैं–"एकविवाह ऐतिहासिक रूप से एक बहुत बड़ा अगला कदम था, फिर भी गुलामी और वैयक्तिक सम्पत्ति के साथ-साथ यह उस युग की सूचना देता है जो अब तक चल रहा है और जिसमें प्रत्येक कदम जो आगे लिया जाता है, वह तुलनात्मक रूप से पीछे की ओर कदम भी होता है, जिसमें कुछ लोगों को समृद्धि और विकास, दूसरों के दुःख तथा विफलता के चलते प्राप्त होता है। सभ्य समाज का यह मानो कोषगत रूप है, जिसमें इस समाज के पूर्ण रूप से क्रियाशील सारे विरोध तथा असंगतियों का अध्ययन किया जा सकता है। (*ओरिजिन ऑफ फैमिली, पृ. 56*)

इस प्रकार यौथ स्त्री-पुरुष सम्बन्धों का अन्त एक बहुत बड़े प्रगतिशील कदम के रूप में हुआ। इससे यौथ समाज के अन्दर नए साम्पत्तिक सम्बन्धों से जो असंगतियाँ पैदा हो गई थीं, वे दूर हो गई हैं, पर इस समाधान से फिर जिन नई असंगतियों की उत्पत्ति हुई, उनका हमने संक्षेप में दिग्दर्शन करा दिया। इन नई असंगतियों का सैकड़ों वर्षों के दौरान अभी तक समाधान नहीं हुआ। केवल समाजवादी देशों में ही पुरुष और स्त्री के साम्पत्तिक सम्बन्ध फिर एक बार ऐसे हो सकते हैं, जिनमें इन असंगतियों का अधिक दिन टिकना सम्भव नहीं, यानी वे एक रूढ़ि के रूप में ही जीवित रह सकते हैं।

परशुराम की कहानी

परशुराम ने पितृ आज्ञा से अपनी माता की जो हत्या कर डाली, इससे यह समझना चाहिए कि अब न केवल मातृयुग का अवसान हो चुका था, बल्कि पितृप्रधान समाज परिपक्व हो चुका था और पिता के मुकाबिले में माता की कोई हैसियत नहीं रह गई थी। कहा जाता है कि जिस समय परशुराम की माता रेणुका एक बार स्नान करके आश्रम को लौट रही थीं, उस समय उन्होंने दैवयोग से राजा चित्ररथ को जलक्रीड़ा करते देखा। गन्धर्वराज चित्ररथ को क्रीड़ा करते देख रेणुका का मन चलायमान हो गया। महातेजस्वी जमदग्नि मुनि, यानी परशुराम के पिता इस बात को जान गए और उन्होंने इसके लिए रेणुका को बहुत धिक्कारा। उन्होंने क्रमशः सुषेण, वसु, विश्वावसु आदि पुत्रों को कहा कि तुम अपनी माँ को मार डालो, पर उनमें से कोई इसके लिए तैयार नहीं हुआ। इसके बाद उन्होंने परशुराम से कहा। परशुराम ने फौरन फरसे से अपनी माँ की हत्या कर दी। अवश्य इसके बाद उन्होंने

माता को जीवित कराया और भाइयों को भी पिता के शाप से मुक्त करा दिया। पर अर्थ स्पष्ट है। यह कहानी सूचित करती है कि समाज में तब स्त्री सम्पूर्ण रूप से पुरुष के अधीन हो चुकी थी। स्मरण रहे कि इस समय ब्राह्मणों का क्षत्रियों के मुकाबिले अधिक जोर था, यानी अभी आदिम पुरोहित वर्ग का ही समाज पर अधिकार था और साथ ही स्त्री पर पुरुषों का प्रभुत्व था।

पितृप्रधान समाज

एकविवाह और यौथ विवाहमूलक समाजों के बीच में पितृप्रधान या पितामहप्रधान समाज का उदय होता है। इस युग में स्त्री पुरुषों के अधीन हो चुकी है, अब किसी कुल के पितामह या मुख्य पुरुषों के लिए केवल कई-कई स्त्रियाँ ही नहीं, और भी कई रियायतें प्राप्त होती हैं। मारगन ने इन विशेषताओं को गिनाते हुए कहा है—''इस पितामहप्रधान समाज में कई व्यक्तियों का इकाई के रूप में संगठन होता है। ये सभी व्यक्ति स्वतन्त्र हों, यह बात नहीं। इनमें गुलाम और आजाद दोनों होते हैं। ये एक परिवार के रूप में संगठित होते हैं, पितामह का ही इसमें शासन होता है। इस संगठन का उद्देश्य पशुओं की देखरेख तथा जमीन की देखभाल है। कम-से-कम सरदार या कुलपतियों की कई बीवियाँ होती थीं।...इसके अन्तर्भुक्त गुलाम तथा नौकर विवाह-सम्बन्ध स्थापित करके रहते हैं।''

परिवार शब्द के पर्यायवाची अंग्रेजी शब्द फैमिली का मौलिक अर्थ वह नहीं था, जो आज है। फेमुलस शब्द का अर्थ गुलाम था और फैमिलिया शब्द से एक व्यक्ति के गुलामों की कुल संख्या को समझा जाता था। इस शब्द का अर्थ रोमनों में एक सामाजिक क्षेत्र को बताने के लिए किया जाता था, जिसमें इसके प्रधान व्यक्ति का शासन स्त्रियों, बच्चों तथा गुलामों पर होता था और रोमन पैतृक शक्ति के अधीन इस व्यक्ति को यह हक होता था कि वह अपने अधीन सब व्यक्तियों पर जीवन-मरण के अधिकार रखे। मारगन ने इस पर लिखा है—''इसलिए यह शब्द लैटिन कबीलों की विशाल पारिवारिक पद्धति से पुराना नहीं है, और यह पद्धति खेती में कानूनी रूप से स्वीकृत गुलामी तथा ग्रीकों और लैटिनों के पृथक्करण के बाद हुई।'' इसी पर मार्क्स लिखते हैं—''आधुनिक परिवार के भीतर बीज रूप में न केवल गुलामी है, बल्कि अर्धगुलामी भी है, क्योंकि प्रारम्भ से ही इसका सम्बन्ध खेती सम्बन्धी कामों से है। इसके अन्दर क्षुद्र रूप में वे सब असंगतियाँ मौजूद हैं, जो बाद को सारे समाज में तथा उसके राष्ट्र में फैल जाती हैं।''

हिन्दू समाज के जितने भी नियम तथा सदाचारविषयक विधान हैं, उन सबका उदय करीब-करीब इसी पितामहप्रधान युग में हुआ। इस कारण यह युग हमारे लिए विशेष महत्व का है। समस्त स्मृतियाँ तथा पुराण, कम-से-कम जहाँ तक स्त्री-पुरुष के सम्बन्ध का प्रश्न है, इस युग तक ही अपने को सीमाबद्ध रखते हैं। यों हिन्दू

समाज में उसके आगे प्रगति हुई, पर ये स्मृतियाँ तथा पुराण उसी युग का गीत गाते हैं। भारतवर्ष में इस युग में स्त्री और पुरुष के सम्बन्ध क्या थे, इस पर विचार करने के पहले हम संक्षेप में देखेंगे कि अन्य देशों की जातियों में कहाँ तक यह युग अभी चालू है।

दोमाचीन दोमाचीका

मैक्सिम कोवालम्की ने दिखलाया है कि सर्बिया तथा बल्गेरिया में जो जेद्रुगा या ब्रातस्तेवो संगठन है, वह इसी पितामहप्रधान युग का अवशेष है। प्रायः सभी मुस्लिम देशों में, भारतवर्ष में तथा मलय आदि में यह युग अभी सभ्य जातियों में भी बीता नहीं है। जेद्रुगा संगठन में एक पिता की कई पुश्त तक की सन्तानें तथा उनकी स्त्रियाँ और बच्चे एक साथ एक घर में रहते हैं। खेती-बाड़ी सामूहिक रूप से होती है। सच तो यह है कि उनकी सम्पत्ति सामूहिक है। वे जो कुछ पैदा करते हैं, सब एक ही जगह एकत्र होता है और वहीं से सब लोग खाते-पहिनते हैं। कुलपति को दोमाचीन (दोम = घर) कहते हैं और अपने जेद्रुगा पर उसका पूरा शासन होता है। दोमाचीन को यह अधिकार होता है कि वह छोटी-मोटी चीजों को बेचे, उसी के हाथ में सारा भण्डार रहता है। पर यह बात नहीं कि वह बिल्कुल ही स्वेच्छाचारी हो। उसे एक हद तक ही जो चाहे सो करने का अधिकार होता है और वह बहुत कुछ जिम्मेदार शासक की तरह होता है। उसकी स्त्री, यानी दोमाचिका के अधीन घर की सभी स्त्रियाँ रहती हैं। वह उनकी देखभाल करती है तथा उनसे काम लेती है। यदि किसी लड़की की शादी करानी होती है, तो उसमें दोमाचिका का फैसला निर्णायक होता है। यदि दोमाचीन परिवार के सब लोगों का पितामह हुआ, तब तो वह दोमाचीन चुना ही जाता है, नहीं तो किसी न किसी प्रकार चुनाव से ही कोई दोमाचीन हो पाता है। सब मामलों में अन्तिम निर्णय पारिवारिक सभा के हाथ में होता है। इस सभा में सभी वयस्क पुरुष और स्त्रियाँ भाग ले सकती हैं। जिस समय इस सभा का अधिवेशन होता है, उस समय दोमाचीन उसके मन्त्री के रूप में काम करता है और जिन बातों पर सभा की राय की आवश्यकता है, उनको सभा के सामने रख देता है। जैसा कि बताया गया है कि छोटे मामलों में दोमाचीन ही फैसला करता है, पर बड़े मामलों में, जैसे किसी बड़ी सम्पत्ति की बिक्री आदि के लिए सभा का फैसला लेना पड़ता है। विशेषकर जब जमीन बेचने की बात होती है, तब यह आवश्यक कर्तव्य हो जाता है। (*Origin of family—Engels, पृष्ठ 49-50*)

19वीं शताब्दी में भी ऐसे ही समाज-संगठनों के होने का पता लगा है। जर्मनी में पहले इसी प्रकार के परिवार होते थे। गुलाम भी इसके अन्तर्भुक्त समझे जाते थे। रोमन परिवार तो इस प्रणाली का क्लासिकल रूप समझा जाता है। "ऐसा समझा

जाता है कि इस प्रकार के पारिवारिक समाज आयरलैंड में केल्टों में फ्रांस में पारसोनरी (Parconneries) के रूप में थे। फ्रांस की राज्यक्रान्ति तक निवरने प्रान्त में ये संगठन मौजूद थे, और फ्रांसकोते नामक स्थान में 19वीं सदी में भी मौजूद थे। सावन एल्वार नामक स्थान में बड़े किसानों के बहुत-से मकान देखे जा सकते हैं, जिनमें उसी परिवार की कई पुश्तें एक साथ रहती हैं। इन मकानों में एक सार्वजनिक चौपाल (हाल) होती है, जिसके चारों तरफ सोने के कमरे बने होते हैं। सोने के ये कमरे चौपाल से कुछ ऊँचाई पर होते हैं और छह या आठ सीढ़ियाँ चढ़कर इन कमरों में पहुँचा जा सकता है।...स्वयं कोवालवस्की ने कोहकाफ में इसके अस्तित्व का प्रमाण प्राप्त किया। अल्जीरिया के कबीलों में यह मौजूद है। ऐसा समझा जाता है कि अमेरिका में भी इस प्रकार के संगठन थे। प्राचीन मेक्सिको में जुरिटा ने जिन कालपुल्लियों (Calpulli) के होने का विवरण दिया है, उनकी शिनाख्त जेद्रुगा के साथ की गई है। क्यूनो ने अच्छी तरह प्रमाणित किया है कि "जिस समय पेरू जीता गया, उस समय वहाँ मारका पर आधारित एक विधान लागू था, जिसमें जीतने योग्य जमीन समय-समय पर बाँटी जाती थी। इसका अर्थ यह है कि लोग अलग-अलग खेती करते थे।" (*वही पृष्ठ—50-51*)

इसमें सन्देह नहीं कि इस प्रकार पितामहप्रधान संयुक्त परिवार प्रणाली समस्त पूर्वी देशों में अब भी मौजूद है। इन देशों में जो जनपद जितना पिछड़ा है, उसमें उतनी ही अधिक मात्रा में इस प्रथा का जोर है। शहरों की बनिस्बत गाँवों में तथा कथित उच्च जातियों की बनिस्बत कथित निम्न जातियों में इस प्रणाली का जोर अधिक है। हमारे देशों में जो चमार आदि बिरादरी है और उनकी पंचायत तथा प्रथाएँ हैं, उनको एक सरसरी निगाह से देखने पर भी यह स्पष्ट हो जाता है कि पितामहप्रधान परिवार-प्रथा अब भी उनमें बड़ी हद तक जीवित है। हम पहले ही यह कह चुके हैं कि हिन्दुओं की स्मृतियाँ तथा पुराण इसी पितामहप्रधान परिवार प्रथा के युग के प्रतिफलन हैं। इस बात को सही परिप्रेक्ष्य में समझने के लिए यह भी जरूरी है कि हम यह साफ-साफ बता दें कि यही हाल स्त्री सम्बन्धी मुस्लिम विधानों में भी है। हम यथासमय इस पर विस्तृत आलोचना करेंगे।

बहुपत्नीत्व-प्रथा का यहीं से सूत्रपात्र होता है। अवश्य यह जरूर है कि किसी भी युग में प्रत्येक पुरुष की बहुत-सी पत्नियाँ कहीं भी नहीं रहीं। केवल कुछ इने-गिने सरदार या बड़े लोग ही इस विलासिता के हकदार समझे जाते थे। बहुपत्नीत्व का कोई युग नहीं रहा, बल्कि यौथविवाह के बाद का सारा युग ही बहुपत्नीत्व का युग रहा है, चाहे वह खुला हो या छिपा।

पत्नियों के साथ दासियाँ

जब से उत्पादन प्रणाली में स्त्रियों की हैसियत घट गई, तब से बहुपत्नीत्व की

प्रथा का सूत्रपात हुआ। हम पहले ही बतला चुके हैं कि ग्रीकों के पौराणिक युग में उपपत्नियाँ लाकर पत्नियों के साथ एक मकान में रखी जाती थीं। प्रायः सभी जातियों में, जिनका इतिहास प्राप्त हुआ है, पत्नी के साथ जो दासियाँ आती थीं, उन पर पुरुष का हक समझा जाता था। स्वयं मुहम्मद साहब को इस प्रकार अपनी पत्नियों की बाँदियाँ प्राप्त थीं। पहले ही हम दिखा चुके हैं कि विचित्रवीर्य के साथ अम्बिका और अम्बालिका का विवाह हुआ था, पर राजा अकालमृत्यु से मर गए और व्यास को क्षेत्रज पुत्र उत्पन्न करने के लिए बुलाया गया। व्यास जी ने अम्बिका और अम्बालिका से धृतराष्ट्र और पाण्डु को उत्पन्न किया। हम बता चुके हैं कि अम्बिका की एक दासी भी थी। लिखा है कि अम्बिका की प्रेरणा से ही उनकी दासी से व्यास ने विदुर को उत्पन्न किया। इस प्रकार यह स्पष्ट है कि दासियाँ भी मकान मालिक की पत्नी होती थीं। इस प्रकार उत्पन्न पुत्र की कोई हैसियत न होती हो, यह बात नहीं, पर उसकी हैसियत कम होती थी, इसमें सन्देह नहीं। पाण्डु और धृतराष्ट्र दोनों से अधिक योग्य होने पर भी विदुर को राज्यपाट नहीं मिल सकता था। फिर भी विदुर का सम्मान बहुत अधिक था और पाण्डव तथा कौरव उन्हें बराबर सम्मान की दृष्टि से देखा करते थे।

ऋग्वेद में दासियाँ

इस बात के पुख्ता प्रमाण हैं कि विवाहिता स्त्री के साथ-साथ अक्सर कुछ दासियाँ भी ऋग्वेद के युग में (ऋग्. 1/126/13, 5/47/6, 6/27/8, 8/19/36, 68/17) आती थीं और उन्हें भी इन लोगों की वधू कहा जाता था। इसी से यह भी स्पष्ट है कि इनको विवाहिता वधू के बहुत-से हक प्राप्त थे। इसका अर्थ यह भी था कि विवाहिता न होने पर भी वे घर के मालिक की पत्नी होती थीं। साथ ही यह भी कि ज्यों ही उसका कोई पुत्र उत्पन्न होता था, त्यों ही उसकी हैसियत विवाहिता स्त्री की हो जाती थी। कक्षीवान, औसिज, कवास या वत्स्य की माताएँ दासियाँ थीं और हमें मालूम है कि ऋग्वैदिक समाज में इन व्यक्तियों की मर्यादा बहुत बढ़ी हुई थी। ये लोग न केवल नागरिक समझे गए, वरन् समाज में अत्यन्त प्रतिष्ठित व्यक्ति समझे गए। ऋग्वैदिक युग के साधारण व्यक्तियों में तो नहीं, पर उच्च वर्ग में बहुपत्नीत्व बहुतायत से चल चुका था। गाय-बैल-घोड़ों के साथ-साथ ऋषियों को दासीदान की प्रथा भी थी (ऋग्. 6/27/8, 8/68/17)। राजा त्रासदस्यु ने सौमरिकाण्व को पचास दासियों को वधू रूप में दान दिया। (ऋग्. 8/19/26, 5/47/6)। अन्य बहुत-सी शादियों के अवसर पर देखा गया है कि ऋग्वैदिक वर ऐसी दासियों को रथ भर-भरकर साथ में ले जाते थे। (*Woman in Rigveda by B.S. Upadhyaya, P. 110-11*)

स्मरण रहे कि इस प्रकार प्रकारान्तर से ग्रीकों की तरह बहुपत्नीत्व होने पर

भी साधारणतः इस युग में पुरुष का एक ही विवाह होता था। कौटिल्ययुगीन भारत में तथा मुहम्मदयुगीन अरब में दासियों के सम्बन्ध में करीब-करीब वे ही बातें थीं, जो ऋग्वेद-काल में थीं।

दासी द्रौपदी

जिस समय द्रौपदी को राजसभा में ले जाने के लिए घसीटा जा रहा था, उस समय उसने धीरे से दुःशासन से कहा, "मैं रजस्वला हूँ, एक ही वस्त्र पहने हूँ, ऐसी अवस्था में मुझे वहाँ ले जाना अनुचित है।" इस पर दुःशासन ने जो कहा, वह द्रष्टव्य है—"द्रुपद की बेटी, तू रजस्वला हो या एकवस्त्रा, भले ही तू नंगी हो, हमने तुझे जुए में जीता है। तू हमारी दासी है। अब तुझे नीच स्त्रियों के समान हमारी दासियों में रहना पड़ेगा।" दुःशासन विरत नहीं हुआ और "ओ दासी! ओ दासी!" कहकर द्रौपदी को घसीटता रहा। सभा में भी यह सारी कार्यवाही हुई। वहाँ पर उस युग के बड़े-बड़े विद्वान तथा शास्त्रज्ञ बैठे हुए थे, इसलिए यह सब कोई चोरी-छिपे नहीं हुआ। इस घटना से ज्ञात होता है कि दासी चाहे जिस अवस्था में हो, उसके शरीर और उसके अन्य सामान पर उसके मालिक का पूर्ण अधिकार होता था। वह सबसे पहले मालिक की ही स्त्री होती थी, इसमें सन्देह नहीं।

चीनी सामन्ती समाज में भी बहुपत्नीत्व इसी प्रकार आमतौर से प्रचलित रिवाज है। पर्लबक ने अपनी महान कृति 'House of Earth' में इस प्रथा का चित्र खींचा है। सच कहा जाए तो जापान और तुर्की के अलावा सभी प्राच्य देश अभी तक भी पितामहप्रधान परिवारमूलक युग में पड़े हुए थे। रहा यह कि इस प्रणाली की सबसे बड़ी बात सामूहिक खेती थी तो यह आज कहीं अधिक दबाव के कारण नष्ट हो चुकी है, पर जैसा कि हम बता चुके हैं इन देशों की विचारधारा, धर्म, स्मृति मुख्यतः इसी युग में गढ़ी गई हैं।

अन्य उल्लेख

इस सम्बन्ध में हम यह भी बता दें कि भारत और तिब्बत में जो कहीं-कहीं बहुपतित्व प्रचलित है, उसका भी कभी कोई युग नहीं रहा, यानी ऐसा कोई युग नहीं रहा जबकि किसी समाज में प्रत्येक स्त्री के बहुत-से पति होते हों।

ज्ञात होता है कि वात्स्यायन के कामसूत्र (तीसरी शताब्दी) के टीकाकार को यह ज्ञात था कि तिब्बत में बहुपत्नीत्व प्रथा है। उसने उल्लेख किया है कि वज्रवन्त देश के पश्चिम में स्त्री राज्य है। तिब्बती भाषा में भूटान को बिजलीका और दार्जिलिंग को वज्रद्वीप कहते हैं। जो भी हो "यवतमाल जिले में एक जाति अभी हाल तक ऐसी थी, जिसमें बहुपतित्व प्रथा का प्रचार था। इस जाति का नाम कोलाम है। इनकी भाषा से जान पड़ता है कि ये लोग द्रविड़ों से पहले के निवासी हैं।

उनके आसपास द्राविड़ी गोंड रहते हैं, पर उनकी वैवाहिक रीति कोलामों की रीति से बिल्कुल विपरीत है। गोंडों में लड़की को पकड़कर विवाह कर लेने की प्रथा थी, कोलामों में लड़की लड़के को पकड़ लाती थी और उससे विवाह कर लेती थी। स्त्री का स्वत्व पुरुषों से बड़ा था, इसलिए वे पुरुषों से बलात्कार कर सकती थीं।'' (*भारतभूमि और उसके निवासी, जयचन्द्र, पृष्ठ-19 और 317*)

कहीं-कहीं एक स्त्री के बहुत-से पति होने की प्रथा आज भी प्रचलित है। इसका सम्बन्ध यौथ समाज से है, और जैसा कि हम पहले ही देख चुके हैं कि यौथ समाज में परिवर्तन के समय आर्थिक कारणों से ही इस प्रथा की उत्पत्ति हुई और वह बची रही। जिन आर्थिक कारणों से उसकी उत्पत्ति हुई, वे कायम रहे, इसलिए वह प्रथा भी कायम है। पर जैसा कि हम बतला चुके हैं कि आर्थिक कारण खत्म हो जाने पर भी कई जगह कुछ रिवाज रूढ़ि के रूप में रह जाते हैं, जैसे भारत के नैयरों को ही लिया जाए। उनकी आर्थिक परिस्थिति उनके आसपास के लोगों से अब भी भिन्न है, ऐसा कहना मूर्खता होगी। ऐसी अवस्था में वे रिवाज केवल रूढ़ि और परम्परा के रूप में ही जीवित हैं और दिन-ब-दिन मिटते जाएँगे। बहुपत्नीत्व प्रथा के विषय में यह निश्चय के साथ कहा जा सकता है कि बहुपत्नीत्व प्रथा जैसे सार्वदेशिक रूप से यौथ विवाह के बाद के युग में कहीं छिपे और कहीं खुले तौर पर मौजूद रही है, वैसे ही बहुपतित्व प्रथा किसी एक युग में सर्वत्र सार्वदेशिक रूप में मौजूद नहीं रही। इसलिए यदि कोई बहुपत्नीत्व प्रथा का यह कहकर समर्थन करे कि बहुपतित्व प्रथा भी तो रही है, तो वह गलत होगा, क्योंकि एक केवल सीमित रूप में रही है और दूसरी सार्वदेशिक रूप में मौजूद रही है।

अश्विनों, मरुतों तथा विश्वदेवों के विषय में ऐसा ज्ञात है कि उनमें बहुपतित्व प्रथा थी, पर इनके सम्बन्ध में जो उल्लेख है, उनका आलंकारिक रूप से दूसरा अर्थ भी किया जा सकता है। इससे इस प्रथा का होना अच्छी तरह साबित नहीं हो पाता। श्री भगवतशरण उपाध्याय ने बतलाया है कि कुछ मंत्रों (ऋग्. 7/33/13, 8/17/7, 10/85/37-38, 10/95/12) में ऐसे उल्लेख हैं, जिनसे यह ज्ञात होता है कि एक स्त्री के कई पति और कई ससुर हैं, पर यह स्पष्ट नहीं है। इसमें सन्देह नहीं कि इक्के-दुक्के बहुपतित्व के उदाहरण ऋग्वैदिक युग में थे, पर कहीं यह प्रथा सार्वजनिक रूप में नहीं थी, यह भी स्पष्ट है।

अन्तःपुर संस्कृति

यौथ विवाह के बाद के युग से पुरुष बराबर अपनी स्त्री या स्त्रियों से यह उम्मीद करते थे कि वे सम्पूर्ण रूप से एकपतिव्रता रहेंगी, जिससे स्त्री किसी भी परपुरुष से सम्बन्ध न कर सके। इसके लिए तरह-तरह के उपाय भी किए गए। स्मरण रहे कि पुरुष भी यौथ समाज से आए थे और स्त्री भी यौथ समाज से आई थी।

स्त्री एकपतित्व पर राजी हुई, यहाँ तक कि उसने पुरुष के बहुपत्नीत्व या व्यभिचार के हक को भी मान लिया, पर यह दबाव के कारण था। इसलिए स्त्रियाँ कभी-कभी मौका लगने पर व्यभिचारिणी हो जाती होंगी, इसमें आश्चर्य क्या है? पहले यौथ समाज के युग में पर्दा-प्रथा या स्त्रियों के आने-जाने पर किसी प्रकार की रोक-टोक नहीं थी, पर जब जबर्दस्ती सतीत्व के तकाजे के कारण पुरुषों को स्त्रियों की ओर से व्यभिचार की आशंका होने लगी, तो अन्तःपुर की सृष्टि हुई। स्त्रियों के आने-जाने पर यदि पूर्ण नहीं तो कुछ रोक-टोक लगी। प्राचीन ग्रीस की स्त्रियों के विषय में ज्ञात है कि वे बहुत कुछ ताले में बन्द रहती थीं और सिवाय अन्य स्त्रियों के किसी से मुलाकात नहीं कर सकती थीं। स्त्रियों के रहने का स्थान अलग होता था, वहाँ पर-पुरुष विशेषकर बाहरी व्यक्ति आसानी से नहीं जा सकते थे। बाँदी को साथ में लिए बिना वे कभी बाहर नहीं जा सकती थीं। मकान में भी उन पर पहरा लगा रहता था।

एरिस्टोफेनिस (ई. पू. 444-380) ने लिखा है कि कुत्ते व्यभिचारियों को दूर रखने के लिए काम में लाए जाते थे। सारे एशिया में अन्तःपुर पर पहरा देने के लिए जनखों को रखने का रिवाज था। इतने प्राकृतिक जनखे नहीं मिलते थे, जो इस काम के लिए पूरे पड़ें, इसलिए बहुत से लोगों को बचपन में ही अण्डकोष काटकर या अन्य किसी प्रकार से जनखा बना दिया जाता था। हम आगे इस पर और भी विस्तार से लिखेंगे। ईसा पूर्व छठी शताब्दी में ही जनखों का व्यापार समृद्ध हो चुका था। इन सबका उपयोग इसी काम के लिए होता था। ग्रीस के आयोनिया नामक स्थान में स्त्रियों पर इस तरह की खास रोकें लगी हुई थीं। इन सब पहरों और होशियारी के बावजूद स्त्रियों को अपने पतियों को धोखा देने का काफी मौका मिलता था। बात यह है कि इस क्षेत्र में व्यभिचार निकट सम्बन्धियों के साथ सम्बन्धों का रूप लेता था और उसे कोई रोक नहीं सकता था। पहरा और जनखे इसके लिए व्यर्थ थे।

अन्तःपुर

कौटिल्य के अर्थशास्त्र में एक पूरा प्रकरण ही अन्तःपुर के प्रबन्ध के बारे में है। इस प्रकरण में अन्तःपुर को बनाने का जो विधान है, उसमें रानी को बिल्कुल हर तरह से अलग रखने ही बात है। "अन्तःपुर के पिछले भाग में स्त्रियों के रहने के स्थान से जुड़ा और गर्मी में उपयोगी उद्यान तथा तालाब बनाया जाए, बाहर की ओर लड़के-लड़कियों के रहने का तथा आगे की ओर शृंगारगृह, दरबार तथा राजकुमार और प्रधान पुरुषों के रहने का स्थान हो। कमरों के बीच में अन्तःपुर के रक्षकों तथा प्रहरियों का पहरा हो।" यह भी लिखा है कि "सिरमुँडे, जटाधारी, संन्यासी, भाँड आदि को अन्दर न आने दिया जाए। कहीं गलतफहमी में इनके

अलावा और लोग भी अन्दर न आ सकें, यह आगे साफ कर दिया गया है। कहा गया है कि "दाइयों तथा गर्भव्याधि के इलाज में चतुर औरतों को छोड़कर कोई भी कुलीन औरत उसको न देखे...अन्दर का कोई भी आदमी बाहरी आदमी से न मिले। अन्दर तथा बाहर जानेवाले माल पर कड़ी नजर रखी जाए। कोई भी राजमुद्रा (राजकीय छाप) से रहित माल अन्दर न जाने पाए और न अन्दर से बाहर ही जाए।" (*कौटिल्य का अर्थशास्त्र, अनुवाद, प्राणनाथ विद्यालंकार–पृष्ठ 35-36*)

महाभारत (*शल्यपर्व, पृष्ठ 1097*) में राजप्रासाद में हिजड़ों के होने का वर्णन है। स्पष्ट है कि इनका उपयोग किस प्रकार होता था। पर ये लोग सम्मान की दृष्टि से देखे जाते थे, यह इससे जाहिर है कि वृद्ध मंत्री और हिजड़ों का एक साथ बैठना उल्लिखित है। वे लोग राजघराने के बहुत वफादार सेवक होते होंगे, यह अनुमान किया जा सकता है।

सतीत्व

सतीत्व का एक ही तरीका माना गया है, कि स्त्री मन से व्यभिचार या परपुरुष गमन को बुरा समझे। ऐसा वह स्वतन्त्र रहकर तभी समझ सकती है, जब यह देखे कि पुरुष भी एक पत्नीव्रती है। कहना न होगा कि सामाजिक रूप से यह उदाहरण स्त्री के सामने कदापि नहीं रहा, इसलिए सतीत्व की जो पहली शर्त है, वह हमेशा गायब रही। फिर भी पुरुष शास्त्रकारों ने हर तरीके से इस बात को विचारगत रूप से स्त्रियों के दिमाग में ठूँस देने की कोशिश की कि सतीत्व ही सबसे उत्तम धर्म है, पति ही सती का देवता है, इत्यादि-इत्यादि। कहना न होगा कि स्वयं पतियों के आचरण से इन तर्कों को कुछ सहारा प्राप्त नहीं होता था, पर केवल प्रचार से स्त्रियों से यह मनवा लिया गया कि पतिव्रता होना ही स्त्री के लिए सर्वोत्तम धर्म है, पति चाहे कुछ भी करे। यह एक बहुत अर्थपूर्ण ऐतिहासिक घटना है। स्त्री को सती रहने के लिए कहना–चाहे उसका पति स्वयं कैसा भी व्यवहार करे–यह खुले आम पुरुष के लिए अलग और स्त्री के लिए अलग नीति या सदाचार का प्रचार करना हुआ। दूसरे शब्दों में, इस प्रकार पुरुष के व्यभिचार का खुला समर्थन किया गया। इसमें आश्चर्य नहीं कि पुरुष की ओर से निर्लज्जतापूर्वक ऐसी बातों का प्रचार किया गया और उसे धर्म का नाम दिया गया। हमें आश्चर्य केवल इस बात का है कि स्त्रियों, यहाँ तक कि बुद्धिमती स्त्रियों ने भी इसको मान लिया और वैसा ही आचरण करने लगीं। पर नहीं, इसके पीछे आर्थिक दबाव था, जिसका सामना भावुकता से नहीं किया जा सकता था।

पितृप्रधान परिवार में एकविवाह के युग, यानी स्त्री के एकविवाह के युग का सूत्रपात हो गया, ऐसा समझना चाहिए। पर एकविवाह के भी दो हिस्से हैं। एक, जिसे पारिभाषिक शब्दों में Pairing Marrige या जोड़े की शादी कहा गया

और दूसरा, स्थायी एकविवाह। जोड़े की शादी में स्त्री और पुरुष थोड़े समय के लिए एकत्र होते थे, पर जब तक वे एकत्र होते थे, तब तक सम्पूर्ण रूप से एक-दूसरे के ही होते थे। अक्सर सन्तान के बालिग या कुछ बड़े हो जाने तक स्त्री और पुरुष एकत्र रहते थे। ऐतिहासिक दृष्टि से जोड़े की शादी स्थायी एकविवाह के पहले के युग का चलन है और ऐसा कहना चाहिए कि यौथ विवाह के युग में ही ऐसी शादी का विकास हो चुका था। सच बात तो यह है कि जोड़े की शादी के अधिक प्रचलन होने से ही यौथ समाज का यौथ विवाह वाला हिस्सा टूट गया।

अण्डमान द्वीप के आदिवासियों में यह प्रथा है कि जब तक शिशु के दाँत नहीं निकलते, तब तक पुरुष और स्त्री दोनों एक साथ रहते हैं, पर जब उसके दाँत निकल आते हैं, तो दोनों अपना-अपना रास्ता पकड़ते हैं। पुरुष कोई और स्त्री ढूँढ़ लेता है और स्त्री कोई दूसरा पुरुष तलाश कर लेती है। उस समय स्त्री प्रायः अपने उस दंतयुक्त शिशु को किसी जलाशय के किनारे छोड़ देती है और अपनी दूसरी गृहस्थी सँभालने के लिए चल देती है। इसलिए फ्रांसिस डे ने रिपोर्ट दी थी कि अण्डमान द्वीप के निवासी बहुत तेजी से खत्म होते जा रहे हैं। बहुत ढूँढ़ने पर भी उन्हें एक भी ऐसी माता नहीं मिली जिसकी एक साथ तीन सन्तानें जीवित हों। (*नारी का मूल्य—शरत्चन्द्र चटर्जी, पृष्ठ 55*) कुछ विषयान्तर होते हुए भी यह बतला देना आवश्यक है कि वहाँ पर जो यह प्रथा प्रचलित है, उसका कारण आर्थिक है। यह भी शिशु-हत्या का एक दूसरा रूप है। द्रष्टव्य है कि अण्डमान की इस शिशु-हत्या में बच्चा और बच्ची में कोई फर्क नहीं किया जाता।

जयचन्द्र विद्यालंकार ने जोड़े की शादी या अस्थिर विवाह के सम्बन्ध में लिखा है—"बिल्कुल आरम्भिक दशा में शिकारी मनुष्यों में स्थिर विवाह की प्रथा नहीं हो सकती थी। स्वाभाविक प्रवृत्ति से अल्पकालिक समागम होते थे। स्थिर परिवार भी नहीं थे। बच्चे के बड़ा होने पर परिवार टूट जाता था। वास्तव में उन मिथुनों और टोलियों को परिवार या कुटुम्ब कहा ही नहीं जा सकता, क्योंकि परिवार या कुटुम्ब में पिता या माता की मुख्यता होती है। उन टोलियों में पिता का शासन इस कारण नहीं चलता था कि वह पिता था, प्रत्युत इस कारण चलता था कि वह बलिष्ठ था। जब उसके बच्चों में से कोई उससे अधिक बलिष्ठ हो जाता, तब वह पिता को खदेड़ सकता था, और टोली की स्त्रियाँ उसके अधीन हो सकती थीं। इस प्रकार टोलियाँ बनती और टूटती रहती थीं। वह आरम्भिक स्वेच्छाचार की दशा थी। स्त्री-पुरुष के स्थायी समागमों का मूल प्रेरक भले ही काम रहा हो, पर आर्थिक सहयोग और श्रमविभाजन की आवश्यकताएँ उन समागमों को धीरे-धीरे स्थायी बनाने लगती हैं। इस प्रकार आर्थिक जीवन के विकास के साथ-साथ स्थायी विवाहों की प्रवृत्ति होती है, और आरम्भिक संकर या प्रमिश्रण के बाद सीधे विवाह तथा पितृमूलक परिवार की अवस्था आ गई, सो बात नहीं है। प्रभिश्रण और पितृमूलक

परिवार के बीच हम सभी जातियों के इतिहास में मातृमूलक परिवार का उदय और अस्त देखते हैं। (*भारतीय इतिहास की रूपरेखा—जयचन्द्र विद्यालंकार, पृ. 223*)

इस विवरण में सिलसिलों और विचारों की बहुत गड़बड़ी है। विद्यालंकार जी ने एक बात यह समझ ली या मान ली कि आर्थिक पद्धति के विकास के कारण ही विवाह पद्धति का विकास होता है, पर इस विवरण से स्पष्ट है कि वह न तो इस आर्थिक पद्धति के स्वरूप को ही समझ पाए और न विकास के स्वरूप को ही हृदयंगम कर सके, इसीलिए वह एक के बाद एक सोपानों को सिलसिलेवार नहीं समझ पाए। इस विवरण में सबसे बड़ी गलती यह है कि वह अल्पकालिक समागम या अस्थायी मिथुन की अवस्था को और आरम्भिक संकर दशा को एक मानते हैं, जबकि ऐतिहासिक रूप से दोनों युगों में हजारों वर्ष का अन्तर था। यदि आरम्भिक संकर दशा से उनका मतलब अबाध मैथुन का युग है, जिसको हमने मातृगमन तथा भगिनीगमन का युग बतलाया है, तो उस युग में 'बच्चा बड़ा होने पर परिवार टूटने का' कोई प्रश्न नहीं उठता था। उनका यह कहना भी गलत है कि बिल्कुल आरम्भिक दशा में किसी भी अर्थ में अस्थिर परिवार थे। सच तो यह है कि पितृ-प्रधानतामूलक परिवार के पहले सारे युग को हम मातृ-प्रधानतामूलक परिवार का युग कह सकते हैं, क्योंकि इस सारे युग में किसी को अपने बाप का पता नहीं होता था, पर माँ का पता होता था। विद्यालंकार जी ने जो मातृमूलक परिवार के पहले एक आरम्भिक संकर अवस्था की कल्पना की है, उसका आधार आखिर क्या है? जैसा कि हमने कहा, यदि यह कहा जाए कि मातृगमन और भगिनीगमन के युग को ही विद्यालंकार जी ने इस प्रकार मातृमूलक परिवार के पहले का सोपान माना है तो पूछा जा सकता है कि क्या उस समाज को हम मातृमूलक समाज के अतिरिक्त और कुछ कह सकते हैं। जो भी हो, उन्होंने आदिम युग के सम्बन्ध में यह जो लिखा है कि बच्चा बड़ा होने पर परिवार टूट जाता था, यह बिल्कुल ऐतिहासिक बात है, और जैसा कि हम देख चुके हैं, शादी या अस्थायी एकविवाह या तो मातृप्रधान यौथ समाज के टूटने की सूचना देता है या वह टूट चुका है।

जोड़े की शादी या अस्थिर विवाह के उदय का एक कारण तो यह हुआ कि कुछ लोग जोड़े से रहने लगे। ये लोग आरम्भ से ही समाज के बाहर और समाज से अलग रहते थे, पर क्रमशः जब उनकी संख्या अधिक हो गई, तो समाज ने उनको स्वीकार कर लिया। जोड़े की शादी के उदय का दूसरा कारण इससे भी अधिक गहरा है और वह यौथ समाज के कुछ व्यक्तियों के आगे बढ़कर वैयक्तिक रूप से कोई कदम उठाने के फलस्वरूप नहीं, बल्कि स्वयं यौथ समाज के अन्दर से ही पैदा होता है। वह कारण यह है कि धीरे-धीरे प्रत्येक जाति में इस प्रकार की बहुत बाधाएँ पैदा हो गईं, जैसे इससे वैवाहिक सम्बन्ध हो सकता है और उससे

नहीं। इस प्रकार विवाह-क्षेत्र संकुचित होता गया। यदि कोई पुरुष किसी स्त्री से शादी कर सकता था, तो यह पाया जाने लगा कि किसी कारण से उसके साथ जो पुरुष इस विवाह में साझेदार हो सकता है, वह उस स्त्री का पति नहीं हो सकता, क्योंकि उसकी उससे कोई ऐसी रिश्तेदारी है, जिसमें विवाह निषिद्ध माना गया है, इत्यादि। अतएव अब यह प्रथा असम्भव हो गई। या तो अब इस बात की जरूरत थी कि बाधा-निषेधहीन होकर फिर एक बार आदिम यौथ समाज में लौट जाया जाए। पर आर्थिक कारणों से, वैयक्तिक सम्पत्ति के उदय से यह सम्भव नहीं था कि समाज पीछे की ओर लौटे, इसलिए वह आगे की ओर गया और यौथ स्त्री-पुरुष सम्बन्धों का अन्त हो गया।

जोड़े की शादी : परिवर्तनकालीन युग

जोड़े की शादी के युग को एक परिवर्तनकालीन युग समझना चाहिए, पर यह परिवर्तनकालीन युग कोई दस-बीस साल में खत्म न हुआ होगा, बल्कि यह स्वयं एक युग है। यारगन ने यह लिखा है कि जब इस प्रकार जोड़े की शादी के युग का प्रवर्तन हुआ तो उससे शरीर विज्ञान की दृष्टि से लाभ हुआ, क्योंकि दो विभिन्न जातियों के मिलन से मनुष्य के दिमाग का विकास हुआ। यह बात कहाँ तक सत्य है, इसे विज्ञान ही ठीक-ठीक बता सकता है, पर इस नई प्रथा से समाज में उत्पन्न आर्थिक-सामाजिक असंगतियों का निराकरण हुआ, इसमें कोई सन्देह नहीं। वे असंगतियाँ क्या थीं, उनका वर्णन हम पहले ही कर चुके हैं।

स्त्रीहरण, स्त्रीविक्रय

यौथ विवाह के युग में किसी स्त्री को भगाना या खरीदना सामाजिक तौर पर लाभप्रद नहीं था, क्योंकि यदि कोई व्यक्ति किसी स्त्री को भगाकर या खरीदकर लाता था—ऐसे बहुत कम उदाहरण उस युग में होंगे—तो वह स्त्री उसके पल्ले नहीं पड़ती थी, बल्कि उसके समाज के पल्ले पड़ती थी। इसलिए यदि कोई स्त्री उस युग में भगाई जाती थी, तो वह किसी समाज द्वारा किसी समाज के लिए भगाई जाती थी। पर अब जोड़े की शादी के युग में स्त्रीहरण तथा स्त्री के क्रय-विक्रय का अच्छा समय आ गया था।

खोन्द जाति में

इस प्रकार खरीदकर तथा हरण करके विवाह करने की जिस प्रथा का प्रवर्तन उस आदिम युग में हुआ, उसका अवशेष हम भारत की आदिवासी जातियों में अब भी स्पष्ट रूप से पाते हैं। उड़ीसा के खोन्द या कन्द लोगों में कन्या मामा के कन्धे पर चढ़कर वर के गाँव जाती है और उनके साथ गाँव की अन्य युवतियाँ रहती

हैं। इस प्रकार गाते-बजाते और मामा रूपी घोड़े के कन्धे पर चढ़कर कन्या जब वर के गाँव के निकट उपस्थित होती है, तो वर के संगी-साथी युवकगण उन पर लाठियों से हमला करते हैं और कन्या को भगाने की चेष्टा करते हैं। इस प्रकार कन्याओं और युवकों में तुमुल संग्राम छिड़ जाता है। इस युद्ध के भी कुछ नियम होते हैं। लड़कियाँ ढेला-पत्थर मारती हैं और वर पक्ष के युवक लाठियों से उनको रोकते हैं। कभी-कभी कोई ढेला जाकर किसी युवक को घायल भी कर देता है। थोड़ी देर लड़ाई चलने के बाद वर का मामा आता है और लड़की को छीनकर वर के घर पहुँचा देता है। इसके बाद उस रात को धूमधाम से शादी होती है। इस प्रकार विवाह के अवसर पर दूसरे गाँव की युवतियों को उस गाँव के युवकों से मिलने का पूरा मौका दिया जाता है। गाँव के बाहर एक ऐसी जगह बनी होती है, जहाँ अविवाहित पुरुष और अविवाहित स्त्रियाँ आपस में अबाध रूप में मिलती हैं। इस प्रकार हम खोन्द लोगों में वैदिक समाज को, जिसका हम बाद में वर्णन करेंगे, जीवित पाते हैं। इसके अतिरिक्त यह जो मामा को विवाह करने-कराने में अधिक महत्व प्राप्त है, यह भी मातृकुलमूलक समाज का ही अवशेष है। विजयचन्द्र मजूमदार इस प्रथा का वर्णन करते हुए लिखते हैं कि "अनार्यों की प्रथा के प्रभाव के कारण बंगाल में एक रिवाज यह है कि दुलहिन को अपने ममिया ससुर का मुँह देखने का अधिकार नहीं है। कन्द समाज के ममिया ससुर द्वारा उपरोक्त तरीके से कन्या-ग्रहण के मूल में कोई ऐसा छिपा इतिहास तो नहीं है जिसके लिए इस प्रथा की उत्पत्ति हुई है?" हम बता ही चुके हैं कि यह किस बात का द्योतक है।

अन्य प्रथाएँ

विन्ध्य प्रदेश के निकट रहनेवाली शबर जाति के सम्बन्ध में भी विजय बाबू ने इसी प्रकार कुछ तथ्य दिए हैं, जिनसे पता लगता है कि वह भी राक्षस विवाह का अवशेष मात्र है। शबरों में विवाह की प्रथा यह है कि पाणिप्रार्थी वर अपनी मनोनीता दुलहिन के यहाँ तीर-धनुष, एक हाँड़ी शराब, एक जोड़ा पीतल का खँडुवा लेकर उपस्थित होता है। कन्या का पिता आकर कहता है कि यदि और शराब ला सको तो बात करूँगा। जो भी हो, एक हाँड़ी शराब से ही सब लोग चहकने लगते हैं और तब विवाहार्थी घर के छप्पर पर तीर फँसाकर कन्या की माता के हाथ में खँडुआ पहना देता है। तीर फँसाने का अर्थ भूत-प्रेत के उपद्रव को नष्ट करना है न कि प्रेमबाण चलाने का अभिनय। इसके बाद विवाहार्थी फिर एक दिन कन्या के घर जाता है। उस दिन कन्या का पिता उसे दो-एक हाथ लगाकर निकाल बाहर करता है। इसके बाद शादी के निर्दिष्ट दिवस पर वर कुछ युवक साथियों को लेकर पात्री के गाँव के किसी तालाब के किनारे बैठा रहता है। पात्री कलसा लेकर पानी भरने के लिए वहाँ आने का अभिनय करती, और वर तथा बारातीगण उसे लेकर भाग

जाने का अभिनय करते हैं। गाँव के लोग पकड़ो-पकड़ो करके पीछे दौड़ते हैं, पर पकड़ते नहीं हैं। दौड़ते-दौड़ते सभी वर के गाँव में पहुँचते हैं और वहाँ बाकायदा खाना-पीना होता है। विवाह के समय अविवाहित कन्याएँ कन्या के बदन पर पानी छिड़क देती हैं, सधवाएँ कन्या को नए वस्त्र पहनाती हैं और गाँव के युवक अमंगल नाश के लिए गाँव के चारों तरफ तीर गाड़ देते हैं। विवाह के बाद वर और कन्या तीर से छप्पर को बींधकर घर में घुसते हैं। इस प्रथा में भी भागकर विवाह करने का अवशेष है।

इसी प्रकार गोदावरी जिले की माल जाति में अभिनय के तौर पर नहीं, बल्कि वास्तविक कन्याहरण से विवाह होता है। हाँ, विवाह तब तक सही नहीं माना जाता, जब तक पिता-माता को शुल्क न दिया जाए। कोयम्बटूर की ओड्ड और ओराली जाति में भी ऐसी प्रथा का पता चला है। केवल डकैती से कन्या को ले जाने का अभिनय ही नहीं, बल्कि कन्या को चुराकर विवाह करने की प्रथा का भी आदिम जातियों में परिचय मिलता है। नीलगिरि की वहाका जाति का वर पहले गाँव के लोगों को बताता है कि यदि अमुक कन्या के साथ उसका विवाह न हुआ तो वह आत्महत्या कर लेगा। इस पर गाँव के लोग उसको साथ लेकर कन्या को चुरा लाते हैं। कहना न होगा कि इसमें कोई बाधा नहीं डालता। इसी से मिलती-जुलती एक प्रथा का परिचय कर्नाटक की हेगड़े जाति में मिलता है। इसमें कन्या को नहीं चुराया जाता, बल्कि कन्या की अँगूठी चुराकर वर को भागना पड़ता है। इस पर कन्या अपने गाँव वालों को खबर करती है कि इस प्रकार मेरे गहने की चोरी हो गई है, इस पर घर के लोग चोर की तलाश में निकल पड़ते हैं, और चोर पकड़ा जाता है। उसे कन्या के सम्मुख लाया जाता है, वह अपना अपराध कबूल करता है और उसे यह सजा मिलती है कि वह अँगूठी वाली लड़की से विवाह करके उसकी क्षतिपूर्ति करे।

हो जाति की रस्में

छोटा नागपुर की 'हो' जाति की समाज-व्यवस्था भी इस सम्बन्ध में प्रासंगिक है। वहाँ वाले किसी भी बाहरी व्यक्ति को दिकु या विदेशी कहते हैं। यदि कोई 'हो' किसी दिकु का दिया हुआ खाद्य या पेय ग्रहण करे, तो वह पतित समझा जाता है। यदि इस अपराध को कोई स्त्री करे, तो न केवल वही पतित समझी जाती है, बल्कि उसके सारे घरवाले पतित करार दिए जाते हैं। अवश्य यह पतित अवस्था भोज आदि देकर दूर की जा सकती है। इस प्रथा में यह इच्छा स्पष्ट है कि उनकी जाति के सदस्य, विशेषकर स्त्रियाँ किसी बाहरी से मेल न करें। ये लोग देवगाम, पूर्ति, कालुंडिया, समे, त्यु आदि कुछ किलि या गोत्रों में विभक्त हैं। एक गोत्र के लोग आपस में विवाह नहीं कर सकते। एक-एक किलि के लोग एक-एक

पशु को पशु-प्रतीक के रूप में पूजते हैं, उनका सम्मान करते हैं और किसी भी हालत में उनका मांस नहीं खाते या उनकी हत्या नहीं करते। यदि किसी अविवाहिता 'हो' के माथे पर कोई पुरुष सिन्दूर लगा दे, तो दूसरा कोई पुरुष उससे विवाह नहीं कर सकता। यदि किसी कारण से उस पुरुष के साथ उस स्त्री का विवाह सम्भव न हो, तो उस कन्या को या तो उम्र-भर कुँवारी व्रत पालन करना पड़ता है या प्रायश्चित स्वरूप तीन रात तक भयंकर हिंस्र पशुओं से भरे किसी जंगल में एक पेड़ से बँधे रहना पड़ता है। इस पर भी यदि वह जीवित रहे तो उसका विवाह अन्य पुरुष से हो सकता है। पुरुष यदि सिंदूर लगाकर विवाह न करे तो उसको भी कड़ी सजा मिलती है। इन लोगों में राक्षस विवाह की अवशेषमूलक एक प्रथा भी प्रचलित है। जब कोई युवक किसी युवती से विवाह करना चाहता है, तो वह उसकी ताक में रहता है और मौका पाते ही उसको ले उड़ता है। इस अवसर पर कन्या की सखियाँ उससे मारा-मारी करती हैं, पर भावी वर के रिश्तेदार उपस्थित होने पर भी उसमें हिस्सा नहीं ले सकते और वर को अकेले अपनी भावी स्त्री की सखियों से युद्ध करना पड़ता है। जब वह इस प्रकार लड़की को भगा ले जाने में समर्थ होता है, तो अगले दिन लड़की के घर वाले उसके घर पहुँचते हैं और जो मूल्य माँगा जाता है, वह देने पर विवाह तय हो जाता है। मूल्य मुख्यतः पशुओं में चुकता किया जाता है। इनका विवाह जिस प्रकार होता है, वह बहुत ही उमर खय्यामी ढंग का है। मिट्टी से बनी हुई एक वेदी पर वर और कन्या दोनों खड़े किए जाते हैं। दोनों के हाथ में शालपत्र के बने हुए दो दोने होते हैं। ये दोने शराब से भरे होते हैं। वर कन्या के दोने से शराब पी ले और कन्या वर के दोने से, तो विवाह सिद्ध समझा जाता है। अवश्य इसके बाद उत्सव, नृत्य, गीत आदि होता है। 'हो' जाति में पुष्पोत्सव एक विशेष उत्सव है। शाल वृक्ष में पुष्प दिखाई देते ही फाल्गुन-चैत्र में यह उत्सव होता है और सामूहिक रूप से नृत्यगीत आदि होते हैं। 'हो' नारियाँ पुष्पप्रिय होने पर भी इस अवसर पर पुष्प नहीं चुनतीं, क्योंकि यह समझा जाता है कि यह पुष्पों का जन्मोत्सव है, अतएव पुष्पों को तोड़ना नहीं चाहिए। कहना न होगा कि यह पुष्पोत्सव आदिम मदनोत्सव का ही अवशेष मात्र है। (*भारतवर्ष, श्रावण 1351*)

विपरीत दहेज और हरण

अफ्रीदी जाति के सम्बन्ध में जो विवरण प्राप्त है, उसके अनुसार दहेज की प्रथा प्रचलित है, पर यह दहेज वरपक्ष को नहीं, कन्यापक्ष को दिया जाता है। वरपक्ष की ओर से विवाह का प्रस्ताव किया जाता है। जब यह प्रस्ताव मंजूर हो जाता है, तब कन्यापक्ष की ओर से यह तय होता है कि दहेज की रकम क्या हो। जब यह मामला तय हो जाता है, तो कन्या केवल वाग्दत्ता समझी जाती है और विवाह

तभी पक्का समझा जाता है जब दहेज की रकम दे दी जाती है। कई बार तो यह रकम किश्तों में अदा की जाती है। जब पूरी रकम किश्तों में अदा कर दी जाती है, तभी विवाह होता है। अफ्रीदियों के विवाह में एक और उपादान छिपा है, जिससे ज्ञात है कि पहले विवाह हरण के द्वारा हुआ करते थे। जब बाराती कन्या के गाँव पहुँचते हैं, उस समय कन्यापक्ष की ओर से एक पेड़ निर्दिष्ट होता है। उस पर बाराती गाँव में घुसते ही गोली चलाना शुरू करते हैं और उसे गिरा देते हैं। इस प्रकार वर्तमान युग में अफ्रीदियों के विवाह में दहेज के अतिरिक्त हरण का उपादान भी है।

थारू विवाह

हिमालय की तराई में थारू विवाह का सारा भार मझपटिया या बीचवाले पर होता है। यह व्यक्ति दिन-भर इसी काम से घूमा करता है। कई गाँव इसके दायरे में होते हैं। कहा जाता है कि उसका मार्ग जलेबियों से पटा रहता है। थारुओं में स्त्री प्रधान होती है, इसलिए कन्या पक्ष की ही बात अन्तिम होती है। थारुओं के विवाह में प्रथम उत्सव दिखनौरी कहलाता है। इस अवसर पर मझपटिया शुभ अवसर देखकर कन्यापक्ष के लोगों को लेकर वर के गाँव में जाता है और परस्पर परिचय कराता है। फिर कन्यापक्ष वरपक्ष को शराब, गोश्त, जलेबी आदि खिलाते हैं। दिखनौरी करने के लिए आए हुए लोग लड़के को टीका करके लौटते हैं और लड़के को चार आने से एक रुपया तक की भेंट दी जाती थी। इसके बाद अपना-पराया या वाग्दान का अनुष्ठान होता है। दिखनौरी के कोई तीन या पाँच दिन बाद वर का पिता दल-बल सहित कन्या के गाँव में जाता है। इस समय अपना-पराया उत्सव होता है। इस अवसर पर भी भोज होता है। गाँव में लौट आने पर वर का पिता अपने गाँव में घोषणा करवा देता है कि विवाह के लिए बातचीत खत्म हो चुकी, अब विवाह की तैयारी होनी चाहिए। अपना-पराया के बाद वदकोही या पिछौछा उत्सव होता है। वर को विवाह के तीन-चार दिन पहले से रोज हल्दी और तेल लगाया जाता है। जिस समय बारात कन्या के गाँव के पास पहुँचती है, उस समय पहले कभी बनावटी लड़ाई होती थी, पर अब डॉक्टर मजूमदार ने इसका प्रचार नहीं देखा, पर कभी-कभी इसकी स्मृति के रूप में ढेला फेंक दिया जाता है। यह ढेला फेंकना पहले के युग के हरण का अवशेष है, इसमें सन्देह नहीं। इनमें विवाह के बाकी अनुष्ठानों में कोई विशेष बात नहीं।

हरण से विवाह

कंजड़ों में यों तो विवाह मामूली तरीके से होता है, पर ऐसा अक्सर होता है कि एक कंजड़ एक कंजड़िन को लेकर भाग जाता है। इसके कुछ समय बाद वे लौटते

हैं, और तब कंजड़ों की पंचायत को एक भोज देने पर यह विवाह जायज समझ लिया जाता था।

इराकुआ विवाह

जोड़े की शादी के युग में स्त्री और पुरुष को अलग होने की पूर्ण स्वतंत्रता थी। दोनों में से कोई भी एक जब चाहे तब जोड़े को खत्म कर सकता है। पर धीरे-धीरे इस प्रकार जब चाहे अलग होने के विरुद्ध समाज में आवाज उठने लगी और इस नई आवाज का कारण आर्थिक रहा। इसीलिए धीरे-धीरे इसके विरुद्ध जनमत पैदा हुआ और अब धीरे-धीरे इस प्रकार अलग होने के लिए समाज के सामने कारण देना पड़ता है। इराकुआ समाज जिस हालत में पाया गया, उसमें हम देखते हैं कि जनमत का प्रभाव इस प्रकार अलग हो जाने के विरुद्ध है, पर वहीं के कुछ अन्य कबीलों में इस प्रकार का कोई जनमत अभी नहीं बना। यह भी द्रष्टव्य है कि जोड़े की शादी के युग में भी इराकुआ की सिनका उपजाति में स्त्रियों का ही घर पर राज्य रहता था। इस प्रकार समाज में स्थायित्व कायम था। पति या प्रेमिका के सम्बन्ध में यह समझा जाता था कि वह मनचला है, इसलिए उसके चाहे जितने भी बच्चे हों तथा घर में उसकी चाहे जो कुछ भी सम्पत्ति हो, उसे किसी भी समय यह कहा जा सकता था कि वह अपना बोरिया-बिस्तर लेकर चलता बने। जब एक बार उससे इस प्रकार कह दिया गया कि वह चलता बने, तब उसकी भलाई चल देने में ही होती थी, नहीं तो उसके लिए वहाँ रहना असहनीय बना दिया जाता था और उसे लौटकर अपनी जाति में जाना पड़ता था। (*Origin of family by Engels, P. 40*)

इस प्रकार जोड़े की शादी में प्रारम्भ में स्त्रियों की प्रबलता रही होगी, इसमें सन्देह नहीं, क्योंकि पुरुष अधिक उत्पादक हो जाने पर भी एकाएक घर का मालिक नहीं हो गया होगा। यह बात इतिहास की गवाही के विरुद्ध है। धीरे-धीरे ही अपनी बढ़ी हुई उत्पादकता के कारण पुरुष के हाथों में समाज की लगाम आई होगी। मारगन ने जैसे सिनैका उपजाति के विषय में लिखा है, वह जोड़े की शादी का प्रारम्भिक युग है, इसमें सन्देह नहीं। इसमें स्त्री की प्रभुता यदि ठीक आर्थिक कारणों पर आधारित नहीं तो एक सनातन परम्परा के तौर पर कायम है। इसके बाद के युग में बागडोर किस प्रकार स्त्री के हाथ से पुरुष के हाथों में चली गई और पितृप्रधान मूलक समाज तथा शासनतंत्र की स्थापना हुई, यह हम पहले ही बता चुके हैं।

थारू समाज

इस स्थान पर हम यह देख लें कि केवल मारगन द्वारा वर्णित सिनेकाओं में ही नहीं, भारतवर्ष की थारू जाति में स्त्रियों की प्रधानता अब भी कुछ हद तक आर्थिक

कारणों से और कुछ परम्परा के रूप में मौजूद है। थारुओं के बाजारों तथा हाटों में 80% स्त्रियाँ दिखलाई पड़ती हैं। वे बाजारों में स्वतन्त्रतापूर्वक खरीद-फरोख्त करती हैं, हुक्का तथा शराब पीती हैं। वहाँ स्त्रियाँ ही मछली मारती हैं और वही बाजारों में सामान लेकर बेचने जाती हैं, साथ ही व्यापार करती हैं। थारू स्त्रियाँ अपने पतियों को खाना नहीं छूने देतीं, यहाँ तक कि चौके में पुरुषों का घुसना मना है। पानी के बर्तनों को पुरुष नहीं छू सकते। ये नारियाँ अच्छे चित्र बनानेवाली तथा साज-सज्जा विशेषज्ञ होती हैं। ऐसी तस्वीरों में लड़कियाँ लड़ाइयों में घोड़ों की पीठ पर चढ़ी योद्धा दिखाई गई हैं। दिखलाई पड़ता है कि वे शिकार भी करती हैं। पुरुष उनके साथ मछली मारने और शिकार का सामान लेकर चलते हैं। शिकार का रूप बहुत कुछ आदिम और सामूहिक है। शिकार में प्राप्त मांस सारे गाँव में बाँटा जाता है। इस दृष्टि से ये अभी तक यौथ समाज में ही हैं। पुरुषों की पंचायत में पुरुष ही होते हैं, पर जो प्रश्न विचारार्थ आते हैं, उन पर पहले स्त्रियों की राय ली जाती है। थारुओं में विवाह-विच्छेद निषिद्ध नहीं है, पर इसके लिए पंचायत के सामने स्त्री को जाकर कारण दिखाना पड़ता है। फिर पति को कुछ क्षतिपूर्ति की रकम दी जाती है। यह रकम द्वितीय या प्रथम पति से वसूल की जाती है। उत्तर प्रदेश की 1971 की जनगणना की रिपोर्ट में थारू स्त्रियों के रंग-ढंग का विशद वर्णन है। कथित उच्च जाति की स्त्रियाँ सवेरे ही खेत में आती हैं, दोपहर में खाना खाती हैं, फिर शाम तक काम करती हैं। पर थारू स्त्रियाँ खूब बढ़िया नाश्ता करके काम पर जाती हैं, दोपहर के समय कुछ खाकर फिर घर लौटती हैं और अपने पतियों के लिए खाना बनाती हैं।

इस प्रकार ये स्त्रियाँ खाना पकाने के साथ ही खेती भी करती हैं। थारू स्त्रियाँ खेतों में धान के पौधे नहीं ले जातीं, यह काम पुरुष करते हैं। डॉक्टर मजूमदार के अनुसार स्थानीय (हिमालय की तराई के) जमींदारों ने इन सब कामों को बन्द करने की कोशिश की, पर इसका नतीजा यह हुआ कि ये लोग खेत छोड़कर नेपाल में जा बसे। थारुओं में स्त्रियाँ ही ढोर, मुर्गों, चिड़ियों तथा मकानों के आस-पास के बाग की मालकिन होती हैं। पुरुष चिड़ियाँ पकड़ने के जाल, हल, कोल्हू तथा अपने खेत में पैदा वस्तु के मालिक होते हैं, पर वे अपनी स्त्रियों की राय के बगैर इन चीजों को बेच नहीं सकते। अक्सर ऐसा होता है कि थारुओं में स्त्रियाँ पति पर जुल्म करती हैं। तब बेचारे पति को जाति के पुरोहित के पास जाना पड़ता है और उसके जरिए देवी-देवता की पूजा होती है। स्त्रियाँ अक्सर पुरुषों से बहुत अधिक काम लेती हैं और काम लेने में ज्यादती भी करती हैं। पर डॉक्टर मजूमदार ने लिखा है कि वहाँ के पुरुष इन बातों के आदी होते हैं, इसलिए वे हमारे समाज की स्त्रियों की तरह किसी कष्ट का अनुभव नहीं करते। इस सम्बन्ध में यह भी बहुत दिलचस्प है कि जैसे हमारे यहाँ स्त्रियाँ अपने पति का प्रेम प्राप्त करने के

लिए देवी-देवता, मदार, कुएँ, पेड़-पत्थर पूजती हैं और गण्डा-ताबीज बाँधती हैं, उसी प्रकार से थारू पुरुष अपनी बीवी के प्रिय पात्र होने तथा मार आदि से बचने के लिए जादू-टोना तथा गण्डा-ताबीज आदि की मदद लेते हैं। डॉक्टर मजूमदार ने तो नहीं लिखा, पर ऐसी रीति है कि जैसे हमारे समाज में पुरोहितों तथा ओझों की मुख्य कमाई स्त्रियों के जरिए होती है, उसी प्रकार थारू लोगों में थारू पुरोहितों की कमाई पुरुषों के जरिए होती है। यह बात आश्चर्यजनक नहीं है, क्योंकि समाज का जो हिस्सा पिछड़ा हुआ होगा, साथ ही जो अपने को असहाय पाएगा, वही इस प्रकार गण्डा-ताबीज आदि के फेर में पड़ेगा। डॉक्टर मजूमदार ने (पृ. 72) कहा है कि थारू जाति मंगोल शाखा की है, इसी से उनके पुरुष कामचोर होते हैं। यह कारण कुछ सही नहीं मालूम होता, क्योंकि चीनी, जापानी रक्त में मंगोल अंश अधिक होने पर भी उनमें न कामचोरी है, न स्त्री प्रधानता है। इसलिए आर्थिक कारण और कुछ रूढ़ियाँ ही इसका असली कारण है।

साथी विवाह

आधुनिक काल में जज वी. लिंडसे ने विवाह तथा स्त्री-पुरुष के पावन सम्बन्ध पर बड़ी निर्भीकता और विस्तार से लिखकर बहुत ख्याति प्राप्त की है। इन्होंने Companionate marriage या साथी विवाह के नाम से एक नए प्रकार के विवाह का नारा दिया है। इस विवाह की तीन विशेषताएँ हैं—(1) जब साथी विवाह हो, तो सन्तानोत्पादन के विचार से न हो, इसलिए जन्म-निरोध सम्बन्धी सभी आधुनिकतम ज्ञान दम्पत्ति को प्राप्त हो। (2) जब तक कोई सन्तान न हो और स्त्री गर्भवती न हो जाए, तब तक तलाक के लिए इन दो व्यक्तियों के अतिरिक्त किसी से पूछने की आवश्यकता न हो। (3) यदि विवाह-विच्छेद हो जाए, तो स्त्री को किसी प्रकार से पति की ओर से भरण-पोषण के रूप में कुछ पाने का अधिकार न हो। यानी वे सम्पूर्ण रूप से अपरिचित और पहले के विवाह सम्बन्ध से बेदाग हो जाएँ। यदि देखा जाए तो जज लिंडसे का यह अत्यन्त आधुनिक अधिकार अति प्राचीन जोड़े की शादी का ही एक रूप है और उसमें कोई नई बात नहीं है। जज लिंडसे अपने इन्हीं मतों के कारण अपनी नौकरी से निकाले गए, क्योंकि रसेल के अनुसार यह पता लगा कि वह लोगों में पाप भावना जगाने की बजाए उनके सुख को बढ़ाने की कोशिश करते हैं। वह बहुत दिनों तक डेनेवर में बच्चों की अदालत के इन्चार्ज थे, तब क्लुक्लुक्सलान तथा कैथोलिकों ने मिलकर उनको निकलवा दिया। इसमें कोई आश्चर्य नहीं, क्योंकि हमारे वर्तमान पुरुषप्रधान पूँजीवादी समाज में किसी बात को, चाहे वह कितनी ही बुरी हो, करना उतना खराब नहीं है जितना उसकी बातें करना। सच बात तो यह है कि विवाह के सम्बन्ध में मनुष्यजाति अब तक इतनी तरह के और इतने अंशों का प्रयोग कर चुकी है

कि उसमें बिल्कुल ही कोई नई बात सोचना सम्भव नहीं है।

इस सम्बन्ध में एक बहुत ही सुपरिचित तथ्य बात यह है कि दक्षिण के सलेम तथा त्रिचनापल्ली जिलों के कोल्ली मलयालियों में जज लिंडसे के साथी-विवाह की प्रथा न मालूम किस युग से व्यावहारिक रूप से मौजूद है और बहुत सफलता से चल रही है। हाँ, उसमें कुछ प्रभेद अवश्य हैं, पर मूलगत बातों में वही आजादी है, इसमें सन्देह नहीं। हम पहले ही बता चुके हैं कि कोल्ली मलयालियों में स्त्रियाँ अपने पति की पत्नी होते हुए भी किसी भी पुरुष से सम्बन्ध बना सकती हैं और इसके लिए किसी पक्ष को कोई कष्ट नहीं उठाना पड़ता। कानूनी पति से पत्नी को या पत्नी के प्रेमिक को किसी भी प्रकार कोई सम्मति नहीं लेनी पड़ती। बात यह है कि यह उम्मीद ही नहीं की जाती कि पति को इसमें कोई आपत्ति होगी। न कार्य रूप में कभी आपत्ति होती है। एक स्त्री के प्रेम के सम्बन्ध में यह समझा जाता है कि वह सम्पूर्ण रूप से उस स्त्री के स्वतन्त्र निर्णय पर अवलम्बित है। यदि वह किसी पुरुष से प्रेम करती है, तो वह अच्छी बात है। पर अगर वह इस प्रेम को बदल देती है तो भी उस पर किसी प्रकार का दबाव डालना गलत समझा जाता है। इसीलिए कोल्ली मलयालियों में स्त्री सम्बन्धी फसाद नहीं होते। यदि कोई विवाहित कोल्ली मलयाली स्त्री किसी परपुरुष के प्रेम में पड़ जाती है, तो वह अक्सर उसके घर में जाकर रहने लगती है और वह चाहे कभी अपने कानूनी पति के घर लौटे या नहीं, पर समझा वही जाता है कि उसके सब बच्चे कानूनी पति के ही बच्चे हैं। इस प्रकार जज लिंडसे द्वारा अभिलंबित यौन स्वतन्त्रता देने के साथ ही बच्चों के सम्बन्ध में यहाँ के इस नियम को भी लागू किया जाता है कि विवाहिता स्त्री के बच्चे उसके पति के ही बच्चे समझे जाएँगे। हमारे कहने का मतलब यह नहीं है कि इस सम्बन्ध में हम कोल्ली मलयालियों का अनुसरण करें, बल्कि कहने का मतलब केवल इतना है कि जज लिंडसे ने जो बात सोची है, वह कोई अनहोनी नहीं है। कोल्ली मलयालियों में यह प्रथा इसी रूप में मौजूद है। वर्तमान समाज में जब तक ईर्ष्या कायम है, तब तक कोल्ली मलयालियों की यह प्रथा किसी भी तरह हमारे यहाँ के समाजों में प्रचलित करने की बात अकल्पनीय है।

वैदिक युग में भारतीय स्त्री

दीर्घतमा ऋषि के समय से आर्यों में विवाह का प्रवर्तन हुआ, और श्वेतकेतु औद्दालकि ने इसमें बाद को कुछ सुधार किए। यह ज्ञात नहीं है कि यह दीर्घतमा ऋषि कौन थे और उनकी सेवाएँ किस प्रकार की थीं, फिर भी इतना ज्ञात है कि उनके पहले स्त्रियाँ अनावृत रहती थीं और उसके बाद ही अपेक्षाकृत आधुनिक अर्थों में विवाह का प्रवर्तन हुआ। श्वेतकेतु औद्दालकि के सम्बन्ध में जो अनुश्रुतियाँ पहले दी गईं, उनके अलावा यह भी एक अनुश्रुति है कि एक दिन जब उन्होंने अपनी माता को एक अपरिचित के द्वारा बलपूर्वक अपहृता तथा घर्षिता होते देखा, तो उनको बड़ा क्रोध आया। पर पूछने पर ज्ञात हुआ कि इसमें कोई बुराई नहीं है, क्योंकि यही लोकाचार है। तब उन्होंने विवाह प्रथा का प्रवर्तन किया। ऐसा ज्ञात होता है कि श्वेतकेतु दीर्घतमा के बाद हुए। पर जो भी हो, इन कहानियों से इतना तो ज्ञात है ही कि आर्यों में एक अवस्था अवश्य ऐसी थी जब उनमें विवाह प्रथा अर्थात आधुनिक अर्थ में विवाह प्रथा नहीं थी। आर्य जिस समय इतिहास में पदार्पण करते हैं, यानी वेदों में जिन कार्यों का प्रतिपदन हम पाते हैं, उससे पता चलता है कि आर्य आदिम बाधा-निषेधहीन मैथुन, मातृगमन और भगिनीगमन के युग को बहुत पीछे छोड़ आए थे और वह पितृप्रधान परिवार-तन्त्र में पहुँच गए थे।

परिवार का रूप

इसलिए हम उनमें पूर्ववर्णित पितृप्रधान परिवार तन्त्र की जितनी भी विशेषताएँ हैं, सबको न्यूनाधिक रूप में पाते हैं। फिर भी जैसा कि हम पहले ही यम-यमी के उपाख्यान द्वारा बता चुके, भगिनी-गमन की स्मृति अभी कायम थी। यह भी साफ है कि यद्यपि पितृप्रधान परिवार बहुत कुछ दृढ़ हो चुका था, फिर भी वह अभी पत्थर की लकीर नहीं बना पाई थी। विधवा विवाह तथा चिर कुमारियों का भी पता मिलता है। जो स्त्रियाँ चिरकुमारी रहती थीं, वे अविवाहित अवस्था में पिता के घर में रहती थीं। अनेक कन्याएँ योग्य वर न मिलने पर चिरकुमारी होकर पिता के घर में रह जाती थीं। (भारतीय समाज पद्धति, भूपेन्द्र दत्त, 'हंस' में प्रकाशित लेखमाला)

इसी के साथ बहुपत्नीत्व और बहुपतित्व का भी पता मिलता है। इससे, विशेषकर शेषोक्त प्रथा से, ज्ञात होता है कि यौथ समाज से वैदिक आर्य अभी बहुत दूर नहीं आए थे।

अक्सर प्राचीन भारत का इतिहास लिखते समय वैदिक युग, उत्तर-वैदिक युग, पुराण युग आदि रूप में युगों का बटवारा किया जाता है। पर हम यह समझते हैं कि वैदिक आर्यों को पौराणिक आर्यों से एक हद तक ही अलग किया जा सकता है। वेदों में और पुराणों में बहुत से उपाख्यान हैं। इसमें सन्देह नहीं कि पुराण के नाम से उपलब्ध साहित्य वैदिक काल के बाद की रचना है। पर बहुत से पौराणिक उपाख्यानों का वेदों में पूर्णतः या भ्रूण रूप से मौजूद होना यह बताता है कि कम से कम वे घटनाएँ, यदि वे ऐतिहासिक हैं, वैदिक युग में या उससे पहले घटित हुई होंगी। इस सम्बन्ध में वैदिक उपाख्यान का पुराण में परिवर्तित रूप द्रष्टव्य है और उसकी खोज से बहुत-सी बातें ज्ञात हो सकती हैं, जैसे अदिति के उपाख्यान से हम देख चुके हैं। उसमें बाद को जो संशोधन हुआ, उससे क्या बातें मालूम होती हैं, यह हम पहले ही बता चुके हैं। इस दृष्टि से हम पौराणिक युग के बारे में कह सकते हैं कि घटनाएँ तो वैदिक युग की और कुछ हद तक प्राग्वैदिक युग की रहीं, पर उनका संस्करण वेद की रचना के बाद हुआ। इसके अतिरिक्त किसी अन्य अर्थ में पौराणिक युग मानना शायद उचित न होगा। हमने जहाँ भी पौराणिक युग लिखा है, वहाँ उसका अर्थ पौराणिक संस्करण से ही है।

एक आवश्यक स्पष्टीकरण

कहीं हमारा कथ्य कुछ अस्पष्ट न रह जाए, इसलिए एक छोटे-से उदाहरण से इस वक्तव्य को स्पष्ट कर दिया जाए। वाल्मीकि ने रामायण लिखी, उसमें एक समाज का चित्रण मिलता है। तुलसीदास ने भी रामायण लिखी और ऐसा करते हुए उन्होंने वाल्मीकि रामायण को ही अपना आधार माना। फिर भी तुलसीदास की रामायण में हम एक हद तक तुलसीदास के समाज का ही चित्रण पा सकते हैं। इसी प्रकार इसी रामायण को लेकर आधुनिक काल में माइकेल मधुसूदन दत्त ने 'मेघनाथ वध' लिखा और मैथिलीशरण गुप्त ने 'साकेत' लिखा, पर कथा का आधार काफी कुछ एक होते हुए भी इन सबमें कवि के समय का ही चित्रण है। इसी अर्थ में पुराणों में हम वेदों के अतिरिक्त बाद के युग की झलक पा सकते हैं। अवश्य रूढ़ि के कारण तथा मूलकथा से बहुत दूर हट जाने की इच्छा के कारण जिस समय पुराण लिखे गए हैं, उस समय के समाज के विशुद्ध चित्र को भी पुराणों में खोजना व्यर्थ है, फिर भी एक बड़ी हद तक उनका असर आ ही जाता है, इसमें सन्देह नहीं। इसलिए हम वैदिक युग की स्त्रियों का जो वर्णन करने जा रहे हैं, उसमें वेदों में उल्लिखित स्त्रियों तक ही अपने वर्णन को सीमित न रखकर एक विस्तृत अर्थ

में प्राचीन भारत की स्त्रियों का वर्णन करेंगे।

अन्य इंडो-योरोपीय जातियों की तरह परिवार या कुल ही वैदिक आर्यों के संगठन का केन्द्र था। परिवार का प्रधान गृहपति कहलाता था। पाश्चात्य पैट्रयार्क (Patriorek) शब्द का यह सबसे निकट प्रतिशब्द है। जिस परिवार में जो गृहपति होता था, वहाँ उसकी स्त्री गृहपत्नी होती थी (अथर्व. 14/1/43)। इस स्त्री को जापा कहते थे, क्योंकि उससे वंश की वृद्धि होती थी। लोग विशेष रूप से पुत्र की कामना किया करते थे। (1/92/13) पुत्र से ही पिता के वंश की वृद्धि होती थी। (1/91/20) (1/92/13, 1/1/23) परिवार की वंशवृद्धि पर गोपा वंशवृद्धि की प्रार्थना के साथ ही भूमि की वृद्धि की इच्छा और आकांक्षा तथा पुत्रों की वीरता की बात भी सम्मिलित रहती थी। कन्या उत्पन्न होने पर तनिक भी अफसोस और आनन्द नहीं होता था। (भारतीय समाज पद्धति, भूपेन्द्र दत्त, 'हंस' में प्रकाशित लेखमाला)

पुत्रोत्पादन पर जोर

भारतीय आर्य पितृ-पूजक थे, इसलिए पिण्डोदक के लिए पुत्रोत्पादन बहुत आवश्यक समझा जाता था। हम देख चुके हैं कि पितृप्रधान सतत समृद्धिशील, विशेषकर समरलिप्त जाति के लिए यह एक आवश्यक कामना थी। ऋग्वेद में बहुत-सी जगहों पर पुत्र-कामना का परिचय मिलता है। विवाह मंत्र (ऋग्. 10/85) में वर प्रार्थना करता है कि "हे इन्द्र, यह कन्या पुत्रवती तथा सौभाग्यवती हो।" इसी मंत्र में इन्द्र से कहा जाता है, "हे वृष्टिदाता इन्द्र, इस कन्या को सुपुत्रों की जननी बना, इसे अपने पति को सुख देनेवाली बना, इसे दस पुत्र दे, और इसके पति को ग्यारहवाँ इन्द्र बना।" विश्वामित्र बार-बार अग्नि देवता से मंत्रों द्वारा पुत्रकामना करते हैं। वे कहते हैं, "हे अग्नि, हमारे कुल में पुत्र और शौर्य उत्पन्न हो और तेरी कृपा हमेशा इस पर रहे।" अध्यापक हारानचन्द्र चकलादार ने इस मंत्र को उद्धृत कर यह कहा है कि ऋग्वेद में कम से कम सात मंत्रों में विश्वामित्र वाले हिस्से में यही बात कही गई है और यही मंत्र सामवेद (176) तथा यजुर्वेद के अन्य सब भागों में मिलता है। चकलादार आगे और भी बताते हैं कि वेदों के आर्य किस प्रकार पुत्र की कामना करते हैं। एक दूसरे मंत्र में यों कहा गया है कि जो व्यक्ति सोम की तुष्टि सन्धान करता है, उसे ऐसा एक वीर पुत्र मिलता है, जो घर के कामकाजों में, अन्य कामों में, पूजारत समाज में उच्च तथा अपने पिता के लिए सम्मानस्वरूप हो। एक दूसरे मंत्र में यह कहा गया है कि ऐसे बच्चे को पुत्र नहीं कहा जा सकता जो दूसरे के द्वारा उत्पन्न किया गया है, केवल अज्ञ लोग ही ऐसे बच्चे को अपना पुत्र समझते हैं। हम किसी भी तरह पुरुष-वंश परम्परा से अलग न हों। दूसरे से उत्पन्न तो गैर है। उसका सम्मान किया जाय, पर उसे किसी

भीं हालत में अपना पुत्र कहकर अपनाने की आवश्यकता नहीं है। इस प्रकार दूसरे के द्वारा उत्पन्न पुत्र को अपना पुत्र कहकर अपनाने की बात सोचनी भी नहीं चाहिए, क्योंकि वह तो अपने ही घर में लौट जाएगा। इसलिए "हमारा एक नवजात पुत्र हो, जो दूसरे के लिए भय का कारण होगा तथा शत्रुओं पर विजय प्राप्त करेगा।" इस मंत्र को उद्धृत कर चकलादार कहते हैं कि वैदिक युग में दूसरे के पुत्र को गोद ले लेने की बात ज्ञात थी, पर इसे पसन्द नहीं किया जाता था। (*Cultural Heritage of India, जिल्द 3, पृष्ठ 186-87*) हम समझते हैं कि इस मन्त्र में इससे भी अधिक बात है और वह यह है कि अब पितामहप्रधान समाज में बहिन के या भाई के पुत्र को पुत्र न समझकर अपने औरस-जात पुत्र को ही पुत्र मानने की बात है। कहना न होगा कि यह इच्छा, जैसा कि हम देख चुके, पुरुषप्रधान वैयक्तिक सम्पत्ति के उदय से ही उत्पन्न हुई।

पुत्री नहीं, पुत्र

इसमें आश्चर्य नहीं है कि पितामहप्रधान समाज में पुत्र-पौत्र की उत्पत्ति पर वेदों में बहुत-से मन्त्र आते हैं। अथर्ववेद में भी कई मन्त्रों में गर्भाधान और पुंसवन के अवसर पर जिन मन्त्रों के उच्चारण की बात कही गई है, उनमें भी पुत्रैषणा प्रबल रूप से दृष्टिगोचर होती है। एक मन्त्र (अथर्व. 25/10-13) में कहा गया है, "हे ध्वाता, हे त्वष्टा, हे सविता, हे प्रजापति, इस स्त्री के गर्भ में एक दिव्य सौन्दर्यसम्पन्न पुत्र को स्थापित करो जो दसवें मास में उत्पन्न हो।" लड़कियों के प्रति तिरस्कार का भाव अथर्ववेद के इस मन्त्र से दृष्टिगोचर होता है, "हे प्रजापति, अनुमति और शिनिवाली ने एक पुत्र की रचना की है। पर वे किसी और स्थान पर कन्या उत्पन्न करें, यहाँ तो पुत्र ही उत्पन्न करें।" (*अथर्व. 9/2/3*)

एक मन्त्र (3/23/3-6) में यों आता है, "हे नारी, तू प्रधान पुत्र को उत्पन्न कर और उसके बाद फिर प्रधान पुत्र को उत्पन्न कर और जिन-जिन पुत्रों को तू उत्पन्न करे, उन उत्तम रीति से उत्पन्न पुत्रों की तू माता बनी रहे, अर्थात तेरे सब पुत्र चिरकाल तक जीवित रहें।"

"समर्थ उत्तम पुरुष अपने शरीर में जिन कल्याणकारी बीजों को उत्पन्न करें, उन अमोघ बीजों से तू पुत्र प्राप्त कर"...। "हे नारी, तेरे लिए मैं प्रजापति का कार्य अर्थात् पुत्रोत्पत्ति का कार्य करता हूँ। योनि में गर्भ-स्थापना हो। हे नारी, तू ऐसे पुत्र को प्राप्त कर जो तुझे कल्याण और सुख दे, उस पुत्र के लिए तू भी शान्तिदायक माता हो...जिन लताओं का परिपालक है और पृथ्वी और जल-धाराओं को बरसानेवाला मेघ है, ये दिव्य औषधियाँ तेरी और तेरे गर्भस्थ पुत्र की रक्षा करें।" (*अथर्ववेद-अनुवाद, जयदेव शर्मा*)

अध्यापक चकलादार ने गोमिल-गृह्य-सूत्र (2/79/14-15) का हवाला देकर

दिखलाया है कि जिस समय स्त्री गर्भवती है, उस समय पति या पुरोहित आग के चारों ओर दर्भतृण लेकर उसके चारों ओर आग डालते हैं और उस समय दो मन्त्र कहते हैं। वे कहते हैं, "उत्पन्न होनेवाला अमुक नाम पुत्र होगा।" अमुक की जगह पर जो नाम कहा जाता है, वह गुप्त रखा जाता है। एक टीकाकार ने लिखा है कि इस प्रकार गुप्त रखने का अर्थ यह है कि कहीं दुश्मन लोग उसको सुनकर हँसाई न करें। ऐतरेय ब्राह्मण में कुछ ऐसे मन्त्र आए हैं, जो अध्यापक चकलादार के अनुसार बहुत पुराने हैं। इनमें पुत्रोत्पत्ति से होने वाले अशेष कल्याण का वर्णन किया गया है। ईक्ष्वाकु वंश के राजा हरिश्चन्द्र के प्रश्न का उत्तर देते हुए नारद कह रहे हैं कि जीवित पुत्र का सुख देखकर व्यक्ति एक ऋण से उऋण मात्र होता है और अमरत्व प्राप्त करता है। पृथ्वी, अग्नि, जल इन सबों में जो आनन्द है, उनसे कहीं अधिक आनन्द पिता को पुत्र से है। आत्मा, आत्मा से उत्पन्न होती है। पुत्र एक नौका है, जिसके द्वारा पार लगा जाता है। हे ब्राह्मण, पुत्र का मुख देखो। यही परामर्श है। खाद्य श्वास है, वस्त्र आवरण है, स्वर्ण आभूषण है, पशुधन से विवाह होता है, स्त्री साथिन है, कन्या दुःख है और पुत्र उच्चतम स्वर्ग में प्रदीप स्वरूप है। पिता अपनी स्त्री में प्रवेश करता है—बीज रूप में पुत्र माता में प्रवेश करता है और उसमें नवीभूत होकर दशम मास में उत्पन्न होता है। स्त्री का नाम जापा है, क्योंकि उसी में पुरुष फिर से उत्पन्न होता है। पुत्र के अलावा व्यक्ति स्वर्ग प्राप्त नहीं कर सकता। इसी प्रकार शतपथ ब्राह्मण (9/4/14-20) में गर्भाधान क्रिया का जो वर्णन है, उससे यह ज्ञात है कि भावी पिता को पुत्र की फिक्र है। इसी कारण अंधी लड़कियों की भी शादी हो जाती थी। (*ऋग्वेद, 10/29/11*)

यहूदियों में पुत्र-पुत्री भेद

लेविटिक्स (12/1-5) में यहूदियों का ईश्वर कहता है—यदि स्त्री पुत्र उत्पन्न करे, तो वह सात दिन तक अशौच समझी जाएगी, इसके बाद आठवें दिन बच्चे की सुन्नत की जाएगी। पर यदि वह बच्ची पैदा करे तो दो सप्ताह तक अशौच रहेगी। पहले क्षेत्र में वह तैंतीस दिन तक किसी पवित्र वस्तु को स्पर्श न कर सकेगी, पर दूसरे क्षेत्र में उसका इस प्रकार आंशिक अशौच सत्तर दिन तक रहेगा। इस उल्लेख से बिल्कुल स्पष्ट है कि यहूदियों में भी पुत्रियों को कहीं अधिक निकृष्ट समझा जाता था।

कन्या के लिए इच्छा

इन उद्धरणों से ऐसा ज्ञात होता है कि स्त्रियों की अवस्था वेदकालीन युग में ही काफी बिगड़ती चली जा रही थी, फिर भी यह बात नहीं कि कन्या के लिए वैदिक

साहित्य में कहीं कोई इच्छा है ही नहीं। ऐतरेय उपनिषद् (2/5) और बृहदारण्य उपनिषद (6/4/17) में विदुषी कन्या की इच्छा की गई है।

स्वयं ऋग्वेद (1/185/5) में एक उपमा देकर आकाश और पृथ्वी का सम्बन्ध बतलाया गया है कि बाप की गोद में लड़कियाँ खेल रही हैं। एक अन्य मन्त्र (ऋग्. 8/31/8) में कहा गया है कि पुत्र तथा कन्या उत्पन्न कर दम्पत्ति जीवन की पूर्णता प्राप्त करें। एक दूसरे मंत्र (ऋग्. 2/75/5) में पिता से यह कहा जा रहा है कि उसके पास बहुत-सी पुत्रियाँ हों, जिससे वह एक ऐसे तर्कश का मालिक हो, जिसका एक-एक बाण मनुष्य के हृदय को विद्ध कर सके। संस्कृत में लड़की के लिए जो दुहिता शब्द है, वह बहुत-सी भाषाओं में है, जैसे ईरानी दुख्तर, जर्मन दोख्तेर, अंग्रेजी डाटर इत्यादि। दुहिता शब्द का अर्थ गाय दुहने वाली है। श्री एस. सी. सरकार ने कोलब्रुक का अनुसरण करते हुए कहा है कि दुहिता शब्द का अर्थ "शिशु का सम्भव लालन-पालने करने वाली है।" श्री भगवतशरण उपाध्याय ने इसे नहीं माना है। लड़कियों के सम्बन्ध में यह उल्लेख आया है कि वे दुग्ध के साथ अपनी मिठास मिला देती हैं, जहाँ घी बनता है वहाँ वे देखी जाती हैं। (ऋग्. 1/135/9) इस प्रकार दूध दूहना, घी निकालना आदि कन्याओं का मुख्य काम था। सीने-पिरोने का काम भी उन्हीं का था (ऋग्. 2/3/6) वे कुओं से पानी लाती थीं और खेत की रखवाली भी करती थीं। (ऋग्. 4/20) श्री उपाध्याय ने बताया है कि खेत की रखवाली का काम लड़कियाँ बहुत बाद तक करती रहीं। इस प्रकार बड़े घरानों में न सही, साधारण लोगों में लड़कियाँ बहुत काम करती थीं। इसलिए ऐसा नहीं हो सकता कि वैदिक समाज में उनका बिल्कुल ही अनादर होता हो।

इससे कम-से-कम इतना अनुमान किया जाता है कि पितृप्रधान युग में भी पहले-पहल पुत्र और कन्या दोनों की ही हैसियत बराबर रही होगी, पर वह अवस्था अधिक दिन तक न टिक सकी। बाद के युग में सब कुछ होते हुए भी वेदों में स्त्रियों को जितनी स्वतन्त्रता है, उतनी उत्तर काल में कभी नहीं रही। बहुत से लोग धार्मिक दृष्टि से वैदिक युग को स्वर्ण युग समझते हैं। हम लोगों के सम्बन्ध में ऐसी आशा नहीं की जा सकती कि हम किसी कुसंस्कारवश इस प्रकार के विश्वास का समर्थन करें, पर बहुत अच्छी तरह अध्ययन और मनन करने के बाद हम इस नतीजे पर पहुँचने को विवश हैं कि वैदिक युग में स्त्रियों को बाद के युगों के मुकाबले अधिक स्वतन्त्रता थी। आजकल की मध्यवित्त श्रेणी या उच्च श्रेणी की भारतीय स्त्रियाँ जिन अधिकारों के लिए शोर मचाती हैं, वे अधिकार वैदिक युग की स्त्रियों को स्वतः प्राप्त थे। जैसा हम देख चुके हैं, लड़कियों पर लड़कों को तर्जीह दिए जाने की मनोवृत्ति का परिचय मिलता है। पर साथ ही बहुत-सी ऐसी बातें मिलती हैं, जिनसे यह पता चलता है कि बहाव धीरे-धीरे स्त्रियों के विरुद्ध जाने पर भी अभी तक बहुत कुछ समान था।

किस युग में स्त्रियों को कहाँ तक स्वतन्त्रता प्राप्त है, इसका पता लगाने के लिए सबसे अधिक जानकारी इस प्रश्न के उत्तर से मिल सकती है कि अपने जोड़े या पति के चयन में स्त्रियों को कहाँ तक स्वतन्त्रता थी। स्मरण रहे, स्वतन्त्रता से मतलब वास्तविक स्वतन्त्रता है, केवल एक कानूनी और वैधानिक स्वतन्त्रता नहीं। जब इस कसौटी पर हम वैदिक समाज को कसते हैं तो यह पता चलता है कि स्त्रियों को यथार्थ में बहुत स्वतन्त्रता थी। उत्सवों में तथा वैदिक 'समन' स्थान में स्त्रियाँ तथा पुरुष स्वतन्त्रता के साथ मिलते थे। महाव्रत आदि वैदिक यज्ञ में स्त्री और पुरुष मिलकर नाचते-गाते थे और इस अवसर पर प्रेमी-प्रमिकाओं को मिलने का यथेष्ट अवकाश मिलता था। समनों में रथों और घोड़ों की दौड़ होती थी। रात के उत्सव में मशालें जलाई जाती थीं (ऋग्. 7/9/4) कन्याएँ खूब सजकर हँसती हुई उसमें शामिल होती थीं और अक्सर सारी रात वहीं रह जाती थीं। इस प्रकार जो परिचय होता था, उसमें कन्याएँ बाद को अपने कक्ष में प्रेमियों को बुला लेती थीं। (*ऋग्. 1/48/910/60/11*)

मोहनजोदाड़ो में भी स्त्रियों में पर्दा नहीं था। बालिका विवाह वैदिक समाज में नहीं था। इससे भी यह ज्ञात होता है कि विवाह में कन्याओं का मत आवश्यक समझा जाता था। केवल यही नहीं, प्राप्तवयस्क कन्याएँ पिता-माता के मत के विरुद्ध विवाह सूत्र में आबद्ध होने में झिझकती नहीं थीं। सहपाठी छात्र-छात्राओं में अक्सर प्रेम सम्बन्ध हो जाता था, जो बाद को प्रेम विवाह के रूप में फलीभूत होता था। बड़े-बड़े ऋषियों के आश्रम और दूसरे विद्या मन्दिरों में कन्या और पुत्र दोनों का शिक्षण होता था।

कन्या सम्प्रदान नहीं

उन दिनों में कन्या सम्प्रदान का रिवाज नहीं था। कन्याएँ खुद अपने आपको दे लेती थीं। मौका पड़ने पर छोटी बहनें बड़ी बहनों से पहले शादी कर लेती थीं। बाद के युग में ही इस रिवाज का जोर बढ़ा कि बड़ी लड़की की पहले शादी हो। समन में यह सम्भव न था कि बड़ी की ही पहले शादी हो। सूर्या के विवाह सम्बन्धी मन्त्र (ऋग्. 1-112-19 आदि) से ज्ञात होता है कि कन्या की आयु इतनी हो चुकी थी कि वह माता होने योग्य थी। विवाह में जो रस्में अदा की जाती थीं, उन्हीं से ज्ञात है कि कन्या प्राप्तवयस्का होती थी। कन्या, कना, कनीनचा, कन्यना, प्रवती, योषा, योषन—इन सब शब्दों का अर्थ प्राप्तवयस्का स्त्री होता था। हम आगे बतलाएँगे कि वैदिक समन-उत्सव के रूप में मौर्य युग तक जारी थे, पर आश्चर्य तो यह है कि भारतवर्ष में अब भी ऐसी जातियाँ मौजूद हैं, जिनमें सदृश प्रथा मौजूद है।

केकड़ा त्यौहार

हाइमनडार्फ ने उड़ीसा की गड़वा जाति के केकड़ा त्यौहार का जो वर्णन किया है, वह बहुत ही दिलचस्प है। संक्षेप में, यह त्यौहार इस प्रकार मनाया जाता है। नवम्बर-दिसम्बर की पूर्णिमा के दिन यह त्यौहार पड़ता है। इसके कुछ दिन पहले ही गाँव के अविवाहित लड़कों तथा लड़कियों में वीसे नामक जो सरदार होता है, वह लड़कों को लेकर एक ऐसे पत्थर की तलाश में जाता है जिसे उस दिन उपलक्ष्य बनाकर उत्सव मनाया जाता है। पूर्णिमा के दिन जब सूर्यास्त होता है, तब वीसे के साथ-साथ गाँव का मुखिया सब अविवाहित लड़कों को लेकर उस पत्थर के साथ रवाना होता है और हल्दी से सने हुए अक्षत को बरसाकर कहता है, "हे पत्थर, प्राचीन बस्ती से हम तुमको ले जाना चाहते हैं। तुम हल्के हो जाओ। खड़े हो जाओ। हे पत्थर, हम तुम्हें त्यौहार के उपलक्ष्य में पत्ते पर खाना देंगे।" इसके बाद वह हाथ जोड़कर पत्थर के सामने प्रार्थना करता है। इसके बाद गाजे-बाजे के साथ वह पत्थर गाँव में ले जाया जाता है और वहाँ उसका स्वागत किया जाता है। फिर उसकी प्रार्थना होती है। पत्थर पर सफेद मुर्गी का एक चूजा चढ़ाया जाता है और उसके रक्त को छिड़ककर फिर उसकी प्रार्थना होती है। इसके बाद सब लोग खाना खाने घर चल देते हैं। खाना खाने के बाद अविवाहित लड़के व लड़कियाँ अपने माता-पिताओं से कुछ शराब लेकर वीसे के सुपुर्द करते हैं। फिर रात-भर लड़के और लड़कियाँ गाते-बजाते-नाचते और उत्सव मनाते हैं। फिर इसी अवसर पर केकड़े भी भूनकर खाए जाते हैं। कोई फसाद न हो, इस उद्देश्य से सब वीसे की देखरेख में रहते हैं। इस अवसर पर उस पत्थर के सामने सेमल के पेड़ की डालें भी गाड़ी जाती हैं। बाद को इनमें से कुछ हरिया भी जाती हैं। जो भी हो, उस उत्सव में पत्थर पूजा, मृत पूजा, बलिदान आदि कई उपादान होते हैं। हम यहाँ पर इसके समन जैसे चरित्र की ओर ध्यान आकर्षित करते हैं।

दम्पति देवता विश्वावसु

विवाह की रस्मों में एक विश्वावसु की रस्म होती थी। (ऋग्. 10/85/21-22) इस रस्म के सम्बन्ध में कहा गया है कि विवाह के बाद पहली चार रात तक दम्पत्ति से यह उम्मीद की जाती थी कि वे यौन-सम्बन्ध स्थापित न करेंगे। तदनुसार इन दोनों के बीच में एक क्षणबाधा रखी रहती थी। इसी को विश्वावसु कहा जाता था। जब चार दिन खतम हो जाते, तो वर वधू की शैया पर पैर रखकर विश्वावसु से कहता था—"यहाँ से उठो, मैं इस कन्या का पति हूँ। मैं विश्वावसु का मन्त्रों से गान करता हूँ। उसके पिता के घर में जाकर अन्य की तलाश करो और प्राचीन युग से जो हिस्सा तुम्हें प्राप्त होता है, वह लो। यहाँ से हे विश्वावसु, उठो, हम सम्मान के साथ तुम्हारी पूजा करते हैं। किसी इच्छुक कुमारी को प्राप्त करो और

अब इस कन्या को छोड़ जाओ।'' (ऋग्. 10/85/21-22) विश्वावसु के रक्त के सम्बन्ध में यह ज्ञातव्य है कि उस युग में यह समझा जाता था कि पहले वरुण, सोम, अग्नि, और विश्वावसु के साथ कन्या का विवाह होता है। इसके बाद पति के साथ कन्या का विवाह होता है।

श्री भगवतशरण उपाध्याय ने इसकी एक कवित्वपूर्ण व्याख्या की है। वह कहते हैं कि वरुण कन्या की उस आयु के रक्षक हैं, जिस समय वह अभी वयस्कता में पदार्पण कर रही है। इस समय वरुण उसकी देखरेख रखते हैं। सोम की देखरेख का अर्थ है कि जब कन्या रजस्वला हो चुकती है, तब सोम का समय आता है। इसके बाद भी प्राकृतिक रूप से कन्या में पुरुष से समागम की इच्छा होगी ही, यह बात नहीं। इसलिए अग्नि इसके बाद कन्या में कामाग्नि उत्पन्न करते हैं।

विश्वावसु

विश्वावसु इसके बाद आते हैं। वह दम्पतियों के देवता हैं और कामकला के भी आचार्य हैं। इसके बाद पति की बारी आती है। यह कहना कठिन है कि असल में इस रस्म का क्या अर्थ है, पर पहले के अध्यायों में जो कुछ कह चुके हैं, उससे इस बात की कल्पना करने की गुंजाइश बन जाती है कि यौथ समाज से स्त्री जब बाद के समाज में पदार्पण करती है, कहीं यह रिवाज उस समय प्रचलित पहली रात पर बड़े लोगों के हक का तो प्रतीक नहीं है? किसी भी हालत में श्री उपाध्याय की व्याख्या वैज्ञानिक नहीं है। हाँ, हम उसे कवित्वपूर्ण कल्पना-भर कह सकते हैं। बहुत सम्भव है कि वरुण, सोम, अग्नि तथा विश्वावसु आर्यों के बड़े लोग हों और किसी जमाने में उन्हें पहली रात का हक रहा हो। बाद को केवल वे सूक्ष्मीकृत होकर रह गए। मैकडोलन ने लिखा है कि गन्धर्व विवाह प्रथा के प्रारम्भिक दिनों में विश्वावसु पति के प्रतिद्वन्द्वी समझे जाते थे। इससे भी हमारे अनुमान की पुष्टि होती है। जो भी हो, केवल चार दिन रुककर पाँचवें दिन यौन सम्बन्ध बनाने के अधिकार से यह तो स्पष्ट हो ही जाता है कि कन्याएँ विवाह के समय प्राप्तवयस्का होती थीं।

क्या पर्दा प्रथा थी?

जयचन्द्र विद्यालंकार ने लिखा है कि वैदिक युग में ''पर्दे का नाम भी नहीं था। स्त्रियाँ पुरुषों की तरह उच्च शिक्षा पाने, ब्रह्मचर्य धारण करने में स्वतन्त्र होतीं, और वैसी शिक्षा–ब्रह्मचर्य–से उन्हें पति खोजने में सुविधा होती थी। (अथर्व. 11/5/18) अनेक स्त्रियाँ ब्रह्मवादिनी और ऋषि भी होती थीं। युवकों और युवतियों को अपना साथी चुनने की पूरी स्वतन्त्रता थी। सामाजिक समागम और विनोद के लिए नियत स्थानों में उन्हें परस्पर परिचय और प्रेम करने के भरपूर अवसर मिलते थे। मर्द

और जवाँमर्द का योषा अर्थात् युवती के साथ अभयन (ऋग्. 1/115/2) और अभिमन (ऋग्. 4/27/5), पीछे पड़ना, मनाना, रिझाना—कल्याणी युवतियों के साथ पुरुषों का मोद और हर्ष (ऋग्. 10/30/4) करना, रीझने और प्रीति होने पर कन्या द्वारा पुरुष को परिष्वजन (आलिंगन) देना (ऋग्. 3/33/10)—दूसरी तरफ योषाओं और कन्याओं को अपने जारों (प्रेमियों) के लिए अनुवसन (9/32/5, 9/56/3)—ये सब बातें समाज में बहुत साधारण थीं। वैदिक कवि कन्याओं के उन अभयनों और अभिमननों के अनेक सुन्दर नमूने हमारे लिए छोड़ गए हैं। युवक अपनी प्रेमिका से कहता है, "जैसे इस भूमि पर वायु ने तृणों को मथ डाला है, वैसे मैं तेरे मन को मथता हूँ।" "चित्त समान हो, व्रत समान हो, जो अन्दर है वह बाहर आ जाए, जो बाहर है, वह अन्दर जाए।" (अथर्व. 2/30/1-5) "काम का जो भयानक इषु (तीर) है, उससे मैं हृदय बींधता हूँ।" (अथर्व. 3/25/1) "जैसे वृक्ष को लता चारों तरफ से परिष्वजन करती है, ऐसे मुझे परिष्वजन कर...जैसे पक्षी उड़कर भूमि पर पंख पटकता है, ऐसे मैं तेरे मन पर...जैसे द्यौ और पृथ्वी को सूर्य घेर लेता है, ऐसे में तेरे मन को घेरता हूँ...।" (अथर्व. 6/8/1-3) कन्या भी अपने प्रेमपात्रों को इसी तरह रिझाती थी—"रथ से जीतने वालों का—रथ से जीतनेवाली सन्तान अप्सराओं का यह स्मर कामदेव है। देवताओ, स्मर को भेजो। वह मेरा अनुसोचन करे, वह मेरा स्मरण करे। प्रिय मेरा स्मरण करे। देवताओ, स्मर को भेजो...मरुतो, उन्मादित करो। अन्तरिक्ष, उन्मादित करो। अग्नि, तू उन्मादित कर। वह मेरा अनुसोचन करे।" (अथर्व. 6/130)।

जयचन्द्र जी ने अपने विवरण से (विशेषकर पर्दा न होने के साथ) जो स्त्रियों को प्रेम करने का पूर्ण अधिकार दिखलाया है, इससे यह भ्रम हो सकता है कि वैदिक युग की नारियाँ पुरुष की तरह पूर्ण रूप से स्वतन्त्र थीं, पर यह बात नहीं। पितृप्रधान समाज में स्त्रियों की स्वतन्त्रता में कुछ कमी आना तो स्वाभाविक ही है। यदि हमें प्रत्यक्ष प्रमाण न मिलता तो भी अन्य जहाँ-जहाँ पितृकुल की स्थापना हुई है, उनकी हालत को देखकर वैदिक युग की स्त्रियों की अवस्था—यानी उनकी स्वतन्त्रता में कुछ कमी हुई होगी, हम इसका अनुमान कर सकते हैं। पर हमारे पास तो इस बात का प्रत्यक्ष प्रमाण मौजूद है कि वैदिक युग के आर्यों के घर चार भागों में विभक्त होते थे—पूर्विधान, अग्निशाला, पत्नीनाम सदन, सदस्य (अथर्व. 9/3/7) अर्थात सोमलता रखने का भंडार, पवित्र अग्नि रखने का स्थान, स्त्रियों के रहने का स्थान और एक बगल का घर। (भारतीय समाज पद्धति, भूपेन्द्रनाथ दत्त, हंस में प्रकाशित लेखमाला) अब यह जो पत्नीनाम सदन है, यह क्या बला है। यदि स्त्रियों को पूर्ण स्वतन्त्रता थी तो इस प्रकार स्त्रियों के लिए अलग स्थान होने का क्या अर्थ है।

फिर भी जैसा कि हम देख चुके, इसमें सन्देह नहीं कि पति के चयन में

स्त्रियों को बहुत बड़ी स्वतन्त्रता थी। बहुत-सी असभ्य जातियों में अब भी ऐसा है कि किसी-किसी खास दिवस पर कबीले के लोग एकत्र होते हैं। शराब पी जाती है। रात-भर नाच-गान होता है और बहुत-सी स्त्रियों के गर्भ रह जाते हैं। आर्यों में भी समन नाम का उत्सव होता था। इसमें नृत्य तथा खेल होते थे। हम बता चुके हैं कि अनेक बार यह समन रात-रात भर चलते थे और उषा ही आकर उनका विसर्जन कराती थी।

इन अवसरों पर कुमारियाँ अपने लिए पति पा जाती थीं। ''माता-पिता, भाई-बन्धु अपनी बेटियों और बहनों को शृंगार करने, सँवरने और अनुकूल वर खोजने में न केवल पूरी स्वतन्त्रता प्रत्युत पूरी सहायता भी देते थे। भाई इस काम में बहनों के विशेष सहायक होते। जो अभागी कन्याएँ अमातृका होतीं, उन्हें इस कारण विशेष साहसी बनना पड़ता (ऋग्. 124/8)। वे प्रायः भड़कीले लाल कपड़े पहनकर सभाओं में सम्मिलित होतीं और युवकों का ध्यान अपनी तरफ खींचतीं। श्री भगवतशरण उपाध्याय (प्रवासी वैदिक प्रणाली, भाद्र 1350) ने भाई के हिस्से के सम्बन्ध में जो लिखा है, उससे यह तस्वीर पूरी हो जाती है। वह लिखते हैं—''पिता का कर्तव्य था कि वह देखे कि लड़की को योग्य वर प्राप्त हो। पिता के अभाव में यह काम भाई के सुपुर्द होता था। भ्राता नाम से ही जाहिर है कि भाई का काम यह था कि वह बहिन की सामाजिक उठ-बैठ तथा गतिविधि की मित्रतापूर्ण देख-रेख करे,'' क्योंकि ऋग्वेद (4/5/6) में कहा गया है कि ''भाई के अभाव में बहिन अपने यौवन में विपत्तिग्रस्त हो सकती थी, इसलिए उसे सावधान रहना पड़ता था कि कहीं दुष्ट व्यक्ति बहन की कमजोरी का फायदा न उठाए। जब पिता तथा भाई दोनों नहीं होते थे, तो लड़की को स्वयं अपना वर खोजना पड़ता था।'' (1/12/4/7) तो एक तरफ समन और दूसरी तरफ पत्नीनाम सदन इनका समन्वय इससे होता है कि अविवाहित अवस्था तक कन्याओं को पूर्ण स्वतन्त्रता होती थी। इसके बाद उन पर कुछ रोक लगती। इससे हमें कोई आश्चर्य नहीं है, क्योंकि ग्रीस के हेटिरवाद में यही बात थी। ग्रीस में कुमारियों को पूर्ण स्वतन्त्रता रहती थी। इसके बाद उन पर रोक लग जाती थी। यह पितृप्रधान समाज का एक सोपान है।

वैदिक भाषा में कन्या शब्द का अर्थ अविवाहिता लड़की ही है। उसके आने-जाने पर कोई रोक-टोक नहीं है। ऐसा ऋगूवेद (4/58/8) में लिखा है। वह सभी सभा स्थानों या यज्ञों में स्वतन्त्रतापूर्वक जाती है। अक्सर उसकी माँ उसका ऐसे लोगों से परिचय करा देती है तथा ऐसी हिदायतें देती है, जिससे उसे पति ढूँढ़ने में आसानी हो।

इब्राहिम और सारा

यहूदियों की धर्म पुस्तक पुराने अहदनामे में यह लिखा है कि जिस समय इब्राहिम

अपनी पत्नी सारा के साथ मिस्र गए, उस समय उन्होंने मिस्र के राजा से कहा कि सारा उनकी बहिन है। इस पर राजा ने उनको अपने हरमसरा में दाखिल कर लिया, पर जब बाद को यह भेद खुला कि सारा इब्राहीम की बहिन नहीं, बल्कि पत्नी है, तब राजा बहुत घबराए कि उन्होंने पाप कर डाला। उन्होंने इब्राहिम को इसके लिए बहुत बुरा-भला कहा कि तुमने उस सम्बन्ध में असलियत छिपाई। इस कहानी की व्याख्या करते हुए बर्टेंड रसेल ने बताया है कि पुराने अहदनामे में व्यभिचार से बचने की जो बात कही गई है, उसका अर्थ विवाहिता स्त्री के साथ व्यभिचार है, न कि किसी कुमारी के साथ सम्बन्ध।

विवाह का अर्थ

विवाह शब्द (वि-वाह) की उत्पत्ति के साथ इस घटना का सम्बन्ध बताया जाता है कि वर वधू को अपने रथ में ले जाता था। इसके साथ-साथ विवाहाग्नि भी जाती थी और उसे गृहाग्नि के रूप में स्थापित करते थे। यदि विवाह शब्द की यह उत्पत्ति मान ली जाए, तो इससे केवल यही बात सिद्ध नहीं होती कि अग्नि के आविष्कार के बाद एकविवाह-प्रथा का सूत्रपात हुआ, बल्कि रथ बनाने की कला के बाद यानी यथेष्ट उन्नत अवस्था में विवाह-प्रथा का प्रवर्तन हुआ था। जो भी हो, जैसा हम बता चुके हैं कि पत्नी या विवाहिता स्त्री पर कुछ रोक अवश्य ज्ञात होती है, पर स्त्रियों की हालत किसी भी तरह गिरी हुई नहीं थी। नव-विवाहिता वधू को ससुराल में लाकर कहा जाता था, "घर पर शासन करो, सास पर शासन करो, मेरी बहन (ननद) पर शासन करो।" स्त्रियों की सबसे बड़ी इज्जत यह थी कि यज्ञ में उनका बराबर का स्थान होता था। तैत्तरीय ब्राह्मण (2/2/2/6) कहता है कि स्त्रीहीन व्यक्ति के लिए कोई यज्ञ ही नहीं है। पाणिनी (4/1/33) यह कहते हैं कि स्त्री को इसलिए पत्नी कहा जाता है कि यज्ञ के साथ उसका संयोग है। अत्रि ऋषि अग्नि से कह रहे हैं, "हे प्रबल बलशाली अग्नि, विवाहित दम्पति जो यज्ञ करते-करते जीर्ण हो गए हैं, संयुक्त रूप से प्रचुर बलि आपको अर्पण करते हैं।" (ऋग्. 5/43/15) घोषा नामक ऋषि एक मंत्र में उन प्रेमालु पतियों का उल्लेख करते हैं "जो अपनी पत्नियों को यज्ञ में साथ बैठाते हैं।" (ऋग्. 10/40/10)। अथर्ववेद में स्त्री और पुरुष की मानसिक एकता के लिए प्रार्थना की गई है। अथर्ववेद (7/36) के बहुत से मंत्रों में पति और पत्नी के प्रेम का उल्लेख किया गया है। एक ऋषि इन्द्र से कह रहे हैं कि हे इन्द्र, बुद्धिमान लोगों के मन तुम्हारे साथ उसी प्रकार संलग्न होते हैं जिस प्रकार स्नेहमयी स्त्रियाँ अपने पति से संयुक्त होती हैं। (ऋग्. 1/62/11) विश्वामित्र एक सुखीगृह का चित्रण जिस प्रकार करते हैं, वह द्रष्टव्य है। वह इन्द्र को सोमपान कराने के बाद कहते हैं—"हे इन्द्र, अब तुमने सोमपान कर लिया, अब जल्दी से घर जाओ, जहाँ एक प्यारी स्त्री सुखीगृह में तुम्हारी प्रतीक्षा

करती होगी।" (ऋग्. 3/53/6) उषा देवी की प्रशंसा करते हुए ऋग्वेद के ऋषिगण कई तरह से उनका वर्णन करते हैं। कहीं तो उनका वर्णन एक कुमारी के रूप में, कहीं सर्व सौन्दर्य-समन्वित युवती वधू की तरह, कहीं अपने प्यार को बरबस अपनी तरफ कर लेनेवाली सुन्दरी की तरह, तो कहीं उस जागरूक प्रौढ़ा की तरह किया गया है, जो ठीक समय से उठती है, आलसियों को उठाती है। इन वर्णनों से ज्ञात होता है कि वैदिक युग के पुरुषों में स्त्रियों की कितनी इज्जत थी। ऋग्वेद (1/53/4) में तो यहाँ तक कह दिया गया कि "स्त्री ही गृह है।" शतपथ ब्राह्मण (3/3/1/10) में इसी की पुनरावृत्ति करते हुए मानो यह कहा गया है कि स्त्री ही घर की नींव है।

उस युग के पुरुषों को स्त्रियों के विषय में शिकायत नहीं थी, यह बात नहीं। इन्द्र स्त्रियों के मन के सम्बन्ध में कहते हैं कि वह ऐसा है जिस पर कोई काबू नहीं पा सकता (ऋग्. 8/33/16) नारी शब्द का मूर्त बुराई के रूप में भी चित्रण किया गया है। (मैत्रार्पण संहिता 1/10/11, शतपथ ब्राह्मण 1/3/1/9, तैत्तरीय संहिता 6/5/8/2) पर इसके पहले नारी शब्द का अर्थ नेत्री से लिया जाता था। इससे यह ज्ञात होता है कि स्त्री सचमुच किसी युग में नेत्री थी और बाद को उसकी मर्यादा घटती चली गई। नारी के सम्बन्ध में फिर भी इस प्रकार की बातें बहुत कम हैं या बाद के युग की हैं। इस सम्बन्ध में स्मरण रहे कि जिसे हम ऐतिहासिक रूप से वैदिक युग कहते हैं, वह कम से कम पाँच सौ वर्ष स्थायी रहा, अतएव उसके कई सोपान रहे होंगे, इसमें सन्देह नहीं।

वैदिककालीन विशिष्ट स्त्रियाँ

हारानचन्द्र चकलादार ने कई वैदिक स्त्रियों का चरित्र संकलित किया है। हम संक्षेप में उसे आगे उद्धृत करते हैं। इन्द्रसेना मुद्गलानी नामक एक वीरांगना का पता ऋग्वेद में मिलता है, जिसने अपने पति मुद्गल के साथ मिलकर बड़ी लड़ाइयाँ लड़ीं तथा सैकड़ों और हजारों पशुओं को जीत लिया। यह लड़ाई किस प्रकार की थी, इस सम्बन्ध में अनुमान किया गया है कि या तो कुछ डाकुओं के साथ उनकी लड़ाई हुई या रथों की दौड़-प्रतियोगिता हुई, जिसमें विजयलक्ष्मी पति और पत्नी के हाथों रही। आधुनिक कुछ विद्वानों का झुकाव शेषोक्त मत मानने की ओर है। इस युद्ध का वर्णन करते हुए चकलादार ने कहा है, "मुद्गल की स्त्री इन्द्रसेना जिस समय रथ पर चढ़कर जा रही थी, तो वायु ने उसके वस्त्र उड़ाकर ऊपर कर दिए, और उसने पशुओं को जीत लिया। शत्रुओं को उखाड़ फेंकने के लिए साँड जोता गया था। लम्बे बालयुक्त रथकार ने उस बैल से गर्जन कराया। जब यह दुर्धर्ष साँड जोर से दौड़ा, उस समय विरोधीगण मुद्गलानी की ओर दौड़े...उसे सारथि बनाकर। और उस प्रकार सुखी होकर जिस प्रकार एक विरहिणी स्त्री अपने पति

से मिलने पर सुखी होती है, या पृथ्वी पर वर्षा करनेवाले बादलों की तरह फैल कर तथा पशुओं को जीत लेने की इच्छा से पूरित होकर मैं इस लड़ाई में जीत जाऊँगा। सौभाग्य लक्ष्मी हमारा साथ दे। "(ऋग्. 10/102/2, 6, 11) ऋग्वेद (1/116/15) में रानी विषयला नामक एक अन्य वीरांगना का उल्लेख है, जो लड़ने गई थी। लड़ाई में उसकी एक टाँग ही टूट गई।

वैदिक धर्म

वैदिक धर्म सरल, आदिम पितर तथा प्रकृति-पूजकों का धर्म था, बल्कि प्रकृति पूजा और पितर पूजा इनके धर्म में एक अजीब तरीके से मिल गई थीं। हमने अन्यत्र एक अन्य पुस्तक में इस विषय का विस्तार से विवेचन किया है। इसलिए इसमें प्रारम्भिक युग में वैराग्य या कृच्छ्र के लिए कोई स्थान नहीं था। वैदिक आर्य अपने देवताओं के साथ एक सरल लेन-देन का सम्बन्ध रखते थे, और वह भी मुक्ति का नहीं, बल्कि बिल्कुल भौतिक सुख का। हम तुम्हें सोम पिला रहे हैं, तुम हमें गाय दो या शत्रुओं पर विजय दो, इत्यादि। इस कारण गृहस्थी को छोड़कर चले जाने की बात प्रारम्भिक वैदिक युग में नहीं थी। वैदिक ऋषि स्त्री, पुत्र, परिवार सहित रहते थे, उनकी बाकायदा गृहस्थी होती थी और उसके लिए उनकी परेशानी मामूली गृहस्थ की तरह होती थी। हम देख चुके हैं कि व्यास जैसे ऋषि को भी न केवल अपनी गृहस्थी की फिक्र करनी पड़ती थी, बल्कि जरूरत पड़ने पर दूसरों के घर जाकर दूसरों की स्त्रियों में पुत्रोत्पन्न भी करना पड़ता था। जिसे कथित वेदान्त मार्ग कहते हैं वह वैदिक नहीं है, बल्कि जब सचमुच वैदिक युग का अन्त हो गया है, उस समय के अधिक परिष्कृत पर साथ ही सूक्ष्मतर धर्म का प्रतिफलन है। वैदिक युग में आर्यों का जीवन सुखकर था, नित्य नई-नई द्विग्विजय जारी थी, नए-नए देश आर्यों के पदानत होते चले जा रहे थे, इसलिए इस जगत में कुछ नहीं है, स्त्री अविद्या का नामान्तर है, इस प्रकार के पलायनवादी, पराजयवादी तथा निराशावादी मतों का वैदिक ऋषियों में होना सम्भव ही नहीं था।

वेदों में चतुराश्रम नहीं

जिस चतुराश्रम को इस समय हिन्दू धर्म का एक अपरिहार्य अंग समझा जाता है (अवश्य ऐसा समझते हुए भी इस समय दस हजार में एक भी हिन्दू इसके तृतीय और चतुर्थ चरण का पालन नहीं करते और न धार्मिक अर्थ में प्रथम आश्रम का ही पालन करते हैं), वह बिल्कुल भी वैदिक नहीं है। यह बात नहीं कि वैदिक युग में सब पुरुष गृहस्थ ही हों या सब स्त्रियाँ गृहिणी ही हों, पर इस प्रकार गृहत्याग को सामाजिक महत्व नहीं दिया जाता था और न यही समझा जाता था कि ये लोग कोई विशेष उच्च मर्यादा रखते हैं। ऋग्वेद में ब्रह्मचारी शब्द का अर्थ स्त्री

से अलग जीवन व्यतीत करने वाला हो चुका था, क्योंकि जिस समय बृहस्पति अपनी स्त्री से अलग हुए हैं, उस समय उनके बारे में लिखा है कि वह ब्रह्मचारी की तरह मारे-मारे फिर रहे हैं। (ऋग्. 100/109/5) मुनि शब्द के सम्बन्ध में ऋग्वेद में लिखा है कि वह लम्बे बाल रखता है, मैले भूरे कपड़े पहनता है और पश्चिम से पूरब तक जंगलियों में घूमता-फिरता है। (ऋग्. 10/136) बाद को चलकर मुनि उपनिषदों के युग में यति, परिव्राजक, भिक्षु, संन्यासी इत्यादि के नाम से परिचित हो जाता है। ऋग्वेद में वानप्रस्थ का उल्लेख नहीं है। इसलिए हारानचन्द चकलादार का मत यह है कि ऋग्वेद में गृहस्थी के बाद का जीवन दो भागों में विभक्त नहीं हुआ था। प्राचीनतम उपनिषदों में भी यही हाल रहता है। चतुराश्रम भी कल्पनावाद की उपज है। वैदिक सभ्यता में जिस समय पुरोहितों का वर्ग के रूप में उदय नहीं हुआ था, उस समय की तो बात ही नहीं, बाद को जिस समय वर्ग रूप में पुरोहितों का उदय हुआ, उस समय धर्म का शासन उन्हीं के हाथों में चला गया। ये पुरोहित, मुनि, ऋषि जंगल में भले ही रहते हों, पर ये लोग संन्यासी नहीं थे। कुछ लोग संसार त्याग भले ही करते हों, पर ऐसे लोगों को समाज का शिरोमणि समझने का कोई कारण उस युग में नहीं था। सरल-स्वस्थ वैदिक दृष्टिकोण के साथ निराशावादी संन्यास धर्म का कोई सामंजस्य नहीं है।

अगस्त्य-लोपामुद्रा संवाद

ऋग्वेद में अगस्त्य तथा उनकी स्त्री लोपामुद्रा में जो बातचीत है, वह उस समय के समाज पर, विशेषतः उस समय की स्त्रियों पर बहुत अच्छी रोशनी डालती है। लोपामुद्रा कहती है, "भूतकाल में बहुत वर्षों तक दिन-रात और प्रातःकाल में भी मैं तुम्हारी सेवा परिश्रम के साथ करती आ रही हूँ। अब उम्र बढ़ जाने के कारण मेरे अंगों का सौन्दर्य जब ढल गया है, तो क्या अब पति पत्नियों से मिल नहीं सकते? वे प्राचीन ऋषि जो दूर-दूर तक सत्य का प्रचार करते थे, जिनका देवताओं के साथ सम्बन्ध था, वे भी पुत्र उत्पन्न करते थे और इस प्रकार अपने व्रत से च्युत नहीं समझे जाते थे, क्योंकि यह व्रत अनन्त है। इस कारण यज्ञ में हिस्सेदार स्त्रियों से उनके पति मिलें।" (ऋग्. 1/190/1/2) अगस्त्य इस पर उत्तर देते हैं कि उनके व्रत का भंग नहीं हुआ, संयम की आवश्यक शिक्षा प्राप्त कर ली गई है, देवताओं की सहायता से अब वह विश्वासपूर्वक अपने को सांसारिक सुखों में डाल सकते हैं। वह कहते हैं, "यहाँ सैकड़ों प्रलोभनों के साथ हमारे जो संघर्ष होते हैं, उनमें यदि पारस्परिक रूप से मिलकर चलें तो हमें विजय प्राप्त होगी। हमारे रिपुओं का दमन करने के संघर्ष तथा प्रार्थनाओं के बीच इच्छाओं का इस या उस काल में उदय हुआ। इसलिए लोपामुद्रा अपने पति के पास आए। हाँ, यदि स्त्री चंचल हो तो अवश्य दृढ़ संकल्प व्यक्ति को भी गड़बड़ में डाल देती है।" (ऋग्.

1/179/3-4) इसके बाद यह कहा गया कि अगस्त्य ऋषि ने अपने धार्मिक तथा पारिवारिक दोनों जीवन के कर्तव्यों का निर्वाह किया और देवताओं ने इस पर अनुकूलता की।

लोपामुद्रा के सम्बन्ध में यह अनुश्रुति है कि वह विदर्भराज की कन्या थी। कहा जाता है कि काशी के एक राजा अलर्क पर लोपामुद्रा की बड़ी कृपा थी और कहते हैं, उन्हीं के वर से अलर्क का शासन समृद्ध और दीर्घ हुआ। इससे स्पष्ट है कि अभी वैराग्यवाद का जोर नहीं हुआ है तथा धार्मिक रूप से यह समझा जाता है कि धर्म के लिए संसार आवश्यक नहीं है। बाद को चलकर आर्थिक, सामाजिक कारणों से ही उपनिषदों के युग में संसार त्याग की धारणा ने जोर पकड़ा और बौद्ध और जैनियों में चलकर तो यह धारणा पराकाष्ठा तक पहुँचा दी गई। स्मरण रहे कि बौद्ध और जैनियों का युग भारतवर्ष के उत्थान का युग नहीं, बल्कि ह्रास का युग है। अब धीरे-धीरे वह परिस्थितियाँ पैदा हो जाती हैं जिनमें विदेशी आक्रमणकारियों को अधिकाधिक सफलता मिलती जाती है। यदि बीच में समृद्धि का युग आया है या ह्रास की रोकथाम का युग आया है, तो उस समय पति धर्म और संसार त्याग को अपनाकर नहीं बल्कि उसका विरोध कर आया है। हम बाद को दिखलाएँगे कि वैराग्य के विचारों के उदय के साथ-साथ स्त्रियों के सम्बन्ध में किस प्रकार से धारणाएँ दूषित हो गईं और स्त्री नरक का द्वार और न जाने क्या-क्या समझी गई। वैदिक युग में इस प्रकार की बातों का कहीं पता नहीं है।

वैराग्य की व्यापकता

एक मजेदार बात इस सम्बन्ध में यह है कि वैराग्य सम्बन्धी धारणाएँ अनार्य या अर्द्धअनार्य जातियों में भी पहुँच गईं और अब तक उनका अवशेष प्रस्तरीभूत रूप में उनकी प्रथाओं में दृष्टिगोचर हो सकता है। तमिलों में पल्लव लोगों में विवाहोत्सव का यह भी एक अंग है कि विवाह के पहले वर उठकर एकाएक कह उठता है, "मैं इस संसार में नहीं रहना चाहता, मैं बनवास के लिए जा रहा हूँ।" कन्या का पिता इस समय आकर कहता है कि मैं तुम्हें अपनी लड़की दूँगा। बस वह राजी हो जाता है। इसी प्रकार कमसला जाति का वर एक टूटी छतरी और एक लोटा लेकर विवाह के पहले कह उठता है कि मैं अब काशी चला। इस प्रकार लगता है कि वैराग्य की धारणा सर्वत्र फैल गई थी। पर कुछ जातियों में यह केवल व्यंग्य के रूप में रह गया। हारानचन्द्र चकलादार ने यह लिखा है कि वैदिक युग में यदि किसी पुरुष का स्त्रीवियोग हो जाता, तो वह इसे परम दुर्भाग्य समझता और एक वैदिक संहिता के अनुसार शवाग्नि में अपनी स्त्री को विसर्जित कर स्वयं शवाग्निवत् हो जाता। इसके बाद पुरुष के लिए दो ही विकल्प रह जाते थे, या तो वह वानप्रस्थ ग्रहण करे या जल्दी से जल्दी विवाह करे, क्योंकि पत्नी के बगैर

अग्निहोत्र का कार्य नहीं किया जा सकता। पहले ही लिख चुके हैं कि विवाह में स्त्री के साथ-साथ पुरुष अग्नि भी लाता था, स्त्री की मृत्यु के साथ ही वह उस अग्नि को विसर्जित कर देता था और जिस समय वह दूसरी स्त्री से विवाह करता था, उस समय वह दूसरी अग्नि ले आता था। मनु और याज्ञवल्क दोनों में इस प्रकार का विधान मिलता है। ऐसा भी विचार पाया गया है कि पुरुष किसी भी हालत में गृहस्थी से बाहर नहीं हो सकता, या तो वह फिर से गृहस्थ हो जाए या वानप्रस्थ ग्रहण करे। पर ऐसा ज्ञात होता है कि वह विधान आश्रम पद्धति के दृढ़ हो जाने पर ही लागू हुआ होगा। वैदिक धर्म के एक सरल प्राकृतिक धर्म होने के कारण पुरुष अक्सर फिर से विवाह कर लेता था। विधवाएँ भी अधिक दिन तक विधवा नहीं रहती थीं, बल्कि जल्दी से जल्दी वह भी शादी कर लेती थीं। उन्हें फिर से अपना प्रेमी खोजने और विवाह करने—पुनर्भू होने—में रुकावट न थी। वह प्रायः अपने देवर से विवाह कर लेती थीं। (ऋग्. 10/40/2) यह देवर से विवाह वाली बात विशेष द्रष्टव्य है। इस विषय पर जो कुछ हम पहले कह चुके हैं, उससे स्पष्ट है कि यह यौथ समाज का ही एक अवशेष मात्र है।

वानप्रस्थ में यद्यपि लोकैषणा, पुत्रैषणा, वित्तैषणा को त्याग देने की बात है, और यह भी विधान है कि यदच्छा लब्ध फलमूल खाकर जीवन व्यतीत करे, संग्रह न करे, अतिथि सेवा करे, तो भी यह कहीं जरूरी नहीं समझा गया कि अपनी स्त्री को छोड़कर चला जाय, बल्कि महाभारत में यह उल्लेख है कि जिस समय धृतराष्ट्र ने वानप्रस्थ ग्रहण किया, उस समय वह गान्धारी को भी साथ लेते गए, और गान्धारी तथा कुन्ती उनके साथ-साथ तपस्या करती रहीं। स्त्री के नरक का द्वार होने जैसी धारणा और कामिनी-कांचन का त्याग करने जैसी बातें वैदिक नहीं हैं। वानप्रस्थ में भी अग्नि साथ जाती थी और बाकायदा पंच यज्ञ करने का मनुस्मृति में विधान है।

दहेज प्रथा

उस युग में कहीं-कहीं दहेज की भी प्रथा थी, और मूल्य लेकर लड़की दी जाती थी। पर जयचन्द्र विद्यालंकार ने लिखा है कि "इन प्रथाओं की शरण प्रायः उन युवतियों और युवकों को लेनी पड़ती थी जिन्हें किसी कारण से स्वाभाविक रीति से अपना साथी-संगिनी पाने में सफलता न मिली हो।" कहना न होगा कि जिस समाज में आम तौर से मुक्त प्रेम-विवाह का रिवाज है, जिस समाज में समन जैसी संस्था है, उसमें दहेज की कोई गुंजाइश नहीं है। फिर भी जिस समाज में सम्पत्ति प्रबल होती जा रही थी, उस समाज में धन का उपयोग किसी न किसी दबाव के रूप में शुरू हो गया था, इसमें कोई आश्चर्य की बात नहीं है। यौथ समाज में दहेज का कोई सवाल नहीं था। पर सम्पत्तिमूलक समाज में दहेज, यदि तुरन्त नहीं

तो बाद को, अवश्य आ जाता है। दहेज को जो भी रूप दिया जाए तथा उसकी जो भी व्याख्या की जाए, विवाह पर कुछ न कुछ असर अवश्य डालता है। कम दहेज की तुलना में जहाँ अधिक दहेज मिलता है, उसे तरजीह देने की मनोवृत्ति सम्पत्तिमूलक समाज में स्वयं आ जाती है। जो लड़की जितना अधिक दहेज लाएगी, उसका पतिकुल में उतना अधिक सम्मान होना वैयक्तिक सम्पत्तिमूलक समाज में स्वाभाविक है, साथ ही पितृकुल में जब कि पुत्र ही सम्पत्ति का एकमात्र सही अधिकारी माना गया है, लड़की को विशेष आदर से देखे जाने की कोई बात नहीं उठती। भाइयों की तरफ से ही नहीं, पिता की ओर से भी यह कुंठा स्वाभाविक है कि कन्या हमारी सम्पत्ति को कुल के बाहर ले जा रही है।

ऋग्वेद (1/117/7, 2/17/7, 10/39/3) में वधू के भाई द्वारा वर को धन देने की चर्चा है। श्री उपाध्याय ने लिखा है कि इस समय जो धन विवाह में दिया जाता था, वह स्त्रीधन होता था। ऋग्वेद (1/109/2) में एक उल्लेख ऐसा भी है जिससे अनुमान किया जाता है कि विवाहिता कन्या के कुछ निजी अलंकार होते थे, जो उसी के कब्जे में रहते थे और वह उसके साथ जो चाहे सो कर सकती थी। उसी उल्लेख में यह भी ज्ञात होता है कि विवाह के समय वह उस अलंकार तथा धन में से ब्राह्मणों को दे सकती थी। ऐसा ज्ञात होता है कि इसके अतिरिक्त सारी पैतृक सम्पत्ति का मालिक औरस पुत्र होता था, बल्कि ऋग्वेद में एक मंत्र (3/21/2) में ऐसा आया है कि पुत्र ने सारी सम्पत्ति ली और बहिन के लिए कुछ न छोड़ा। इससे ज्ञात होता है कि इस समय पैतृक सम्पत्ति पर करीब-करीब पुत्र का ही अधिकार माना जा चुका था। अभी तक कन्याओं का उसमें हिस्सा समझा जाता था, पर वह हिस्से के रूप में न होकर अलंकार तथा अन्य रूप में होता था। इस सम्पत्ति को कन्या अपने साथ ले जाती थी, या जैसा कि हम देख चुके हैं, किसी को भी दे सकती थी। यजुर्वेद में एक उल्लेख से ज्ञात होता है कि मानुष विवाह या कन्या विक्रय भी समाज में चलता था, पर इसे लोग पसन्द नहीं करते थे। (*Modern Review, Dec. 1944, Page 590*)

इसलिए भविष्य के मुक्त समाज में दहेज का कोई स्थान नहीं हो सकता, यद्यपि जहाँ तक उपभोग सामग्री का सम्बन्ध है, स्त्री धन का एक जबरदस्त हिस्सा होना स्वाभाविक है।

हम पहले यह भी दिखला चुके हैं कि जब समाज में पहले-पहल कुलान्तर में विवाह करने की प्रथा का प्रवर्तन हुआ, उस समय पुरुष भावी स्त्री के कुल में जाकर कामकाज करते थे। फिर धीरे-धीरे उसे पति रूप में मान लिया जाता था। यतीन्द्र विमल चौधरी ने यह दिखलाया है कि जैमिनीय ब्राह्मण और बृहत् देवता में हम देखते हैं कि यथाक्रम च्यावाक और श्यावाश्व ने शारीरिक श्रम के विनिमय में कन्या का पाणिग्रहण किया था। (*प्रवासी भाद्र 1350*) पर चौधरी साहब इस

घटना के महत्व को न समझकर इसे आसुर विवाह के अन्तर्गत मानते हैं। असली बात कुछ और ही है। ज्ञात होता है कि इस प्रकार यह एक अवशेष के रूप में मौजूद था, पर पहले यह एक आम प्रथा के रूप में रहा होगा।

बिछौना का रूप

वैदिक युग की स्त्रियों के जीवन के सम्बन्ध में डॉक्टर भूपेन्द्रनाथ दत्त ने बड़ी छानबीन से और भी रोशनी डाली है। स्त्रियाँ प्रौष्ठ (वैन्य), बाह्य और तल्य (बिछौने) पर सोती थीं। दिन में विश्राम करने के लिए बाह्य का व्यवहार किया जाता था। जिस वस्तु पर बिछौना बिछाया जाता था, वह चार पाएवाली होती थी। विवाह के समय स्त्री जिस यान पर चढ़कर ससुराल आती थी, उसी यान से शयन के लिए खाट बनाई जाती थी, उस पर बिछौना रहता था। एक कबीले के वर्णन से मालूम होता है कि नीचे के बिछावन को आस्तरण कहते थे और बदन के कपड़े को उपवर्हन (श्री भगवतशरण उपाध्याय ने उपवर्हन का अर्थ तकिया लिया है) बैठने के लिए बने हुए तकिये को आसाद और सिर के नीचे रखने के तकिये को उपश्रय कहते थे।

उस युग के कपड़े-लत्ते

ऋग्वैदिक युग में तीन तरह के पहिनावे इस्तेमाल किए जाते थे। यह बात नहीं कि केवल मरुतगण (ऋग्. 1/166/10) या मुनिगण (ऋग्. 10/136/2) चर्म पहिनते हों। अभिज्ञान शाकुंतलम् में शकुन्तला को वल्कलधारिणी बतलाया गया है। इसी प्रकार सीता के लिए भी लिखा है कि वाल्मीकि के आश्रम में वह वल्कल पहनकर गई थीं। फिर भी ऊर्ण या ऊन के बने हुए कपड़े ही आर्यों के मुख्य पहनावे थे। ऊन में गान्धार का ऊन ही मुख्य समझा जाता था। ऋग्वेद के एक मन्त्र (1/126/9) में गान्धार की भेंड़ों की तारीफ की गई है। बकरों से भी ऊन प्राप्त किया जाता था (10/26/6)। सूती वस्त्र का कोई प्रमाण ऋग्वेद में नहीं मिलता, पर वस्त्रों का जो वर्णन आया है उससे अनुमान किया जाता है कि सूती वस्त्र भी होंगे। श्री भगवतशरण उपाध्याय ने छह वस्त्रों का पता लगाया है जो ऋग्वैदिक समाज में प्रचलित थे—(1) अधिवास, (2) वास, (3) सिच, (4) शामूल्य, (5) द्रामी, (6) पेशस। उनके मतानुसार स्त्रियाँ उस समय चार कपड़े पहिनती थीं—(1) नीचे का कपड़ा, (2) बीच का कपड़ा, (3) ऊपर का कपड़ा, (4) एक तरह की ओढ़नी। उस समय साड़ी अपरिचित थी। शरीर के ऊपर का हिस्सा अधिकांश रूप में एक अधिवास या शाल से ढका होता था। शुंग युग की मूर्तियों से इस अनुमान की पुष्टि होती है। उषा अपने वक्षस्थल को खोले रखती थी, इसका कारण भी उपाध्याय जी ने यह बतलाया है कि उस युग में नर्तकियाँ ऐसा करती होंगी। फिर भी ऊपर

के हिस्से के कपड़े का प्रमाण बहुत कम है। डॉक्टर आल्टेकर ने शामूल्य से साड़ी का अर्थ लिया है, पर श्री उपाध्याय उसे नहीं मानते, बल्कि वह इसे एक तरह का लहँगा समझते हैं। ऊपर के हिस्से के कपड़े को द्रापी कहते थे, पर बड़े लोग ही इसका इस्तेमाल करते थे।

श्री उपाध्याय का कहना है कि साधारण रूप से स्त्रियाँ वक्षस्थल को खुला ही रखती होंगी। हाँ, स्त्रियाँ वास के रूप में एक ओढ़नी ओढ़ती थीं। गुदगलिनी जब लड़ाई में जा रही थी, उस समय उसका जो वास उड़ रहा था, वह यही वास है। सिच का अर्थ वास के आँचल से ही है। फिर भी स्त्रियाँ जो अधिवास ओढ़ती थीं, उससे उनका वक्ष खुला मालूम न पड़ता होगा। पेशस का अर्थ सोने का कामदार कपड़ा था, पर इसमें मतभेद है। इसके सम्बन्ध में श्री सरकार समझते हैं कि पेशस शायद पेशवाज़ की तरह की कोई चीज हो। ऋग्वेद के युग में स्त्रियाँ ही नहीं, बल्कि पुरुष भी जिसे हम जूता कहते हैं, उसे कम पहनते थे। अलंकारों का व्यवहार होता था। स्त्रियाँ बाजूबन्द, चूड़ियाँ तथा पैर में कड़े पहनती थीं। पुरुष भी इनको पहनते थे। अँगूठी तथा नाक के किसी गहने का उल्लेख नहीं है। डॉक्टर आल्टेकर का तो यहाँ तक कहना है कि सारे वैदिक युग में नाक का गहना अज्ञात था तथा सब तरह के प्रमाणों से यही ज्ञात होता है कि नाक का गहना मुस्लिम आक्रमण से आया। हाँ, कानों में बड़े कुण्डल शायद पहने जाते थे। वैदिक युग की स्त्रियाँ कानों में तेल डालती थीं, माँग निकालती थीं तथा बालों को बराबर कन्धे से लटकने देती थीं। विभिन्न सुगन्धों का भी उपयोग होता था। ऋग्वेद तथा अथर्ववेद में जो ताल्य शब्द है, उसका अर्थ कदाचित दम्पति की शैया है। ताल्य पर स्त्रियाँ लेटती थीं, ऐसा उल्लेख है। ताल्य का मतलब कदाचित् भारी खाट हो। बाह्य का अर्थ स्त्रियों के इस्तेमाल में आने वाली छोटी खाट से है। बाह्य वह खाट है जिसे कन्या अपने पिता के यहाँ से लाती थी।

जुए में स्त्री हार जाना

हम पहले ही यह देख चुके हैं कि द्रौपदी को पाण्डवों ने जुए में हार दिया था। वैदिक युग में इस प्रकार की बातें और भी हैं। एक ऋचा में इस प्रकार की स्थिति का वर्णन है। जीतकर आदमी ने हारनेवाले की स्त्री का आलिंगन किया। उस व्यक्ति ने पासा खेलकर धन-दौलत गँवा दी। उसके माता-पिता और भाई कहते हैं कि उसे हम नहीं पहचानते। इस प्रकार स्त्री को जुए पर चढ़ाने के अधिकार से यह ज्ञात होता है कि स्त्रियों की मर्यादा अब काफी घट चुकी थी। जिस ऋचा के आधार पर डॉक्टर दत्त ने यह तथ्य दिया है, वह दशमण्डल का है। इससे भी यही ज्ञात होता है कि वह अपेक्षाकृत बाद के युग की बात होगी। जिस समय स्त्रियों की मर्यादा काफी घट गई होगी, उसी समय ऐसी बात सम्भव हुई होगी।

वर्तमान युग में

वर्तमान समय में किसी ऐसे कबीले का पता हमें नहीं मिलता जो स्त्रियों को जुए में हार जाता हो, पर कर्जदार हो जाने के कारण स्त्री दे देने की बात सतिया जाति में मिलती है। यह जाति घुमक्कड़ है और राजपूत होने का दावा करती है। ये लोग गाय-बैल बेचते हैं। विशेषकर इनका पेशा बैल को बधिया करके बेचना है। यदि कोई सतिया पुरुष कर्जदार हो जाए, और कर्जा चुकता न कर पाए, तो उस निर्दिष्ट अवधि के बाद वह अपने महाजन को अपनी बीवी दे देता है। अवश्य ऐसा तभी होता है जब यह महाजन उसी जाति का हो। इस प्रकार सतिया महाजन को जो पराई बीवी प्राप्त होती है, उसके साथ वह बीवी का व्यवहार करता है। उससे जो लड़का पैदा होता है, वह महाजन का ही समझा जाता है। ऐसे उदाहरण मौजूद हैं, जब एक कर्जदार सतिया ने एक के बाद एक अपनी सब स्त्री रिश्तेदारों को अर्थात् बीवी, बहिन, लड़की को गिरवी रख दिया। किन्तु जब वह कर्ज अदा कर देता है तो ये स्त्रियाँ फिर उसके पास लौट आती हैं और इसमें कोई सामाजिक लज्जा नहीं होती। स्मरण रहे कि सतिया जाति जरायम पेशा गिनी गई है, पर जहाँ तक इस बात का सम्बन्ध है, वे हमारे वैदिक पूर्वपुरुषों से श्रेष्ठ हैं, इसमें कोई सन्देह नहीं।

वैदिक युग में विवाह गोत्र के बाहर होता था, किन्तु बहु-विवाह प्रथा प्रचलित थी। दीर्घतमा ऋषि ने एक राजा की दस कन्याओं से विवाह किया था।

बहुपतित्व कहाँ तक?

प्रश्न यह उठता है कि वैदिक युग में बहुपतित्व प्रचलित था या नहीं। इस विषय में अनेक आधुनिक पाश्चात्य पंडितों ने अनेक तरह के मत दिए हैं। प्रश्न यह है कि क्या सचमुच यह प्रथा प्रचलित थी या नहीं? जर्मन पंडित ज़िमर ने लिखा है कि जिस समय स्त्री के द्वारा विवाह-प्रतिज्ञा का भंग किया जाना भीषण अपराध समझा जाता था और कुमारी के कौमार्य को नष्ट करना भी उसी कोटि का अपराध था, उस समय बहुपतित्व का कानूनी प्रचलन किस तरह सम्भव हो सकता था? ऋग्वेद (10/85/36) में जो कुछ कहा गया है, उससे अनेक व्यक्तियों में बहुपतित्व का प्रमाण मिलता है, पर ज़िमर ने लिखा है कि उपर्युक्त ऋचा में मनुष्याः, ना, प्रहराम, आदि को बहुव्रीहि प्रयोग कहा जा सकता है। स्त्री, वधू आदि शब्द को सामूहिक अर्थ में लेने से बहुपतित्व का कोई अर्थ नहीं निकलता। अथर्ववेद (5/27/8) में कहा गया है, "जब किसी स्त्री के दस अब्राह्मण पति होते हैं और यदि एक ब्राह्मण उस रमणी का पाणिग्रहण करता है, तो शेषोक्त ब्राह्मण ही एकमात्र पति समझा जाएगा।" इस कथन से बहुपतित्व प्रमाणित नहीं होता, क्योंकि यह एक कल्पित स्थिति है। इससे यही मालूम होता है कि ब्राह्मण पर विवाह के लिए

स्त्री निर्वाचित करने में किसी प्रकार का प्रतिबन्ध नहीं था। बल्कि इससे अन्यान्य जातियों के मुकाबले ब्राह्मणों की श्रेष्ठता के दावे की प्रशंसा की गई है। उस समय ब्राह्मण और राजन्य वर्गों में घोर वर्ग-संघर्ष चल रहा था।

प्रणय भावना का उल्लेख

हम पहले ही बता चुके हैं कि एंगेल्स के मतानुसार यूरोप के मध्ययुग में ही आकर प्रणय भावना की उत्पत्ति हुई। पर हमें ऐसे कई उदाहरण मिलते हैं कि वैदिक आर्यों में जिसे सही अर्थ में प्रणयमूलक भावना कहेंगे, वह पैदा हो चुकी थी। ऋग्वेद में कई उल्लेख ऐसे हैं जिनमें प्रेम का पता चलता है। इनमें से एक उल्लेख यह है, जिसमें पुरुरवा उर्वशी के लिए प्रेम में प्राण देने पर उतारू है। पुरुरवा और उर्वशी की कहानी यों है कि उन दोनों में यह तय हुआ कि वे तब तक एक रहेंगे जब तक पुरुरवा उर्वशी को नंगा न दीख जाए। पहले उर्वशी गंधर्वों की यौथ स्त्री थी। एक प्रकार से पुरुरवा और उर्वशी की जो शादी या एक साथ रहना तय हुआ, उसे हम जोड़े की शादी कह सकते हैं, क्योंकि वह एक सीमित समय के लिए ही थी। उर्वशी के साथ एक शर्त यह भी थी कि पुरुरवा उर्वशी की भेड़ों को चराया करेंगे। उर्वशी का इस प्रकार एक व्यक्ति का हो जाना गन्धर्वों को बहुत अखरा। इस पर उन्होंने एक साजिश रची कि किसी तरह ये शर्तें टूट जाएँ और उर्वशी भाग खड़ी हो और उनमें सम्मिलित हो जाए। एक दिन पुरुरवा उर्वशी के साथ अन्धकार में लेटे थे। इतने में गन्धर्वों ने जाकर भेड़ों में खलबली मचा दी। इस पर पुरुरवा जिल हाल में थे, यानी नंगे ही दौड़ पड़े। (ऋग्. 10/95/3) फौरन गन्धर्वों ने बिजली चमका दी और उर्वशी ने पुरुरवा को नंग-धड़ंग देख लिया। पुरुरवा ने उर्वशी को बहुत समझाया पर उर्वशी ने एक न सुनी। इस पर उर्वशी उन्हें कहती है, "हे पुरुरवा, तू अपने को नीचे मत गिरा। तुझे भयानक भेड़िये न खाएँ। स्त्रियों के साथ कोई मित्रता नहीं हो सकती, स्त्रियों के हृदय भेड़िये के हृदय की तरह होते हैं। (ऋग्. 10/95/15) (*भारतीय समाज पद्धति, भूपेन्द्रदत्त, 'हंस' में प्रकाशित लेखमाला*)।

पुरुरवा और उर्वशी संवाद में एक ऋचा का ऋषि पुरुरवा है तो देवता उर्वशी, और दूसरी ऋचा की ऋषि उर्वशी है तो देवता पुरुरवा। इसका अर्थ चाहे जो कुछ भी हो, इसमें सन्देह नहीं कि पुरुरवा एक प्रख्यात पुरुष था और सम्भव है वह देवता हो जाता, पर किसी कारण से होने से रह गया। एक दूसरे वैदिक मन्त्र में यह कहा गया है कि ऐसी बहुत-सी लड़कियाँ हैं, जो धन से ही सन्तुष्ट होती हैं, पर ऐसी भी बहुत-सी उन्नतमना लड़कियाँ हैं जो अपने मन का पति पाने पर ही जोर देती हैं।

अन्य उल्लेख

कुछ और उल्लेख इस प्रकार हैं। सीता सावित्री ने आकर कहा कि वह सोम से प्रेम करती है, पर सोम उससे प्यार नहीं करता, केवल श्रद्धा करता है। इस पर प्रजापित ने एक सुगन्धित अवलेप बनाया और उसे मन्त्र के द्वारा शक्ति मानकर उसके माथे पर लगा दिया। यह अवलेप लगाकर सीता सावित्री सोम के पास गई, तो सोम ने उदासीनता दिखाने के बजाए उसको अपने पास बुला लिया। सीता सावित्री ने चाहा कि वह उसे अपने साथ रहने दे। साथ ही उसने यह पूछा कि सोम के हाथ में क्या है, तो सोम ने उसे इस पर तीन वेद दिए। इस कहानी से ज्ञात होता है कि वैदिक युग में न केवल प्रेम-मूलक विवाह का प्रचलन हो चुका था, बल्कि पिता-माता आदि निकट सम्बन्धी इस प्रकार के विवाह में पूरी सहायता देते थे, पर जैसा कि हम बता चुके हैं, बाद के युग में यह बात उलट गई और माता-पिता ही विवाह में सोलह आना निर्णय करने लगे।

स्त्रियों की शिक्षा

उस युग में स्त्रियों की क्या दशा थी, इस पर उस युग की स्त्री शिक्षा से भी रोशनी पड़ सकती है। जिस समाज में स्त्रियों को स्वतन्त्रता होगी, उसमें पुरुषों की शिक्षा के साथ-साथ स्त्रियों की भी शिक्षा की व्यवस्था होगी। जिस समाज में स्त्री शिक्षा नाममात्र है या पुरुषों के मुकाबले में कम है, उस समाज में स्त्रियाँ स्वतन्त्र नहीं हो सकतीं। रहा स्त्री शिक्षा से क्या अर्थ लिया जाए, स्त्रियों को सब तरह से पुरुषों की ही तरह शिक्षा दी जाए, या उनको केवल चोली-चूल्हा-चक्की प्रधान शिक्षा दी जाए, यह प्रश्न गूढ़ है। वैदिक युग में स्त्रियों को शिक्षा देना अर्थात ब्रह्मचर्य अवस्था से गुजरना बहुत आवश्यक समझा जाता था। (अथर्व. 3/4/8/1, 9/2/19/8)–*Caltural Hreritage of India, Vollume III, Page 213.*

ऋग्वेद के युग में कन्या के विवाह के लिए शिक्षा आवश्यक समझी गई है। एक मन्त्र में यों कहा गया है, ''विदुषी अविवाहित कन्या का विवाह एक ऐसे पति से होना चाहिए जो उसकी तरह शिक्षित है। कभी भी बहुत कम आयु की लड़की की शादी करने की बात मत सोचो।'' (ऋग्. 3/55/16) यजुर्वेद के एक मन्त्र में कहा गया है, ''एक कन्या जिसने ब्रह्मचर्य का पालन किया है (यानी जिसने शिक्षा खत्म कर ली है) वह एक ऐसे पति से ब्याही जाए जो उसी की तरह शिक्षित हो।''

अथर्ववेद भी इसी प्रकार साफ-साफ कहता है कि एक कन्या जब ब्रह्मचर्य का पालन कर ले, तब उसका विवाह एक युवक के साथ कर देना चाहिए। (अथर्व. 12/3/17/18) ऋग्वेद में कई विदुषियों का उल्लेख है। कक्षीवान की स्त्री घोषा का नाम ऋग्वेद में कई बार आता है। वह दशम मण्डल के दो मन्त्रों की प्रणेत्री

है। लोपामुद्रा ने अपने पति अगस्त्य के साथ मिलकर एक मन्त्र लिखा। इसी प्रकार अपाला ने भी मन्त्र लिखे। कक्षीवान की दूसरी स्त्री कोमण ने भी इसी प्रकार मन्त्रों की रचना की है। सूर्या ने सोम के साथ अपने विवाह को एक कविता के रूप में लिखा है। इसी प्रकार वसु की स्त्री तथा गोपायन की माता ने भी मन्त्र बनाए हैं। यह हम पहले ही बता चुके हैं कि इन्द्राणी ने भी मन्त्र की रचना की है। इन्द्र की माता ने भी मन्त्र बनाए हैं। ब्रह्मा की स्त्री ने भी मन्त्र की रचना की है। श्रद्धा, कामायनी तथा ऋषि सर्य ने भी मन्त्र की रचना की है। उर्वशी मन्त्र की ऋषि है, यह हम पहले ही बता चुके हैं। अरुणा की कन्या वाम ने इसी प्रकार बहुत-से मन्त्र लिखे हैं। (*Women in Rigveda*)

कहना न होगा कि इन कविताओं का मानदण्ड जन-कविताओं की तरह है, पर हम यह कहकर उनकी शिक्षा को कम नहीं बता सकते, क्योंकि उस युग में पुरुषों ने जो लिखा, उनका भी मानदण्ड यही था। फिर इसमें कुछ अच्छी कविताएँ भी हैं। पुरुषों की तरह स्त्रियाँ भी सामगान सीखती थीं। (ऋगू. 9/66/8) ऋग्वेद में नर्तकियों का उल्लेख है, इससे यह स्पष्ट है कि स्त्रियाँ नृत्य भी सीखती होंगी। पुरुष और स्त्रियों का नाच एक साथ होता था या नहीं, इस पर कायेगी का मत है कि ऐसा होता था, पर श्री भगवतशरण उपाध्याय का कथन है कि ऐसा होने का कोई प्रत्यक्ष प्रमाण नहीं है। हमारी समझ में कायेगी के मत के ही सही होने की सम्भावना है। स्त्रियाँ धनुर्विद्या भी सीखती थीं। मुद्गलानि और विस्वला नामक वीरांगनाओं का हम पहले ही उल्लेख कर चुके हैं। रामायण की कैकेयी को भी इसी प्रकार युद्धकाल में सेवा करने के कारण वह वर मिला, जिसके कारण रामायण बनी। ऋग्वेद (5/30/9) में ऐसा भी उल्लेख है जिससे मालूम होता है कि यहाँ के आदिम निवासियों की स्त्रियाँ सेवा में थीं। ऋषि कहता है, "इन दासों ने स्त्रियों को योद्धा के रूप में लिया है। भला ऐसी सेनाओं से हमें क्या डर हो सकता है?" श्री उपाध्याय ने लिखा है कि स्त्रियों के साथ लड़ना उस युग में बुरा नहीं समझा जाता था, क्योंकि स्वयं इन्द्र ने बुध की माँ को वज्र प्रहार से मारा। वे मन्त्रगान, गाथा वर्णन तथा यज्ञ के नियम में भी हिस्सा लेती थीं और धर्म सभाओं में भी भाग लेती थीं। विदध नाम की सभा होती थी, जिसमें लड़की से यह उम्मीद की जाती थी कि वह विवाह के समय बोले।

ब्रह्मचर्य का व्यापक अर्थ

स्मरण रहे कि ब्रह्मचर्य का अर्थ वैदिक युग में केवल यौन ही नहीं, बल्कि अध्ययन और विशेषकर वेदाध्ययन से लिया जाता था। वृहदारण्यक उपनिषद (3/6/1, 3/8/1/12) में गार्गी दर्शनिक विषयों का बहुत सुन्दर विवेचन करती है। उपनिषदों में अन्य बहुत-सी विदुषी स्त्रियों का उल्लेख है। वृहदारण्यक (4/5/4) में याज्ञवल्क्य

ऋषि की दो स्त्रियाँ हैं, मैत्रेयी और कात्यायनी। कात्यायनी औसत स्त्रियों की तरह गहना-गुड़िया में उलझी रहती थी, पर मैत्रेयी पूरी विदुषी थी और उस युग के ज्ञान-विज्ञान से परिचित थी। याज्ञवल्क्य ने संसार त्याग की बात सोची, तो उन्होंने अपनी दोनों स्त्रियों को बुलाकर कहा कि आओ, हम तुम दोनों में निपटारा करा दें। इस पर मैत्रेयी ने कहा कि यदि यह सारी पृथ्वी वित्त से परिपूर्ण होकर मेरी हो जाए, तो क्या मैं उससे अमर हो जाऊँगी? याज्ञवल्क्य ने उत्तर दिया कि ऐसा कभी नहीं हो सकता। वित्त के द्वारा अमरत्व की कोई आशा नहीं है। तब मैत्रेयी ने कहा कि जिस चीज से मैं अमरत्व प्राप्त नहीं कर सकती, उसे लेकर क्या करूँगी? आप जो कुछ जानते हैं वह मुझे बताइए। यह सुनकर याज्ञवल्क्य बहुत प्रसन्न हुए और उन्होंने संक्षेप में अपने दार्शनिक मत को कह सुनाया।

अन्यत्र ऐसा उल्लेख है कि जनक विदेह ने एक बड़ा यज्ञ किया, जिसमें दक्षिणा में बहुत बड़ी रकम दी जानेवाली थी। वहाँ कुरु-पांचालों के ब्राह्मण एकत्र हुए। जनक ने यह बात जानने की चेष्टा की कि इन एकत्रित ब्राह्मणों में कौन सबसे विद्वान है। उन्होंने हजार गाएँ खड़ी कर दीं और प्रत्येक के सींग पर सोने के दस-दस सिक्के बँधवा दिए और लोगों से कहा कि आप लोगों में से जो सबसे अधिक ज्ञानी है, वह उन्हें ले जाए। याज्ञवल्क्य ने अपने एक शिष्य से कहा कि इन्हें हाँक ले जाओ। दूसरे किसी ब्राह्मण को ऐसा कहने का साहस नहीं हुआ। अब याज्ञवल्क्य पर प्रश्नों की झड़ियाँ शुरू हो गईं। पाँच विद्वानों और एक विदुषी ने याज्ञवल्क्य से एक के बाद एक प्रश्न किए, परन्तु याज्ञवल्क्य परास्त न हुए। यह द्रष्टव्य है कि याज्ञवल्क्य की परीक्षा लेनेवालों में एक स्त्री भी थी।

गार्गी नाम्नी विदुषी ने गूढ़ प्रश्न पूछकर याज्ञवल्क्य की परीक्षा ली, पर वह भी उन्हें हरा नहीं सकी। तब समझा गया कि अब याज्ञवल्क्य को कोई जीत नहीं सकता। इन उल्लेखों से ज्ञात होता है कि वैदिक युग के प्रारम्भिक समय की तो बात दूर रही, बाद के युग में भी स्त्री शिक्षा भारतीय नारियों में बराबर प्रचलित थी। रहा यह कि यह जो शिक्षा दी जाती थी, वह किस सम्बन्ध में थी, इस पर हमें इन उदाहरणों से ही निश्चयपूर्वक यह कहने में कोई हिचकिचाहट नहीं होती कि पुरुष को जो शिक्षा दी जाती थी, वही स्त्रियों को भी दी जाती थी।

अतुलानन्द चक्रवर्ती ऐतरेय उपनिषद तथा अन्यान्य उल्लेखों से इस नतीजे पर पहुँचते हैं कि वैदिक युग में सहशिक्षा होती थी। "प्रजनन विद्या पर शिक्षा देते समय एक स्थान पर यह विधान है कि जिस समय इस विषय पर बातचीत हो रही हो, उस समय जो स्त्रियाँ सन्तानसम्भवा हों, वे चली जाएँ और जिस समय इस विषय पर बातचीत खत्म हो जाए उस समय वे फिर लौट आएँ।" (*Cultural Heritage of India, vol. III, Page 318*) स्त्रियों ने वेदों के बहुत से हिस्सों की रचना की है। विल्सन ने ऋग्वेद (1/157/3) की जो व्याख्या की है, उनके अनुसार

स्त्रियाँ यज्ञ में पुरोहित का भी काम करती थीं। यह तो हम पहले ही बता चुके हैं कि स्त्रियाँ भी पुरुषों के साथ-साथ यज्ञ में भाग लेती थीं। ऐसा भी एक उल्लेख मिलता है कि विकचारा नाम्नी विदुषी अकेली प्रार्थना कर रही है, पर आमतौर से ऐसा नहीं था।

स्त्रियों का उपनयन

उपनयन संस्कार विद्यारम्भ का द्योतक था। अब तो उपनयन केवल पुरुषों का ही होता है, पर आदिम वैदिक युग में स्त्रियों का भी उपनयन होता था। जिस समय आर्यों की भारतीय और ईरानी शाखा एक थी, उसी युग में उपनयन संस्कार का आरम्भ हो चुका था। पारसियों में अब भी नवजोत यानी उपवीत संस्कार होता है। वेदों के युग में कुछ स्त्रियाँ उपनयनधारिणी थीं, इसका प्रमाण मिलता है। इस समय स्त्रियों के दो वर्ग थे, एक वे जो वेदों का अध्ययन करती थीं और दूसरी वे जो घर में रहकर गृहस्थ धर्म का पालन करती थीं। प्रथम श्रेणी की स्त्रियों के लिए उपनयन और पंचयज्ञ विधान है। उनके लिए वेदाध्ययन करना, साथ ही भिक्षा पर निर्वाह करना विहित था। दूसरी श्रेणी की स्त्रियों के लिए केवल यही विधान है कि विवाह के पहले किसी समय उपनयन हो जाए। एक स्मृति के अनुसार किसी ब्राह्मण ग्रन्थ के आधार पर यह कहा गया है कि ऐसी स्त्रियाँ थीं जो उपवीत धारण करती थीं और सावित्री मन्त्र का गान करती थीं। बाद को ऐसा ज्ञात होता है कि स्त्रियों के लिए उपनयन का धीरे-धीरे खात्मा हो गया और विवाह में ही इसका भी काम निकलने लगा। वैदिक तथ्यों के आधार पर यह भी ज्ञात हुआ कि स्त्री को जिस समय वैदिक अध्ययन के लिए विकसित किया जाता था, उस समय वह अपनी कमर में कुश की एक रस्सी-सी धारण करती थी। इसे व्रतोपनयन कहते थे और यह बाद के युग तक प्रचलित था।

एक स्मृति के अनुसार नारीगण प्राचीन काल में मूँज की मेखला (यज्ञोपवीत) धारण करतीं, वेद पढ़ती थीं और सावित्री गुरुमन्त्र अर्थात गायत्री का पाठ करती थीं। स्त्रियाँ केवल पुरुष के साथ ही यज्ञ में नहीं बैठती थीं, बल्कि उनसे अलग स्वतन्त्र रूप से भी यज्ञ करती थीं। प्रजापति ने मित्र को उपदेश दिया कि उनकी याचना तुम यज्ञ द्वारा करो। इसी प्रकार कश्यप ऋषि ने अपनी स्त्री अदिति से पूछा कि मेरे परदेश चले जाने पर ठीक समय पर यज्ञाग्नि में आहुति डालने में भूल तो नहीं की थी? इस पर अदिति ने उत्तर दिया कि मैं नियमपूर्वक अग्निहोत्र का कार्य करती थी। (सत्यार्थप्रकाश, परिशिष्ट) हिन्दुओं में यज्ञोपवीत, पारसियों में मेखला प्रकारांतर से प्रचलित है। (*Cultural Heritage of India, Page 217*)

महाभारत में कई गुरुकुलों या वन-विद्यालयों का पता मिलता है। इनमें से नैमिषारण्य में शौनक कुलपति थे। कहीं-कहीं पर इस वन-विद्यालय की छात्र संख्या

दस हजार तक लिखी गई है। इसी प्रकार मालिनी नदी के किनारे ऋषि कण्व का भी एक आश्रम वन-विद्यालय के रूप में काम करता था। यहीं पर राजा दुष्यन्त और शकुन्तला में गन्धर्व विवाह हुआ, जिसके फलस्वरूप भरत उत्पन्न हुए। हमारे देश का नाम भारतवर्ष उन्हीं के नाम पर पड़ा। इन वन-विद्यालयों के अतिरिक्त काम्यक में भी एक वन-विद्यालय था। इनके अतिरिक्त वंशिष्ठ, विश्वामित्र और व्यास के भी वन-विद्यालय थे। इन विद्यालयों में ब्रह्मविद्या के अतिरिक्त लोकायत, रेखागणित आदि की भी शिक्षा दी जाती थी। कुरुक्षेत्र में भी इसी प्रकार का एक आश्रम था, जिसमें से दो प्रसिद्ध ब्रह्मवादनियाँ निकलीं।

इन आश्रमों का महाभारत आदि में जहाँ भी वर्णन मिला है, उससे पता चलता है कि इनमें छात्रों के अतिरिक्त छात्राओं की भी शिक्षा होती थी। इस तरह सब प्रकार के प्राप्त प्रमाणों से यह बिल्कुल स्पष्ट है कि वैदिक युग में स्त्रियों को उन सब विषयों में शिक्षा दी ही जाती थी जो पुरुषों को दी जाती थी। कम-से-कम जिन स्त्रियों का विवरण आया है उन स्त्रियों को हम पुरुषों के साथ ज्ञान-विज्ञान में लोहा लेती हुई पाते हैं। पर इसके अतिरिक्त ऐसा भी उल्लेख है कि स्त्रियों को विशेषकर नृत्य-गीत आदि सिखाया जाता था।

महाभारत की प्रमुख स्त्रियों की बातचीत से यह तो ज्ञात होता है कि वे शिक्षिता थीं, पर उन्होंने किसी गुरुकुल में शिक्षा पाई, इसका परिचय नहीं मिलता। इससे यह ज्ञात होता है कि सम्भव है उनकी शिक्षा घर में होती हो। पाण्डवों के बारे में तो यह पता चलता है कि आजकल जिसे गृह-शिक्षक कहते हैं, उस प्रकार का शिक्षक रखकर घर पर उनकी शिक्षा हुई थी। सम्भव है इसी प्रकार कुन्ती, गान्धारी, द्रौपदी, सुभद्रा, रुक्मिणी, सत्यभामा आदि की शिक्षा भी हुई हो। वन-पर्व में युधिष्ठिर और द्रौपदी का जो उस युग के दर्शन पर विचार-विनिमय है, उससे ज्ञात होता है कि द्रौपदी एक विदुषी थी और उस युग के ज्ञान से सम्पूर्ण रूप से परिचित थी। उन्होंने इस अवसर पर कर्म के सम्बन्ध में जो कुछ कहा है, वह गीता के निष्काम कर्म सम्बन्धी प्रतिपादन से कम नहीं है।

स्त्रियाँ केवल छात्राएँ ही नहीं, बल्कि शिक्षिकाएँ भी होती थीं। जो भी हो, यह स्पष्ट है कि उस युग में ऐसा कोई नगर नहीं था जहाँ स्त्रियों को केवल चोली-चूल्हा-चक्की और शिशु-पालन की शिक्षा दी जाए।

शरतचन्द्र की गलती

हम पहले भी दिखला चुके हैं कि उपन्यासकार शरत्चन्द्र ने अपनी क्रान्तिकारी पुस्तक 'नारी का मूल्य' में कई मामालों में स्त्रियों के इतिहास के सम्बन्ध में गलतियाँ की हैं। अवश्य हम यह नहीं भूले हैं कि उनकी इन गलतियों का रूप प्रतिक्रियावादी नहीं है। पर जो भी हो, गलतियाँ गलतियाँ ही हैं। भारतवर्ष में स्त्री शिक्षा थी या

नहीं थी, इस विषय पर लिखते हुए वह किस प्रकार की गलती करते हैं, यह इस उद्धरण से स्पष्ट है–

"सुनते हैं कि केवल महानिर्वाण तन्त्र के 'कन्याप्येवं पालनीया शिक्षणियाति यत्नतः' वाले वाक्य को छोड़कर और किसी शास्त्र में नारी को शिक्षा देने की आज्ञा नहीं है। अक्षय दत्त महाशय ने अपने भारतवर्षीय उपासक सम्प्रदाय नामक ग्रन्थ के उपक्रमणिका खण्ड में इसके विरुद्ध आलोचना करके यह दिखलाया है कि प्राचीन काल में स्त्रियाँ वेद तक लिख गई हैं, पर जब शास्त्र में 'त्रयी न श्रुतिगोचरा' वाला श्लोक मिल गया है तब इन सब तर्कों से कुछ भी काम नहीं निकल सकता।"

रहा यह कि 'त्रयी न श्रुतिगोचरा' तथा अन्य बहुत से प्रतिक्रियावादी वचन शास्त्रों में मौजूद हैं, इनसे इन्कार नहीं किया जा सकता। यौथ समाज में और बहुत दिनों तक वैदिक समाज में भी स्त्रियों की हालत बहुत अच्छी थी और उन्हें शिक्षा भी दी जाती थी, पर बाद को उनकी हालत बिगड़ी और 'त्रयी न श्रुतिगोचरा' वाला और न जाने इस प्रकार के कितने ही वचन आए। ऐसे लोगों की सारी गलती यह है कि वे कई ऐतिहासिक युगों को एक में गड़बड़ाकर देखते हैं और चूँकि इनमें परस्पर विरोध है, इसलिए वे इनका सामंजस्य इस प्रकार करते हैं कि एक था, पर दूसरा था ही नहीं। कहना न होगा कि यह ऐतिहासिक तरीका नहीं है। आर्यों में बिल्कुल प्रारम्भ में यानी यौथ समाज के युग में कोई वर्णभेद नहीं था, इतना तो हम अनुमान से ही जान सकते हैं। पर बाद को जब वर्ण-व्यवस्था की उत्पत्ति हुई तब भी वर्णों में पारस्पिरिक विवाह पर कोई रोकटोक नहीं थी। हम यह पहले ही बता चुके हैं कि कक्ष्वीवान आदि ने राजन्य परिवारों की कन्याओं से शादी की थी। च्यवन ने भी ऐसा ही किया था। ऐसे बहुत-से उदाहरण हैं। ज़ीनर का कहना है कि सिन्धु नदी पर वैदिक आर्यों में जातिभेद नहीं था। बाद को जब वे पूर्व की ओर बढ़े तब जातिभेद ने जोर पकड़ा। जयचन्द्र जी ने लिखा है कि "आर्य और दास के दो भेद के अतिरिक्त कोई जातिभेद न था। वर्ण वास्तव में दो ही थे। (ऋग्. 1/179/6) और जो भेद थे वे साधारण सामाजिक ऊँच-नीच के थे।"

सामाजिक ऊँच-नीच का अर्थ यहाँ पर शासक परिवार या सम्पत्तिशाली लोगों से ही हो सकता है। हमें यहाँ इस विषय का ब्यौरेवार विवेचन नहीं करना है कि कैसे वर्णप्रथा क्रमशः प्रस्तरीभूत होती गई। श्रेणी भेद होने पर भी सब आर्यों में परस्पर खान-पान और खुला विवाह सम्बन्ध चलता था। (भारतीय इतिहास की रूपरेखा, पृ. 251) प्रारम्भ में आर्यों और अनार्यों में विवाह सम्बन्ध चलता था, ऐसा अनुमान करने का कारण है, पर बाद को यह खत्म कर दिया गया। एक आर्य राजा ने सर्वभानु दानव की कन्या से विवाह किया था। दास स्त्री अर्थात अनार्य स्त्री आर्य की धर्मपत्नी नहीं हो सकती थी, किन्तु तो भी श्यामवर्णी स्त्रियों को

रखना वर्जित न था। यहाँ तक कि रमण के लिए रखी जाने वाली रामाओं की कालिमा के कारण राम शब्द में श्यामवर्णी अर्थ आ गया। (भारतीय इतिहास की रूपरेखा, पृ. 351) डॉक्टर दत्त ने भी यह लिखा है कि दास जाति की स्त्रियाँ उपपत्नी बनाई जाती थीं। कण्व ऋषि को दासी का पुत्र कहकर उपहास करने का उल्लेख मिलता है। (ऐतरेय ब्राह्मण, 2/19, कौषिकी ब्राह्मण 12/3) महाभारत में राक्षसों की कन्याओं के साथ आर्यों का विवाह न सही, सामाजिक सम्बन्ध का पता लगता है। सूर्पणखा ने जो आकर राम से विवाह की प्रार्थना की थी, यह कोई अनहोनी बात नहीं थी। भीम की कथा से ज्ञात है कि आर्य अक्सर राक्षस कन्या से विवाह कर लेते थे। स्मरण रहे कि भीम ने हिडिम्बा के साथ जो सम्बन्ध स्थापित किया था, वह कुन्ती तथा भाइयों की राय से किया था। यह जोड़े की शादी का भी एक अच्छा उदाहरण है।

प्रतिलोम विवाह

बाद को यह कथित राक्षस आदि अनार्य जातियाँ वर्ण-व्यवस्था के अन्दर शूद्र के रूप में आ गईं और शूद्र रमणी के साथ सम्बन्ध परवर्ती स्मृतियों तक में स्वीकृत हैं। सर वी. एस. स्वामी ऐयर का कथन है कि वर्णों में पारस्परिक विवाह विशेष काल (छठी शताब्दी ईस्वी) तक जारी रहा। अवश्य ऐसे विवाह से उत्पन्न सन्तान की हैसियत घटती गई। सर वी.एस. स्वामी ऐयर का यह कथन सम्पूर्ण रूप से सही नहीं है। नेपाल में अभी तक ब्राह्मण का विवाह क्षत्रिय कन्या से हो सकता था, और उससे उत्पन्न पुत्र क्षत्रिय माना जाता था। इसलिए माँ की जाति से सन्तान का जाति-निर्णय बहुत पहले ही स्थापित हो चुका था। प्रतिलोम विवाह यद्यपि उल्लिखित है, पर इसका प्रयोग बहुत कम क्षेत्रों में होता था, इसमें सन्देह नहीं। फिर भी जिसे प्रतिलोम विवाह कहा जाएगा, उसके उदाहरण ऋग्वेद में हैं। अंगिरा की कन्या शरवती का विवाह राजा असंग से हुआ था। राजा स्वनय का विवाह अंगिरा गोत्र की एक ब्राह्मणी से हुआ था। ययाति ने भी ऐसा किया था। देवयानी और ययाति के विवाह की कहानी हम बाद को कहेंगे। स्मरण रहे कि ऋग्वेद में केवल ययाति और शुक्राचार्य का नाम है, विवाह का उल्लेख पुराणों में है। ऐसा ज्ञात होता है कि पहले के युग में पिता के पेशे से ही पुत्र के पेशे का निर्णय होता था। इसलिए अनुलोम-प्रतिलोम का कोई विशेष सवाल न था। उस समय प्रतिलोम केवल नाम के लिए ही हो सकता था। पर बाद को जब पृथक्करण शुरू हुआ, उस समय माँ की जाति से ही सन्तान की जाति का निर्णय होने लगा। वेंकटरमन शास्त्री ने इस सम्बन्ध में ठीक ही लिखा है कि पहले वर्ण की धारणा पेशे या कर्म से थी, पर बाद को वर्ण की धारणा जन्म से हो गई। मनुस्मृति में आकर वर्ण की धारणा बिल्कुल प्रस्तरीभूत हो गई और इस सम्बन्ध में अत्यन्त कट्टर

नियम बन गए कि किस वर्ण के साथ किस वर्ण के सम्बन्ध से कौन-सी जाति पैदा होगी। अनुलोम विवाह को अब भी जायज समझा गया। यद्यपि इस प्रकार उत्पन्न सन्तान निकृष्ट समझी गई, पर प्रतिलोम विवाह से उत्पन्न तो बहुत ही नीच समझी गई। यदि कोई शूद्र किसी ब्राह्मण कन्या से पुत्र उत्पन्न करे, तो मनुस्मृति के अनुसार वह सन्तान चाण्डाल होती है। इससे स्पष्ट है कि इस प्रकार के विवाह को बहुत बुरी दृष्टि से देखा गया है। शूद्र यदि क्षत्रिय कन्या से पुत्रोत्पादन करे, तो वह क्षत्रीय और वैश्य कन्या से पुत्रोत्पन्न करने पर वह आयोगव समझा जाएगा। यदि ब्राह्मण क्षत्रिय कन्या से सन्तान उत्पादन करे तो वह अनन्तर समझा जाएगा। हम नीचे इसकी पूरी सूची पेश करते हैं कि यदि एक जाति का पुरुष दूसरी जाति की कन्या से सन्तानोत्पादन करे तो वह सन्तान क्या होगी—

अनुलोम		
पिता	**माता**	**सन्तान**
ब्राह्मण	क्षत्रिय	अनन्तर
ब्राह्मण	वैश्य	अम्बष्ट
क्षत्रिय	वैश्य	अनन्तर (माहिष्य)
ब्राह्मण	शूद्र	निषाद या पाराशर
क्षत्रिय	शूद्र	उग्र
वैश्य	शूद्र	अनन्तर
प्रतिलोभ		
पिता	**माता**	**सन्तान**
क्षत्रिय	ब्राह्मण	सूत
वैश्य	ब्राह्मण	वैदेह
वैश्य	क्षत्रिय	मागध
शूद्र	ब्राह्मण	चाण्डाल
शूद्र	क्षत्रिय	क्षत्रिय
शूद्र	वैश्य	आयोगव

इस प्रकार मनु ने भारतवर्ष में सैकड़ों जातियों और उप-जातियों की सृष्टि की नींव डाली। पर सत्य बात तो यह होगी कि मनु ने प्रचलित विधानों पर एक ठप्पा मात्र लगाकर उनको एक पद्धति में ला दिया होगा। धार्मिक विधान का कोई भी प्रणेता इससे अधिक कुछ नहीं करता।

जब हम गोत्रों पर दृष्टि डालते हैं तो यह ज्ञात होता है कि ऋग्वेद के संकलन के पहले ही गोत्रों का विभाजन हो चुका था। इस समय तक यज्ञों को सबके लिए

सामान्य पद्धति में लाया जा चुका था। पर आप्रीसूत्र नाम से कुछ सूत्र हैं जिनमें अनुष्ठाता के गोत्र के अनुसार कुछ तब्दीली करनी पड़ती है। ऐसा ज्ञात होता है कि यह आप्रीसूत्र और ईरानियों के आफ्रीगन एक ही तरह के हैं। इसलिए यह अनुमान बिल्कुल सही जँचता है कि भारतीय ईरानी एकजातित्व के समय ही गोत्रों की स्थापना हो चुकी थी। (*Cultural Heritage of India, Voll. I, Page 161*)

हमने इस पुस्तक में गोत्र शब्द को 'Gens' के प्रतिशब्द के रूप में भी इस्तेमाल किया है, इसलिए यह बता दिया जाए कि यहाँ पर गोत्र शब्द का अर्थ कुछ सीमित ही है। यद्यपि दोनों क्षेत्रों में यह मान लिया जाता है कि एक गोत्र के सब लोग एक ही पूर्व पुरुष, प्रवर या पूर्व स्त्री से उतरे हुए हैं। गोत्र के सीमित अर्थ में पूर्व पुरुष का ही अर्थ है, पूर्व स्त्री का नहीं, क्योंकि अब तक पितृप्रधान समाज की स्थापना हो चुकी थी। सभी हिन्दू ग्रन्थों में पूजक या संकल्पकारी को अपना गोत्र बताकर तब संकल्प या पूजा करनी पड़ती है। यज्ञकर्ता का यज्ञ में अपना गोत्र बताने की बात भी ऋग्वेद से पूर्व युग की है। पहले ऋषि सात थे। इनमें से चार मनुष्यों के पूर्व पुरुष थे। इन चार में से अठारह पृथक विभागों की सृष्टि हुई। यदि प्रवर ऋषि सामान्य हुए, तो ऐसे परिवारों में विवाह नहीं हो सकता था, पर इन चार में से दो, भृगु और अंगिरा में विवाह निषिद्ध नहीं है। इन अठारह में से दस परिवारों की उत्पत्ति क्षत्रिय है। भृगु ने अपने परिवार में चार क्षत्रियों को लिया। इनके नाम हैं–मित्रायु, सुनक, वेण, वीतहव्य।

ऊपर के विवरण से कई बातें स्पष्ट हो जाती हैं। एक तो यह है कि पहले एक ही पूर्व पुरुष से उत्पन्न व्यक्तियों में विवाह होता था। इससे पहले कभी यौथ समाज होने का प्रमाण मिलता है। दूसरे यह कि जब जातियाँ बनीं भी तो वे बहुत दिनों में प्रस्तरीभूत हुईं और प्रथम सोपान में जाति कर्म से थी न कि जन्म से। तीसरे यह कि एक जाति के लोग आसानी से दूसरी जाति में चले जाते थे। बाद को ही इस प्रकार का आदान-प्रदान बन्द हुआ।

बाहरी जातियाँ वर्णपद्धति में

जातिभेद के इतिहास में एक मजे की बात और है। वह यह कि बाद को जब बहुत-सी बाहरी जातियाँ आर्यों में सम्मिलित हो गईं तो उनके सम्बन्ध में भी यह कहा गया कि ये लोग किसी-न-किसी प्रकार से पतित क्षत्रिय आदि हैं। इसी प्रकार पुण्ड्रक, चोल, द्राविड़, कम्बोज, पारद, पल्लव, चीन, किरात, दरद, शक और यवनों को पतित क्षत्रिय बतलाया गया। इसके ब्यौरे में जाना उचित न होगा, इसलिए हम केवल इतना ही बतला दें कि विदेशी जातियों को अपने में आत्मसात करने का यह एक तरीका मात्र था। यह कोई कहानी नहीं बल्कि सच्ची बात है कि ग्रीक, शक, हूण इसी प्रकार भारतवर्ष में आकर आर्यों में पचा लिए गए। हम इस

बात को किसी गौरवबोध या अन्ध देशभक्तिमूलक प्रवृत्ति के वशवर्ती होकर नहीं कह रहे हैं, बल्कि यह एक ऐतिहासिक तथ्य है। साथ ही यह भी बता देना आवश्यक है कि दुनिया में ऐसी कौन-सी जाति है जिसने इसी प्रक्रिया से बाहर से आई हुई सैकड़ों ज़ातियों को अपने अन्तर्गत नहीं कर लिया। इसलिए इसमें विशेष गौरवबोध की कोई बात नहीं उठती। अवश्य जिस तरीके से हिन्दुओं ने इन विदेशियों को अपने अन्तर्गत कर लिया, वह यहाँ की जाति-पद्धति की ही विशिष्टता है।

वेदकालीन स्त्रियों का प्रसंग समाप्त करते हुए हम अदिति, सिन्धु और सरस्वती कुछ देवियों का उल्लेख किए बिना नहीं रह सकते। हम पहले ही बता चुके हैं कि सब देवताओं विशेषकर आदित्यों की जननी के रूप में अदिति का उल्लेख है। इनके अतिरिक्त और भी देवियों का ऋग्वेद में उल्लेख है। वैदिक सभ्यता सप्तसिन्धु प्रदेश में पनपी, इसलिए हमें कोई आश्चर्य नहीं कि सिन्धु और सरस्वती की देवी-रूप में कल्पना की गई

ऋग्वेद में सिन्धु की बड़ी महिमा गाई गई है। यह कहा गया है कि सिन्धु सब नदियों में ओजस्विनी है, तथा वरुण ने सिन्धु के लिए खोदकर रास्ता बनाया। सरस्वती की भी वेद में प्रशंसा है, वह सरस्वन की स्त्री है। सरस्वती केवल नदी देवी नहीं रही, बल्कि विद्या की भी देवी हो गई। इसका कारण शायद यह हो कि सरस्वती के किनारे आकर आर्यों को कुछ शान्ति मिली और विद्या में उन्नति तथा शान्ति से यज्ञ करने का मौका मिला। इसलिए एक नदी को विद्या की देवी के रूप में परिणत कर लेना कोई आश्चर्य की बात नहीं है। रहा यह कि इन नदियों को देवी मान लेने के पीछे आर्य जाति की किसी स्त्री का अस्तित्व था या नहीं, यह कहना मुश्किल है। ऐसा हो सकता है कि आर्य जिस समय इन नदियों के किनारे आए हों, उस समय उनमें इन नामों की समाज में आदरप्राप्त स्त्रियाँ या तो थीं, या उनकी याद उनके साथ थी, जिससे यह नाम इन नदियों को दे दिया गया। आज भी सड़कों और कई नई नहरों का नामकरण प्रसिद्ध या श्रेष्ठ व्यक्ति के आधार पर होता है। बंगाल की कई छोटी नदियों के विषय में यह ऐतिहासिक रूप से ज्ञात है कि किसी ऐतिहासिक स्त्री के साथ संयुक्त होने पर ही उनका नाम पड़ा। भगवतशरण उपाध्याय यह मानते हैं कि "इसमें कोई सन्देह नहीं कि सरस्वती का नदी के अतिरिक्त एक पृथक अस्तित्व था, क्योंकि इला और भारती या मही के साथ मिलकर वह एक प्रसिद्ध त्रयी की सृष्टि करती है।" (Women in Rigveda) हम यह भी जानते हैं कि सिन्धु नाम से ही हिन्दु नाम हुआ। इस प्रकार एक आर्य नदी के नाम पर ही हिन्दुओं का नामकरण हुआ। यदि भरत नामक एक पुरुष के नाम पर भारतवर्ष हुआ तो सिन्धु नाम्नी एक स्त्री के नाम पर हिन्दु नामकरण हुआ, यह आश्चर्य की बात नहीं।

इसके अतिरिक्त वाग्देवी का भी वेदों में उल्लेख है। स्पष्ट है कि वह कोई

दहधारिणी ऐतिहासिक स्त्री थी, जो बाद को देवी हो गई। वह (ऋगृ. 10/125/6) लोगों को युद्ध के लिए उद्‌बुद्ध करती है। एक अन्य मन्त्र (ऋगृ. 8/89/10-11) में उनको देवताओं की रानी तथा दिव्य बताया गया है। इसी प्रकार अरण्यानी आरण्यों की देवी मानी जाती है। हिन्दुओं में यह जो सरस्वती विद्या की देवी मानी गई, तो ग्रीकों में मिनर्वा विद्या की देवी मानी गई। यह सोचने और खोज करने की बात है कि देवियाँ ही इन दो महान प्राचीन जातियों में विद्या की अधिष्ठात्री क्यों मानी गईं? ऐसा जान पड़ता है कि इस सम्बन्ध में खोज करने की गुंजाइश है। इसी प्रकार अपनी जन्मभूमि को भी माता के रूप में मानने का जो आम रिवाज है, उसकी तह में भी कोई बात होगी। ऐसा ज्ञात होता है कि आदिम यौथ समाज में माँ या कुलमाता के लिए जो सम्मान था, उसी के साथ ज्ञान और जन्मभूमि जैसी अत्यन्त प्रिय वस्तुओं को मानसिक रूप से एकत्र कर दिया गया और इस प्रकार इन देवियों की भावना उत्पन्न हुई। जो भी हो, वेदों में एक के बाद एक वरुण, इन्द्र और प्रजापति, और कौन-कौन देवता आए, पर देवमाता अदिति के सामने सब फीके पड़ जाते हैं। वेदों में देवताओं की संख्या देवियों से कहीं अधिक है। यह पुरुषप्रधान सामाजिक अवस्था को सूचित करता है। फिर भी जैसा कि हम बता चुके हैं कि इन सब बड़े-बड़े देवताओं की माँ के रूप में अदिति रह गई, और इससे यह भी पता चलता है कि पुरुषप्रधान समाज के स्थापित हो जाने पर भी स्त्रियों का प्राचीन सम्मान बहुत वर्षों तक, शायद सैकड़ों वर्षों तक बना रहा।

महाभारत की नारियाँ और पंचकन्याएँ

हम पहले ही बता चुके हैं कि किसी युग को महाभारत काल मानना उचित न होगा। फिर भी हमने यह उचित समझा कि महाभारतोक्त कुछ नारियों का वर्णन एक पृथक अध्याय में किया जाए। ऐसा करने के औचित्य पर हम पहले ही बात कर चुके हैं कि यद्यपि महाभारत का ऐतिहासिक किस्सा पहले ही घटना-रूप में घटित हो चुका था, फिर भी महाभारत में बराबर परिवर्तन और परिवर्धन होते रहे और इस समय जो महाभारत हमें उपलब्ध है, वह अन्तिम रूप से बुद्ध के बाद के युग में ही संकलित हुआ था। महाभारतोक्त कुछ स्त्रियों का तो हम पहले ही वर्णन कर चुके हैं, अतएव हम यहाँ पर कुछ अन्य स्त्रियों का ही मुख्यतः वर्णन करेंगे। महाभारत में स्त्री के सम्बन्ध में—जैसा कि प्रत्येक विषय के सम्बन्ध में—अनेक सोपान एकत्र कर दिए गए हैं, इसलिए इसमें एक तरफ तो स्त्रियों के प्रति अत्यन्त सम्मान भाव है तो दूसरी तरफ उन्हें सब बुराइयों की जड़ आदि कहा गया है।

महाभारत की स्त्रियों पर दृष्टिपात करते ही सबसे पहली बात जो दृष्टिगोचर होती है, वह यह है कि इनमें से अधिकांश स्त्रियाँ बहु-विवाह या कम-से-कम एक से अधिक सौतों से आक्रान्ता हैं। हम पहले ही बता चुके हैं कि बहुपत्नीत्व पितृप्रधान समाज की एक विशेषता है।

ऋग्वेद में बहुपत्नीत्व प्रकारान्तर से है, यह तो हम पहले ही बता चुके हैं। एक मन्त्र में बल्कि कई मन्त्रों में इस प्रकार की बात कही गई है कि सौतों की तरह हमारे लिए यह बहुत दुःखदाई है। स्वयं इन्द्र के विषय में यह कहा गया है कि वह अपनी स्त्रियों में आनन्द मनाता रहता है। एक अन्य उल्लेख में कहा गया है कि कई स्त्रियाँ एक पति को प्यार करती हैं। (ऋगृ. 1/7/1) इसी प्रकार और भी बहुत से स्पष्ट उल्लेख ऋग्वेद में हैं, जिनसे पता चलता है कि बहुपत्नीत्व बड़े लोगों में था। ऋग्वेद के दशम मण्डल का 145 वाँ मन्त्र केवल इसलिए है कि सपत्नियों पर कैसे अधिकार प्राप्त किया जाए। इस मन्त्र की ऋषि इन्द्राणी है और वह चाहती है कि अपनी सपत्नियों पर अपना अधिकार स्थापित करे। इस

मन्त्र में सपत्नी के प्रति ईर्ष्या भाव बहुत स्पष्ट है। इन्द्राणी कह रही है, "मैं प्रबलतरा से प्रबलतरा हूँ और जो मेरी सौत है वह नीचतरा से नीचतरा है। मैं उसका नाम नहीं लेती। वह इस पुरुष में कोई आनन्द नहीं पाती, इसलिए हमें चाहिए कि हम उसे दूर भगा दें।" शची पौलोमी नाम से यही इन्द्राणी एक अन्य मन्त्र में (ऋग्. 10/195) पूर्वकथन के परिणाम का वर्णन करती है। वह कहती है कि उसकी सौतों का नाश हो चुका है। इसका हमने कुछ ब्यौरे के साथ इसलिए वर्णन किया है कि वैदिक युग में ही ईर्ष्या की उत्पत्ति हो चुकी थी। यौथ समाज में इस प्रकार की कोई भावना लोगों में थी ही नहीं। जो भी हो राजा, प्रमुख सरदारों, पुरोहितों तक ही बहुपत्नीत्व प्रथा थी। दासियों को भोगने के अतिरिक्त ऐसे लोग कई विवाह भी कर लेते थे। इसके प्रमाण हैं कि ऋग्वेद में महिषी शब्द प्रधान स्त्री के अर्थ में (ऋग्. 5/2/2, 5/37/3) आया है। कक्षीवान की दो स्त्रियाँ थीं, ये दोनों राजकुमारियाँ थीं। इसी प्रकार च्यवन ने बुढ़ापे में कई शादियाँ की थीं। कुयव नाम अनार्य की दो स्त्रियाँ थीं। (ऋग्. 1/104/3)

यह सब होते हुए भी बहुपत्नीत्व अच्छी दृष्टि से नहीं देखा जाता था। इसका प्रमाण हमें इस बात से मिलता है कि यज्ञ में केवल एक पत्नी को ही लेकर व्यक्ति शामिल होता था और जो देवतागण यज्ञ में भाग लेने आते थे, उनमें से कईयों की अनेक पत्नियाँ होने पर भी वे एक ही पत्नी के साथ आते थे। फिर वेद के प्रधान देवताओं में वरुण, अग्नि, सोम इन सबकी केवल एक-एक पत्नी है। हाँ, केवल इन्द्र की अनेक पत्नियाँ हैं। जिस समय कोई मरता था, उस समय केवल एक ही पत्नी उसकी बगल में लेटकर रस्म अदा करती थी। इस सबका अर्थ यही है कि वैदिक समाज में बहुपत्नीत्व बड़े लोगों तक सीमित व्यतिक्रम था, न कि नियम। हाँ, दासियों की बात और है। बिल्कुल शुरू की कथा को लीजिए। उसमें सारी सृष्टि का सूत्रपात ही कश्यप ऋषि के बहुपत्नीत्व से हुआ। जिन पाण्डवों को लेकर महाभारत की सारी कथा का ताना-बाना बुना गया है, उनकी संयुक्त पत्नी के रूप में द्रौपदी थी, यह हम पहले ही बता चुके हैं। इस द्रौपदी के अतिरिक्त पाण्डवों में से प्रत्येक की एक या एकाधिक पत्नियाँ थीं। युधिष्ठिर की एक और पत्नी थी, उसका नाम था देविका। देविका के गर्भ से यौधेय नाम का एक पुत्र भी उत्पन्न हुआ था। अर्जुन तो इस सम्बन्ध में सबसे आगे थे। उन्होंने कृष्ण की बहिन सुभद्रा को भगाकर विवाह किया। कृष्ण ने स्वयं अपनी बहिन को भगाने में मदद की। सुभद्रा के गर्भ से अर्जुन का अभिमन्यु नामक पुत्र उत्पन्न हुआ था। इसी प्रकार उनकी पत्नी उलूपि से इड़ावान और चित्रांगदा से बभ्रूवाहन नामक पुत्र हुए थे। ये दोनों पुत्र अपनी-अपनी माता के साथ अपने मामा के घर रहे और उन्हीं के राज्य के उत्तराधिकारी हुए। सम्भव है कि इन जातियों में अभी तक मातृकुल प्रचलित था। अर्जुन का इन सबके अतिरिक्त उर्वशी के साथ भी कुछ सम्बन्ध

रहा, जिसकी झलक दी जा चुकी है। नकुल की पत्नी रेणुवती से निमित्र और सहदेव की पत्नी विजया से सुहोत्र का जन्म हुआ। कथित राक्षसी हिडिम्बा के गर्भ से भीम का घटोत्कच नामक पुत्र उत्पन्न हुआ था। द्रौपदी के पाँच पुत्र थे—प्रतिविन्हयक, सुतसोम, श्रुतकीर्ति, शतानिक, श्रुतकर्मा। इनकी क्रमशः युधिष्ठिर, भीम, अर्जुन, नकुल, सहदेव के औरस से उत्पत्ति मानी गई। यह जो माना जाता है कि ये पाण्डवों के यौथ-पुत्र नहीं, बल्कि प्रत्येक पाण्डव के अलग-अलग पुत्र थे, इससे ज्ञात होता है कि यौथ विवाह के अन्दर भी पितृ-प्रधान समाज की धारणाओं को एक कर दिया गया था। इस विवरण से स्पष्ट है कि द्रौपदी पाण्डवों की संयुक्त पत्नी थी, किन्तु उनमें से प्रत्येक की केवल एक या एकाधिक पत्नियाँ भी थीं।

अब पाण्डवों के जो स्वीकृत पिता पाण्डु थे, उन्हें देखा जाए। पाण्डु की दो पत्नियाँ थीं—एक कुन्ती और दूसरी माद्री। पाण्डु भी एक पत्नीव्रती नहीं थे। पाण्डु के भाई धृतराष्ट्र अवश्य एक पत्नीव्रती थे, क्योंकि गांधारी के अतिरिक्त उनकी किसी भी स्त्री का पता नहीं चलता। पर वे तो अन्धे थे। पाण्डु के पिता विचित्रवीर्य को देखिए। उनकी दो पत्नियाँ थीं, अम्बिका और अम्बालिका। इस प्रकार वह भी एक पत्नीव्रती नहीं थे। यह हम पहले ही बता चुके हैं कि इस प्रकार विवाहों के अतिरिक्त दासियों पर भी बड़े लोगों का अधिकार होता था। केवल यहीं नहीं, सामन्तवादी युग में सर्वत्र यही रवैया था।

महाभारत के शल्य पर्व में इस बात का वर्णन है कि जब पाण्डवों की सेना ने कौरवों को हरा दिया, उस समय वे कौरवों के शिविरों में घुस गए और सोना-चाँदी, मणि-आभूषण, बढ़िया कम्बल आदि के साथ-साथ असंख्य दास-दासियों को भी लेकर चलते बने। इस तरह दास-दासियाँ भी अन्य वस्तुओं की तरह वस्तु मात्र समझी जाती थीं। शान्ति पर्व (पृष्ठ-1281) में एक उल्लेख यह भी है कि एक ब्राह्मण को अन्य दान के साथ-साथ एक दासी भी दी गई, जो उस समय पति से रहित थी। राजा भगीरथ ने भी दक्षिणा में 10 लाख कन्याएँ दी थीं। (वही, 1963)

स्मरण रहे कि इन ब्यौरों को हम निन्दा की प्रवृत्ति से नहीं, बल्कि यह दिखलाने के लिए दे रहे हैं कि पितृ-प्रधान समाज की अवस्था में जो बातें और देशों में थीं, वे ही भारतवर्ष में भी थीं। एकविवाह की स्थापना जब जहाँ भी हुई, वह बराबर केवल स्त्रियों के लिए एकविवाह रहा, पुरुषों के लिए एकविवाह या तो रहा ही नहीं या नाम-मात्र को रहा। इस सन्दर्भ में यह भी उल्लेखनीय है कि चाहे महाभारत का समाज रहा हो या रामायण का, ग्रीकों का रहा हो या रोमनों अथवा अरबों का, सर्वत्र यही बात रही। इसलिए जिसे एकविवाह न कहा जाए, यानी दो तरफा एकविवाह, वह इतिहास में कभी रहा ही नहीं; सिवा आधुनिक युग के।

महाभारत के शान्तिपर्व में एक राजा चित्ररथ के शशबिन्दु का वर्णन है। कहा गया है कि उनकी एक लाख रानियाँ थीं। इनसे उनके दस लाख पुत्र उत्पन्न हुए और फिर प्रत्येक राजकुमार की सौ-सौ शादियाँ हुईं, इत्यादि। जो भी हो, महाभारत-रामायणकालीन समाज तथा एक हद तक वैदिक समाज के तमाम बड़े और सरदार लोगों में बहुपत्नीत्व दृष्टिगोचर होता है।

अन्यत्र भी बहुपत्नीत्व

प्राचीन यहूदियों में भी बहुपत्नीत्व का जोर था। राजा सुलेमान के सम्बन्ध में (नृपतिगण, 11/3) लिखा गया है कि उनकी सात सौ स्त्रियाँ तथा तीन सौ उप-पत्नियाँ थीं। सैम्युअल (20/3) में यह लिखा गया है कि दाऊद की दस उप-पत्नियाँ थीं। जेनेसिन (25) में यह लिखा गया है कि इब्राहिम ने अपनी सारी जायदाद दे दी, पर अपनी बहुत-सी उप-पत्नियों के लड़कों को कुछ उपहार वगैरह दिए और उनको पूर्वी देशों की ओर भेज दिया। इसी प्रकार एसाउ (Esau) के विषय में जेनेसिस (28) में यह लिखा है कि उनकी भी बहुत-सी पत्नियाँ थीं। इसी प्रकार और भी बहुत-से उदाहरण हैं। सामन्तवादी समाज का हमने जो विश्लेषण किया है, उसके अनुसार इसमें कोई आश्चर्य की बात नहीं।

प्रव्रज्या की हैसियत

महाभारत में भी प्रव्रज्या या घर-द्वार छोड़कर साधु हो जाने की बात को बहुत महत्व दिया गया है, यानी एक तरफ सुखदेव का उदाहरण है तो दूसरी ओर ऐसे सैकड़ों उदाहरण हैं जिनमें ऋषिगण स्त्री, पुत्र, परिवार सहित बाकायदा सांसारिक जीव की तरह रहते थे। स्वयं सुखदेव के पिता व्यास को ही लिया जाए। ये न केवल संसारी थे बल्कि जब-तब नियोग के लिए साँड की तरह इधर-उधर बुलाए भी जाते थे। जरत्कारु ऋषि की कथा से इस सम्बन्ध में शानदार रोशनी पड़ती है। जरत्कारु ऋषि बहुत दिनों तक ब्रह्मचर्य धारण कर तपस्या में संलग्न थे। वह विवाह नहीं करना चाहते थे। सदा जप-तप तथा स्वाध्याय में लगे रहते थे। उनका शरीर बहुत कृश हो गया था। एक दिन यात्रा करते समय उन्होंने देखा कि कुछ पितर नीचे की ओर मुँह किए गड्ढे में लटक रहे हैं। वे कुशा का एक तिनका पकड़े हुए थे। यही अब उनका एकमात्र सहारा रह गया था और उस तिनके की जड़ को भी चूहा धीरे-धीरे कुतर रहा था। पितृगण निराहार थे और दुःखी हो रहे थे। जरत्कारु ने जब इस प्रकार उन पितरों को लटके हुए देखा और यह देखा कि वे औंधे मुँह गड्ढे में गिरना ही चाहते हैं, तो उनको बड़ा तरस आया और उन्होंने जाकर पूछताछ की। ऋषियों ने बताया कि हम लोग यायावर नाम के ऋषि हैं। वंश-परम्परा क्षीण हो जाने से हम पुण्य लोकों से नीचे गिर गए हैं। हमारे वंश में केवल एक ही

व्यक्ति रह गया है, और वह भी नहीं के बराबर है, क्योंकि हमारे दुर्भाग्य से वह तपस्वी है, और विवाह आदि न कर दिन-रात स्वाध्याय और तपश्चरण में लगा रहता है। उसका नाम जरत्कारु है। यदि वह कहीं मिले, तो उसे जाकर हम लोगों का हाल बता देना। पितरों की बात सुनकर जरत्कारु को बड़ा शोक हुआ और उन्होंने अपना परिचय दिया। इसके बाद जरत्कारु ने विवाह किया। पर कुछ अकड़ू स्वभाव के होने के कारण उनका विवाह बड़ी कठिनता से हुआ। उन्होंने विवाह की शर्त रखी थी कि जिस कन्या का नाम मेरे नाम पर हो, और जिसके भरण-पोषण का भार मुझ पर न रहे, उसी से मैं विवाह करूँगा। गनीमत रही कि ऐसी एक कन्या उन्हें मिल गई और उनका विवाह हो गया। विवाह के बाद उन्होंने अपनी पत्नी को अपनी इस शर्त की सूचना दी कि मेरी रुचि के विरुद्ध न तो कुछ करना न कहना। वैसा करोगी तो मैं तुम्हें छोड़कर चला जाऊँगा। कालक्रम में जरत्कारु की पत्नी को गर्भ रह गया, किन्तु एक दिन की बात है कि वे कुछ खिन्न होकर पत्नी की गोद में सिर रखकर सोए हुए थे। वह सो ही रहे थे कि सूर्यास्त का समय हो गया। ऋषि पत्नी ने बहुत सोचने के बाद उन्हें जगाने का निश्चय किया, पर जब वह जाग गए, तो बहुत नाराज हुए और कहा कि तूने मुझे दुःख दिया है, इसलिए मैं अब जाता हूँ। ऋषि पत्नी ने बहुत मनाया, पर वह एक नहीं माने।

गृह-त्याग धर्म नहीं

महाभारत, शान्तिपर्व में यह कथा आती है कि एक दिन राजा जनक सब कुछ आभूषणादि छोड़-छाड़कर भिक्षुक की तरह मुट्ठी-भर जौ खाकर रहने लगे। इस पर इनकी रानी ने आकर उनको समझाया कि यह सर्वथा धर्म विरुद्ध है। "एक समय ऐसा था जब आप फलों से भरे हुए वृक्ष की तरह सबकी भूख मिटाया करते थे। पर अब आप सबके सामने मुट्ठी-भर जौ के लिए झोली फैलाएँगे ...जो प्रतिदिन गुरु के लिए समिधा लाता है अथवा निरन्तर दक्षिणाओंवाला यज्ञ करता है, उससे बढ़कर धर्म-परायण और कौन है?" इस पर रजा जनक मान गए और संन्यास का इरादा छोड़ दिया। स्पष्ट है कि इन कहानियों में जिस युग का वर्णन है, उस समय प्रव्रज्या ग्रहण धर्म नहीं समझा जाता था, बल्कि पुत्रोत्पादन का महत्व इससे कहीं बढ़कर था।

महाभारत में गान्धारी के सौ पुत्र हैं। वशिष्ठ के भी सौ पुत्र होने की बात एक जगह आती है। (*महाभारत, गीता प्रेस, पृष्ठ-143*) सगर के तो साठ हजार पुत्र माने गए हैं।

अगस्त्य ऋषि के विषय में भी लिखा है कि उन्होंने अपने पितरों को उल्टे लटकते देखकर उनसे पूछा कि आप लोग इस प्रकार नीचे सिर किए क्यों लटक रहे हैं? तब उन्होंने बताया कि हम तुम्हारे ही पितृगण हैं और पुत्र होने की आशा

में इस गड्ढ़े में लटके हुए हैं। यदि तुम्हारा पुत्र हो जाए, तो इस नरक से हमारा छुटकारा हो सकता है और तुम्हें भी सद्गति मिल सकती है। अगस्त्य ने पितरों से कहा कि पितरो, आप निश्चिन्त रहिए, मैं आपकी इच्छा पूर्ण करूँगा। इस प्रकार अगस्त्य ऋषि ने जाकर विदर्भ राजकन्या लोपामुद्रा से विवाह किया।

इस प्रकार की कथाओं से यह ज्ञात होता है कि आर्यों में वंशरक्षा या धार्मिक शब्दों में पितृ-पिण्डोदक क्रिया की रक्षा बहुत आवश्यक समझी जाती थी।

स्त्रियों के लिए प्रव्रज्या निषिद्ध

महाभारत, शल्य पर्व में कुपीगर्ग ऋषि की पुत्री ने बहुत लम्बी तपस्या की। यहाँ तक कि वह कुमारी रह गई। जब वह बूढ़ी हो गई, तो उसने परलोक जाने का विचार किया, पर देवर्षि नारद ने रोकते हुए कहा कि अभी तुम्हारा विवाह नहीं हुआ है, इसलिए तुम्हें उत्तम लोक नहीं प्राप्त हो सकता। नारद की बात सुनकर वह ऋषियों की सभा में पहुँची और बोली कि जो मेरा पाणिग्रहण करेगा, उसे मैं अपनी तपस्या का आधा भाग दे दूँगी। इस पर गालव पुत्र शृंगवान ने इस शर्त पर उससे विवाह किया कि विवाह हो जाने पर वह एक रात उनके साथ रहेगी। इस कहानी से भी स्पष्ट है कि पुरुषों के लिए तो प्रव्रज्या को एक हृद तक प्रोत्साहित किया जाता था, पर स्त्रियों के लिए यह बिल्कुल निषिद्ध था। ऋग्वेद में हम पहले ही देख चुके हैं कि ऐसी ब्रह्मवादिनियों का उल्लेख है जो आजीवन ब्रह्मवादिनी रह गईं। इनके अतिरिक्त बहुत-सी अन्य स्त्रियाँ भी शादी न करती थीं, और उनका पैतृक सम्पत्ति से भरण-पोषण होता था।

उपनिषदों के काल में ही अर्थात उत्तर-वैदिक काल में ही वैराग्य धर्म का जोर बढ़ा। इसका कारण यह था कि अब आर्यों में वर्ग-संघर्ष बहुत तीव्र हो चुका था। पहले जैसे नए-नए राज्यों की प्राप्ति के कारण आर्यों का आपसी वर्ग-संघर्ष दबा रहता था, अब इस प्रकार शोषण के क्षेत्र में अधिकाधिक न्यूनता आते जाने के कारण साधारण व्यक्ति के लिए जीवन इतना सुखकर नहीं रह गया, जितना पहले था। इसी कारण वैराग्य वाली विचारधारा का जोर बढ़ा। सच पूछा जाए तो वैदिक धर्म में वैराग्य का स्थान नहीं के बराबर था, यानी ऐसे लोगों का सम्मान लोग दूर से करते थे, पर इसके भी उदाहरण कम हैं।

देवयानी-शर्मिष्ठा

ग्रीस के पितृप्रधान युग की एक विशेषता यह थी कि पुरुष अपनी स्त्री के अतिरिक्त हरण कर लाई हुई स्त्री पर भी अधिकार रखता था। महाभारत में जो देवयानी और शर्मिष्ठा की कथा है, उससे भी इसी बात का समर्थन होता है। असुरराज विशपर्वा के पुरोहित शुक्राचार्य थे। विशपर्वा की कन्या शर्मिष्ठा और शुक्राचार्य की कन्या

देवयानी में बड़ी मित्रता थी और दोनों दिन-रात एक साथ रहा करती थीं। एक दिन ऐसा हुआ कि शर्मिष्ठा ने नहाने के बाद भूल से देवयानी के वस्त्र पहिन लिए। इस पर दोनों में लड़ाई हो गई। शर्मिष्ठा ने कहा कि तू इस तरह क्यों बिगड़ रही है। तेरे बाप तो मेरे पिता को सोते-बैठते नहीं छोड़ते और नीचे खड़े होकर भाट की तरह स्तुति करते रहते हैं और तुझे इतना घमण्ड? देवयानी ने कहा—एक तो तू असुर की बेटी, दूसरे मेरी चेली। इस प्रकार बात बढ़ गई और शर्मिष्ठा ने देवयानी को कुएँ में ढकेल दिया और उसे मरी जानकर बिना उधर देखे नगर को लौट गई। इसी समय राजा ययाति शिकार खेलते-खेलते प्यास के मारे घबराए हुए कुएँ के पास पहुँचे और उन्होंने कुएँ के अन्दर एक कन्या को देखकर उसे बाहर निकाला। देवयानी ने अपने पिता के पास सारी खबर भेज दी और कहा कि अब मैं इस नगर में पैर नहीं रख सकती। शुक्राचार्य समझ तो गए कि देवयानी का कुछ-न-कुछ तो कसूर होगा ही, पर स्नेहवश उन्होंने जाकर राजा को डाँटा और यह घोषणा कर दी कि मैं भी इस देश में नहीं रहूँगा। अन्त में राजा और राजगुरु में यह तय हुआ कि राजा जाकर देवयानी को प्रसन्न करें।

जब राजा देवयानी के पास गए तो देवयानी ने कहा कि शर्मिष्ठा एक हजार दासियों के साथ मेरी सेवा करे, जहाँ मैं जाऊँ वहाँ मेरा अनुगमन करे, तभी मैं उस पर प्रसन्न हो सकती हूँ। राजा ने देखा कि राज्य की भलाई का प्रश्न है, क्योंकि शुक्राचार्य की संजीवनी विद्या की बदौलत ही राजा देवताओं के विरुद्ध टिके हुए थे। तदनुसार राजा ने जाकर शर्मिष्ठा से सब बातें कहीं। शर्मिष्ठा ने अपने कुल की भलाई जानकर दासीत्व स्वीकार कर लिया। देवयानी ने शर्मिष्ठा से कहा, "मैं तुम्हारे पिता के भिखमंगे भाट और दान लेनेवाले की लड़की हूँ और तुम बड़े बाप की बेटी हो। अब मेरी दासी बनकर कैसे रहोगी?" शर्मिष्ठा ने कहा कि जैसे बने वैसे जाति की रक्षा करनी चाहिए, यह समझकर मैं तुम्हारी दासी बन चुकी हूँ और तुम्हारी हर तरह से सेवा करूँगी।

इसके बाद देवयानी का विवाह जब राजा ययाति के साथ हुआ तो ससुराल जाते समय वह अपने साथ दासी के रूप में शर्मिष्ठा को भी लेती गई। इधर राजा ययाति ने शर्मिष्ठा को देखा, तो वह उस पर मुग्ध हो गए। सारांश यह कि देवयानी के अनजाने ही वह शर्मिष्ठा से भी पति का व्यवहार करने लगे। देवयानी से राजा ययाति के दो पुत्र मद्र और तुर्वसु और शर्मिष्ठा से तीन पुत्र यदु, अनु और पुरु हुए। राजा ययाति इस प्रकार दो विवाह बनाए रहे। अन्त में एक दिन देवयानी पर भेद खुल गया। देवयानी इस पर बहुत नाराज हुई और जाकर शर्मिष्ठा से कहा, "तू मेरी दासी है, तूने मेरा अप्रिय क्यों किया?" शर्मिष्ठा ने इस पर जो कुछ कहा वह विशे. द्रष्टव्य है, "मैंने राजा के साथ जो समागम किया है, वह धर्म और न्यायसम्मत है। मैंने तो तुम्हारे साथ ही उन्हें अपना पति मान लिया था।" हमें

आगे इस कहानी का अनुसरण करने की आवश्यकता नहीं है कि किस प्रकार देवयानी इस पर बिगड़कर अपने पिता के निकट पहुँची, और उनके शाप से ययाति वृद्ध हो गए, किस प्रकार उन्होंने अपना बुढ़ापा पुरु को दिया और फिर से भोग करने लगे। हमें केवल यहाँ पर यही देखना है कि धर्म और न्याय के अनुसार पत्नी की दासी पर पति का अधिकार होता था। केवल यही नहीं, उसके पुत्र जायज समझे जाते थे। इस कहानी में भी शर्मिष्ठा-पुत्र पुरु ही, जिसने राजा का बुढ़ापा लेना स्वीकार किया था, राजा के उत्तराधिकारी हुए। उन्हीं से पौरव वंश चला। हम पहले भी बता चुके हैं कि यदि पाण्डु न होते, तो बहुत सम्भव था कि राज्य विदुर को मिलता।

इन कहानियों से जैसा कि हम बता चुके, एक तो यह सूचित होता है कि पत्नी की दासी पर पति का अधिकार होता था। इस प्रकार उत्पन्न पुत्र कुछ कम दर्जे का समझा जाने पर भी अभी तक समाज में बिलकुल जायज था, पर निकृष्ट नहीं समझा जाता था। इस कहानी के सम्बन्ध में एक तीसरी द्रष्टव्य बात यह है कि ययाति क्षत्रिय थे और शुक्राचार्य ब्राह्मण माने गए हैं, इसलिए देवयानी ब्राह्मण कन्या थी। मनु की दी हुई सूची के अनुसार देवयानी के पुत्रों को यानी यदु और तुर्वसु को सूत होना चाहिए। किन्तु हम जानते हैं कि वे क्षत्रिय ही रहे। अवश्य यह लिखा है कि तुर्वसु से यवनों की उत्पत्ति हुई, पर उसी प्रसंग में यह भी लिखा है कि शर्मिष्ठा के पुत्र अनु से क्रमशः भोजों और म्लेच्छों की उत्पत्ति हुई। पर ज्ञात होता है कि ऐसा उन लोगों के लिए इसलिए लिखा गया है कि उन्होंने पिता का बुढ़ापा लेने से इन्कार किया था। नहीं तो इसी के साथ यह भी दिखलाया गया है कि देवयानी के पुत्र यदु से यदुवंशीय क्षत्रियों की और पुरु से पौरवों की, जिनमें पाण्डव और कौरव दोनों शामिल थे, उत्पत्ति हुई।

यहूदियों में भी

बाइबिल के अन्तर्गत (Genesis 30) इसी प्रकार एक कथा है कि जब याकूब की स्त्री राचल को कोई पुत्र नहीं हुआ, तो उसने याकूब को अपनी बाँदी विल्हा को दे दिया। विल्हा को गर्भ रह गया और एक पुत्र उत्पन्न हुआ। इस पर राचल ने कहा कि ईश्वर ने मेरी पुकार सुन ली और मुझे एक पुत्र दिया। उसका नाम डान रखा गया। इसी प्रकार विल्हा से एक दूसरा पुत्र भी उत्पन्न हुआ, जिसका नाम नप्ठाली रखा। इस प्रकार याकूब के पुत्र उत्पन्न हुए। इस कथा से यह भी ज्ञात होता है कि न केवल दासियों का देना यहूदियों में उचित समझा जाता था, बल्कि इस प्रकार उनकी जो सन्तान होती थी, वह मालकिन की समझी जाती थी।

महाभारत की प्रेमकथाएँ

महाभारत की कथाओं में प्रेममूलक कथाओं की कमी नहीं है। इस दृष्टि से महाभारत का दर्जा अलिफ लैला से कुछ कम नहीं है। जैसा कि हम लिख चुके, इसमें वैरागियों और साधुओं का करीब-करीब कहीं भी पता नहीं है। सुखदेव और भीष्म दो ही ऐसे चरित्र महाभारत में मिलते हैं, जो आमरण ब्रह्मचारी रहे हैं। भीष्म भी किसी आध्यात्मिक कारण से ब्रह्मचारी नहीं रहे, बल्कि उन्होंने अपने पिता के प्रेम में बाधक न होने के कारण विवाह नहीं किया। फिर भीष्म के विरुद्ध कोई कलंक न रहा हो, ऐसी बात नहीं। शिखण्डी अपने पूर्व जन्म में एक स्त्री रहा। उसने भीष्म के विषय में एक जगह इस प्रकार कहा है, "भीष्म ने मेरा निरादर किया है और मुझे पतिधर्म से भ्रष्ट किया।" अवश्य यह बात आक्षरिक रूप से सत्य न थी, पर जो भी हो, भीष्म को हम धार्मिक दृष्टि से प्रव्रजित की श्रेणी में नहीं रख सकते। हाँ, उन्हें पितृभक्त या जो भी और कहा जाए, वह दूसरी बात है।

महाभारत की प्रेम कथाओं को हम अपनी पूर्व परिचिता देवयानी ही से शुरू करते हैं। इसकी कथा यों है कि देवासुर संग्राम में शुक्राचार्य की संजीवनी विद्या के कारण देवतागण असुरों से पार नहीं पाते थे। इस पर उन्होंने सोचा कि यदि इस विद्या को ही सीख लिया जाए, तो असुरों को पराजित किया जा सकता है। इस संजीवनी विद्या के फलस्वरूप देवतागण यदि किसी असुर को मार भी पाते थे, तो शुक्राचार्य उसे जीवित कर देते थे, पर देवगुरु बृहस्पति मरे हुए देवताओं को जीवित नहीं कर पाते थे। देवतागण घबराकर बृहस्पति के बड़े पुत्र कच के पास गए और उसको राजी किया कि वह जाकर शुक्राचार्य का शिष्यत्व ग्रहण करे और उनसे संजीवनी विद्या प्राप्त करे। तदनुसार ऐसा ही हुआ। शुक्राचार्य ने कच को शिष्यत्व में ग्रहण कर लिया। इसी बीच आश्रम में रहते-रहते देवयानी उन पर आसक्त हो गई। दानवों को पता लग गया कि कच किस कारण शुक्राचार्य के यहाँ टिका हुआ है। बस उन्होंने संजीवनी विद्या की रक्षा के लिए कच को मार डाला और उसके टुकड़े-टुकड़े करके भेड़ियों को खिला दिया। जब सन्ध्या हो जाने पर भी कच आश्रम में नहीं लौटा और गौएँ आश्रम में आ गईं, तब देवयानी ने शुक्राचार्य से कहा कि हो न हो, कोई अमंगल घटना घटित हुई है। शुक्राचार्य ने संजीवनी विद्या का प्रयोग कर कच को जीवित कर दिया और कहा जाता है कि वह भेड़िए का शरीर छेदकर निकल आया। इसी प्रकार कई बार कच पर विपत्तियाँ आईं और शुक्राचार्य ने बचा लिया। शिष्यत्व का समय पूरा होने पर कच को देवलोक जाने की अनुमति प्राप्त हुई। जब कच जाने लगा तो देवयानी ने कहा, "अब तुम स्नातक हो चुके हो। मैं तुमसे प्रेम करती हूँ, तुम्हारी सेविका हूँ। अब विधिपूर्वक तुम मेरा पाणिग्रहण करो।" कच ने कहा कि मैंने तुम्हें सिवाय बहिन के और किसी भाव से नहीं देखा, अतएव तुम मुझे क्षमा करो। इस पर देवयानी रुष्ट हो

गई और बोली कि मैंने तुमसे प्रेम की भिक्षा माँगी है। यदि तुम इसे अस्वीकार कर दोगे, तो तुम्हारी संजीवनी विद्यां सिद्ध न होगी। इस पर कच ने भी देवयानी को यह शाप दिया कि मैंने तुमको गुरु-कन्या समझकर ही तुम्हारी बात अस्वीकार की थी, फिर भी तुमने मुझे जो शाप दिया है वह धर्मार्थ नहीं, बल्कि कामार्थ दिया, अतएव जाओ, तुम्हारा विवाह भी किसी ब्राह्मण से न होगा। रहा यह कि मेरी संजीवनी विद्या भले ही सिद्ध न हो पर मैं जिसे यह विद्या सिखाऊँगा, उसको तो सिद्ध होगी ही, अतएव इसकी मुझे कोई चिन्ता नहीं।

इस प्रकार इस कहानी में हम न केवल यह देखते हैं कि आधुनिक अर्थ में प्रेम था, बल्कि यह भी देखते हैं कि स्त्री की ओर से प्रेम-निवेदन हुआ। हम इस सम्बन्ध में ययाति को याद करें, पर यह प्रसंग दूसरा है। देवयानी का विवाह बाद को ययाति के साथ हुआ, यह तो हम बता ही चुके हैं, पर कैसे हुआ, यह हमने नहीं बताया।

यह तो हम पहले ही बता चुके हैं कि राजा ययाति देवयानी को कुएँ से निकालकर चले गए थे। इसके बाद फिर एक दिन वह उस ओर दिखाई दिए। देवयानी ने उनसे जाकर कहा कि आप मुझे पत्नी रूप में स्वीकार कीजिए। ययाति इस बात पर राजी न हुए। उन्होंने कहा कि मैं क्षत्रिय हूँ और बाप ब्राह्मण, इसलिए आपके पिता मुझसे विवाह करना कभी स्वीकार न करेंगे। इस पर देवयानी ने कहा कि "कुएँ से निकालते समय आपने मेरा हाथ पकड़ा था, इसलिए मैं आपको पति के रूप में वरण कर चुकी हूँ। अब भला दूसरा पुरुष मेरा हाथ कैसे पकड़ सकता है?" फिर भी राजा ययाति ने यह कहकर इन्कार किया कि जब तक आपके पिता आपको मेरे हाथों में सौंप नहीं देते, तब तक मैं आपको स्वीकार नहीं कर सकता। तब देवयानी ने अपने पिता शुक्राचार्य से सब वृतान्त कह सुनाया और बोली, "मैं आपके चरणों में पड़कर आपसे प्रार्थना करती हूँ कि आप इनके साथ मेरा विवाह कर दीजिए। मैं इनके अतिरिक्त और किसी को वरण नहीं कर सकती।" इस पर शुक्राचार्य ने कन्यादान कर दिया और बाद को जो कुछ हुआ, वह हम लिख चुके हैं। शुक्राचार्य की पुत्री देवयानी का चरित्र इस प्रकार का निराला ही चरित्र है। इसके बाद एक-दो अन्य व्यक्तियों से वह स्वयं प्रेम-निवेदन करती है। इससे एक तरफ तो यह ज्ञात होता है कि स्त्रियों को पति चुनने का अधिकार था और यह प्रेम आधुनिक अर्थ में प्रेम था। यह जो उपयाचिका होकर देवयानी ने प्रेम निवेदन किया था, यह कुन्ती आदि से कुछ भिन्न नहीं है, क्योंकि कुन्ती और माद्री ने उपयाचिका होकर ही देवताओं को स्मरण किया था।

शान्तनु और गंगा

शान्तनु और गंगा का विवाह भी प्रेममूलक विवाह का एक उदाहरण है। एक बार

शान्तनु (लिखा है, "राजर्षि शान्तनु।" पता नहीं वह ऋषि किस तरह थे?) शिकार खेलते-खेलते गंगा-तट पर जा पहुँचे। वहाँ पर उन्होंने एक परम सुन्दर स्त्री को देखा और देखते ही मुग्ध हो गए। राजा ने जाकर प्रेम-निवेदन किया। इस पर उस सुन्दरी ने कहा कि मुझे आपकी रानी होना स्वीकार है, शर्त यह है कि मैं अच्छा-बुरा जो भी करूँ, आप मुझे रोकिएगा नहीं। जब तक आप मेरी शर्त पूरी करेंगे तब तक मैं आपके पास रहूँगी, अन्यथा इसके बाद तुरन्त आपको छोड़कर चली जाऊँगी। राजा ने शर्त स्वीकार कर ली। अब जैसे ही गंगा के गर्भ से पुत्र उत्पन्न होते थे, वैसे ही वह सुन्दरी उन्हें गंगा की धारा में डाल देती थी। इस प्रकार उसने सात पुत्रों को गंगा की धारा में बहा दिया। जब अष्टम पुत्र के साथ भी वह यही व्यवहार करने को तैयार हुई तो शान्तनु से न रहा गया। वह बिगड़ गए। इस पर फौरन ही उस सुन्दरी ने उस पुत्र को उन्हें सौंप दिया और वहाँ से चल पड़ी। इस प्रकार शिशु-हत्या की व्याख्या के रूप में जो कहानी महाभारत में है वह यह कि गंगा तथा उसके ये आठ पुत्र शापभ्रष्ट वसु थे और इन वसुओं को जल्दी-से-जल्दी मनुष्य के जीवन से मुक्त करने के लिए ही गंगा ने अपने गर्भ से जन्म देकर नदी में बहा दिया था। हमें इससे कोई मतलब नहीं। हमें यहाँ केवल यही दिखाना है कि यह भी प्रथम दृष्टि में ही एक प्रेममूलक विवाह था।

इन्हीं राजा शान्तनु के विषय में एक दूसरी कथा यों है कि वह एक दिन घूम रहे थे, तो उन्हें निषादों की परम सुन्दरी कन्या दिखाई पड़ी। वह उस पर तुरन्त मोहित हो गए, पर वहाँ उनकी दाल नहीं गली। उस लड़की ने कहा कि मैं सम्पूर्ण रूप से अपने पिता के अधीन हूँ। अब राजा लड़की के पिता के पास पहुँचे। पिता ने ताड़ लिया कि राजा की हालत नाजुक है और उस पर जो भी शर्त लगाई जाएगी, उसे वह अवश्य मंजूर करेगा। वृद्ध ने कहा कि आप से अच्छा पात्र तो मुझे मिलेगा ही नहीं, यह बात सच है, पर मुझे अपने दौहित्र (पोते) का स्वार्थ भी देखना है। तदनुसार यदि आप प्रतिज्ञा करें कि इस लड़की से जो पुत्र उत्पन्न होगा, वही राज्य का अधिकारी होगा, तभी मैं आपको अपनी लड़की दे सकता हूँ। राजा ने यह शर्त स्वीकार नहीं की, क्योंकि उनका पहले ही गंगा के गर्भ में उत्पन्न पुत्र देवव्रत नामक पुत्र मौजूद था। फिर भी धर्मार्थ एक शर्त को न मानना एक बात है और अपने को सम्हाले रखना दूसरी बात। राजा घर को लौट गए, पर उनका किसी काम में जी नहीं लगता था। घोड़ा चढ़ना, शिकार करना यह सब उन्होंने त्याग दिया। उनका चेहरा पीला पड़ने लगा, और वह दिन-ब-दिन दुबले-पतले होने लगे। इस पर राजकुमार देवव्रत को बड़ी चिन्ता हुई और उन्होंने जाकर एक दिन राजा से साफ-साफ पूछा कि उनको कौन-सी बीमारी हो गई है? राजा ने कहा, "हमारे इस महान कुल में तुम्हीं एकमात्र वंशधर हो, सो सर्वदा वीरता के कार्य में तत्पर रहते हो। जगत में लोग निरन्तर मरते-मिटते

रहते हैं, इससे मुझे बड़ी चिन्ता है। अवश्य ही अकेले तुम सैकड़ों पुत्रों से श्रेष्ठ हो, और मैं व्यर्थ ही बहुत से विवाह नहीं करना चाहता, फिर भी मुझे वंश-परम्परा के लिए बड़ी चिन्ता है।'' दूसरे शब्दों में राजा ने कह दिया कि एक पुत्र होना ही काफी नहीं है, क्योंकि वह न मालूम कब जाता रहे, इसलिए एकाधिक पुत्र का होना ही वांछनीय है। देवव्रत ने पता लगाते-लगाते निषाद कन्या वाली बात भी जान ली। वह स्वयं उस निषाद के पास पहुँचे। महाभारत में लिखा है कि यह निषादराज़ थे। यद्यपि यह पहले ही कहानी में था कि उस कन्या को राजा ने नाव चलाते देखा था। जो भी हो, इस निषाद ने देवव्रत को भी समझा दिया कि वह किस शर्त पर अपनी कन्या का विवाह राजा से कर सकता है। देवव्रत पितृभक्त थे, इसलिए उन्होंने सबके सामने प्रतिज्ञा की कि मैं राज्य पर अपना समस्त अधिकार छोड़ता हूँ। इस पर निषाद ने कहा—फिर भी मेरे मन में एक सन्देह यह है कि आपने तो राज्य पर हक त्याग दिया, पर कहीं ऐसा न हो कि आपके पुत्र मेरी कन्या सत्यवती के पुत्रों से राज्य छीन लें। तब देवव्रत ने यह प्रतिज्ञा की—''आज से मेरा ब्रह्मचर्य अखण्ड होगा।'' इस भीष्म प्रतिज्ञा के कारण देवव्रत भीष्म कहलाए। राजा का मनोरथ पूरा हुआ और सत्यवती के साथ उनका विवाह हो गया। इसी सत्यवती के पुत्र रूप में विचित्रवीर्य उत्पन्न हुआ। इस प्रकार सत्यवती और शान्तनु के विवाह को भी प्रेम-मूलक विवाह कहा जा सकता है।

संवरण और तपती

राजा संवरण और तपती का जो विवाह हुआ, वह भी इसी प्रकार प्रेम-मूलक विवाह का उदाहरण है। एक दिन की बात है कि संवरण घोड़े पर चढ़कर पहाड़ की तराइयों और जंगलों में शिकार खेल रहे थे। तभी उनका घोड़ा मर गया और वह पैदल ही भटकने लगे। इतने में उन्होंने सूर्य कन्या तपती को देखा और देखते ही मुग्ध हो गए। राजा ने प्रेम-निवेदन किया, पर वह ओझल हो गई। राजा इतने परेशान हुए कि वहीं पर बेहोश हो गए। (सम्भवतः मिर्गी आ गई हो!) तपती ने देखा तो वह सामने आ गई और उनकी सेवा करने लगी। राजा को होश होने पर उसने बताया कि मुझे आप जैसे नररत्न से विवाह करने में कोई आपत्ति नहीं है, पर पहले आप मेरे पिता को प्रसन्न कर मुझे माँग लीजिए। राजा फिर बेहोश हो गए। (बिल्कुल मध्ययुगीन उपन्यासों के प्रेम के लक्षण हैं, बल्कि उनसे भी कुछ आगे) राजा के सैनिकों ने अन्त में राजा को खोज निकाला। अब राजा भी सूर्य की उपासना करने लगे। इधर राजपुरोहित वसिष्ठ (कुल का नाम है, न कि किसी व्यक्ति का) भी सूर्य के पास पहुँचे और अन्ततः तपती और संवरण की शादी हो गई।

हम अगस्त्य और लोपामुद्रा का विवरण पहले ही दे चुके हैं। कदाचित लोपामुद्रा और अगस्त्य के विवाह को प्रेम-मूलक विवाह की श्रेणी में डाला जा सकता

है। अगस्त्य ने केवल पितरों के कहने पर ही विवाह किया, पर लोपामुद्रा ने ज्यों ही उनका नाम सुना त्यों ही उन पर आसक्त हो गई। पितरों की आज्ञा के अनुसार अगस्त्य जब लोपामुद्रा के पास गए, तो उन्होंने कहा कि हमने इस समय तप का बाना पहन रखा है। इसे किसी भी प्रकार सम्भोगादि से अपवित्र नहीं करना चाहिए। उनका मतलब यह था कि अगस्त्य ऋषि किसी प्रकार कुछ धन आदि का संग्रह करें और इस प्रकार फटेहाल न रहें। अब अगस्त्य ऋषि भागने लगे। वह एक के बाद एक श्रुतिरवा और त्रस्तदस्यु नामक राजाओं के पास गए, पर इन सबके पास फालतू धन न था, उनकी आय-व्यय का लेखा बराबर था। फिर वह असुरराज इलवल के पास पहुँचे और वहाँ से यथेष्ठ धन ले आए। (मालूम होता है कि आर्यगण फटेहाल रहते थे और असुरगण बराबर उनसे अधिक वीर और धनी भी रहे।) इसके बाद अगस्त्य और लोपामुद्रा गृहस्थ की तरह रहने लगे। लोपामुद्रा और अगस्त्य के प्रेम को हम विवाह के बाद पति-पत्नी में जो प्रेम उत्पन्न हो जाता है, उस श्रेणी का प्रेम भले ही कहें, पर सही अर्थ में इसे प्रेम नहीं कह सकते।

नल-दमयन्ती

नल-दमयन्ती की कथा बहुत प्रसिद्ध है। हमें यहाँ पर उसका विवरण देने की आवश्यकता नहीं है। महाभारत में ऐसा लिखा है कि नल और दमयन्ती का एक-दूसरे के प्रति प्रेम बिना देखे ही हुआ था। कहा जाता है कि दमयन्ती का स्वयंवर हुआ, तो दूर-दूर से लोग दमयन्ती के पाणि-प्रार्थी होकर आए। यहाँ तक कि इन्द्र, अग्नि, वरुण और यम भी आए। इन सबके मुकाबिले नल ने कैसे सफलता प्राप्त की, इस विषय में हमें कुछ बताने की आवश्यकता नहीं। नल-दमयन्ती की कहानी एक प्रेम कहानी है, किन्तु फिर भी यह द्रष्टव्य है कि नल भी युधिष्ठिर की तरह जुआरी थे। (वैदिक धर्म में जुआ खेलना और सोमरस पान करना बुरा नहीं समझा जाता था।) ऋग्वेद (10/30) में एक जुआरी के विषय में लिखा है जिसने हारते-हारते अपनी बीवी तक को जुए पर लगा दिया था। वह अपनी जुआरी प्रकृति के लिए बराबर पश्चाताप करता है। हमें उसके ब्यौरे में जाने की जरूरत नहीं, क्योंकि वैदिक जुआरी साधारण जुआरी की ही तरह पश्चाताप करता था, और फिर पासा देखते ही दाँव लगाने लग जाता था। जब वह देखता है कि दूसरे लोग उसकी स्त्री से प्रेम-निवेदन कर रहे हैं तथा उसके साथ मनमाना कर रहे हैं (ऋग्. 10/34/4) और उसके माता-पिता भी यह कहकर महाजन के हाथ सौंप रहे हैं कि इसे बाँध ले जाओ, तो उसे बड़ा पश्चाताप होता है। ऋग्वैदिक युग में ही पुरुष को इतना अधिकार हो चुका था कि वह अपनी स्त्री को जुए में लगा दे। अवश्य कानूनी अधिकार होना तब तक कोई माने नहीं रखता, जब तक उसका उपयोग न हो। स्त्री अभी तक उत्पादन में अपना हिस्सा रखती थी, इस कारण कानूनी

अधिकार होते हुए भी वैदिक युग में उसका उपयोग नहीं होता था। समग्र ऋग्वेद में एक ही उदाहरण है, जहाँ पुरुष स्त्री को दाँव पर चढ़ाता है। इस प्रकार हारी हुई स्त्री, ऐसा ज्ञात होता है कि कुछ समय बाद फिर पति के पास लौट आती थी। कौटिल्य की सहायता से यह बात समझ में आती है। फिर भी नल की इसलिए तारीफ करनी पड़ेगी कि जुए में सब कुछ हारते चले जाने पर भी और सब कुछ हार जाने पर भी, तैश दिलाए जाने पर भी, उन्होंने दमयन्ती को दाँव पर नहीं नहीं चढ़ाया। मालूम होता है या तो यह उनका व्यक्तिगत गुण था या स्त्रियों को दाँव पर चढ़ाने का अधिकार तब तक आम न हुआ होगा। स्मरण रहे कि युधिष्ठिर नल के बाद वाले युग के हैं। जो भी हो, नल एकवस्त्र होकर राज्य से निकल गए और एकवस्त्रा दमयन्ती भी उनके साथ गई। इसमें सन्देह नहीं कि दमयन्ती की कहानी विश्व की प्रेम-कहानियों में एक प्रमुख कहानी है।

इसी प्रकार महाभारत की सावित्री-सत्यवान वाली कथा बहुत प्रसिद्ध प्रेम-कथा है। कहते हैं कि सावित्री ने अपने प्रेम के द्वारा पति को यम से छुड़ा लिया था। उत्तर-वैदिक काल में पितृप्रधान समाज के प्रारम्भ काल से ही स्त्रियों के लिए पातिव्रत्य का बहुत महत्त्व हो चुका था। पतिव्रता के भी कई सोपान हुए हैं, ऐसा समझा जाता है। जिस वक्त अभी-अभी यौथ समाज समाप्त हुआ था और जोड़े की शादी के युग का प्रवर्तन हुआ था, उस समय पतिव्रता का वह रूप नहीं हो सकता था जो उसे बाद को प्राप्त हुआ। यानी उस युग में स्त्री से यह आशा की जाती थी कि वह पतिव्रता न रहे। यदि पुरुष पारस्परिक कर्त्तव्य को न निभाए, तो जोड़े की शादी तो जोड़े की शादी ही थी, वह समाप्त हो जाती होगी, पर बाद को सम्पत्ति पर पुरुष का अधिकाधिक अधिकार हो जाने के कारण पतिव्रता की धारणा में सम्पूर्ण रूप से परिवर्तन हो गया। अब स्त्री से यह तो उम्मीद की जाने लगी कि वह पतिव्रता रहे, पर पुरुष पर इस प्रकार की कोई पाबन्दी नहीं रही।

महाभारत में पातिव्रत्य

महाभारत में पतिव्रता धर्म का स्थान-स्थान पर बहुत महत्त्व बताया गया है। वन-पर्व में युधिष्ठिर कर रहे हैं, ''माता-पिता आदि गुरुजनों की सेवा करनेवाले बालक और पातिव्रत्य पालन करनेवाली स्त्रियाँ—ये सबके लिए आदरणीय हैं। स्त्रियाँ सदाचार की रक्षा करती हुई अपने पति को देवता मानकर जिस आदर-भाव से सेवा करती हैं, वह आसान काम नहीं है।...स्त्रियाँ तो बाल्य काल में माता-पिता की और विवाह के पश्चात पतिदेव की बड़ी ही श्रद्धा और भक्ति के साथ सेवा करती हैं। उनका धर्म बड़ा ही कठिन है।'' इस पर मार्कण्डेय ऋषि यों कहते हैं, ''सती स्त्रियाँ पति की सेवा से स्वर्गलोक पर विजय पाती हैं।'' सती स्त्री का अर्थ स्पष्ट न करने के लिए मार्कण्डेय ने एक उदाहरण भी दिया है। उदाहरण यों है : कौशिक नाम

के एक ब्राह्मण थे। वह पेड़ के नीचे बैठकर तपस्या कर रहे थे कि ऊपर से एक बगुली ने उनके ऊपर बीट कर दी। इस ब्राह्मण देवता ने क्रोध के मारे ऊपर देखा तो बगुली गिर पड़ी और मर गई। इसके बाद कौशिक गाँव में भिक्षा लेने एक घर में गए। वहाँ गृहणी ने कहा कि ठहरो, अभी लाती हूँ। वह स्त्री घर के जूठे बर्तन साफ कर रही थी। ज्यों ही वह काम से निवृत्त हुई, त्यों ही उसके पति घर आ गए। वह बहुत भूखे थे। पति को आया देख स्त्री को बाहर खड़े ब्राह्मण की याद न रही। हाथ-मुँह धुलाया और बैठने को आसन देकर एक पात्र में सुन्दर स्वादिष्ट भोजन परोसकर लाई और जीमने के लिए सामने रख दिया। वह स्त्री प्रतिदिन पति को भोजन कराकर उनके उच्छिष्ट को प्रसाद समझकर बड़े प्रेम से भोजन करती थी। पति को ही अपना देवता मानती थी और स्वामी के विचार के अनुकूल ही आचरण करती थी। वह कभी मन से किसी परपुरुष का चिन्तन नहीं करती थी। वह अपने हृदय की समस्त भावनाएँ तथा सम्पूर्ण ंम पति के चरणों में चढ़ाकर आनन्द भाव से उन्हीं की सेवा लगी रहती थी। पति की सेवा करते-करते उसे भिक्षा के लिए खड़े ब्राह्मण की याद आई। वह भिक्षा लेकर बड़े संकोच से ब्राह्मण के निकट गई। ब्राह्मण जला-भुना खड़ा था। देखते ही बिगड़ने लगा। स्त्री ने कारण बताया कि क्यों देर हो गई। इस पर ब्राह्मण ने कहा, "तुमने क्या कहा? ब्राह्मण बड़े नहीं हैं, पति ही सबसे बड़ा है?" सती स्त्री ने कहा, "तपस्वी जी, क्रोध न कीजिए, मैं वह बगुली नहीं हूँ कि आपके क्रोध से मर जाऊँ।" इसके बाद इस स्त्री के मुँह से पतिव्रता की महिमा कही गई है। वह कहती है, "मुझे तो पति-सेवा में जिस धर्म का पालन होता है, वही अधिक पसन्द है। देवताओं में भी मेरे लिए पति ही सबसे श्रेष्ठ हैं।" इत्यादि।

कौशिक आदि की इस कहानी से भी पातिव्रत्य का स्वरूप स्पष्ट हो जाता है। स्त्री के लिए पति देवता है, बल्कि एकमात्र देवता है और जिस प्रकार हिन्दू देवता की पूजा करता है, चाहे वह देवता मिट्टी का एक लौंदा मात्र ही हो, इसी प्रकार सती को पति की सेवा करनी चाहिए। पत्नी की ओर से तमाम कर्त्तव्य ही कर्त्तव्य हैं, पति की ओर से कुछ भी नहीं है। यों तो महाभारत में ही विदुर के मुँह से कहा गया है, "स्त्रियाँ घर की लक्ष्मी हैं, ये अत्यन्त सौभाग्यशाली, पूजा योग्य तथा घर की शोभा हैं।" अब पूजा और घर की शोभा का क्या अर्थ है, यह अगले वाक्य से खुलता है, "अतः इनकी विशेष रूप से रक्षा करनी चाहिए।" यह रक्षा भी किस प्रकार की गई होगी, इसे भी यों साफ किया गया है, "अन्तःपुर की रक्षा का कार्य पिता को सौंप दे, रसोईघर का प्रबन्ध माता को सौंप दे, गौओं की सेवा में अपने समान व्यक्ति नियुक्त करे और कृषि का काम स्वयं करे।" इस प्रकार पिता को जो काम सौंपा गया है, वह पितामह-प्रधान समाज का सुन्दर चित्रण है। इसमें स्त्री सम्पूर्ण रूप से घर के विभिन्न मालिकों और मालकिनों के अधीन है।

यही स्त्री की पूजा का स्वरूप है। स्मरण रहे कि प्रारम्भिक वैदिक युग में परिस्थिति इसके विपरीत ही थी। उसमें विवाहिता स्त्री से यह कहा जाता था कि तुम ससुर पर शासन करो, सास पर शासन करो, इत्यादि। अवश्य उन दिनों सचमुच ऐसा ही होता हो, ऐसा नहीं, पर स्त्री को अधिक अधिकार था, इसमें कोई सन्देह नहीं। इस प्रकार जहाँ भी शास्त्रों में नारी की पूजा की बात कही गई, वह केवल स्त्रियों की असली हालत पर पर्दा डालने के लिए तथा उनकी गुलामी पर मुलम्मा चढ़ाने के लिए कही गई है।

यहाँ पर हम पातिव्रत्य के सम्बन्ध में एक आधारभूत प्रश्न पर विचार करेंगे। थाली में बचा हुआ खाना खाना, पैर धोना, सेवा करना पातिव्रत्य के लक्षण माने गए हैं। ऐसा भी तो हो सकता है कि ये सब बातें केवल प्रेम के ही कारण होती हों, और पातिव्रत्य नहीं, बल्कि हर प्रकार की घनिष्ठ मित्रता के फलस्वरूप भी तो हो सकती हैं। यह बात सही है कि प्रेम में इन बातों की मनाही नहीं है। स्वाभाविक रूप से जहाँ उत्कट प्रेम होगा, इस प्रकार की बातें होंगी ही, फिर भी इसमें दो प्रश्न हैं जिनसे यह प्रकट हो जाता है कि इस प्रकार की सेवा प्रेम के परिणामस्वरूप है या महज एक लादे गए कर्त्तव्य के रूप में? दूसरा प्रश्न यह है कि क्या इस प्रकार का कथित प्रेम-प्रदर्शन हमेशा एकतरफा हो या दोतरफा? यदि स्त्री अपने पति के पैर प्रेम से धोती है, तो हमें देखना पड़ेगा कि क्या वह प्रेम की आड़ लेकर केवल एक रूढ़ि को निभा रही है या यह कार्य उसके अन्दर से आप ही आप होता चला जा रहा है। दूसरी बात यह कि वह पति के पैर धोती है, तो क्या पति भी उसके पैर धोता है? यदि ये बातें नहीं हैं तो इसे गलती से भी प्रेम समझने की आवश्यकता नहीं है। इस सम्बन्ध में जो सबसे दुखद बात है, वह यह है कि हजारों वर्षों के प्रचार-कार्य विशेषकर धर्म के नाम पर प्रचार-कार्य से स्त्रियों के दिमाग में यह बात बैठ गई है कि इस प्रकार का एकतरफा पातिव्रत्य बहुत अच्छी चीज है। सुधार या संशोधन तो तभी हो सकता है या उसके होने की कम-से-कम शर्त यह है कि जिस हिस्से पर जुल्म हो रहा है, कम-से-कम वह महसूस तो करे कि उसकी परिस्थिति क्या है। सारे धर्मों ने अपने प्रचार के द्वारा स्त्रियों के दिमाग को इतना कुंद कर दिया है कि सबसे पहले तो वे ही परम्परागत पातिव्रत्य से किसी प्रकार हटना बहुत कम पसन्द करेंगी। हमारा कथन यह नहीं है कि स्त्रियाँ व्यभिचारिणी हों, पर युग की यह माँग अवश्य है कि पातिव्रत्य के अर्थ में व्यावहारिक रूप से तब्दीली हो जानी चाहिए और इस शब्द के अन्दर पुरुष की एकपत्नीव्रत की बात भी आ जानी चाहिए। पर हम शायद इस सम्बन्ध में कुछ गलती कर रहे हैं। वह गलती यह है कि जब तक समाज में पुरुषों का साम्पत्तिक प्रभुत्व बना हुआ है, तब तक स्त्री. और पुरुष की सम्पूर्ण समानतामूलक पद्धति का प्रवर्तन सम्भव नहीं। पर उसके पहले इसी समाज के गर्भ में स्वावलम्बी स्त्रियों का उत्तरोत्तर

बढ़ता हुआ एक जत्था उदित हो सकता है और विचारधारा के क्षेत्र में स्त्रियाँ अपनी बातों को तो समझ ही सकती हैं। इसके अतिरिक्त क्रान्ति के पहले-जैसे छिटपुट विद्रोह भी हो सकते हैं, जो किसी-किसी क्षेत्र में असामाजिक या प्रतिसामाजिक लगेंगे।

पंच-कन्याएँ

इस सम्बन्ध में विशेष द्रष्टव्य यह है कि हिन्दुओं में जिन पंच-कन्याओं को सतियों के आदर्श के रूप में प्रातःस्मरणीय कहा गया है, वे आजकल के कट्टर हिन्दुओं की दृष्टि से सती थीं ही नहीं। पंच-कन्या से गौतम ऋषि की स्त्री अहल्या, द्रौपदी, तारा, कुन्ती और मन्दोदरी समझी जाती हैं। पंच-कन्या की एक दूसरी सूची भी है जिसमें कुन्ती की जगह पर बुद्ध की माता को गिनाया गया है। इस सूची के अनुसार इस प्रकार पंच-कन्याओं में अहल्या, द्रौपदी, तारा, तारा और मन्दोदरी हैं। इन पाँचों में से द्रौपदी और कुन्ती के विषय में तो हम विशेष रूप से चर्चा कर चुके हैं।

द्रौपदी के पाँच पति थे। कुन्ती के यों तो स्वीकृत पति पाण्डु थे, पर कुमारी अवस्था में ही वह कर्ण की माता चुकी थीं। इसी प्रकार कुमारी गंगा और शान्तनु से भीष्म का जन्म हुआ था। सुप्रसिद्ध पराशर मुनि ने भी कुमारी सत्यवती के साथ संभोग किया और व्यास पैदा हुए। पीछे यही सत्यवती राजा शान्तनु की रानी बनीं, और इसी कारण भीष्म राज्य से वंचित हुए। इस प्रकार महाभारत के वीरों में सर्वश्रेष्ठ नहीं तो महावीर कर्ण तथा ऋषियों में सर्वश्रेष्ठ नहीं तो महर्षि व्यास ईसा की तरह कुमारी के पुत्र थे। विवाह के बाद भी उन्होंने तीन अन्य देवताओं से नियोग करवाया। इसलिए आजकल के कट्टर धार्मिक अर्थ में वह बिल्कुल सती नहीं थीं। कहा जाएगा कि यह जो कुन्ती देवताओं का स्मरण किया करती थीं और इसके फलस्वरूप उन्हें जो पुत्र हो जाया करते थे, इसमें कोई और बात नहीं थी। यदि ऐसा मान लिया जाए कि उनकी सन्तानें भी प्राकृतिक नियम से होती थीं, तब तो यह मानना ही पड़ेगा कि आजकल के या कहना चाहिए कि कट्टर पुरुष-प्रधान अर्थ में वह सती से हजारों कोस दूर थीं।

अहल्या की कहानी बल्कि कुन्ती से कुछ अच्छी है। वह यों है कि जिस समय उनके पति गौतम ऋषि बाहर गए हुए थे, उस समय इन्द्र ने गौतम का रूप धरकर घर में आकर उनके साथ संभोग किया। जब गौतम ऋषि लौटे और उनको यह बात ज्ञात हुई, तो उन्होंने शाप देकर अहल्या को प्रस्तर-रूप में परिणित कर दिया, और इन्द्र सहस्त्र योनि हो गए (बाद को खुशामद करने पर उनको सहस्त्र योनि की जगह सहस्त्र चक्षु हुए)। पौराणिक कथा के अनुसार जिस समय रामचन्द्र ने अवतार लिया, उस समय उन्होंने अहल्या का उद्धार किया।

ग्रीक पुराण में अलकेमने की कथा अहिल्या से मिलती है। पिता ने अलकेमने

का विवाह अम्फिट्रियोन के साथ इस शर्त पर किया था कि उसके पुत्रों को मारने का बदला लिया जाएगा। जिस समय अम्फिट्रियोन कहीं गए हुए थे, उस समय जुपिटर (इन्द्र) ने उसका रूप धारण किया और उसके साथ पति का व्यवहार किया। अवश्य अलकेमने कोई सतियों की आदर्श नहीं मानी गई है, पर हरक्युलिस ग्रीक वीरों में सर्वश्रेष्ठ थे और वह इस प्रकार उत्पन्न हुए थे। जो भी हो, यदि कहानी को ज्यों-का-त्यों माना जाए, तो भी अहल्या कट्टर सनातनी अर्थ में किसी भी प्रकार सती नहीं समझी जा सकती, यद्यपि उनका यह 'अपराध' अज्ञानकृत था और स्वयं कट्टर सनातनियों के भगवान रामचन्द्र ने उसका उद्धार किया था। पर 'उद्धार' शब्द का प्रयोग अपराधसूचक है।

अहल्या की यह जो कथा है, यह वशिष्ट स्मृति में नहीं है और शतपथ ब्राह्मण (3/3/4) और तैतरीय आरण्यक (1/12) में जो कथा है, उससे भिन्न है। इन कहानियों में यह नहीं है कि अहल्या को इन्द्र के साथ पदस्खलन के फलस्वरूप किसी प्रकार दुखान्त का सामना करना पड़ा था। (*Cultural Heritage of India, Volume III, Page-215*)

नक्षत्र-जगत की घटना?

आर.एस. शास्त्री ने अहल्या के साथ इन्द्र की व्यभिचार सम्बन्धी घटना की व्याख्या करते हुए कहा है कि यह एक रूपक मात्र है। उनके मतानुसार अहल्या, द्रौपदी, तारा, तारा, मन्दोदरी—ये क्रमशः आर्द्रा, विशाला, बुध, फाल्गुनी, और अश्विनी हैं। अहल्या आर्द्रा होने के कारण पत्थर है, वह गौतम—अर्थात सबसे अच्छे वृष चन्द्रमा की पत्नी है। इन्द्र को जो सहस्त्र योनि निकल आईं, उसका अर्थ यह है कि जिस समय आर्द्रा नक्षत्र में सूर्य-ग्रहण होता है; उस समय यह नक्षत्र वर्णहीन पत्थर का रूप धारण करता है और सूर्य रूपी इन्द्र हजारों धब्बों से युक्त होकर दृष्टिगोचर होता है और गौतम अर्थात वर्णहीन इन्द्र सूर्य के पास होता है, क्योंकि इस दिन नया चाँद निकलता है। आर्द्रा उसी समय फिर अपने पूर्ण जौहर में प्रगट होती है, जब पूर्णिमा के दिन राम के चरण अर्थात 180 अंश पर स्थित सूर्य की किरणें उस पर पड़ती हैं। (*Silver Jubile Volume of the Bhandarkar Institute, Page 480-81*) कहना न होगा कि यह बिल्कुल कष्ट कल्पना है। पता नहीं इस प्रकार की व्याख्या का उद्देश्य क्या है, क्योंकि यदि इस व्याख्या का उद्देश्य इन्द्र का समर्थन करना है, तो यह सिद्ध नहीं होता, क्योंकि इन्द्र के व्यभिचार और पर-स्त्रीगमन के किस्से बहुत लम्बे हैं। इन्द्र को व्यभिचारी के रूप में देखने का मौका हमें बाद में मिलेगा।

तारा और मन्दोदरी की कहानी एक ही प्रकार की है। तारा पहले बाली की स्त्री थी। जब बाली मारे गए, तो सुग्रीव सिंहासनारूढ़ हुए। उस समय तारा ने

सुग्रीव से शादी की। इसी प्रकार मन्दोदरी की कथा है। पहले वह रावण की स्त्री थी, पर रावण के मारे जाने पर जब विभीषण लंका के राजा हुए, तब मन्दोदरी का विवाह विभीषण से हुआ। कहना न होगा कि इस प्रकार बड़े भाई के मरने पर भौजाई का छोटे भाई की बीवी होना अत्यन्त प्राचीन परम्परा के ही नहीं, बल्कि बहुत-सी जातियों की परम्परा के अनुकूल था, यह हम जानते हैं। पर इन दोनों स्त्रियों को सती शिरोमणि मानना शायद कट्टर सनातनियों के अनुकूल नहीं, क्योंकि इन्होंने पहला अपराध तो यह किया कि विधवा विवाह किया और दूसरा यह कि देवर के साथ विवाह किया। पर ये कट्टर सनातनी शायद यह नहीं भूल पाएँगे—और यदि भूल जाएँगे तो हम उन्हें याद दिलाने का कष्ट करेंगे कि उनके परम पूज्य रामचन्द्र जी की देखरेख तथा उनकी अनुमति से ही वह विवाह हुआ था। इस पर यह कहा जा सकता है कि सुग्रीव वानर जाति का था, आर्यों का नहीं। शायद इस प्रकार की आलोचना करनेवाले यह भूल जाते हैं कि ये पंच-कन्याएँ आर्य सतियों की ही आदर्श स्त्रियाँ मानी गई हैं न कि वानरों या राक्षसों की।

अब हम यदि पंच-कन्या में जो नारीत्व का आदर्श निहित है, उसका विश्लेषण करें तो देखेंगे कि जिस किसी ने जब भी इस आदर्श को स्थापित किया हो, इसमें स्त्रियों के प्रति बहुत उदार दृष्टि रखी गई है। स्मरण रहे कि सीता, सावित्री, तपती, दमयन्ती आदि स्त्रियाँ जिन्होंने जाने या अनजाने में कभी भी एक पुरुष के अतिरिक्त दूसरे पुरुष का चिन्तन नहीं किया, वे इस सूची में नहीं रखी गईं, बल्कि इस सूची में रखी गई पाँचों स्त्रियाँ ऐसी हैं जिनमें से चार के बारे में यह कहा जा चुका है कि उनका सम्बन्ध उनके ही जानते एकाधिक पुरुषों से—द्रौपदी के क्षेत्र में पाँच, और कुन्ती के क्षेत्र में भी पाँच से—था। अहल्या के क्षेत्र में अवश्य यह कहा जा सकता है कि इन्द्र के साथ उसका जो सम्बन्ध हुआ, उसके लिए वह जिम्मेदार नहीं थी। इस प्रकार पंच महाकन्या से निहित सतीत्व की धारणा बहुत भिन्न है। पर जिस कारण से भी हो, बाद में यह धारणा नहीं रही, और प्रत्येक क्षेत्र में एक पुरुष-व्रतिनी स्त्री ही बाद को सती समझी गई।

शकुन्तला

महाभारत वर्णित स्त्रियों की स्वतन्त्रता का द्योतक एक गन्धर्व विवाह है और दूसरा स्वयंवर है, इसलिए इसका भी हम संक्षेप में वर्णन करेंगे। दुष्यन्त और शकुन्तला का गन्धर्व विवाह सुपरिचित है। कथा संक्षेप में यों है कि एक दिन भ्रमण करते-करते राजा दुष्यन्त कण्व मुनि के आश्रम के निकट मालिनी नदी के किनारे पहुँच गए। उस समय कण्व मुनि वहाँ पर नहीं थे। शकुन्तला वहाँ पर थी। शकुन्तला की राजा से बातचीत हुई। राजा ने शकुन्तला को एकान्त में देखकर उससे प्रेम-निवेदन किया। सारांश यह कि दोनों में सम्बन्ध हो गया। इसी को गन्धर्व विवाह कहते

हैं। यानी न तो कोई पुरोहित आया न कोई गवाह, न दूसरे देखनेवाले वहाँ थे, बल्कि प्रेमिक और प्रेमिका ने एक-दूसरे से कहा, "मैं तुम्हारा हूँ और तुम मेरी हो।" बस यह विवाह हो गया। सही तौर पर देखा जाए तो यह कोई विवाह नहीं, बल्कि एक नाजायज सम्बन्ध को समाज का ठप्पा लगाकर सही बना देना है। फिर भी इस क्षेत्र में नाजायज शब्द का जो प्रयोग किया गया है–वह एक दृष्टि से, और शायद वही सबसे सही दृष्टि है, क्योंकि इस क्षेत्र में प्रेमिक और प्रेमिका का सही फैसला एकमात्र और अन्तिम फैसला है–वह बिल्कुल जायज है। समाज का ठप्पा लगवाना केवल उसके सम्बन्ध में समाज को सूचना मात्र देना है। इस प्रकार विवाह करने के बाद इधर तो शकुन्तला को गर्भ रह गया और उधर राजा दुष्यन्त अपनी राजधानी को चलते बने। शकुन्तला को यथासमय एक पुत्र हुआ, पर राजा को उसकी सुधि बिल्कुल ही न रही। कण्व ऋषि के परामर्श से यह तय हुआ कि शकुन्तला दो ऋषि कुमारों को लेकर राजसभा में जाए। तदनुसार शकुन्तला ने ऐसा ही किया, पर राजा ने उसको अपनी पत्नी मानने से इन्कार कर दिया। मालूम होता है कि उस समय राजा अक्सर इस प्रकार शिकार आदि के बहाने देहातों की ओर निकल जाया करते थे, और पशु के अतिरिक्त अन्य प्रकार के शिकार भी किया करते थे। राजा दुष्यन्त ने शकुन्तला की तरह न मालूम कितनों से सम्बन्ध बनाया होगा, इसलिए उसके लिए शकुन्तला को भूल जाना कोई अस्वाभाविक बात नहीं थी। अवश्य यहाँ पर महाभारतकार ने भूलने के और कारण बतलाए हैं। जो भी हो, अन्त तक भूल सुधरती है। कण्व ऋषि के प्रभाव से दुष्यन्त राजा शकुन्तला को स्वीकार करते हैं।

इस प्रकार बतलाया जाता है कि सुभद्रा-हरण के पहले अर्जुन के साथ सुभद्रा का गन्धर्व विवाह हो चुका था। स्मरण रहे कि यह विवाह श्रीकृष्ण की सम्मति से हुआ। केवल यही नहीं, जब देखा गया कि इस विवाह होने में कुछ दिक्कतें हैं, तो सुभद्रा का हरण करवाया गया। रामायण-महाभारत काल में अन्य अनेक गन्धर्व विवाहों का उल्लेख है। दशरथ के रनिवास की बात तो प्रसिद्ध है। बहुविवाह के झमेले में पड़कर दशरथ मर गए और राम को वन जाना पड़ा। दूसरे शब्दों में, इसी के लिए राम-कथा रामकथा कहलाई। पता चलता है कि दशरथ के समय में जब रानियाँ क्रुद्ध हो जाती थीं, तो वह कोपभवन में जाकर पड़ी रहती थीं। नतीजा यह कि राजा को जाकर रानी को मनाना पड़ता था। डॉक्टर बेनीप्रसाद ने ठीक ही लिखा है कि हरण की राजनीति भयंकर होती होगी, और कभी-कभी सारे राज्य पर इसका बुरा असर पड़ता होगा। उनका अलग-अलग वर्णन कर पुस्तक को बढ़ाना ठीक नहीं, पर इस प्रकार के विवाह अवश्य घटित होते होंगे और उनको जितनी आसानी से समाज स्वीकार कर लेता है, उतना ही उस समाज के लिए मंगलकारी था। विवाह में अन्तिम फैसला करनेवाले, जिनका विवाह हो रहा है, वही होने

चाहिए। यदि किसी को आज़ इस सम्बन्ध में हस्तक्षेप करने का अधिकार है तो वह डॉक्टर को है, और उसका हस्तक्षेप भविष्य में सन्तान के हक में ही हो सकता है। भविष्य में एक तरफ गन्धर्व विवाह आवश्यक रूप से आम नियम हो जाएगा और दूसरी तरफ विवाह-विच्छेद अधिकाधिक आसान हो जाएगा, इसमें सन्देह नहीं।

प्राचीन काल में स्वयंवर की जो प्रथा थी, वह भी स्त्रियों की स्वतन्त्रता की द्योतक थी, यद्यपि यह स्मरण रहे कि स्वयंवरों में अक्सर कोई-न-कोई शर्त रखी जाती थी और जो उस शर्त को पूरा करता था, उसके साथ कन्या का विवाह करना जरूरी था। पर जैसा कि हम द्रौपदी के स्वयंवर के सिलसिले में दिखा चुके हैं, कन्या को यह अधिकार भी था कि वह किसी भी व्यक्ति को शर्त पूरी करने से पहले ही यह कहकर रोक दे कि वह उसे वरेगी ही नहीं। यह एक प्रकार से स्वयंवर की शर्त पूरी करनेवाले व्यक्तियों में निर्वाचन का महत्त्व रखता था। ऋग्वेद में सविता ने अपनी पुत्री सूर्या के लिए इसी प्रकार रथ-दौड़ की शर्त रखी थी। इसमें एक युवक बाजी मार ले गया और इस प्रकार वही कन्या का पति हुआ। (ऋगृ. 10/85/14, 1/116/17) एक दूसरे मन्त्र में भी (ऋगृ. 1/119/5) इस प्रकार के विवाह की ध्वनि निकलती है। (*Women in Rigveda by B.S. Upadhyay, Page 70*)

सूर्या के विवाह का वर्णन ऋग्वेद में है। फाल्गुन मास में सूर्या का विवाह हुआ था। विवाह के पहले बहुत-से साँडों को भोजन के लिए मारा गया था। विवाह की तैयारी माघ से ही हो रही थी। (10/85/13)। अश्विनगण रथ-दौड़ में शामिल हुए, पर वे सोम की तरफ से हुए। यह द्रष्टव्य है कि अश्विन शब्द बहुबचन में आया। केवल यही नहीं, इस सम्बन्ध में उमा शब्द का भी प्रयोग हुआ है। विवाह के समय वह अपने साथ उपवर्हन (तकिया), अभ्यजन (प्रसाधन द्रव्य) और कोष (धन) ले गई। इस क्षेत्र में यह भी साफ है कि सूर्या के पिता सविता ने सूर्या को इच्छुक जानकर पति को अर्पण किया। इस प्रकार कन्यादान तो हुआ, पर वह कन्यादान आजकल के अर्थ में नहीं, बल्कि पिता की केवल एक सम्मति मात्र है। कन्या बहुत से उपहार, रथ आदि लेकर रथ में चढ़कर चली। नए घर में जाते समय मन्त्र पाठ होते रहे। इस अवसर पर रथ में चढ़ते समय कौन-से मन्त्र कहे जाते, तथा नए घर में पहुँचने पर कौन-से मन्त्र कहे जाते हैं, वे दिए गए हैं। यहाँ पर हम उन सब मन्त्रों में से एकाध को ही उद्धृत कर सकते हैं। विवाह के समय पुरोहित कन्या को वरुण के बन्धन से मुक्त कर देता था। वरुण के बन्धन का अर्थ कमरबन्द से था, जो कुमारीत्व का द्योतक है। जब इस प्रकार विवाह हो चुकता था, तो उस समय पति पत्नी का हाथ पकड़कर कहता था, "मैं सौभाग्य-प्राप्ति के लिए तेरे हाथों को अपने हाथों में लेता हूँ, जिससे कि हम दोनों वृद्धावस्था तक पहुँच सकें। अर्यमा, भग, सविता आदि ने तुझे मुझे गृहिणी के रूप में दिया है।" (ऋगृ. 10/85/36) इसके बाद पति पूषण से आशीर्वाद माँगता है—"हे पूषण, इसे सौभाग्यवती के रूप में भेज। यह जो हमारे

सुखों की भागिनी हो रही है, यह जो मुझे प्रेम से आलिंगन करेगी और मेरे प्रेम और आलिंगन को स्वीकार करेगी।'' इस प्रकार की अन्य प्रार्थनाएँ भी हैं। इसके बाद पुरोहित दोनों को उपदेश देता है कि ''अलग मत हो, आमरण साथ रहो, पुत्र-पौत्रों सहित आनन्द करो।'' इस मन्त्र से एकविवाह की पक्की सूचना मिलती है। आगे पुरोहित कहता है कि तुम्हारे घर में पति के अलावा दस और हों। वह दस पुत्रों का आशीर्वाद देता है। इसी प्रकार और भी जितनी प्रार्थनाएँ हैं, उनमें से अर्यमा, इन्द्र आदि से यही प्रार्थनाएँ की गई हैं।

वैदिक विवाह का स्वरूप

मैकडोनल ने वैदिक विवाह को संक्षेप में यों लिखा है, ''पति स्त्री का हाथ अपने हाथ में ले लेता था। उसका अर्थ यह था कि वह अपने को पति के अधीन कर देती थी। वह पत्थर पर पैर रखती थी। इसका अर्थ उसे दृढ़ता प्रदान करना था। वह पति के साथ सात कदम चलती थी तथा उसके साथ यज्ञावशिष्ट का भोजन करती थी। यह उनकी मित्रता तथा सामूहिकता को सूचित करता है। जिस समय वह पति के घर जाकर एक लाल वृष के चर्म पर बैठती थी तथा उसकी गोद में एक ऐसी स्त्री का लड़का दिया जाता था, जिसने केवल जीवित पुत्र ही जने हैं, तो यह इस बात का द्योतक था कि वह आगे पुत्र-ही-पुत्र उत्पन्न करे। यों तो विवाह से कई देवताओं का सम्बन्ध था, पर सबसे अधिक सम्बन्ध अग्नि का था, क्योंकि पति पत्नी को लेकर तीन बार अग्नि की परिक्रमा करता था। फिर वह अग्नि पति-पत्नी के साथ जाती थी और जब तक दोनों जीवित रहते थे, उनके साथ रहती थी। इस अग्नि को तरह-तरह के द्रव्य चढ़ाए जाते थे और उसकी प्रशंसा में वैदिक मन्त्र पढ़े जाते थे। सूर्यास्त के बाद पति अपनी पत्नी को ध्रुवतारा और अरुन्धती नक्षत्र दिखलाता है। इसका अर्थ यह है कि वे एक-दूसरे से कहते थे कि हम हमेशा एक और सम्मिलित रहें।

स्वयंवर

महाभारत में अनेक स्वयंवरों का उल्लेख है। अक्सर जैसा कि अम्बा, अम्बिका, अम्बालिका के स्वयंवर में हुआ, और जैसा सुभद्रा के स्वयंवर में हुआ, कन्या का हरण हो जाया करता था, पर स्वयंवर बहुधा सफल होते थे। जैसे दमयन्ती, सीता, द्रौपदी आदि के स्वयंवर में हम पाते हैं। स्वयंवर प्रथा अवश्य ही एक हद तक स्त्रियों की स्वतन्त्रता की द्योतक है, पर गन्धर्व विवाह की तरह हम इस प्रथा के सम्बन्ध में यह नहीं कह सकते कि आगामी समाज में स्वयंवर प्रथा का कुछ उपयोग हो सकता है। निःसन्देह स्वयंवर प्रथा स्त्रियों के लिए एक श्रेष्ठ प्रक्रिया थी और उसी हद तक पुरुषों के लिए हीनता का द्योतक थी। अवश्य इस सम्बन्ध में यह

स्मरण रखा जाए कि जो पुरुष स्वयंवर के लिए अक्सर पहुँचते थे, वे सबके सब कुँआरे नहीं होते थे, बल्कि अधिकांश विवाह और कई-कई विवाह किए होते थे। अधेड़, बुड्ढ़े हर तरह के लोग उसमें सम्मिलित होते थे। फिर हम यह कैसे कहें कि यह प्रथा भविष्य में भी बनी रहती। रही इस तरह सभा बुलाकर बाकायदा ढोल-ताशा बजाकर पति के चयन की बात तो आगे पूर्णतः मुक्त समाज में कन्या अपने मिलने-जुलने वाले बहुत से पुरुषों में से पति का निर्वाचन करेगी, और इसी अर्थ में वह स्वयंवरा होगी। पर इस अर्थ में मुक्त समाज का पुरुष भी बहुत-सी स्त्रियों में से अपनी स्त्री चुननेवाला होगा, जैसा कि एंगेल्स ने लिखा है, ''जिस समय समाज में आर्थिक दबाव का कोई भी प्रभाव पति या पत्नी के निर्वाचन में नहीं होगा, जिस समय लड़का या लड़की अपने भविष्यत् पति या पत्नी के रुपयों या आर्थिक रोब-दाब, सामाजिक मर्यादा को देखकर अपने वर या वधू का चयन न करेगी, उसी समय जिसे प्रेम या मुक्त निर्वाचन कहते हैं, उसके लिए पूरी गुंजाइश पैदा हो जाएगी।'' पर यहाँ यह बता दें जैसा कि पोलैण्ड के समाजवादी मानते हैं, वहाँ लड़कियाँ गाँव के प्रेमिक के बजाय शहर के प्रेमिक को तथा शहर में भी उसको जिसे फ्लैट मिला है या मिलने ही वाला है, पसन्द करती हैं। यह भी प्रेमेतर दबाव बल्कि आर्थिक दबाव हुआ। (*Polish perspective, जिल्द-28*)

महाभारत का दोहरापन

यों तो हम महाभारत में स्त्री सम्बन्धी उल्लेखों का मोटे तौर पर वर्णन कर चुके हैं, पर चूँकि महाभारत के उल्लेख लगभग दस शताब्दियों तक फैले हुए हैं, इसलिए उसमें उदार-से-उदार दृष्टिकोण से लेकर अत्यन्त संकुचित विचार दृष्टिगोचर होते हैं। शान्ति-पर्व के उल्लेख को लीजिए तो उसमें यों कहा गया है, ''यदि अपनी स्त्री के प्रति किसी प्रकार के पापाचरण की शंका हो, तो उसके पुनः रजस्वला होकर स्नान करने तक उसके साथ समागम न करें। भस्म से जैसे बर्तन साफ हो जाते हैं, उसी प्रकार रजस्वला होने से स्त्री शुद्ध हो जाती है।'' इस उल्लेख के साथ-साथ एक-दूसरे उल्लेख को लीजिए, ''बड़े भाई के अविवाहित रहते हुए विवाह करनेवाला छोटा भाई और उसका बड़ा भाई, दोनों ही संयम से बारह दिन तक कृच्छ्रव्रत करने से पवित्र हो जाते हैं। इसके सिवाय यदि छोटा भाई बड़े भाई के विवाह कर लेने पर अपनी विवाहिता स्त्री के साथ फिर विवाह-संस्कार करा ले, तो इससे भी वह दोषनिवृत्त हो जाता है।'' (वही, पृष्ठ 1169) कहना न होगा कि यह भी एक उदार उल्लेख है और इससे स्पष्ट है कि जिस समय यह अंश महाभारत में जोड़ा गया, उस समय बड़े भाई को लाँघकर शादी करने को अभी पाप नहीं समझा जाता था। उसी शान्ति-पर्व में यों लिखा है, ''कुमारी कन्या जब अपनी इच्छा से चरित्रभ्रष्ट होती है, तो उसे ब्रह्म-हत्या का तीन गुना पाप भोगना पड़ता है और शेष पाप का

भागी उसके चरित्र को बिगाड़नेवाला पुरुष होता है।'' (वही, पृष्ठ 1278) इस उल्लेख में व्यभिचार को करीब-करीब ब्रह्म-हत्या के तुल्य पाप करार दिया गया है। स्मरण रहे कि ब्रह्महत्या से बढ़कर हिन्दू शास्त्रों में कोई पाप नहीं है। इसी पृष्ठ में कहा गया है, ''श्रोत्रिय की स्त्री से व्यभिचार करने पर तीन वर्षों तक और अन्य पर-स्त्रियों से सम्पर्क करने पर दो वर्षों तक ब्रह्मचर्य का पालन करते हुए दिन के चौथे पहर में एक बार भोजन करें। पराई स्त्री के साथ रहने, बैठने या भ्रमण करने पर तीन दिनों तक केवल पानी पीकर रहा जाए।'' पर यह कुछ भी नहीं है, अगले पृष्ठ पर व्यभिचारिणी के लिए क्या सजा है, यह देखिए–''जो अपने श्रेष्ठ पति को छोड़कर दूसरे किसी से समागम करती है, उस कुलटा को विस्तृत मैदान में खड़ी करके राजा कुत्तों से नुचवा ले। इसी तरह व्यभिचारी पुरुष को लोहे की तपाई हुई खाट पर सुलाकर ऊपर से लकड़ी रखकर आग लगा दे, जिससे वह पापी उसी में जलकर खाक हो जाए। पति की अवहेलना करके परपुरुष से व्यभिचार करनेवाली स्त्रियों के लिए भी यही दण्ड है।'' कहाँ पुनः रजस्वला होकर स्नान करने पर स्त्री की शुद्धि और कहाँ उसे मैदान में खड़ी करके कुत्तों से नुचवा डालना। रहा यह कि उस उल्लेख में व्यभिचारी और व्यभिचारिणी दोनों के लिए दण्ड का विधान है, उसकी पोल हम जानते हैं, क्योंकि पुरुष के मामले में यह नियम शायद ही कभी लागू होता हो, यानी तभी लागू होता होगा जब किसी शक्तिशाली या उच्चतर पुरुष के स्वार्थ में वह अपनी व्यभिचारी वृत्ति द्वारा आघात करे, नहीं तो लोग छुड़ा लेते होंगे, जैसा कि हमें समाज के रोज के तजुर्बे से ज्ञात होता है। इसी पृष्ठ में बड़े भाई से पहले शादी करने पर जिस प्रायश्चित का विधान है, वह पहले से कठिन है, यानी एक मास तक चन्द्रायण और कृच्छव्रत करने का विधान है। सन्देह नहीं कि यह उल्लेख बाद के युग का है।

महाभारत में भरे मत-मतान्तर

महाभारत के वीरों ने जिस प्रकार एक से अधिक विवाह किए, और उसके प्रधान वीरों कृष्ण और अर्जुन ने जिस प्रकार बहुविवाह किए, इसका उल्लेख हम पहले ही कर चुके हैं, पर इन उल्लेखों के साथ ही शान्ति-पर्व में इस उल्लेख को भी देख लीजिए–''तृष्णा से तिरस्कृत और काम-क्रोधादि से बँधे हुए पुरुष को यदि उनसे पार पाने की इच्छा हो, तो वह प्रयत्नपूर्वक स्त्रियों के प्रसंग से दूर रहे, क्योंकि स्त्रियाँ भयंकर कृत्यों के समान हैं। ये अज्ञानी मनुष्यों को मोह में डाल देती हैं। पर जिस प्रकार मनुष्य अपने अंग से उत्पन्न जुओं को त्याग देता है, उसी प्रकार अपने नहीं, पर अपने कहलाने वाले पुत्रादिकों को भी त्याग देना चाहिए। देह से स्वभावतः स्वेद के द्वारा जुओं की उत्पत्ति होती है और कामवश वीर्य द्वारा पुत्र उत्पन्न होते हैं। बुद्धिमान पुरुष को दोनों की उपेक्षा करनी चाहिए। यह बात ध्यान में

रखो कि शरीर के ग्रहण मात्र से दुःख की प्राप्ति निश्चित है, पर उसकी वृद्धि शरीर में अभिमान करने से होती है।...स्त्रियों की बातें न सुनें तथा उन्हें वस्त्रहीन अवस्था में न देखें, क्योंकि यदि किसी प्रकार उन पर दृष्टि चली जाती है तो दुर्बलचित्त मनुष्य को काम का विकार हो जाता है।" (*वही, पृष्ठ 1316*)

कहाँ तो जरत्कारु ऋषि तथा कुणीगर्ग की कन्या को प्रथम क्षेत्र में पितरों तथा द्वितीय क्षेत्र में स्वयं का उद्धार कराने के लिए विवाह करना पड़ा, और कहाँ वह दृष्टिकोण आ गया कि स्त्री का सर्वथा त्याग किया जाए।

ढूँढ़ा जाए तो महाभारत में परस्पर विरुद्ध उल्लेख बहुत मिलेंगे। शान्ति-पर्व के वृहदाकार तथा परस्पर बिरुद्ध वचनों को देखकर यह कल्पना स्वतः मन में उठती है कि इस अंश में बहुत से अंश प्रक्षिप्त यानी अलग-अलग समय के हैं। इस सम्बन्ध में केवल एक और इतिहास देकर हम इस प्रसंग का अन्त करेंगे, जिसमें बताया गया है कि विपुल ने किस प्रकार अपनी गुरु-पत्नी की रक्षा की थी। महाभारतकार इस प्रसंग में लिखते हैं, "तरुणी स्त्रियाँ प्रज्वलित अग्नि के समान हैं। ये मय दानव की बनाई हुई माया है। क्षुर की धार, विष, सर्प और अग्नि एक ओर और स्त्रियाँ दूसरी ओर।" महामुनि देव शर्मा स्त्रियों के चरित्र से भली-भाँति परिचित थे। वह तपस्या करने के लिए जाना चाहते थे, इसलिए अपने शिष्यों को पत्नी की रक्षा के लिए छोड़ गए। रक्षा विशेषकर इन्द्र से करनी थी, क्योंकि देवराज इन्द्र सदा ऐसी स्त्री की घात में लगा रहता था, जिसका पति बाहर हो। विपुल ने अपनी गुरु-पत्नी के साथ योगबल से अपनी दृष्टि और मन को जोड़ लिया और निश्चल होकर पहरे पर बैठा रहा। जब इन्द्र ने देखा कि चेलाराम निश्चल है, तो वह वहाँ आए। पर क्योंकि योग बल से गुरु-पत्नी विपुल के पहरे में थी, इसलिए वह हिल-डुल न सकी। इन्द्र ने स्त्री को निर्विकार देखकर कहा, "सुन्दरी, आओ, आओ!" स्त्री अनुकूल उत्तर देना चाहती थी, पर विपुल ने उसके उत्तर में उलट-फेर कर दिया। इससे उस स्त्री के मुँह से निकल पड़ा, "अरे, तुम्हारे आने का क्या प्रयोजन है, मैं खूब समझती हूँ। भाग यहाँ से।" इस प्रकार इन्द्र बेचारे को वहाँ से निराश लौटना पड़ा।

जो भी हो, इस कहानी से स्पष्ट है कि किसी भी हालत में स्त्री और राजकुल में विश्वास नहीं करना चाहिए। यह विचार उसी का द्योतक है। जहाँ बिना प्रेम के विवाह होता था, वहाँ स्त्रियाँ सचमुच ऐसी होती होंगी, इसमें कोई आश्चर्य नहीं है। जिस समय की यह कहानी है, उस समय स्त्रियों की अवस्था बहुत बुरी हो चुकी थी, इसमें सन्देह नहीं। इस सम्बन्ध में यह भी उल्लेखनीय है कि महाभारत में एकाधिक स्थान पर यह बतलाया गया है कि स्त्री-प्रसंग तथा विवाह में झूठ बोलना उचित है। इससे यह ज्ञात होता है कि इस बारे में की नीति कैसी थी। निस्सन्देह, इस प्रकार के नियमों से उत्पन्न सारी असुविधाएँ स्त्रियों को ही झेलनी पड़ती होंगी।

सहमरण या सती प्रथा

हम पहले ही बता चुके हैं कि वैदिक विधवाओं को विवाह करने का पूर्ण अधिकार था और अक्सर वे अपने देवर से विवाह कर लेती थीं। इतना तो निश्चित रूप से ज्ञात है कि विधवाओं को जिन्दा जलाने अथवा सतीदाह प्रथा उस समय नहीं थी। केवल ऋग्वेद के एक मन्त्र (10/18/7) के आधार पर ही यह कहना सम्भव हुआ है कि सती प्रथा उस समय थी। पर इससे वस्तुतः विधवा का पुनर्विवाह सिद्ध होता है। मैकडोनल ने लिखा है कि वैदिक युग में इस बात की स्मृति के चिह्न थे कि मृत पुरुष के साथ विधवा तथा पुरुष के अस्त्रों को जलाया जाता था। उन्होंने और भी लिखा है कि "ऋग्वेद में मृतक कृत्यों में यह जो पाया जाता है कि विधवा अपने सद्यःमृत पति के साथ लेटती है और मृत व्यक्ति के हाथ से धनुष हटा लिया जाता है, यह दिखलाता है कि पहले के युग में दोनों एक साथ परलोक में जाते थे। अथर्ववेद के एक मन्त्र से भी यह ज्ञात होता है कि पति के साथ स्त्री का सहमरण पुरानी प्रथा है। मानवविज्ञान बतलाता है कि सामरिक सरदारों के साथ उनकी स्त्रियाँ आदिम युग से सहमरण करती थीं। आर्य जाति जब भारोपीय युग में थी, उस समय यह प्रथा प्रचलित थी।"

इस पर लिखते हुए श्री भगवतशरण उपाध्याय कहते हैं कि "इस व्याख्या का सत्य होना सम्भव है। अथर्ववेद में सचमुच एक मन्त्र ऐसा है जिसकी व्याख्या विधवा का सहमरण है। यह सम्भव है कि अथर्ववेद में जिस प्रथा के विरुद्ध मनुष्यता के नाम पर विद्रोह की पताका फहराई गई है, वह उस युग में जिसका चित्रण ऋग्वेद करता है, पुरानी हो चुकी थी।" इसी के एक अवशेष के रूप में ऋग्वेद में मृत-देह की बगल में विधवा का लेटना रहा होगा। (*Bhandarkar Commemmoration, पृष्ठ-13*) कारगी ने बतलाया है कि हमारे पूर्व लिखित मन्त्र (10/18/7) पर जरा-सी जालसाजी की जाए, तो पति के साथ स्त्री के सहमरण की बात प्रमाणित हो जाती है। अध्यापक सरकार एक मध्यम मत लेते हुए कहते हैं कि यह प्रथा राजन्य लोगों में थी, इसलिए वेदों में इसका कोई विशेष उल्लेख नहीं है। इसमें कोई सन्देह नहीं कि वैदिक युग के पहले भी कहीं-कहीं सहमरण

प्रथा अवश्य थी, पर जैसा कि इस युग के सम्बन्ध में हमेशा रहा, इसका प्रचार किसी-किसी कुल में ही था।

विधवा विवाह

जिस समाज में विधवा विवाह है, उस समाज में सहमरण यदि हो, तो सीमित रूप में कुल विशेष में होगा। ऋग्वेद के युग में विधवाओं की संख्या नहीं के बराबर थी, ऐसा सब विद्वानों का मत है। पति की मृत-देह के बगल में जिस समय सद्योविधवा लेटती थी, उस समय उसे पुरोहित यह कहकर उठाता था, "हे स्त्री, जीवन-जगत में आ। जिसकी बगल में तू लेटी है, वह अब जीवनहीन है। इस पति के साथ पत्नीत्व निभाना तेरा हिस्सा था, तभी इसने तेरा पाणिग्रहण किया और प्रेमिक के रूप में प्रेम-निवेदन किया।" (ऋग्. 18/2/8) मृत व्यक्ति के हाथ से धनुष लेने का हक उसके भाई को था। वह धनुष लेते हुए अपनी भ्रातृवधू से कहता था, "मैं धनुषधारी मृतक हस्त से यह धनुष लेता हूँ जिससे यह हम लोगों की शक्ति और ख्याति का कारण हो।" (ऋग्. 18/2/9) इस प्रकार मृत व्यक्ति का भाई धनुष लेकर धनुष के जरिए सरदारत्व प्राप्त करता था और स्त्री को लेकर घर का मालिक हो जाता था। भाई की स्त्री को जो कुछ कहा जाता था, उसमें यह भी होता था, "हे स्त्री, इन उदात्त वीरों के साथ हम अपने सारे दुश्मनों पर विजय प्राप्त करें।"

इसकी व्याख्या करते हुए श्री उपाध्याय कहते हैं कि सतत युद्धरत होने के कारण युद्ध में सन्तानों की माँग के लिए ही यह बात कही जाती थी। इसलिए आर्य स्त्री को एक दिन के लिए भी विधवा नहीं रहने दिया जाता था। (Women in Rigveda, पृष्ठ-93) ऋग्वेद में और भी ऐसे उल्लेख हैं जिनसे ज्ञात होता है कि विधवाओं का विवाह होता था। अथर्ववेद में तो पुनर्विवाहिता विधवाओं को पुनर्भू कहा जाता था। हमारे निकट इसका कोई भी विवरण मौजूद नहीं है कि विधवा विवाह में किसी और रस्म की जरूरत होती थी या फिर मृत भाई के सामने अपनी भ्रातृवधू का हाथ पकड़ लेना ही यथेष्ट समझा जाता था। बल्कि जहाँ तक ज्ञात होता है, यही पुनर्विवाह समझा जाता था। कहना न होगा कि ऐसे समाज में सहमरण का कोई स्थान नहीं हो सकता था, इसलिए एकाध क्षेत्र में यदि ऐसा होता भी हो तो इसे नियम न समझकर अपवाद ही समझना चाहिए। फिर भी एकाध विधवा ऐसी भी होती थी, जो न विवाह करती थी और न सहमरण में प्राण देती थी। एक मन्त्र (ऋग्. 10/18/7) में सधवा नारी को ही यह अधिकार दिया गया है कि वह विवाह रूपी मांगलिक कर्म के लिए नारी को सजाए, अर्थात हिन्दू समाज में मांगलिक कामों के लिए विधवा आज भी निषिद्ध है, यही तब भी था, पर उस समय उसका चरित्र विधवा पर यह दबाब डालना था कि वह फिर से शादी करे,

इसलिए उसका चरित्र आजकल की प्रथा से बिल्कुल भिन्न था।

ऋग्वेद (10/40/2) में देवर के साथ भ्रातृवधू के विवाह की बात लिखी गई है, "अश्विनी संन्ध्या समय कहाँ रहती है, सवेरे कहाँ रहती है, कौन तुम्हें बिछौने पर लाता है, जिस प्रकार विधवा को उसके देवर के बिछौने पर लाया जाता है," इत्यादि। अथर्ववेद (9/5/27) में विधवा विवाह का उल्लेख है, इसका पहले ही उल्लेख किया गया है, "कोई स्त्री अपने पहले पति की मृत्यु के पश्चात फिर विवाह करे तो उन्हें अलग नहीं किया जा सकेगा। (भारतीय समाज पद्धति, भूपेन्द्र दत्त, 'हंस' में प्रकाशित लेखमाला) यौथ समाज में न तो कोई विधवा होती थी, और न कोई विधुर होता था। यदि बहुत से पतियों में से एक पति मर गया तो वह स्त्री विधवा नहीं कहला सकती थी और बहुत-सी पत्नियों में से यदि एक पत्नी मर गई, तो वह पुरुष भी विधुर नहीं हो सकता था। इसलिए यह स्पष्ट है कि विधवा शब्द की धारणा ही यौथ समाज के बाद की है। फिर जब यौथ विवाह समाप्त होकर एकविवाह यानी स्त्री के लिए एकविवाह का प्रवर्तन हुआ, उस समय विधवाएँ होने लगीं। पर जैसा कि हम सब आदिम समाजों में देखते हैं, उसका वैधव्य देवर या उसके अभाव में कुल का कोई पुरुष खत्म कर देता था। इसलिए ऐसी अवस्था में सहमरण या सती प्रथा का कोई प्रश्न ही नहीं उठता था।

सहमरण या सती प्रथा का उस समय प्रवर्तन हुआ होगा, जब स्त्री सम्पूर्ण रूप से पुरुष की सम्पत्ति हो गई। हम पहले ही बता चुके हैं कि किसी-किसी आदिम जाति में उन्नीसवीं शताब्दी तक यह प्रथा मौजूद थी कि जब कोई व्यक्ति मर जाता था, तो उसकी सारी निजी सम्पत्ति उसके साथ ही जला दी जाती थी। जब स्त्री भी इसी प्रकार पूर्ण रूप से पुरुष की सम्पत्ति हो चुकी, साथ ही यह अन्ध धारणा भी आ गई कि मृत व्यक्ति जीवनोत्तर चरण में किसी-न-किसी प्रकार का जीवन व्यतीत करेगा, और उसे उस जीवन में उन सब चरित्रों की जरूरत होगी जिनकी उसे वर्तमान जीवन में रही है, तब स्त्रियों को मृत व्यक्ति के साथ दफनाने अथवा जलाने की प्रथा का प्रवर्तन हुआ।

गुलामों का सहमरण

स्मरण रहे कि केवल स्त्रियाँ ही मृत व्यक्ति के साथ दफनाई या जलाई जाती हों, यह बात नहीं। यदि वह व्यक्ति कोई सरदार, बड़ा आदमी या राजा हुआ तो उसके गुलाम भी उसके साथ दफना दिए जाते थे। मिस्र में ऐसी बहुत-सी कब्रें निकली हैं, जिनमें इस प्रथा के प्रत्यक्ष प्रमाण मिले हैं। इस समय तक स्पष्ट रूप से वर्गों का भी उदय हो चुका था। सच बात तो यह है कि स्त्रियों का पातिव्रत्य और वर्गों का उदय एक ही कारण से, एक ही समय में हुआ। इसलिए यह समझा जाता था कि जो यहाँ गुलाम है, आगे भी वह गुलाम ही रहेगा। तदनुसार गुलामों

को मारकर सरदार के साथ भेज दिया जाता था, जिससे वे वहाँ भी उसकी सेवा कर सकें। यही बात स्त्रियों के सम्बन्ध में भी थी। यह धारणा कि परलोक में भी मनुष्य को उन्हीं वस्तुओं की जरूरत होगी, जिनकी यहाँ होती रही है, इतनी प्रबल थी कि कई जातियों में हम यह प्रथा प्रचलित पाते हैं कि जब किसी मृत सरदार को परलोक में कोई खबर भेजनी होती थी, तो किसी गुलाम को वह खबर देकर मार डाला जाता था। यह न समझा जाए कि परलोक की धारणा अभी धूमिल हो गई थी, बल्कि वह बहुत स्थूल थी और ठीक-ठीक कहा जाए तो परलोक की इहलौकिक धारणा के ही कारण इस प्रकार स्त्रियों तथा गुलामों को मारकर सरदार के साथ भेजने का प्रचलन हुआ, क्योंकि मृत्यु को अभी एक प्रकार से नींद मात्र समझा जाता था और भी था कि मृत समझा जानेवाला व्यक्ति भी मानो नींद से जागकर उठ खड़ा हो सकेगा। (*Out Life of world History by walls, p. 118*)

जो भी हो, ऐतिहासिक प्रमाणों से यह बिल्कुल स्पष्ट है कि जिस सहमरण प्रथा को इतिहास के ज्ञानशून्य पुरी के शंकराचार्य आदि ने आर्य जाति के गौरव के रूप में चित्रित किया है, वह प्रथा आर्य जाति में तो थी ही नहीं और थी भी तो बाद को उत्पन्न हुई। उसका बहुत कम प्रयोग हुआ और जिस कारण से इस प्रथा का उद्भव हुआ, वह किसी भी प्रकार न तो स्त्रियों के लिए गौरवप्रद है, न पुरुषों के लिए। यह भी समझना मूर्खता है कि सहमरण केवल हिन्दुओं की बपौती है, बल्कि उस सोपान में स्थित बहुत-सी जातियों में इसके होने का प्रमाण मिलता है।

महाभारत में हमें बहुत-सी स्त्रियों को विधवा होते देखने का अवसर मिलता है। विचित्रवीर्य की स्त्रियाँ अम्बिका और अम्बालिका विधवा हुईं, पर उनमें से एक ने भी सहमरण नहीं किया, बल्कि पहले तो वे अपने देवर भीष्म से नियोग कराने पर तैयार हो गईं, पर जब भीष्म तैयार नहीं हुए तो व्यास को बुलाकर नियोग करवाया। शान्तनु की स्त्री सत्यवती भी विधवा थी, पर उसने भी सहमरण नहीं अपनाया। नियोग प्रथा के होने का अर्थ ही यह है कि विधवाएँ हों तो उनसे भी वंश-वृद्धि हो सके। अवश्य नपुसंक पुरुष के क्षेत्र में नियोग उस पुरुष के जीवन काल में भी हो सकता था। स्वयं श्रीकृष्ण की पत्नियों के सम्बन्ध में लिखा है कि उनकी मृत्यु के बाद उनकी पत्नियों को लेकर अर्जुन जब जा रहे थे तो उनको आभीरों ने लूट लिया। इससे प्रमाणित होता है कि श्रीकृष्ण की पत्नियों ने सहमरण नहीं किया। रामायण में अपने पति की मृत्यु होने पर कौशल्या ने गुस्से में आकर सहमरण का डर जरूर दिखलाया था, पर अन्त में वह गुस्सा शान्त हो गया और दशरथ को अकेले ही चित्ता पर चढ़ना पड़ा। इस प्रकार रामायण में इस विषय में और कोई उल्लेख नहीं है। पर इससे ज्ञात होता है कि यद्यपि लोग सहमरण से बिल्कुल अपरिचित न थे, पर इसका उपयोग नहीं होता था। केवल माद्री अपवाद थी। (नारी का मूल्य, शरत चटर्जी, पृष्ठ-5)।

माद्री का सहमरण

दशरथ की स्त्रियों में किसी ने भी उनके साथ सहमरण नहीं किया। महाभारत में सहमरण का केवल एक ही उल्लेख है। माद्री ने पाण्डु के साथ सहमरण किया। इस सहमरण की परिस्थितियों के वर्णन से पहले हम संक्षेप में बता दें कि माद्री के साथ पाण्डु का विवाह कैसे हुआ, क्योंकि यह भी महाभारतयुगीन स्त्रियों की अवस्था पर प्रकाश डालता है। जब पाण्डु के साथ कुन्ती का विवाह हुआ तब भीष्म ने चाहा कि पाण्डु की एक और शादी हो। तदुनसार वह बाल्हीक कुल के मद्रराज शल्य के पास पहुँचे और उनसे कहा कि अपनी बहिन को पाण्डु के साथ विवाह दो। इस पर शल्य ने उनको मद्र देश के उस रिवाज को बताया जिसके अनुसार मद्रगण अपनी कन्याओं को देते समय शुल्क लेते थे। भीष्म इस बात पर राजी हो गए और उन्होंने शुल्क देकर माद्री को पाण्डु के लिए प्राप्त किया। माद्री का सहमरण जिस परिस्थिति में हुआ है, उसे कहाँ तक सहमरण कहना चाहिए और कहाँ तक प्रायश्चित, इसमें सन्देह है। सारी परिस्थिति को समझने के लिए पाण्डु की मृत्यु किस प्रकार हुई, यह जानने की आवश्यकता है। हम पहले ही बता चुके हैं कि पाण्डु को एक ऋषि का यह शाप था कि जिस समय वह काम-चेष्टा करेंगे, उसी समय मर जाएँगे। एक दिन बसन्त ऋतु में सारे वनवृक्ष पुष्पों से लद रहे थे। वनस्थली की शोभा अपूर्व मनोमुग्धकारी थी। माद्री बहुत भली लग रही थी। पाण्डु से न रहा गया और उन्होंने बलपूर्वक माद्री को पकड़ लिया। माद्री के बहुत कुछ रोकने ओर यथाशक्ति छुड़ाने की चेष्टा करने पर भी पाण्डु ने उन्हें नहीं छोड़ा। वे काम के वश में इस प्रकार अंधे हो रहे थे कि उनको शाप का कुछ ध्यान ही न रहा। पाण्डु की चेतना उसी समय नष्ट हो गई। कुन्ती पाँचों पाण्डवों को लेकर वहाँ पहुँची। कुछ दूर रहने पर ही माद्री ने कहा, "बहिन, तुम बच्चों को वहीं छोड़कर अकेली यहाँ आओ।" वहाँ की दशा देखकर कुन्ती शोकग्रस्त हो गई और विलाप करके बोली, "मैंने तो सर्वदा अपने पतिदेव की रक्षा की थी। इन्होंने शाप की बात जानते भी तेरा कहना क्यों नहीं माना?" माद्री ने कहा, "बहिन, मैंने बहुत नम्रता और विकलता के साथ इन्हें रोकने की चेष्टा की थी, पर होनहार ही ऐसी थी कि यह अपने को वश में नहीं रख सके।" अब इसी परिस्थिति में माद्री ने शव का अनुगमन किया। जो भी हो, इसके अतिरिक्त किसी सहमरण का विवरण महाभारत में नहीं मिला। शरत बाबू ने लिखा है कि कुरुक्षेत्र-युद्ध के बाद कुछ और स्त्रियों ने लड़ाई में मरे अपने पतियों का अनुगमन किया था।

कपोत-कपोती की कथा

शान्ति-पर्व में अवश्य ही एक कबूतरी के सती होने की बात आती है। कथा यों है कि कबूतरी को लौटते न देखकर कबूतर ने पता पाया कि कबूतरी व्याध के

पिंजरे में पहुँच गई है। कबूतर ने जाकर व्याध से कहा—"कहो तुम्हारी क्या सेवा करूँ, क्योंकि तुम मेरे अतिथि हो।" इस पर व्याध ने कहा कि "मुझे भूख लगी है।" कबूतर ने फौरन चिता सुलगाई और उसमें कूद पड़ा। बहेलिए को इसका पश्चाताप हुआ, और वह वहाँ से चला गया। इस पर कबूतरी भी अपना पिंजरा खुला पाकर जलती हुई आग में कूद पड़ी। इस पर यह दिखलाया गया है कि उसका पति रंग-बिरंगे फूलों की माला और विचित्र वस्त्राभूषणों से सुसज्जित एक विमान पर बैठा है तथा अनेक महापुरुष उसकी सेवा में उपस्थित हैं। दोनों दिव्य लोक को गए और पत्नी-पत्नी आनन्दपूर्वक विहार करने लगे। महाभारतकार इस पर लिखते हैं, "जो स्त्री अपने पति का अनुसरण करती है, वह कपोती के समान ही स्वर्गलोक में विराजती है।"

इन थोड़े-से अँगुली पर गिने जाने योग्य उदाहरणों से इस नियम का भंग नहीं होता कि प्राचीन काल में आर्यों में सहमरण प्रथा नहीं थी। फिर भी जैसा कि हम रामायण और महाभारत दोनों में देख चुके हैं, प्राचीन आर्य सहमरण प्रथा से अपरिचित न थे। राजा शूद्रक के समय की 'कादम्बरी' पुस्तक में सतीदाह के विरुद्ध एक भाषण है। (*भारतीय समाज पद्धति, भूपेन्द्रनाथ दत्त, 'हंस' में प्रकाशित लेखमाला*) राजा हर्ष की रचना 'प्रियदर्शिका' से ज्ञात होता है कि हर्ष के राज्यकाल के आसपास सामान्यतः राजा की कई रानियाँ राजा के मरने पर सती हो जाती थीं। (*मध्यकालीन भारत की सामाजिक अवस्था, अल्लामा अब्दुल्ला यूसुफ अली, पृष्ठ-17*)

अन्यत्र सहमरण

हम पहले ही बता चुके हैं कि सहमरण प्रथा का प्रचार बहुत-सी जातियों में प्राप्त हुआ है। एक सरदार की मृत्यु होने पर सैकड़ों विधवाओं को उसके समाधिस्थान के आसपास वृक्षों की डालियों में फाँसी पर लटका दिया जाता था, अर्थात् उन विधवाओं को भी पति के साथ परलोक भेज देने की व्यवस्था कर दी जाती थी। (*नारी का मूल्य, शरत् चटर्जी, पृष्ठ-12*) टाइलर ने लिखा है कि अफ्रीका के सरदारों की पत्नियाँ बहुत पहले से ही अपने गले में फाँसी लगाने के लिए रस्सियाँ चुनकर रखती हैं। हर्वर्ट रचेन्सर ने भी इसी प्रकार लिखा है कि फीजी द्वीप में भी सरदार की पत्नियाँ सती होती थीं, पर उनके सती होने का तरीका हिन्दू रमणियों से पृथक है। वे अपना गला घुटवा लेती थीं। इस सम्बन्ध में उनका कुसंस्कार इतना जबरदस्त है कि एक बार एक यूरोपियन ने एक स्त्री को इस प्रकार मारे जाने से बचा लिया। उस समय तो उस स्त्री ने कुछ नहीं कहा, पर रात को वह भाग गई। न केवल उसने अपने बचानेवाले को बहुत गालियाँ दीं, अपनी क्षणिक दुर्बलता को बहुत कोसा और अपने लोगों में लौटकर कहा कि हमें विधिपूर्वक मार डाला जाए। यह

सोचने की बात है कि इस स्त्री के बारे में क्या कहा जाएगा? हम तो यही कहेंगे कि सैकड़ों वर्ष के प्रचार कार्य के कारण उसके दिमाग में वीरता की जो भ्रान्त धारणा पैदा हो गई थी, उसी कारण वह हृदय से यह समझती थी कि पति की मृत्यु के बाद अपना गला घुटवा लेना ही परम पुरुषार्थ है। शरत बाबू ने इन उदाहरणों को देकर यह ठीक ही कहा है, "इन सब बातों से क्या समझ में आता है? यही कि यदि सहमरण गौरव का काम है, तो फिर आर्य जाति के सिवाय और भी ऐसी अनेक 'नीच' जातियाँ हैं जो इसी प्रकार इस महान गौरव की अधिकारिणी हैं।" एक बात और भी समझ में आती है, वह यह है कि पुरुष जो कुछ समझते हैं और जिस बात पर विश्वास कराना चाहते हैं, नारियाँ भी उसी पर विश्वास कर लेती हैं, और पुरुषों की इच्छा को ही अपनी इच्छा मानकर चलती हैं और भूल करके सुखी होती हैं।

पुरी के शंकराचार्य की समझ

सती प्रथा के समर्थन में पुरी के शंकराचार्य आदि पण्डितों द्वारा जो बात कही जाती है, वह यह है कि हमारे यहाँ विवाह केवल एक जीवन का सम्बन्ध नहीं, बल्कि जन्म-जन्मान्तर का सम्बन्ध है। जो इस जीवन में पत्नी होती है, वह अगले जीवन में भी पत्नी होगी। सुनने को तो ये बातें बड़ी ज्ञानगर्भ लगती हैं, पर इस चिकनी मिट्टी के नीचे शोषण का जो साँप छिपा है, वह थोड़ा विश्लेषण करने पर ही ज्ञात हो जाएगा। यदि यही बात है तो पूछा जा सकता है कि जब स्त्रियाँ पहले मर जाती हैं, तो पति उनका अनुगमन क्यों नहीं करते? किसी भी धर्मशास्त्र में, किसी भी रिवाज में मृतक स्त्री के साथ पति के अनुगमन करने की बात नहीं पाई गई है। इससे साफ-साफ यही अर्थ निकलता है कि बाद के युग में इनके साथ जो अर्थ लगाया गया है, वह सम्पूर्ण रूप से मनगढ़ंत है और पुरुषों के नग्न शासन पर एक मुलम्मा मात्र है। फिर जिस देश में पुरुषों को अभी तक धर्मतः एकाधिक स्त्रियों के साथ विवाह करने का अधिकार है, उस देश में यह नारा देना कि पुरुष और स्त्री का सम्बन्ध जन्म-जन्मान्तर का सम्बन्ध है, केवल स्त्रियों की आँखों में धूल झोंकना है। पितृ-प्रधान युग का सूत्रपात होने पर भी वैदिक युग के प्रारम्भिक काल में सती-प्रथा का कहीं पता नहीं चलता। सती प्रथा के सम्बन्ध में हम यह देख चुके हैं कि महाभारत की नारियों में इसका प्रचलन नहीं था, अतएव धार्मिक-ऐतिहासिक दृष्टि से इसका कोई आधार नहीं है।

विधवा-विवाह की प्राचीनता

सती प्रथा के साथ विधवा-विवाह का अनिवार्य सम्बन्ध है। इसलिए इस सम्बन्ध में भी हम अपना वक्तव्य स्पष्ट कर देंगे। ऐतिहासिक रूप से देखने पर वैदिक

युग में, जैसा कि हम देख चुके हैं, विधवा विवाह प्रचलित था। जिस समाज में स्त्री और पुरुष की विषमता अभी बहुत स्पष्ट नहीं हुई है, उस समाज में विधवा विवाह अनिवार्य है। हम वैदिक युग के प्रसंग में देख चुके हैं कि पुरुषों के लिए यह एक प्रकार का विधान ही था कि स्त्री के मरते ही वह स्त्री के साथ उस अग्नि को विसर्जित कर दे, जो वह उस स्त्री के साथ लाया था और जल्दी ही फिर से शादी करके दूसरी अग्नि घर में लाए। स्त्रियों के लिए देवरों के साथ विवाह करने का प्रमाण मिलता है। ऐसी अवस्था में वैदिक युग के प्रारम्भिक काल में विधवा विवाह और विधुर विवाह दोनों आम थे। महाभारत-वर्णित विधवाओं में भी यदि वे अपुत्रक हुईं तो देवर से नियोग कराने और उसके अभाव में किसी भी उपयुक्त पुरुष से नियोग करवाने की प्रथा थी। इस प्रकार जिस वैदिक युग की कसम सनातनी लोग उठते-बैठते खाया करते हैं, उसमें विधवा विवाह किसी-न-किसी प्रकार मान्य था, इसमें सन्देह नहीं। जब स्त्रियाँ सती नहीं होतीं तो अनिवार्य रूप से विधवा विवाह की समस्या समाने आती है। विधवा विवाह का अर्थ यह नहीं कि प्रत्येक विधवा स्त्री विवाह कर ही ले, पर इसके विपरीत इसका अर्थ यह भी नहीं है कि कागजी तौर पर तो विधवा विवाह में कोई रुकावट न रहे, पर उस पर ऐसे दबाव—चाहे वे आर्थिक हों, चाहे सामाजिक अथवा जनमत सम्बन्धी—डाल दिए जाएँ, जिससे स्त्री इसका उपयोग ही न कर सके।

मिथ्या वीरता

शरत बाबू ने इस सम्बन्ध में जो कुछ लिखा है, वह द्रष्टव्य है। वह लिखते हैं कि "उस दिन एक स्त्री ने अपने पति की मृत्यु का समाचार सुनकर फौरन अपने शरीर पर मिट्टी का तेल छिड़ककर आत्महत्या कर ली। बहुत से लोगों ने उसकी प्रशंसा करते हुए कहा, इसी को सती कहते हैं। इसका मतलब यही कि यदि इसी प्रकार और भी दो-चार स्त्रियाँ सती हों, तो वे लोग प्रसन्न होंगे। इन बातों से केवल यही पता चला कि इस देश के पुरुषों के मन की गति किस ओर है, बल्कि इसके साथ-ही-साथ यह बात भी समझ में आती है कि ऐसे देश में पुरुषों के साथ (शरत बाबू का इससे मतलब पुरुषों की आर्थिक गुलामी तथा उनकी विचारधारा की शान में) रहकर नारी के मन की गति भी स्वाभाविक रूप से किस ओर घूम जाएगी, यह समझ में आता है। नारियाँ जिनके आश्रित होंगी, उन्हें वे प्रसन्न भी करना चाहेंगी। यदि हम घर में सभी लोगों को एकवाक्य होकर इस कार्य की प्रशंसा करते हुए सुनें तो ऐसी अवस्था में यदि सुख्याति और वाहवाही प्राप्त करने का हमारा लोभ भी प्रबल हो उठे, तो कोई अस्वाभाविक बात नहीं है। फिर जब इसके साथ धर्म भी मिल जाए, फिर तो कहना ही क्या? कहा जाता है कि उस बिचारी के हाथ में गीता थी। गीता का क्या यही सन्देश है? पर उस स्त्री ने सोचा होगा कि

हाथ में गीता रहे तो और भी अच्छी बात है। इस अवसर पर कोई अशोभन उदाहरण देने की हमारी इच्छा नहीं है। नहीं तो मिट्टी के तेल से गौरवान्वित आत्महत्या करनेवाली एक ऐसी स्त्री की बात भी कही जा सकती है, जो सती भी नहीं थी और जिसने अपने पति के शोक में ही यह काम नहीं किया था।" हमने जिसे मिथ्या वीरता कहा है, कई स्त्रियाँ उसी के वशवर्ती होकर सती होती थीं, इसमें सन्देह नहीं।

कथित मुस्लिम शासन में

कथित मुस्लिम शासन काल में सती प्रथा का कुछ प्रचार था। कहा जाता है कि अकबर ने इसे बन्द करना चाहा था, पर वह बन्द न कर सके। इसमें कोई सन्देह नहीं, क्योंकि सती प्रथा बहुत पुरानी हो चुकी थी और उसको बन्द करने के लिए राष्ट्रशक्ति को जिस परिमाण में खतरा उठाने की जरूरत थी, अवश्य ही अकबर की तरह के राजनीतिज्ञ उतना बड़ा खतरा न उठा सकते थे। इस सम्बन्ध में यह भी उल्लेखनीय है कि जहाँगीर ने पर्वतीय प्रदेशों में प्रचलित हिन्दू और मुसलमानों में अन्तर्धार्मिक विवाह को रोक देने के साथ-साथ कुछ नवमुसलिमों में जो सती प्रथा रह गई थी, उसे निषिद्ध कर दिया। अकबर ने बहु-विवाह और बाल-विवाह को भी निरुत्साहित किया, पर इसका जैसा प्रभाव पड़ा होगा वह कल्पनीय है, क्योंकि स्वयं अकबर ने बहुत-से विवाह किए थे। हम पहले ही बता चुके हैं कि भारतवर्ष के अतिरिक्त अन्य देशों में भी इस प्रथा का प्रचलन था। मध्य और पश्चिम एशिया के बहुत से कबीलों में, यहाँ तक कि यूरोप के पूर्वी हिस्सों में सती प्रथा का प्रमाण मिल चुका है। भारत के सम्बन्ध में प्राचीन ग्रीक लेखकों ने लिखा है कि तक्षशिला में तथा रावी नदी के किनारे यह प्रथा प्रचलित थी। इसलिए कुछ लोगों ने यह जो कहा है कि यह प्रथा मुस्लिम शासन काल में प्रचलित हुई, बिल्कुल गलत है। 'कादम्बरी' में सती प्रथा के उल्लेख की बात हम पहले ही बता चुके हैं। विन्सेण्ट स्मिथ ने यह ठीक ही लिखा है कि जो प्रथा ईसा पूर्व चौथी शताब्दी में पंजाब में सुप्रतिष्ठित थी, वह अवश्य ही इसके पहले से रही होगी।

अंग्रेजों के शासन में सती प्रथा

ब्रिटिश शासन-काल में सती प्रथा के सम्बन्ध में कुछ आँकड़े प्राप्त हैं। यह ज्ञात है कि 1815 और 1828 के बीच बंगाल में, विशेषकर कलकत्ता के ईद-गिर्द सती प्रथा प्रचलित थी। 1818 के आँकड़े इस सम्बन्ध में सबसे अधिक हैं। इस साल सारी बंगाल प्रेसीडेन्सी में 839 स्त्रियाँ जलाकर मार दी गईं। इनमें से 544 स्त्रियाँ कलकत्ता क्षेत्र में जलाई गईं। 1828 में सारी बंगाल प्रेसीडेन्सी में 463 और कलकत्ता क्षेत्र में 309 स्त्रियाँ जलाई गईं। स्मरण रहे कि यह केवल सरकारी आँकड़े हैं और

इनमें केवल उन्हीं का हिसाब है जिनकी रिपोर्ट सरकार में पहुँचाई गई। इनके अतिरिक्त और भी बहुत-सी सतियाँ हुई होंगी। बहुत-से हिन्दू राजाओं तथा गोरे अफसरों ने अपने-अपने इलाके में इसे बन्द भी कर दिया था। कहा जाता है कि कलकत्ते के संस्थापक जाब चारनक ने इसी प्रकार देखा कि चिता पर एक स्त्री जबरदस्ती चढ़ाई जा रही है, तो वह भाग निकली और जाब चारनक ने उससे शादी कर ली। पेशवा के वैयक्तिक राज्य में इसकी मुमानियत कर दी गई थी और तंजावुर के मराठा राज्य में सती प्रथा निषिद्ध थी। सोलहवीं सदी के प्रारम्भ में अल्बुकर्क ने इसे बन्द कर दिया था। यह प्रथा सिक्खों में भी थी। राजा रणजीत सिंह के साथ चार स्त्रियाँ, खड्गसिंह के साथ एक स्त्री, निहाल सिंह के साथ दो स्त्रियाँ, राजा सुचेत सिंह के साथ दस पत्नियाँ और उनके अन्तःपुर की तीन सौ अविवाहित स्त्रियाँ जलाई गई थीं। ये प्रायः सभी और 1845 के सितम्बर में जवाहर सिंह की चार स्त्रियाँ अपनी इच्छा के विरुद्ध चिता पर चढ़ी थीं। इन चारों स्त्रियों को सेना ने जबरदस्ती चिता पर चढ़ाया था। सरदार शान सिंह की बीवी भी इसी प्रकार जलाई गई। 1898 में सर लेयल ग्रीफिन ने बतलाया कि पंजाब में सती होने का यही अन्तिम उदाहरण है। (*History of Ancient India, p. 689*)

सती प्रथा रद्द

यह कहा जाता है कि किसी विलियम वैन्टिक ने इस अमानुषिक प्रथा को राजा राममोहन राय द्वारा चलाए गए आन्दोलन के कारण गैर-कानूनी करार देकर भारतीयों के साथ बड़ा भारी उपकार किया है। हम देख चुके हैं कि अल्बुकर्क ने इस प्रथा को सोलहवीं सदी के प्रारम्भ में ही गैर-कानूनी करार दे दिया था, इसलिए 1829 में इसके तीन सौ वर्ष बाद यदि लार्ड विलियम वेन्टिक ने इसके लिए कानून बनवाए तो उसमें किसी विशेष गुणगान की आवश्यकता हम नहीं देखते। 1757 में पलासी युद्ध के बाद ही एक तरह से ब्रटिश शासन का उद्देश्य भारतीयों की सामाजिक अवस्था में सुधार करना नहीं था। सच बात तो यह है कि ब्रटिश शासन ने बराबर ऐसे सुधारों को भी वर्षों तक टाला है, और धर्म में हस्तक्षेप न करने के बहाने की आड़ लेता रहा। अफसोस यह है कि स्वराज्य के बाद भी भारत सरकार सामाजिक सुधार नहीं कर पाई। फिर लार्ड विलियम वेन्टिक ने जो 1829 में 17 वाँ रेगुलेशन बनवाया, इसके लिए यदि किसी को श्रेय दिया जाए तो वह राजा राममोहन राय को ही दिया जा सकता है। उच्चतम अदालतों के जजों ने, सेना के अफसरों ने, पुलिस कर्मचारियों ने, महत्त्वपूर्ण सरकारी ओहदेदारों ने और अंग्रेजों ने इस प्रथा के विरुद्ध जब राजा राममोहन राय का समर्थन भी कर दिया, तब भी सरकार टालती रही, पर जब राजा राममोहन राय ने यह साबित कर दिया कि किसी भी तरह इस कानून से सेना में विद्रोह का या जनता में विप्लव का खतरा नहीं है, तब

ब्रटिश सरकार ने यह कानून बनवाया। यह कानून केबल बंगाल प्रेसीडेन्सी पर लागू किया गया, पर बाद को कुछ बदले हुए रूप में यह सर्वत्र लागू किया गया। इस कानून के अनुसार स्त्रियों को जिन्दा जलाना या गाड़ना गैर-कानूनी करार दिया गया। इस कानून के विरुद्ध कुछ प्रभावशाली लकीर के फकीर बंगालियों ने प्रीवी कौंसिल तक अपील पहुँचाई, पर 1932 में यह अपील खारिज कर दी गई। न तो इसके फलस्वरूप कोई विद्रोह हुआ, न विप्लव। यह तो केवल एक बहाना मात्र था।

सती प्रथा अब भी भारतवर्ष में बिल्कुल नहीं है, ऐसा नहीं कहा जा सकता। इस समय भी भारत में सती चौरों या सती चौराहों की कमी नहीं है। इन स्थानों पर अब भी फूल-फल आदि का चढ़ावा होता है तथा भोली-भाली स्त्रियाँ जाकर इनकी पूजा करती हैं। इस सम्बन्ध में जो सबसे खटकने वाली बात है, वह यह है कि स्त्रियाँ अपनी गुलामी के प्रतीक स्वरूप इस प्रथा को अब भी एक दिव्य सम्मान भाव से देखती हैं।

जौहर प्रथा

सती प्रथा का एक दूसरा रूप जौहर है, जो राजपूताने में प्रचलित था। ऐसा ज्ञात होता है कि जैसे बाद को जौहर का अर्थ यह लिया गया कि पुरुष लड़कर समरांगण में मर जाए और स्त्रियाँ चिताओं पर जान दे दें। पहले इसका रूप यह नहीं था। पहले इसका रूप यह था कि पुरुष और सभी अधिवासी प्रबल विदेशी आक्रमण या गुलामी से बचने के लिए जलकर प्राण दे देते थे। जिस समय सिकन्दर ने भारत पर चढ़ाई की, उस समय एक कबीले के लोगों ने, जिसको ग्रीकों ने अगाला सोई (अग्रश्रेणी) लिखा है और जो झंग जिले में शेरकोट के पास बसा था, अपने मकान में आग लगा ली और स्त्रियों और बच्चों सहित इस विराट चिता में प्रवेश किया। इसको हम सती प्रथा से जौहर प्रथा के अधिक करीब पाते हैं। इसे नात्सी जर्मनों के विरुद्ध रूसियों की Scorched earth या 'सब कुछ जला दो', ताकि 'शत्रु को कुछ न मिले' नीति भी कह सकते हैं। जो कुछ भी हो, जौहर प्रथा में जो बाद को केवल स्त्रियों के ही जलकर मरने की बात हो गई, वह घटक किसी प्रथा में मौजूद न थी। इसमें तो आबाल-वृद्ध-वनिता सारी जनता ही चिता पर चढ़ जाती थी। इस प्रथा को चाहे जो भी कहा जाए, स्त्रियों के लिए विशेष रूप से पीड़क नहीं कहा जा सकता। फिर भी हम इस बात को नहीं भूल सकते कि दोनों का उद्देश्य विदेशी आक्रमण से अपने को बचाना रहा। इस दृष्टि से दोनों एक ही श्रेणी में हैं। इसमें भी सन्देह नहीं कि जो प्रथा सिकन्दर के युग में अगाला सोई कबीले में पाई गई, बाद के जौहर व्रत से उसका सम्बन्ध होगा। पर यह खोज का विषय है कि कैसे बाद को केवल स्त्रियों को ही जलाया जाना रह गया और

पुरुषों का जल जाना दूसरे रूप में परिवर्तित हो गया। काव्यों में जौहर का जो वर्णन है, वह उस प्रकार नहीं हुआ करता था। यह हत्याकाण्ड निम्बपूरम से कम भयानक नहीं था। वहाँ पर एक महल के नीचे एक बहुत बड़ा तहखाना था, जिसमें आग लगा दी गई और स्त्रियाँ जलूस-सा बनाकर इस तहखाने में धकेल दी गईं और उसका दरवाजा बन्द कर दिया गया। इसमें इस प्रकार कई हजार स्त्रियाँ मारी गईं। राजस्थान के इतिहास-लेखक टाड ने इसके बन्द किवाड़ों को देखा था, पर वे उसके अन्दर नहीं गए। (*The oxford History of India, p. 233*) देश के विभाजन के बाद जो दंगे हुए, उनमें सैकड़ों स्त्रियों ने जलकर जान दे दी।

सिकन्दर के साथ आए हुए अरिस्टवुलस ने यह लिखा है कि उनको कई सूत्रों से ज्ञात हुआ है कि स्त्रियाँ मृत पति का सहगमन खुशी से करती हैं और जो ऐसा नहीं करतीं, उनको लोग निन्दा की दृष्टि से देखते हैं। इससे यह स्पष्ट है कि सिकन्दर के समय सती प्रथा भी थी। इसमें सन्देह नहीं कि इस समय तक स्त्रियों की हालत पुरुषों के मुकाबिले बहुत खराब हो चुकी थी और वे पुरुषों की चीजें समझी जाती थीं। ऊपर जो विवरण दिया गया है, उसके अतिरिक्त ग्रीक लेखकों के अनुसार पूर्वी पंजाब की 'कैकेओई' (कठ) जाति में भी सहमरण प्रथा थी। विन्सेन्ट स्मिथ ने तो यह तक लिख दिया कि शायद मध्य एशिया के सीदियनों से होकर सती प्रथा भारतवर्ष में आई। यदि यह माना जाय तो माद्री और महाभारतीय युद्ध को सीदियनों के आक्रमण के बाद की घटना मानना पड़ेगा। इस मत के बजाय कि सीदियनों से सती प्रथा भारत में आई, हम इस मत को अधिक उचित मानते हैं कि एक परिस्थिति में दोनों जातियों में एक ही पद्धति का उदय हुआ।

बौद्ध युग की स्त्रियाँ

बौद्ध जातक साहित्य विराट साहित्य है। इनके सम्बन्ध में अनुश्रुति यह है कि बुद्ध के जीवन के सम्बन्ध में इन कहानियों को महेन्द्र सिंहल देश में ले गए। यह अशोक के राज्यकाल में हुआ था। इनका पाली से सिंहली में अनुवाद हुआ और फिर बुद्ध ने पंचम शताब्दी में सिंहली से पाली में अनुवाद किया। इन जातकों के सम्बन्ध में कहा जाता है कि यद्यपि ये लिखे बाद को गए, फिर भी इनमें लिखित बहुत-सी अनुश्रुतियाँ बुद्ध से पहले की हैं। इसलिए जातक साहित्य में स्त्रियों के सम्बन्ध में जो अनुश्रुतियाँ हैं, उन्हें हम पहले देंगे और तब ऐतिहासिक बौद्ध काल का विवरण देंगे। इनको हम किसी भी तरह ऐतिहासिक महत्व नहीं देते, पर यह मानना ही पड़ेगा कि इन उल-जलूल अनुश्रुतियों के पीछे वास्तविक ऐतिहासिक इतिहास है और एक हद तक वे ऐतिहासिक घटना-परम्परा को प्रतिफलित करती हैं।

एकपत्नीव्रत राजा

एक जातक में बतलाया गया है कि एक राजा की केवल एक पत्नी थी। जब बहुत दिनों तक उससे कोई कुमार उत्पन्न नहीं हुआ, तो राज्य के लोग उनके प्रासाद पर चढ़ आए और हल्ला-गुल्ला करने लगे। इस पर राजा ने पूछा कि मामला क्या है। तब लोगों ने बताया कि हमें आपसे कोई शिकायत नहीं है, पर आपको वंश तो कायम रखना ही चाहिए। आपकी केवल एक रानी है, पर राजा के लिए तो सोलह हजार रानियाँ चाहिए। इस पर राजा अडिग रहे और उन्होंने दूसरी शादी करने से इनकार कर दिया। तब रानी ने स्वयं राजा को एक हजार क्षत्रिय कुमारियाँ, एक हजार गृहपति कुमारियाँ और एक हजार नर्तकियाँ दीं। इसके बाद उन्होंने राजा को और भी बारह हजार स्त्रियाँ दीं। पर राजा नहीं माने। हम चाहें, तो इस कहानी पर विश्वास भले न करें, पर इससे ज्ञात होता है कि यह एकपत्नीव्रत राजा अपने युग के एक अनोखे व्यक्ति थे, क्योंकि साधारणतः तमाम राजा अनेक शादियाँ करते थे।

रानियों की संख्या पर जनमत

एक अन्य जातक कथा से ज्ञात होता है कि काशी के राजा ने यह तय किया कि वह अपनी कन्या का विवाह एक ऐसे राजा से करेंगे जो एक पत्नीव्रत होने की प्रतिज्ञा करे। इस पर मिथिला के राजदूत ने कहा कि हमारा राज्य इतना लम्बा-चौड़ा है, इसलिए हमारे राजा के लिए उचित है कि वे कम से कम सोलह हजार स्त्रियों से विवाह करें। यह 16 हजार की संख्या द्रष्टव्य है, क्योंकि कृष्ण की भी 16 हजार रानियाँ थीं। इन तथ्यों को उद्धृत करने के बाद डॉक्टर बेनी प्रसाद कहते हैं कि रनिवास की अपनी ही पद्धति होती थी। एक राजा एक फूल बेंचनेवाली लड़की पर आशिक हो जाते हैं और उसको रनिवास में ले जाते हैं तथा उसे पटरानी की मर्यादा देते हैं। फिर वह उसे उस पद से उतार देते हैं, पर फिर एक बार पटरानी बना देते हैं। एक राजा ने इसी प्रकार अपने कष्ट की साथिन को पटरानी बना दिया। इस प्रकार नाम के लिए तो वह पटरानी थी, पर वैसे वे उसकी अवज्ञा करते रहे। इस मामले में बोधिसत्व को बीच में पड़ना पड़ा और उन्होंने उनमें फिर से मेल करा दिया।

अन्य स्थितियाँ

सौतों का आपस में डाह भी बहुत आम था...। रनिवासों पर कड़ा पहरा रहता था। विमाता के असत् प्रस्ताव पर राजी न होने पर एक राजकुमार पर उस रानी ने लांछन लगा दिया और उसके फलस्वरूप राजकुमार का सिर काट लिया गया। श्रेष्ठिगण, मन्त्री तथा रनिवास की बहुत-सी स्त्रियों ने इसका विरोध किया, पर राजा ने किसी की न सुनी। हर समय ऐसी कड़ी सजा दी जाती हो, ऐसा नहीं था। एक मन्त्री के सम्बन्ध में यह ज्ञात हुआ कि वह इस प्रकार रनिवास की किसी स्त्री से फँसा है। इस पर राजा ने उसे बुलाकर कहा कि कहो मूर्ख, तुमने बहुत बेजा काम किया। तुम अपने परिवार सहित यहाँ से चले जाओ। तदनुसार वह कौशल राज के यहाँ गया और उसका बहुत विश्वासपात्र मंत्री हो गया। उसने कौशल राज को यह सलाह दी कि उसके भूतपूर्व प्रभु पर हमला करे। जातक में ऐसी बहुत-सी कथाएँ हैं।

स्त्री को राज्याधिकार

हम पहले ही बता चुके हैं कि वैदिक युग में स्त्रियों को बहुत महत्व प्राप्त था। यहाँ तक कि महाभारत में स्त्री राज्य का भी उल्लेख है। जातक की कहानियों से दोनों तरह की बातें मिलती हैं। एक तो यह कि सिद्धान्त रूप में स्त्रियों को कभी राज्याधिकार नहीं मिलना चाहिए। दूसरे यह कि उन्हें वास्तविक रूप से राज्याधिकार मिले। एक उल्लेख के अनुसार राजा का राज्य उसके छोटे भाई को मिलता था। कभी-कभी राज्य दामाद को भी मिलता था, पर डॉक्टर बेनी प्रसाद लिखते हैं कि

किसी भी हालत में स्त्री के सिर पर मुकुट नहीं रखा जाता था। एक ऐसा उल्लेख है, जिसमें कहा गया कि वह देश अभागा है जिस पर स्त्रियों का राज्य होता है और वे पुरुष अभागे हैं जो स्त्रियों का राज्य स्वीकार कर लेते हैं। एक अन्य उल्लेख में उदय नामक राजा की मृत्यु पर कोई राजा नहीं बनाया गया, बल्कि उसकी विधवा के ही आदेश चलने लगे और महामात्य उन्हीं की आज्ञा पर राज्य चलाने लगे। एक अन्य उल्लेख में एक भाई राज्य में अपना हिस्सा अर्थात् राज्य का दसवाँ हिस्सा अपनी बहिन को दे देता है, पर यह नहीं लिखा है कि उस स्त्री को बाकायदा मुकुट पहनाया गया। इस प्रकार प्रत्यक्ष उल्लेख न होने पर भी ऐसा ज्ञात होता है कि बुद्ध के निकटवर्ती युग में स्त्रियों को राजपदवी नहीं, तो किसी-किसी क्षेत्र में राज्याधिकार अवश्य प्राप्त होते थे।

लिच्छवि प्रथाएँ

तिब्बती जरियों से ज्ञात होता है कि बुद्ध की समकालीन लिच्छवि जाति में अभी तक असगोत्र विवाह का प्रवर्तन नहीं हुआ था। लिच्छवि लोग अपने कबीले के बाहर विवाह नहीं कर सकते थे। अवश्य उनमें असगोत्र विवाह की ओर रुझान या प्रवृत्ति होने का परिचय इसी तिब्बती के जरिए मिलता है।

वैशाली के लोगों को तीन उपजिलों में बाँट दिया गया था। प्रथम उपजिले की लड़कियाँ केवल अपने उपजिले में ही शादी कर सकती थीं, दूसरे या तीसरे उपजिले में नहीं। द्वितीय उपजिले की लड़कियाँ प्रथम और द्वितीय उपजिले में शादी कर सकती थीं और तृतीय उपजिले की लड़कियाँ सबमें शादी कर सकती थीं। यदि इसको असगोत्र विवाह की ओर प्रवृत्तिगत कदम कहा जाए, तो भी प्रथम उपजिले में जो लड़कियाँ अपने ही उपजिले में विवाह करती थीं, यह तो किसी प्रकार भी असगोत्र विवाह नहीं है। डॉक्टर लाहा ने यह भी लिखा है कि उनमें स्त्रियों के लिए व्यभिचार बहुत भारी अपराध समझा जाता था और इसके लिए यदि पति अपनी स्त्री को मार भी डालता, तो उसके लिए वह दण्डनीय नहीं समझा जाता था। यदि इस प्रकार व्यभिचार में पकड़ी हुई कोई स्त्री भिक्षुणी बन जाती, तो उसे सजा से बरी कर दिया जाता था। एक लिच्छवि राजा (नागरिक) ने एक विवाहिता स्त्री को फँसाने की चेष्टा की। इस स्त्री का पति उसके अधीन एक कर्मचारी था, फिर भी राजा असफल रहा। (*Tribes in ancient India by B.C. Law, p. 315*)

इसी प्रकार शाक्यों में अपनी कन्या को बाहर देने का निषेध था। एक बार कौशलराज पसेनदी या प्रसेनजित ने जब शाक्यों को खबर भेजी कि हमें अपनी एक कन्या दो, तो उन्होंने एक दासी-कन्या को महाताभ नामक शाक्य की कन्या के रूप में भेज दिया। राजा की इस कन्या से शादी हुई, पर इस विवाह का फल

बाद को चलकर अच्छा न हुआ, क्योंकि प्रसेनजित के पुत्र विड्डुव ने इसका बहाना लेकर पहले तो अपने पिता को राज्यच्युत किया, फिर शाक्य देश को जीता और वहाँ से पाँच सौ लड़कियों को अपने रनिवास में ले आया।

कई तरह के उल्लेख

ईसा पूर्व छठी शताब्दी के लगभग विदेह के राज्य में एक घटना हुई जिससे पता लगता है कि उस युग में पितृप्रधान समाज होते हुए भी लोग स्त्रियों को कितने सम्मान की दृष्टि से देखते थे। जयचन्द्र जी के अनुसार विदेह का एक राजा कराल जनक बड़ा कामी था और एक कन्या पर आक्रमण करने के कारण प्रजा ने उसे मार डाला। कहते हैं कि इसके बाद वहाँ राजतन्त्र का लोप ही हो गया और संघ राज्य स्थापित हुआ। यद्यपि हम यह नहीं मान सकते कि किसी भी पितृप्रधान समाज में केवल एक स्त्री के सम्मान को बचाने के कारण इस प्रकार राज्यक्रान्ति हो गई हो, पर इस प्रकार एक स्त्री के सम्मान का राज्यक्रान्ति के उत्तेजक कारण के रूप में हो जाना भी उस काल पर रोशनी डालता है। इस राजा की हत्या के बाद वहाँ फिर से कबीलामूलक प्रजातन्त्र की स्थापना हुई। उसी से ज्ञात होता है कि वहाँ के लोग सामाजिक दृष्टि से अभी आदिम साम्यवाद में स्त्री और पुरुष की समानता से बहुत दूर नहीं जा पाए थे, अभी उसकी स्मृति बहुत जोरों पर थी। शाक्य स्त्रियों के सम्बन्ध में तिब्बती जरियों के राकहिल ने यह पता लगाया कि उनमें एक पुरुष केवल एक ही स्त्री से विवाह कर सकता था। अवश्य 'ललितविस्तर' आदि ग्रन्थों में शुद्धोधन के रनिवास का वर्णन है, पर यह वर्णन शुद्धोधन की गौरववृद्धि के लिए मूर्ख भक्तों द्वारा किया गया है। ऐसा इसलिए लगता है कि शुद्धोधन की केवल दो स्त्रियाँ थीं और यह दूसरी स्त्री भी उन्हें नियम के व्यतिक्रम के रूप में इसलिए दी गई थी कि उन्होंने पाण्डव नामक एक पहाड़ी जाति को दबाने में बहुत अधिक बहादुरी दिखलाई थी। शाक्य समाज की गणव्यवस्था को देखते हुए हमें यह मानने में कोई आपत्ति नहीं होती कि शाक्यों में यह नियम था। शुद्धोधन को दो स्त्रियाँ क्यों दी गईं, इसकी व्याख्या करनी पड़ी। इससे भी उक्त नियम के अस्तित्व की सूचना मिलती है। यदि ऐसा था तो केवल शाक्यों में ही ऐसा न रहा होगा, बल्कि सम-सामयिक सब गणराज्यों में यही नियम रहा होगा।

विवाह की उम्र

डॉक्टर विमलाचरण लाहा ने बौद्ध युग की स्त्रियों पर विस्तार से लिखा है। हम उनके अध्ययन के आधार पर स्त्री जीवन सम्बन्धी कुछ तथ्य सामने रखते हैं।

बौद्ध युग में लड़कियों के विवाह की कोई निर्दिष्ट आयु नहीं थी, पर सोलह

वर्ष की उम्र में विवाह होने के कई उल्लेख जाते हैं। एक जातक (सं. 126) में यह बताया गया है कि एक राजकुमारी की सोलह वर्ष की उम्र में शादी कर दी गई थी। राजगृह के एक सेठ की लड़की सुन्दरी कुण्डलकेसी सोलह वर्ष तक अविवाहित थी, ऐसा उल्लेख धम्मपद की आत्मकथा (*द्वितीय खंड, पृष्ठ 217*) में है। यह भी उल्लेख मिलता है कि इस उम्र में लड़कियाँ पुरुषों का संग प्राप्त करने के लिए उत्सुक हो जाती थीं। (*बौद्ध-रमणी, बंगला, पृष्ठ-5*)

तीन प्रकार के विवाह

उस समय तीन प्रकार के विवाह प्रचलित थे—(1) दोनों पक्षों के अभिभावकों द्वारा निश्चित विवाह (2) स्वयंवर (3) गन्धर्व विवाह। बहुत कम क्षेत्रों में दूसरे तथा तीसरे प्रकार का विवाह होता था। समान कुलशील लोगों में विवाह होता था। फिर भी कुछ क्षेत्रों में इसका उल्लंघन भी होता था। कौशल के राजा पसेनदि या प्रसेनजित ने धोखे से शाक्य दासी कन्या मल्लिका से विवाह किया था, उसका विवरण पहले ही दिया जा चुका है। पसेनदि के पुत्र ने इसका बदला लिया।

अशोक ने वणिक पुत्री देवी से शादी की थी और उसी के गर्भ से महेन्द्र और संघमित्रा का जन्म हुआ था। दरिद्र कन्या गोतमी ने धनी वणिकपुत्र से शादी की थी। कुण्डलकेसी ने छत पर से एक तस्कर को देखा और उस पर मुग्ध हो गई। इस प्रकार दोनों की शादी हो गई। इस शादी में कुलशील, मर्यादा, पद-गौरव सब कुछ मिट्टी में मिल गया। पर इससे यह भी पता चलता है कि कन्याओं को कई क्षेत्रों में बड़ी आजादी प्राप्त थी। चाण्डाल सरदार त्रिशंकु के उपाख्यान से मालूम होता है कि उसके एक शिक्षित पुत्र शार्दूलकर्ण ने एक ब्राह्मण कन्या से विवाह कर लिया था। डॉक्टर लाहा का कहना है कि इसके अलावा उन्हें कोई अन्य उदाहरण नहीं मालूम, जिसमें ब्राह्मण के साथ चाण्डाल का विवाह हुआ हो।

स्वयंवर प्रथा

कुणाल जातक में स्वयंवर प्रथा का उल्लेख द्रौपदी के ही किस्से का एक संस्करण मालूम होता है। जातक में उल्लेख है कि एक राजकुमारी ने अपने पिता से कहा कि मैं अपना वर स्वयं चुनना चाहती हूँ। इस इच्छा-पूर्ति के लिए राजा ने स्वयंवर सभा बुलाई। राजकुमारी ने स्वयंवर सभा में एक व्यक्ति को चुन भी लिया, पर उस व्यक्ति में भद्रता और सौजन्य का अभाव देखकर राजा ने उसके साथ राजकुमारी का विवाह नहीं किया। इस पर डॉक्टर लाहा ने यह निष्कर्ष निकाला कि स्वयंवर होने के बाद भी अन्तिम चयन का अधिकार राजा ने अपने हाथ में रखा था। धम्मपद कथा में एक स्वयंवर का इस प्रकार उल्लेख है कि असुर राज वेपचित्ति ने अपनी कन्या का स्वयंवर किया। राजा ने कुछ असुरों को बुलाया और कन्या के हाथ में

पुष्पमाला देकर कहा कि बेटी, तुम उनमें से अपना पति चुन लो। कन्या ने एक व्यक्ति को चुनकर उसके गले में माला डाल दी।

गन्धर्व विवाह

गन्धर्व विवाह के भी कई उदाहरण बौद्ध जातकों में पाए जाते हैं। कट्ठहरि जातक में एक राजा का किस्सा आता है, जो अपने प्रमोदोद्यान में फल-फूल देखते हुए टहल रहा था। इतने में उसने देखा कि एक स्त्री लकड़ी बीन रही है और साथ ही गा रही है। पहली दृष्टि में ही राजा उसके प्रेमिक बन गए और थोड़े दिनों बाद उस स्त्री ने बताया कि मैं गर्भवती हो गई हूँ। तब राजा ने नामांकित अँगूठी देकर उससे कहा—यदि कन्या हो तो इस अँगूठी से उसका खर्च चलाना। यदि पुत्र हो तो इस अँगूठी के साथ उसे मेरे पास भेज देना। उस स्त्री के पुत्र हुआ। जब दौड़ने-घूमने लायक हो गया तो एक दिन उसकी माता उसके साथ अँगूठी लेकर राजा के पास पहुँची, पर उसे राजपुत्र प्रमाणित करने में बड़ा कसाला उठाना पड़ा। अन्त में वह लड़का राजा का उत्तराधिकारी और उसकी माता पटरानी बना दी गई। इस कहानी से दुष्यन्त और शकुन्तला की कहानी की गन्ध आती है। (*वही, पृष्ठ-13*)

स्वीकृत विधानों के बाहर

इन स्वीकृत विधानों के अतिरिक्त अपहरण करके विवाह करने की कथा भी आती है। उज्जयिनी के राजा चण्ड पज्जोत ने अपनी कन्या वासुलदत्ता को मन्त्र सीखने के लिए उदेन के पास भेजा। पर उदेन वासुलदत्ता के प्रेम में पड़ गए और उसे लेकर भाग निकले। बाद में उदेन ने वासुलदत्ता से ब्याह कर लिया और उसे अपनी रानी बना लिया। एक कहानी यह भी आती है कि श्रावस्ती की एक धनी कन्या की उम्र 16 साल की थी। उसे एक सात मंजिली अटारी की सबसे ऊँची मंजिल पर रखा गया और उस पर हर समय पहरा रहता था। नतीजा यह हुआ कि वह लड़की अपने किशोर भृत्य के प्रेम में पड़ गई। पिता ने उसके लिए समान कुलशील एक व्यक्ति की व्यवस्था की, पर विवाह के दिन वह लड़की अपने प्रेमिक के साथ भाग गई और एक गाँव में जाकर रहने लगी। यह स्पष्ट नहीं है कि दोनों में बाद को शादी हुई या नहीं। अशोक जातक में यह कहानी है कि कोशल के राजा बड़ी भारी सेना लेकर वाराणसी के राजा पर चढ़ गए और उन्हें हराकर उनकी रानी को अपनी पत्नी बना लिया।

पर्दा-प्रथा थी या नहीं

यह एक बहुत ही दिलचस्प प्रश्न है कि प्राचीन भारत में पर्दा प्रथा थी या नहीं।

कुछ लोग इसको मुसलमानों की देन मानते हैं, पर ऐतिहासिक प्रमाण कुछ और ही बताते हैं। कम से कम पर्दा प्रथा अज्ञात नहीं थी। यह बात सही है कि छोटी कन्याओं को घूमने-फिरने की पूरी आजादी रहती थी, पर ऐसा मालूम होता है कि ज्यों ही वह विवाह योग्य हो जाती थीं, त्यों ही बड़े लोगों में यह प्रथा थी कि कन्याओं को सात मंजिली अटारी की सबसे ऊँची मंजिल में रखा जाता था। पहरे के लिए एक दासी नियुक्त रहती थी और किसी पुरुष का वहाँ जाना मना था। पहले ही हम देख चुके हैं कि किसी-किसी क्षेत्र में कोई किशोर भी युवती कन्या पर पहरेदार के रूप में नियुक्त होता था। इन बातों को बताने के बाद डॉक्टर लाहा ने लिखा है–"बड़े घर की लड़कियाँ साधारणतः घर के बाहर नहीं जाती थीं। कहीं जाना होता, तो रथ या उस प्रकार का कोई यान काम में लाती थीं। दूसरी स्त्रियाँ साधारण शकट काम में लाती थीं और सिर पर छाता या ताड़पत्र रखती थीं। जहाँ इनमें से कोई भी चीज नहीं मिलती थी, वहाँ पहनी हुई साड़ी के आँचल को कन्धे पर डालकर चलने की प्रथा थी।"

रोकटोक थी

ऊपर बताए हुए उदाहरणों की आलोचना करने से यह ज्ञात होता है कि अन्य कारणों के साथ-साथ हरण से बचने और सतीत्व की रक्षा के लिए ही स्त्रियों में रोकटोक मानकर चलने की पद्धति प्रचलित हो गई थी। पर यह नहीं कि रोकटोक सर्वत्र हो। इसका व्यतिक्रम भी देखा गया। उदाहरणस्वरूप विशाखा जब ससुराल जा रही थी, तो उसने खुले रथ पर श्रावस्ती में प्रवेश किया। पर यह सही है कि सम्भ्रान्त वंश की महिलाएँ आमतौर पर कहीं जाती नहीं थीं। उत्सव के समय वह भी अनुचरों से वेष्टित होकर नदी-स्नान के लिए जाती थीं। इससे मालूम होता है कि रोकटोक थी जरूर, पर वह अलंघनीय नहीं थी।

दहेज-प्रथा या उपहार

एक प्रश्न यह भी उठता है कि उन दिनों दहेज-प्रथा थी या नहीं। धम्मपद कथा में दहेज दान की एक कथा आती है। विशाखा की शादी के समय उसके पिता श्रावस्ती के कोषाध्यक्ष ने दहेज में पाँच सौ गाड़ी धन, पाँच सौ गाड़ी सोने के बर्तन, पाँच सौ गाड़ी चाँदी, पाँच सौ गाड़ी ताँबे के बर्तन, पाँच सौ गाड़ी रेशमी कपड़े, पाँच सौ पात्र घी, पाँच सौ पात्र उम्दा चावल, खेती के यंत्र आदि दिए थे। इसके अलावा साठ हजार तगड़े बैल, साठ हजार गाएँ आदि दी थीं। ये संख्याएँ ऊलजलूल हैं। यह भी उल्लखित है कि कन्या को स्नान के नाम पर विवाह के समय कुछ दिया जाता था। महाकोशल ने अपनी कन्या कोशल देवी का विवाह राजा विम्बिसार के साथ किया, जिसमें कन्या के स्नान और गन्ध द्रव्य के मूल्य के रूप में काशी

का एक गाँव दिया गया था। मगधराज अजातशत्रु के साथ ब्याही जाने वाली वजिरा को इसी प्रकार काशीग्राम मिला था। श्रावस्ती के कोषाध्यक्ष ने अपनी कन्या को विवाह के समय 54 करोड़ मुद्राएँ दी थीं।

कन्या को सीख

हर युग में पतिगृह जाने वाली कन्या को कुछ सीख दी जाती है। बौद्ध साहित्य में कन्याओं को इस प्रकार की दस सीखें दी जाती थीं—(1) घर के अन्दर की आग बाहर न ले जाना, (2) बाहर की आग भीतर न ले आना, (3) जो देता है उसी को दान देना, (4) जो नहीं देता है उसे दान न देना, (5) जो देता है और नहीं देता है उन दोनों को दान देना, (6) सुख से बैठो, (7) सुख से खाओ, (8) सुख से सोओ, (9) अग्नि की सेवा करो, (10) गृहदेवता पर भक्ति रखो।

इन उपदेशों का क्या अर्थ था, वह भी 'बौद्ध रमणी' नामक पुस्तक में बौद्ध साहित्य के अनुसार बताया गया है।

(1) यदि सास या परिवार की कोई महिला घर के अन्दर कोई बात करती है, तो उसे दास या दासी से न बताओ, क्योंकि ऐसा करने पर तरह-तरह की जल्पना-कल्पना होती है और घर में फूट पड़ती है।

(2) दास या दासियाँ जो बात करें, उन्हें परिवार के लोगों को न बताओ, क्योंकि तरह-तरह की बातें होती हैं और इनके प्रचार से झगड़े पैदा हो सकते हैं।

(3) उन्हीं को उधार दो जो कर्ज अदा करें।

(4) उन्हें उधार न दो जो कर्ज अदा नहीं करते।

(5) गरीब रिश्तेदार या मित्र सहायता माँगे, तब यह न सोचते हुए कि वे रुपए कहाँ तक वापस कर सकेंगे, उनकी सहायता करना उचित है।

(6) ससुर और सास को देखकर वधू के लिए खड़ा हो जाना उचित है।

(7) ससुर, सास और पति के पहले स्त्री भोजन न करे, वह पहले उन लोगों को भोजन कराए और जब तक यह न समझे कि वे परितुष्ट हो गए, तब तक न बैठे।

(8) ससुर, सास और पति के पहले स्त्री सोने न जाए। पहले उनके प्रति कर्तव्य पालन करे, फिर सोए।

(9) ससुर, सास और पति पर अग्निशिखा या सर्प-राज की तरह श्रद्धा करनी चाहिए।

(10) जब कोई श्रमण दूर देश से आए तो उसे कभी लौटाया न जाए। गृहिणी उसे सब तरह के भोजन से परितृप्त करे।

यहाँ यह द्रष्टव्य है कि जो दस उपदेश दिए जाते थे, उनकी व्याख्या युग के अनुसार की जाती थी। एक बात की ओर विशेष रूप से ध्यान आकर्षित करना

चाहता हूँ। इन उपदेशों में बार-बार यानी तीन उपदेशों में अग्नि शब्द का उल्लेख है। सम्भव है, अग्नि के प्रति इतनी श्रद्धा उस समय की परम्परा की ओर इंगित करती हो, जब नई-नई अग्नि जलाने का आविष्कार हुआ था और आग मुश्किल से जलाई जा सकती थी। इस प्रसंग में अन्तर्राष्ट्रीय खेलों में ओलम्पिक मशाल विचारणीय है।

बहुपतित्व आदि

बौद्ध साहित्य में नारी के बहुपतित्व का केवल एक ही उदाहरण कुणाल जातक में मिलता है। यह उल्लेख है कि एक राजकुमारी ने स्वयंवर सभा में एक साथ पाँच पतियों को चुना था, और पाँचों के साथ उसका विवाह हुआ। पर जैसा कि बताया गया है, यह एक ही उदाहरण है। इसके विपरीत हम यह देखते हैं कि नक्षत्र जातक में यह कथा आती है कि शादी के दिन वह नहीं पहुँचा, तो कन्या की शादी दूसरे वर से कर दीं गई। इस पर जब पहले से मनोनीत वर आया तो उसे बतलाया गया कि कन्या का दो बार विवाह नहीं हो सकता। हाँ, पुरुषों में बहुपत्नीत्व प्रथा थी। भद्दा नाम की बाँझ स्त्री ने अपने पति के दूसरे विवाह का प्रस्ताव मान लिया था। मायके से लौटने में देर करने पर भी एक पति के दूसरी पत्नी करने का उल्लेख आता है। इसी प्रकार दुश्चरित्रा पत्नी का परित्याग करके दूसरी पत्नी ग्रहण करने का भी दृष्टान्त मिलता है। किसी-किसी जातक में तो राजाओं की रानियों की संख्या सोलह हजार तक दिखाई गई है, इस पर हम पहले ही चर्चा कर चुके हैं। राजा ओवकाक की पाँच रानियाँ थीं। भगवान बुद्ध के पिता शुद्धोधन ने माया और उसकी सौतेली बहन महामाया के साथ शादी की थी, यह पहले ही बताया गया है।

गृहस्थों की कथाएँ

यह तो राजाओं की बात हुई, पर मगध के एक गृहस्थ ने चार शादियाँ की थीं। उसकी पत्नियों के नाम थे—नन्दा, चित्त, सुधर्मा, सुजाता।

ऐसी कई कथाएँ आती हैं कि पत्नी ने पति की वंश रक्षा के लिए उसे दूसरी शादी करने के लिए कहा, पर जब दूसरी पत्नी को सन्तान हुई और वह प्रिय पात्री बन गई, तो उसके मन में नारीसुलभ ईर्ष्या का जन्म हो गया। श्रावस्ती के एक गृहस्थ की स्त्री बाँझ थी। उसने अपने पति की दूसरी शादी कराई। यथा समय नई स्त्री को गर्भ रह गया। इस पर पहली स्त्री के मन में ईर्ष्या का उदय हुआ और उसने दवा देकर उस स्त्री का गर्भ गिरा दिया। ऐसा उसने तीन बार किया। अन्त में दवा के कारण स्त्री मर गई, इस पर पति ने अपनी पूर्व पत्नी को मारते-मारते मार ही डाला।

श्रावस्ती के अन्य गृहस्थ की कथा यों है कि उसकी स्त्री मत्ता की कोई सन्तान नहीं थी। इसलिए पति ने तिस्सा नाम की एक स्त्री से शादी की। एक दिन मत्ता ने ईर्ष्यावश तिस्सा के सिर पर सारा कूड़ा डाल दिया। पर तिस्सा अपनी सौत की सारी लांछना धैर्यपूर्वक सहती रही। छुटकारा पाने के लिए मत्ता ने तिस्सा से आठ भिक्षुओं को भोजन कराने के लिए कहा। तिस्सा ने ऐसा ही किया था।

बौद्ध युग में विवाह-विच्छेद था या नहीं, इस बारे में ऐसा मालूम होता है कि विवाह विच्छेद तो होते थे, पर इसके लिए कोई कानून नहीं था। इसिदासी दो बार मायके लौट आई थी, क्योंकि एक के बाद एक दो पतियों को उसने बहिष्कृत किया था। विवाह विच्छेद के बाद दूसरी शादी करने के और भी उदाहरण बौद्ध साहित्य में प्राप्त होते हैं। उच्छंग जातक में वर्णित एक कन्या से डॉक्टर लाहा यह निष्कर्ष निकालते हैं कि शायद जरूरत पड़ने पर स्त्रियों में दूसरी बार विवाह करना प्रचलित था। घटना यों है कि एक स्त्री का पति, पुत्र और भाई जेलखाने में बन्द कर दिए गए। इस पर स्त्री बहुत बुरी तरह विलाप करने लगी। इससे राजा का मन पसीज गया और उसने कहा कि इन तीनों में से तुम एक को रिहा करा लो, बोलो किसे रिहा कराती हो? इस पर वह स्त्री बोली—"महाराज, यदि मैं जीवित रही तो दूसरा पुत्र और पति पा सकती हूँ, पर मेरे माता-पिता परलोक सिधार चुके हैं, इसलिए भाई मेरे लिए दुर्लभ है। इसीलिए आप मेरे भाई को छोड़ दीजिए।"

बौद्ध साहित्य में विधवा विवाह के भी उदाहरण मिलते हैं। राजा खल्लाटांग अपने सेनापति से हार गए, पर राजा के छोटे भाई ने उस सेनापति को मारकर राज्य ले लिया। फिर छोटे भाई ने बड़े भाई की स्त्री अतुला देवी को पत्नी के रूप में ग्रहण किया। (*बौद्ध रमणी, पृष्ठ-28*)

दास-दासियाँ

बौद्ध युग में दास प्रथा थी, इसलिए दासियाँ भी होती थीं। दासियों को घर के तरह-तरह के काम करने पड़ते थे, जैसे चावल कूटना, पीसना, हाट-बाजार में जाना इत्यादि। दासी को यह अधिकार नहीं था कि वह प्रभु की अनुमति के बिना शादी करे। कभी-कभी दासियों को विशेष सेवा या योग्यता के कारण मुक्त भी कर दिया जाता था, जैसे अनाथपिण्डक की दासी कन्या पुण्णा ने एक ब्राह्मण को तर्क में हरा दिया, इसलिए उसे स्वतन्त्र कर दिया गया। साधारण दासियाँ पढ़ी-लिखी नहीं होती थीं, पर इस उदाहरण से स्पष्ट है कि कई दासियाँ बहुत ज्ञानी होती थीं।

दासियों के सम्बन्ध में इस तरह की कहानियाँ बौद्ध साहित्य में पाई जाती हैं। कोसम्बी के राजा उदेन की रानी की खुज्जुत्तरा नामक एक दासी थी। वह प्रतिदिन रानी के लिए फूल खरीदने के लिए आठ काहापण ले जाती थी। इनमें से वह चार काहापण का फूल लेती थी और चार चुरा लेती थी। एक दिन वह

फूल लेने जा रही थी कि उसे बुद्ध का उपदेश सुनाई पड़ गया। बस वह उसी दिन से बदल गई। वह पूरे आठ काहापण के फूल ले गई। रानी ने पूछा—क्या बात है, आज इतने फूल कैसे मिले? तब दासी ने सारी बात बता दी। रानी ने पूछा कि बुद्ध ने क्या उपदेश दिया? इस पर उस दासी ने रानी तथा उसकी पाँच सौ सहचरियों के सामने बुद्ध का उपदेश सुनाया, इस प्रकार उपदेश सुनकर रानी इतनी प्रसन्न हुई कि उसने उसे इसी काम के लिए नियुक्त कर दिया कि वह रोज उपदेश सुन आया करे और आकर लोगों को सुनाया करे। इस प्रकार वह दासी बौद्ध धर्म की एक विदुषी बन गई। (*वही, पृष्ठ-28*)

महावंस में वीरणी नाम की एक दासी का उल्लेख मिलता है। अशोक नामक ब्राह्मण ने उसे प्रतिदिन आठ भिक्षुओं के लायक खाना जुटाने का भार दिया था। इस कार्य को वह विशेष प्रेम के साथ सम्पन्न करती थी, इसलिए मृत्यु के बाद वह विमान में चढ़कर स्वर्ग गई। (*वही, पृष्ठ-28*)

इसी प्रकार एक दासी सोलह वर्ष तक हृदय से भिक्षुओं की सेवा करती रही। वह भी मरने के बाद इन्द्र के एक प्रिय अनुचर के रूप में पैदा हुई। ऊपर बताई हुई घटनाओं से यह न समझा जाए कि दासों की अवस्था बहुत अच्छी थी। विमान वत्थु भाष्य से डॉ. लाहा ने एक उदाहरण दिया है कि ब्राह्मण की दासी पानी भरने गई, तो उसने बुद्ध को पेड़ के नीचे बैठा हुआ देखा। यद्यपि इस पात्र से दूसरों को पानी पिलाने की सख्त मनाही थी, पर दासी ने बुद्ध की सेवा करने के लिए इस आज्ञा का पालन नहीं किया और उसने अपने पात्र से बुद्ध को जल पिलाया। बुद्ध के साथ कुछ शिष्य भी थे। भगवान बुद्ध के प्रताप से हर बार पात्र खाली होता और फौरन ही भर जाता था। सब शिष्यों की प्यास बुझाने के बाद भी वह दासी भरा हुआ पात्र लेकर घर लौटी, पर ब्राह्मण ने जब यह सारी बातें सुनीं, तो उसने क्रोधान्ध होकर दासी को मारना शुरू किया और वह मार डाली गई। इससे यह ज्ञात होता है कि दासियों को मार डालना भी कोई जुर्म नहीं था।

इसी प्रकार काली नामक एक दासी का पता मिलता है, जो श्रावस्ती के एक गृहस्थ की दासी थी। वह अपने काम में बहुत दक्ष थी और कभी समय व्यर्थ नहीं गँवाती थी। इससे मुहल्ले-टोले में मालकिन की ख्याति बहुत फैल गई। एक दिन दासी के मन में आया कि काम तो मैं करती हूँ और ख्याति मालकिन की होती है, इसलिए देखूँ कि मालकिन कैसा काम करती है। वह जानबूझ कर देर से उठी। इस पर मालकिन बहुत नाराज हुई। पर अगले दिन दासी ने फिर उठने में देर की, तब मालकिन ने उसे डाँटा। तीसरे दिन वह फिर देर से उठी। इस पर मालकिन ने उसे इतना मारा कि उसका सिर फट गया।

स्त्री द्वारा स्त्री पर अत्याचार

विमानवत्थु भाष्य में एक करुण कहानी है। एक ब्राह्मण कन्या अपनी दासी से बिना कारण घृणा करती थी। इसकी व्याख्या करते हुए इसी पुस्तक में यह बताया गया है कि बुद्ध के समय यह दासी मालकिन थी और मालकिन दासी थी। उसी का बदला अब मालकिन ले रही थी। एक उल्लेख यों भी आता है कि एक मालकिन अपनी दासी के बाल पकड़कर मारा करती थी। इस पर दासी ने सिर मुँडा लिया। तब मालकिन ने रज्जु यानी रस्सी से उसका सिर बाँधकर उसे सजा देना शुरू किया। इसीलिए दासी का नाम रज्जुमाला पड़ गया। मालकिन के अत्याचार से परेशान होकर दासी आत्महत्या के लिए जंगल में चली गई।

सच कहा जाए तो बौद्ध युग को स्त्रियों की दृष्टि से उत्तर-उपनिषद काल से पृथक करना उसी प्रकार कठिन है, जैसे बौद्ध धर्म को उपनिषद प्रतिपादित धर्म से अलग करना कठिन है। हम पहले ही याज्ञवल्क्य और मैत्रेयी के संवाद से दिखा चुके हैं कि अब संसार-त्याग, प्रव्रज्या का जोर बढ़ रहा था। कहाँ प्राकृतिक वैदिक धर्म और कहाँ यह कृच्छ्रमूलक इहलोक को तुच्छ समझने वाला धर्म। गौतम बुद्ध का जीवन सुपरिचित है। उनके जीवन में यह जो बतलाया जाता है कि लड़कपन से ही उनकी रुचि वैराग्य की ओर देखकर उनके पिता ने सोलह वर्ष की आयु में ही एक राजकुमारी से उनका विवाह कर दिया। (इस राजकुमारी का नाम पाली ग्रन्थों में नहीं है। बुद्धवंश में इनका उल्लेख भद्दकत्वा (भद्रकृत्वा) के रूप में है। केवल महायान संस्कृत ग्रन्थों में ही इनका नाम यशोधरा है। (*भारतीय इतिहास की रूपरेखा—जयचन्द्र*) फिर भी गौतम विलासी जीवन में न फँस सके। छोटी-छोटी घटनाएँ उन्हें गम्भीर चिन्तन के लिए विवश करतीं और वे जीवन की आधारभूत समस्याओं पर विचार करने लगते। इस प्रकार कहा जाता है, उन्होंने एक वृद्ध को, एक मृतक को और एक रोगी को देखा और उन्होंने जाना कि दुनिया में ये सब चीजें भी हैं। केवल यही नहीं, उनको यह ज्ञात हुआ कि यह दशा कोई इन्हीं की नहीं है, बल्कि प्रत्येक व्यक्ति की होती है। इसी प्रकार अन्त में उन्होंने एक संन्यासी को देखा, तो वह उन्हें प्रसन्न लगा। इस प्रकार उन्हें एक रोशनी मिली। मन ही मन वह इस प्रकार संसार त्याग की ओर आकृष्ट हुए। वह इस नतीजे पर पहुँचे कि संसार में कुछ नहीं धरा, संसार त्याग में ही कल्याण है। तदनुसार उनके मन में स्त्री और राज्य त्यागने का विचार परिपक्व होने लगा। स्त्री-त्याग या संसार-त्याग कोई इस बात की गारन्टी नहीं है कि मनुष्य इनके उपद्रवों से बच जाएगा। हमें यहाँ गौतम बुद्ध के दर्शन की आलोचना नहीं करनी है, हमें केवल यह आलोचना करनी है कि स्त्री-पुत्र के त्याग की यह समझ कि उससे रोग, जरा, मृत्यु से कोई बच सकेगा, पूरी तरह गलत है। बुद्ध ने तदनुसार 18 वर्ष की उम्र में जब यह

खबर पाई कि उनका एक पुत्र उत्पन्न हुआ है, तो वह सुखी होने के बजाय चिन्तित हुए और उन्होंने गृहत्याग कर दिया। इस घटना को लेकर न मालूम कितने काव्य लिखे गए और लिखे जा रहे हैं।

युग के विचार

बुद्ध का गृहत्याग तो उनके विशेष भावुक चरित्र को देखकर समझ में आता है, पर इसी युग में एक तरफ भगवान महावीर, मखली गोशाल, संजय, केशकम्बलन आदि आचार्यों तथा दूसरी तरफ उपनिषद के ऋषियों ने इसी प्रकार के मतवाद का प्रचार किया और यह मतवाद जनता में ग्राह्य होकर एक सामाजिक शक्ति बन गया। इसके कारण हमें कुछ व्यक्तियों के विचारों, बल्कि उस समय के आर्थिक-सामाजिक कारणों में ढूँढ़ने चाहिए। इस पुस्तक के विषय से कहीं हम दूर न चले जाएँ इसलिए हम बहुत संक्षेप में इस परिस्थिति का दिग्दर्शन कराएँगे। वैदिक युग के आर्यों की मनोवृत्ति जैसा कि हम देख चुके हैं, बिल्कुल दूसरी ही थी। उसका कारण उनकी सतत होनेवाली वृद्धि तथा नित्य नई जीतें थीं। इस कारण उनका आपसी वर्गयुद्ध छिपा रहता था, पर जैसा कि हम बता चुके हैं, अब यह इसलिए सम्भव नहीं था कि ये कारण समाप्त हो चुके थे। इसके अतिरिक्त एक अत्यन्त जबर्दस्त पुरोहित वर्ग के उद्‌भव के कारण तथा परिवर्तन-कालीन बिखराव और अराजकता के कारण लोगों को इस जगत से अधिक मोह नहीं रह गया था। ऐसी अवस्था में पलायनवाद, रहस्यवाद तथा संसार त्यागकर काल्पनिक रूप से सुखी होने की मनोवृत्ति का प्रचार होना स्वाभाविक था। भगवान बुद्ध, भगवान महावीर आदि ने इसी आम मनोवृत्ति को एक नेतृत्व, रुख तथा रूप दिया। एक व्यक्ति किसी युग में तभी शक्तिशाली हो सकता है, जब वह उस युग की मनोवृत्तियों को, जिनका उद्‌भव आर्थिक-सामाजिक कारण से हुआ है, अपने में मूर्त करे। हम यहाँ पर बौद्ध, जैन आदि, धर्मों में जो क्रान्तिकारी अंश था, जैसे यागयज्ञ का विरोध आदि, उस पर विचार नहीं करेंगे। हमें केवल यही बताना था कि जो स्त्री-पुत्र-परिवार त्यागकर सुखी होने की मनोवृत्ति थी, उसका सामाजिक आधार क्या था?

इस माहौल में स्त्री का स्थान

गौतम बुद्ध ने जो महाभिनिष्क्रमण किया, यह घटना उस युग में स्त्री के प्रति धार्मिक रुख की द्योतक है। स्त्रियों की तरफ बौद्ध, जैन तथा उपनिषद के वैराग्यमूलक धार्मिक रुखों में कोई विशेष प्रभेद नहीं है, इसलिए जब हम बौद्ध युग के स्त्री सम्बन्धी रुख पर कोई बात कहें तो समझना चाहिए कि यह इन सब धर्मों के बारे में है। इन सब धर्मों ने मिलकर गृहस्थाश्रम को इतनी चोट पहुँचाई कि बाद के युग में कौटिल्य और मनु (मनु से अर्थ मनुस्मृति का अधुना उपलब्ध संस्करण

है, जिसके सम्बन्ध में विद्वानों की यह धारणा है कि वह कौटिल्य के बाद का संस्करण है) आदि को बिना पुत्रोत्पादन किए संन्यास ग्रहण की कड़ी निन्दा करनी पड़ी। सारे बौद्ध और जैन साहित्य में संसार-त्याग की महिमा गाई गई है। सच बात तो यह है कि बौद्ध या जैन होने का अर्थ ही कम से कम उसका उच्चतर सोपान में भिक्षु या यति होना है, उपासक या गृहस्थ इन धर्मों में महज किसी तरह सहन-भर किया गया है, इसलिए स्त्रियों या गृहस्थ जीवन के सम्बन्ध में बौद्धों तथा जैनियों का क्या मत है, इसे हम विस्तार से बताने की कोई आवश्यकता नहीं समझते। बौद्ध आदि धर्मों में स्त्री बन्धन का कारण है। खग्गविषाण सूत्र में यह बताया गया है कि जो व्यक्ति पारिवारिक जीवन व्यतीत करता है, उसे मोह होता है और मोह से दुःख होता है। हीनयानी के लिए सौन्दर्य कोई अर्थ नहीं रखता, बल्कि सौन्दर्य तो फँसानेवाली चीज है, इसलिए हीनयान के भक्तों से यह कहा गया है कि इससे बचें। रास्ते में जहाँ तक हो सके, आँखें बन्द करके चलें कि कहीं किसी के सौन्दर्य पर आँखें न गड़ जाएँ। विवाह से जलते हुए कोयलों के कुण्ड की तरह बचने का निर्देश है। स्त्रियों के साथ मिलना-जुलना भिक्षुओं के लिए बिल्कुल वर्जित है। भिक्षुणियों के लिए यह नियम था कि वे हमेशा दो-दो करके चलें। जैनियों में सल्लेखन क्रिया से प्राण दे देना सबसे बड़ा पुरुषार्थ माना गया है। जैन ग्रन्थ में सल्लेखन क्रिया का वर्णन इस प्रकार है—पहले मित्रता, घृणा, बन्धन, धन आदि सब बातों से अपना छुटकारा कर ले। सबको क्षमा दे दे, फिर उदासीनता धारण कर ले और यह तय कर ले कि मृत्यु के अतिरिक्त अपने व्रत को किसी भी तरह खत्म न करेगा। फिर दूध-चावल लेता रहे, इसको घटाकर धीरे-धीरे एक चुल्लू पानी कर दे, फिर इसको भी घटाकर शरीर त्याग दे। दक्षिण में चन्द्रगिरि में बहुत से जैनियों ने इसी प्रकार प्राण दिए। इसलिए यह जैनियों का तीर्थ स्थान ही हो गया। कई स्त्रियों ने जैसे देमति और सन्तला देवी ने भी वहाँ इसी प्रकार प्राण दिए थे।

ऊपर जो विवरण दिए गए उनसे स्पष्ट है कि स्त्रियों के प्रति इन धर्मों का रुख क्या था। पहले बौद्ध धर्म में स्त्रियों को कोई स्थान प्राप्त न था। कई प्रमुख स्त्रियाँ बराबर बुद्ध पर यह दबाव डालती रहीं कि स्त्रियों को भी भिक्षुणी बनने की अनुमति दी जाए, पर गौतम बुद्ध इसे बराबर टालते रहे। अन्त में एक तरह से माता प्रजावती और राहुल माता ने वैशाली पहुँचकर उन्हें घेर लिया। आनन्द चाहते थे कि स्त्रियों को लिया जाए, पर बुद्ध ने ऐसा कहा बताते हैं कि स्त्रियों को यदि लिया गया तो हमारे संघ को यदि पाँच सौ वर्ष चलना होगा तो वह सौ साल में ही खत्म हो जाएगा। फिर भी उन्होंने आनन्द के जोर डालने पर इनको भिक्षुणी बना लिया। बाद को मगध की रानी खेमा कौशलराज प्रसेनजित की बुआ सुमना ने बौद्ध धर्म ग्रहण किया। लिच्छवि स्त्रियों में सीहा, जन्ती, वासिठी और

अम्बपाली के बौद्ध होने का परिचय मिलता है। सीहा लिच्छवि सेनापति की भांजी थी। गौतम बुद्ध के समय में वैशाली में उसका जन्म हुआ था। एक दिन बुद्ध का उपदेश सुनकर उसको विश्वास हो गया कि यही पथ ठीक है। तदनुसार माता-पिता की आज्ञा लेकर वह भिक्षुणी हो गई। जन्ती या जन्ता की भी कहानी यही है। उन्होंने भी बुद्ध का उपदेश सुनकर धर्मग्रहण किया। वासिठी की कहानी दूसरी तरह की है। उसका विवाह हो चुका था। एक पुत्र भी उत्पन्न हुआ था। जिस समय लड़का दौड़ने में समर्थ हो गया, उस समय पति की मृत्यु हो गई। इस शोक से घबराकर वासिठी मिथिला पहुँची, जहाँ उन दिनों बुद्ध थे। बुद्ध के दर्शन से ही, बताया जाता है कि उसका शोक जाता रहा। बुद्ध ने उसे धर्म शिक्षा दी और बाद को उसे अर्हतत्व प्राप्त हुआ। अम्बपाली तो वेश्या थी। उसके विषय में हम आगे विस्तार से लिखेंगे। इन स्त्रियों के बौद्ध धर्म स्वीकार करने के तरीकों से ज्ञात होता है कि लिच्छवियों में स्त्रियों को बड़ी हद तक सभाओं आदि में जाने की अनुमति थी।

भिक्षुओं के संघों के अलावा भिक्षुणियों के भी संघ बने। पहले ही हम लिख चुके हैं कि भिक्षुणियों के लिए दो-दो करके चलने का नियम था, पर किसी गृहस्थ के यहाँ जाते समय एक साथ चार भिक्षुणियों के जाने का विधान था। कहा जाता है कि एक भिक्षु ने थोड़ा-सा चावल एक भिक्षुणी के पास एक बालक के हाथों भेज दिया। इस पर संघ के सामने यह मामला लाया गया और वह भिक्षु संघ से निकाल दिया गया। राहुल मित्र नामक एक भिक्षु के विषय में यह प्रशंसा लिखी है कि वह अपनी माँ और बहन के अतिरिक्त किसी भी स्त्री से मुँह उठाकर नहीं बोले थे और माँ और बहन से भी वह अपने कमरे से बाहर मिलते थे।

यहाँ पर सुविज्ञ पाठक को वाल्मीकि वर्णित लक्ष्मण का स्मरण हो आएगा, जिन्होंने रावण द्वारा अपहृत सीता के अलंकारों को देखकर कहा था कि मैं तो नित्य पादाभिवन्दनात से सीमित अलंकारों को ही जानता हूँ, अन्य अलंकारों को नहीं पहचानता। (इस प्रकार के मतवादयुक्त धर्मों की स्त्रियों सम्बन्धी क्या व्यवस्था होगी, यह स्पष्ट है।) बहुत-सी प्रसिद्ध भिक्षुणियाँ हो गई हैं और उनके वचन गाथा के रूप में उपलब्ध हैं, यद्यपि उनके जीवन के सम्बन्ध में इसके अतिरिक्त कुछ भी प्राप्त नहीं है कि उन्होंने भिक्षुणीत्व क्यों ग्रहण किया।

बाद के युग में इन भिक्षु संघों तथा भिक्षुणी संघों में जो व्यभिचार लीला हुई है, उसे यदि योरोप के कैथोलिक संघों के व्यभिचार की दृष्टि से देखें तो इसे समझने में कठिनाई नहीं होगी। काम या यौन प्रवृत्ति की तृप्ति एक स्वाभाविक इच्छा है। एकाध धुन के पक्के व्यक्ति भले ही इसका दमन कर सकें, पर बड़े पैमाने पर लाखों आदमियों द्वारा इसके दमन की आशा स्वप्न मात्र है। जब स्वाभाविक रूप से इस सहज प्रवृत्ति की तृप्ति नहीं होती, तो अस्वाभाविक तौर से चोरी-छिपे,

अगम्यगमन से, जिस प्रकार भी हो, इसकी तृप्ति की इच्छा उत्पन्न होगी ही। इसलिए हमें आश्चर्य नहीं है कि इन धार्मिक संघों में व्यभिचार एक आम बात हो गई, और इनके पतन का एक कारण यह भी है। हमें यहाँ धर्मों की तुलनात्मक समालोचना नहीं करनी है, पर इतना तो कहेंगे ही कि हिन्दुओं में जो गृहस्थ और वानप्रस्थ के बाद संन्यास-अवलम्बन करने की धारणा वेद के सरल धर्म के युग के बाद उत्पन्न हुई, वह बौद्धों या जैनियों के बचपन से ही प्रव्रज्या ग्रहण करने की बात से कहीं अधिक व्यावहारिक है। कहीं हमारे इस मत से गलतफहमी न हो, इसलिए यह भी स्पष्ट कर देना आवश्यक है कि हम हर हालत में संन्यास-ग्रहण को पलायनवाद का ही एक रूप समझते हैं। जीवन में जो समस्याएँ हैं और नित्य आती-जाती रहती हैं, उनको सुलझाने की बजाय तथा जिस जीवन-संघर्ष से हम बच नहीं सकते, उससे घबराकर भाग जाने की बजाय हम इसे अधिक उचित समझेंगे कि इन समस्याओं को सुलझाया जाए, उनका सामना किया जाए।

बुद्ध के जीवन में स्त्रियाँ

बुद्ध के जीवन पर विचार करते समय हम यह देखते हैं कि उनके जीवन के कई सन्धिक्षणों में कई स्त्रियाँ प्रमुख हिस्सा अदा कर रही हैं। महाभिनिष्क्रमण का एकमात्र अभिप्राय अपनी स्त्री से बचना था। इसके बाद जब गौतम तपस्या करने लगे और तपस्या करते-करते उनका शरीर अस्थिचर्म मात्र रह गया, उस समय भी उन्हें वह वस्तु न मिली जिसकी उन्हें खोज थी। कहते हैं एक बार कुछ नाचने-गाने वाली स्त्रियाँ उस जंगल से गुजरीं और उनके गीतों की ध्वनि गौतम के कानों में पड़ी। वे गाती जा रही थीं कि अपनी वीणा के तार को इतना ढीला न करो कि वह बज ही न पाए और इतना कसो भी मत कि वह टूट जाए। (*भारतीय इतिहास की रूपरेखा, जयचन्द्र, पृष्ठ-408*) इससे उन्होंने यह शिक्षा ली कि शरीर को कृश करते जाना ठीक न होगा। उस समय भी सुजाता नाम की एक नववधू ने उनके जीवन में एक प्रमुख भूमिका अदा की। वह चावल की खीर बनाकर सिद्धार्थ के निकट ले आई और सिद्धार्थ ने उसे ग्रहण किया और धीरे-धीरे वह स्वस्थ होने लगे। इस प्रकार अतिकृच्छवाद से इन गायिकाओं तथा सुजाता ने उनको बचाया। तथ्य तो यह है कि उन्होंने इन्हीं स्त्रियों से मध्यम मार्ग की शिक्षा ग्रहण की।

अम्बपाली के अतिथि

इसी प्रकार उनकी मृत्यु भी अम्बपाली नामक गणिका के यहाँ भोजन करने के बाद हुई। अम्बपाली को ज्ञात हुआ कि भगवान बुद्ध वैशाली आकर उसी के आम्रवन में ठहरे हुए हैं। अम्बपाली ने जाकर भिक्षु संघ सहित उनको दूसरे दिन अपने यहाँ निमन्त्रित किया। द्रष्टव्य है कि भगवान बुद्ध ने यह जानकर भी भोजन लेने से

इन्कार नहीं किया कि अम्बपाली एक गणिका है। लिच्छवियों को जब यह ज्ञात हुआ कि बुद्ध वहाँ आए हैं, तो वे भी आम्रवन की ओर चले। उनको अम्बपाली से यह ज्ञात हुआ कि भगवान ने संघ के साथ उसके यहाँ अगले दिन भोजन करना स्वीकार किया है। इस पर वे बहुत क्षुब्ध हुए और उन्होंने अम्बपाली से कहा कि वह उनसे एक लाख मुद्राएँ लेकर यह भोजन कराने का इरादा छोड़ दे और फिर उन्हें यह सौभाग्य प्राप्त हो कि वे भगवान बुद्ध को अपने यहाँ भोजन कराएँ। पर अम्बपाली राजी नहीं हुई और उसने कहा–यदि आप मुझे यह राज्य भी सौंप दें तो भी मैं इस अधिकार को नहीं बेच सकती। लिच्छवियों ने पहले तो बुद्ध का उपदेश सुना, फिर उन्हें अगले दिन के लिए भोजन का निमन्त्रण दिया। इस पर भगवान ने कहा कि मैंने कल के लिए अम्बपाली का न्यौता स्वीकार कर लिया है।

बौद्धों के अनुसार भगवान ने अगले दिन अम्बपाली के यहाँ ही भोजन किया। भगवान बुद्ध के इस व्यवहार से अम्बपाली इतनी मुग्ध हुई कि उसने अपने प्रसिद्ध आम्रवन को बौद्ध संघ को सौंप दिया और वह स्वयं भिक्षुणी बन गई। कहा जाता है कि इसी के बाद से भगवान के पेट में दर्द उठने लगा और बाद को चुन्द नामक एक लोहार के यहाँ उन्होंने सूअर का मांस खा लिया, जिससे उनका दर्द बढ़ गया और रक्तातिसार से उनकी मृत्यु हो गई। फ चाऊ (Fa Chow) आदि विद्वानों ने यह प्रमाणित करने की चेष्टा की है कि इस सन्दर्भ में जो 'सूकर मछ्व' शब्द आया है, उसका अर्थ कोई सब्जी है न कि सूअर का गोश्त। जो भी हो, इस सम्बन्ध में यह ध्यान रखने योग्य है कि भगवान बुद्ध ने बौद्धों के लिए मछली तथा मांस खाने की आज्ञा दी है। उस पर हम देखते हैं कि अम्बपाली के यहाँ उन्होंने जो भोजन ग्रहण किया, उसका भी परिणाम यह हुआ कि अम्बपाली थेर हो गई, यानी उसने भी संसार त्याग कर दिया।

जैनियों के धर्म-प्रवर्तक (यों तो ऋषभ धर्म-प्रवर्तक माने जाते हैं) वर्द्धमान महावीर का विवाह यशोदा नामक स्त्री से हुआ था। उनकी भी एक लड़की पैदा हुई थी। तीस की उम्र में उन्होंने अपने बड़े भाई नन्दिवर्धन से अनुमति लेकर प्रव्रज्या ग्रहण की। बौद्ध और जैनियों में स्त्री सम्बन्धी रुख में कोई भेद नहीं है, इसलिए इसकी अलग से आलोचना की आवश्यकता नहीं है।

परिव्राजक की स्त्री क्या करे?

यहाँ पर यह प्रश्न अनिवार्य रूप से उठता है कि यदि पुरुष प्रव्रज्या ग्रहण करे तो पत्नी का क्या कर्तव्य है। जो लोग विवाह को एकतरफा कर्तव्य मात्र–यानी स्त्री के लिए कर्तव्य मात्र मानते हैं, उनके लिए तो इस प्रश्न के उत्तर में कोई दिक्कत नहीं है, पर जो लोग इसे एक कर्तव्य या समझौता मानते हैं, उनके लिए अवश्य ही यह प्रश्न जटिल है। हम तो स्वाभाविक रूप से यह समझते हैं कि

जिस समय भी दोनों में से किसी एक ने ऐहिक अर्थ में और व्यावहारिक रूप में विवाह को भंग कर दिया—और प्रव्रज्या ग्रहण करना विवाह को भंग करना ही है—उस समय दूसरे को यह अधिकार है कि वह यह समझे कि विवाह भंग हो गया। हम बुद्ध, महावीर आदि के चरित्र की जितनी भी प्रशंसा करें, उन्होंने अपनी-अपनी पत्नी को त्यागकर व्यक्तिगत रूप से उन स्त्रियों के साथ जो अन्याय किया, इसको अनदेखा करना कठिन है। सौभाग्य से स्त्रियों की स्वतन्त्रता के कट्टर विरोधी मनु ने भी यह बात मानी है कि यदि पुरुष क्लीव हो, पागल हो अथवा प्रव्रज्या ग्रहण करे, तो स्त्री को पुनर्विवाह का अधिकार है। साधारण बुद्धि की बात भी यही है। किसी भी हालत में एक ऐसा सम्प्रदाय जिसमें स्त्री-त्याग का आम तौर से समर्थन किया गया है, अवश्य ही किसी भी प्रकार स्वस्थ नहीं कहा जा सकता। योरोप में कैथोलिक पुरोहितों और भारतवर्ष में संन्यासियों, भिक्षुओं में जो व्यभिचार का प्रचार हुआ, उससे हम यह निष्कर्ष निकालने के लिए बाध्य हैं कि पुरुष और स्त्री के स्वस्थ सम्बन्ध का त्याग करके जो मतवाद आत्मपीड़न की सलाह देता है, वह और जो भी हो, स्वस्थ नहीं हो सकता। अनातोल फ्रांस ने अपनी सुप्रसिद्ध 'थायस' (Thais) नामक पुस्तक में इसी प्रश्न को लेकर जो चित्रण किया है, उसका भी प्रतिपाद्य वक्तव्य यही है कि आत्मपीड़न का फल अच्छा नहीं हो सकता। आधुनिकतम मनोविज्ञान तो डंके की चोट पर यही कहता है कि यौन सम्बन्ध का परिहार अस्वस्थकर है, बल्कि उसका कहना तो यहाँ तक है कि जितने साधु, सन्त तथा इस प्रकार के लोग हो गए हैं, उनके यौन जीवन में क्योंकि असन्तुलन रहा, इसीलिए वे अस्वस्थ या उन्मादग्रस्त हो जाते थे, और इसी को भक्त लोग उनके औलियापन के रूप में देखते हैं।

तन्त्र का उदय क्यों?

हिन्दुओं में तंत्र और तान्त्रिक पूजाओं की कैसे उत्पत्ति हुई, इसका कुछ विवरण हम पहले ही दे चुके हैं, पर आश्चर्य की बात यह है कि जिस बौद्ध धर्म में स्त्रियों का एक तरह से तिरस्कार किया गया था, उसमें भी बाद को चलकर वज्रयान, काल-चक्रयान आदि ऐसे पन्थ उत्पन्न हुए, जिनमें स्त्रियों की पूजा हुई। ये स्त्रियाँ काल्पनिक नहीं, बल्कि अधिकांश ऐतिहासिक थीं। यह हम अन्यत्र ब्योरेवार बता चुके हैं। यहाँ आंशिक रूप से हिन्दू तांत्रिकता का प्रभाव है और आंशिक रूप से यह बौद्ध कृच्छ्रवाद की प्रतिक्रिया है। सच बात तो यह है कि सारे तन्त्रशास्त्र के उदय का एक कारण बुद्ध-महावीर युग में सार्वजनिक रूप से स्त्रियों के प्रति विरक्ति का जो प्रचार किया गया था, उसकी प्रतिक्रिया ही रही। वज्रयान, काल-चक्रयान पूरे स्वतन्त्र धर्म-रूप हो गए, इसलिए यहाँ उनका उल्लेख कर देना ही यथेष्ट है। हम यहाँ पर केवल दो ऐतिहासिक नारियों का उल्लेख करेंगे जो

बाद को देवी के रूप में पूजित हुईं। तिब्बत में बौद्ध धर्म एक ही साथ दो देशों—भारत और चीन से गया। वहाँ के राजा स्रोगत्सान गम्पो (620 से 650 ईसवी) ने नेपाल के राजा ठाकुरवंशीय अंगुवर्मा की पुत्री के साथ विवाह किया। जब नेपाल की राजकुमारी भृकुटी तिब्बत गई, तो अपने साथ अक्षोम्य बुद्ध की एक सुन्दर मूर्ति लेती गई। इसके कुछ दिनों बाद राजा गम्पो ने चीनी सम्राट की एक राजकुमारी वेंचचेंग या मुनसेंडकोंग से विवाह किया। यह राजकुमारी तिब्बत में आते समय चन्दन की एक बुद्ध मूर्ति ले आई। दोनों स्त्रियों के प्रभाव के कारण गम्पो ने बौद्ध धर्म ग्रहण किया और धीरे-धीरे सारा तिब्बत बौद्ध हो गया। इस सम्बन्ध में यह याद रहे कि प्रचार के दौरान धर्म का रूप कुछ बदल गया और उसमें तिब्बत के प्राचीन धर्म का समावेश हो गया। जो भी हो, तिब्बत में बौद्ध धर्म के प्रचार का कारण ये दो स्त्रियाँ हुईं। गम्पो बाद को स्वयं बोधिसत्व पद्मपाणि या तिब्बत की भाषा में चेनरेसी समझे गए और उनकी नेपाली स्त्री हरीतारा देवी और उनकी चीनी स्त्री श्वेततारा देवी ऐतिहासिक हो गईं। इसी प्रकार महायान आदि मूर्तिपूजामूलक बौद्ध पंथ में बाद को बहुत-सी स्त्रियों की पूजा देवी-रूप में हुई। ईसा के उदाहरण में जैसे उनकी माँ की पूजा हुई, ऐसी कोई बात बुद्ध के सम्बन्ध में किसी स्त्री के लिए नहीं हो पाई, पर जैसा हम देख चुके हैं। बाद की बहुत-सी स्त्रियाँ देवी के रूप में पूजित हुईं।

मौर्यकाल के आसपास का नारी समाज

सिकन्दर के साथ अरिस्टोबुलस नामक एक व्यक्ति भारतवर्ष में आया था। उसने यहाँ की स्त्रियों के सम्बन्ध में जो कुछ लिखा, (स्मरण रहे कि सिकन्दर सतलज के पास से लौट गया था) वह स्टोला के शब्दों में यों है : "जो लोग गरीबी के कारण अपनी लड़कियों का विवाह नहीं कर पाते, वे उनके युवती हो जाने पर उन्हें बाजार में जाकर बेचते हैं। इस अवसर पर लोगों को जमा करने के लिए शंख-तथा ढोल बजाए जाते हैं। जब कोई व्यक्ति लड़कियों को खरीदने के लिए आगे आता है, तो विक्रयार्थ लाई गई लड़की को जाँच के लिए पीठ और कन्धे तक अनावृत कर दिया जाता है। इसके बाद उसके सामने का हिस्सा भी खोल दिया जाता है। अब यदि व्रह खरीददार को पसन्द न आए पर लड़की राजी हो तो जिन शर्तों पर भी वह दोनों तैयार हो जाएँ, पति-पत्नी के रूप में रहने लगते हैं।" (*The Oxford history of Indian—V. Smith, p. 62*)

उक्त विवरण कहाँ तक विश्वसनीय है, यह विचारणीय है। पर जैसा कि हम पहले ही बता चुके हैं, अवश्य ही इस समय स्त्रियों की हालत बहुत गिर चुकी थी। ऐसा ज्ञात होता है कि पंजाब की तरफ उनकी हालत मगध से कहीं अधिक खराब थी। फिर भी यह द्रष्टव्य है कि कन्या विक्रय के इस विवरण में कन्या की सम्मति एक उपादान है। आजकल जहाँ भी लड़की वालों को रुपया मिलता है—इसका सामाजिक कारण लड़कियों की संख्या में कमी ही हो सकती है—वह भी एक तरह से कन्या विक्रय ही है। बाजार में जाकर न सही, घर में बैठे-बैठे मध्यस्थों के जरिए लड़की को बेच देने से कुछ विशेष फर्क नहीं पड़ता। अरब के शेखों ने वर्तमान युग में बहुत-सी गरीब मुस्लिम स्त्रियों को खरीदकर उनसे विवाह किया है।

सिकन्दर के साथ जो लेखक आए थे, उनके अनुसार उस समय पांडी (Pandae) नामक एक कबीले का पता मिलता है, जिसमें कहा जाता है कि स्त्रियों का राज्य था और उनके पास 300 कस्बे थे।. (*The State in Ancient Indian by—Beni Prasad, p. 170*)

विन्सेन्ट स्मिथ ने अरिस्टोवुलस के इस विवरण पर टिप्पणी करते हुए लिखा है कि हेरोडेटस ने बेबीलत के सम्बन्ध में लिखा है कि वहाँ इस प्रकार के विवाह के बाजार होते थे। इसके अतिरिक्त इलिरिया के वेनिस निवासियों में भी इस प्रकार का एक रिवाज था। अरिस्टोवुलस ने जिस विवाह-बाजार का उल्लेख किया है, उसकी प्रकृति क्या थी, यानी क्या वहाँ स्त्रियाँ दासी के रूप में बेची जाती थीं या किसी अन्य रूप में (यद्यपि यह अन्य रूप केवल नाममात्र के लिए ही हो सकता था, क्योंकि जो स्त्री किसी भी नाम से बेची गई, वह दासी के अलावा और क्या होगी? अवश्य इस सम्बन्ध में सम्मति वाली बात से कुछ फर्क आता है, पर यह ऐसी दासी सम्पति है जो केवल यह चुन रही है कि बहुत-से मालिकों में से उसका मालिक कौन हो) बेची जाती थीं, इस सन्दर्भ में यही कहा जा सकता है कि जब इसी युग के लिए कौटिल्य के अर्थशास्त्र के रूप में एक विराट समसामयिक ग्रन्थ मौजूद है तो इन यत्रतत्र बिखरे हुए सन्दिग्ध विवरणों पर किसी उपसंहार पर पहुँचने की हमें कोई आवश्यकता नहीं जान पड़ती। अग्निपुराण में दासियों को बेचना तथा उनका चालान किया जाना स्वीकृत है। इसके साथ ही इनके चालान पर देश तथा काल के अनुसार कर लगाने की बात भी आती है। (*वही, पृष्ठ-333*)

कौटिल्य का वर्णन

उक्त अर्थशास्त्र चन्द्रगुप्त मौर्य के प्रसिद्ध मन्त्री चाणक्य का लिखा हुआ है। इन्हीं का नाम विष्णुगुप्त उर्फ कौटिल्य है। इसमें सन्देह नहीं कि इसे ईसा पूर्व तृतीय शताब्दी और उसके इधर-उधर दो शताब्दी तक फैले एक विश्वस्त विवरण के रूप में माना जा सकता है। शायद ही कोई विषय हो जिस पर इस ग्रन्थ से प्रकाश न पड़ता हो।

कौटिल्य के समय के विषय में विद्वानों में बड़ा मतभेद है। कौटिल्य के अर्थशास्त्र का प्रचार दक्षिण में पहले-पहल श्री साम शास्त्री ने किया। वह इस बात को मानकर चले कि कौटिल्य मन्त्री थे। गणपति शास्त्री, जैकोवी, काशीप्रसाद जायसवाल, आर. जी. भण्डारकर, राधाकुमुद मुखर्जी, एन.एन. लाहा, एच.सी. राम, एल.डी. वार्नेट, विन्सेन्ट स्मिथ तथा एफ. डब्ल्यू. टामस ने अर्थशास्त्र का उपयोग मौर्यकाल के प्रतिफलन के रूप में किया है। आर.जी. भण्डारकर ने पूना में जो प्रथम प्राच्य सम्मेलन किया था, उसमें कौटिल्य की पुस्तक प्रथम या द्वितीय ईस्वी शताब्दी की मानी गई थी। जाली, विन्टरनित्स, ए.वी. कीथ ने कौटिल्य को तीसरी शताब्दी का माना।

इसके अतिरिक्त अन्य बहुत से विद्वानों ने भिन्न-भिन्न मतों का प्रतिपादन किया है। डॉक्टर विनयकुमार सरकार ने अगस्त 1935 में 'कलकत्ता रिव्यू' में एक लेख लिखते हुए कौटिल्य को ईसा पूर्व चौथी शताब्दी का माना है। एफ. डब्ल्यू.

टामस ने भारत के कैम्ब्रिज इतिहास में भी इसी मत को माना है। ऐसे में हम इसमें कोई आपत्ति नहीं देखते कि इस पुस्तक को उस मौर्य युग का प्रतिफलन ही मान लें। कौटिल्य के जिस हिन्दी अनुवाद का हमने अनुसरण किया है, उसके अनुवादक डॉक्टर प्राणनाथ भी बहुत जोर देकर बताते हैं कि यह कौटिल्य चन्द्रगुप्त मौर्य के ही मन्त्री हैं। जहाँ तक हमारे विषय का सम्बन्ध है, इस विवाद से विशेष कुछ आता-जाता नहीं क्योंकि स्त्रियों की परतन्त्रता की दृष्टि से तीन-चार शताब्दियों में ब्योरे में कुछ फर्क भले ही हुआ हो, मुख्य रूप से मोटे-मोटे तथ्यों में खास फर्क नहीं आया होगा।

विवाहों के प्रकार

विवाह के विषय में कौटिल्य यों लिखते हैं—सम्पूर्ण सांसारिक व्यवहारों का आरम्भ विवाह के बाद ही होता है। ब्राह्म विवाह में कन्या को सजा-धजा कर विदा किया जाता है, प्रजापत्य विवाह में एक-दूसरे के साथ मिलकर धर्म कार्य करना आवश्यक समझा जाता है। आर्य विवाह में गऊ के जोड़े का दान और दैव विवाह में यज्ञवेदी के सम्मुख ऋत्विज की स्वीकृति ही मुख्य है। बिना माता-पिता की स्वीकृति के लड़के-लड़की का सम्बन्ध गन्धर्व, धन लेकर लड़की देना आसुर, सोई हुई कन्या को उठा ले जाना या जबरन छीन लेना क्रमशः पैशाचिक तथा राक्षस विवाह माने जाते हैं। इस प्रकार आठ प्रकार के विवाह गिनाने के बाद वे कहते हैं कि इनमें से पहले चार विवाह अर्थात् ब्राह्म, प्रजापत्य, आर्य और दैव ही धर्मानुकूल हैं यानी गन्धर्व, पैशाच, आसुर और राक्षस इन चार विवाहों को उत्साहित नहीं किया गया। कौटिल्य के इस प्रकार के श्रेणी विभाजन से ज्ञात होता है कि ये आठ विवाह पहले से स्वीकृत हैं, पर कौटिल्य के समय केवल चार विवाह ही करणीय समझे जाते थे। इसमें आसुर, पैशाच और राक्षस को बुरा समझा गया है, यह तो है ही, पर इनके साथ-साथ गान्धर्व को भी बुरा समझा गया, यह द्रष्टव्य है। फिर भी इसी प्रसंग में कौटिल्य स्वीकार करते हैं कि सब विवाहों में स्त्री-पुरुष का पारस्परिक प्रेम नितान्त आवश्यक है। इससे इतना तो ज्ञात होता है कि वैदिक युग में जो विवाह स्त्री-पुरुष की पारस्परिक सम्मति से होता था, उसका अवशेष अभी शेष है।

स्त्रियों पर लागू नियम

कौटिल्य में स्त्रियों के सम्बन्ध में सबसे आश्चर्यजनक विषय यह है कि इसमें नियोग का औचित्य माना गया है। इससे पता चला है कि अभी तक नियोग की प्रथा जीवित ही नहीं थी, बल्कि उचित समझी जाती थी। वे लिखते हैं (प्रकरण 59) कि "यदि जात-बिरादरी से बाहर किए हुए मनुष्यों, नपुंसकों, जड़, उन्मत्त, अन्धों की स्त्रियाँ हों, और उनसे कोई बच्चा न हो तो बन्धु-बान्धवों के द्वारा उनमें नियोग

करवाकर जो बच्चा पैदा किया जाए, उसको पुरानी सम्पत्ति का भाग मिले।" इससे यह भ्रम हो सकता है कि शायद कौटिल्य ने विधवा विवाह को नहीं माना है, पर वह अन्यत्र (पृ. 59) लिखते हैं, "पति के मर जाने पर यदि स्त्री दूसरा विवाह करना चाहती हो, तो ससुर तथा पति का दिया धन विवाह के समय ग्रहण करे ...यदि कोई ससुर की आज्ञा के विपरीत किसी दूसरे पुरुष से विवाह करे, तो ससुर तथा पति का दिया दान न मिले...जो स्त्री धर्मपूर्वक जीवन बिताना चाहती है, उसको अपनी सम्पत्ति प्राप्त हो सकती है। जिन स्त्रियों के लड़के हैं, वे अपने धन को खर्च नहीं कर सकतीं, उसको लड़के ही ग्रहण करें।" उस समय आमतौर से पुरुष, विशेषकर धनी लोग बहुविवाह करते होंगे, तभी कौटिल्य ने लिखा है, "यदि सभी एक समय में मासिक धर्म से हों तो उसके पास सबसे पहले जाए जिसका कोई लड़का जीता हो या जिसके साथ सबसे पहले शादी हुई हो।" फिर यह भी गिनाया गया है कि पुरुष किन-किन मौकों पर आवश्यक रूप से और शादी करे। कौटिल्य ने बराबर इस बात पर जोर दिया कि पुत्रोत्पादन गृहस्थ के लिए अवश्य करणीय है। वह लिखते हैं, "यदि स्त्री के आठ साल तक बच्चा न हो, तो उसे बाँझ समझा जाए। यदि उसको एक मृत बालक पैदा हुआ हो तो दस साल तक, और यदि उसको लड़कियाँ ही होती रही हों तो बारह साल तक प्रतीक्षा करे। इसके बाद शुल्क (दहेज का धन), स्त्रीधन तथा अन्य प्रकार का धन लौटा दे तथा चौबीस पण राजा को दण्डस्वरूप दे। स्त्रियाँ लड़के उत्पन्न करने के लिए हैं।"

यह द्रष्टव्य है कि कौटिल्य यह मानते हैं कि यदि स्त्रियों को अलग किया जाए, तो उनको मासिक वृत्ति लेने का अधिकार है। पर ऐसा ज्ञात होता है कि अलग होने की हालत में भी उसे पुरुष के किसी न किसी प्रकार के नियन्त्रण में रहना पड़ता था, क्योंकि उन्होंने लिखा है कि "यदि वह ससुराल के लोगों के पास रहती हो या सबसे अलग होकर स्वतन्त्र रूप से रहती हो तो मालिक को उसके भरण-पोषण के लिए बाध्य नहीं किया जा सकता।"

परित्याग किन हालात में

जिन हालात में स्त्री पति को छोड़ सकती है, वह ये हैं—"नीच, परदेश में बस गया, राज्य के प्रति अपराधी, खूनी, पापी, त्याज्य तथा नपुंसक पति को पत्नी सदा के लिए छोड़ सकती है।" नीच, पापी, त्याज्य इनसे क्या अर्थ है और किस बात में नीचता, पाप, त्याज्यता है तथा कौन उसका फैसला करनेवाला है, जब तक यह स्पष्ट नहीं हो, तब तक इस विधान का अर्थ कुछ अस्पष्ट रहता है, पर यदि इसकी व्याख्या स्त्री पर छोड़ी जाए, तब इसमें सन्देह नहीं कि स्त्री को विवाह विच्छेद का बहुत विस्तृत अधिकार है। विदेश जाने का अर्थ अन्यत्र स्पष्ट किया गया है। (पृ. 146)। "यदि कुछ समय के लिए शूद्र, वैश्य, क्षत्रिय तथा ब्राह्मण जाति का कोई

मनुष्य बाहर गया हो, तो उसकी स्त्री कम से कम एक साल तक, यदि उनके बच्चे हों, तो उससे अधिक समय तक, यदि मालिक खाने-पीने का प्रबन्ध कर गया हो, तो दुगुने समय तक उसके आने की प्रतीक्षा करे। जिनके खाने-पीने का प्रबन्ध नहीं, उनको धन-धान्य से समृद्ध उनके भाई-बन्धु सहारा दें। चार या आठ साल बाद उनका भार जाति-बिरादरी के लोग सँभालें। इसके बाद वह विवाह-कालीन धन लौटाकर दूसरे के साथ विवाह कर सकती है।'' जो लोग पढ़ने या राज्य-कार्य से बाहर जाते हैं, उनके लिए कौटिल्य इस सम्बन्ध में विशेष नियम बताते हैं। ''यदि कोई ब्राह्मण बाहर कहीं पढ़ने गया हो, तो उसकी स्त्रियाँ दस साल, और उनके बच्चा न हो तो बारह साल और यदि कोई क्षत्रिय राजा के काम से बाहर गया हो तो उसकी स्त्री जीवन पर्यन्त उसकी प्रतीक्षा करे। यदि समाज के किसी व्यक्ति के द्वारा उनके बच्चा पैदा हो गया हो, तो इसमें उनकी बदनामी किसी को नहीं करनी चाहिए। यदि किसी के पास खाने-पीने के लिए रुपया न हो और सम्बन्धी उसको छोड़े बैठे हों, तो वह दूसरा विवाह कर ले। सगाई हो जाने के बाद यदि किसी कुमारी का पति बिना कहे विदेश चला गया हो और उसके पास खाने-पीने लायक धन न हो, तो वह सात मासिक धर्म तक और यदि कहकर बाहर गया हो, तो एक साल तक प्रतीक्षा करे। इसी प्रकार उसके विषय में समाचार न मिलने पर पाँच, समाचार मिलने पर दस, शुल्क का कुछ धन लेने के बाद खबर मिलने पर सात और न मिलने पर तीन, पूरा शुल्क ले चुकने पर पूर्ववत् पाँच तथा दस मासिक धर्म तक उसकी बाट देखे। इसके बाद धर्मस्थ से आज्ञा लेकर दूसरा विवाह कर ले। कौटिल्य की सम्मति है कि गर्भ रह जाने तथा मासिक धर्म बन्द हो जाने पर ही स्त्रियों के धर्म का नाश समझना चाहिए।'' यह अन्तिम विधान कितना व्यापक है, यह द्रष्टव्य है।

हमने पहले वैराग्य के विषय में आलोचना करते समय यह लिखा था कि पुरुषों का प्रव्रज्या ग्रहण स्त्रियों के साथ समझौते को भंग करना है और ऐसी हालत में स्त्री पूर्ण रूप से स्वतन्त्र हो जाती है। कौटिल्य भी इस मत का समर्थन करते हैं। वे लिखते हैं—''दीर्घकाल के लिए जिन्होंने वैराग्य धारण कर लिया हो, उनकी स्त्रियाँ सात मासिक धर्म तक और यदि उनके बच्चा हो तो साल-भर तक प्रतीक्षा करें।'' इस प्रकार सात मासिक धर्म तक और साल-भर तक प्रतीक्षा करने की बात जो लिखी गई है, वह कदाचित् इस कारण से कि बहुत-से लोगों को पति की मृत्यु के बाद श्मशान वैराग्य या क्षणिक वैराग्य होता था, और वैराग्य ग्रहण करने के कुछ दिन बाद उनकी स्वाभाविक प्रवृत्तियाँ जोर मारती थीं और वे फिर गृहस्थी में लौट आते थे। ऐसे ही लोगों को मौका देने के लिए इस प्रकार प्रतीक्षा की बात लिखी गई है।

ऐसी स्त्री कहाँ जाए इस सम्बन्ध में भी कौटिल्य ने लिखा है। उनका कहना है, ''इसके बाद वह छोटे भाई के पास बैठ जाए। यदि बहुत-से छोटे भाई हों तो

सबसे छोटा भाई, जो जवान, धार्मिक, स्त्री रहित हो तथा नजदीकी रिश्तेदार या जो प्रतिदिन समीप रहता हो, उसके साथ रहे। यदि वह भी न हो तो किसी समान गोत्र के सम्बन्धी के पास चली जाए। सारांश यह है कि उसको जो सबसे अधिक नजदीक का मिले, उसके वहाँ बैठ जाए।'' इसमें द्रष्टव्य यह है कि हमने समाज का जो इतिहास दिया है, उसका इस विधान से पूरा-पूरा समर्थन होता है। पहले स्त्री छोटे भाई के पास जाए। फिर किसी गोत्र के पुरुष के पास जाए। जिन लोगों ने पहले के अध्यायों को ध्यान से पढ़ा होगा वे इस विधान में यौथ समाज, तथा गोत्र का पूरा चित्र पाएँगे। इसके बाद कौटिल्य जो लिखते हैं, उससे यह बात और भी स्पष्ट हो जाती है कि गोत्र के बाहर किसी से विवाह करने को कहाँ तक बचने के लिए कहा गया है और अब तक गोत्रत्व बोध कितना तीव्र है। वह आगे लिखते हैं, ''यदि कोई स्त्री ऐसे पुरुष के साथ विवाह करती है जो उसके मालिक या रिश्तेदार या सम्पत्ति का हकदार नहीं है तो वह दोनों और उनके विवाह में जो शरीक हो, वे सब के सब व्यभिचार सम्बन्धी अपराध में अपराधी समझे जाएँ।''

मालूम होता है कि कौटिल्य के युग में हिन्दू समाज यौन विषयों में काष्ठीभूत नहीं था। अभी तक यौन बन्धन और पग-पग पर रोक-टोक का युग नहीं आया था। कौटिल्य ने जो लिखा है, उसे हम केवल व्यक्ति का मत नहीं समझते, बल्कि राज्य में राजा के बाद सबसे महत्वपूर्ण व्यक्ति, बल्कि नियमों के मांमले में राजा से भी अधिक महत्वपूर्ण होने के कारण हम यह समझते हैं कि कौटिल्य के अर्थशास्त्र को उस समय के संगठित समाज का प्रतिफलन समझना चाहिए। यों उन्होंने स्त्रियों के सम्बन्ध में जो लिखा है, यदि इन सब का संग्रह किया जाए तो वह स्वयं ही एक छोटी पुस्तक हो सकती है, इसलिए हम यहाँ केवल उनके मुख्य मतों का ही दिग्दर्शन करा सकते हैं।

कौटिल्य नेपोलियन से आगे

जिस स्त्री का एक के बाद एक कइयों से सम्बन्ध रहा हो, उसके सम्बन्ध में भी कौटिल्य विशेष घृणा का परिचय नहीं देते। बालक का पिता कौन समझा जाए, इस सम्बन्ध में हम जानते हैं कि नेपोलियन का बनवाया हुआ विधान यह कहता है कि जिसकी पत्नी हो पुत्र उसी का माना जाएगा, चाहे वह किसी से भी पैदा हुआ हो। पूँजीवादी समाज के पुरोधा नेपोलियन के विधान में इस ढोंग की आवश्यकता थी। यह पूँजीवादी मर्यादा का तकाजा था। स्मरण रहे कि नेपोलियन का विधान योरोप के तमाम विधानों का उत्स है। कौटिल्य कहते हैं, ''पुराने आचार्यों के मत में स्त्री के साथ जिन-जिन पुरुषों का सम्बन्ध हो, उनको पिता या क्षेत्री समझना चाहिए। कुछ लोग उसी को बालक का पिता मानते हैं, जिसके वीर्य से वह पैदा हुआ हो।'' कौटिल्य के विचार में दोनों ही एक प्रकार से पिता हैं।

कुमारी सम्बन्धी नियम

कुमारियों के विषय में भी कौटिल्य के विचार स्पष्ट हैं। बलात्कार के विषय में उन्होंने जो कुछ लिखा है, उससे इस पर अच्छी रोशनी पड़ती है। ऐसा ज्ञात होता है कि कौटिल्य के अनुसार सात मासिक धर्म तक कुमारी का विवाह अवश्य हो जाना चाहिए, क्योंकि उनके अनुसार यदि सात मासिक धर्म हो लेने के बाद कोई गमन करे, तो उसका पिता गमनकारी से हर्जाना पाने का अधिकारी नहीं होता। कौटिल्य के मतानुसार—ऋतु के फल से च्युत होने के कारण पिता का लड़की पर कोई हक नहीं रहता। वह और भी स्पष्ट करके लिखते हैं, "यदि किसी लड़की को तीन साल से लगातार मासिक हो रहा हो, तो सजातीय व्यक्ति के साथ गमन करने में उसका कोई भी दोष नहीं है।" यहाँ पर सजातीय व्यक्ति पर जो जोर है, उसमें पहले के युग के समाज की बात स्पष्ट है, पर यदि "इसके बाद दूसरी जाति का व्यक्ति भी गमन करे तो उसमें भी कोई दोष न होगा, बशर्ते कि उसके पास कोई गहना न हो।" इसका अर्थ यह हुआ कि कन्या को किसी के भी साथ गमन का पूर्ण अधिकार तो सात मासिक धर्म के बाद ही हो जाता है, पर इस अधिकार का उपयोग करने पर उसे अपने पिता की सम्पत्ति पर यानी गहने आदि पर कोई अधिकार नहीं रहता। "यदि (इसके बाद वह) पिता का धन ग्रहण करे तो उसे चोरी का दण्ड मिले।" इसका मतलब है कि कन्या पर आर्थिक दबाव तो अवश्य सात मासिक के बाद भी है, पर नैतिक, सामाजिक या धार्मिक दबाव नहीं है। इसका अर्थ यह है कि अभी तक सम्पत्ति में स्त्री का पूरा-पूरा अधिकार नहीं छीना गया था, पर शीघ्र ही समाज इसे छीन लेगा, इसमें सन्देह नहीं।

मालूम होता है कि उस युग में विवाह के पूर्व लड़की दिखाई जाती थी, इसलिए यदि कोई व्यक्ति किसी लड़की को दिखाकर उसी जाति की किसी अन्य लड़की को विवाह में देता था, तो उस पर एक सौ पण जुर्माना और नीच जाति की हो तो दो सौ पण जुर्माना किया जाता था। यदि कोई लड़की को विवाह में देने की प्रतिज्ञा पूरी नहीं करता, तो उसको दण्ड मिलता था। यदि वह दूसरी जाति की लड़की विवाह में दे देता था, तो उस पर दो सौ पण जुर्माना होता था, साथ ही उसे शुल्क का धन लौटाना और पूरा खर्च देना पड़ता था।

परस्त्री या परपुरुषगमन

परस्त्री या परपुरुषगमन यदि सजातीय के अन्दर है, तो उसे हल्का अपराध समझा जाता था। बलात्कार के लिए जहाँ एक सौ पण का दण्ड-विधान है और उसे स्त्री को प्रसन्न करना पड़ता था तथा उससे शुल्क का धन वसूल किया जाता था, वहीं पर यह लिखा है कि यदि कोई स्त्री कामवश किसी सजातीय पुरुष के साथ गमन करे तो उसको केवल बारह पण दण्ड में देना पड़ता था। स्मरण रहे कि लड़की

भगानेवाले को दो सौ पण, यहाँ तक कि वेश्या की लड़की से जबरदस्ती करने पर 54 पण जुर्माना किया जाता था और उसे मजबूर किया जाता था कि वह उसकी माँ की आमदनी का सोलह गुना धन उसको दे तथा दास या दासी की लड़की को खराब करने पर चौबीस पण जुर्माना तथा गहना देना पड़ता था। जो स्त्रीधन न दे सकने के कारण दासी बनाई गई हो, उसके साथ जबरदस्ती करने पर भी 12 पण जुर्माना देना पड़ता था। इसी के साथ-साथ इस प्रकार का विधान भी था कि किसी ऐसे व्यक्ति की स्त्री के साथ जो विदेश गया हो, कोई फँस जाए और वह ऐन मौके पर पकड़ा जाए, तो उसे पकड़कर पति के लौटने तक रखा जा सकता था। यदि पति दोनों को क्षमा कर दे, तो उसको छोड़ दिया जाता था। यदि वह क्षमा न करे, तो स्त्री का नाक-कान काट दिया जाता था और जार पुरुष को मृत्युदण्ड दिया जा सकता था। स्मरण रहे कि यह विधान सजातीय व्यभिचारियों के लिए नहीं होगा, नहीं तो पहले के विधान का कोई अर्थ नहीं होता।

कुछ पहले के युग के अवशेष स्वरूप कुछ विधान और देखे जाएँ। कौटिल्य के अनुसार जो मनुष्य किसी ऐसी स्त्री को जो शत्रु के जाल, जंगल, बाढ़ में फँस गई हो, अकाल के कारण भूखी या मरी हुई समझकर फेंक दी गई हो, उसका उद्धार करने पर, उसकी अनुमति से वह उसका उपभोग कर सकता है, पर वह ऐसा तभी कर सकता था जब वह एक जाति की हो तथा बाल-बच्चे वाली न हो। इसलिए "यदि वह भिन्न जाति की हो, अनिच्छुक हो, या बाल-बच्चे वाली हो, तो कुछ धन लेकर उसको उसके घर भेज दे।" कहना न होगा कि इन विधानों में, जिन्हें आज कट्टर सनातनी हिन्दू समाज कहकर पुकारते हैं, इस सबका कहीं पता नहीं है।

अगम्यगमन आदि

अगम्यगमन के सम्बन्ध में धारणाएँ स्पष्ट हो चुकी हैं। "जो मौसी, बुआ, मामी, गुरुपत्नी, बहू, बेटी तथा बहिन के साथ व्यभिचार करे, उसका लिंग काट डाला जाए।" द्रष्टव्य है कि इसमें भौजाई का उल्लेख नहीं है। "यदि कामिनी स्त्री ने यह काम किया हो तो उसको और अपने नौकर के साथ समागम करनेवाली स्त्री को यही दण्ड मिले।"

कौटिल्य ने मातृगमन और भगिनीगमन से कहीं बढ़कर अपराध राजभार्या गमन को माना है। हम पहले भी देख चुके हैं कि कौटिल्य के अनुसार यदि कोई व्यक्ति राजकार्य में विदेश जाता है, तो उसकी पत्नी के लिए यह विधान है कि वह चिरकाल तक उसकी प्रतीक्षा करे। इसी प्रकार राजभार्या गमन को जो महापापों से भी बढ़कर महापाप माना गया है, इसका कारण राष्ट्रशक्ति विशेषकर राजा के व्यक्तित्व को मजबूत करना और उसे बल पहुँचाना था। राजभार्या गमन करने पर बर्तन में बन्द कर जलाने का विधान था। चाण्डाली के साथ गमन करने पर माथे

पर छाप लगाकर देश से बाहर निकाल दिया जाता था और वह व्यक्ति भी उस समय से चाण्डाल बना दिया जाता था। वैरागिन के साथ गमन करने पर 25 पण जुर्माना होता था। यदि वैरागिन की राजी से यह काम हुआ हो, तो उसको भी यही दण्ड दिया जाता था। वेश्या के जबरन उपभोग पर 12 पण जुर्माना होता था। यदि बहुत से लोग एक ही स्त्री-गमन करें, जिसे Gangrape कहते हैं, तो उन पर पृथक-पृथक 24 पण दण्ड होता था। पुरुष के साथ गमन करनेवाले यानी लौंडेबाज तथा स्त्री के गुदा स्थान में मैथुन करनेवाले को भी दण्ड दिया जाता था। इसी प्रकार पशुओं के साथ गमन करने पर भी सजाओं का विधान है।

विवाह-विच्छेद

यों तो तलाक या विवाह-विच्छेद का कौटिल्य के अर्थशास्त्र में या किसी भी भारतीय विधानग्रन्थ में उल्लेख नहीं है, पर कौटिल्य ने प्रकारान्तर से विवाह-विच्छेद माना है, यह बाद के विवरण से ज्ञात होगा। यदि स्त्री पति से द्वेष रखे और सात मासिक धर्म तक यानी सात महीने तक परपुरुष का चिन्तन करती हो, तो वह अपने गहने पति को लौटा दे और उस (पति) को दूसरी स्त्री के साथ सोने की आज्ञा दे दे। इस विधान से पुरुष को तो एक तरह से तलाक प्राप्त हो गया। दूसरी स्त्री के साथ सोने की आज्ञा का यही अर्थ हो सकता है। फिर कौटिल्य के अनुसार, "जो पुरुष अपनी स्त्री को न चाहता हो, वह उसको वैरागिन, सम्बन्धी, रिश्तेदार या परिवार के लोगों के पास रहने से न रोके।" इससे यह तो स्पष्ट नहीं है कि जैसे पुरुष को अन्य स्त्री के साथ सोने का अधिकार मिल गया, उसी प्रकार स्त्री को भी मिला। सच बात तो यह है कि पुरुषप्रधान समाज में ऐसा होगा, यह उम्मीद करना ही गलत है। पर स्त्री को कुछ आजादी मिल गई, इसमें सन्देह नहीं और सजातीय के साथ गमन करने को जो हल्का अपराध समझा गया है, उसको देखते हुए इसका अभिप्राय स्पष्ट है। कौटिल्य ने यह भी स्पष्ट कर दिया है कि इस प्रकार जो स्त्री और पति अलग होंगे, वह दोनों की सम्मति से होंगे।" यदि पति न चाहे, तो स्त्री नाराज होते हुए भी उसका परित्याग नहीं कर सकती। इसी प्रकार पति भी स्त्री का परित्याग नहीं कर सकता। परित्याग तभी सम्भव है जब दोनों ही एक दूसरे के साथ द्वेष रखते हों और अलग रहना चाहते हों। स्त्री से तंग आकर यदि पुरुष उससे छुटकारा पाना चाहे, तो जो धन स्त्री की तरफ से उसको मिला है, वह उसको लौटा देना चाहिए, परन्तु यदि स्त्री पुरुष से तंग आकर छुटकारा पाना चाहे तो उसको उसका धन न लौटाया जाए।" ऐसा ज्ञात होता है कि इस प्रकार का परित्याग अच्छा नहीं समझा जाता था, इसलिए सब कुछ लिख देने पर भी कौटिल्य बहुत जोर देकर लिखते हैं कि "प्रथम चार विवाहों में परित्याग का नियम नहीं है।"

पर्दा प्रथा

स्त्रियों को कहाँ तक आने-जाने की स्वतन्त्रता थी? भिक्षुणी, रिश्तेदार आदि के यहाँ स्त्रियों के जाने में कुछ भी दोष नहीं माना है। इसके अतिरिक्त मृत्यु, रोग, गर्भ आदि के मामले में सम्बन्धियों के यहाँ स्त्रियों का जाना उचित माना गया है। ऐसे मौकों पर जो पति स्त्री को सम्बन्धियों के घर जाने से रोकता था, उसे बारह पण जुर्माना देना पड़ता था। विपत्ति या खतरे को छोड़कर यदि कोई परस्त्री को अपने यहाँ ठहराता था, वह दण्डनीय होता था। इस प्रकार मालूम होता है कि स्त्रियों के आने-जाने पर रोक-टोक का सूत्रपात हो चुका था। कुछ लोगों ने ऐसा प्रमाणित करने का प्रयत्न किया है कि भारतवर्ष की स्त्रियों में पर्दा-प्रथा का चलन हमलावर मुसलमानों की लोलुप दृष्टि से बचाने के लिए हुआ है। पर यह मत सर्वथा अनैतिहासिक और गलत है। हम पहले बता चुके हैं कि वैदिक युग में ही स्त्रियों के रहने की अलग व्यवस्था थी। अवश्य उस युग में, जिसे हम पर्दा कहते हैं, ऐसी कोई बात नहीं थी। वैदिक युग में स्त्रियाँ समन तथा अन्य यज्ञों के अवसर पर मुक्त भाव से निकलती थीं, कुछ स्त्रियाँ रथ की दौड़ में भी भाग लेती थीं। वे सोमलता ढूँढने भी जाती थीं। (ऋग्. 1/56/2) प्रेमिकों से रात में मिलती थीं। इससे इतना तो स्पष्ट है कि उनको बहुत स्वाधीनता प्राप्त थी।

पितृप्रधान युग का सूत्रपात होते ही स्त्रियों की गतिविधि पर कुछ रोक लगनी शुरू हो गई थी, इसमें आश्चर्य ही क्या है? उन रोकों का सूत्रपात वैदिक युग में ही हो चुका था। अवश्य उत्तर-वैदिक युग में भी हम धर्मसभाओं तक में गार्गी आदि स्त्रियों को पुरुषों के सामने निधड़क धर्म-मत प्रतिपादन करते हुए पाते हैं, पर इससे आम स्त्रियों पर रोक अभी कम थी, ऐसा समझने का कोई कारण नहीं है। बुद्ध के जीवन के सम्बन्ध में जो कथाएँ हैं, उनसे ज्ञात होता है कि बुद्ध जिस कबीले में उत्पन्न हुए थे, उसमें यथेष्ट स्वतन्त्रता थी, पर स्मरण रहे कि शाक्यों तथा लिच्छवियों आदि में अभी तक जेन्स समाज जोर पर था। जो भी हो, चन्द्रगुप्त मौर्य के समय—और इससे कहा जा सकता है कि उसके इधर तथा उधर की शताब्दियों—में स्त्रियों की हालत पहले के मुकाबले काफी बिगड़ चुकी थी। पर्दा प्रथा या इस क्षेत्र में कहना चाहिए कि स्त्रियों की गतिविधि पर रोक से ज्ञात होता है कि उस युग में भी स्त्रियाँ करीब-करीब उसी हालत में पहुँच गई थीं, जिसमें इस समय भारतीय उच्च श्रेणी तथा मध्यवित्त श्रेणी की स्त्रियाँ हैं। प्रकरण चालीस में पर्दानशीन स्त्रियों का प्रत्यक्ष रूप से उल्लेख है। स्मरण रहे कि पर्दा प्रथा कभी भी, किसी भी देश में कथित निम्न वर्ग की स्त्रियों में नहीं रही। यह जहाँ भी रही, केवल उच्च तथा मध्यवित्त श्रेणी की स्त्रियों तक ही सीमित रही। कथित निम्न वर्गीय लोगों में जिनका धन कुछ बढ़ जाता है, वे केवल अनुकरण की वृत्तिवश

अभिजनों का अनुकरण करते हैं। यह सम्भव है कि कथित मुस्लिम युग में राजाओं तथा सरदारों की ओर से अक्सर कुलवधुओं का हरण हो जाने के कारण पर्दा प्रथा ने जोर बाँधा होगा। इस सम्बन्ध में यह बात भी साफ कर देनी चाहिए कि सामन्तों की ओर से स्त्रीहरण कोई भारतीय मुसलमानों का ही विशेष दुर्गुण नहीं था, बल्कि यह सभी देशों के सामन्तों की एक विशेषता रही है। पर्दाप्रथा या स्त्रियों की गतिविधि पर रोक-टोक के असली आर्थिक कारण ढूँढने की बजाय जो लोग उसका दोष कहीं पुरुषों की स्वभावसिद्ध दुष्टता, तो कहीं विदेशियों के मत्थे मढ़ना चाहते हैं, वे समस्या का समाधान न कर केवल इसकी गुत्थियों में उलझकर रह जाते हैं।

राहुल जी भी बहके

यह बहुत ही आश्चर्य की बात है कि राहुल सांकृत्यायन ने यह लिखा है कि "हिन्दुओं के पुरखों ने कभी सुना न होगा कि पर्दा प्रथा किस चिड़िया का नाम है। आज भी महाराष्ट्र, गुजरात, कर्नाटक, आन्ध्र, द्रविड़, मलाबार इत्यादि आधे से अधिक भारतवर्ष के हिन्दू पर्दे को नहीं जानते। पर जिस प्रकार आज बहुत से हिन्दू अंग्रेजों के खान-पान, रहन-सहन को गौरवपूर्ण समझकर उनका अनुकरण करते हैं, कुछ तो स्त्रियों की रक्षा के लिए और कुछ गौरव समझकर हिन्दुओं ने मुसलमानों की इस रीति का अनुकरण किया। (*कुरान सार, राहुल, पृ. 144*)

हम कौटिल्य से देख चुके हैं कि मुसलमानों क्या, ईसा मसीह के जन्म से पहले ही भारतवर्ष की स्त्रियों में कुछ हद तक पर्दा प्रथा का होना निश्चित है, जैसा कि हम दिखा चुके हैं। हमें इसमें कोई आश्चर्य नहीं है, क्योंकि पितृप्रधान समाज में ऐसा होना स्वाभाविक है।

इस प्रकार पर्दा प्रथा का सारा दोष आज हमलावर मुसलमानों पर थोपने की चेष्टा मालूम होती है। श्री संजय भट्टाचार्य ने 'भारतीय नारी ओ समाज' नामक पुस्तिका में इसी प्रकार पर्दा प्रथा को आक्रमणकारी मुसलमानों के मत्थे मढ़ा है। पर जैसा कि हम देख चुके, यह बात गलत है। महाभारत के स्त्रीपर्व में राजा धृतराष्ट्र कह रहे हैं कि "जिन स्त्रियों पर पहले कभी देवताओं की भी दृष्टि नहीं पड़ी थी, पतियों के मारे जाने पर अब वे सामान्य पुरुषों के सामने आ गईं....पहले जिन्हें अपनी सखियों के आगे एक साड़ी पहनकर निकलने में संकोच होता था, इस समय वे ही अपने सास-ससुर के सामने इस दीन वेश-में चल रही हैं।" रहा यह कि यह विशेष श्लोक प्रक्षिप्त है या नहीं, इसका निर्णय हम नहीं कर सकते। पर जहाँ तक मोटे तौर पर कहा जाता है, वह यही है कि विशेषज्ञों के अनुसार भी ईसापूर्व पाँचवीं शताब्दी के बाद महाभारत में कम ही परिवर्तन हुए हैं। यदि हम यह मान लें कि इसके बाद डेढ़ हजार वर्ष के अन्दर भी यह श्लोक महाभारत में मिलाया गया तो भी पर्दे का दोष विदेशी आक्रमण पर नहीं मढ़ा जा सकता। इसका मतलब

यह नहीं कि इसलाम में स्त्रियों के साथ न्याय होता रहा। इसलाम की जड़ें भी अन्य धर्मों की तरह सामन्तवादी पद्धति में ही निहित थीं, इसलिए स्त्रियों के साथ सद्व्यवहार उसमें भी सम्भव नहीं था।

आर्थिक रूप से स्त्रियों को स्वतन्त्रता प्राप्त होते ही नहीं, बल्कि होने के दौरान भी स्त्रियों पर से पर्दा या इस प्रकार की कोई रोक-टोक उठ जाना स्वाभाविक है। हमें तो ऐसा ज्ञात है कि मध्यवित्त श्रेणी की स्त्रियों की ओर से इस समस्या को ठीक तरह से न समझ पाने का एक प्रधान कारण यह है कि इस विश्लेषण से उत्पन्न परिणाम का सामना मध्यवित्त श्रेणी की फूहड़ स्त्रियाँ नहीं करना चाहतीं, इसलिए वे समस्या के ऊपरी कारणों तक ही रह जाती हैं।

यह तो हम जान चुके कि मौर्य युग में दासियाँ बहुत होती थीं। अरिस्टोवुलस ने जो विवाह के बाजार का वर्णन किया है, वह सम्भव है, दासियों के बिकने से सम्बन्ध रखता हो। इन दासियों की अवस्था के सम्बन्ध में हम यह भी जान चुके हैं कि जो धन न दे पाने के कारण दासी हो ज़ाती थीं, उनके शरीर पर मालिक का अधिकार तभी हो सकता था, जब वह राजी हों। यदि वह राजी न हो और मालिक उनके साथ जबरदस्ती करे, तो उसको सजा हो सकती थी।

योरोप के साथ तुलना

मध्य युग में योरोप में भी दास-दासियों की भरमार थी। दासियों पर मालिकों का सम्पूर्ण अधिकार होता था। इसके अतिरिक्त कौटिल्य के अनुसार यदि दासी के गर्भ में मालिक का बच्चा हो तो दासी और बच्चा दोनों स्वतन्त्र हो जाते थे। यह नियम भी योरोप के नियम से अच्छा था। दासियों के सम्बन्ध में इस नियम के स्वाभाविक रूप से दो नतीजे होते होंगे। एक तो यह कि मालिक दासी से सम्बन्ध बनाने से बचते होंगे, दूसरा यह कि दासियाँ कोशिश करती होंगी कि मालिक के साथ उनका सम्बन्ध हो जाए और उसके फलस्वरूप बच्चा हो, जिससे वह और उसका बच्चा दोनों दासता से मुक्त हो जाएँ।

पुरुषों की तरह स्त्रियाँ गिरवी भी रखी जाती थीं। स्मरण रहे कि कौटिल्य के अनुसार आर्य दास नहीं बनाए जा सकते थे, यानी दास प्रथा केवल आर्येतर जातियों तक ही सीमित थी। इस प्रकार गिरवी रखे हुए व्यक्ति से चाहे वह पुरुष हो या स्त्री, मुर्दा या पाखाना-पेशाब उठवाना, जूठा खिलाना या कपड़ा न पहनने देना या तकलीफ देना या यदि स्त्री है तो उसका यौन शोषण करना, ये ऐसे अपराध हैं, जिनके कारण "गिरवी रखने के बदले दिया गया धन जब्त कर लिया जाता था।" यह भी लिखा है कि ऐसा करने पर उसे सदा के लिए स्वतन्त्र कर दिया जाता था और उसके घर से भाग जाने दिया जाता था। आर्य केवल उसी हालत में दास हो सकता था जब वह अपने आपको बेचे, पर रुपया वापस देते ही वह

फिर मुक्त हो जाता था। युद्ध में पकड़े जाने के कारण भी आर्य दास हो सकता था, पर पकड़े जाने का हर्जाना देकर वह मुक्त हो सकता था। ये ही बातें स्त्रियों के सम्बन्ध में भी लागू होंगी। "प्रसवकाल का प्रबन्ध किए बिना ही जो गर्भिणी दासी को बेचता था या गिरवी रखता था, उसको और उसके क्रेताओं तथा साथियों को सजा मिलती थी। हाँ, यदि कोई सम्बन्धी न हो तभी मालिक उसकी सम्पत्ति का हकदार होता था। निस्सन्देह ये नियम अन्य देशों को देखते हुए उदार थे, पर जैसा कि हमेशा होता है, ये केवल सामाजिक विवेक पर मरहम-पट्टी करने के लिए ही होते हैं, कार्य रूप में इनका प्रयोग बहुत ही मुश्किल से होता है, शायद केवल उसी हालत में, जब शासक वर्ग का कोई व्यक्ति दास या दासी की तरफदारी या पैरवी करता हो। कहना न होगा, ऐसा बहुत कम होता होगा।

यहूदियों के साथ तुलना

दास-दासियों के सम्बन्ध में यहूदियों के विधान (21/1-11) कौटिल्य के इस विधान से कितने मिलते हैं, यह द्रष्टव्य है। वह विधान यों है—यदि तू एक यहूदी दास खरीदे तो छह वर्ष तक वह तेरी खिदमत करेगा और सातवें वर्ष में वह कुछ न देकर जहाँ चाहे मुक्त होकर चला जाएगा। यदि वह खुद-ब-खुद आया था, तो वह खुद-ब-खुद चला जाएगा। यदि वह आते समय बीवी लेकर आया था तो जाते समय बीवी लेकर चला जाएगा। यदि उसका मालिक उसकी शादी कराता है और उस शादी से पुत्र तथा कन्या होती है, तो जाते समय वह स्त्री तथा सन्तान मालिक के ही यहाँ रह जाएगी और वह अकेला जाएगा। यदि वह ऐसा कहे कि मुझे अपने मालिक, स्त्री, बच्चों से प्रेम है, मैं स्वतन्त्र होकर नहीं जाऊँगा तो उसका मालिक उसे न्यायाधीशों के सामने पेश करेगा, फिर वह उसे किवाड़ के पास लाएगा और उसका कान छेद देगा। तब वह उसकी चिरकाल तक सेवा करेगा। यदि कोई व्यक्ति अपनी लड़की को बाँदी के रूप में बेच दे, तो उसके लिए नियम दूसरे होंगे। यदि मालिक उसे मापसन्द करे, तो वह इस बात का मौका देगा कि लोग उसे खरीद कर वापस ले जाएँ, पर मालिक को यह हक नहीं होगा कि उसे किसी विदेशी के हाथ बेच दे, क्योंकि उसने उसके साथ अच्छा व्यवहार नहीं किया। यहूदी दास हो सकता है, पर एक हद तक ही। वह हद यह है कि हर हालत में वह यहूदियों में ही रहेगा। छह साल बाद वह मुक्त हो जाएगा और यदि दासी हुई तो किसी कुल की वधू बन जाएगी।

सम्पत्ति पर अधिकार

किसी समाज में—विशेषकर वैयक्तिक सम्पत्तिमूलक समाज में—स्त्रियों को सम्पत्ति का जिस हद तक अधिकार है, वह उस समाज में स्त्रियों की हैसियत का सूचक

है। यौथ समाज में स्त्रियों की सम्पत्ति सम्बन्धी क्या हैसियत थी, यह हम दिखला चुके हैं। वे ही सार्वजनिक सम्पत्ति की ट्रस्टी होती थीं, उस समांज के लिए यही स्वाभाविक था। जिस समय उसी नारीप्रधान यौथ समाज में गाँव के बाहर विवाह करने का रिवाज चला था, उस समय भी स्त्रियाँ ही एक तरह से सम्पत्ति की मालकिन होती थीं। कौटिल्य के समय तो लड़कियों की इस सम्बन्ध में हैसियत बिलकुल गिर चुकी थी। उन्होंने लिखा है, "लड़कियों को पिता की सम्पत्ति में भाग न मिले। माता की सामग्री में से वह पुराने बर्तन तथा गहने ग्रहण करे। (*कौटिल्य अर्थशास्त्र, अनुवाद : प्राणनाथ विद्यालंकार, पृ. 149*) स्त्री के लिए यह भी लिखा है कि वह पति के लिए जिम्मेदार नहीं है, पर "स्त्री के ऋण लेने पर पति को पकड़ा जा सकता है। इससे बचने के लिए यदि वह विदेश भागने की कोशिश करे तो उसको दण्ड दिया जाए।" दामाद भी ऋण का जिम्मेदार नहीं है, पर यदि ससुर का कोई लड़का न रहा हो और उसने ससुर की सम्पत्ति पाई हो तो वह कर्ज अदा करने के लिए बाध्य है। यह जो विधान है कि स्त्री के ऋण के लिए पति जिम्मेदार है, पर पति के ऋण के लिए स्त्री नहीं, यह उस मुद्दे के साथ तो सही है जिसके अनुसार स्त्री को पिता की सम्पत्ति पर हक नहीं है, पर इन सारे नियमों का अर्थ यही है कि एक सीमित स्त्री धन के अतिरिक्त स्त्री का किसी सम्पत्ति पर अधिकार नहीं है। इस प्रकार स्त्री की मर्यादा हमेशा के लिए एक नाबालिग या बच्चे की ही हो चुकी थी।

गुप्तचरी या स्त्री गुप्तचर

कौटिल्य के यहाँ गुप्तचरों का विशेष वर्णन है। ऐसा ज्ञात होता है कि उस युग में ही स्त्रियों से यह काम भी लिया जाता था। अक्सर ऐसी स्त्रियाँ परिव्राजिका या संन्यासिनी के रूप में अपना काम करती थीं, बल्कि श्री प्राणनाथ विद्यालंकार ने परिव्राजिका शब्द का अर्थ ही खुफिया पुलिस का एक भेद लिखा है। ये स्त्रियाँ तरह-तरह का काम करती थीं। इनमें से एक काम यह भी होता था कि दूती बनकर लोगों के झूठे प्रेम के सन्देश ले जाएँ और परीक्षा करें कि वे कहाँ तक सच्चरित्र हैं। लिखा है कि "अन्तःपुर में आकर सत्कार पानेवाली, बातूनी, नौकरी तलाश करनेवाली ब्राह्मणी को परिव्राजिका बनाया जाए और वह राज्यमन्त्री आदि लोगों के घरों में आया-जाया करे" और इस प्रकार इस बात का पता लगाए कि अमात्यगण क्या सोचते हैं। दासियों तथा सिरमुँडी औरतों का भी इस काम में नियुक्त होने का विधान है। अमात्यों के चरित्र की परीक्षा भी इस प्रकार की स्त्री-गुप्तचरों से होती थी। "अन्तःपुर में लब्धविश्वास तथा लब्धप्रतिष्ठ परिव्राजिका या संन्यासिनी महामात्य लोगों के पास पहुँचे और कहे कि रानी तुमको चाहती है, समागम का सम्पूर्ण प्रबन्ध है, और धन भी अधिक मिलेगा। यदि उन्होंने इस पर निषेध कर

दिया, तो उनको काम की परीक्षा में पास समझा जाए।'' कहना न होगा कि इस प्रकार स्त्रियों का उपयोग आजकल की दृष्टि में कुछ विसदृश जरूर जँचेगा, पर चाणक्य जो चाणक्य कहलाए और भारतवर्ष में मैकियावेली समझे गए तो इन्हीं बातों की बदौलत। कालिदास के 'मालविकाग्निमित्र' में परिव्राजिकाओं यानी स्त्री गुप्तचरों का उल्लेख है। कालिदास का समय मोटे तौर पर चतुर्थ शताब्दी ईसवी माना जाती है।

इस युग के महायुद्धों में स्त्रियों का उपयोग गुप्तचरियों के रूप में किया गया था। कई बार यह दिखाया जाता है मानो इन लोगों ने इस धन्धे को देशभक्ति के कारण अपनाया, पर यह बात गलत है। ऐसा इन लोगों ने पेशे के लिए किया और उस कार्य के लिए जब जरूरत हुई तो अपने रूप, यौवन से काम लिया। कौटिल्य ने यदि दो हजार वर्ष पहले इस कला का बखान किया तो आश्चर्य क्या है। साम्राज्यवाद के युग में इस कला को पूर्णता तक पहुँचा दिया गया। हम इस पुस्तक में एक हद तक ही ऐसी स्त्रियों का वर्णन कर सकते हैं जिन्होंने इस क्षेत्र में ख्याति प्राप्त की। सबसे पहले तो माताहारी का स्मरण हो आता है। फ्रांस में यह अपने को जावाद्वीप में उत्पन्न हिन्दू नर्तकी के रूप में परिचित कराती थी। ऐसा वह अपने को रहस्यावृत्त करने के लिए ही करती थी। असल में उसका नाम ग्रेटा था और वह डच परिवार में उत्पन्न थी। पहले वह कैप्टन मैकलेयर्ड नामक एक अफसर के घर में नौकरानी थी, फिर उसने उससे शादी की। बाद को वह एक अन्य पुरुष कैप्टन पियर मास्लाव की पत्नी के रूप में रहने लगी। वह इस अवस्था में अलंकार आदि अधिक तादाद में प्राप्त करने के लिए बीच-बीच में वेश्यावृत्ति किया करती थी। यह नृत्यकला में भी प्रवीण थी और एक तरह के नृत्य की प्रवर्तिका थी, जिसको वह ब्राह्मणों की नृत्यकला बतलाती थी। इस नृत्य का रूप यह था कि वह बिलकुल नंगी होकर नाचती थी। इस नृत्य की इतनी ख्याति हुई कि बड़े-बड़े लोग उससे मिलने लगे और उसकी कृपा के लिए लालायित रहने लगे। कहा गया है कि उसको नर्तकी के रूप में जो अभूतपूर्व सफलता प्राप्त हुई, वह कला की उत्कृष्टता के कारण नहीं, बल्कि यौन भावनाओं को जाग्रत करने में दक्षता के कारण। इस स्त्री ने बाद को गुप्तचर विभाग में पदार्पण किया और जर्मन गुप्तचर विभाग एच-21 के रूप में उसे एक बड़ी रकम देता था। इस स्त्री ने जर्मनों को बहुत-सी खबरें दीं। अन्त में इसका भण्डाफोड़ हुआ और फ्रांस में इसको मृत्युदण्ड दिया गया। कहा जाता है कि जिस समय इस स्त्री को गोली मारने के लिए ले जाया रहा था, उस समय फौज की उस टुकड़ी पर इसका बड़ा असर पड़ा और उनमें से कुछ लोग सम्मोहित हो गए। बारह व्यक्तियों में से एक व्यक्ति तो रास्ते में ही गश खाकर गिर पड़ा और जो ग्यारह गोलियाँ उस पर चलाई गईं, उनमें से आठ गोलियाँ खाली गईं। यह कहना कि माताहारी कोई आदर्शवादिनी

या देशभक्त थी, बिलकुल गलत है। वह एक मामूली वेश्या मात्र थी। बस इतना है कि राष्ट्र ने उसकी वेश्यावृत्ति का फायदा उठाना चाहा था, इससे उसे चाहे जो भी कहा जाए।

इसी प्रकार एम्मा स्टवर्ट नामक एक स्त्री का वर्णन भी मिलता है जो ब्रिटिश गुप्तचर विभाग में थी। यह वियना में अपना काम करती थी। एक बार उसको यह हिदायत दी गई कि वह यह पता लगाए कि किस प्रकार जर्मन सेना में सामरिक सन्देश तथा हुक्मनामे पहुँचाए जाते हैं। इस पर उसने एक विरहणी स्त्री का भेष बनाया और युद्ध क्षेत्र में जाकर अपने पति की लाश ढूँढने का स्वाँग रचने लगी। इस स्वाँग का जो उद्देश्य था, वह पूरा हुआ और उसकी भेंट ग्रेटड्यूक मेकलेनबुर्ग स्ट्रेलिट्स से हुई। ये महाशय देखते ही इस स्त्री के प्रेमजाल में फँस गए। बस अब क्या था, उसने सैकड़ों खबरें ब्रिटिश गुप्तचर विभाग को पहुँचाईं। जो भी हो, इस स्त्री का जीवन चरित्र इसलिए विशिष्ट और दिलचस्प हो जाता है कि कोपेनहेगेन में काम के सिलसिले में वह एक जर्मन अफसर के सम्पर्क में आई। अब की बार वह सचमुच प्रेम में पड़ गई और उसने साफ-साफ मित्रपक्ष को लिख भेजा कि वह अब नौकरी करने को तैयार नहीं है।

सोलाज़ नाम की फ्रेंच लड़की की कहानी भी बहुत विचित्र है। वह बहुत ही खूबसूरत तथा स्वभाव से मधुर थी। वह युद्धकाल में नर्सों में भरती हो गई और घायल सिपाहियों की तीमारदारी में संलग्न रहने लगी। घायलों की सेवा के दौरान वह सामरिक कहानियाँ सुना करती थी और धीरे-धीरे सम्बन्धित खबरों को अच्छी तरह समझने लगी। साथ ही इस स्त्री की फ्रेंच तोपखाने के अफसरों से दोस्ती हो गई। वह बारी-बारी से अपने कमरे में इन अफसरों को बुलाया करती थी और प्रेमवार्ता के दौरान उनसे सब हाल पूछ लेती थी। इस स्त्री का भी पर्दाफाश हुआ और यह ज्ञात हो गया कि एक जर्मन दन्दानसाज द्वारा वह सम्मोहित है और वह दन्दानसाज उससे जो काम चाहता है, करवा लेता है। यह राज़ जब खुला और उसका सम्मोहन दूर किया गया, तब वह समझ गई कि किस प्रकार उसने न केवल वेश्यावृत्ति की, बल्कि अपने देश के साथ विश्वासघात भी किया।

इसी प्रकार कैथराइन दिसीत्रेवयना की कहानी है। वह अपने सौन्दर्य के कारण रूसी मन्त्री की पत्नी हो गई थी। इसके बाद वह साइप नामक जर्मन गुप्तचर पर आशिक हो गई। कहना न होगा, इस क्षेत्र में प्रेमी भी प्रेमिका को दूहकर खबरें भेजा करता था।

हमने कुछ आधुनिक गुप्तचरियों का ब्यौरा इस कारण दिया कि कौटिल्य कितना आधुनिक था। पर कौटिल्य ने जिन बातों पर सोचा भी नहीं था, आज साम्राज्यवाद उन बातों को लागू कर रहा है, इसमें आश्चर्य की कोई बात नहीं। नारी को किसलिए रूपवान बनाया गया, यह कदाचित बहुत ही अजीब प्रश्न है।

नारी का रूप नर के लिए और नर का रूप नारी के लिए, यही बात समझ में आती है। इसका उपयोग गुप्तचर विभाग के लिए भी हो सकता है, इस बात को आधुनिक सरकारें दिखला रही हैं। पर इस मामले में भी कौटिल्य ने पहले ही बाजी मार ली है।

कौटिल्य के समय स्त्रियों की जो आम हालत थी, वह हम बतला चुके हैं। उस समय वेश्याओं की संख्या भी काफी थी, नहीं तो इसके लिए एक पूरे विभाग की जरूरत न पड़ती। वेश्याओं पर बात करते हुए हम इस पर रोशनी डालेंगे।

मौर्य काल में समन

वैदिक युग का समन समज्जा के रूप में मौर्यकाल में मौजूद था, ऐसा समझने का कारण है। कौटिल्य ने अपने अर्थशास्त्र में इसके सम्बन्ध में कोई बात नहीं लिखी। इससे ज्ञात होता है कि यह साधारण तरीके से चलता था और इस पर किसी प्रकार के नियन्त्रण की आवश्यकता नहीं थी। अवश्य कौटिल्य एक उत्सव, समाज तथा यात्रा का उल्लेख करते हैं। उन्होंने लिखा है, "उत्सव, समाज तथा यात्रा में चार दिन तक चलने दिया जाए। जो लोग ऐसे समय में राजाज्ञा से शराब बनाएँ, उनसे दैनिक राजकर ग्रहण किया जाए।" (*कौटिल्य-अर्थशास्त्र, अनुवाद, प्राणनाथ विद्यालंकार, पृ. 109*) दूसरी जगह (पृ. 387) कौटिल्य लिखते हैं, "विजित प्रदेश में शान्ति स्थापित करने के लिए राजा देश में प्रचलित देवता, उत्सव तथा विहार सम्बन्धी कामों में अपनी श्रद्धा-भक्ति प्रकट करे।" प्राणनाथ विद्यालंकार ने देश दैवत से मन्दिर का अर्थ लिया है, पर शाम शास्त्री ने इसका अर्थ धर्म सम्बन्धी लिया है। जो भी हो, समाज नामक एक संस्था उस समय थी, इसमें सन्देह नहीं। इससे भी पहले जिस समय 'विनयपिटक' का संकलन हुआ था, उस समय भी समाज था। उसमें राजगृह के पास एक पहाड़ पर समाज के आयोजन की बात है, जिसमें नाच-गान हुआ था, तथा बाजा बजाया गया था और एक अन्य समाज में भोज हुआ था। 'दीघनिकाय' में समज्जा के छह अंग बताए गए हैं, जिनमें नाच, गान, कहानी कहना, बाजा बजाना, करताल आदि हैं। 'धम्मपद' पर टीका करते हुए एक प्रकार से समज्जा की बात लिखी गई है, जिसमें राजगृह के राजा के सामने हर छठे मास या प्रतिवर्ष पाँच अभिनेता मिलकर अभिनय करते थे। यह अभिनय सात दिन तक चलता था। इस अवसर पर एक स्त्री ऊँची छड़ों पर नाचती थी, गाती थी और चलती थी। समज्जा में कुश्ती, कसरत तथा इन्द्रजाल भी दिखलाए जाते थे। 'दीघनिकाय' में पेखम नाम से जो उल्लेख मिलता है, उसको बुद्धघोष स्पष्ट करते हुए नट-समज्जा बतलाते हैं। जातकों में पेखम शब्द मेलों के अर्थ में आता है। समज्जाओं में हाथी, घोड़े, भेड़, बकरे तथा मुर्गे की लड़ाई भी दिखाई जाती थी। (*Social and Rural Economy of Northern India by Atindra Bose, p. 59*)

एक समज्जा के विषय में कहा गया है कि इस प्रकार के खेल देखते हुए एक धनिक वणिक पुत्र उग्गसेन उस अभिनेत्री या खेलवाली के प्रेम में पड़ गया। महाभारत में समाज शैव त्यौहार को कहते हैं, जिसमें नाच-गान तथा मद्यपान होता था। अशोक के समय में इस समज्जा नामक संस्था का कुछ पतन हो गया था, इसलिए अशोक ने चौहद में से प्रथम शिलालेख में इन शब्दों में समज्जा को मना कर दिया है। "कोई समज्जा न हो, क्योंकि महाराज समाज में आपत्तिजनक बात देखते हैं। अवश्य कुछ समाज ऐसे हैं, जिसमें महाराज कोई आपत्ति की बात नहीं पाते।" (*The state in Ancient India by Dr. Beni Prasad, p. 202*) इससे स्पष्ट है कि यह किसी न किसी प्रकार के यौथ अवशेष की तरह उत्सव का रूप प्राप्त कर चुका था। जो भी हो, इसमें सन्देह नहीं कि यह समाज या समज्जा वैदिक समन का ही एक विकृत रूप है। इस सम्बन्ध में हम श्री भगवतशरण उपाध्याय के मत से सम्पूर्ण रूप से सहमत हैं। बाद को हिन्दी में आकर जो समाजी के करीब-करीब भड़ुए या दुश्चरित्र का अर्थ लिया गया, वह इस समाज की विकृति के कारण है। हमें इसमें आश्चर्य नहीं कि वैदिक समन की संस्था बाद को विकृत होकर अभिनेताओं, रेडियों, खेलवालियों की चीज हो गई, क्योंकि समन का जो सामाजिक काम युवक और युवतियों का विवाह करना था, वह उससे विमुक्त हो गया और विवाह कराना पिता-माता का काम होने लगा, जिसमें विवाह करनेवालों का कोई हिस्सा नहीं होता था। ऐसी स्थिति में समन का विकृत हो जाना कोई आश्चर्य की बात नहीं।

वर्तमान समय में

इस समय भी बहुत-से भारतीय कबीलों में हम कुमार-कुमारियों के लिए एक सार्वजनिक शयनागार का पता पाते हैं। इन सार्वजनिक शयनागारों में कबीले के कुमार तथा कुमारियाँ आकर सोती थीं। वह कोई सामाजिक रूप से स्वीकृत व्यभिचारशाला नहीं थी, बल्कि यह इन लोगों के लिए एक शिक्षागृह तथा जीवन के लिए तैयारी थी। इन शयनागारों में सब कुमार-कुमारियों को अवश्य आना पड़ता था। यहाँ इन्हें सामाजिक व्यवहार की शिक्षा मिलती थी। कबीले के नेताओं को इस बात की सबसे अधिक फिक्र होती है कि कहीं कबीले के बाहर का कोई व्यक्ति कबीले की स्त्रियों के साथ सम्बन्ध बनाकर कबीले के रक्त को भ्रष्ट न करे। अवश्य ही यह उद्देश्य इस सार्वजनिक शयनागार से सिद्ध होता था। इन शयनागारों में जो कुमार-कुमारियाँ एकत्र होती हैं, उनमें अवश्य ही यौन सम्बन्ध होता था, पर यह व्यभिचार का रूप न लेकर कोर्टशिप का रूप लेता था। सुरिया जाति में इस प्रकार के शयनागार गोतुल कहलाते हैं। यहाँ कुमार-कुमारियों को कबीले की रीति-नीति के सम्बन्ध में शिक्षा दी जाती थी।

बहुत से लेखकों ने यह कहा है कि विवाह के पहले से ही कुमार-कुमारियों को कुछ यौन ज्ञान होना चाहिए। अवश्य इस बात का एक विरोधी मत भी है और वह कहता है कि इस ज्ञान से भले ही ऐसे स्त्री-पुरुष यौन क्रिया को अच्छी तरह और सफलतापूर्वक कर पाएँ, पर इसके मूल्यस्वरूप उनके मन पर बहुत बुरा असर पड़ सकता है। फिर भी इन सार्वजनिक शयनागारों से एक उद्देश्य सिद्ध हो जाता है, और वह इस प्रकार कि मानसिक नुकसान कम से कम हो। अवश्य अब चूँकि यह संस्था अपने मौलिक उद्देश्य तथा पारिपार्श्विक से विमुक्त हो गई है और अब उनकी यौन उदारता का फायदा दूसरे लोग रुपया आदि देकर उठाने के लिए तैयार हो गए हैं, दूसरे अब चूँकि समाज अपनी लड़कियों को ठीक से नियन्त्रित नहीं कर पाता और यह लड़कियाँ पैसेवाले सिपाहियों आदि के साथ दोस्ती करने लगी हैं, इसलिए ये सार्वजनिक शयनागार अब सामाजिक रूप से उपयोगी न रहकर बुद्धिभ्रंश के कारण हो गए हैं।

सूत्रयुग और मनुस्मृति में स्त्री की मर्यादा

वेदों तथा उपनिषदों के युग में स्त्रियों की जो अवस्था थी, वह हम देख चुके हैं। महाभारत और रामायण में वर्णित युग इन्हीं युगों के बीच कहीं न कहीं आ जाते हैं। हमारे वर्णनों से यह भी स्पष्ट है कि वैदिक युग में तो स्त्रियों को बहुत अधिक, पर उसके बाद के युग में भी अर्थात् उपनिषद तथा बौद्ध युग में भी स्त्रियों को यथेष्ट मर्यादा प्राप्त थी। पर सूत्रयुग में आकर हम इस स्वतन्त्रता को घटते देखते हैं। अब स्त्रियों की पराधीनता पराकाष्ठा पर पहुँच चुकी है, इसमें सन्देह नहीं। ईसापूर्व 400 से 200 तक का काल सूत्रयुग माना गया है। सूत्रों के रचयिताओं को किसी पद्धति का प्रवर्तक नहीं, बल्कि उस युग में जो विचार तथा रीतियाँ प्रचलित थीं, उन्हीं को ढंग से सूत्रवत रख देनेवाले कहा गया है। यह डॉक्टर रामचन्द्र मजूमदार जैसे विद्वानों का मत है। बात यह है कि बौद्ध युग में धार्मिक तथा अन्य क्षेत्रों में जो क्रान्तिकारी कदम उठाया गया था, उसकी शक्ति इस समय तक खत्म हो चुकी थी। प्रतिक्रिया इस समय पूरे जोर पर थी। अब प्रतिक्रिया इस हद तक वास्तविक हो चुकी थी कि सूत्रकार बिना तर्क दिए इतना ही लिखते रहे कि ऐसा उचित है और ऐसा नहीं, यह धर्म है और यह नहीं। इसे फतवेबाजी का युग कह सकते हैं।

ऐसी विचारधारा के युग में स्त्रियों की जो अवस्था होगी, उसकी कल्पना हम आसानी से कर सकते हैं। यों तो मनुस्मृति में प्राप्त कुछ नियम बहुत पुराने होंगे, पर उसका अन्तिम संस्करण ईसापूर्व 200 के लगभग हुआ, ऐसा भण्डारकर, जायसवाल आदि विद्वानों का मत है। कौटिल्य के स्त्री सम्बन्धी विधानों की हम पहले ही आलोचना कर चुके हैं। आगे के वर्णन से ज्ञात हो जाएगा कि कुछ मामलों में धर्मध्वजियों के मत अधिक प्रतिक्रियावादी हो चुके हैं।

वैदिक युग में विस्वारा अकेली मन्त्रों का पाठ करती है, पर पति और पत्नी का साथ-साथ यज्ञ करना वैदिक युग का साधारण नियम है। प्रत्येक यज्ञ में स्त्री सचमुच अर्धांगिनी का काम करती है, आरण्यक तथा सौतसूत्रों में भी यह पद्धति कायम है। इन ग्रन्थों में भी स्त्री बराबर पति की बगल में बैठकर यज्ञकार्य में हिस्सा लेती है तथा सामगान में उसका भी भाग होता है। अवश्य इस युग में स्त्री पुरुष

की आज्ञानुयायिनी होकर सब धर्म-कर्म तथा वेदपाठ करती है। ऐसा तो पुरुषप्रधान युग के प्रारम्भ से ही प्रकट-अप्रकट रूप से होता आया है, पर अब इस आज्ञाकारिता पर कुछ अधिक जोर दिया जा रहा है। फिर भी अतुलानन्द चक्रवर्ती ने यह ठीक ही दिखलाया है कि कृष्ण यजु. में स्त्री का हिस्सा बहुत प्रबल है और प्रत्येक अनुष्ठान में उसकी आवश्यकता होती है। तैत्तरीय ब्राह्मण (3/3/2/6) तथा शतपथ ब्राह्मण (1/3/1/2) में स्त्री को अनुष्ठानों में पुरुष के बराबर महत्व प्राप्त है। (*Culturla Heritage of India, Vol. III, P. 217*)

मनुस्मृति में अधिकार विलोप

यह तो हम पहले ही दिखा चुके हैं कि वैदिक युग में स्त्रियों का यज्ञोपवीत या उपनयन होता था, पर मनुस्मृति में आकर इस अधिकार को किस खूबी से नष्ट किया जाता है, यह द्रष्टव्य है। मनु कहते हैं, "स्त्रियों के लिए विवाह विधि ही वैदिक संस्कार है, ऐसा माना गया है। पति की सेवा ही उनका गुरुकुल निवास और घर का धन्धा ही उनका सायं-प्रातः होम है।" (2/67) अन्यत्र मनु कहते हैं, "स्त्रियों के लिए न कोई और यज्ञ है, न व्रत है और न उपवास है। वे पति की जो सेवा करती हैं, उसी से वे स्वर्गलोक में पूजित होती हैं। स्वर्गलोक पाने की इच्छा करनेवाली स्त्री अपने जीवित या मृत पति का कुछ भी अप्रिय न करे।" (5/155-56) पति के लिए कुछ रोक-टोक नहीं है, "पति अनाचारी हो या परस्त्री में अनुरक्त हो, विद्यादि गुणों से रहित हो, तथापि साधवी स्त्री को सर्वदा देवता मानकर अपने पति की सेवा करनी चाहिए।" (5/154) इसी प्रकार कितने ही विधान हैं। अब घर के अन्दर भी उसे कोई स्वतन्त्रता नहीं है, "बालिका हो या युवती या वृद्धा, स्त्री को स्वतन्त्रतापूर्वक घर का कोई काम नहीं करना चाहिए। स्त्री बाल्यकाल में पिता के अधीन, यौवनावस्था में पति के अधीन और पति के परलोकवासी होने पर पुत्रों के अधीन होकर रहे। न स्त्री स्वान्तश्रमर्हति। स्त्री कभी स्वतन्त्र होने की योग्यता नहीं रखती। वह पिता, पति या पुत्र से पृथक रहने की इच्छा न करे, क्योंकि इनसे विलग रहनेवाली स्त्री पतिकुल और पितृकुल दोनों को निन्दित करती है। स्त्री को सदा प्रसन्न रहकर दक्षता के साथ घर का कामकाज सँभालना चाहिए, पाकपात्र आदि नित्य व्यवहार्य सामग्रियों को साफ रखना चाहिए और जहाँ तक हो सके, कम खर्च करना चाहिए। पिता या पिता की सम्मति से भाई जिस पुरुष का हाथ पकड़ा दे, जीवित अवस्था में उसकी शुद्ध हृदय से सेवा करे और उसके मरने पर धर्म का उल्लंघन न करे।" (5/147-151) स्त्रियों का सारा धर्म पति सेवा ही हो गया है। इससे स्पष्ट है कि पहले जो स्त्रियों को पढ़ाना जरूरी समझा जाता था, अब उसकी आवश्यकता नहीं रही और पति सेवा ही उनका एकमात्र कर्म समझा गया।

सूत्रों में स्त्रियों के अधिकारों को इस प्रकार सीमित करने की चेष्टा बिल्कुल स्पष्ट है। उसे अब साफ-साफ बल्कि रुखाई के साथ यह चेतावनी दी जा रही है कि वह वैदिक मन्त्रों में हस्तक्षेप करने के झंझट में न पड़े। फिर भी इस युग में स्त्रियों को शिक्षा देने का कुछ पता मिलता है। उसे घरेलू अग्निपूजा में कुछ हिस्सा दिया जा रहा है, पर घर के बाहर सार्वजनिक रूप से जो अनुष्ठान होते हैं, उनमें से प्रमुख अनुष्ठानों में से उसको बिल्कुल निकाल दिया जाता है। (वही, पृ. 217) सार्वजनिक अनुष्ठानों से निकालकर कुछ घरेलू अनुष्ठानों में अधिकार देने का अर्थ यह है कि कम से कम सार्वजनिक रूप से अब उसके अधिकार नहीं रह गए और तसल्ली के लिए घरेलू धर्मों में ही उसको स्थान प्राप्त है। यह बात नहीं कि सूत्रयुग में केवल प्रतिक्रियावादी धारा है, बल्कि उस धारा का भी जोर है, जो स्त्रियों को कुछ अधिकार देना चाहती है। वह वैदिक युग का हवाला देकर स्त्रियों की मर्यादा बढ़ाना चाहती है, पर उसकी सारी वकालत केवल वाचिक क्षेत्र में रह जाती है। समाज के जगन्नाथ का रथ स्त्रियों के अधिकारों को पैरों तले रौंदते हुए आगे बढ़ता चला जा रहा है।

कुछ आगे-कुछ पीछे

पूर्व मीमांसाकार जैमिनी यह चाहते हैं कि स्त्रियों को वैदिक अनुष्ठानों में बराबर हिस्सा मिले। पाणिनि 'पत्नी' शब्द की परिभाषा इस प्रकार करते हैं कि पत्नी वह है जो धार्मिक कृत्यों तथा अनुष्ठानों में पति का साथ देती है। सच बात तो यह है कि सृजन-शक्तिमूलक विचारों से युक्त मौलिक ग्रन्थकार इस प्रकार स्त्रियों पर वार नहीं करते, बल्कि उन पर यान्त्रिक रूप से जिन लोगों ने टीकाएँ लिखी हैं, उन्हीं लोगों ने इस प्रकार स्त्रियों के हकों की हत्या के नारे दिए हैं।...इसी प्रकार सूत्रयुग में स्त्री के सम्पत्ति सम्बन्धी अधिकारों पर रोक लगाई गई है। वैदिक युग में स्त्री का सामाजिक पद साधारणतः अच्छा था। अविवाहित कन्या को पिता की सम्पत्ति में भाग दिया जाता था। विवाहिता पुत्री को कोई हिस्सा नहीं मिलता था, फिर भी विवाह के समय उसे यथेष्ट उपहार मिलते थे। पुत्रहीन पिता को पहले अपनी कन्या को पुत्रिका के रूप में मानने का अधिकार था और इस प्रकार की पुत्री को पुत्र के बराबर समझा जाता था, पर सूत्रयुग में इस अवस्था में भाटा आया। बोधायन कहते हैं कि स्त्रियाँ अबला हैं और उनको कोई भाग प्राप्त नहीं है। आपस्तम्भ सूत्र में पत्नी के अधिकार बिलकुल नहीं हैं, पर बाद को मनु ने इसमें कुछ सुधार किया। वह पुत्रिका के अतिरिक्त भी पुत्री के अधिकार को मानते हैं। इस विषय पर याज्ञवल्क्य का मत और भी स्पष्ट तथा उदार है। स्मृतियाँ तो साफ कहती हैं कि चूँकि स्त्रियों को वैदिक यज्ञों में भाग लेने का कोई अधिकार नहीं है, इसलिए उनको सम्पत्ति में भी कोई अधिकार नहीं है। गौतम के मतानुसार यदि

सन्तानहीन अवस्था में ही स्त्री विधवा हो जाए और वह नियोग कराकर अपने पति का वंश चलाना चाहे, तो उसे सम्पत्ति में भाग मिलेगा, पर स्त्रियों के कानूनी अधिकार के सबसे बड़े पृष्ठपोषक विज्ञानेश्वर हैं। पर वह अपने विधान में नियोग को कोई स्थान नहीं देते। श्रुति युग में स्त्रियों की जो मर्यादा थी, वह उनके भिताक्षरा तथा जीभूतवाहन के दाय भाग में चलकर पूर्ण कानूनी संरक्षण में परिणत हो जाती है। इस विधान के अनुसार स्त्रियों के उत्तराधिकार सम्बन्धी कई हक पुष्ट होते हैं और स्त्रियों को सम्पत्ति सम्बन्धी विस्तृत अधिकार प्राप्त होते हैं। सर हेनरी मेन ने अपनी 'अर्ली हिस्ट्री ऑफ इंस्टीट्यूशन' नामक पुस्तक में इस बात को बहुत हर्ष के साथ स्वीकार किया है कि "1846 का ब्रिटिश कानून भी विज्ञानेश्वर और जीभूतवाहन की सतह तक नहीं पहुँच पाते, क्योंकि उन लोगों ने स्त्री धन को लेकर जो विचार प्रकट किए हैं, वे स्त्रियों के कानूनी हकों, सामाजिक मूल्यों तथा वैयक्तिक गुणों को सुरक्षित करते हैं।" (*वही, पृ. 220*)

अतुलानन्द चक्रवर्ती ने जिस प्रकार आशा के स्वर में अपनी बातों का उपसंहार किया है वे कहाँ तक उपयुक्त हैं, यह हम बाद को देखेंगे। यहाँ केवल इतना ही बता देना यथेष्ट है कि 1886 से सदियों पहले बहुपत्नीत्व योरोप में कानूनी रूप से मना हो चुका था, इसलिए विज्ञानेश्वर के एकाध वाक्य पर यदि सर हेनरी मेन उड़ गए हैं, तो इसमें हम केवल उनकी उड़ान पर ही आश्चर्य प्रकट करते हैं। मनुस्मृति में स्त्रियों का जो स्थान है, उसको देखकर हम समझ जाएँगे कि एकाध कानूनी विद्वान के मत से कुछ नहीं होता। बौद्ध युग के बाद से स्त्रियों की हालत बराबर गिरती ही चली गई। मनु लिखते हैं, "कन्याओं के निमित्त वर का दिया हुआ जो भूषण-वस्त्रादि रूप शुल्क है, वह पिता-भ्राता आदि नहीं लेते, बल्कि कन्या को ही देते हैं। इसलिए वह विक्रय नहीं है, यह कुमारियों का पूजन है और इसमें कोई गर्हित बात नहीं है।" (3/54) इस श्लोक में पूजन (मूल में अर्हण) शब्द द्रष्टव्य है। फिर आगे मनु लिखते हैं, "विशेष कल्याण की इच्छा रखनेवाले पिता, भाई, पति और देवरों को चाहिए कि कन्या का पूजन करें और वस्त्रालंकार आदि से भूषित करें। जिस कुल में स्त्रियाँ पूजित होती हैं, उस कुल पर देवता प्रसन्न होते हैं। जहाँ स्त्रियों का अपमान होता है, वहाँ सभी यज्ञादि निष्फल होते हैं। जिस कुल की बहू-बेटियाँ क्लेश भोगती हैं, वह कुल शीघ्र नष्ट हो जाता है, पर जहाँ इन्हें दुख नहीं होता, वह कुल सब प्रकार से समृद्धिशाली होता है। सम्मानित न होने के कारण बहू-बेटियाँ जिन घरों को कोसती हैं, वे घर अभिचार से नष्ट होकर सर्वनाश को प्राप्त होते हैं। इसलिए ये स्त्रियाँ सदा भूषण, वसन और भोजन से सन्तुष्ट करने योग्य हैं। जिन पुरुषों को समृद्धि की इच्छा हो, वे मंगल कार्यों और उत्सवों में सब प्रकार भूषण-वसनादि से स्त्रियों को सन्तुष्ट रखें।" (3/55-60)

स्त्रियों का अवमूल्यन

जहाँ इस तरह स्त्रियों के सम्मान की बातें हैं, वहीं पर स्त्रियों के विरुद्ध तरह-तरह के वाक्य हैं। एक श्लोक (4/205-206) में कहा गया है कि "जिस यज्ञ में वैदिक ब्राह्मण का अभाव हो, जो यज्ञ बहुतों के यज्ञ करानेवाले के द्वारा किया गया हो, जिस यज्ञ में स्त्री या नपुंसक ने हवन किया हो, उस यज्ञ में ब्राह्मण कदापि भोजन न करे।" इसी प्रकार स्त्रियाँ जिस यज्ञ में होम करती हैं, वह साधुओं तथा देवों के प्रतिकूल होता है। इसीलिए ऐसा होम नहीं करना चाहिए। कहाँ तो प्रथम वैदिक पुरोहिता इला थी और कहाँ मनुस्मृति में यह नौबत आ गई कि स्त्रियाँ जिस यज्ञ में शिरकत करें, वह यज्ञ ही ब्राह्मणों के लिए त्याज्य हो गया। अन्यत्र (7/149) यह कहा गया कि बुद्धिहीन, गूँगा, अन्धा, बहरा, मनुष्य की बोली बोलनेवाला पक्षी, बहुत बूढ़ा, म्लेच्छ और अंगहीन के साथ-साथ स्त्रियों के सम्बन्ध में भी कहा गया है कि मन्त्रणा करते समय इनको हटा देना चाहिए। एक श्लोक (4/43) में मनु कहते हैं कि स्त्री के साथ एक थाली में न खाएँ। स्त्री शब्द के लिए मूल में भार्या आया है, इसलिए इस उल्लेख की यह व्याख्या करने की किसी प्रकार गुंजाइश नहीं रही कि यहाँ स्त्री का अर्थ परस्त्री नहीं, बल्कि अपनी स्त्री है। कहना न होगा कि यह विधान भी स्त्री की मर्यादा की हानि का सूचक है। अन्यत्र (8/112) कहा गया है—मेरी कोई पत्नी नहीं यह कहकर कि विवाह करने में, गौओं के लिए घास-भूसा लेने में, ईंधन संग्रह करने में तथा ब्राह्मण पर विपत्ति पड़ने पर झूठ बोलने में पाप नहीं है। इसका स्पष्ट अर्थ यह हुआ कि पुरुषों के लिए स्त्रियों से हर हालत में सच बोलने की बाध्यता नहीं है। 3/299 वें श्लोक में कहा गया है कि स्त्री, पुत्र, बाहर भेजा जानेवाला दास और सगे भाई—ये लोग यदि अपराध करें तो रस्सी या बाँस की छड़ी से इनकी ताड़ना की जा सकती है। इस सम्बन्ध में हम रूस की क्रान्ति के पहले तक प्रचलित तुर्कमैनों की इस प्रथा से इसकी तुलना करें कि विवाह के साथ तुर्कमैन वर को एक चाबुक भी मिलता था। अश्काबाद में पहली रात को वधू वर का जूता उतारती थी और यह काम जितना भी कठिन बनाया जा सकता था, उतना कठिन बनाया जाता था। इसका आशय स्पष्ट है।

स्त्रियों को किस प्रकार केवल प्रजनन का क्षेत्र मात्र समझा गया, यह एक उल्लेख से ज्ञात होता है, जिसमें कहा गया है कि माँ, बहिन या बेटी के साथ एकान्त स्थान में एक आसन पर न बैठें, क्योंकि बलवान कामेन्द्रिय संयमी विद्वानों को भी अपनी ओर खींच लेती हैं। हम पहले ही बता चुके हैं कि इस प्रकार के विचार केवल हिन्दू शास्त्रकारों की विशेषता नहीं हैं, बल्कि सभी धर्मों में इस प्रकार की मूर्खतापूर्ण बातें हैं। यदि किसी समय किसी का असामाजिक तरीके से पदस्खलन हो तो उसका सारा दोष स्त्री को ही है, पुरुष को नहीं, जबकि रोज के

तजुर्बे से हम जानते हैं और यौन विज्ञान भी यह बतलाता है कि बहुत अधिक मामलों में पुरुषों की ओर से ही खुराफात होती है। फिर भी मनु और आगे यह कहते हैं कि "पुरुषों को दूषित करना नारियों का स्वभाव है, इसलिए ज्ञानी पुरुष युवती स्त्रियों के सम्बन्ध में कभी असावधान नहीं होते। प्रमदा स्त्री इस संसार में मूर्ख को ही नहीं विद्वान पुरुष को भी देह-धर्मवश काम, क्रोध के वशीभूत कर कुमार्ग पर ले जाने में समर्थ होती है।" (2/213-14)

मनु अकेले नहीं

मनु तो ईसा के पहले हो गए हैं, पर आधुनिक काल में भी स्त्रियों को अत्यन्त बुरी समझनेवाले लोगों का अभाव नहीं है। सामाद नामक लेखक ने 'War, Wine and Women' नामक एक पुस्तक लिखकर इन तीनों—युद्ध, मदिरा और युवती की अविच्छेद्यता का प्रदर्शन किया है। इन पर टीका करते हुए सुधीन्द्रलाल राय नामक एक लेखक, जो कदाचित अपने को बहुत आधुनिक समझते हैं, लिखते हैं, "इस पुस्तक का नाम बहुत ही सुन्दर है, क्योंकि ये तीनों अविच्छेद्य हैं। ये तीनों मिलकर मनुष्य समाज के विनाशक त्रिगुट की सृष्टि करते हैं।" (*War and Immorality by S.K. Roy, p. 116*) मद्य पीना, बुरे लोगों का संसर्ग, पति का विरह, इधर-उधर घूमना, असमय में सोना और दूसरे के घर में रहना स्त्रियों के लिए ये छह दोष हैं। "स्त्रियाँ न रूप की परीक्षा करती हैं, न उम्र का खयाल रखती हैं, सुन्दर हो चाहे कुरूप, पुरुष होने से ही वे उसके साथ जुट जाती हैं।" कहना न होगा कि इन उल्लेखों से 'यत्र नार्यस्तु पूज्यन्ते रमन्ते तत्र देवता' आदि बातों पर सम्पूर्ण रूप से कालिख फिर जाती है। हम बाद को देखेंगे कि मनुस्मृति में दस-पाँच श्लोक स्त्रियों की प्रशंसा तथा सम्मान में होने पर भी उसकी स्त्री सम्बन्धी भावना सम्पूर्ण रूप से स्त्रियों के विरुद्ध है। मनु के इन परस्परविरुद्ध विचारों से पीछा छुड़ाने के लिए कुछ लोग कह देते हैं कि यह सब प्रक्षिप्त है। पर असली बात शायद यह है कि महाभारत की तरह मनुस्मृति भी कई शताब्दियों की रचना है।

मनु में नियोग का विधान अभी है, पर यह स्पष्ट है कि केवल प्राचीन धर्म को निभाने के लिए ही इसका विधान है। उस समय तक इस सम्बन्ध में काफी कड़ाई आ चुकी थी। वे कहते हैं, "बड़े भाई के मरने पर उसकी स्त्री से धर्मपूर्वक नियोग करने पर यदि कामवश वह उस स्त्री में अनुरक्त हो तो उसे दिधिषु पति कहते हैं।" (3/173) यानी इसका दायरा इस प्रकार संकुचित कर दिया गया है कि यह केवल वैदिक विधान के प्रति एक रियायत मात्र है। जिस प्रसंग में यह श्लोक आया है, उससे भी इस श्लोक का मन्तव्य क्या है, यह स्पष्ट हो जाता है। अन्यत्र (5/59-64) नियोग का विधान है। स्त्री को चाहिए कि सन्तान न होने पर स्वामी आदि गुरुजनों की आज्ञा से नियुक्त होकर देवर से या सपिण्ड के किसी

अन्य पुरुष से अभिलषित सन्तान उत्पन्न करवाए। इस प्रकार नियुक्त पुरुष सारे शरीर में घी लेपकर रात में मौन धारण कर स्त्री से एक पुत्र उत्पन्न करे, दूसरा कदापि नहीं। अन्य आचार्यों का मत है कि एक पुत्र का होना न होने के बराबर है, इसलिए नियुक्त पुरुष उसी स्त्री से धर्मपूर्वक द्वितीय पुत्र का उत्पादन करे। विधवा में शास्त्रोचित नियोग का कार्य सम्पन्न हो जाने पर अर्थात उसके गर्भ धारण करने पर यदि स्त्री-पुरुष आपस में मनमाना आचरण करते हैं, तो पुत्रवधू और गुरुपत्नी के साथ व्यभिचार करने के पाप से पतित होते हैं। द्विजों को चाहिए कि विधवा स्त्री का नियोग दूसरे से न कराएँ, क्योंकि दूसरे पुरुष से नियोग करानेवाले उसके पातिव्रत्य स्वरूप सनातन धर्म को नष्ट कर डालते हैं। अगले श्लोक में इन सब बातों पर यों पानी फेर दिया गया है कि "वैवाहिक वेदमन्त्रों में कहीं नियोग का उल्लेख नहीं है और न विवाह विधायक शास्त्रों में विधवा विवाह का उल्लेख है। विद्वान ब्राह्मणों ने इस पशुधर्म (नियोग) की बड़ी निन्दा की है। अधर्मी वेण राजा के राज्य शासन समय से इस पशुधर्म का आरम्भ हुआ। राजर्षियों में श्रेष्ठ राजा वेण जो सारी पृथ्वी का भोग कर रहा था, उसने काम से हतज्ञान होकर वर्णसंकर की प्रथा चलाई। उस समय से लोग अज्ञानवश विधवा स्त्री को देवर आदि से सन्तानोत्पत्ति के लिए नियोजित करते हैं। साधुमण्डली में उनकी निन्दा होती है।" (9/65-68)

इस प्रकार मनुस्मृति में नियोग के सम्बन्ध में दो विरोधी मत मौजूद हैं। या तो ये मत विभिन्न समय में उसमें जोड़े गए या अधिक से अधिक यह कहा जा सकता है कि जिस समय इस पुस्तक का अन्तिम संस्करण हुआ होगा, उस समय जो दो धाराएँ एक साथ चल रही थीं, यह उनका द्योतक है।

विधवा विवाह

नियोग से मिलता-जुलता विषय विधवा विवाह का है। मनु इस विषय पर क्या लिखते हैं, यह देखना दिलचस्पी से खाली न होगा। वह लिखते हैं, "भेड़ और भैंसों से जीविका चलानेवाला, विधवा से विवाह करनेवाला और द्रव्य के लिए प्रेत का दाह आदि करनेवाला श्राद्ध में यत्नपूर्वक वर्जनीय है।" (3/166) अन्यत्र (5/157-58) वह लिखते हैं, "पति के मरने पर स्त्री पुष्प, फल, मूल खाकर देह को क्षीण करे, परपुरुष का कभी नाम न ले। विधवा स्त्री पतिव्रता के उत्तम धर्मों को चाहती हुई मरते दम तक क्षमायुक्त और नियमपूर्वक ब्रह्मचारिणी रहे।" पहले के युग में अपुत्रक होने के कारण पुरुषों का तथा अविवाहिता होने के कारण स्त्रियों का स्वर्ग में जाना सम्भव नहीं था, पर अब विधवाओं पर कड़ाई करने तथा नियोग का निषेध करने के लिए ब्रह्मचर्य का विधान दिया गया। अब यह हो गया कि जो पतिव्रता स्त्री पति के मरने पर ब्रह्मचर्य में स्थिर रहती है, वह पुत्रहीन होने

पर भी ब्रह्मचारी पुरुषों की भाँति स्वर्गलोक को जाती है। (5/160) पहले तो पुरुष भी बिना पुत्रोत्पादन के स्वर्ग जाने के अधिकारी नहीं होते थे, यहाँ तक कि उसके पितर स्वर्ग में अगर हों भी तो वहाँ से च्युत हो जाते थे। इस सम्बन्ध में जरत्कारू का उदाहरण पाठकों को स्मरण होगा। कहीं इस विषय में कोई सन्देह न रहे, इसलिए मनु लिखते हैं, "जो स्त्री सन्तान के लोभ में पति का अतिक्रमण करती है, इस लोक में उसकी निन्दा होती है और पति लोक से भी वह भ्रष्ट हो जाती है। अन्य पुरुष से उत्पन्न की गई सन्तान शास्त्रसम्मत नहीं है और दूसरे की स्त्री में उत्पादित सन्तान भी उत्पादक की नहीं होती। पतिव्रता स्त्रियों के लिए दूसरे पति का उपदेश कहीं नहीं किया गया है।" (5/161-62)

यों तो विधवा के लिए ब्रह्मचर्य का विधान है, पर मनु ने (4/213) अवीरा स्त्री (पुत्ररहित स्त्री) का अन्न त्याज्य माना है।

इन विधानों से स्पष्ट है कि मनुस्मृति के इस संस्करण के लेखक को इस बात की बहुत फिक्र थी कि प्रजावृद्धि हो, पर ऐसा होते हुए भी वह विधवा विवाह या नियोग को मानने के लिए तैयार न थे। जो अवीरा स्त्री के अन्न का त्याज्य होना लिखा गया है, वह केवल सधवा स्त्री के लिए नहीं, बल्कि विधवा स्त्री के लिए भी होगा। फिर भी मनु में ही एकाध नियम ऐसे हैं, जिनसे ज्ञात होता है कि स्त्रियों को विधवा विवाह तथा नियोग का अधिकार दिए बगैर मनु का विधान पुत्रोत्पादन के लिए स्त्रियों को उत्साहित करने के लिए तैयार था। उदाहरणस्वरूप (8/407) में यह कहा गया है कि दो मास के ऊपर की गर्भिणी स्त्री, ब्रह्मचारी, संन्यासी और ब्राह्मण इन लोगों से केवट पार उतारने का खेवा न ले। यह जो गर्भिणी स्त्री को ब्रह्मचारी, संन्यासी, ब्राह्मण के साथ गिनाया गया है तथा उसको खेवा के पैसे से बरी कर दिया गया है, यह उस स्त्री के प्रति सम्मान था, तथा उसके लिए एक सहूलियत पैदा करना था, इसमें सन्देह नहीं। इस प्रकार पुत्रेच्छा या प्रजावृद्धि की कामना के कारण गर्भिणी स्त्री को कुछ रियायतें प्राप्त हैं। मनु इसी की प्रतिध्वनि करते हैं।

अन्यत्र (9/26-28) यह कहा गया है, "यह स्त्रियाँ सन्तानोत्पत्ति जैसा बड़ा उपकार करने के कारण पूजा के योग्य और घरों की शोभा हैं। घरों में लक्ष्मी और स्त्री दोनों एक समान हैं, इनमें कुछ अन्तर नहीं है। सन्तान जनना, जने हुए का पालन करना और नित्य का गृहकार्य, इनका प्रत्यक्ष कारण स्त्री ही है। सन्तान, धर्मकार्य, सेवा, उत्कृष्ट रति, पितरों का तथा अपना स्वर्ग साधन, यह सभी कुछ पत्नी के अधीन है।" इसमें यह द्रष्टव्य है कि स्त्री के सम्मान का एक कारण पुत्रोत्पादन बतलाया गया है। यह विचार तो जैसा हम देख चुके हैं, सारे पितृप्रधान समाज की ही विशेषता है।

पुत्र-पुत्री पर अधिकार

इसी सम्बन्ध में पितृप्रधान समाज की एक दूसरी विशेषता भी द्रष्टव्य है। मनुस्मृति (9/32) में यह कहा गया है कि "पुत्र पति का होता है, यह मुनियों का मत है, पर पति के विषय में दो प्रकार की श्रुति है। कोई पुत्र उत्पन्न करनेवाले को (फिर चाहे वह पति न हो तो भी) पुत्रवान कहते हैं और कोई जिसकी पत्नी से पुत्र हुआ, उसी का पुत्र मानते हैं।" यहाँ पर जो कुछ कहा गया है, इससे उसका विरोध हो जाता है। आगे मनु कहते हैं, "महर्षियों ने स्त्री को क्षेत्र के समान तथा पुरुष को बीज के समान माना है, क्षेत्र-बीज के संयोग से सब प्राणियों की उत्पत्ति होती है। कहीं बीज प्रधान होता है। जहाँ बीज और क्षेत्र दोनों समान होते हैं, वहाँ सन्तान पति बीज से उत्पन्न होने के कारण श्रेष्ठ मानी जाती है। बीज और क्षेत्र में बीज की ही प्रधानता होती है, क्योंकि सभी जीवों की उत्पत्ति बीज के वर्ण-रूपादि चिह्नों से अंकित होती है। ठीक समय पर जोते हुए खेत में जैसे बीज बोया जाता है, बीज के गुणों से युक्त वैसा ही अंकुर उसमें उत्पन्न होता है।...बोया कुछ और उपजा कुछ और, ऐसा नहीं होता। जो बीज बोए जाते हैं, वही उपजते हैं।" (वही, 9/33-40)

दूसरे शब्दों में, शास्त्रकार के अनुसार सन्तान पर पिता का ही हक होता है। जब स्त्री को अपने ही ऊपर करीब-करीब कोई हक नहीं होता, तब भला पुत्र पर उसका क्या हक होगा।

पितृप्रधान युग की तीसरी विशेषता पुत्र-पुत्री में भेद भी इस युग के विधान में दृष्टिगोचर है। इसके अनुसार पुत्र के जन्म से मनुष्य को स्वर्ग की प्राप्ति होती है। पौत्र के जन्म से इसी स्वर्ग पर मौरूसी पट्टा हो जाता है और प्रपौत्र की उत्पत्ति से तो मनुष्य सूर्यलोक में निवास करता है। इस विधान के अनुसार पुत्र पिता को पुन्नाम नरक से बचाता है। इसी से पुत्र शब्द बना है। (9/137-38) इस सम्बन्ध में पुत्र के बाद पौत्र और उसके बाद प्रपौत्र का ही नाम लिया गया है। कन्या का पता नहीं है, पर दौहित्र का उल्लेख अगले श्लोक (9/139) में यों है—"संसार में पौत्र और दौहित्र में कोई अलगाव नहीं है। दौहित्र भी पौत्र की तरह मातामह का पिण्डदानादि क्रियाओं से उद्धार करता है। इसका अर्थ यह हुआ कि मनु को पुत्र, पौत्र, प्रपौत्र पर कोई विशेष प्रेम नहीं है, वह दौहित्र से भी कोई विद्वेष नहीं रखते, पर दौहित्र के क्षेत्र में जो बीच वाली कड़ी है, उस कन्या को बिलकुल भुला देते हैं। इससे स्पष्ट ध्वनि निकलती है कि जब तक पुरुष है, तब तक मनु के निकट वह ठीक है, वह अपने पितरों को स्वर्ग पहुँचा सकता है, पर स्त्री हुई तो वह चाहे पुत्री हो, प्रपौत्री हो या दौहित्री हो, मनु के निकट उसका कोई अर्थ नहीं है। इस प्रकार स्पष्ट हो जाता है कि अब समाज में स्त्री और पुरुष की तुलनामूलक

अवस्था क्या है। इस प्रकार का विधान बनाकर मनु ने अन्य पितृप्रधान समाज के नेताओं के मुकाबले कोई अधिक बेइन्साफी की, यह समझने का कोई कारण नहीं है। स्मरण रहे, पुत्र को स्वर्गदाता बताना और पुत्री के सम्बन्ध में चुप रहना, यह उस समाज के तत्सम्बन्धी रुख को बिलकुल स्पष्ट कर देना है। धर्म की आड़ लेकर यह मत केवल यही बताता है कि पुरुष के मुकाबले में स्त्री निकृष्ट है। इसका आर्थिक-सामाजिक कारण हम पहले ही बता चुके हैं। मनु ने दत्तक पुत्र का विधान दिया है। (वही, 9/141-42)

व्यभिचार आदि

पुरुषप्रधान समाज में ही व्यभिचार का जन्म हुआ, यौथ समाज में तो व्यभिचार अज्ञात था। मनु कहते हैं, "परपुरुष के साथ व्यभिचार करने से स्त्री संसार में निन्द्य समझी जाती है। मरने पर स्यारिन होती है तथा कुष्ठादि रोगों से पीड़ित होती है।" हम देख चुके हैं कि पुरुषप्रधान समाज में व्यभिचार सम्बन्धी नियम पुरुष और स्त्री दोनों के लिए हैं, पर व्यावहारिक रूप में केवल स्त्रियों पर ही लागू होते हैं। पुरुष के लिए व्यभिचारी होना अधिक से अधिक अन्य दोषों की तरह एक दोष मात्र है, पर स्त्रियों के लिए महापातक है। भेदबुद्धि के समर्थन में प्राणी विज्ञान और शरीर विज्ञान तक को घसीटा गया है। कहा गया है कि पुरुष के लिए यह दोष स्वाभाविक रूप से हल्का इसलिए है कि वह कुछ दे ही आता है—अवश्य देना भी अनुचित है—कुछ ले नहीं आता; स्नान करने से ही उसकी शुद्धि हो सकती है, पर स्त्री के सम्बन्ध में यह बात लागू नहीं होती, क्योंकि वह अपने अन्दर अपने कुकृत्य के परिणाम को धारण करती है और इसीलिए स्नान मात्र से उसकी शुद्धि नहीं हो सकती। कहना न होगा कि यह तर्क केवल पहले से पहुँचे हुए एक उपसंहार के समर्थन में पेश किया जाता है। प्रत्येक समागम से गर्भ नहीं रहता, इसलिए यदि यही तर्क सही होता तो जिन समागमों से गर्भ नहीं रहता, उनको कम से कम उसी दर्जे का समझना चाहिए जो दर्जा पुरुषों के व्यभिचार को हासिल है, पर व्यावहारिक रूप से ऐसा कहाँ होता है? स्त्री के लिए तो व्यभिचार बिलकुल अक्षम्य समझा गया है और पुरुष के लिए यह एक खेल है—अधिक से अधिक एक हल्के ढंग से निषिद्ध खेल। फिर भी मनु आदि ने पुरुष को परस्त्रीगमन से इन शब्दों से रोका है, "परस्त्रीगमन का दोष जिस पर लगा है, ऐसा कोई पुरुष यदि किसी परस्त्री के साथ एकान्त में सम्भाषण करे तो राजा उसे दण्ड दे।" भला राजा तक इस बात के पहुँचने की नौबत ही कैसे आएगी।

मनु आगे लिखते हैं, "जो परस्त्रीगमन के दोष से रहित हो और किसी कारण से दूसरे की स्त्री के साथ लोगों के सामने या एकान्त में भाषण करे, तो वह अपराधी न होने के कारण दण्ड पाने योग्य नहीं है। जो पुरुष पराई स्त्री से तीर्थ में या

नदी के तटवर्ती जंगल में या गाँव के बाहर निर्जन उपवन में या नदियों के संगम स्थल में गुप्त भाषण करे, उस पर राजा संग्रहण दण्ड (याने 1000 पण) जुर्माना करे।'' परस्त्री के पास माला-फूल इत्यादि भेजना, उसके साथ हँसी-दिल्लगी करना, आलिंगन करना, उसका भूषण-वस्त्र छूना, उसके साथ चारपाई पर बैठना, ये सब शास्त्रों में संग्रहण कहे गए हैं। कोई पुरुष परस्त्री के स्पर्श निषिद्ध अंग को स्पर्श करे अथवा उसके अपने अंग को स्पर्श करने पर कुछ न बोले, यह सब परस्पर होनेवाला संग्रहण ही है। यदि शूद्र द्विजातीय स्त्री के साथ संग्रहण करे, तो वह दण्डनीय है। उस युग में स्त्रियों को कितनी स्वतन्त्रता थी, यह भी हम मनु के अगले श्लोकों में देखते हैं। भिक्षुक, भाट आदि गृहस्थ पत्नी से बेरोक-टोक बात कर सकते हैं। आज भी इस सम्बन्ध में कोई विशेष परिवर्तन नहीं हुआ, क्योंकि पर्दे वाली स्त्रियाँ भी नौकरों आदि से बेरोक-टोक बात करती ही हैं। जो निषिद्ध भाषण करता है, वह सोलह माशा स्वर्ण दण्ड का भागी होता है। यह विधि स्त्रियों के लिए नहीं है। भार्या से अपनी जीविका चलानेवालों से भी नहीं है, क्योंकि वे अपनी स्त्रियों को स्वयं ही परपुरुषों से सम्बद्ध कराते और उनसे व्यभिचार कराते हैं, तथापि ऐसी स्त्रियों के साथ भी एकान्त में बात करनेवाले पुरुष को राजा दण्ड दे। वैसे ही दासियों, वैरागिनों और ब्रह्मचारिणियों के साथ जो पुरुष रहस्य भाषण करे, उसे भी कुछ दण्ड दिया जाए। (8/361-62) इसमें यह द्रष्टव्य है कि नटों की स्त्रियों को पुरुष के लिए निषिद्ध नहीं माना गया है। इसका अर्थ यही हुआ कि स्त्रियों के लिए तो सब कुछ मना है, पर पुरुषों के लिए कुछ रास्ते खुले हुए हैं।

व्यभिचार तथा बलात्कार में वर्गविचार

अगला श्लोक और भी महत्व का है। उसमें लिखा गया है कि ''जो मनुष्य किसी कन्या पर बलात्कार करके उसे दूषित करता है, वह तत्काल वध करने योग्य है, किन्तु कन्या की इच्छा से अगर कोई उसे दूषित करे और वह पुरुष कन्या का सजातीय हो तो वह वध के योग्य नहीं होता।'' (8/364) इस सजातीयता वाले विचार में आदिम समाज का कुल या गोत्र वाला विचार छिपा हुआ है, नहीं तो जहाँ तक अपराध का सम्बन्ध है, क्या कोई बता सकता है कि सजातीय होने से क्या फर्क पड़ता है? अगले श्लोक में व्यभिचार के अन्दर चलनेवाले वर्ग-संघर्ष को भी हम देख सकते हैं। उसमें मनु लिखते हैं, ''उच्च जाति के पुरुष के साथ सम्भोग करने की इच्छा से उसकी सेवा करनेवाली कन्या को कुछ भी दण्ड न दिया जाए, पर हीन जाति के पास जानेवाली को मकान के अन्दर बन्द रखे। उत्तम वर्ण की कन्या के साथ समागम करनेवाला नीच वर्ण का पुरुष वध के योग्य है। समान वर्ण की कन्या के साथ समागम करनेवाला (यदि उस कन्या का पिता चाहे तो) शुल्क देकर छूट सकता है।'' यहाँ तक तो प्राकृतिक था, पर अप्राकृतिक उपाय

से भ्रष्ट करने में भी वर्ग-संघर्ष दृष्टिगोचर है। मनु कहते हैं, ''जो मनुष्य दर्प में आकर बरजोरी समान जाति की कन्या की योनि में अँगुली डालकर उसे भ्रष्ट करता है, राजा शीघ्र उसकी दो अँगुलियाँ कटवाकर उस पर 600 पण जुर्माना करे। स्वयं सकामा कन्या को अँगुली डालकर भ्रष्ट करनेवाले समान जाति के पुरुष की अँगुली नहीं काटनी चाहिए। दो सौ पण दण्ड उसे इसलिए देना चाहिए कि वह फिर कभी ऐसा दुष्कर्म न करे।'' (8/367-68) व्यभिचार के सम्बन्ध में मनु और भी कहते हैं, ''जो स्त्री अपने बाप-दादा के धन और रूप-गुण से गर्वित होकर परपुरुषगमन करे, तो राजा उसे बहुत-से लोगों के सामने कुत्तों से नुचवा डाले।'' व्यभिचारिणी गीदड़ी होगी, वह कुष्ठ रोग पीड़िता होगी, उसे कुत्तों से नोचवा डाला जाए, यही मनु का विधान है। अवश्य परस्त्रीगामी पुरुष के लिए भी यह विधान है कि उसे लोहे की शैया पर सुलाकर ऊपर से लकड़ी रखवा दे, जिससे वह पापी जलकर खाक हो जाए। हमें ऐसा ज्ञात होता है कि जिस श्लोक में पुरुष को इस प्रकार व्यभिचार के कारण जिन्दा जला डालने का विधान है, वह श्लोक बाद के युग का होगा, क्योंकि इस श्लोक में यह कहा गया है कि परस्त्रीगमन से दूषित पुरुष दण्डित होने पर यदि एक वर्ष के बाद फिर वैसा कृत्य करे तो उसे पहले से दूना दण्ड देना चाहिए। यदि किसी पुरुष को परस्त्रीगमन में जिन्दा जला ही दिया गया, तो अगले साल फिर उसके अपराध करने की नौबत ही कहाँ आ सकती है?

अगले श्लोकों के साथ भी व्यभिचारी पुरुष के जिन्दा जला देनेवाले विधान का सामंजस्य नहीं होता। मनु कहते हैं, ''यदि वैश्य ब्राह्मणी के साथ मैथुन करे तो सर्वस्व हरणपूर्वक राजा उसे एक वर्ष की कैद की सजा दे और क्षत्रिय यदि यह कर्म करे तो उस पर 1000 पण जुर्माना करे और पेशाब से भिगोकर उसका सिर मुँडवा दे।'' और इससे भी अगले श्लोक में यों लिखा है कि ''यदि वैश्य और क्षत्रिय अरक्षित ब्राह्मणी के साथ गमन करें तो वैश्य को 500 पण और क्षत्रिय को 1000 पण दण्ड करे।'' (8/336) (हमारे पास मनुस्मृति का जो संस्करण है, उसमें संस्कृत तथा हिन्दी में यही पाठ है, पर इसमें कहीं न कहीं कुछ गलती अवश्य है, क्योंकि इसमें Wergeld सिद्धान्त के विरुद्ध वैश्य को कम और क्षत्रिय को अधिक दण्ड दिया गया है।) अब अगले श्लोक में फिर वही जिन्दा जला डालने की बात है, ''वैश्य और क्षत्रिय ये दोनों यदि रक्षित ब्राह्मणी के साथ मैथुन करें तो शूद्र के लिए जो दण्ड बतलाया गया है (यदि शूद्र द्विजाति की अरक्षित स्त्री के साथ व्यभिचार करे तो 8/374 वें श्लोक में सर्वस्वहरण के साथ प्राणदण्ड का विधान है) वह दण्ड उसे देना चाहिए।'' कहना न होगा कि शूद्र को यह दण्ड व्यभिचार के लिए उतना नहीं है, जितना कि अपने से उच्च जाति के साथ गुस्ताखी करने के लिए है।

अमेरिका में वर्णभेद

आज भी अमेरिका में यदि कोई हब्शी किसी गोरी स्त्री के साथ राजी या गैरराजी समागम करे, करने की चेष्टा करे या उस पर यह दोष लगा-भर दिया जाए तो उसे लिंचकर मार डाला जाता है। लिंच में जिन्दा जला डालने का उपाय भी अक्सर काम में लिया जाता है। फिर यह जो कहा गया कि वैश्य और क्षत्रिय को भी वही दण्ड मिले जो शूद्र के लिए विहित है, तो इसका सामंजस्य पहले उद्धृत श्लोकों के साथ, जिसमें एक वर्ष सजा तथा पेशाब से सिर मुँडवा देने की बात है, कैसे किया जा सकता है? ब्राह्मण यदि ब्राह्मणी के साथ बलात्कार करे तो उसके लिए एक हजार पण दण्ड और यदि वह सकामा हो, तो पाँच सौ पण दण्ड का विधान है। (8/378)

यह द्रष्टव्य है कि इस प्रकार प्रत्येक क्षेत्र में, यहाँ तक कि बलात्कार के दण्ड-विधान में भी, अब जातिभेद का पूरा बोलबाला हो चुका था। अगले श्लोक में इस भेदभाव को और भी स्पष्ट कर दिया गया है। अवध्य होने के कारण ब्राह्मण के सिर का बाल मुड़ा देना ही उसके लिए प्राणदण्ड है, पर अन्य वर्णों को प्राणान्तक दण्ड दिया जा सकता है। इस सम्बन्ध में हिन्दुओं की दूसरी प्रामाणिक संहिता याज्ञवल्क्य संहिता का जो कहना है, वह भी द्रष्टव्य है। याज्ञवल्क्य का कहना है कि यदि क्षत्रिय या वैश्य ब्राह्मणी से गमन करे तो वे एक मास तक गौमूत्र का सेवन करने से शुद्ध हो जाते हैं। यदि कोई व्यक्ति अपने से निम्न जाति की स्त्री के साथ कामुकता का व्यवहार करे तो उसमें कोई दोष नहीं है, अन्यथा अपराध दण्डनीय होगा। यदि उच्चतर जाति की स्त्री से गमन किया जाए तो मृत्युदण्ड विधेय है। इस सम्बन्ध में सब श्लोकों की छानबीन करने के बाद हम दो निश्चयों पर पहुँचने के लिए बाध्य हैं। एक तो यह कि व्यभिचार के लिए स्त्री को बहुत कठिन दण्ड का विधान है, इसमें सन्देह नहीं। पुरुष को उसी अपराध के लिए कहीं कम दण्ड है। दूसरी बात जिस पर हम पहुँचे हैं, वह है कि दण्ड में भेद जातिभेद के कारण होता था। ये दोनों निष्कर्ष प्रत्येक पितृप्रधान समाज के लिए—कहीं छिपे और कहीं खुले तौर पर—लागू हैं, अतएव इस पर आश्चर्य करने की कोई बात नहीं। एक ही अपराध करने पर समाज के उच्चस्तर के लोगों को सजा न हो या कम हो, इसी को Wergeld का सिद्धान्त कहते हैं। व्यास संहिता में बिलकुल निर्लज्ज स्पष्टता के साथ यह कह दिया गया है कि दण्ड वर्णों की श्रेष्ठता तथा निकृष्टता के अनुसार दिया जाना चाहिए। यह नियम वर्णों पर ही नहीं, बल्कि वर्णसंकरों पर भी लागू है।

कुमारी के पुत्र होने की बात हम कुन्ती के सम्बन्ध में देख चुके हैं। मनु ने ऐसे पुत्र को कानूनी कहा है और मनु के अनुसार वह पुत्र उसका होता है जो

उस कन्या से विवाह करता है (9/172)। इस विधान से तो यही ज्ञात होता है कि पहले के श्लोकों में व्यभिचार के लिए जो दण्ड है, वह बहुत कुछ कागजी ही था। अगले श्लोक में गर्भवती कन्या के गर्भ की बात जानकर या न जानकर जो उसके साथ विवाह करता है, वह पुत्र उत्पन्न होने पर उस विवाहकारी का सहोढ़ पुत्र कहलाता है। इसी प्रकार जो स्त्री पति से त्यागी जाने या विधवा होने पर अपनी इच्छा से पुनः विवाहिता होकर पुत्र पैदा करे, वह उस जन्मदाता का यौनर्भव पुत्र कहलाता है। यदि वह विधवा अक्षत योनि हो तो दूसरे पुरुष से विवाह कर सकती है। यदि पति से त्यागी जाने पर फिर उसी के पास लौटकर आए तो पति फिर उसके साथ विवाह कर सकता है। वह स्त्री पुनर्विवाह होने से यौनर्भव कहलाएगी। (9/175-76) एक श्लोक (9/178) में ब्राह्मण यदि कामवश विवाहिता शूद्रा से पुत्र उत्पन्न करे तो उसका वह पारशव पुत्र कहलाता है, क्योंकि वह जीवित रहने पर भी शव के, अर्थात मुर्दे के बराबर है। यहाँ फिर एक असंगति यह आ जाती है कि परस्त्री से पुत्रोत्पादन व्यभिचार है, किन्तु इस बात को अनदेखा कर केवल उस पुत्र को पारशव बतलाया गया है। दासी से पुत्रोत्पादन का भी विधान है। दासी सम्पूर्ण रूप से वैयक्तिक सम्पत्ति समझी जाती थी। यहाँ तक कि किसी के द्वारा भोगी जाने पर भी धनी का स्वत्व नष्ट नहीं होता (8/149)। मनु के अनुसार, स्त्री का धन पर भी कोई अधिकार नहीं है। पत्नी, पुत्र और दास ये तीनों निर्धन कहे गए हैं। इनका हासिल किया धन उसका होगा जिसके यह पुत्र, कलत्र और सेवक हैं (8/416)।

विवाह पर मनु

हम पहले ही बता आए हैं कि किस वर्ण के पुरुष के साथ किस वर्ण की स्त्री के विवाह से कौन-सी जाति का पुत्र उत्पन्न होता है। मनु के अनुसार दुष्कुल से भी स्त्रीरत्न संग्रहणीय है (2/239)। स्त्रीरत्न, विद्या, धर्म, बुद्धि, उत्तम वचन और विविध प्रकार की शिल्प-कला यह सब जहाँ मिलें, वहीं से उनका संग्रह करना चाहिए (2/240)। फिर भी सजातीय कन्या से विवाह करने का विधान है। अगले श्लोक में मनु कहते हैं कि जो कन्या माता की असपिंडा हो तथा पिता की असगोत्रा हो, वही द्विजातियों के द्वारा विवाह करने और सन्तान उत्पन्न करने योग्य है (3/5)। के.वी. गजेन्द्र गडकर ने इस श्लोक के सम्बन्ध में लिखा है कि यदि इसका शाब्दिक अर्थ लिया जाए तो यह होगा कि पिता की सपिंडा कन्याएँ विवाह के लिए निषिद्ध नहीं हैं। इस गड़बड़ी से बचने के लिए मनु के टीकाकार मेघातिथि ने यह लिखा है कि श्लोक में जो 'च' शब्द है, उसका सम्बन्ध पितुः और मातुः दोनों से है। उनके अनु ार विवाह योग्य कन्या वही है जो माता और पिता दोनों की असपिंडा तथा असगोत्रा हो। (*Silver gubilee volume of the Bhandarkar Inst, p. 143*)

गजेन्द्र गडकर के अनुसार 'च' की यह व्याख्या अत्यन्त क्लेशसिद्ध है। अन्य टीकाकार कुल्लुक के अनुसार असगोत्रा शब्द माता के साथ भी सम्बद्ध है। उस हालत में इसका अर्थ यह हुआ कि माँ के गोत्र की कन्या विवाह के लिए निषिद्ध है। इस पर गजेन्द्र गडकर यह देखते हैं कि यजुर्वेदी ब्राह्मण माता तथा पिता दोनों के गोत्रों को देखते हैं और पिता-माता दोनों की सगोत्रा कन्या उनके लिए निषिद्ध है। इस दृष्टि से उनके अनुसार केवल यजुर्वेदी ब्राह्मण ही मनुस्मृति के विधान का पालन कर रहे हैं। कुल्लुक ने शायद यह समझ लिया कि यह व्याख्या कि माँ की सगोत्रा सभी कन्याएँ निषिद्ध हैं, बहुत विस्तृत है। इसलिए उन्होंने इसमें इतना संशोधन और कर दिया कि मातृवंश परम्परा के नाम यदि ज्ञात हों, तो उनके साथ विवाह न किया जाए, पर यदि इससे इतर ज्ञात न हों तो विवाह हो सकता है। अन्य कन्याएँ जो माँ की सगोत्रा हैं, यानी जो माँ के पिता की सगोत्रा हैं, उनके साथ विवाह किया जा सकता है। कुल्लुक ने कैसे यह निष्कर्ष निकाला, यह समझ में नहीं आता।

हम इस झगड़े में नहीं पड़ सकते कि शुद्ध पाठ क्या है, पर ऐतिहासिक दृष्टिकोण से विचार करने पर इतना तो जान ही जाते हैं कि पहले माता-पिता की सपिंडा, सगोत्रा दोनों पत्नी होने योग्य थीं, फिर धीरे-धीरे बन्धन लगते गए, इसलिए इतना तो कह ही सकते हैं कि कम बन्धन वाला युग पहले का है और अधिक बन्धन वाला बाद का। यहाँ तक तो हम गजेन्द्र गडकर का समर्थन ही करते हैं। इसके आगे जो तर्क है, उससे हमारा सम्बन्ध नहीं। इतना तो हम जानते ही हैं कि मनुस्मृति के वर्तमान संस्करण तक बहुत-से नियम समाज पर प्रस्तरीभूत हो चुके हैं।

अनुलोम और प्रतिलोम के सम्बन्ध में हम मनु के कुछ विचार पहले ही दे चुके हैं। मनु के इस सम्बन्ध में सारे विचारों का सारांश यही है कि सवर्णा कन्या श्रेष्ठ है। इसके बाद उच्च वर्ण वाले निम्नतर वर्णों में विवाह कर सकते हैं, अर्थात् ब्राह्मण को चारों वर्णों की स्त्रियों को पत्नी रूप में ग्रहण करने का अधिकार है, पर शूद्र को केवल अपने वर्ण में ही विवाह का अधिकार है (3/12-13) ब्राह्मण के लिए जहाँ तक हो सके, शूद्रा स्त्री न करने का विधान है। प्रतिलोम के तो मनु सम्पूर्ण विरुद्ध हैं, पर वह प्रतिलोम विवाह से उत्पन्न सन्तान को किस जाति की समझना चाहिए, यह बताते हैं। इससे ज्ञात होता है कि समाज के विरोध के बावजूद प्रतिलोम कुछ न कुछ चलता था।

अप्राकृतिक व्यभिचार

मनु ने अप्राकृतिक व्यभिचार के लिए भी प्रायश्चित आदि का विधान लिखा है। "जो पुरुष अमानुषी में (घोड़ी आदि में), रजस्वला स्त्री में, योनि से भिन्न स्थान

में, और जल में वीर्य त्याग करता है, वह व्रत करने से शुद्ध होता है। जो द्विज बैलगाड़ी में, जल में या दिन में पुरुष या स्त्री के साथ मैथुन करे, तो उसे पहने हुए सभी वस्त्रों के साथ स्नान करना चाहिए।" (11/173-74) हम पहले ही बता चुके हैं, मनुस्मृति में योनि में अँगुली डालकर मैथुन करने का उल्लेख है। इस विषय में अधिक ब्यौरे में जाने की आवश्यकता नहीं। यह बताने की आवश्यकता नहीं कि मनु के युग में वेश्याओं की कमी न थी। मनु ने भी आठ प्रकार के विवाह माने हैं। कौटिल्य से इस सम्बन्ध में उनका कोई भेद नहीं, इसलिए इतना ही कहना यथेष्ट है कि दोनों ने एक ही सूत्र से चीजें ली हैं। मनुस्मृति के बाद की स्मृतियों में अत्रि संहिता में शूद्रों और स्त्रियों को एक ही दर्जा दिया गया है। शूद्रों की अवस्था उस युग में कहीं गुलाम और कहीं अर्द्धगुलाम की थी, इसलिए इसका क्या अर्थ है, यह स्पष्ट है। अत्रि संहिता का कहना है कि गायत्री मन्त्र का उच्चारण, तपस्या, तीर्थयात्रा, संन्यास, मन्त्रधारण तथा देवताओं की पूजा—इन छः बातों से स्त्री तथा शूद्रों का पतन होता है।

वेश्यावृत्ति का इतिहास

बाधा-निषेधहीन मैथुनमूलक समाज में जब सम्पत्ति वैयक्तिक नहीं थी, वेश्यावृत्ति का कोई प्रश्न ही नहीं उठता है। वेश्यावृत्ति क्या है, इस सम्बन्ध में विचारों में अस्पष्टता है, इसलिए पहले वेश्यावृत्ति की परिभाषा साफ कर लेना चाहिए। यौन सम्बन्धी यथेच्छाचार या एकाधिक पुरुष से सम्बन्ध रखना वेश्यावृत्ति नहीं है। यदि कोई स्त्री—चाहे वह सधवा हो, विधवा हो या कुमारी—किसी पुरुष से कथित रूप से असामाजिक सम्बन्ध रखती है, तो वह उतने से वेश्या नहीं कहला सकती। वेश्या कहलाने के लिए यह आवश्यक है कि इस प्रकार का सम्बन्ध हो और यह सम्बन्ध पैसा या लाभ के एवज में हो। यदि यह अन्तिम शर्त पूरी नहीं होती, तो स्त्री चाहे रोज एक नए पुरुष को रक्खे, वह भले ही विकृतमस्तिष्क कही जाए, पर वह वेश्या नहीं कहला सकती। इसके विपरीत यदि किसी स्त्री का सम्बन्ध दस-बीस साल तक, यहाँ तक कि जन्म-भर एक ही पुरुष से रहता है, पर वह सम्बन्ध पैसे से जुड़ा हो तो वह एकवृत्तिवाली होते हुए भी वेश्या कहलाएगी। कहना न होगा कि जिस समय सारी सम्पत्ति समाज की थी, उस समय न तो कोई इस सम्बन्ध के बदले पैसा या सम्पत्ति दे सकता था और न कोई ले सकता था।

हम जो कुछ पहले कह आए हैं, उससे तत्सम्बन्धी प्रश्न पर बहुत अच्छी तरह रोशनी पड़ती है। वह यह कि यौन सम्बन्ध तो पारस्परिक है—यानी स्त्री और पुरुष दोनों का इसमें हाथ होता है—फिर ऐसा क्यों हुआ कि स्त्रियाँ ही रूपविक्रय या शरीरविक्रय करने लगीं और पुरुष ने ऐसा नहीं किया—याने सार्वजनिक रूप से नहीं किया। पुरुष वेश्या की दो किस्में हैं—गिजालो यानी धनी स्त्री का पुरुष रखैल तथा लुस्टक़ान्बे यानी लौंडा। स्त्री और पुरुष के तत्सम्बन्धी इतिहास से पता चलता है कि एक मंजिल पर पहुँचकर समाज में सम्पत्ति पर मुख्यतः पुरुष का अधिकार हो गया। तभी से वेश्यावृत्ति की गुंजाइश पैदा हो गई और स्त्री के विक्रेता और पुरुष के क्रेता होने की सम्भावना पैदा हो गई।

लेने और देने के लिए सम्पत्ति के अभाव के अतिरिक्त यौथ समाज में कोई भी स्त्री किसी पुरुष विशेष की पत्नी या कोई भी पुरुष किसी स्त्री विशेष का पति

नहीं होता था। आजकल की या कि पितृप्रधान युग की भली औरत या सती की तरह उस युग में कोई भी स्त्री सती नहीं थी, और न कोई पुरुष ही (पुरुष के लिए तो अब भी रोक नहीं है) भला था। फिर भी हम वेश्यावृत्ति की जो परिभाषा दे चुके हैं, उस अर्थ में यौथ समाज की स्त्रियाँ—चाहे वे मातृगमन के युग की, भगिनीगमन के युग की या केवल कन्यादानवाले युग की रही हों—वेश्या नहीं कही जा सकतीं। उस युग में यही नीति और यही सदाचार था कि स्त्री और पुरुष दोनों यौथ हों, बल्कि जब बाद के युग में या उसी युग में कुछ स्त्री या पुरुष यौथ यौन सम्बन्ध से हटकर अलग रहने की कोशिश करते, तो वे दुराचारी और निन्दनीय समझे जाते और उनको समाज की ओर से सजा दी जाती थी। इस कारण ऐसे लोगों को समाज से दूर भाग जाना पड़ता था। जब ऐसे विद्रोही लोगों की विजय के लिए आर्थिक अवस्थाएँ धीरे-धीरे परिपक्व हो गईं, तभी ये लोग सामाजिक समझे गए और इनकी प्रथा को समाज ने अपनाया। यौथ समाज में तो इस प्रकार की मनोवृत्तिवाले लोग बुरे समझे ही गए, बाद के युग में भी अच्छाई का यह आदर्श समाज में मौजूद रहा और किसी न किसी रूप में इस प्रकार अलग रहने के लिए पापक्षालन स्वरूप पुरुष और स्त्रियाँ साल में एक दिन या एक घण्टे या एक बार के लिए यौथ हो जाती थीं। जब यौथ यौन सम्बन्ध समाप्त हो गया, तब भी अवशेष स्वरूप साल में एक दिन स्त्री का यौथ कायम रहा। इससे ज्ञात होता है कि अच्छाई की अर्थात् अच्छी स्त्री की वह पुरानी धारणा घिसटती चली गई।

मंगलामुखी

हमारे यहाँ यह एक सुप्रतिष्ठित प्रथा है कि मांगलिक कार्यों में वेश्याओं को बुलाया जाता है। वे मंगलामुखी, शुभ समझी जाती हैं। इस पर बहुतों ने आश्चर्य व्यक्त किया है, बहुतों ने गालियाँ दी हैं, पर समाजशास्त्र या वैज्ञानिक दृष्टि से अध्ययन करनेवाले का कार्य किसी प्रथा को गाली देने का नहीं है—यह काम तो नीतिशास्त्र का है। यद्यपि हम यह देख चुके हैं कि सुनीति या सदाचार कोई चिरन्तन वस्तु नहीं है और न उसकी धारणा किसी चिरन्तन मूल्य के रूप में की जा सकती है। समाजशास्त्री का काम है कि किसी प्रथा का कहाँ से उद्भव हुआ, इसका पता लगाए तथा उसके पीछे जो शक्तियाँ थीं, उनका उद्घाटन करे। ऐसा करने के दौरान इस बात का उत्तर स्वयं मिल जाता है कि वह विशेष प्रथा आज की अवस्था में उचित थी या नहीं, क्योंकि यदि यह ज्ञात हो जाए कि जिन सामाजिक-ऐतिहासिक शक्तियों के कारण उसका उद्भव हुआ, वे जाती रही हैं, या उन्हें अब प्रोत्साहन की जरूरत नहीं है, तो उसके होने के औचित्य तथा अनौचित्य पर स्वयं रोशनी पड़ जाती है। इस प्रकार किसी प्रथा के विश्लेषण से स्वयं ही इस प्रश्न का समाधान हो जाता है कि आज वह उचित है या अनुचित। नीतिवादी जिस प्रश्न को सूक्ष्म

अतीन्द्रिय तर्कों से स्थापित करना चाहता है, समाजशास्त्री अपने ऐतिहासिक अध्ययन के दौरान स्वयं ही उसका उत्तर दे देता है, और यह उत्तर नीतिवादी के सूक्ष्म उत्तर से कहीं अधिक सही और कार्यकर होता है। इस दृष्टि से जब हम इस बात पर विचार करते हैं कि वेश्याओं को हिन्दुओं में मंगलामुखी क्यों समझा गया, तो यह अच्छी तरह समझ जाते हैं कि समाज के मन में बाद को भी यौथ नारी के लिए प्रशंसा तथा सम्मान भाव मौजूद था। वही भावना वेश्या को मंगलामुखी समझने के पीछे मौजूद है।

स्वर्ग की अप्सराएँ

स्वर्ग की अप्सराएँ यौथ समाज की प्रसिद्ध स्त्रियाँ मात्र हैं। घृताची, मेनका, रम्भा, पूर्वाचित्ति, स्वयंप्रभा, उर्वशी, मिश्रकेशी, दण्डगौरी, वलथिनी, गोपाली, सहजन्या, कुम्भयोनि, प्रजागरा, चित्रसेना, सहा, मधुस्वरा आदि अप्सराएँ आदिम यौथ समाज की स्त्रियाँ थीं। यह द्रष्टव्य है कि इनका विवाह उल्लिखित नहीं। ये यथेच्छा विहार करती थीं, फिर भी इनका सम्मान कम नहीं था। ऋग्वेद (10/123/5) में उनके परम व्योम में रहने की बात, आकाश मार्ग में उनका पथ होने की बात (10/136/6) तथा वशिष्ठ के अप्सरा की सन्तान होने की बात (7/33/12) लिखी है। ऋग्वेद में अप्सराओं का सम्बन्ध गन्धर्वों के अतिरिक्त मनुष्यों से भी होना वर्णित है। (10/95/9) देवताओं की सभा में ये बड़े चाव से बुलाई जाती थीं और देवतागण इनका उपयोग मनुष्यों को वश में रखने या उन्हें उनकी सीमा में रखने के लिए करते थे।

उर्वशी और अर्जुन

उर्वशी और अर्जुन के उपाख्यान से भी यह स्पष्ट हो जाता है कि ये अप्सराएँ सचमुच यौथ समाज की स्त्रियों की तरह इसकी परवाह नहीं करती थीं कि जिस व्यक्ति से ये यौन सम्बन्ध बना रही हैं, वे उनके कौन हैं। नाम लेकर केवल एक ही अप्सरा उर्वशी का उल्लेख ऋग्वेद में है। जैसा कि बताया गया है, वशिष्ठ इस स्थान पर उर्वशी पुत्र और दूसरे स्थान पर नाम न देकर केवल एक अप्सरा के पुत्र बताए गए हैं। (ऋ. 7/33/11-12)। इससे श्री भगवतशरण उपाध्याय सही निष्कर्ष निकालते हैं कि उर्वशी अप्सरा ही होगी।

एक अन्य अप्रत्याशित ढंग से यह बात साबित होती है कि उर्वशी अप्सरा थी। उर्वशी शब्द उरु + अशी दो शब्द से बना है। यास्क ने अपने निरुक्त में इस शब्द की उत्पत्ति यों लिखी है कि उर्वशी उरु से पैदा हुई, इसलिए उसका नाम उर्वशी हुआ। कालिदास ने अपने विक्रमोर्वशी नामक काव्य में उर्वशी को नारायण के उरु या जाँघ से उत्पन्न माना है, पर लोकमान्य तिलक ने खाल्दिय आधार पर

यह माना है कि उरु का अर्थ परलोक या जल है। वैदिक साहित्य में उरुक्रम (ऋग्. 1/90/9), उरुक्षय (ऋग्. 10/118/9) उरुगाय (ऋग्. 154/1) शब्दों में उरु शब्द आया है। लोकमान्य का कहना है कि इन सभी क्षेत्रों में उरु का अर्थ यदि परलोक किया जाए तो अच्छी तरह घट जाता है। साहित्य में जल तथा परलोक या निम्नलोक एक ही है। इस प्रकार यदि उर्वशी शब्द की व्युत्पत्ति की जाए, तो उसका अर्थ अप्सरा हो जाता है।

अर्जुन जब घूमते-घूमते अपने पिता देवराज इन्द्र के यहाँ गए, तो कई बार उन्होंने यह देखा कि जब उनको भाइयों और माता की याद आती है तो वे विह्वल हो जाते हैं। एक दिन की बात है, इन्द्र ने देखा कि अर्जुन निर्निमेष नेत्रों से उर्वशी की ओर देख रहे हैं। उन्होंने चित्रसेन को एकान्त में बुलाकर कहा कि तुम उर्वशी के पास जाकर कहो कि वह अर्जुन के पास जाए। इस पर चित्रसेन उर्वशी के पास गया और एक आदर्श दलाल की तरह अर्जुन की तारीफ के पुल बाँध दिए। उर्वशी ने सब कुछ सुनकर कहा कि "तुमने अर्जुन के जिन गुणों का बयान किया, उन्हें सुनने के पहले से ही मैं उन पर मोहित हो चुकी हूँ। मैं अर्जुन से प्रेम करती हूँ और उन्हें पहले ही वर चुकी हूँ।...मैं अर्जुन की सेवा करूँगी।" तदनुसार उर्वशी अच्छे-अच्छे वस्त्र-आभूषण पहनकर और सुगन्ध-स्नान कर मुस्कराती हुई अर्जुन के पास पहुँची। अर्जुन मन ही मन अनेक प्रकार की शंका से पीड़ित हो गए। उन्होंने संकोचवश आँखें बन्द करके प्रणाम किया और ऐसा व्यवहार करने लगे मानो वह उनकी कोई पूजनीया हो। उर्वशी झट मुद्दे पर पहुँच गई और इधर-उधर की बात छोड़कर कहने लगी, "आपके पिता इन्द्र और चित्रसेन गन्धर्व की आज्ञा से मैं आपकी सेवा करने आई हूँ और केवल आज्ञा की बात ही नहीं है, मैं आप पर पहले से ही मुग्ध हूँ और काम के वश में हूँ। बहुत दिनों से मैं लालसा कर रही थी। अब आप मुझे स्वीकार कीजिए।"

इस पर कहा जाता है कि अर्जुन ने कहा, "देवी, मैंने निस्सन्देह देवसभा में तुम्हें निर्निमेष नेत्रों से देखा था, पर मेरे मन में कोई बुरी भावना नहीं थी। मैं यही सोच रहा था कि पुरुवंश की यही आनन्दमयी माता है। तुम्हें पहचानते ही मेरी आँखें आनन्द से खिल उठी थीं। इसी से मैं तुमको देख रहा था। तुम मेरे लिए बड़ी हो और मेरे पूर्वजों की जननी हो।

उर्वशी ने इस पर जो कहा वह बहुत ही मार्के की बात है। वह बोली, "वीर, हम अप्सराओं का किसी के साथ विवाह नहीं होता। हम स्वतन्त्र हैं। इसलिए मुझे गुरुजन की पदवी पर बैठाना उचित नहीं है। आप मुझ पर प्रसन्न हो जाइए और मुझ कामपीड़िता का त्याग मत कीजिए। मैं काम-वेग से जल रही हूँ। आप मेरा दुःख मिटाइए।"

अर्जुन ने कहा, "देवी, मैं तुमसे सत्य-सत्य कह रहा हूँ। जैसे कुन्ती, माद्री

और शची मेरी माताएँ हैं, वैसे ही तुम भी पुरुवंश की जननी होने के कारण मेरी पूजनीया माता हो। मैं तुम्हारे चरणों में सिर झुकाकर प्रणाम करता हूँ।''

इस पर उर्वशी बहुत क्रुद्ध हुई और उसने अर्जुन को शाप दिया कि एक दिन तुम्हें स्त्रियों में नर्तक होकर रहना पड़ेगा और सम्मानरहित होकर नपुंसक के नाम से प्रसिद्ध होगे। जो भी हो, उर्वशी की उक्ति से यह बिल्कुल स्पष्ट हो जाता है कि आदिमतम यौथ समाज में जिस प्रकार मातृगमन में कोई निषेध नहीं था, उसी प्रकार उर्वशी के लिए इसका कोई अर्थ नहीं था कि पुत्रवत् व्यक्ति के साथ यौन सम्बन्ध न बनाया जाए। उर्वशी के सम्बन्ध में हम यह देखें कि यद्यपि वह पुत्रगमन करने के लिए उद्यत है, और इसमें कोई दोष नहीं देखती, फिर भी उसमें इतनी शक्ति है कि वह शाप देती है और अर्जुन को उस शाप को भोगना पड़ता है। किसी को शाप दिया जा सकता है या नहीं, शाप देने पर किसी का कुछ बन या बिगड़ सकता है या नहीं, यहाँ यह प्रश्न नहीं, प्रश्न केवल इतना है कि ऐसी स्त्रियाँ देवताओं से कम नहीं समझी जाती थीं। यौथ समाज में लोग उस युग की स्त्रियों के विषय में यही दृष्टिकोण रखते थे।

वेश्या द्वारा अतिथि-सत्कार

इन अप्सराओं का एक काम यह भी था कि वे देवसभा में नृत्य-गीत आदि से देवताओं का मनोरंजन करें। इसके अतिरिक्त उनका शरीर भी, जिससे भी वे राजी हो जाएँ, उसकी सेवा में रहता था। देवराज इन्द्र ने जिस प्रकार उर्वशी को अर्जुन के पास जाने का आदेश दिया, उससे यही पता चलता है कि स्त्री देह से भी अतिथियों का सत्कार कराया जाता था। बाद के युग में जब स्त्री सम्पूर्ण रूप से पुरुष की सम्पत्ति हो गई, तब भी बहुत-सी जातियों में अतिथि सत्कार के लिए स्त्रियों को अतिथि की शैया पर भेजा जाता था। अमेरिका की छिनुक जाति के सम्बन्ध में कहा जाता है कि वे लोग अतिथि की शैया पर अपनी श्रेष्ठ कन्या को और उसके अभाव में स्त्री को भेज देना ऊँचे दर्जे का कर्तव्य समझते थे। इसी प्रकार चुकची जाति के सम्बन्ध में ज्ञात है कि वे अतिथि के सामने अपनी स्त्री को ही नहीं, बल्कि कन्या को भी पेश कर देते थे। कप्तान लायन्स और सर जान लवक ने ऐस्कीमो जाति, कमस्कटका निवासियों और कालमुख लोगों के सम्बन्ध में भी अतिथि सेवा का इतिहास लिखा है। हर्बर्ट स्पेन्सर ने Descriptive sociology नामक ग्रन्थ में प्लस और पैलेस साहेब के भ्रमण-वृतान्त से लेकर इस प्रकार की बहुत-सी कहानियाँ दी हैं।

भक्ति सम्बन्धी बिल्वमंगल नाटक में भी इस प्रकार लिखा गया है कि एक वणिक अतिथि सेवा में स्त्री को पेश कर देता है। अतिथि ने आकर स्त्री माँगी। इस पर वणिक अपनी स्त्री से कहता है कि उसने तुम्हें माँगा है, और तुम भी

मेरी स्थावर तथा अस्थावर सम्पत्ति ही हो, इत्यादि। राबर्ट्स स्मिथ ने लिखा है कि प्राक् मुहम्मद युग के अरब में अतिथि को स्त्रीदान की प्रथा थी। कभी-कभी इसका उद्देश्य अच्छी सन्तान प्राप्त करना होता था, अर्थात् इसका स्वरूप नियोग के आसपास था।

महाभारत की एक कथा

महाभारत में एक कथा आती है जिससे ज्ञात होता है कि अतिथि के लिए अपनी पत्नी को दे देना उचित समझा जाता था। सुदर्शन अपनी पत्नी औघवती के साथ रहते थे। सुदर्शन ने पत्नी से कह रखा था कि अतिथि को कभी किसी चीज से इन्कार न करना। एक दिन सुदर्शन समिधा लाने के लिए बाहर गए हुए थे, उसी समय एक अतिथि आया और औघवती ने विधिवत् उसका आदर-सत्कार किया और पूछा कि कहिए किस प्रकार आपका प्रिय किया जाए। इस पर अतिथि ने कहा कि मुझे तुम्हीं प्रिय लग रही हो, अपना शरीर दान देकर मेरा प्रिय करो। औघवती ने बहुत कुछ समझाया, पर अतिथि नहीं माना। तब उसने लजाते-लजाते उस ब्राह्मण का कहा स्वीकार किया। ब्राह्मण मुस्कराकर औघवती के साथ घर के भीतर घुस गया। थोड़ी देर बाद सुदर्शन लौटे और अपनी पत्नी का नाम लेकर पुकारते रहे, पर वहाँ कौन जवाब देता, क्योंकि वह अपने को दूषित मान रही थी। इस पर घर के भीतर जमे ब्राह्मण ने कहा कि यह सुमुखी मेरी सेवा में उपस्थित है, तुम अपना काम करो। इस पर सुदर्शन ने हँसते-हँसते कहा, "विप्रवर, आप अपनी इच्छा पूर्ण कीजिए। मुझे बड़ी प्रसन्नता है कि अतिथि-सत्कार हो रहा है।" इसके बाद भारतकार ने कथा को यों बदल दिया कि अतिथि के रूप में स्वयं धर्मराज थे और वे फौरन सुदर्शन को वरदान देने लगे। इस कथा का स्पष्ट आशय यह है कि किसी न किसी युग में स्त्री को अतिथि के लिए देना उचित समझा जाता था और यह यौथ युग के विवाह का अवशेष था, इसमें सन्देह नहीं।

जौनसार बाबर में खासा जाति में न केवल अतिथि को कन्या देकर सन्तुष्ट करने की प्रथा थी, बल्कि डॉक्टर मजूमदार ने 1944 में लिखते हुए कहा है कि उस समय भी देहात के खासों में यह रिवाज था कि जिन अतिथियों को कन्या लेने में इन्कार नहीं है, वे उनके साथ रात्रिवास कर सकते हैं। राजपूताना, फिरोजपुर, सिरसा, दिल्ली तथा संयुक्तप्रान्त के पश्चिमी जिलों में फैले हुए कई कबीले के लोगों में, करीब-करीब सभी जिलों में नट और बेड़िया जाति के लोग देहातों में अपनी औरतों से वेश्यावृत्ति करवाकर पैसा कमाते हैं, यह सभी को पता है। अतिथि से पैसे लेते ही यह वेश्यावृत्ति हो गई, यह बात समझ में आती है। छावनियों के पास रहनेवाले ऐसे कबीलों में अक्सर वेश्यावृत्ति बहुत जोरों पर रहती है। इनमें अतिथि को कन्यादान की जो प्रथा थी, उसके इस प्रकार विस्तार से कबीले के

जीवन में बहुत परिवर्तन हो गया। गाँव के बड़े-बूढ़े कहते हैं कि इन सेनाओं की बदौलत जो लड़कियाँ घर से चली जाती हैं, वे रात को घर नहीं लौटतीं और लड़के निराश होकर उनकी बाट जोहा करते हैं। डॉक्टर मज़ूमदार ने लिखा है कि एक कमउम्र लड़की ने उनके सामने अपने पिता से कहा कि "पिता जी, आपको किस बात की जरूरत है। मैं आपके लिए कपड़े और मिठाइयाँ लाऊँगी। पर कृपाकर आप परेशान न हों।" एक दिन लारी आकर ठहरती है, और खिलखिलाते हुए वह लड़की उससे उतरती है और उसके पास मिठाइयाँ और रुपए आदि होते हैं। तमाम लोग यह सब देखकर भी चुप्पी साध जाते हैं। (*वही, पृ. 167*)

अप्सराओं के विविध उपयोग

यदि ऐतिहासिक दृष्टि से देखा जाए तो अप्सराओं में भी कई सोपान रहे होंगे। एक तो जब वे देवताओं की यौथ स्त्रियाँ होंगी। दूसरे सोपान में वे स्त्रियाँ भी रहीं और अप्सराएँ भी रहीं। अब इनका अपने मनोविनोद के अतिरिक्त अतिथियों के मनोविनोद तथा राज्यकार्य में भी उपयोग होने लगा, यानी देवताओं के राज्य की रक्षा के लिए उनके रूप-लावण्य का उपयोग होने लगा। अक्सर हम पुराणों में अप्सराओं की कहानियाँ पाते हैं, और उनमें उनका इसी रूप में उपयोग देखते हैं। कोई व्यक्ति प्रचण्ड तपस्या कर रहा है, इन्द्र का सिंहासन उससे डोल गया, उनका इन्द्रत्व खतरे में है तो फौरन ही अप्सराएँ उस ऋषि या राजा को मोहने के लिए भेजी गईं। अक्सर ये अप्सराएँ सफल होकर लौटती थीं। शायद ही कभी उनको ऐसे कृत्य में असफलता मिली हो। बात की बात में वे ऋषि भी मुग्ध हो जाते थे और अपनी सारी तपस्या उस अप्सरा के चरणों में न्यौछावर कर देते थे। बहुत से महर्षि तो ऐसे हो गए जिनके लिए इस बात की जरूरत नहीं थी कि वे अप्सराएँ उनके सामने आकर हावभाव दिखलाएँ, नाचे-गाएँ या कला दिखलाएँ। उनके लिए तो बस इतना ही काफी था कि कोई अप्सरा आकाश मार्ग से निकली नहीं कि उनकी तपस्या भंग हो जाती थी, बल्कि इससे भी अधिक...। (*वही पृ. 21*)

द्रोण और अगस्त्य आदि का जन्म

द्रोणाचार्य के जन्म के सम्बन्ध में महाभारत में यों लिखा है, "एक बार भारद्वाज ऋषि यज्ञ कर रहे थे। उस दिन सबसे पहले वे महर्षियों को साथ लेकर गंगा स्नान करने गए। वहाँ उन्होंने देखा कि घृताची अप्सरा स्नान करके निकल रही है। उसे देखकर उनके मन में क़ाम-वासना जाग उठी। जब उनका वीर्य स्खलित होने लगा तब उन्होंने उसे द्रोण नामक पात्र में रख दिया। उसी से द्रोण का जन्म हुआ।" यही महाभारत के सुप्रसिद्ध द्रोणाचार्य हैं। अगस्त्य ऋषि का जन्म भी इसी प्रकार हुआ था। उनके पिता ने इसी प्रकार घड़े में वीर्य छोड़ दिया। तभी अगस्त्य घटसम्भव

कहलाये। स्मरण रहे कि अगस्त्य बड़े भारी ऋषि हुए हैं। व्यास से शुकदेव का जन्म भी इसी प्रकार हुआ। एक बार व्यासजी अग्नि प्रकट करने के लिए अरणी-मन्थन कर रहे थे। उसी समय उनकी दृष्टि परम रूपवती उसी घृताची अप्सरा पर पड़ी। बस इसी से अकस्मात उनका वीर्य अरणी में गिर गया और उससे महातपस्वी शुकदेव का जन्म हुआ।

हमारी जानकारी में बहुत कम कथाएँ हैं जिनमें ये अप्सराएँ किसी ऋषि के पास से विफल मनोरथ होकर लौटी हों। एक उदाहरण यह है—अर्जुन घूमते-घामते सौभद्र तीर्थ में पहुँचे। उन तीर्थों के पास के ऋषि-मुनि उसमें स्नान नहीं करते थे। अर्जुन के पूछने पर मालूम हुआ कि उसमें बड़े-बड़े ग्राह रहते हैं, जो ऋषियों को निगल जाते हैं। तपस्वियों के रोकने पर भी अर्जुन ने सौभद्र तीर्थ में जाकर स्नान किया। जब वहाँ मगर ने अर्जुन का पैर पकड़ा, तब वह उसे उठाकर ऊपर ले आए। परन्तु उस समय एक बड़ी विचित्र घटना घटी कि वह ग्राह तत्क्षण एक सुन्दरी अप्सरा में परिणत हो गया। अर्जुन के पूछने पर अप्सरा ने बतलाया कि "मैं कुबेर की एक अप्सरा हूँ। एक बार मैं अपनी चार सखियों के साथ कुबेर के पास जा रही थी। रास्ते में हमने एक तपस्वी के तप में विघ्न डालना चाहा। तपस्वी के चित्त में काम का तो उदय नहीं हुआ, पर उन्होंने क्रोधवश शाप दिया कि तुम पाँचों मगर होकर सौ वर्ष तक पानी में रहो। देवर्षि नारद से यह जानकर कि अर्जुन थोड़े ही दिनों में यहाँ आकर हम लोगों का उद्धार कर देंगे, हम इन तीर्थों में रह रही हैं। आपने मेरा तो उद्धार कर दिया। अब मेरी चार सखियों का भी उद्धार कर दीजिए।" कहना न होगा कि अर्जुन ने ऐसा ही किया। यह ऋषि कोई प्रसिद्ध ऋषि नहीं हैं। बात यह है कि जितने भी प्रसिद्ध ऋषि हुए, वे सब एक से एक बढ़कर थे, फिर बेचारे इस संयमी ऋषि का नाम प्रसिद्ध क्यों होता।

शकुन्तला

शकुन्तला का जन्म भी एक अप्सरा से हुआ। वह कथा यों है—"परम प्रतापी विश्वामित्र ऋषि तपस्या कर रहे थे। उस समय इन्द्र ने उनके तप में विघ्न डालने के लिए मेनका नाम की अप्सरा को भेजा था। मेनका अपने कार्य में सफल हुई और उसके फलस्वरूप शकुन्तला का जन्म हुआ। मेनका इस प्रकार उत्पन्न अपनी शिशु पुत्री को छोड़कर चली गई, तब कहा जाता है, शकुन्तों (पक्षियों) ने शकुन्तला की रक्षा की, इसीलिए उस लड़की का नाम शकुन्तला पड़ा। महर्षि कण्व ने वहाँ से उठाकर उस लकड़ी का पालन-पोषण किया। वह उनके आश्रम में बड़ी हुई, और कण्व ऋषि की पुत्री कहलाई।" इस प्रकार उत्पन्न होने पर भी यानी विवाह, यहाँ तक कि गन्धर्व विवाह के बाहर उत्पन्न होने पर भी द्रष्टव्य है कि शकुन्तला कभी निन्दनीय नहीं समझी गई। शकुन्तला को यों तो दुष्यन्त ने भरी राजसभा

में नहीं पहचाना, पर इसके लिए कभी यह कारण नहीं दिया गया कि उसका जन्म कैसे हुआ था।

अप्सराएँ वेश्याएँ नहीं

भगवतशरण उपाध्याय ने ऋग्वेद के युग में वेश्याओं (अंप्सराएँ वेश्या नहीं) का होना बतलाया है। एक मंत्र (10/95) में अप्सराओं के नखरे की बात है। अन्य मन्त्रों से ज्ञात है कि नर्तकियाँ होती थीं, जो बाजार-हाट में वक्ष खोलकर चलती थीं तथा बहुत बेल-बूटेयुक्त कपड़े पहिनती थीं। पर केवल इन बातों से आजकल के अर्थ में वेश्याओं का होना प्रमाणित नहीं होता। यों हम बता ही चुके हैं कि उस समय के समाज में सम्पत्ति का दबाव काफी बढ़ चुका था, उत्पादन-प्रणाली में स्त्रियों का स्थान पुरुष की तुलना में निकृष्ट हो चुका था, रुपए के लिए विवाह होते ही थे, रुपए न होने के कारण विवाह रुकने भी लगे थे, यानी वेश्यावृत्ति के लिए परिस्थितियाँ पूर्ण रूप से परिपक्व हो चुकी थीं। अप्सराओं के रूप में कुछ यौथ स्त्रियाँ भी बराबर मौजूद रहीं, किन्तु साथ ही वे बहुत सम्मान की दृष्टि से देखी जाती थीं। इन सब बातों के फलस्वरूप हम यह समझते हैं कि हो सकता है वेश्याओं का उदय हुआ हो, पर अभी यौथ समाज की याद बनी रहने के कारण इन स्त्रियों को वेश्या का रूप प्राप्त न हो सका था। सबसे बड़ी बात यह है कि विद्वान लेखक ने यह नहीं लिखा कि अप्सराएँ किसी से पैसा या अन्य कुछ लेती थीं। ऐसे में अवश्य ही उनको वेश्या कहना मुश्किल है।

इसमें सन्देह नहीं कि बाद के युग में वेश्याओं को एक अलग रूप प्राप्त हो गया। महाभारत के शान्ति पर्व में राजा के यहाँ वारांगनाओं के होने का उल्लेख है। जिस समय शुकदेव जी राजा जनक के यहाँ गये, उस समय पचास वारांगनाओं ने दौड़कर शुकदेव को घेर लिया। वे सब की सब सुन्दरी और नवयुवती थीं। उनकी वेश-भूषा बड़ी ह्री मनोहारिणी थी। उनके सुन्दर अंगों पर लाल रंग की महीन साड़ियाँ शोभा पा रही थीं। वे बातचीत करने, नाचने तथा गाने में बड़ी प्रवीण थीं और मन्द-मन्द मुस्कान के साथ बातें करती थीं। रूप में तो वे अप्सराओं को भी मात कर रही थीं। इस प्रकार ये वेश्याएँ भी शुकदेव के ब्रह्मचर्य को नष्ट करने की चेष्टा में थीं। अन्यत्र महाभारत, वन पर्व में हमें वेश्याओं का स्पष्ट उल्लेख मिलता है, पर वहाँ भी हम उनका उपयोग एक ऋषि पुत्र को तपच्युत करने में ही देखते हैं।

ऋष्यश्रृंग मृगी पुत्र थे

पूरी कथा के पहले हम यह बता दें कि इस कथा के केन्द्र में ऋष्यश्रृंग ऋषि हैं। इनका जन्म भी अद्‌भुत तरीके से हुआ। ब्रह्मर्षि विभाण्डक के सम्बन्ध में कहा जाता है कि वह बड़े ही साधुस्वभाव और प्रजापति के समान तेजस्वी थे। एक बार

वह एक सरोवर में स्नान करने गए। कहीं आसपास से उर्वशी अप्सरा निकल आई। इस पर ऋषिवर इतने विचलित हुए कि जल में ही उनका वीर्य स्खलित हो गया। इतने ही में वहाँ एक प्यासी मृगी आई और जल के साथ वह उस वीर्य को भी पी गई। इससे उसको गर्भ रह गया। वास्तव में वह एक देवकन्या थी। किसी कारण से ब्रह्मा जी ने उसे शाप देते हुए कहा था कि तू मृगजाति में जन्म लेकर एक मुनिपुत्र को उत्पन्न करेगी, तब शाप से छूट जाएगी। विधि का विधान अटल है, इसी से महामुनि ऋष्यशृंग इस मृगी से पुत्र हुए।...उनके सिर पर एक सींग था, इसी से वे ऋष्यशृंग के नाम से प्रसिद्ध हुए।

इन्हीं के युग में अंगदेश में महाराज दशरथ के मित्र राजा लोभपाद राज्य करते थे। किसी ब्राह्मण को कोई चीज देने की प्रतिज्ञा करके भी उसे निराश कर देने से (ब्राह्मणों के लिए यह बहुत सुन्दर प्रचार कार्य है) उनके राज्य में वर्षा बन्द हो गयी और प्रजा में हाहाकार मच गया। तब उन्होंने ब्राह्मणों से पूछा कि वर्षा कैसे हो। ब्राह्मणों ने बताया कि ऋष्यशृंग नामक मुनिकुमार यदि इस राज्य में पधारें, तो फौरन वर्षा हो जाएगी। पता लगाने पर मालूम हुआ कि वह वन में रहते हैं, और बड़े ही विशुद्ध एवं सरल हैं। उन्हें स्त्री जाति का कुछ पता ही नहीं है। राजा लोभपाद ने ब्राह्मणों से उपाय पूछा कि ऋषिवर को राज्य में कैसे लाया जाय। उनकी सलाह से उन्होंने राजा की प्रधान वेश्याओं को बुलाया और उनसे कहा—"सुन्दरियो, तुम किसी भी प्रकार मोहित करके और उनका विश्वास जीतकर मुनि कुमार को मेरे राज्य में ले आओ।" उनमें से एक वृद्धा वेश्या ने कहा—"राजन! मैं तपोधन ऋषिशृंग को लाने का प्रयत्न तो करूँगी, पर मुझे जिन-जिन सामग्रियों की आवश्यकता है, उन सबको दिलाने की आप कृपा करें।" अब राजा का आदेश पाकर उस वृद्धा ने अपनी बुद्धि के अनुसार नौका में एक आश्रम तैयार कराया। उस आश्रम को अनेक प्रकार के फल-फूलों वाले बनावटी वृक्षों से सजाया गया, जिन पर तरह-तरह के गुल्म और लताएँ छाई हुई थीं। उसे विभाण्डक मुनि के आश्रम से थोड़ी दूरी पर बँधवाकर गुप्तचर से इस इस बात का पता लगवाया कि विभाण्डक ऋषि किस समय आश्रम से चले जाते हैं। शायद उस वृद्धा वेश्या को यह डर रहा कि फँसाने तो बेटे को जाय और फँस बाप जाय। जो भी हो, विभाण्डक मुनि की अनुपस्थिति में अपनी पुत्री वेश्या को सब बातें समझकर मुनिकुमार के पास भेजा। उस वेश्या ने आश्रम में जाकर उन तपोनिष्ठ मुनिकुमार के दर्शन किये और कहा, "मुनिवर, यहाँ सब तपस्वी आनन्द में हैं न? आप भी कुशलतापूर्वक वेदाध्ययन कर रहे हैं न?" अब बेचारे मुनिकुमार ने कभी किसी स्त्री को देखा नहीं था। उन्होंने समझा कि कोई ऋषि आये हैं, क्योंकि उनके यहाँ ऋषिगण ही आया-जाया करते थे। तदनुसार उन्होंने कहा—"मैं आपको वन्दनीय महानुभाव समझता हूँ। मैं पाद-प्राक्षालन के लिए आपको जल दूँगा तथा अपने धर्म के अनुसार

कुछ फल भी भेंट करूँगा। देखिए, यह कृष्णमृग चर्म से ढका हुआ कुश का आसन है, इस पर विराज जाइए। आपका आश्रम कहाँ है, और आप किस नाम से प्रसिद्ध हैं?''

इस पर वह बनी हुई वेश्याकुमारी बोली, ''मेरा आश्रम यहाँ से तीन योजन की दूरी पर है। मेरा नियम है कि मैं किसी को प्रणाम नहीं करने देती और न किसी का दिया हुआ पाद्य ही स्पर्श करती हूँ। मैं आपकी प्रणम्य नहीं, बल्कि आप ही मेरे वंद्य हैं।'' मुनिकुमार इस पर भी उसे आँवला, इंगुदी आदि जंगली फल देते रहे। वेश्याकुमारी ने इस सब फलों को त्याग कर उन्हें अपने पास से बड़े रसीले, दर्शनीय और रुचिवर्द्धक पदार्थ दिये। इसके अतिरिक्त सुगन्धित मालाएँ, विचित्र और चमकीले वस्त्र तथा बढ़िया-बढ़िया शर्बत भी पिलाए। इन चीजों को पाकर ऋषि बहुत प्रसन्न हुए और उनमें हँसने-खेलने में प्रवृत्ति पैदा हुई। इस प्रकार उनके मन में विकार का अंकुर फूटता देख वेश्या उन्हें तरह-तरह से लुभाने लगी। फिर कई बार उनका गाढ़ आलिंगन कर जब देखा कि अब शायद उनके पिता आते ही होंगे, तो वह अग्निहोत्र का बहाना कर वहाँ से रवाना हो गयी। इतने में विभाण्डक ऋषि पहुँचे।

उन्होंने अपने बेटे की ओर जो देखा तो हाल बदला हुआ पाया। उनके चित्त की स्थिति सर्वथा विपरीत हो गयी थी। वह ऊपर देखकर बार-बार दीर्घनिश्वास छोड़ते थे। उनकी ऐसी दीन दशा देखकर उन्होंने कहा—''बेटा, आज सायंकाल के अग्निहोत्र के लिए तुमने समिधा ठीक क्यों नहीं की...आज तुम और दिनों की तरह प्रसन्न नहीं जान पड़ते। आतुर, अचेत तथा दीन-से दिखायी पड़ते हो।'' तब सरल बुद्धि ऋषि शृंग ने कहा, ''पिताजी, यहाँ आश्रम में एक जटाधारी ब्रह्मचारी आया था। वह सुवर्ण की तरह उज्ज्वल था। उसके नेत्र कमल के समान थे। उसके सिर पर बड़ी सुगन्धित और लम्बी-लम्बी काली जटाएँ थीं। वे सुन्हरी डोरियों से गुँथी हुई थीं। गले के नीचे उसके दो मांस पिण्ड थे। वे रोमहीन और बड़े ही मनोहर थे।...उसकी कोयल-सी वाणी बड़ी सुरीली थी। उसे देखकर मेरे मन में उसके प्रति बड़ी प्रीति और आसक्ति हो गयी। उस मुनिकुमार ने मुझे बड़ा ही स्वादिष्ट जल पीने को दिया था। उसे पीते ही मुझे बड़ा आनन्द का अनुभव हुआ। उसके जाते ही मैं अचेत-सा हो रहा हूँ और मेरे शरीर में दाह-सा होता है। मैं चाहता हूँ कि जल्दी-से-जल्दी उसके पास पहुँचूँ और यहाँ लाकर सदा उसको अपने साथ रखूँ।''

विभाण्डक ने बहुत समझाया कि ये राक्षस हैं और सुन्दर-सुन्दर रूप बनाकर तपस्या में विघ्न डालते हैं। उन्होंने पुत्र से तो यह कहा, पर स्वयं वेश्या को ढूँढ़ने लगे। जब तीन दिन तक उसका कोई पता नहीं लगा तो वह आश्रम में लौट आए। इसके पश्चात् जब विधि के अनुसार विभाण्डक मुनि फिर फल लेने गये, तो वह वेश्या ऋषिकुमार को फँसाने के लिए फिर आयी। उसे देखते ही ऋषिकुमार ने

आव देखा न ताव, झट उससे लिपट गये और कहने लगे, "देखो, पिताजी के यहाँ आने के पहले ही हम तुम्हारे आश्रम में चलेंगे।" इस युक्ति से ऋष्यश्रृंग नाव पर बैठाये गये और वहाँ से वह नाव अंगराज लोभपाद के यहाँ पहुँच गयी। अंगराज उन्हें अपने अन्तःपुर में ले गये। इतने ही में उन्होंने देखा कि आकाश में बादल छा गए और सब ओर जल-ही-जल हो गया। इस प्रकार अपनी मनोकामना पूर्ण होने पर राजा लोभपाद ने अपनी कन्या शान्ता से उनका ब्याह कर दिया। इधर ऋषिवर विभाण्डक जो घर लौटे तो उन्होंने देखा कि बेटा गायब है। उन्होंने ऐसा अनुमान किया कि हो न हो, यह सारी कारस्तानी अंगराज की है। तदनुसार वह क्रोधित होकर वहाँ पहुँचे। किन्तु जब वहाँ पुत्र को देवराज इन्द्र की तरह ऐश्वर्यशाली और विद्युत के समान अपनी पुत्रवधू शान्ता को देखा तो उनका सारा क्रोध शान्त हो गया।

वेश्यावृत्ति से आजीविका

इस कहानी में हम देखते हैं कि अब वेश्याओं का एक पूरा समाज ही हो चुका था। इसमें सन्देह नहीं कि इस उपाख्यान में उल्लिखित वेश्याएँ बिल्कुल आजकल की तरह वेश्याएँ थीं और पुश्त-दर-पुश्त यही पेशा करती थीं। यह अंगराज दशरथ के समसामयिक बतलाये गये हैं। इसका अर्थ यह है कि जिस समय पितृप्रधान समाज बहुत दूर तक आगे बढ़ चुका था, उस समय वेश्यावृत्ति समाज में स्वीकृत और प्रतिष्ठित हो चुकी थी। दुख है कि वेदों और पुराणों के जरिये वेश्याप्रथा का सारा इतिहास सीढ़ी-दर-सीढ़ी नहीं जाना जा सकता। फिर भी महाभारत में ऐसा एक उल्लेख है, जिससे पता लगता है कि उस समय ऐसे लोग मौजूद थे जो नर्तकी के पेशे से अपनी जीविका चलाते थे। इससे ज्ञात होता है कि न कि केवल वेश्यावृत्ति थी, बल्कि वेश्याओं के द्वारा कुछ लोग रोजगार भी करते थे। जहाँ महाभारत में यह उल्लेख है, वहीं यह भी लिखा है कि समाज में इन लोगों को बड़ी घृणा से देखा जाता था।

पहले ही हम बता चुके हैं कि आदिम यौथ समाज में वेश्याप्रथा के लिए कोई गुंजाइश न थी। इसके बाद जब यौथ प्रथा टूट गयी, तो गुलाम स्त्रियों पर मालिक या मालिकों का जो अधिकार होने लगा, उसे हम एक अर्थ में वेश्याप्रथा का अंकुर कह सकते हैं। यद्यपि यह याद रहे कि अभी तक धन देकर रूप या शरीर विक्रय का कोई सवाल नहीं था, इसलिए वेश्यावृत्ति की पहली परिभाषा अर्थात मजबूरी या अपनी इच्छा के अतिरिक्त अन्य किसी भी दबाव से शरीरदान को ही हमें वेश्यावृत्ति समझना पड़ेगा। इन दोनों परिभाषाओं में समानता यह है कि दोनों अंतिम विश्लेषण में आर्थिक दबाव से प्रभावित हैं। लड़ाई में जीत के फलस्वरूप जो स्त्रियाँ लाई जाती थीं और यौथ स्त्री नहीं, बल्कि व्यक्ति विशेष की रखैल बनायी

जाती थीं, उन्हें मुश्किल से ही वेश्या कहा जा सकता है। ग्रीकों में, वैदिक आर्यों में तथा अन्य सभ्य जातियों में इस प्रकार स्त्रियों को ग्रहण करना उचित समझा जाता था। पर हम पहले ही बता चुके हैं कि गुलाम स्त्री का केवल रूप ही नहीं, बल्कि उसका अस्तित्व ही—जिसमें रूप के साथ-साथ श्रमशक्ति भी थी तथा अन्य सब तरह की सुविधाएँ भी, जो उस स्त्री से प्राप्त की जा सकती हैं—मालिक का हो जाता था, और यदि वह जबरदस्ती लायी गयी होती थीं, तब तो खरीदने का सवाल ही नहीं था।

यहूदियों में दासियाँ

यहूदियों के लिए तो डायटोनामी में स्पष्ट ईश्वराज्ञा है, "यदि तू अपने दुश्मनों के विरुद्ध युद्धयात्रा करता है, और यदि ईश्वर तेरे हाथों में तेरे शत्रुओं की स्त्रियों को सौंप देता है और तू उन स्त्रियों में से किसी खूबसूरत औरत को देखता है और तेरी तबीयत उस पर आ जाती है, तो तू उसे अपनी बीवी बना सकता है। जब तू उसे अपने घर लायेगा, वह अपना सिर मुड़ा लेगी और नाखून कटवा लेगी। इसके बाद वह बन्दीत्व की पोशाक छोड़ देगी, तेरे घर में रहेगी और अपने माँ-बाप के लिए पूरे एक महीने तक मातम करेगी। इसके बाद तू उसके पास जाएगा और तू उसका पति होगा और वह तेरी पत्नी होगी। पर यदि तुझे उसमें आनन्द न आवे तो तू उसे वह जहाँ चाहे जाने देगा, पर तू उसे पैसा लेकर बेचेगा नहीं, क्योंकि तूने उसकी इज्जत ली है।" इस सम्बन्ध में यह द्रष्टव्य है कि श्रम के शोषण में जिस प्रकार परिवर्तन हुआ, ठीक उसी प्रकार नारी के यौन शोषण के मामले में भी नए पड़ाव आए और यह रूप विक्रय—एक दिन, एक घण्टा अथवा एक बार के यौन सम्बन्ध की स्थिति में बहुत पहले ही पहुँच गया।

यौथ समाज में श्रम मुक्त था, यानी कोई किसी के श्रम का शोषण नहीं करता था। इसके बाद जब गुलामी के युग का उदय होता है, तो गुलाम का श्रम सम्पूर्ण रूप से मालिक के कब्जे में आ जाता है। वह उसके श्रम का चाहे जिस प्रकार उपयोग कर सकता है। स्त्री गुलाम के सन्दर्भ में बात यह है कि श्रम के अतिरिक्त उसका शरीर भी मालिक के कब्जे में होता है। गुलामी के युग में (स्मरण रहे कि सब देशों में इस युग का क्लासिक्ल रूप नहीं रहा, बल्कि कहीं-कहीं इसका उदय केवल आंशिक रूप से ही हुआ) कुछ ऐसे व्यक्ति जो गुलाम न थे, अपने श्रम को इस अर्थ में नियत समय के लिए बेचते थे कि वे उनसे खेती में काम कराते थे। इस अर्थ में ऐसे लोग सर्वहारा नहीं कहला सकते थे, क्योंकि श्रम के अतिरिक्त उनके पास बेचने के लिए और कुछ हो, ऐसी बात नहीं थी।

दूसरी बात यह भी है कि इस प्रकार श्रम का बेचना कोई सामूहिक न था, बल्कि जहाँ-जहाँ गुलामी प्रथा क्लासिकल रूप में आई, वहाँ-वहाँ इस प्रकार के लोगों

के लिए कोई गुंजाइश ही नहीं थी, यानी यदि कोई इस प्रकार का व्यक्ति रहा भी हो तो वह गुलाम ही था। जब इस युग में हम यौन शोषण को देखते हैं तो साथ ही एक युग में कई सोपान आते हैं, बल्कि यदि कहा जाय कि सभी सोपान आ जाते हैं तो कदाचित सत्य से बहुत दूर न होगा। गुलाम स्त्रियाँ तो थीं ही, इनके अतिरिक्त बहुपत्नीत्व, सतीप्रथा, सम्पत्ति में स्त्री के अधिकार का न होना, बल्कि उसका स्वयं आकुरेमा (पण्य या चीज) अर्थात् सम्पत्ति के एक द्रव्य में परिणत हो जाने से उत्पीड़ित होकर कुछ स्त्रियाँ कुल-त्यागिनी हो जाती थीं, इसका भी पता है। यह हम पहले ही दिखा चुके हैं कि इस युग में वेश्यावृत्ति का एक त्योहारी या धर्मिक रूप हो गया था। बेबीलोन तथा भारत की देवदासियों का हम पहले ही वर्णन कर चुके हैं। ये स्त्रियाँ एक तरह से गुलाम भी थीं, और केवल बहु-पुरुषगमन के अर्थ में नहीं बल्कि उनके साथ संग करनेवाले मन्दिर को जो चढ़ावा देते थे, उस अर्थ में रुपया लेनेवाली वेश्याएँ भी हो चुकी थीं। समाज से पीड़ित होकर या समाज के उत्पीड़न से बचने लिए जो स्त्रियाँ अपनी इच्छा से और कुछ मजबूरी से (रिवाज की मजबूरी से बढ़कर और कौन मजबूरी है) मन्दिरों में बैठायी जाती थीं, यही उस युग की वेश्या प्रथा थी। जब समाज इससे भी आगे बढ़ चुका था, उस समय धर्म से अलग तथा साल में कहीं-कहीं एक बार स्त्रियाँ यौथ हो जाती थीं, उससे अलग और बाद में वेश्या प्रथा का प्रचलन हुआ।

ईसाइयत और वेश्यावृत्ति

धर्म की आड़ में इस प्रकार वेश्यावृत्ति करने वाली स्त्रियाँ बहुत सम्मान की दृष्टि से देखी जाती थीं। दूसरे शब्दों में कहा जाय तो सम्मान और यौन शोषण का सहअस्तित्व था। बर्टेंड रसेल ने लिखा है कि ईसाई धर्म ने इस प्रथा को बन्द कर दिया, इसलिए वेश्यावृत्ति एक व्यापारिक प्रथा हो गयी। अवश्य यह आर्थिक लाभ वेश्याओं का नहीं बल्कि उन लोगों का होता था जिनकी वह गुलाम होती थीं। इस प्रकार यूरोप में ईसाई धर्म ने वेश्याप्रथा को धर्म की आड़ देने से इन्कार किया। भारतवर्ष में दोनों बातें चलती रहीं, साथ ही इससे स्वतंत्र तथा पृथक आर्थिक लाभ के लिए चलाई हुई वेश्याप्रथा भी चलती रही।

मिस कैथराइन मेयो ने भारत के विरुद्ध, बल्कि कहना चाहिए कि भारतीय स्वतन्त्रता के विरुद्ध (उस समय भारत में अंग्रेजों का राज्य था) साम्राज्यवादियों के पक्ष में जो मुकदमा तैयार किया था, उसकी एक दफा थी कि भारत में अभी तक देवदासी प्रथा मौजूद है। बर्टेंड रसेल के अनुसार इसका अर्थ केवल यही था कि यूरोप में उसका अगला सोपान मौजूद है, जबकि भारत में दोनों मौजूद हैं। मानना पड़ेगा कि सोपान की दृष्टि से विशुद्ध अगले सोपान का होना परिस्थिति की विभिन्नता को सूचित करता है, पर जहाँ तक वेश्याप्रथा का सम्बन्ध है,

यूरोप-अमेरिका तथा भारतवर्ष सभी जगह वह मौजूद थी, इसलिए इससे भारतीय स्वतन्त्रता के विरुद्ध कोई मुकदमा नहीं खड़ा किया जा सका, क्योंकि जहाँ तक शोषण का सम्बन्ध है, दोनों ही शोषण के तरीके हैं।

प्राचीन यहूदियों में वेश्याप्रथा

यहूदी तथा ईसाइयों के प्राचीनतम धर्म ग्रन्थों में वेश्याओं का उल्लेख मिलता है। होसिया (3/1-5) में वेश्याएँ अनाज तथा रौप्य मुद्राओं के बदले बुलाई जाती थीं, इसका उल्लेख है। जेरेमिया (5/7) में कहा गया है कि लोग बड़ी संख्या में वेश्यागमन करते हैं। जोशुआ (2/1-7) में उल्लेख है कि कुछ लोग शत्रुओं के देश का निरीक्षण करने के लिए रहव नामक एक वेश्या के घर में टिके थे। जब जेरिको के राजा को इसका पता लगा तो उन्होंने रहव को बुलाकर हुक्म दिया कि इन आदमियों को मेरे सुपुर्द करो। वेश्या राजी हो गई, पर उसने राजा को गलत खबर दी। वेश्या की इस सहायता से ये दोनों आदमी भाग गए और जाते समय वादा कर गए कि यदि इस देश में उनका राज्य हुआ, तो वे इस वेश्या की सपरिवार, यानी माता-पिता-भ्राता सहित रक्षा करेंगे। नृपतिगण नामक पुस्तक में सुलेमान के न्याय का वर्णन करते हुए एक कहानी है कि दो वेश्याओं में बच्चे के मातृत्व को लेकर झगड़ा हुआ और वे सुलेमान के निकट इसका न्याय कराने आए। दोनों दावा कर रही थीं कि यह मेरा बच्चा है। इस पर सुलेमान ने एक तलवार मँगवाकर कहा कि इस बच्चे के दो टुकड़े कर दिए जाएँ। इस पर उनमें से एक स्त्री ने कहा कि ऐसा न करें और यह बच्चा दूसरी स्त्री को दे दिया जाए। इस पर सुलेमान ने कहा कि इन दोनों में से जिसको इस बच्चे के लिए इतना दर्द है, वही इसकी माँ है। जो भी हो, इस प्रकार प्राचीन यहूदी जाति में वेश्याओं का उल्लेख बार-बार आता है। अन्यत्र कहा गया है कि कोई भी पुरोहित विधवा, परित्यक्ता और वेश्या से शादी नहीं कर सकता, बल्कि वह अपनी ही जाति की कुमारी से विवाह करे।

मोहनजोदाड़ो भी पीछे नहीं

मोहनजोदाड़ो की सभ्यता में नर्तकियों के होने का पता मिलता है। दयाराम साहनी ने 1927 में एक नर्तकी की मूर्ति प्राप्त की थी। उसके पैरों से मालूम होता है कि नर्तकी ताल पर नृत्य कर रही है। इस नर्तकी के हाथ भी इस तरह से दिखाए गए हैं जिससे ज्ञात होता है कि वह कोई नृत्य-मुद्रा दिखा रही है। इसके चेहरे पर घृणा का भाव है। विद्वानों ने इसे देवदासी माना है। श्री दीक्षित के मतानुसार यह स्त्री निग्रो जाति की है। 1930 में मिस्टर मैके को एक अन्य नर्तकी की मूर्ति मिली। मिट्टी की बनी अन्य दो मूर्तियाँ भी नर्तकियों की पाई गई हैं। इनके पैरों से अनुमान होता है कि वे नृत्य कर रही हैं। नृत्य के संकेत कुछ ताबीजों पर

भी मिलते हैं। एक ताबीज पर एक मनुष्य ढोल बजा रहा है और कुछ नृत्य कर रहे हैं। मोहनजोदाड़ो की सभ्यता व्यापारप्रधान थी, अतएव वहाँ वेश्याओं, नर्तकियों और देवदासियों का रिवाज रहा होगा।

अर्द्धगुलामी के युग में श्रम आंशिक रूप से स्वतन्त्र हो गया। इसी प्रकार रूप-विक्रय के दूसरे सोपान में रूप-विक्रयकारिणी नारियाँ या कहना चाहिए नारी का रूप (यहाँ शासक वर्ग की स्त्रियों से मतलब नहीं है) अंशतः उसके पति का और अंशतः उसके मालिक का रहा। सामन्त का अपनी प्रजा की स्त्री पर आंशिक अधिकार—कम-से-कम प्रथम रात्रि का अधिकार—इसी को सूचित करता है। प्रथम रात्रि पर क्या, सभी रात्रियों पर पहले समाज का अधिकार था, फिर किसी विशेष त्यौहार में एक दिन के लिए स्त्री पर समाज का अधिकार हुआ। यही बाद में सामन्ती प्रभु के आंशिक, कम-से-कम प्रथम रात्रि के अधिकार के रूप में परिणत हो गया। इस प्रकार शासक वर्ग की स्त्रियों के अतिरिक्त (स्मरण रहे ये शासक वर्ग की स्त्रियाँ भी बहुपत्नीत्व के द्वारा उत्पीड़ित रहीं) सभी स्त्रियाँ आंशिक रूप से अपने पति की और आंशिक रूप से सामन्ती प्रभु की स्त्री रहीं, बल्कि प्रथम रात्रि के नाते वह सबसे पहले सामन्ती प्रभु की स्त्री होती थीं। इसी के साथ-साथ बल्कि इस सोपान के बाद ही आधुनिक अर्थ में वेश्याप्रथा का उदय होता है। श्रम-शोषण के विषय में जैसे हम कह सकते हैं कि अमुक से अमुक शताब्दी तक अमुक देश में अमुक आर्थिक प्रथा रही, कम-से-कम इस बात को हम पचास या सौ वर्ष के इधर-उधर कह सकते हैं, उसी प्रकार वेश्याप्रथा के सोपानों का समय-निर्णय नहीं कर सकते। जैसा कि हम बता चुके हैं, इस क्षेत्र में सोपानों का क्रम श्रम-शोषण के क्षेत्र से तीव्र रहा। इतना हम यह निश्चयपूर्वक कह सकते हैं कि ईसा से आठ सौ वर्ष पहले ही आधुनिक वेश्याप्रथा का उदय हो चुका था, बल्कि वह परिपक्व अवस्था में थी, पर पूँजीवाद का उदय इसके करीब दो-अढाई हजार वर्ष बाद हुआ।

हम यह भी स्पष्ट कर दें कि आधुनिक वेश्याप्रथा से हम क्या समझते हैं। श्रम-शोषण की जो आधुनिक पद्धति है, जिसमें मजदूर के पास श्रम के अतिरिक्त बेचने के लिए कोई खास वस्तु नहीं होती तथा जिस प्रथा के अनुसार वह अपने श्रम को टुकड़े-टुकड़े करके बेचता है, इसी को हम यौन-शोषण के क्षेत्र में आधुनिक वेश्याप्रथा कहते हैं। जब पूँजीवाद तो क्या, सामन्तवाद भी घुटनों के बल चल रहा था, उस समय ही वेश्याप्रथा परिपक्व हो चुकी थी। प्रश्न यह उठता है कि यौन-शोषण के क्षेत्र में श्रम के बनिस्बत सोपानों में यह तीव्र क्यों हुई? इसका उत्तर यह है कि श्रम के क्षेत्र में गुलाम, अर्द्धगुलाम या मजदूर के शोषण का एकमात्र उद्देश्य या उसकी एकमात्र परिचालक शक्ति जो थी, उसे हम आधुनिक भाषा में मुनाफा ही कहेंगे। स्त्री के क्षेत्र में इसके अतिरिक्त उसके रूप-यौवन ने इसको और जटिल

कर दिया और उसका विकास द्रुत गति से हुआ।

जो स्त्रियाँ चकले में बैठती हैं, यदि हम आज उनमें से एक-एक के जीवन का अनुशीलन करें, तो पाएँगे कि उनमें से अधिकांश के जीवन में ये सब सोपान एक के बाद एक घटित होते हैं। चकले में बैठने वाली अधिकांश स्त्रियों के जीवन के अनुशीलन से यह ज्ञात होता है कि पहले कोई स्त्री किसी-न-किसी बुरी सोहबत में पड़कर या किसी मिथ्या प्रेमिक के जाल में फँसकर, या किसी अन्य प्रकार से वेश्यावृत्ति में कदम रखती है, तो पहले-पहल वह केवल एक यौथ स्त्री (ऐतिहासिक अर्थ में नहीं) हो जाती है, और उसकी कमाई पर उसके कथित मालिक या चकले की मालकिन का अधिकार होता है। इसके बाद जब वह कुछ समझने लगती है और या तो उसके आने-जाने वालों में उसके एकाध सहायक पैदा हो जाते हैं या मालकिन समझती है कि उसे पूर्ण रूप से दबाकर नहीं रखा जा सकता तो वह उसे कुछ हिस्सा देने लगती है। इसके बाद का सोपान वेश्या के लिए 'पूर्ण स्वतन्त्रता' का सोपान है, जब वह खुद कमरा लेकर या मकान लेकर अलग 'स्वतन्त्र' रूप से बाजार में अपना रूप-यौवन बेचने बैठती है। सभी स्त्रियाँ इस प्रकार सब सोपान तय कर अन्तिम मंजिल में पहुँच जाती हों यह बात नहीं, बल्कि बहुत-सी तो शोषण के प्रथम या द्वितीय सोपान में ही समाप्त हो जाती हैं। यह बात भी नहीं कि सभी वेश्याएँ इन मंजिलों से होकर ही अन्तिम मंजिल तक पहुँचती हैं, पर नब्बे फीसदी वेश्याएँ जो 'स्वतन्त्र' हो जाती हैं, उनका यही जीवनेतिहास है।

हमने इस सम्बन्ध में जो सामाजिक सोपान बतलाए हैं, उन्हें ऐतिहासिक दृष्टि से क्रमवार मानते हुए भी इस समय बहुत-से समाजों में एक साथ पा सकते हैं। भारतवर्ष को ही लिया जाए। यहाँ कानूनी दृष्टि से तो वेश्याओं के अतिरिक्त किसी भी स्त्री पर (पैसा देने पर भी) किसी का यौन अधिकार नहीं है, पर देहातों में, देश के पिछड़े हुए भागों में ये सभी प्रथाएँ मौजूद हैं। कथित निम्न जातियों तथा 'रियाया' की स्त्रियाँ अब भी कानूनी दृष्टि से न सही तो दबाव तथा जबरदस्ती के चलते बड़े लोगों के चंगुल में रहती हैं।

वेश्याओं की स्थिति में परिवर्तन

इस सम्बन्ध में एक बात और द्रष्टव्य है। जिस अर्थ में हमने बतलाया उस अर्थ में कम-से-कम अट्ठाईस हजार वर्ष पहले ही वेश्याप्रथा का अस्तित्व ज्ञात होता है, पर आर्थिक युग की तरक्की के साथ-साथ वेश्याओं की अवस्था में भी परिवर्तन हुआ है। ज्यों-ज्यों नागरिक स्वतन्त्रता बढ़ी है, त्यों-त्यों वेश्याओं की स्वतन्त्रता भी बढ़ी है। पूँजीवादी युग के सूत्रपात के पहले वेश्याएँ यों तो अपना पेशा करने में स्वतन्त्र थीं, पर कोई भी सामन्त जब चाहे उन्हें 'बुला' सकता था, और इसके लिए जरूरी नहीं था कि वह कुछ मेहनताना भी दे। पर जब से नागरिक स्वतन्त्रता में

वृद्धि हुई है, तब से यह बात जाती रही और वेश्याएँ साधारण दुकानदारों की तरह हो गईं और वे यौन बेगार से बरी हो गईं। इस प्रकार आर्थिक युग के साथ-साथ उनके अधिकारों में परिवर्तन हुए अर्थात जिस आर्थिक पद्धति में वे रहती थीं, उससे अछूती न रह सकीं। इस अर्थ में देखा जाए तो आर्थिक युग के बिल्कुल साथ-ही-साथ वेश्यावृत्ति के सोपानों में भी परिवर्तन हुए।

अम्बपाली आदि वेश्याएँ

बौद्ध युग में अम्बपाली नामक एक वेश्या का उल्लेख आता है। वैशाली के राजोद्यान में आम के एक पेड़ के नीचे अम्बपाली का जन्म हुआ था। इससे पता चलता है कि वह किसी राजघराने की स्त्री या पुरुष से किसी-न-किसी प्रकार सम्बद्ध थी। जो भी हो, राजोद्यान के माली ने उसे अपनी कन्या के रूप में पाला और इसलिए उसका नाम अम्बपाली पड़ा। वह नृत्य-गीत आदि कलाओं में निपुण हो गई। बहुत से पद-मर्यादाशील व्यक्ति उसके यहाँ आते-जाते थे। एक रात के लिए वह पचास कहापण लेती थी। मगध के राजा बिम्बिसार वैशाली में उसके घर गए और एक सप्ताह तक वहीं डटे रहे। इस प्रकार उसके गर्भ से जिस सन्तान का जन्म हुआ, उसका नाम अभय पड़ा। यह पुत्र बाद को प्रसिद्ध बौद्ध हुआ। इसी पुत्र के प्रभाव के कारण अम्बपाली बुद्ध के प्रति श्रद्धाशीला हुई। अन्त तक उसने बौद्ध धर्म ग्रहण किया और कहा तो यहाँ तक जाता है कि उसको अर्हत पद प्राप्त हुआ। अम्बपाली के विषय में और बातें हम पहले ही बता चुके हैं।

जातकों में नृत्य-गीत में कुशल कई नर्तकियों का उल्लेख मिलता है। यह नहीं कि ये नर्तकियाँ केवल जनसाधारण का मनोरंजन करती थीं, बल्कि राजा के प्रासाद में इनकी बाकायदा नियुक्ति होती थी। ये गायिकाएँ काम-कला के अतिरिक्त अन्य कलाओं में भी शिक्षा प्राप्त करती थीं। कहा गया है कि जब राजा शुद्धोधन को सिद्धार्थ के लिए वधू की तलाश हुई तो उन्होंने यह कहा कि गणिकाओं की तरह शिक्षिता तथा निपुणाओं की आवश्यकता है। भरत के नाट्यशास्त्र में भी इसी प्रकार सुशिक्षित गणिकाओं का परिचय मिलता है। प्राचीन भारत के सभी सम्पन्न परिवारों में दास या दासियाँ तो होती ही थीं। उनके साथ मालिकों का बर्ताव जैसे दुनिया की और जगहों में रहा, वैसा ही यहाँ भी रहा। इन सभी बातों के कारण दासियाँ गणिकाओं का पेशा करती थीं। जातक साहित्य में इनका उल्लेख है। ये आर्यों से मैले रंग की स्त्रियाँ होती थीं। दासियों को आर्थिक-सामाजिक कारण से शरीर विक्रय करने के लिए मजबूर होना पड़ा। किसी-किसी राजा के यहाँ सोलह हजार नर्तकियाँ बतलाई जाती हैं। कहना न होगा कि यह नर्तकियाँ एक तरह की दासियाँ ही थीं।

कुल्लपलोभन जातक में एक घटना का उल्लेख मिलता है कि एक राजपुत्र

बुद्ध की तरह सांसारिक कामों से उदासीन थे। इस पर राजा ने एक नर्तकी की नियुक्ति की। राजपुत्र उस नर्तकी पर इस प्रकार लट्टू हुए कि उनको और कुछ सूझता ही न था। अब उनका यह हाल हो गया कि वह यह भी सहन नहीं कर पाते थे कि कोई व्यक्ति उस नर्तकी के मकान के आसपास भी जाए। तदनुसार उन्होंने एक दिन उस तरफ जा रहे राहगीरों पर हमला कर दिया। इस पर राजा ने उनको पकड़कर उस नर्तकी के साथ ही शहर से बाहर निकाल दिया।

इस प्रकार बौद्ध युग में बराबर ऐसी वेश्याओं का उल्लेख मिलता है, जो प्रेम और रूप का व्यापार करती थीं। एक जातक में इन नारियों को जूड़ा बाँधकर आया हुआ डाकू, जहरीला पानी, हिरण की टेढ़ी सींग, जहरीली जीभ वाला साँप, चिरक्षुधित यम, सर्वभुक अग्नि, यदृच्छा वहमान वायु या आँधी और विषवृक्ष आदि कहा गया है। (भारतवर्ष, पौष 1935।)

इन लोगों के सम्बन्ध में कहा गया है कि जिनसे वह प्रेम करती है, उनको भी और जिनसे घृणा करती है, उन्हें भी आदर सहित ग्रहण करती है। बौद्ध ग्रन्थों में ऐसी कई वेश्याओं का उल्लेख है जो बाद को बुद्ध के प्रभाव से बौद्ध हो गईं। इस प्रकार वेश्याओं का धर्म-जीवन ग्रहण करना महाभारत में भी आता है। शान्ति पर्व में पिंगला नामक वेश्या का उल्लेख है, जो बहुत देर तक संकेत स्थान पर प्रतीक्षा करती रही, तब भी प्रेमी नहीं आया। इससे उसको बड़ा खेद हुआ और उसने शान्त भाव से विचार किया तो वह जितेन्द्रिय हो गई और उसने वेश्यावृत्ति छोड़ दी।

सन्देहजनक कथा

हम बता चुके हैं कि उज्जयिनी में पद्मावती नाम की सभा नर्तकी थी। उसके रूप की ख्याति सुनकर बिम्बिसार वहाँ पहुँचे और एक रात उसके साथ रहे। पद्मावती ने बताया कि उनसे उसे गर्भ रह गया है। इस पर राजा ने कहा कि यदि पुत्र उत्पन्न हो तो बड़ा होने पर उसे मेरे पास भेज देना। यह कहकर वह चले गए। जब वह लड़का सात वर्ष का हुआ, तो उसे बताया गया कि वह राजा बिम्बिसार का पुत्र है। फिर वह राजा के ही यहाँ राजपुत्र की तरह पलने लगा। बाद को इस लड़के ने संन्यास ग्रहण किया और अर्हत पद प्राप्त किया। इस लड़के के प्रभाव से माता ने भी बौद्ध धर्म ग्रहण किया। इस लड़के का नाम भी अभय लिखा है। अम्बपाली के साथ इसका जीवन पूरा-पूरा मिलता है। फिर भी डॉक्टर लाहा के अनुसार इन दोनों को अभिन्न समझना युक्तिसंगत नहीं होगा। इन दो वेश्याओं का जीवन बहुत कुछ मिलता-जुलता है इसमें सन्देह नहीं, पर एक ही राजा बिम्बिसार से दोनों को गर्भ रह गया हो, दोनों के पुत्रों का नाम अभय हो, दोनों बौद्ध हो गए हों, और दोनों स्त्रियाँ भी लड़कों के प्रभाव के कारण बौद्ध हो गई हों—यह सादृश्य अत्यन्त सन्देहजनक है।

जीवक महान वैद्य

राजगृह में शालवती नाम की एक असामान्य रूप-लावण्यवती वेश्या के होने का पता मिलता है। वह एक रात के सौ कहापण लेती थी। एक बार उसे गर्भ रह गया और इस प्रकार जो पुत्र उत्पन्न हुआ, उसने उसे कूड़े में डाल दिया। जब सबेरे राज-अनुचर जा रहे थे, तो उन्होंने उस शिशु को देखा। युवराज के आदेश से वह शिशु राजप्रासाद में लाया गया। वह क्योंकि जीवित अवस्था में पाया गया था, इसीलिए उसका नाम जीवक पड़ा। बाद को यही जीवक अपने समय के सबसे बड़े वैद्य के रूप में प्रसिद्ध हुए।

सिरिमा की लाश की विचित्र कथा

शालवती की कन्या और जीवक की छोटी बहन सिरिमा नर्तकी हुई। वह भी राजगृह में रहती थी। उसे एक कोषाध्यक्ष की पुत्र-वधू तथा एक अन्य कोषाध्यक्ष की कन्या उत्तरा ने एक पखवाड़े तक हर रात के लिए एक सहस्त्र मुद्राएँ देकर अपने पति की परितृप्ति के लिए नियुक्त किया था। सिरिमा के विषय में बहुत-सी कहानियाँ हैं। धम्मपद भाष्य से मालूम होता है कि जब सिरिमा मरी, तो उसकी मृतदेह को जलाया नहीं गया। कौवे और कुत्ते उसे न खा सकें, इसलिए पहरेदार की नियुक्ति पर उसे शवागार में रखा गया। राजा बिम्बिसार ने उसकी मृत्यु की खबर बुद्ध को दी, क्योंकि बुद्ध ने ही राजा से यह अनुरोध किया था कि मृतदेह को न जलाकर उसकी रक्षा की जाए। बात यह है कि उसके जीवन काल में बहुत-से भिक्षु उसको देखकर गुमराह हो गए थे, इसलिए भगवान बुद्ध ने यह व्यवस्था की थी कि जब वह मरे तो उसकी मृतदेह को भिक्षुगण आकर देखें और उसमें जो कीड़े पड़ें, उनको भी देखें। सब नागरिकों को भी उसे देखने के लिए बाध्य किया गया। राजा ने घोषणा की थी कि जो व्यक्ति उस लाश को देखने से इन्कार करेगा, उसे कुछ मुद्रा जुर्माने के रूप में देनी पड़ेगी। देह का सौन्दर्य कितना अनित्य और अस्थाई है, यही बात लोगों को समझाने के लिए यह व्यवस्था की गई थी।

सामा

इसी प्रकार एक अन्य वेश्या थी, जिसका नाम सामा था। उसका एक रात का मूल्य सौ मुद्राएँ थीं। राजा स्वयं उस पर लट्टू थे। उसकी पाँच सौ दासियाँ थीं। एक नौजवान सौदागर उसके प्रेम में पड़कर उसको हर रात के लिए सौ मुद्राएँ देता था। एक दिन वह अपने झरोखे में खड़ी थी तो क्या देखा कि एक डाकू को राजकर्मचारी पकड़कर लिए जा रहे हैं। देखते ही वह उस नौजवान डाकू के प्रेम पड़ गई। सामा ने फौरन एक हजार मुद्राएँ देकर अधिकारियों को खबर भेजी कि गिरफ्तार व्यक्ति उसका भाई है और उसके घर के अतिरिक्त उसका कोई आश्रय

नहीं है। साथ में उसने सौ मुद्राएँ भी भेज दीं। सामा के अनुरोध पर अधिकारी ने फौरन उसको छोड़ दिया। इसके बाद सामा ने अपना पेशा छोड़ दिया और दिन-रात उस मुक्त डाकू के साथ रंगरेलियाँ मनाने लगी। पर डाकू को एकाएक यह सूझा कि सम्भव है आगे चलकर यह किसी और के प्रेम में पड़ जाए और मुझे छोड़ दे। इसलिए एक दिन वह सामा को सब गहने पहनाकर एक बाग में ले गया और वहाँ उसका गला दबाकर उसके सारे गहने छीन लिए। जब वह होश में आई तो उसने देखा कि उसका प्रीतम चला गया है। उसके बाद उसने कई दिन तक अनशन किया, पर जब वह फिर भी लौटकर नहीं आया और उसका कहीं पता नहीं लगा, तो उसने फिर अपना पहले का जीवन शुरू कर दिया। इस विवरण से ज्ञात होता है कि यह सचमुच एक जीती-जागती वेश्या का जीवन है, ना कि बौद्ध धर्म के प्रचार में गढ़ी हुई कोई कहानी।

सुलसा

बनारस में सुलसा नाम की एक वेश्या रहती थी। इसकी भी पाँच सौ दासियाँ थीं और एक रात के लिए वह हजार पण लेती थी। कहा जाता है कि वह भी सामा की तरह एक दिन झरोखे में खड़ी थी तो उसने एक डाकू को फाँसी के लिए ले जाते देखा। उसके हाथ पीछे बँधे थे। प्रथम दृष्टि में ही वह प्रेमातुर हो गई। उसके दिमाग में एकाएक यह ख्याल आया कि यदि इस परम बलिष्ठ व्यक्ति को वह पा जाए, तो गृहस्थ की तरह जीवन बिताए और इस पाप जीवन का परित्याग कर दे। शहर के प्रधान अधिकारी को यथेष्ट घूस देकर उसने उसे छुड़ा लिया और उसके साथ सुख के साथ रहने लगी। तीन-चार महीने तक जब यह जीवन चला तो डाकू उकता गया और उसने सुलसा से कहा कि जिस समय मैं गिरफ्तार हुआ था, उस समय मैंने मनौती माँगी थी कि छूटते ही फलाँ पहाड़ पर खड़े वृक्ष को भेंट चढ़ाऊँगा। सुलसा अब अपने सब गहने आदि पहिनकर उसके साथ चलने को तैयार हो गई तो पहाड़ पर पहुँचते ही डाकू ने उसे बताया कि लूटने के लिए ही वह उसे यहाँ ले आया है। उसने यह भी कहा कि कहीं यह भेद खुल न जाए, इसलिए वह उसकी हत्या भी करेगा। सुलसा ने इस पर बहुत समझाया कि मैंने तुम्हारे लिए यह किया और वह किया, पर उसने एक न सुनी। इस पर सुलसा ने कहा कि मुझे अन्तिम बार आलिंगन तो करने दो। इस पर वह राजी हो गया। तब उसने भक्तिपूर्वक प्रणाम करते-करते तीन बार उसकी परिक्रमा की और चुम्बन लिया। फिर वह उसके पीछे गई और उसे पहाड़ से ढकेल दिया। गिरते ही डाकू मर गया।

अध्धकासी

इसी प्रकार थेरगाथा भाष्य में एक वेश्या का परिचय मिलता है, जिसका नाम

अध्यकासी था। वह एक धनी वणिक के घर उत्पन्न हुई थी। बहुत दिनों तक वेश्या रही, इसके बाद उसने धर्म जीवन ग्रहण किया। दीक्षाग्रहण के लिए वह श्रावस्ती नगर जा रही थी। रास्ते में डाकुओं का भय जानकर उसने भगवान बुद्ध को खबर दी। इस पर भगवान बुद्ध ने उसके पास एक भिक्षुणी भेज दी और इस प्रकार उसकी धर्म दीक्षा हुई। बाद में इस स्त्री को अर्हत पद की प्राप्ति हुई।

वेश्या-जीवन का विश्लेषण

ऊपर जो विवरण दिए गए हैं, उनसे ज्ञात होता है कि बुद्ध तथा उनके बाद और उनसे पहले भी वेश्याप्रथा एक स्वीकृत प्रथा के रूप में थी। यह द्रष्टव्य है कि वैदिक साहित्य तथा महाभारत में अप्सराओं का जो काम लोगों का तपोभंग करने का है, वह बौद्ध युग में भी कायम था। महाभारत का अन्तिम संस्करण बुद्ध के कुछ बाद ही हुआ, पर उसमें जिस युग की ऐतिहासिक अनुश्रुतियाँ प्रचलित हैं, वह मुख्यतः बौद्धयुग के पहले की हैं, ऐसा माना गया है। ये वेश्याएँ सैकड़ों की तादाद में राजा के प्रासाद में भी नियुक्त रहती थीं। इसलिए हम इनको दो हिस्सों में बाँट सकते हैं। एक तो वे जो दासी ही हैं। इनमें और दासियों में कोई फर्क सिवाय इसके न था कि वे बचपन से नृत्यगीत आदि की शिक्षा पाकर एक विशेष प्रकार के दासीत्व के लिए तैयार होती थीं, और दूसरी वे वेश्याएँ थीं जो अम्बपाली, सुलसा, सामा आदि की तरह अपना पृथक अस्तित्व रखती थीं, और साधारण लोग ही नहीं, बल्कि राजा भी उन्हीं के घर जाते थे। यह भी द्रष्टव्य है कि इस युग में वेश्याओं को लोग विशेष बुरी दृष्टि से नहीं देखते थे। उनसे जो बच्चे पैदा होते थे, उनको समाज में कोई विशेष दिक्कत होती हो, ऐसा ज्ञात नहीं होता। ऊपर दिए गए विवरणों से यह भी स्पष्ट होता है कि जब ये भूतपूर्व वेश्याएँ बौद्ध धर्म ग्रहण कर लेती थीं तो उनको अर्हत पद भी प्राप्त हो जाता था। इससे स्पष्ट है कि उनको अपने वेश्या जीवन के लिए किसी अन्य स्त्री के मुकाबले कोई विशेष हीनता का शिकार नहीं होना पड़ता था। हम पहले भी देख चुके हैं कि जब धर्म की आड़ में वेश्यावृत्ति होती थी, तब भी वेश्याओं को कोई बुरा नहीं समझता था।

वेश्या और एकविवाह का स्वरूप

हम पहले ही बता चुके हैं कि ग्रीकों में कुमारी अवस्था में प्रत्येक स्त्री बिल्कुल स्वतन्त्र होती थी और मनमाना बहुपुरुष-संग किया करती थी। ज्ञातव्य है कि ग्रीक लोगों में फिर भी इनकी बड़ी इज्जत होती थी। कुमारी अवस्था में यह स्वतन्त्रता स्त्री के लिए विवाह तक ही थी, पर पुरुषों को विवाह के बाद भी अपनी स्त्री के अतिरिक्त, दासियों पर और साथ ही कुमारियों के साथ यथेच्छ विवाह करने का अधिकार था। बौद्धकाल की वेश्याओं का हम जो विवरण दे चुके, उससे भी यही

ज्ञात होता है। राजा बिम्बिसार की अपनी रानी थी, दासियाँ थीं, फिर भी जब वह कभी किसी रूपवती का नाम सुनते थे, तो वहाँ भी जा धमकते थे। इसका आशय बिल्कुल स्पष्ट है कि कथित एकविवाह का स्वरूप ही यह था, इसका सूत्रपात इन्हीं परिस्थितियों में हुआ। रही यह कि भारतवर्ष में कुमारी के हेटीर होने की बात, यानी उसकी बहुपुरुष गमन के रूप में पूर्ण स्वतन्त्रता किसी युग में थी या नहीं, इसका पता नहीं चलता। पर वैदिक युग में और उसके बाद के युग में समन नामक जो संस्था है—कम-से-कम अशोक के समय तक थी—उसमें जो कुमारियाँ रात को कहीं रह जाती थीं, वह अपने प्रेमिकों को अपने कमरे में बुलाती थीं। (स्मरण रहे, यह सब वेद मन्त्रों से ही सिद्ध है।) यह इसी बात की ओर इंगित करता है कि न सही ग्रीक कुमारियों की तरह, पर यहाँ भी वे दूध की धुली हुई नहीं थीं। किसी भी स्वतन्त्र समाज में सतीत्व की धारणा ऐतिहासिक रूप से मूर्त नहीं रही है। दूध की धुली सती के लिए तो क्रान्तिपूर्व चीनी औरतों की तरह चार इंची लोहे के जूते डालने की जरूरत है। पर वहाँ भी यह धारणा मूर्त नहीं हुई, यह हम जानते हैं।

जन-मत या पुरुष-मत?

इससे पहले हम इस विषय पर रोशनी डाल चुके हैं कि यौन सम्बन्ध पुरुष और स्त्री दोनों के लिए एक आवश्यकता है और पारस्परिक सुख का उत्पादक है। फिर भी यही प्रश्न उठता है कि ऐसा क्यों हुआ कि पुरुष रूप का क्रेता हो गया और स्त्री रूप की विक्रेता। इसी प्रकार यह भी विवेचना योग्य है कि यदि पुरुष का पदस्खलन हुआ तो वह बुरा नहीं समझा गया, या समझा भी गया तो नाममात्र के लिए, पर स्त्री का जरा भी पदस्खलन हुआ कि वह पतिता और न जाने क्या-क्या समझी गई। इसका भी कारण समाज में पुरुष का एकाधिकार, उत्पादन के साधनों पर उसकी प्रभुता तथा स्त्री के मुकाबले उसकी अच्छी आर्थिक हालत रही। इसीलिए राजा बिम्बिसार वेश्यागामी होकर भी दूषित नहीं समझे गए, पर यदि बिम्बिसार की कोई महिषी इस प्रकार अपना जार रखती, तो वह अवश्य पतिता समझी जाती। उस समय जनमत का यह पक्षपात तो बहुत स्पष्ट है, पर विश्लेषण करने पर ज्ञात होगा कि यह जनमत, जनमत नहीं, पुरुषमत है। इस प्रकार पुरुष ने न केवल एकविवाह का अर्थ बराबर यह रक्खा कि अपनी स्त्री पर तो उसे पूर्ण अधिकार है ही, इसके अतिरिक्त वेश्याओं और दासियों पर भी अधिकार है। इससे उसने ऐसा जनमत बना दिया जो सम्पूर्ण रूप से पुरुष के पक्ष में हो और पुरुष को मनमाना करने के साथ ही स्त्री को दबाकर रखने की पूर्ण व्यवस्था हो। पुरुष और स्त्री के किसी भी समतामूलक समाज की यह प्रथम शर्त होगी कि इस प्रकार का पुरुषप्रधान सदाचार का सौध ढहा दिया जाए और उसके स्थान पर दोनों के समतामूलक अधिकार की स्थापना की जाए। यह द्रष्टव्य है कि बौद्ध युग में वेश्याओं को कुलटा

की तरह नहीं देखा जाता था। प्राचीन ग्रीस तथा प्राचीन भारत में भी यही स्थिति थी, इसका भी वही अर्थ है।

गणिका, दासी या दरबार की शोभा

कौटिल्य के समय वेश्याओं का एक पूरा विभाग हो गया था। अधिकरण-2 में गणिकाध्यक्ष नामक एक पूरा प्रकरण ही है। इसमें वेश्याओं का जो विवरण दिया है, उससे पता लगता है कि ये वेश्याएँ भी पहले के युग की वेश्याओं की तरह राजा की शोभा बढ़ाने के लिए उसके छत्र, इत्रदान, पंखा, पीढ़ी (पीठिका), रथ आदि के समान हैं। इस प्रकार जो वेश्याएँ राजा के यहाँ रहती थीं, वे दासियों की तरह थीं। हर्ष के समय तक वेश्याओं से यह काम लिए जाने का उल्लेख है। ये चँवर डुलाती थीं, तथा चम्पी करती थीं। राज-सभा तथा अन्तःपुर में जनखे भी रक्खे जाते थे। इसके अतिरिक्त राज-घराने की स्त्रियों की निजी दासियाँ भी होती थीं। कभी-कभी राजसभा में उत्सव अश्लील रूप धारण कर लेता था। हर्ष के जन्म के समय जो उत्सव हुए थे, वे श्लीलता के दायरे के बाहर चले गए थे। हर्ष की दिनचर्या में यह भी था कि जिस समय राजा दोपहर को राज-सभा से उठकर आते थे, उस समय दासियाँ उन पर सुगन्ध छिड़कती थीं। इसके बाद नहा-धोकर और खाना खाकर वे इसी प्रकार की एक वाणीपाणी के स्त्री साथ अन्तःपुर में पहुँचते थे। वह सो जाते थे और एक स्त्री जमीन पर बैठी रहती थी और वह धीरे-धीरे राजा का पैर दबाती थी। कई जगह पर उनको दासियों के साथ गिनाया गया है, जैसे यह कहा गया है कि ''वेश्या तथा दासी यौवन ढल जाने पर पाकगृह में काम करें।'' इस उल्लेख से यह भी मालूम होता है कि वेश्याओं या भूतपूर्व वेश्याओं के हाथ से भोजन करना उस युग में गलत नहीं समझा जाता था।

गणिकाध्यक्ष के अधिकार

एक अन्य स्थान पर (अधि. 2, पृ. 102) यह कहा गया है, ''विधवा, अंगविकल लड़की, वैरागिन, राज्यदण्डिता, वेश्याओं की बूढ़ी प्रमुख, वृद्ध राजदासी, मन्दिर से मुक्त देवदासी आदि से ऊन, रेशे, रूई, जूट, सन आदि के सूत कतवाए।'' गणिकाध्यक्ष उस कर्मचारी को कहते थे जो गणिकाओं पर नियन्त्रण रखता था। गणिकाध्यक्ष के कर्त्तव्यों का विवरण यों है, ''गणिकाध्यक्ष खूबसूरत, युवा तथा गाने-बजाने में चतुर लड़की को, भले ही वह वेश्या के यहाँ उत्पन्न हुई हो और चाहे कहीं और उत्पन्न हुई हो, 1000 पण वार्षिक पर वेश्या के तौर पर नौकर रखे। उसकी सहायक एक दूसरी वेश्या 500 पण पर रखी जाए। इनमें से यदि कोई बाहर जाए, बीमार पड़ जाए या मर जाए तो उसकी लड़की या बहन उसका काम करे, और उसकी सम्पत्ति ग्रहण करे। उसकी माता उसकी सहायक वेश्या को

नियुक्त करे। यदि इनमें से कोई भी न हो तो उसकी सम्पत्ति राजा स्वयं ग्रहण करे। खूबसूरती, जवानी, गहने आदि के अनुसार वेश्याओं के कनिष्ठ, मध्यम तथा उत्तम तीन भेद हैं और इनकी तनख्वाह 1000 पण से ही शुरू होती है।'' फिर यह बताया गया है कि इनका काम राजा का इत्रदान आदि उठाना है। ये वेश्याएँ जो इस प्रकार ली जाती थीं, वे दासी नहीं तो अर्द्धदासी होती थीं, इसमें सन्देह नहीं, क्योंकि इसके बाद ही कौटिल्य लिखते हैं कि ''वेश्या का निष्क्रय (स्वतन्त्रता प्राप्त करने का धन) 24000 पण और उसके पुत्र का 12000 पण है।'' इसका अर्थ यह है कि वेश्या जब चौबीस वर्ष की तनख्वाह दे पाएगी या दिला सकेगी तो वह स्वतन्त्र होगी, दूसरे यह है कि वह कभी स्वतन्त्र नहीं होगी। उसकी यह परतन्त्रता पुत्र तक है, क्योंकि उसके लिए लिखा है कि 12000 पण उसका निष्क्रय है। जैसा कि हम लिख चुके हैं, यौवन खत्म होने पर भी इन वेश्याओं तथा दासियों के लिए यह मजबूरी थी कि वे कोष्ठागार या पाकगृह में काम करें। जिसको यह सब मंजूर न हो, उसे सरकार को कुछ पण मासिक के रूप में देना पड़ता था।

इस सम्बन्ध में और नियम यों हैं : ''वेश्याओं की आमदनी, खर्च, बचत तथा दाय भाग का नियम बनाया जाए। इनकी फजूलखर्ची रोकी जाए। माता को छोड़कर और किसी के पास गहने रखने पर 4¼ पण जुर्माना किया जाए। अपनी सम्पत्ति बेचने या गिरवी रखने पर 5¼ पण, गाली देने पर दुगुना, कान काटने पर 51¾ पण दण्ड दिया जाए। अनिच्छुक वेश्या को रोकने, पटकने, मारने या बदसूरत करने पर एक हजार पण का जुर्माना दिया जाए। जो राजा की आज्ञा होने पर भी पुरुष विशेष के पास न जाए, उस पर कोड़े पड़ें या पाँच हजार पण जुर्माना किया जाए। मेहनताना लेकर जो ऐसा ही काम करे उस पर 200 पण दण्ड या मेहनताने का दुगुना हो। यदि पास बुलाकर भी किसी का संग न करे तो मेहनताने का 8 गुना जुर्माना दे, बशर्ते कि पुरुष बीमार न हो, या उसमें और कोई बुराई न हो। जो पुरुष को मार डाले, उसको जीते जी जला दिया जाए या पानी में डुबाकर मार डाला जाए। प्रत्येक वेश्या गणिकाध्यक्ष को सूचना दे कि उसकी भृत्ति तथा आमदनी कितनी है, उसकी हैसियत क्या है और उसका किस पुरुष के साथ सम्बन्ध है। नट, नर्तक, गायक, वादक, भाँड, भाट, रस्सी पर नाचने वाले, अन्य प्रकार का तमाशा दिखाने वाले, चारण, स्त्रियों में व्यापार करने वाले तथा खुफिया या गुप्त रूप से आजीविका करने वाली औरतों के विषय में भी इसी ढंग के नियम समझने चाहिए। यदि वे लोग दूसरे राष्ट्र के हों तो 5 पण तमाशा दिखाने की आज्ञाप्राप्ति विषयक राजस्व के रूप में दें। रूपाजीवा नामक जो वेश्याएँ गणिका, दासी, नटी आदि को गाना, बजाना, पढ़ाना, नाचना, नाट्य, अक्षरविज्ञान, चित्रकला, वीणा, बाँसुरी तथा मृदंग बजाना, दूसरे के हृदय को पहिचानना, गन्धमाला गूँथना, शरीर को सजाना-धजाना आदि विद्याएँ सिखाएँ, उनको राजा की ओर से खर्च मिले।

सब तालों पर नाचने वाले वेश्यापुत्रों को नाट्य कार्य सिखाया जाय। भिन्न-भिन्न देशों की भाषा तथा इंगित समझने वाली औरतें अपने बन्धु-बान्धवों सहित दूसरों के खुफिया तथा नाशक कामों का पता लगाएँ।'' वेश्याओं के सम्बन्ध में ब्योरेवार नियम थे। अन्यत्र लिखा है कि वेश्या मेहनताना तय कर लेने के बाद पुरुष को सन्तुष्ट करे। यदि कोई बात नियम है विरुद्ध तय हुई हो या नुकसान पहुँचाने के उद्देश्य से मंजूर कराई गई हो, तो उसे नाजायज समझना चाहिए।

वेश्यावृत्ति से राजकोष की पूर्ति

जो विवरण दिया गया, उससे स्पष्ट है कि वेश्या पद्धति—एक वैध रोजगार के रूप में—स्वीकृत थी। केवल यही नहीं, इसका करीब-करीब एकाधिकार सरकार के हाथों में था। अन्यत्र कौटिल्य के 'अर्थशास्त्र' में लिखा है कि ''बन्धकी पोशा (रण्डी रखनेवाला कर्मचारी) राजा द्वारा भेजी रूप-यौवन सम्पन्न रण्डियों से सरकारी कोष को बढ़ाने की कोशिश करे।'' इस नियम से बिल्कुल स्पष्ट है कि कौटिल्य के अनुसार स्त्री भी आबकारी की तरह राष्ट्र की आमदनी के एक जरिये की तरह स्वीकृत है। इस सम्बन्ध में कोई टिप्पणी करने की आवश्यकता नहीं, क्योंकि इसका अर्थ बिल्कुल स्पष्ट है। स्मरण रहे कि चन्द्रगुप्त मौर्य के राज्यकाल में आबकारी भी राष्ट्र की आमदनी बढ़ाने का एक जरिया था।

वेश्याओं का गुप्तचरी के लिए उपयोग

सबसे खराब बात यह है कि अभागी स्त्रियों द्वारा न केवल राज्यकोष भरा जाता था, बल्कि इनसे खुफिया का काम भी लिया जाता है। इसका कुछ विवरण तो हम दे ही चुके हैं, पर यह काम शराबखानों में बेहोश या अर्द्धबेहोश पुरुषों पर भी किया जाता है। कौटिल्य लिखते हैं, ''शराब बेचनेवाले भिन्न-भिन्न कमरों में खूबसूरत युवतियों को भेजें और बाहर से आए हुए विदेशियों तथा बेहोश या सोए हुए आर्यों की भावनाओं का उनसे पता लगवाएँ।'' इस प्रकार ये न केवल वेश्याएँ होती थीं, बल्कि इनको जितना भी पतित किया जा सके, किया जाता था। इन स्त्रियों को लड़ाई कराने के लिए भी इस्तेमाल किया जाता था। कौटिल्य लिखते हैं, ''वेश्या बनाने की खातिर लड़की पालनेवाले, प्लवट, नट, नर्तक आदि लोग संघ के मुखियों को खूबसूरत स्त्रियों के द्वारा उन्मत्त करें। इसके बाद उस औरत से शिकायत कराएँ कि संघ के अमुक मुखिया ने उसे जबरन अपने पास रख लिया है। जब उनकी आपस में लड़ाई हो जाए, तो चतुर लोग अपना काम करें और कहें कि अमुक को भी इस प्रकार मार डाला गया या वह औरत ही उसको कहे कि अमुक संघ का मुखिया मुझको तुम्हारे पास नहीं आने देता। मैं तो मन से तुमको ही चाहती हूँ। यह कहकर उसके मरवाने का प्रबन्ध करे या जबरदस्ती भगाई

गई स्त्री उपवन या क्रीड़ा उपवन में चतुर लोगों से रात में उसको मरवा दे या स्वयं उसको जहर देकर खत्म कर दे और लोगों में यह फैला दे कि अमुक मुखिया ने हमारे मुखिया को मार डाला है।...संघ के मुखियों को आपर्स में लड़ाने के लिए वेश्या, नर्तकी तथा गौनहारिनों के घरों में मुखिया लोग जब निश्चिन्त होकर बैठे हों, उस समय रात्रि में समागम के बहाने चतुर लोग उस मकान में घुसें तथा उनको मार डालें या बाँधकर ले जाएँ।''

कहना न होगा कि इस सम्बन्ध में कौटिल्य को हिटलर के गेस्टापों से कुछ सीखना नहीं था। वे खुद ही उसके उस्ताद नजर आते हैं। मनुष्य के कोमल से कोमल भावों का इस प्रकार राष्ट्र शक्ति के पक्ष में इस्तेमाल कर लिया जाए, यह विचित्र है। हमने जो बार-बार इस बात पर जोर दिया है कि यौथ विवाह तथा जोड़े की शादी के बाद एकविवाह की स्थापना हुई, उसका अर्थ प्रत्येक क्षेत्र में नहीं तो करीब-करीब सभी क्षेत्रों में पुरुष के लिए अपनी स्त्री या स्त्रियों पर एकाधिकार के अतिरिक्त वेश्यागमन आदि का अधिकार भी था, वह इन उदाहरणों से सिद्ध हो जाता है। राजा वेश्यागामी थे, मुखिया वेश्यागामी थे, समाज के सब बड़े आदमी वेश्यागामी थे। फिर जिनके पास ऐसा करने के साधन होंगे, वे क्या करते होंगे, यह अनुमान करना कठिन नहीं है। राजकोष भरने के लिए वेश्याओं का उपयोग होता था, यह इस युग की वेश्याओं का एक खास परिचय है। एंगेल्स ने जो लिखा है कि धर्म की आड़ के बाद वेश्या-पद्धति एक व्यापारिक पद्धति हो गई, वह सत्य है। पर इसमें इतना और जोड़ना पड़ेगा कि इस व्यापार पर करीब-करीब कौटिल्यकल्पित आदर्श राष्ट्र का एकाधिकार था। यह नहीं कि इस युग में इक्की-दुक्की 'स्वतन्त्र' वेश्याएँ नहीं थीं, थीं, पर कम थीं।

वेश्यावृत्ति के नाना रूप

वेश्यावृत्ति के कारण को लेकर हम ऐतिहासिक रूप से इस नतीजे पर पहुँच चुके हैं कि समाज में पुरुष के आर्थिक वर्चस्व का यह अनिवार्य परिणाम था, फिर भी हम जानते हैं कि स्त्रियों का यौवन विक्रय पुरुषप्रधान समाज की एक आम बात होने पर भी कहीं-कहीं ऐसा पाया गया है कि पुरुषों ने स्त्रियों को अपना यौवन बेचा है। पेरिस में बहुत-सी फ्रेंच स्त्रियाँ इस प्रकार रुपया देकर तगड़े हब्शी पुरुषों से अपना सम्बन्ध रखती हैं। यह सम्बन्ध हमेशा प्राकृतिक रूप में ही होता हो, यह बात नहीं, बल्कि कई बार वे स्त्रियाँ इन पुरुषों से बिल्कुल अप्राकृतिक रूप में काम लेती हैं। यहाँ हमें उन अप्राकृतिक तरीकों के ब्यौरे में जाने की आवश्यकता नहीं है, पर इतना जरूर कह देना चाहिए कि इन क्षेत्रों में स्त्रियाँ पुरुषों से जो काम लेती हैं उससे वे बहुत ही जलील किए जाते हैं, तभी जाकर वे रुपया देती हैं। यद्यपि पुरुषों के चकले सरकारी तौर पर स्वीकृत नहीं हैं, पर ऐसे चकले हैं

जहाँ स्त्रियाँ पैसा देकर पुरुषों से मिलती हैं। इसका एक सूक्ष्मीकृत रूप यह भी है कि कुछ स्त्रियाँ दिखावे के तौर पर एक पुरुष से शादी कर लेती हैं। इस पुरुष को वह एक बँधी हुई तनख्वाह देती हैं, पर इनके शरीर पर उसका कोई अधिकार नहीं होता। इसके कारणों में वृद्ध विवाह, बाल्य विवाह, तलाक का अभाव या तलाक की अधिकता, पर्दा, बहुपत्नीत्व, विधवाओं का पुनर्विवाह न होना आदि हैं। ऋग्वेद में कक्षीवान ने वृद्धावस्था में विवाह किया था, इसका उल्लेख है, पर यह विवाह हमारे वृद्ध विवाह की परिभाषा में इसलिए नहीं आता कि उन्होंने एक वृद्धा से ही विवाह किया था। यह स्त्री राजदुहिता थी, क्योंकि इसे कोई चर्मरोग हुआ और इसका विवाह न हो सका। जब अश्विनों ने उसका चर्मरोग अच्छा कर दिया, तब कक्षीवान ने उससे विवाह किया। जो भी हो, आधुनिक समाज में विशेषकर भारतीय समाज में (केवल हिन्दुओं में नहीं) वृद्ध विवाह एक आम बात है। इससे अवश्य ही वेश्यावृत्ति, कम से कम व्याभिचार को तो प्रोत्साहन मिला। अरब शेखों के द्वारा गरीब भारतीय कुमारियों को खरीद कर उन्हें स्त्री और दासी के रूप में रखना यह दिखाता है कि शोषण के इस हाथ की अन्तर्राष्ट्रीय क्षेत्रों तक पहुँच है। विवाहित वृद्ध जब कुछ दिनों में चल बसता है, तब उसकी विधवा की आयु कम होने के कारण यह खतरा पैदा हो जाता है कि वह वेश्यावृत्ति करे या अन्य किसी तरीके से अपनी स्वाभाविक यौन वृत्ति को तृप्त करे।

कुलीन ब्राह्मण की विकृतियाँ

वृद्ध विवाह के अतिरिक्त बाल्य विवाह भी वेश्यावृत्ति का कारणीभूत हो सकता है। बहुपत्नीत्व तो स्त्रियों को वेश्यावृत्ति की दावत देना है। हरमों में—चाहे वह ग्रीक सरदारों के हरम हों, चाहे मुगल या हिन्दू राजाओं के हरम हों—तमाम देखरेख और पहरों के बावजूद बहुत व्याभिचार होता था। बंगाल में जो कुलीन प्रथा थी और अब भी कुछ हद तक है, वह तो व्यभिचार का एक गढ़ ही है। शरत बाबू ने अपनी पुस्तक 'वामुनेर मेये' (बाह्मण की बेटी) में इस प्रथा का पर्दाफाश किया है। एक कुलीन ब्राह्मण की सौ-दो सौ शादियाँ होती थीं। उसके लिए यह संभव नहीं था कि वह घर पर लाकर इन स्त्रियों को रक्खे। इसलिए वह एक रजिस्टर रखता था, जिसे देखकर वह बारी-बारी से एक ससुराल में जाता था, और वहाँ से दक्षिणादि लेकर अगले ससुराल को रवाना होता था। शरत बाबू की पुस्तक में यह दिखलाया गया है कि कुलीन महाशय से अब यह सब बखेड़ा नहीं होता था, इसलिए वह अपने एक नाई को सिखा-पढ़ा कर अपने बदले बीवियों के पास भेजते थे। चूँकि कुलीन को शायद ही कोई पहचानता हो, इसलिए यह नाई बखूबी ब्राह्मण बनकर दक्षिणा वसूल कर लाता था। इस प्रकार यह सारी पद्धति व्यभिचार का एक गढ़ हो गई थी, और ऐसा होना स्वाभाविक ही था। मालूम होता है कि यह

कुलीन प्रथा यौथ समाज का ही एक अवशेष था, पर वर्तमान पितृप्रधान समाज में यह केवल व्यभिचार का ही कारण हो सकता था।

कम उम्र बालम–नतीजा व्यभिचार

बहुत से स्थानों में वर से वधू की उम्र दस-पन्द्रह साल अधिक होती है। इस प्रकार का अनमेल विवाह किसी भी प्रकार सामंजस्यपूर्ण जीवन उत्पन्न नहीं कर सकता। इसका जो परिणाम होता है, वह मालूम ही है। वर नाबालिग होता है, पर स्त्री का यौवन अपनी पूर्णता पर पहुँच जाता है। ऐसी अवस्था में इसका परिणाम व्यभिचार या किसी-किसी क्षेत्र में लड़की का भाग जाना होता है। पुरुषप्रधान समाज में विधवाएँ आदि विवाह न करें तो वे अच्छी समझी जाती हैं, चाहे वह यूरोप का समाज हो या एशिया का। जो विधवाएँ बैठी रहती हैं, वे हर समाज में–यहाँ तक कि जहाँ विधवा बिवाह पर कोई रोक नहीं है, ऐसे समाजों में भी–अच्छी समझी जाती हैं।

एडवर्ड अष्टम के समय में यह कुसंस्कार बिल्कुल स्पष्ट रूप से सामने आया। उनकी प्रेमिका कुमारी सिम्पसन अपने पूर्व पतियों से कानूनी तौर पर तलाक प्राप्त कर चुकी थी। पर बरतानिया की संसद ने इस बात को असह्य माना कि राज्य की रानी पहले किसी अन्य पुरुष की पत्नी रही हो। स्मरण रहे कि यह प्रश्न एक या दो कट्टर पोंगा-पंथियों के विचार करने का नहीं था, बल्कि वहाँ के शासक वर्ग की सज्ञान प्रतिनिधि संसद ने यह मत दिया। इस भावना का विश्लेषण करने से यह स्पष्ट हो जाता है कि अपने अन्तरतम में वहाँ का समाज विधवा विवाह को स्वीकार नहीं करता। तथ्य भी यही है कि बहुत शरीफ और ऊँचे घरानों में बहुत कम विधवाएँ फिर से शादी करती हैं, यद्यपि पुरुष बड़ी संख्या में पुनर्विवाह करते हैं। भारतीय हिन्दुओं में तो विधवाओं की जो हालत है, वह ज्ञात ही है। यदि वे पिता के घर में रहती हैं या भाई के यहाँ रहती हैं तो भौजाइयाँ और भाई आदि उससे एक नौकरानी का काम लेते हैं। यदि वह पुत्रवती हुई और उसके पुत्र कुछ सम्पत्ति के अधिकारी हुए, तब तो उसकी हालत कुछ अच्छी होती है। पर जहाँ तक उसके विवाह का सम्बन्ध है, लोग उसे बुरी दृष्टि से ही देखते हैं। अधिक ब्यौरे में जाने की आवश्यकता नहीं है, पर यह बता दिया जाए कि विधवा विवाह केवल मध्यम तथा उच्च श्रेणी के लिए ही समस्या है। भारतवर्ष में भी कथित छोटी जातियों में विधवा विवाह आमतौर से प्रचलित है। इसलिए स्त्रियों की अन्य बहुत-सी समस्याओं की तरह यह भी समस्या मुख्यतः मध्यम तथा उच्च श्रेणी की स्त्रियों की ही समस्या है।

वेश्यावृत्ति एक व्यापार

इस प्रकार वेश्यावृत्ति जिन प्राथमिक तथा द्वितीय कारणों से उत्पन्न होती है, उसका

हमने कुछ सिंहावलोकन कर लिया, पर जब वेश्यावृत्ति एक बार पेशे के रूप में उत्पन्न हो जाती है, और रूप और यौवन एक सामग्री की तरह बाजार में बिकने लगता है, तो उसमें वही सब नियम लागू होते हैं जो अन्य व्यापारों पर लागू होते हैं। इन नियमों में माँग और पूर्ति के नियम को हम विशेष रूप से लागू देख सकते हैं। यों तो हम दिखा चुके हैं कि वेश्यावृत्ति बहुत पुरानी संस्था है, पर पूँजीवाद ने कई ऐसी परिस्थितियाँ उत्पन्न कर दी हैं जिससे वेश्याओं की माँग में वृद्धि हो गई है। पूँजीवाद यह तकाजा करता है कि एक स्थान पर हजारों की तादाद में मजदूर इकट्ठे हों और काम करें। ये मजदूर गाँव से आए हुए होते हैं, और अक्सर ही क्या, सौ में निन्यानवे मामलों में वे अपनी स्त्रियों को साथ में नहीं लाते या ला नहीं सकते। इसका नतीजा यह होता है कि इनके लिए वेश्याओं की जरूरत होती है। कहा जा सकता है, जैसे तमाम स्वप्निल समाजवादी, जिनमें गाँधी जी भी हैं, कहते हैं कि यह पूँजीवाद का दोष नहीं बल्कि बड़े पैमाने पर उद्योगीकरण का परिणाम है। यह व्याख्या आमतौर से सही भी समझी जाती है, इसलिए इस पर विवेचन करने की आवश्यकता है। पूँजीवाद मजदूर को जितनी मजदूरी देता है, उसमें सब मजदूरों के लिए शहर के महँगेपन, मकान-भाड़े की अधिकता को देखते हुए यह संभव नहीं है कि वे अपनी स्त्रियों को साथ ले आएँ, बहुत-से मामलों में तो विवाह भी संभव नहीं होता। यदि मजदूर को यथेष्ट मजदूरी मिले और वह अपनी स्त्री को अपने साथ रख सके तो कोई कारण नहीं कि ऐसा न करे। इसलिए दोष उद्योगीकरण या मिलों के राक्षसी चरित्र का नहीं, बल्कि शोषण का है। यदि यह शोषण दूर कर दिया जाए तो मजदूरों के लिए वेश्याओं की माँग में ऐसी वृद्धि न हो। विषय से बाहर जाकर भी हमें यह कहना पड़ता है कि ज्यादा आबादी इस गड़बड़ को दस गुना बढ़ा देती है।

वेश्यापुत्री बनने पर मजबूर

इस प्रकार जब वेश्याओं के लिए माँग पैदा होती है, तो जिन अन्य कारणों को हम बता चुके यानी बाल्य विवाह, वृद्ध विवाह, विधवा-विवाह न होना, अनमेल विवाह आदि कारणों से कोई सम्बन्ध न होते हुए भी स्त्रियाँ वेश्यावृत्ति के क्षेत्र में आ जाती हैं, बल्कि लाई जाती हैं। मान लीजिए एक स्त्री को इन कारणों से ठोकर खाते-खाते वेश्या बनना पड़ा, यह तो समझ में आता है, पर उसकी लड़की को भी जो वेश्या बनाया जाता है, वह इन कारणों में नहीं आता। न तो उसका किसी वृद्ध के साथ विवाह हुआ, न वह छोटी उम्र में विधवा हुई, न उसका विवाह अपने से पन्द्रह साल कनिष्ठ किसी नाबालिग से हुआ, फिर भी वह वेश्या बनती है। तो इसका कारण हमें अन्यत्र ही खोजना पड़ेगा। एक तो वेश्या पुत्री होने के कारण उसके लिए समाज के सारे द्वार बन्द हैं, यानी समाज उसे वेश्या होने के लिए

मजबूर करता है। दूसरा, उसकी माँ सोचती है कि गतयौवना होने के बाद उसके द्वारा उसकी रोजी चलेगी। इन कारणों से यानी माँ के दबाव से उसको वेश्या होना पड़ता है। फिर सबसे बड़ी बात है कि इस क्षेत्र में भी शोषक समाज इस बात पर नजर रखता ही है कि वेश्या की पुश्त कायम रहे, जिससे कि उसकी माँ के बाद भी समाज को उसकी बेटी का रूप-यौवन मिलता रहे। मजदूर की दुनिया में शोषक वर्ग का दबाव मुख्यतः आर्थिक है, पर वेश्या की लड़की वेश्या हो, इसमें शोषक वर्ग का दबाव आर्थिक भी है, सामाजिक भी। अपनी विशेष आर्थिक-सामाजिक परिस्थिति के कारण वेश्याओं की एक अपनी विशेष मनोवृत्ति हो जाती है, जैसे इस बात को लीजिए कि वेश्याएँ एक तो यह पसन्द नहीं करतीं कि उनको गर्भ रह जाए, दूसरा यदि रह भी जाए तो वे यह पसन्द करेंगी कि उनको लड़की हो, जबकि सारे पुरुषप्रधान समाज में, यहाँ तक कि स्त्रियों में भी लड़का होना ही अच्छा समझा जाता है। यह जो विशेष मनोवृत्ति है, यह कोई हवाई रूप से उत्पन्न नहीं होती, इसके कारण बिल्कुल स्पष्ट हैं। वेश्याओं में स्त्रियाँ ही उत्पादक होती हैं, इसीलिए माँ बेटी की इच्छा करती है। कुछ भी हो, इस प्रकार जब समाज में वेश्याओं के लिए एक व्यापार जैसी गुंजाइश हो जाती है, तो फिर व्यापारी तौर-तरीके से ही उनकी पूर्ति की भी आवश्यकता होती है, इसलिए वृद्ध विवाह आदि कारणों से लड़कियाँ बिल्कुल स्वतन्त्र रूप से भगाकर, फुसलाकर, धोखा देकर वेश्याएँ बनाई जाती हैं। बाकायदा चकलों के एजेन्ट ऐसी लड़कियों की तलाश में रहते हैं, जो उनके मतलब की हों और सुलभ हों। कुटनियों और एजेन्टाओं के अतिरिक्त सार्वजनिक रूप से भी वेश्याओं की भर्ती की जाती है। इसके लिए अखबारों में अभिनेत्री, नर्स, शिक्षिका आदि के लिए विज्ञापन दिया जाता है। इस प्रकार नई स्त्रियों से परिचय प्राप्त कर उनमें से कुछ को इस पेशे के लिए चुना जाता है। भारतवर्ष अभी इस सम्बन्ध में पिछड़ा हुआ है, पर अमेरिका आदि पूँजीवाद के शिखर पर स्थित देशों में वेश्या-व्यवसाय के शेयर खरीदे और बेचे जाते हैं और यह बताया गया है कि लोहा, पेट्रोल, मोटर आदि सभी व्यवसायों से यह व्यवसाय अधिक लाभदायक है और इसमें लाभ बहुत अधिक है। पूँजीवाद तथा बैंकपूँजी की प्रधानता के साथ-साथ इस काम में भी बैंकपूँजी की प्रधानता हुई। पूँजीवाद किस दर्जे तक मनुष्य का शोषण कर सकता है, यह व्यवसाय इसका परिचायक है।

अप्टन सिंकलेयर का 'जंगल'

अमेरिकन उपन्यास लेखक अप्टन सिंकलेयर ने 'जंगल' नामक पुस्तक में जहाँ-तहाँ इसका सुन्दर और सजीव चित्रण किया है कि अमेरिका में वेश्या-व्यवसाय कैसे चलता है। एक स्त्री के सम्बन्ध में वह लिखते हैं, ''वह अमेरिका में एक साल पहले आई थी। पहले वह एक स्टोर में क्लर्क का काम करती थी। बाद को उसने

एक व्यक्ति से यह तय किया कि वह एक कारखाने में काम करेगी। इस प्रकार छः लड़कियों ने उस व्यक्ति से यही तय किया, और वे लड़कियाँ सामने के उस मकान में रखी गईं। यह विशेष लड़की एक कमरे में अलग रखी गई। उसके खाने में नशे की कोई वस्तु डाल दी गई। जिस समय उसे होश आया तो उसे ज्ञात हुआ कि उसका सर्वनाश किया जा चुका है। वह चिल्लाई, चीखी, और उसने अपने बाल उखाड़े, पर वह भाग न सकी, क्योंकि उसके पास पहनने के लिए एक तौलिए के अतिरिक्त कुछ भी नहीं था। वे लोग बराबर उस लड़की को इसी प्रकार अर्ध बेहोशी में रखते रहे। अन्त में उसने आत्मसमर्पण कर दिया। दस महीने तक तो उसे उस जगह से निकलने ही नहीं दिया गया और फिर उसे अन्यत्र भेज दिया गया, क्योंकि अब वह वहाँ के लायक नहीं रह गई थी। अनुमान है कि वह वहाँ से भी निकाल दी जाएगी, क्योंकि उसे अब शराब पीते-पीते पागलपन का दौरा-सा पड़ जाता है। उन छः लड़कियों में से केवल एक ही अन्त तक इस जीवन से अपना छुटकारा पा सकी। बात यह हुई कि एक दिन वह रात में दो मंजिले मकान से कूद गई। इस पर बहुत हो-हल्ला हुआ, कदाचित तुमने सुना हो।...इस प्रकार जो लड़कियाँ लाई जाती हैं, उनमें से प्रत्येक के लिए लाने वाले या लाने वाली को 40 डॉलर मिलते हैं। इस चकले में 17 लड़कियाँ हैं, और कदाचित ऐसा इस कारण है कि वह स्त्री, अर्थात् चकलेवाली स्वयं फ्रेन्च है। इस मामले में सबसे खराब फ्रेन्च लड़कियाँ ही हैं, जापानी लड़कियाँ ही केवल उनसे नम्बर मार ले गई हैं।...यहाँ जो स्त्रियाँ हैं, उनमें से अधिकांश यथेष्ट सुरुचि-सम्पन्न हैं। इससे तुम्हें बहुत-बहुत ताज्जुब अवश्य होगा। पहले मैं सोचा करती थी कि वे ऐसा इसलिए करती हैं कि उन्हें यह काम पसंद आता है, पर यह कल्पना कैसे की जा सकती है कि एक स्त्री चाहे जिस तरह के पुरुष के साथ—चाहे वह बुड्ढा, जवान, काला या गोरा हो—काम करना पसन्द करेगी, और वह इसलिए कि उसे यह काम पसन्द है।...'' अवश्य ऐसे उदाहरण हैं जिनमें हम यह देखते हैं कि किसी लड़की ने स्वयं वेश्यावृत्ति अपनाई है। एक यहूदी लड़की, जो एक दर्जी की ओर से तकाजे में जाया करती थी, बीमार पड़ गई और उसकी नौकरी खत्म हो गई। चार दिन तक जब उसे कुछ खाने को न मिला, तब उसने एक चकले में जाकर आत्मसमर्पण कर दिया, पर वहाँ उसे खाने को तब दिया गया, जब उसने नंगी होकर यह वचन दिया कि जिस काम के लिए वह सचमुच आई है, उसे करेगी।

गोरियों के लिए खतरा

गोरे रंग वाली स्त्री का बाजारू मूल्य अधिक होता है। तदनुसार ये एजेण्ट ऐसे इलाकों में जाकर अपेक्षाकृत कम उम्र लड़कियाँ खरीद लाते हैं। जो इलाके गरीब होंगे, साथ ही जहाँ की लड़कियाँ गोरी होंगी, वहीं पर इन एजेण्टों का आना-जाना

अधिक होगा। स्वतन्त्र भारत में भी कई पहाड़ी जातियों से धोखा देकर नहीं, बल्कि खरीदकर लड़कियाँ लाई जाती हैं। अत्यधिक गरीबी के कारण ही वहाँ के लोग लड़कियों को बेचते हैं। इसके अतिरिक्त कुछ पेशेवर प्रेमिक लड़कियों को पहले अपने जाल में फँसाते हैं, फिर उन्हें भगाते हैं, और भगाने के बाद चकले में डालकर चल देते हैं। इस प्रकार प्रेमिक के फन्दे में फँस कर अनेक लड़कियाँ चकले में जा बैठती हैं। इन क्षेत्रों में हमेशा प्रेमिक पहले से ही इरादा करके चला हो कि लड़की को बेचेगा, यह बात नहीं। कई क्षेत्रों में तो वे सचमुच प्रेमिक-प्रेमिका होते हैं, पर समाज उनके प्रेम को स्वीकार नहीं करता। साथ ही आर्थिक अभाव भी होता है। वे भावुकता में भाग तो निकलते हैं, पर जब आर्थिक अवस्था खराब होती है, तो प्रेम का प्रारम्भिक दुर्दान्त प्रवाह आर्थिक तंगी की चट्टान से टकराकर टूट-फूट जाता है। जब मकान-भाड़ा और आटा-चावल-दाल का दाम मालूम होता है, जब गहने भी एक-एक करके बिक जाते हैं, जब सामने अंधकार ही अंधकार दिख पड़ता है, तब कई बार ऐसा होता है कि पुरुष धोखा देकर उसे चकले में छोड़ा देता है या उसे केवल छोड़ देता है, और उस स्त्री के लिए चकले के सिवाय कोई अन्य ठिकाना नहीं रहता। बात यह है कि पुरुष के लिए हमेशा समाज के द्वार खुले रहते हैं, इसलिए जब वह देखता है कि प्रेमी जीवन अच्छी तरह नहीं चल रहा है, काँटों से उसके पाँव लहू-लुहान हो गए हैं तथा उसकी हिम्मत पस्त हो रही है, तब वह समाज के सामने घुटने टेक देता है। पर स्त्री का इसमें बलिदान हो जाता है, क्योंकि समाज उसे किसी भी शर्त पर पूर्वस्थिति में लौटने नहीं देता।

स्त्री भी धोखा देती है

कहीं यह गलतफहमी न हो जाए कि केवल पुरुष ही इस प्रकार धोखा देता है—यह तो निर्विवाद सिद्ध है कि सौ में निन्यानवें क्षेत्रों में पुरुष ही धोखा देता है—पर कुछ क्षेत्रों में जब समाज का द्वार खुला होता है, तो स्त्री भी इसी प्रकार धोखा देती है। उस हालत में पुरुष को वेश्या या वेश्यावत कुछ नहीं बनना पड़ता, बल्कि उसे केवल साल दो साल के लिए लड़की भगाने के अपराध में—और कहीं-कहीं बलात्कार के अपराध में जेल जाना पड़ता है। अक्सर अखबारों में जो यह खबर छपती है कि एक युवक और एक युवती भाग गई थी। फिर जब युवती पकड़ी गई तो उसने कहा कि इसने मुझे भगाया था। और अदालत में खड़ी होकर अगर वह ऐसा कहती है, तो समझना चाहिए कि पहले दोनों राजी थे, पर बाद को जब समाज का, विशेषकर पिता या भाई का द्वार खुला मिला, तो स्त्री ने अपने भूतपूर्व प्रेमी को अदालत में बयान देकर जेल भिजवा दिया। शेषोक्त तरीके की घटनाओं का हमारे विषय से विशेष सम्बन्ध नहीं, फिर भी कहीं चित्र का एक भी पहलू सामने आने पर गलतफहमी न पैदा हो जाए, इसलिए हमने दूसरे पहलू को भी छू-भर दिया।

पेशेवर प्रेमिक उपरोक्त प्रकार से स्त्रियों को भगा-भगाकर चकलों में डाल आते हैं। फिर केवल फुसलाने तक ही क्यों रहें स्त्रियाँ तथा लड़कियाँ, जबर्दस्ती भगाई भी जाती हैं। सब से शोचनीय बात यह है कि स्त्रियों के द्वारा भी स्त्रियाँ फाँसी जाती हैं। बहुत-सी स्त्रियों में गहना, कपड़ा या खाना आदि को लेकर कमजोरियाँ होती हैं, इनका फायदा उठाकर भी स्त्रियाँ चकले में लाई जाती हैं। नशा तो एक बहुत बड़ा कारण है, जिनके द्वारा स्त्रियाँ इस क्षेत्र में लाई जा सकती हैं। बहुत-सी वेश्याओं के जीवन से यह भी ज्ञात होता है कि उनके बाप ने दूसरी शादी की और यह नई माँ उनसे बहुत दुर्व्यवहार करती थी। इससे उनको इस ओर जाने की उत्तेजना मिली, अर्थात एक स्त्री के कारण दूसरी का पतन हुआ।

दासता का सबसे घिनौना रूप

इस प्रकार पुरुषप्रधान समाज की कामुकता की माँग को पूरा करने के लिए तरह-तरह से व्यवस्था की जाती है। बहुत-से लोगों की रोटी इनके जरिये चलती है, अतएव यह एक सुसंगठित व्यापार का रूप ग्रहण कर चुका है। यूरोप में बाकायदा बहुत बड़े-बड़े चकले सरकारों द्वारा स्वीकृत हैं। यह डींग मारी जाती है कि पूँजीवाद ने दासता का अन्त कर दिया, पर इस यौन दासता के रहते हुए क्या यह कहा जा सकता है कि दासप्रथा का सचमुच अन्त हो गया? सच बात तो यह है कि यह प्रथा दासप्रथा से भी प्रत्येक दृष्टि से खराब है। बर्टेंड रसेल का कथन है कि दक्षिण अमेरिका के अतिरिक्त सभी जगह वेश्यावृत्ति का ह्रास हो रहा है। इसका कारण उन्होंने यह बताया है कि अब स्त्रियों के लिए पहले से अधिक मुक्तता के साथ अन्य पेशे खुल जाने के कारण ही यह ह्रास हुआ है। यह ठीक ही लगता है। पर दूसरी तरफ बहुत-सी स्त्रियों का दहेज के अभाव में विवाह न होने तथा कोई काम न मिल पाने के कारण यह वृत्ति और बढ़ी होगी। रसेल ने इस सम्बन्ध में यह जो कहा है कि कुछ हद तक वेश्यावृत्ति अनिवार्य है, क्योंकि जब नाविक बहुत दिनों के बाद बन्दरगाह पर पहुँचेगा तो उसे किराए की स्त्री तुरन्त ही मिल सकती है। हम इसमें सामाजिक तथा मनोवैज्ञानिक गड़बड़ी को ही जिम्मेदार ठहराते हैं, क्योंकि यदि नाविक के लिए पत्नी को साथ रखना संभव होता या उसकी प्रतीक्षा करना संभव होता, तो यह जरूरत न रहती। मैंने स्टरडम में देखा कि वहाँ समुद्र किनारे हर जाति (जर्मन, फ्रेंच आदि) के लिए अलग-अलग वेश्या-मुहल्ले हैं। इस प्रकार ये मुहल्ले घुमा-फिराकर वेश्यावृत्ति का ही समर्थन है। जो स्त्रियाँ फेमिनिस्ट बनती हैं, उनका पहला काम वेश्या-मुहल्लों को तोड़ना होना चाहिए।

चकलों की पक्षपातपूर्ण देखरेख

सरकारं द्वारा स्वीकृत चकलों की बराबर देखरेख की जाती है, और प्रत्येक स्त्री की

डॉक्टरी परीक्षा की जाती है। यदि कोई स्त्री किसी छुतहा रोग से पीड़ित पाई जाती है, तो उसे जेल जैसी जगह में ले जाकर जबरन इलाज किया जाता है। इस प्रकार के इलाज को वेश्यावृत्ति को प्रोत्साहन देना ही समझना चाहिए, क्योंकि इस प्रकार हरी झंडी दिखाकर यह विश्वास दिलाया जाता है कि यदि कोई वेश्यागमन करे, तो उसे खतरा नहीं है। इसके विरुद्ध यह कहा जाता है कि इसका उद्देश्य वेश्या अथवा वेश्यागामी की रक्षा करना नहीं है, बल्कि इस बात की गारंटी देना है कि उस स्त्री का संग कर न तो उस पुरुष के और न लौटकर अपनी पत्नी का संग करने पर उसके रोगी होने का खतरा है। इस प्रकार जो कहा जाता है, उसमें सचाई है। फिर भी एक बात समझ में नहीं आती, वह यह कि जब दुष्ट रोग से पीड़ित वेश्या का जबर्दस्ती इलाज कराया जाता है, और इसके लिए उसे एक तरह से जेल में रखा जाता है, तो पुरुष के साथ ऐसा व्यवहार क्यों नहीं? उसकी न तो जबर्दस्ती जाँच की जाती है और न अलग रखकर इलाज ही किया जाता है। इससे स्पष्ट है कि आदर्शवाद की सारी लम्बी-चौड़ी बातें पुरुष की प्रधानता और उसके द्वारा किए जा रहे शोषण को छिपाने के लिए की जाती हैं। इस प्रकार सभ्य देशों में वेश्याओं का जो जबर्दस्ती इलाज किया जाता है, उसमें कोई राष्ट्र अपने पुरुषवादी चरित्र को स्पष्ट कर देता है।

कौटिल्य के यहाँ यह तो हम देख ही चुके कि शराबखानों में सुन्दर लौंडियों की व्यवस्था रहती थी, पर आधुनिकतम वेश्यागमन होटलों और रेस्तराओं में टेलिफोन से होता है। किसी युग में यह मन्दिर के जरिए होता था। बहुपत्नीत्व तथा दासियों पर मालिक का अधिकार, पहली रात का अधिकार आदि सब इसी के रूप थे। अब यही होटलों और रेस्तराओं के जरिए होता है, जहाँ रात दो बजे तक नृत्यगीत होता है और बाद में वह सब भी किया जाता है। बात यह है कि समाज में वेश्यागमन बुरा समझा जाता है, साथ ही प्रचलित पुरुषप्रधान एकविवाह का तकाजा यह है कि पुरुष को वेश्यागमन का मौका मिले, इसलिए इन असंगतियों को होटलों और रेस्तराओं के जरिए दूर किया गया है। इस युग में होटलों में सभी जाते हैं, इसमें कोई बुराई नहीं समझी जाती। वाकई बहुत से लोग होटलों में खाने के लिए ही जाते हैं, पर इसी की आड़ में एकविवाह प्रथा अपनी वासनापूर्ति करती है। होटलों के अतिरिक्त रेस्तराँ भी छोटे पैमाने पर इसी की पूर्ति करते हैं। सच बात तो यह है कि अब बहुत कम ऐसे अच्छे होटल या रेस्तराँ होंगे, जो केवल रोटी, दाल, चाय और कटलेट बेचते हों। कुछ ऐसी स्त्रियाँ जो अपने को वेश्या रूप में रजिस्टर नहीं कराना चाहतीं, टेलीफोन के जरिए कालगर्ल के रूप में अपना पेशा आसानी से चला लेती हैं। होटल इस सम्बन्ध में कमीशन एजेंट का काम करते हैं और वे दोनों से कमीशन लेते हैं। अवश्य इस मोटे कमीशन का एक अंश उन्हें घूस के रूप में पुलिस को देना पड़ता है। कुछ गरीब और मध्यवित्त घरों से भी यह काम चलता है। स्मरण रहे कि

हम वेश्यावृत्ति में जिसे व्यभिचार कहेंगे यानी पेशे के तौर पर किए गए नाजायज यौन सम्बन्ध को नहीं ले रहे। वेश्यावृत्ति स्वयं एक बहुत बड़ा विषय है, इसलिए हम उस पर पूर्ण रूप से विचार करने का दावा नहीं करते।

शरतचन्द्र का निजी अनुभव

शरत बाबू ने कुछ गृह त्यागी स्त्रियों के सम्बन्ध में कुछ तथ्य दिए हैं जो उनके विशेष तजुर्बे के कारण यहाँ पर उद्धृत करने योग्य हैं। उन्होंने लिखा है कि "एक महाशय बंगाली वेश्याओं के नाम, पते, उम्र, जाति-परिचय तथा कुल-त्याग का संक्षिप्त विवरण जुटा रहे थे, पर दुख है कि यह पुस्तक घर में आग लग जाने से जल गई।" शरत बाबू ने लिखा है कि "यह पुस्तक जल गई, अच्छा ही हुआ।" पर शरत बाबू ने उस पुस्तक से अपनी स्मृति से जो कुछ बातें लिखी हैं, वे विशेष द्रष्टव्य हैं : "हिसाब लगाने पर हम यह देखकर चकित हो गए कि उन अभागिनों में 100 में 70 स्त्रियाँ सधवा थीं, बाकी केवल 30 स्त्रियाँ विधवा थीं। प्रायः उन सभी के कुलत्याग करने का कारण लिखा हुआ था—अत्यधिक दरिद्रता और पति आदि का असहनीय अत्याचार। सधवाओं में से प्रायः सभी निम्न जाति की थीं और विधवाओं में से सभी प्रायः उच्च जाति की। निम्न जाति की सधवाओं ने केवल यही उत्तर दिया था कि हम लोगों को खाने-पहनने को नहीं मिलता था। दिन को हम सब उपवास करती थीं और रात को पति की मार खाती थीं। भले कुलों की विधवाओं ने यह कहा कि भाई, भौजाई अथवा ससुर, जेठ आदि के अत्याचार न सह सकने के कारण हमने यह काम किया।"

शरत बाबू इस पूरे बयान को अक्षरशः सत्य नहीं मानते, फिर भी वे इस तथ्य का कि क्यों कथित उच्च जाति की विधवाएँ कुल त्यागिनी हुई हैं, बहुत सुन्दर विश्लेषण करते हैं। जिस प्रकार अच्छे कुलों की विधवाएँ पति के न रहने पर निरुपाय हो जाती हैं, ठीक उसी प्रकार निम्न जातियों की कई सधवाएँ पति के मौजूद रहने पर भी निरुपाय हो जाती हैं।...निम्न घर की स्त्रियाँ जब विधवा हो जाती हैं, तब बहुत स्वतन्त्र हो जाती हैं। वे हाट-बाजार में जाती हैं, मेहनत करती हैं, धान कूटती हैं और आवश्यकता होने पर दासी के काम भी करने लगती हैं। इसलिए बेहतर उपायों से जीविका निर्वाह करना उनके लिए संभव होता है। उन्हें कुल त्याग करने की आवश्यकता नहीं होती, पर उनकी सधवाओं के लिए यह रास्ता बन्द होता है। पति उनके खाने-पीने का प्रबन्ध तो कर नहीं सकता, खाली मारपीट से ही शासन कर सकता है। उधर भले घर की विधवाओं की अवस्था ठीक छोटी जाति की सधवाओं की तरह है, क्योंकि उन्हें स्वतन्त्र रूप से शारीरिक परिश्रम करके जीविकार्जन नहीं करने दिया जाता। शरत बाबू ने जो बातें कही हैं, वे सब कथित निम्न जातियों के लिए लागू नहीं होतीं, क्योंकि विवाह के बाद

या पूर्ण यौवन में दो-एक साल भले ही कथित निम्न जाति की स्त्रियाँ कुछ काम करें, नहीं तो क्या सधवा क्या विधवा—ये सभी स्त्रियाँ पुरुषों के साथ-साथ—अवश्य उनसे कुछ कम—उत्पादक रूप में काम करती हैं। फिर उनके लिए विधवा रहना भी मजबूरी नहीं है। जो भी हो, शरत बाबू पूर्णतः इस बात को मानते हैं कि आर्थिक कारणों से ही स्त्रियाँ वेश्या बनती हैं न कि कामुकता या अन्य किसी कारण से, जैसा कि अवैज्ञानिक चिन्तक प्रतिपादित करते हैं।

कामुकता मुख्य कारण नहीं

कहीं हमारे मत को गलत न समझा जाए, इसलिए हम यह स्पष्ट कर देना चाहते हैं कि वेश्यावृत्ति का मौलिक कारण आर्थिक होने पर भी उसके जो दूसरे, तीसरे कारण हैं, उनमें किसी स्त्री विशेष की अति कामुकता भी एक कारण हो सकती है। चाहे किसी भी कारण से हो, यह वैज्ञानिक रूप से ज्ञात हो चुका है कि प्रत्येक स्त्री-पुरुष की कामुकता की मात्रा में प्रभेद होता है। इस विषय में हम ब्यौरे में जाना नहीं चाहते, पर इस बात की ओर इशारा करके आगे बढ़ जाना चाहते हैं कि किसी व्यक्ति में कामुकता की अधिकता वेश्यावृत्ति की ओर ले जाने का कारण हो सकती है। अवश्य इस बात की जाँच की आवश्यकता है कि एक स्त्री जो इतनी अधिक कामुक हो जाती है कि उसे कई पुरुषों की आवश्यकता पड़ती है, उसके पीछे कौन-से सामाजिक, आर्थिक, ऐतिहासिक कारण हैं, क्या यह एक रोग है अथवा और कुछ? अब यदि मान भी लिया जाए कि एक स्त्री की अतिकामुकता का एक बाजार मूल्य हो जाता है, पर क्या वह कामुकता आर्थिक और ऐतिहासिक रूप से उत्पन्न नहीं है? अतएव केवल कामुकता से इसका निदान नहीं हो सकता। इसी के साथ एक और भी बात स्पष्ट कर देने की जरूरत है। वह यह है कि एक संस्कृत श्लोक के अनुसार स्त्रियाँ पुरुष से कई गुणा अधिक खानेवाली तथा कामुक होती हैं। स्त्रियों में ही वेश्याएँ होती हैं। इससे इस बात को आपात दृष्टि से समर्थन प्राप्त हो जाता है। अब अटकलपच्चू का युग नहीं रहा, अतः इस विषय का भी वैज्ञानिक तरीके से पता लगाया गया है और पता यह चला है कि स्त्रियाँ पुरुषों की तुलना में बहुत ही कम कामुक होती हैं। स्त्रियों में यौन-उदासीनता (Frigidit) आमतौर से फैली हुई वृत्ति है। पुरुष में बालिग होते ही काम-चेष्टा स्वाभाविक रूप से क्रियाशील हो जाती है, पर स्त्री को अनेक तरीकों से उत्तेजित करने पर ही वह तैयार होती है। जो भी हो, इस प्रकार वेश्यावृत्ति के अस्तित्व को स्त्रियों की अतिकामुकता के मत्थे मढ़ने की चेष्टा करना गलत है। हम देख चुके हैं कि इसके बिल्कुल ही दूसरे ऐतिहासिक-आर्थिक कारण हैं। एकाध क्षेत्र में ही अतिकामुकता उत्तेजक कारण हो सकती है। फिर यह भी संदिग्ध है कि वेश्यावृत्ति से कामुकता की परितृप्ति होती है।

जर्मन वेश्याओं का अध्ययन

जर्मन लेखिका फ्राउलाउन एलगा ने बर्लिन के चकलों की घूम-घूमकर बहुत छानबीन के साथ एक पुस्तक 'Wie sie dayu homman' (वे इस पेशे में क्योंकर आती हैं) लिखी है, जिससे अन्य विषयों के साथ इस विषय पर भी रोशनी पड़ती है। इससे पता लगता है कि सभी वेश्याएँ काम-कला के प्रति बिल्कुल उदासीन हो जाती हैं, और केवल पेशे की दृष्टि से उसमें उत्साह दिखलाती हैं, नहीं तो उनमें से बहुतों को यह बोध भी नहीं होता कि कुछ हो भी रहा है। कुछ वेश्याओं के बारे में अवश्य यह लिखा है कि अपने यहाँ आने-जाने वालों में जब वे किसी एक के प्रेम में पड़ जाती हैं, और जब वे उनके साथ होती हैं, तभी उनको शारीरिक सुख का बोध होता है, नहीं तो वे मैथुन को केवल एक उत्पात समझकर झेलती हैं। फ्राउलाउन एलगा ने जो विवरण दिया है, उससे पता लगता है कि ये अभागिनें एक-एक दिन में अस्सी-पचासी पुरुषों को निबटा देती हैं, फिर भला उन्हें किसी प्रकार का सुखबोध कैसे हो सकता है। उनके योनि-क्षेत्र की खाल मोटी हो जाती है और उसमें कोई अनुभूति नहीं रह जाती। अतएव कामवृत्ति के अनुसार वेश्यावृत्ति की व्याख्या करने की चेष्टा बिल्कुल गलत है।

यह बड़ी निर्लज्जतापूर्ण बात है कि पुरुषों की ओर से यह सब गम्भीर रूप से कहने की चेष्टा की गई है। यह जो एक वेश्या अस्सी-पचासी व्यक्तियों को एक दिन में खलास कर देती है, इससे तो बल्कि यही प्रमाणित होता है कि स्त्रियों के मुकाबले पुरुष अधिक कामुक होते हैं। स्मरण रहे कि वेश्याओं के सन्दर्भ में अन्य कारण ही प्रबल हैं, जबकि पुरुषों के सन्दर्भ में कामुकता के अतिरिक्त कोई अन्य कारण ही नहीं है। एंगेल्स ने ठीक ही लिखा है कि वेश्यावृत्ति से स्त्री समाज का एक अंश मात्र दूषित होता है, जबकि पुरुष समाज सारे का सारा कलुषित हो जाता है। इसके बाद भी अगर कोई पुरुष को स्त्रियों से अधिक चरित्रवान समझे तो यह केवल जबर्दस्ती है।

वेश्याओं पर खोज कौन करे?

हमने वेश्यावृत्ति पर जो कुछ लिखा है, उससे उसके सामाजिक, आर्थिक तथा ऐतिहासिक पहलू बिल्कुल स्पष्ट हो गए हैं। यह पुस्तक इससे आगे नहीं जा सकती, फिर भी यह विषय अधूरा न रहे, इसलिए हम पूर्वोल्लिखित जर्मन लेखिका एलगा ने किस प्रकार वेश्याओं को लेकर खोज की, इसका बहुत संक्षिप्त विवरण देंगे। कुमारी एलगा ने लिखा है कि स्नाहडेर की खोजों से इस सम्बन्ध में उनकी दिलचस्पी बढ़ी और यह समझकर कि पुरुषों के द्वारा इस सम्बन्ध में जो खोजें होंगी, उनकी अपेक्षा स्त्रियों की तत्सम्बन्धी खोज कहीं बेहतर होगी, उन्होंने स्वयं खोज करना शुरू किया। उन्होंने पैंतीस वेश्याओं का पूर्ण विवरण अपनी पुस्तक में दिया है।

इस विवरण के लिए मुख्य रूप से तो वेश्याओं के बयान पर ही निर्भर किया गया है, पर हमेशा आँखों देखा दृष्टिकोण ठीक नहीं हो सकता, इसलिए उन्होंने जहाँ तक हो सका, अन्य माध्यमों से इनका समर्थन प्राप्त करने की चेष्टा की। एक तो उन्होंने पुलिस वालों से पता लगाया कि जब से यह वेश्या बनी है, तब से इसका क्या इतिहास रहा। दूसरा उसके घर का पता लगाकर उसके घरवालों से तथा उसके घर के पादरी से पता लगाने की चेष्टा की कि उसके बचपन का इतिहास क्या है। उन्होंने प्रत्येक वेश्या के स्वभाव तथा विश्वासों का भी विवरण दिया है। उदाहरणार्थ उन्होंने यह पता लगाया कि वेश्या कौन-सा नशा करती है, अथवा नहीं, ईश्वर में विश्वास करती है या नहीं, प्रार्थना करती है या नहीं। उसे किस बात का शौक है, वह कैसा खाना पसन्द करती है, खुशबू कैसी पसन्द करती है या नहीं करती है, किस उम्र में पहल-पहले उसका किसी पुरुष के साथ सम्बन्ध हुआ, किस उम्र में उसने पहले-पहल इस सम्बन्ध के लिए पैसे लिए, वह कोई पुस्तक पढ़ती है या नहीं पढ़ती, और अपने भविष्य के बारे में क्या सोचती है, इत्यादि। पुस्तक बहुत ही दिलचस्प है। दुख है कि हम इस स्थान पर इस पुस्तक का उल्लेख मात्र कर सकते हैं। इस खोज के दौरान कुमारी इलगा को बहुत कठिनाई हुई, क्योंकि वेश्याएँ अपने विषय में, विशेषकर अपने भूतकाल के विषय में बात करना पसन्द नहीं करतीं। फिर भी इस पुस्तक का सारांश थोड़े में यों है कि जो भी लड़कियाँ बाद को वेश्या हुईं, वे या तो अत्यन्त गरीबी के कारण धीरे-धीरे उस ओर गईं, या उनके परिवार में कोई ऐसी गड़बड़ी—जैसे विमाता या विपिता का दुर्व्यवहार—रही, जिससे वे घर छोड़कर भाग गईं, या अन्य जगह पर नौकरी करने लगीं और फिर वहाँ से चकले में पहुँच गईं।

बर्ट्रेंड रसेल का मत

बर्ट्रेंड रसेल ने भी इस प्रश्न को उठाया है कि यदि एक बच्चा पिता और माता दोनों को प्यार करने लगे और उनमें रहने का अभ्यस्त हो जाए, यदि एकाएक पिता और माता में विवाह-विच्छेद हो तो उसका बच्चे पर क्या असर पड़ेगा? उनके मतानुसार ऐसी अवस्था में बच्चे को किसी न किसी प्रकार के रोग, पोलियो आदि से ग्रस्त हो जाना पड़ेगा, और साथ ही उसमें स्नायविक गड़बड़ियाँ हो जाएँगी। इस दृष्टिकोण से रसेल का कहना है कि ऐसे समाज बच्चों के लिए अच्छे हो सकते हैं, जिनमें पिता नामक जीव होता ही न हो। उनके अनुसार बच्चे को अपने प्रति अभ्यस्त कर फिर अलग हो जाना पिता-माता की बड़ी भारी गलती है। अफलातून (384-322 ई.पू.) ने कहा है कि बच्चों को पिता और माता दोनों से अलग रखा जाए, इसकी आलोचना करते हुए रसेल बतलाते हैं कि यह उन्हें पसन्द नहीं। जो भी हो, इसमें सन्देह नहीं, जैसा कि हम एलगा की गवाही से देख सकते

हैं कि बच्चों पर माता-पिता के विवाह-विच्छेद का बहुत खराब असर पड़ सकता है। अवश्य इसको विवाह-विच्छेद के मार्ग में एक रोड़े के रूप में देखने की कोई आवश्यकता नहीं है, क्योंकि यह किसने बताया कि केवल बच्चे के जीवन का ध्यान रखा जाए, और दो पूर्ण वयस्क व्यक्तियों के जीवन पर कोई ध्यान न दिया जाए। समाज और शिक्षकों की विशेषकर इस सम्बन्ध में भारी जिम्मेदारी है।

अन्य घटक

कई क्षेत्रों में परिवार में मिरगी आदि रोगों का होना ज्ञात हुआ। कई क्षेत्रों में प्रेमिकों के धोखे के कारण स्त्रियाँ वेश्या बनीं। किसी भी स्त्री के सम्बन्ध में यह ज्ञात नहीं हुआ कि प्रथम यौन सम्बन्ध के लिए उसने रुपया लिया हो, बल्कि अक्सर प्रथम यौन सम्बन्ध और रुपया लेकर यौन-सम्बन्ध बनाने में सालों का फासला रहा। कुमारी एलगा ने वेश्याओं की बुद्धि की भी परीक्षा की। इसके लिए उन्होंने अत्यन्त सरल वैज्ञानिक उपायों का प्रयोग किया। उदाहरणार्थ उन्होंने एक तो यह पूछा कि दस्ताने, और बिछौने की परिभाषा करो, गाँव और शहर में भेद की परिभाषा करो। दूसरा उन्होंने सूक्ष्म धारणाओं की परिभाषा पूछी, जैसे स्वतन्त्रता, सत्य, पश्चाताप आदि। यह भी पूछा कि क्या वह जानती है कि प्रजातन्त्र और राजतन्त्र तथा शान्ति और युद्ध में क्या फर्क है? फिर उन्होंने कुछ कहावत को समझने को कहा, जैसे जो दूसरों के लिए कब्र खोदता है, वह खुद ही उसमें गिरता है। फिर कुमारी एलगा ने यह भी प्रश्न किया कि इन दोनों में कौन बुरा है—चोरी करना या हत्या करना? इसके अतिरिक्त जर्मनी में 1927 की पहली अक्टूबर को दुष्ट रोगों के विरुद्ध संग्राम सम्बन्धी जो कानून बना था, उसके सम्बन्ध में भी प्रश्न किया। इस प्रकार वह जिस नतीजे पर पहुँचीं, वह यह है कि इन स्त्रियों में ज्यादातर बिल्कुल अज्ञ थीं तथा उनकी बुद्धि बहुत निम्न दर्जे की थी। इन खोजों के अतिरिक्त इन वेश्याओं की हस्तलिपि भी ली गई। इस पुस्तक में कुमारी एलगा ने जिन स्त्रियों की जीवनी दी है, उनसे पता लगता है कि पुरुषप्रधान समाज किस अविचलित गति से स्त्रियों को बराबर अपनी कामुकता के यूपकाष्ठ पर घसीटता जाता है और जब एक बार उन्हें घसीट लेता है, तो किसी भी प्रकार अपने चंगुल से नहीं निकलने देता।

हम कुमारी एलगा के ब्यौरे का सम्पूर्ण इसलिए नहीं समझते कि उसमें केवल चकले में बैठने वाली वेश्याओं का ही विवरण है। 'स्वतन्त्र' वेश्याओं का विवरण कम मिलता है। इसलिए इन स्त्रियों के जीवन में आर्थिक कारण बहुत स्पष्ट दृष्टिगोचर होते हैं, क्योंकि इसमें से अधिकांश स्त्रियाँ या तो मजदूरों की लड़कियाँ हैं, या ड्राइवरों की। केवल कुछ ही क्षेत्रों में ये स्त्रियाँ निम्न श्रेणी से ऊपर आती हैं।

आर्थिक कारण प्रधान

कुमारी डोरोथी रायल को साक्षात्कार देते हुए जार्ज बर्नार्ड शॉ ने वेश्यावृत्ति के सम्बन्ध में 1944-में कहा था कि यह आर्थिक विषमता का ही एक उपसर्ग है। उन्होंने यह भी कहा था कि यदि पुरुष और स्त्री आर्थिक रूप से एक दूसरे से स्वतन्त्र हो जाएँ, तो इस बुराई का निशान तक न रहे। इन बातों में कोई विशेष नवीनता नहीं है, पर उन्होंने इस अवसर पर जो खास बात कही है, वह यह कि यौन इच्छाओं के कारण वेश्यावृत्ति को उत्तेजना नहीं मिलती। यदि यौन इच्छाओं की ठीक-ठीक अभिव्यक्ति हो, तो वेश्यावृत्ति को हानि ही पहुँचेगी। जो लोग यौन इच्छा या कामवृत्ति से वेश्यावृत्ति का सम्बन्ध आँकते हैं, उनके विश्लेषण में भारी गलती यह है कि वह एकदेशीय है और वेश्यावृत्ति में जो दो फरीकेन या व्यक्तियों की आवश्यकता होती है, इसको भुलाकर केवल एक ही को देखते हैं। इसमें सन्देह नहीं कि पुरुष काम-तृप्ति के लिए ही वेश्यागामी होता है, पर क्या यही बात वेश्या के सम्बन्ध में भी कही जा सकती है? क्या यह सच नहीं है कि यदि वेश्या भी यौन सम्बन्ध के मामले में पैसे से नहीं, बल्कि यौन-इच्छा से परिचालित हो, तो वेश्यावृत्ति ही खत्म हो जाए। इसलिए यह बिल्कुल स्पष्ट है कि वेश्यागमन में दोनों पक्षों की काम पूर्ति नहीं होती। रही पुरुष की काम पूर्ति, सो वह भी कहाँ तक सही है और कहाँ तक स्वाभाविक प्रवृत्ति का स्फुरण है, यह तर्क का विषय है। इस स्थान पर कदाचित इस सम्बन्ध में इससे अधिक लिखना उचित न होगा, क्योंकि अब हम मनोविश्लेषण के क्षेत्र में गहरे आ चुके हैं।

कई मतामत

अल्बर्ट लान्दरेस ने 'The road to Buenos Hyres' का उपसंहार इन शब्दों से किया है, "वेश्यावृत्ति की नींव भूख है, इस बात को क्षण-भर के लिए भी मत भूलिए। यदि भूख न होती, तो स्त्रियाँ भी बिकाऊ न होतीं। भूख न होने, साथ ही पुरुषों द्वारा स्त्रियों को खरीदने पर तैयार होने से भी वेश्याएँ केवल वे ही होतीं, जो होना चाहतीं, न कि वे जो भूख की मजबूरी के कारण वेश्या होती हैं।" हम इस लेखक के मत से सहमत हैं कि केवल भूख के ही कारण स्त्रियाँ वेश्या नहीं होतीं, पर अन्य जो भी कारण हों, उनकी तह में आर्थिक कारण ही प्रमुख हैं, यह मानना ही पड़ेगा। ऐसा क्यों होता है कि एक व्यक्ति अपनी काम तृप्ति के लिए दूसरे को खरीदता है? यह आर्थिक कारण नहीं तो और क्या है?

लेकी के उस वाक्य से सभी परिचित हैं (चाहे उसका नाम वे न जानते हों) कि हमारे घरों तथा बहू-बेटियों की पवित्रता के लिए वेश्याओं का होना बहुत आवश्यक है। उनका कहना है कि वेश्या मानवता की विषपायी पुरोहिता है, अर्थात् यदि हिन्दू पुराणों की भाषा में कहा जाए तो एक तरह की नीलकण्ठा है, जिसने

समाज का सारा गरल पीकर अपने में समा लिया है और एक तरह से समाज की बलिवेदी पर शहीद की मर्यादा रखती है। यह तर्क अक्सर दिया जाता है कि यदि वेश्याएँ न हों तो मनचले लोग बहू-बेटियों पर हाथ साफ करेंगे, इसलिए यह प्रथा एक सेफ्टी वाल्व के रूप में काम करती है। बर्ट्रेंड रसेल ने इस पर लिखा है कि जब तक यह समझा जाता है कि सम्मानित स्त्रियों का सतीत्व बहुत महत्त्व की चीज है, तब तक विवाह संस्था के पूरक के रूप में इसके साथ-साथ, बल्कि इसके एक हिस्से के रूप में वेश्यावृत्ति का होना आवश्यक है। लेकी के विचारों पर टिप्पणी करते हुए रसेल ने लिखा है कि कहने का यह ढंग तो मलिका विक्टोरिया के युग का है, पर तथ्य से इन्कार नहीं किया जा सकता। बर्ट्रेंड रसेल इस युग के प्रमुख विचारशील व्यक्तियों में समझे जाते हैं, पर उनके समाजविज्ञान के आचार्यत्व का दिवालियापन इसी से खुल जाता है, और यह स्पष्ट हो जाता है कि ऐसे लोगों को पूँजीवादी लेखक की संज्ञा लोग क्यों देते हैं। इनका सारा विज्ञान तथा सारी विद्धत्ता इस बात में है कि जो है, उसे हम शोषण की एक चिरन्तन पद्धति के रूप में मान लें और वाग्जाल की सृष्टि कर घुमाव-फिराव के साथ उसका समर्थन करें। इन विद्वानों की सबसे बड़ी गलती यह है कि वे इस पद्धति को चिरन्तन मानकर उसमें से निष्कर्ष निकालने चल देते हैं। हम देख चुके हैं कि एक खास ऐतिहासिक-सामाजिक परिस्थिति के कारण वेश्यावृत्ति का उद्भव हुआ, और जब तक वे परिस्थितियाँ मौजूद हैं, तभी तक यह पद्धति रहेगी और यह समझने का कोई कारण नहीं कि यह चिरन्तन पद्धति है। न तो यौथ समाज में यह पद्धति थी और न आगामी समतामूलक समाज में यह रहेगी। जब से उत्पादन के साधनों पर मुख्यतः पुरुष का अधिकार हो गया है, तभी से समाज में स्त्रियों की अन्य अनेक प्रकार की अवनति के साथ-साथ वेश्यावृत्ति का उदय हुआ है। इसलिए यदि समाज में स्त्रियाँ फिर एक बार अपनी बराबरी का स्थान प्राप्त कर लें, तथा यौन जीवन पर प्रत्यक्ष या परोक्ष किसी प्रकार का आर्थिक दबाव न रहे, तो अन्य तमाम तरह की अवनति के साथ-साथ वेश्यावृत्ति का भी खातमा हो जाएगा।

हैवलाक एलिस का हठ

लेकी ने जो तर्क दिया है, उसी का एक आधुनिक कथित वैज्ञानिक संस्करण हमें हैवलाक एलिस के तत्सम्बन्धी तर्कों में मिलता है। उनका कहना इसलिए और भी अधिक खतरनाक है कि ऐतिहासिक दृष्टि से वे यह कहते हैं कि चूँकि समाज में मिथुनोत्सवों का अस्तित्व ऐतिहासिक रूप से था, और अब नहीं रह गया है, इसलिए उसकी एवजी वेश्यावृत्ति का होना कोई आश्चर्य की बात नहीं है। उनके अनुसार वेश्यावृत्ति मिथुनोत्सव का वर्तमान युगीन रूप है और इसे एकाएक दूर करने में खतरा है। एलिस ने जिस इतिहास की दुहाई देकर इस पुरुषप्रधान समाज

की जघन्य गन्दगी पर राख डालने की कोशिश की है, उसकी हकीकत पाठक के सम्मुख आ चुकी है। हमें तो बल्कि इतिहास ही यह बताता है कि जैसे मिथुनोत्सव चिरस्थायी नहीं हुआ, उसी तरह कोई कारण नहीं कि वेश्यावृत्ति चिरस्थायी हो। हम कह चुके हैं कि एकविवाह के साथ ही वेश्यावृत्ति का उदय हुआ है। प्रश्न यह है कि क्या वेश्यावृत्ति के खातमे के साथ एकविवाह का भी खातमा हो जाएगा? इस प्रश्न का उत्तर देने से पहले हम इस विषय पर विचार करेंगे कि वेश्यावृत्ति के कारण समाज की क्या-क्या हानियाँ हो रही हैं।

वेश्यावृत्ति से सर्वतोमुखी हानि

वेश्यावृत्ति को एकविवाह के साथ अपरिहार्य मानने वाले बर्ट्रेंड रसेल भी यह मानने पर मजबूर हुए हैं कि इससे समाज को तीन भारी नुकसान हुए हैं : (1) समाज के स्वास्थ्य को खतरा, (2) स्त्रियों को मानसिक हानि (3) पुरुषों को मानसिक हानि। (मैरेज एण्ड मारल्स, पृ. 119) इसमें सन्देह नहीं कि वेश्यावृत्ति के कारण कई उत्कट रोगों के समाज में फैलने का डर रहता है। अब इन रोगों की सूची में एड्स नामक नया रोग आ गया है जो सम्पूर्ण रूप से जानलेवा और साथ ही अत्यन्त संक्रामक है, यहाँ तक कि इससे व्यभिचारियों के भी कान खड़े हो गए हैं। ऐसे रोगों में, विशेषकर उपदंश या गर्मी ऐसा रोग है जो न केवल उस व्यक्ति पर बल्कि उस व्यक्ति के साथ यौन सम्बन्ध बनानेवाले व्यक्तियों पर असर करता है। यही नहीं, उनके बच्चों पर भी असर कर सकता है। इस प्रकार यह एक बहुत ही कष्टकर, साथ ही बहुत खतरनाक रोग है।

मानसिक अवनति

पुरुष और स्त्रियों को मानसिक नुकसान की जो बात कही गई है, वह भी कोई मामूली बात नहीं है। यौथ समाज की बात और थी। इस समय लोगों में यह मनोवृत्ति पैदा हो चुकी है—पुरुषप्रधान समाज में भी पुरुष इस बात पर अपना मौखिक विश्वास तो जाहिर करता ही है—कि वेश्यागमन बुरी बात है, अपने परिवार के साथ धोखा है, कुछ थोड़े-से निर्लज्ज व्यक्तियों के अतिरिक्त बाकी लोग इस काम को जहाँ तक हो सके चोरी-छिपे करते हैं, इसलिए स्वाभाविक रूप से उनके मन में जो ग्लानि, धोखेबाजी आदि की भावना उठती है, वह उसके सारे व्यक्तित्व पर असर डालती है। जो स्त्री वेश्या होती है, उसका तो मन और तन दोनों बिल्कुल पृथक हो जाते हैं। केवल यही नहीं, घृणित से घृणित पुरुष भी जब उसके पास आता है, तो उसे यों दिखलाना पड़ता है मानो उसके आने से उसे बड़ी खुशी हुई है तथा वह उसे प्यार करती है। बात यह है कि जो लोग वहाँ देह को खरीदने जाते हैं, वे सब कुछ जानते हुए भी वहाँ प्यार पाने की अभिलाषा रखते हैं, और जहाँ उन्हें लगता

है कि प्यार भी मिल रहा है, तो दुबारा भी वहीं जाते हैं। इस प्रकार प्यार भी एक बिकाऊ सामग्री हो जाता है। इसलिए वेश्या के मन में हो या न हो, उसे इसका अभिनय करना पड़ता है। इस प्रकार जो मानसिक अवनति होती है, वह कल्पनीय है। वेश्यागामी तथा वेश्या दोनों में एक भी मानसिक रूप से सही-सलामत नहीं रह सकता। जहाँ तक वेश्या का सम्बन्ध है, उसकी इस मानसिक विकृति का असर बहुत छोटे दायरे तक सीमित रहता है, पर परिवार के अन्तर्गत पुरुष इस मानसिक विकृति को लेकर सर्वत्र आता-जाता है, और इस प्रकार समाज में एक गड़बड़ी का केन्द्र हो जाता है। उसकी मानसिक विकृति का असर उसकी पत्नी, पुरुष, पिता, माता, मित्र सब पर पड़ता है।

इन भयंकर त्रुटियों के होते हुए भी, और इससे भी कहीं अधिक इन त्रुटियों को स्वीकार करते हुए मिस्टर रसेल वेश्या-पद्धति स्वरूप जारी शोषण को विवाह के अपरिहार्य अंग के रूप में देखते हैं, यह उनका मानसिक दिवालियापन नहीं तो और क्या है? इसके साथ ही हमें यह बात भी साफ कर देनी चाहिए कि जो लोग पल्लवग्राही सुधारवाद से परिचालित होकर नारा देते हैं कि वेश्याओं को एक खास मुहल्ले से निकाल दिया जाए, या उनको एक खास मुहल्ले में बसाया जाए, या उनको नगरपालिका की चौहद्दी से बाहर कर दिया जाए, वे भी रोग की जड़ तक न जाकर उसकी ऊपर-ऊपर चिकित्सा करते हैं। यदि कानूनी रूप से वेश्यावृत्ति बन्द भी कर दी जाए, तो क्या इसके तब तक बन्द हो जाने की सम्भावना है जब तक कुछ नारियाँ अपना रूप-विक्रय करने के लिए मजबूर हों, और सारा पुरुष समाज उसे खरीदने के लिए तैयार हो? हम वेश्यावृत्ति की जो ऐतिहासिक चीरफाड़ कर चुके हैं, उससे यही ज्ञात होता है कि इस प्रकार की चेष्टा कदापि सफल नहीं हो सकती। हम जानते हैं कि कहीं-कहीं नगरपालिकाओं ने वेश्याओं को अपने इलाके से निकाल दिया। वहाँ या तो उस इलाके के वेश्यागामी बाहर जाने लगे (स्मरण रहे यह कोई वर्ग नहीं, बल्कि कुछ व्यतिक्रमों के साथ सारा पुरुष समाज ही इसमें आ जाता है) या वेश्यावृत्ति ने एक नया ही रूप धारण कर लिया। उदाहरणार्थ यदि एक वेश्या दिखावे के तौर पर एक भडुवे की बीवी की तरह रहे, और मित्रता के बहाने रोज शाम को लोग वहाँ आया-जाया करें, तो कानून क्या कर सकता है, खासकर उस हालत में जब पुलिस उससे मिली हो? यथार्थ में ऐसा ही हुआ भी है और बराबर होता है। अवश्य उस हालत में वे कोठे पर बैठकर या मकान के सामने खड़ी होकर राहगीरों को नहीं बुला सकेंगी, न हाथ पकड़कर खींच सकेंगी, पर इससे कुछ अधिक फर्क नहीं पड़ेगा, क्योंकि थोड़े ही दिनों में दलालों और एजेंटों की भरमार हो जाएगी और वे नए पुरुषों का मार्गदर्शन करेंगे। कोकेन, हिरोइन, एल.एस.जी. का क्रय-विक्रय कानूनी तौर पर बिल्कुल बन्द है, यानी कुछ डॉक्टरों को ही खास-खास फार्मेसियों से मिल सकता है, फिर भी इस

व्यवसाय में अधिक फायदा होने के कारण, इसकी एक पूरी पद्धति बल्कि संस्कृति मौजूद है। कहीं गोश्त की दुकान में, कहीं बीड़ी वाले के यहाँ, कहीं न कहीं यह बिकते ही हैं, और एजेण्ट बराबर ग्राहकों को माल पहुँचाते हैं। दाम भी मुँहमाँगा मिलता है। इस प्रकार वेश्यावृत्ति को, उसकी जड़ को काटे बिना ऊपर से मिटाने की चेष्टा पूर्ण रूप से सफल नहीं हो सकती। इसका अर्थ यह न समझा जाए कि हम यह चाहते हैं कि वेश्याओं पर रोक न लगाई जाए, उनके रोगों की जाँच न की जाए और उनका जबर्दस्ती इलाज न किया जाए, या यह न समझा जाए कि हम यह कह रहे हैं कि इस प्रथा के कारणीभूत द्वितीय तथा तृतीय दर्जे की बातों का मुकाबला न किया जाए। हमारा मतलब यह कतई नहीं है, बल्कि यह है कि जब तक बुनियादी रूप से इसको नष्ट न किया जा सके, तब तक इसकी रोकथाम ऊपर से बराबर की जाए, पर ऐसा करते समय हम यह कभी न भूलें कि हमारा उद्देश्य इसे जड़ से मिटाना है, और जड़ से मिटा देने के लिए यह आवश्यक है कि समाज की वर्तमान अर्थ-व्यवस्था को, जिसमें पुरुष की साम्पत्तिक हैसियत स्त्री से श्रेष्ठतर है, उखाड़कर फेंक दिया जाए। मामूली सुधारों के साथ-साथ इसे जड़ से मिटाने की तैयारी ही हमारा लक्षित कार्यक्रम है।

युद्धकालीन वेश्यावृत्ति

युद्धकालीन वेश्यावृत्ति एक निराली बात है, इसलिए उचित होगा कि वेश्यावृत्ति के सम्बन्ध में अन्तिम दिग्दर्शन के पहले ऐसी वेश्यावृत्ति का कुछ विवरण दिया जाए। एक समाजशास्त्री की दृष्टि से सरकारों द्वारा फौजियों के लिए रसद की तरह वेश्याओं को पहुँचाना कोई आश्चर्य की बात नहीं है, क्योंकि सरकार जब अपने कानूनों में वेश्यावृत्ति को स्वीकार करती है, तथा उसके लिए लाइसेन्स आदि की व्यवस्था करती है, तो कोई कारण नहीं कि फौजियों के लिए वेश्या सप्लाई करने के कारण हम इन सरकारों को खराब समझें। हम जो विश्लेषण कर चुके हैं, उसके अनुसार आर्थिक शोषणमूलक पुरुषप्रधान समाज में वेश्या पद्धति अन्तर्निहित है, फिर भी युद्धकालीन वेश्यावृत्ति बहुत-सी बातों को आँखों के सामने साफ तौर से रख देती है। इसलिए हम यहाँ उसका थोड़ा ब्यौरा देंगे।

युद्ध के कारण पुरुषों को पत्नियों से अलग फौज के रूप में संगठित किया जाता है। कहना न होगा कि प्रचार-विभाग के अनुसार युद्ध कितने ही बड़े-बड़े आदर्शों के लिए लड़े जा रहे हों, ये लोग जो थोड़े-से रुपयों या बाध्यतामूलक पद्धति के कारण फौज में भरती होकर लड़ाई पर जाते हैं, भर्ती के दिन से ही ब्रह्मचर्य की प्रतिज्ञा करके नहीं चलते। इसके विपरीत ऐसे लोग अक्सर देह के भूखे होते हैं। इस नियम में कोई अपवाद न होता हो यह बात नहीं, पर जहाँ लाखों की तादाद में फौज का संगठन होता हो, और हजारों की तादाद में लोग लगातार मरते

हों, वहाँ सच्चरित्र आदमी नहीं चुने जाते, बल्कि सच तो यह है कि लड़ाई के लिए जेल के बदमाश भी मोर्चों पर भेजे जाते हैं। ऐसे लोग न ब्रह्मचारी होंगे न संयमी, इसमें कोई आश्चर्य नहीं। फिर जब ऐसे लोगों के सम्मुख मृत्यु हर समय खड़ी रहती है, तो इनके लिए यही स्वाभाविक होता है कि मरने से पहले वे एक बार और गुलछर्रे उड़ाएँ। ऐसे लोग जिस किसी स्त्री पर हाथ डाल सकते हैं। दुश्मन इस कमजोरी का फायदा उठाकर उनके सामने ऐसी स्त्रियों को भेज सकता है, जो गुलछर्रे उड़ाने की आवश्यकता की पूर्ति तो करें, साथ ही फौज की गति-स्थिति के बारे में इन क्षणिक प्रेमियों से खबरें भी ऐंठ लें। कहा जाता है कि अपनी फौज को इसी खतरे से बचाने के लिए सरकारें स्वयं अपने फौजियों के लिए वेश्याएँ सप्लाई करती हैं। इसके साथ ही हमें यह भी ज्ञात है कि 1914-18 के युद्ध में बेल्जियम और पोलैण्ड में जर्मनों ने लुडेनडर्फ पद्धति का प्रवर्तन किया। इस पद्धति का अर्थ यह था कि फौजी को फौज की गति तथा स्थिति के सम्बन्ध में इतने अज्ञान में रखा जाए कि वह चाहने पर भी कुछ न बता सके।

युद्ध और वेश्यावृत्ति

1914-18 के महायुद्ध में फ्रेन्च राष्ट्र ने फौजियों के लिए वेश्याएँ सप्लाई करने का प्रबन्ध किया था। इस पर वहाँ की एक प्रसिद्ध कार्यकत्री मादाम मार्थ विगो ने यह कहकर इसका प्रतिवाद किया था कि यह बहुत ही गलत बात है कि मोर्चे पर से पुरुष अपनी पत्नी के निकट विध्वस्त हालत में लौटे। कहना न होगा कि इसका कुछ भी प्रभाव नहीं पड़ा। इस प्रकार से जो वेश्याएँ सप्लाई होती थीं, वह बाकायदा राष्ट्र की ओर से होती थीं, और इस विषय के अकाट्य प्रमाण हैं कि महामन्त्री जार्ज क्लेमांसो की जानकारी में और उनके नाम पर यह सब होता था। जैसे लड़ाइयों में रसद आदि सप्लाई कर बहुत-से लोग धनी हो जाते हैं, उसी प्रकार वेश्या सप्लाई के धन्धे में बहुत-से लोग 1914-18 के महायुद्ध में मालामाल हो गए थे। जब फ्रेन्च फौज किसी नए स्थान पर पहुँचती थी तो न केवल अधिकारी वर्ग उस स्थान के वेश्यालयों को फिर से खुलवाते थे, बल्कि उनको हर तरह की सुविधा तथा अभय प्रदान कर उनके व्यापार को विस्तृत कर देते थे। डॉक्टर लाकासाने (Dr. Lacasagne) ने अपनी पुस्तक 'युद्ध और वेश्यावृत्ति' में इसका विवरण दिया है कि सैनिक वेश्यालयों में किस प्रकार धन्धा चलाया जाता था।

वह लिखते हैं कि अभियन्स में सवाय की रहने वाली एक स्त्री ने तीन साल तक युद्धकाल में इन वेश्यालयों में वेश्यावृत्ति की थी, उसी से उन्होंने इस सम्बन्ध में ब्योरे मालूम किए। उस वृद्धा वेश्या के बयान के अनुसार अभियन्स के इस सैनिक वेश्यालय में लड़कियाँ आठ बजे उठती थीं। इस विशेष वेश्यालय में 15 के करीब लड़कियाँ थीं। साढ़े आठ बजे वे धन्धे के लिए तैयार हो जाती थीं, क्योंकि

इस समय तक ब्रिटिश सैनिक जत्थे बनाकर इस ओर आने लगते थे। धन्धा दोपहर तक चलता था। फिर डेढ़ बजे से शुरू होकर रात आठ बजे तक यह सब चलता था। ग्राहक एक-एक करके दुकान में आते थे, और झट से एक लड़की को चुन लेते थे—क्योंकि इस स्थान पर शराब पीना और इस बहाने लड़कियों को चुनने में देरी करना मना था। 'कोठे पर' जाने के पहले ग्राहक मालकिन को उसकी फीस अदा करता था, फिर वह चुनी हुई लड़की को उसका छोटा-सा उपहार प्रदान करता था और जल्दी से अपने काम में लग जाता था। इस वृद्धा वेश्या के बयान के अनुसार, अमेरिकन और ब्रिटिश सैनिक बीस से तीस फ्रेंक तक देते थे। इसमें ढाई से पाँच फ्रेंक तक मालकिन को मिलता था। आठ बजे रात को दुकान इसलिए बन्द कर दी जाती थी कि रात में इधर-उधर जाने पर शत्रुओं से खतरा हो सकता था। जब इस वृद्धा वेश्या से यह पूछा गया कि इस प्रकार खूब कमाई करने पर भी वह गरीब क्यों रह गई है, तो उसने बताया कि ये लोग जितना अधिक कमाती हैं, उतना ही अधिक खर्च भी करती हैं। ये स्त्रियाँ एक दिन में 70-75 फौजियों को निबटा देती थीं। काम बहुत जल्दी होता था, क्योंकि भीड़ हर वक्त फाटक पर बनी रहती थी। कहना न होगा कि यह वेश्यावृत्ति का भी सबसे नग्न रूप था। कई बार अधिकारी वर्ग के निकट यह खबर भी पहुँचती थी कि कुछ उच्च फ़ौजियों के कारण दूसरे फौजियों को मौका नहीं मिलता, क्योंकि यह लोग जब कहीं पहुँच जाते हैं तो घण्टों नहीं निकलते। इस पर भी हुक्मनामे मौजूद हैं कि उच्च फौजीगण ऐसा न करें। इस प्रकार इस क्षेत्र में भी शोषण के अन्दर शोषण था।

इन सैनिक वेश्यालयों में सब तरह की स्त्रियाँ पाई जाती थीं। इस विषय पर लिखने वाले सभी लेखक यह मानते हैं कि गरीबी के कारण ही स्त्रियाँ इस प्रकार के जघन्य पेशे में प्रवृत्त होती थीं। बेलजियम के निकट एक गाँव में एक व्यक्ति की सात सुन्दर लड़कियाँ थीं। इनमें सबसे छोटी की उम्र चौदह साल की थी। वह अपनी बहनों से किसी प्रकार कम नहीं थी और इन सातों ने मिलकर अपने पिता को बहुत धनी बना दिया। 1915 में लील की जो दयनीय अवस्था थी, उसका वर्णन डॉक्टर हर्न्स ने अपनी पुस्तक 'पराधीन लील' में किया है। वह लिखते हैं कि वहाँ गरीबी इतनी अधिक है कि स्त्रियाँ दुपहर से ही पुरुषों का शिकार शुरू कर देती हैं। इस प्रकार जहाँ भी हमको तथ्य मिलते हैं, वहाँ यह ज्ञात होता है कि गरीबी ही वेश्यावृत्ति का कारण है। अवश्य बहुत दिनों से पतियों से अलग रहने के कारण स्त्रियों में और भी कारण उत्पन्न हो जाते हैं, इसमें आश्चर्य नहीं। एक और उदाहरण लिया जाए। दुवुआ और फिशर ने अपनी पुस्तक में लिखा है कि पेरिस के निकट एक परिवार के पुरुष को फौज में बुलाया गया। उसकी स्त्री छोटे बच्चों के साथ घर में रह गई। इन बच्चों में सबसे बड़ी एक लड़की थी, और उसकी उम्र केवल बारह वर्ष थी। इस लड़की ने इधर से उधर खबर लाने ले जाने

वाला नौकरानी या नर्स के रूप में नौकरी पाने की चेष्टा की। अन्त में माँ ने ही उस लड़की से यह बताया कि काम कोई कठिन न होगा और उसे कुछ घरेलू काम जैसा ही करना पड़ेगा। जो भी हो, वह लड़की अपनी 'मौसी' के यहाँ पहुँचाई गई। 15 दिन तक उसकी खातिर करने के बाद माँ और 'मौसी' ने यह तय किया कि अब उससे काम लिया जाए। एक दिन एक महाशय आए, और वह उसे ले गए। कहीं वह चिल्ला न पड़े, इसलिए उसकी मौसी ने उसे समझा रखा था कि यह महाशय बहुत अच्छे आदमी हैं, और ये जो कुछ भी करें वह सहन करे। तब उसे अगले दिन एक सुन्दर वस्त्र दिया जाएगा। आगे के विवरण को यहाँ उद्धृत करने की आवश्यकता नहीं। इस पर माँ को गाली दी जा सकती है और दी भी गई है, पर यह कहाँ तक उचित है। इस सम्बन्ध में द्रष्टव्य है कि इस प्रकार वेश्यावृत्ति को प्रोत्साहित करने के लिए सरकार को भी गालियाँ दी गई हैं, पर सच बात तो यह है कि यह उस पद्धति का ही दोष है जो छोटी-छोटी बच्चियों से भी इस तरह का जघन्य धन्धा कराती है। बेल्जियम में तो उस महायुद्ध में हालत यहाँ तक पहुँच चुकी थी कि बारह-बारह वर्ष की लड़कियाँ जर्मन लड़कों को बुला-बुला कर एक रोटी के लिए देहदान करती थीं। लड़ाई के फलस्वरूप बहुत कम उम्र के दलालों का भी उद्भव हो गया था, जो बुला-बुलाकर फौजियों से कहते थे, "महाशय, मेरी बहन बहुत खूबसूरत है। आइए, बहुत सस्ता है।" इन दुधमुँहे दलालों में से कुछ तो यह समझते ही नहीं थे कि यह सब क्या होता है। फिर भी इनमें से बहुतेरे इतने चतुर हो गए थे कि वे देखते ही ग्राहक को पहचान जाते थे।

इस प्रकार भयंकर दुराचार के कारण लोगों को जिस प्रकार घातक रोग होते थे, उससे अनुमान कर सकते हैं कि किस हद तक ये बुराइयाँ फैली हुई थीं। जिस समय 1919 में फौजें तितर-बितर की गईं, उस समय उनमें तीन लाख व्यक्ति उपदंश से, साढ़े चार लाख सुजाक से और चार लाख तपेदिक से पीड़ित पाए गए। इस विवरण में यह नहीं लिखा है कि इन लोगों को रोगमुक्त कर घर भेजा गया या उसी हालत में घर भेजा गया। जहाँ तक अनुमान है, ये वैसे ही घर चले गए। राष्ट्र के स्वास्थ्य पर इसका क्या परिणाम हुआ होगा, यह अनुमेय है। फ्रांस के सम्बन्ध में सुनिए। 1914-18 के युद्ध के पहले फ्रांस में उपदंश के रोग से 40 हजार व्यक्ति मरा करते थे, किन्तु युद्ध के बाद 85 हजार व्यक्ति प्रति वर्ष मरने लगे।

कलकत्ते में फौजी वेश्यालय

1943 के प्रारम्भ में कलकत्ते के कुछ देशी तथा अंग्रेजी अखबारों ने इस बात पर हल्ला मचाया था कि कुछ मकान वेश्यालय के रूप में इस्तेमाल के लिए खाली कराए गए हैं। जिस क्षेत्र के मकानों को इस प्रकार खाली कराया गया था, उनमें

रहने वाले एंग्लो-इण्डियन या ईसाई थे। इसलिए अखबारी जगत में और भी अधिक चर्चित रहे। भारतवर्ष के मेट्रोपोलिटन डॉक्टर वेस्ट काट ने इसके विरुद्ध आवाज उठाई। कहना न होगा कि इसका कुछ असर नहीं हुआ। जब स्वयं योरोप में इस प्रकार के सामरिक वेश्यालय खोले जाते हैं, तब इसमें आश्चर्य ही क्या है कि भारतवर्ष में उसका अनुसरण किया गया? बात यह है कि 1914-18 की लड़ाई में भारतवर्ष यथार्थ युद्धक्षेत्र में परिगणित नहीं हुआ था, पर बर्मा में जापान की उपस्थिति के कारण 1943 में स्वयं भारतवर्ष युद्धक्षेत्र में आ गया था, इसीलिए उसका कुछ असर भारतवर्ष पर होने लगा था। हम जो विवरण दे चुके हैं और वह हमने मुख्यतः 'War and ummorality' नामक संकलन से दिया है, उससे यह साबित होता है कि भारतवर्ष में इस सम्बन्ध में जो हुआ वह यही कि 1943 में कलकत्ते के कुछ मकानों को फौजियों के वेश्यालय के रूप में इस्तेमाल के लिए खाली कराया गया। जब तक युद्ध रहेंगे, तब तक इस प्रकार राष्ट्र की ओर से संगठित वेश्यावृत्ति भी रहेगी, और युद्ध तब तक रहेंगे, जब तक शोषण रहेगा।

हम पहले बता चुके हैं, फिर भी विशद रूप से बता दें कि नारी की साम्पत्तिक हैसियत को पुरुष के बराबर कर देने की जो लड़ाई है, उसको लड़ने में स्त्रियों को उन सब उपायों से काम लेना पड़ेगा जो अन्य क्षेत्रों में प्रयुक्त होते हैं। इस सम्बन्ध में सबसे पहली बात तो यह है कि स्त्रियाँ यह लड़ाई केवल अपने बूते पर नहीं लड़ सकतीं, क्योंकि स्त्री कोई वर्ग नहीं है। कई मामलों में निजाम की बेगम तथा गोबर और कागज बटोरने वाली स्त्री का स्वास्थ्य एक होने पर भी आर्थिक क्षेत्र में अपने-अपने वर्ग के पुरुषों के हिसाब से होता है। ऐसी अवस्था में कथित स्त्री सम्मेलन इस लड़ाई को केवल विचारधारा के क्षेत्र में ही एक हद तक लड़ सकते हैं। जहाँ व्यावहारिक प्रश्न आ जाएगा, वहीं स्वयं स्त्रियों में अपने-अपने वर्गों के अनुसार मतभेद होना अनिवार्य है। इसलिए सबसे पहले इस सम्बन्ध में पता लगाना पड़ेगा कि कौन-सा वर्ग ऐसा है जो अपनी लड़ाई लड़ते हुए स्त्रियों की लड़ाई को भी लड़ेगा। हम पहले ही बता चुके कि बुद्धिवादी और श्रमिक वर्ग अपनी स्वतन्त्रता की लड़ाई लड़ते हुए सारे समाज की स्वतन्त्रता की लड़ाई लड़ रहा है, इसलिए जो स्त्रियाँ सचमुच स्वतन्त्रता चाहती हैं, उनको अपनी लड़ाई लड़नी पड़ेगी।

लेनिन के विचार

क्लारा जेटकीन नामक सुप्रसिद्ध क्रान्तिकारिणी से बातचीत करते हुए लेनिन ने यह कहा था कि "स्त्रियों की सच्ची आजादी केवल समाजवाद द्वारा ही सम्भव है। उत्पादन के साधनों में निजी सम्पत्ति के सामाजिक और वैयक्तिक होने के साथ-साथ स्त्री की सामाजिक और वैयक्तिक स्थिति का जो अविच्छेद्य सम्बन्ध है, उसे तीव्रता से प्रस्तुत किया जाना चाहिए। ये बातें हमारे नीति और अन्य स्त्रीवादी (Feminist)

आन्दोलन के बीच के अमिट अन्तर को व्यक्त करेंगी, स्त्री समस्याओं को सामाजिक समस्या, श्रमजीवियों की समस्या के ही अन्तर्गत एक समस्या समझने का आधार प्रदान करेंगी, और इस भाँति स्त्री समस्या को मेहनतकशों के वर्ग संघर्ष और क्रान्ति के साथ दृढ़ता से बाँध देंगी। व्यापक जन-आन्दोलन के एक हिस्से के रूप में स्वयं स्त्री-आन्दोलन एक जन-आन्दोलन होना चाहिए। और यह जन-आन्दोलन केवल किसान-श्रमिक जनता का ही नहीं, उसे सभी शोषितों और दलितों का, पूँजीवादी तथा दूसरे तमाम प्रभुओं द्वारा सताए जाने वाले सभी लोगों का जन-आन्दोलन होना चाहिए। सर्वहारा के वर्ग संघर्षों और उसके ऐतिहासिक निर्माण कार्य अर्थात् समाजवादी समाज के लिए यही उसका महत्व है।...हमें शहरों और देहातों की करोड़ों मजदूर स्त्रियों को अपनी ओर लाना चाहिए।...स्त्रियों के बिना कोई भी आन्दोलन सच्चा जन-आन्दोलन नहीं बन सकता। (*लेनिन के संस्मरण, क्लारा जेटकिन, पृ. 61*)

अब प्रश्न यह है कि स्त्रियों की इस आम लड़ाई के अतिरिक्त वेश्याओं की कोई अपनी लड़ाई हो सकती है या नहीं? हमारे विश्लेषण ने यह स्पष्ट कर दिया है कि वेश्याएँ तरह-तरह से शोषित स्त्रियाँ हैं। जैसे सब शोषितों का अपना-अपना संगठन होता है, उसी तरह वेश्याओं का भी कोई संगठन हो सकता है या नहीं। लेनिन ने उल्लिखित बातचीत में ही इस विषय पर अपनी बहुमूल्य राय दी थी, जिसका आशय यह था कि वेश्याएँ एक रोगग्रस्त ग्रन्थि के समान हैं, इसलिए उन्हें एक जुझारू वर्ग के रूप में संगठित करने का कोई सवाल नहीं उठता। लेनिन के शब्द ये हैं—"यह बात मैं किस तरह समझाऊँ कि वेश्याओं को एक क्रान्तिकारी जंगजू सम्प्रदाय समझ कर उन्हें संगठित करना एक बात है और उनके लिए एक मजदूर अखबार निकालना दूसरी बात। क्या सारे जर्मनी में संगठित किए जाने के लिए और मजदूर स्त्रियाँ रह ही नहीं गईं, जिनके लिए पत्र निकाला जा सके, और जिन्हें तुम्हारी लड़ाई में सम्मिलित किया जा सके? वेश्या तो केवल एक रुग्ण ग्रन्थि के समान है। इस बात से मुझे हर वेश्या को सुन्दर रूप में चित्रित करनेवाला कलात्मक फैशन याद आ गया। उस फैशन का भी उद्गम काफी स्वस्थ था। सामाजिक सहानुभूति और प्रतिष्ठित पूँजीपति वर्ग के चारित्रिक पाखण्ड के प्रति विद्रोह उसकी तह में थे, पर वह स्वस्थ अंश दूषित और भ्रष्ट हो गया। इसके अलावा वेश्याओं के प्रश्न को लेकर अन्य बहुत-सी गम्भीर समस्याएँ उठ खड़ी होंगी। उनको उत्पादक काम दिया जाए, उन्हें समाज में प्रतिष्ठित किया जाए। आज की प्रचलित परिस्थितियों में और हमारे आर्थिक जीवन की वर्तमान दशाओं में यह काम बहुत ही पेचीदा और मुश्किल है। यह स्त्री समस्या का एक ऐसा अंश है, जो सर्वहारा के हाथ में शासन सूत्र आते ही हमारे सामने मुँह बाकर आ खड़ा होता है।"

पहले रोगग्रस्त ग्रन्थि का इलाज

इस प्रकार लेनिन के मन में इन वेश्याओं के प्रति पूरी सहानुभूति होते हुए और यह चाहते हुए भी कि वे समाज में अन्य स्त्रियों की तरह प्रतिष्ठित हो जाएँ, लेनिन सबसे पहले यह चाहते थे कि इन रुग्ण ग्रन्थियों को स्वस्थ किया जाए, तब संगठन का प्रश्न उठता है। दूसरे शब्दों में वेश्याएँ जब तक वेश्या रूप में हैं, तब तक उनके संगठन से कोई क्रान्तिकारी मतलब हल नहीं हो सकता। हाँ, भूतपूर्व वेश्याओं को समाज के आर्थिक तथा अन्य प्रकार के जीवन में समान अधिकार दिलाने का आन्दोलन उचित है।

अभी कुछ साल पहले कुछ रूसी विशेषज्ञ आए थे। मैंने उनसे पूछा कि क्या यह बात सच है कि क्रान्ति (1917) के बाद 60 साल निकल गए, फिर भी समाजवादी रूस में विवाह-विच्छेद जारी हैं। मैंने यह भी कहा कि इसकी एक व्याख्या तो यह हो सकती है कि अभी पुराने असर शेष हैं। लेकिन विशेषज्ञ महोदय कुछ सार्थक बता न सके। गोर्बाचेव युग में आखिर यह खुल गया कि रूसी लोग अपने सिद्धान्तों पर न चलकर बहक गए थे। मैं समझता हूँ इसका कारण कहीं गहरा है। आर्थिक समानता से जादू की आशा नहीं की जा सकती। अन्ततोगत्वा मनुष्य बड़ा अहंवादी और स्वार्थी है। इसी चट्टान से टकराकर सारी विचारधाराएँ चूर-चूर हो जाती हैं।

अप्राकृतिक व्यभिचार

इस विषय का रिश्ता यद्यपि सीधे-सीधे वेश्याओं से तथा स्त्रियों से नहीं है, फिर भी पुरुष किस हद तक शोषण में आगे बढ़ गया है, इसको दिखाने के लिए हम दो-एक शब्द अप्राकृतिक व्यभिचार पर कहना चाहते हैं। फ्रॉयड ने इसके मनोवैज्ञानिक पहलू पर रोशनी डाली है, पर इसका एक बहुत जबर्दस्त आर्थिक पहलू है। इस पर उन्होंने ध्यान नहीं दिया, फिर भी इसका सामाजिक पहलू बहुत ही स्पष्ट है। प्राकृतिक रूप से परितृप्ति की राह में बाधा के कारण ही अप्राकृतिकता का जोर होता है। और प्राकृतिक परितृप्ति के पथ में जो बाधाएँ हैं, वे आर्थिक-सामाजिक हैं, इसमें सन्देह नहीं। जैसा हम बता चुके हैं, इस विषय पर हम अधिक आलोचना करने की आवश्यकता नहीं देखते, इसलिए इतना ही कहकर आगे बढ़ जाएँगे कि यौथ समाज में यह नहीं रहा होगा और आगामी समाज में भी जब स्त्री-पुरुष सम्बन्धों में किसी प्रकार की बाधा या निषेध न रहेगा, यह नहीं होगा। पुरुषप्रधान समाज के प्रारम्भ के साथ ही इस दोष का सूत्रपात हुआ होगा, हम ऐसा समझते हैं। कुरान में लिखा है कि जब ईश्वर के दूत लूत के पास गए तो वे डरे। "उनके अस्वाभाविक व्यभिचारशील जाति वाले उनके पास दौड़े आए। लूत ने उनसे कहा कि यह स्पर्शरहित मेरी लड़कियाँ मौजूद हैं, इनसे अपनी इच्छा

पूर्ण करो। ईश्वर से डरो और मुझे अपने अतिथियों में बदनाम न करो। उन्होंने कहा कि हमें लड़कियों से कोई मतलब नहीं। हम क्या चाहते हैं, यह तो आपको पता ही है।'' इसी प्रकार मनुस्मृति में भी स्त्रियों में अप्राकृतिक व्यभिचार का उल्लेख है। जो भी हो, इसका तभी खात्मा हो सकता है जब समाज के अन्दर से उन सारी विषमताओं को दूर कर दिया जाए जिनके कारण स्वाभाविक परितृप्ति का रास्ता रुक जाने पर अर्थात् उसके पथ में सैकड़ों बाधा और निषेध खड़े हो जाने पर अप्राकृतिक रास्ता ढूँढ़ा जाता है। अवश्य जब यह एक रोग का रूप धारण कर लेता है, तब स्वाभाविक पथ खुल जाने पर भी वह अस्वाभाविकता की ओर ही दौड़ता है, इस तथ्य से हम अपरिचित नहीं हैं। कई धर्मों ने कुछ लोगों में जैसे संन्यासियों, मंकों, ननों, भिक्षुकों, भिक्षुणियों में जबर्दस्ती पुरुषार्थ लागू करके सभी प्रकार के अप्राकृतिक व्यभिचारों के लिए वातावरण तैयार किया है।

इस अध्याय को समाप्त करने के पहले एक और बात पर रोशनी डालना आवश्यक है। वह यह कि यदि किसी स्त्री का पति वेश्यागामी हो तो उसका वर्तमान समय में क्या कर्तव्य है। हमें तो हिन्दुओं की आदर्श रमणियों में एक अनुसूया का पता मिलता है, जिसने अपने पंगु पति को वेश्यालय पहुँचा दिया। सन्देह नहीं कि पुरुषप्रधान समाज की यह आदर्श स्त्री है, पर नवीन विचारयुक्त स्त्री इस कथित आदर्श को भला कब ग्रहण कर सकती है? शरत बाबू ने ठीक ही लिखा है कि यह आदर्श हमें हरगिज अनुप्राणित नहीं कर सकता। यह तो कहना कठिन है कि ऐसी स्त्री के लिए क्या कर्तव्य है, क्योंकि हम इस पुस्तक में प्रत्येक बात केवल सामूहिक दृष्टि से ही देख सकते हैं, वैयक्तिक दृष्टि से नहीं। फिर भी इतना तो स्पष्ट है कि ज्यों ही पति ने परस्त्रीगमन या वेश्यागमन किया, त्यों ही स्त्री को यह नैतिक अधिकार प्राप्त हो जाता है कि वह उस पुरुष से अलग हो जाए, चाहे जिसके साथ अपना विवाह करे, और यदि समाज विवाह नहीं करने देता और न अलग होने देता है, तो वह स्त्री भागकर उस दूसरे पुरुष के पास चली जाए, जो उससे प्रेम करता है। यदि ऐसा ही हो तो उसके विरुद्ध क्या कहा जा सकता है? जब समाज न्याय नहीं करता और एक अन्याय पीढ़ी-दर-पीढ़ी चला जाता है, तब व्यक्ति को इतना अधिकार तो है ही कि वह न्याय-दण्ड को अपने हाथ में ले ले। ऐसा करने के दौरान वह कुछ गलती भी करे, कुछ उच्छृंखलता करे, औचित्य की सीमारेखा को कुछ लाँघ भी जाए, किन्तु इसके लिए उसे दोषी नहीं ठहराया जा सकता। जब पुरुषों के अत्याचारों से घबराकर कोई स्त्री अपने ऊपर मिट्टी का तेल डालकर आग लगा लेती है, भाग खड़ी होती है, पति को जहर दे देती है इत्यादि तो उसको भी हम स्त्री-स्वातन्त्र्य का एक सोपान ही समझेंगे और एक प्रतिक्रियावादी की तरह केवल यह नहीं कहेंगे कि यह गलत है, क्योंकि इस क्षेत्र में गलतियों के जरिए ही सही आन्दोलन मूर्त होकर सामने आता है।

आगामी समाज की एक झलक

आगामी स्वाधीन समाज के युग में पुरुष और स्त्री का क्या सम्बन्ध होगा, इस बारे में स्वाभाविक रूप से कई सन्देह उठते हैं। एक तो जैसा कि हम बता चुके हैं, यह सन्देह ठीक ही उठता है कि चूँकि भूतकाल में जब यौथ समाज था, उसमें स्त्रियाँ तथा पुरुष दोनों यौथ थे, इसलिए भविष्य के यौथ समाज में भी स्त्रियाँ तथा पुरुष दोनों यौथ होंगे। इस सन्देह की एक दूसरी तरह से भी पुष्टि होती है। वह यह कि एक विवाह के साथ-साथ असंगति के रूप में वेश्यावृत्ति की उत्पत्ति हुई। यह तय है कि भविष्य के समाज में वेश्यावृत्ति नहीं रहेगी, (रूस में तो वह नष्ट हो चुकी थी और यदि थी तो रोग या अपराध के रूप में ही थी), इसलिए स्वाभाविक रूप से एकविवाह भी नहीं रहेगा। कहना न होगा कि इस प्रकार का सन्देह कोई जबर्दस्ती है, ऐसा नहीं कहा जा सकता। रूस के उदाहरण से हम जो बातें देख चुके, उनसे इस विषय पर काफी रोशनी पड़ती है।

रूस में ही नहीं, पाश्चात्य जगत में भी यह जो कानूनी तरीके से एक विवाहिता स्त्री और एक अविवाहिता स्त्री, एक जायज और एक नाजायज लड़के में कोई फर्क नहीं है, इससे यह तो स्पष्ट ही है कि जिसे विवाह कहते हैं, उसका इसके सिवाय कोई विशेष मूल्य नहीं है कि बँटवारे आदि में कुछ व्यावहारिक सुविधाएँ होती हैं। ऐसी हालत में दम्पतियों को विवाह करने में केवल एक ही प्रलोभन हो सकता है। वह यह कि वह तथा उनकी सन्तानें कुछ झंझटों से बचें। यह झंझट नैतिक झंझट नहीं, बल्कि मामूली व्यावहारिक झंझट है। पैट स्लोन के अनुसार पुरुष को अपनी सन्तान की जननी को अपनी आमदनी का एक-चौथाई देना पड़ता है। सन्तान की जननी से अर्थ विवाहिता या अविवाहिता दोनों तरह की स्त्री का है।[1] ऐसी हालत में जिसे हम विवाह संस्था समझते हैं, उसका आगामी स्वतन्त्र समाज में कोई विशेष महत्व नहीं रह जाएगा। तो क्या इसका अर्थ यह है कि लोग आदिम प्रमिश्रण के युग में लौट जाएँगे? अवश्य ही नहीं, क्योंकि जहाँ एक तरफ विवाह का इस प्रकार महत्व घट गया है, वहाँ साथ ही इस बात पर बहुत जोर दिया गया

1. Russian without illusion, page 43

है कि एक समय एक पुरुष एक स्त्री के साथ रहे, और इस सम्बन्ध में जो नए सुधार हुए हैं, उसका मतलब यह है कि इस सम्बन्ध को जहाँ तक हो सके, पुख्तगी प्राप्त हो, न कि बात की बात में बिखरने दिया जाए।

प्रेम एक उपादान

एंगेल्स ने लिखा है, प्रेम या इश्क एक ऐसा उपादान हो गया है, जो अब प्रत्येक यौन सम्बन्ध का एक अनिवार्य अंग है। जैसा कि हम पहले ही बता चुके हैं, प्रेम का अर्थ इस सम्बन्ध में एक के लिए अत्यधिक तरजीह है। इस परिभाषा में शक की कोई गुंजाइश नहीं; स्वाभाविक रूप से इस उपादान का खिंचाव इस ओर है कि अधिक से अधिक स्वतन्त्रता तो हो, पर एक स्त्री का एक ही पुरुष से सम्बन्ध हो। एक स्त्री का एक पुरुष के साथ सम्बन्ध, साथ ही अधिक से अधिक स्वतन्त्रता, इन दोनों का योगफल यह है कि यह प्रत्येक सम्बन्ध प्रेममूलक तथा एकनिष्ठ हो, पर ज्यों ही प्रेम टूट जाए या नए प्रेम की उत्पत्ति हो, पुराने प्रेम को विसर्जित करने का भी अधिकार हो। स्वाभाविक रूप से इस सम्बन्ध में जो लोग कट्टर हैं, वह प्रेम शब्द की व्याख्या में ही गड़बड़ी करके प्रगति की गाड़ी रोकने की कोशिश करेंगे। ऐसे लोग कहेंगे कि एक बार तो चुनने का अधिकार होना चाहिए, पर उसके बाद जन्म-भर निभाना चाहिए। कहना न होगा कि मनुष्य की सीमाओं को देखकर यह परिभाषा व्यावहारिक नहीं हो सकती। कोई निरवच्छिन्न सदाचार न तो है और न हो सकता है। व्यावहारिक रूप से हम जानते हैं कि किसी क्षेत्र में प्रेम आजीवन स्थायी होने पर भी बहुत से क्षेत्रों में इसका व्यतिरेक भी होता है। अतएव प्रेम की यह ख्याली या युटोपियाई परिभाषा ग्रहणीय नहीं हो सकती, अर्थात् ग्रहण की जाएगी तो उससे समस्या का समाधान नहीं होगा।

यदि प्रेम को विवाह का या यौन सम्बन्ध का आधार माना जाए तो उसका स्वाभाविक अर्थ यह होगा कि ज्यों ही प्रेम खत्म हो जाए, त्यों ही विवाह या सम्बन्ध भी खत्म हो जाए। यह बात कह देना जितना आसान है, यदि गहराई तक विचार किया जाए तो हम देखेंगे कि इसको सम्पूर्ण रूप से लागू करने में बहुत-सी जटिलताएँ हैं। इस जोड़े के हक में यह तो अवश्य है कि ज्यों ही प्रेम खत्म हो जाए, त्यों ही विवाह या सम्बन्ध भी खत्म हो जाए, लेकिन जब तक पुरुष और स्त्री दो का ही इससे सम्बन्ध होता है, तब तक इसके विरुद्ध कहने के लिए कोई भी बात नहीं है; पर ज्यों ही सन्तान उत्पन्न हो जाती है, त्यों ही इस सम्बन्ध में एक तीसरे का भी कुछ दखल अवश्य हो जाता है। जब तक सन्तान प्रेम और पिता-माता का वर्तमान रूप कायम है (हम जानते हैं कि आदिम यौथ समाज में पितृ-मातृ प्रेम का यह रूप नहीं था, इसलिए वर्तमान रूप बदल सकता है) तब तक इस तीसरे घटक के हक में यह बात किसी न किसी रूप में घातक अवश्य

होगी कि उसकी माँ एक दूसरा पति कर ले या उसका बाप दूसरी पत्नी कर ले और वह बाप के साथ रहे। यह दूसरी बात है कि इस क्षेत्र में किसका स्वार्थ देखा जाए—उस सन्तान का या पिता-माता के अलग-अलग जीवन का? हमारे पास कोई ऐसा सही प्रमाण मौजूद नहीं है जिससे हम इस विषय पर कोई निर्णयात्मक फैसला कर सकें। हाँ, हम इतना जरूर जानते हैं कि माता, पिता तथा सन्तानों—सब के हक में यह अच्छा होता यदि माता और पिता का प्रेम बीच में न टूटकर बराबर कायम रहता, पहले की तरह वेगवती नदी के रूप में नहीं, तो धीमी गति में ही सही।

यदि राष्ट्र शिशुपालन करे

इस प्रकार हम बिना किसी निरवच्छिन्न सदाचार की धारणा का सहारा लेते हुए, इस स्थिति में पहुँच गए कि कह सकें कि सन्तान के हक में माता-पिता में आपसी प्रेम का आजीवन सम्बन्ध होना ही अच्छा होता। इस प्रकार दो विकल्पों में एक विकल्प दूसरे से अच्छा ठहरता है। हम समझते हैं कि इसी दृष्टिबिन्दु का ही यह प्रभाव हुआ कि रूस में तलाक पर कुछ कड़ाई करनी पड़ी। पर इसे भी अन्तिम समझना गलत इसलिए होगा कि हम ऐसी समाज व्यवस्था की कल्पना कर सकते हैं जिसमें सन्तानें यौथ होंगी अर्थात् बच्चों का पालन-पोषण और शिक्षा जैसी बातें राष्ट्र के कर्तव्यों में होंगी। सच बात तो यह है कि उन्नत कल्याणकारी समाजों में यह जो बच्चों को नर्सरी, किण्डरगार्टन आदि में आसानी से रखने की व्यवस्था है, वह समाज की इसी ओर गति को सूचित करता है। यदि सन्तान का पालन-पोषण तथा शिक्षा सम्पूर्ण रूप से नहीं तो मुख्यतः सामाजिक विषय हो जाए, तो हमने सन्तान वाले दम्पतियों के विवाह-विच्छेद के विरुद्ध जो तर्क उपस्थित किया है, उसकी कोई गुंजाइश ही नहीं रहती। साथ ही सन्तान के परिपालन में कोई बाधा नहीं होती। इस प्रकार कई बातें हैं जिनका फैसला हो जाने पर ही कहा जा सकता है कि सम्पूर्ण रूप से मुक्त समाज में क्या होगा। मनुष्य की वर्तमान मनोवैज्ञानिक दशा जब इस हद तक बदल जाए कि सन्तान-प्रेम का रूप यौथ समाज की तरह हो जाए, साथ ही सन्तान पालन भी यौथ या सामाजिक हो जाए, उस हालत में बहुत अकल्पनीय परिवर्तन हो सकते हैं। यह कहा गया है कि माता-पिता के प्रेम के बिना सन्तान का चाहे जितनी उत्तमता के साथ राष्ट्र, नगरपालिका या सोवियत की ओर से पालन हो, उसमें कुछ न कुछ त्रुटि रह जाएगी और उसके मानसिक जीवन में इसके फलस्वरूप कुछ न कुछ गड़बड़ी अनिवार्य है। जब तक सन्तान-प्रेम का वर्तमान रूप है, तब तक तो यह बात सही हो सकती है, पर यदि इस सम्बन्ध में माताओं और पिताओं की मानसिक वृत्तियाँ यौथ समाज जैसी हो जाएँ, तो फिर इस आपत्ति का कोई अर्थ नहीं रहता।

यौथ समाज के उदाहरण से हम जानते हैं कि वर्तमान रूप में सन्तान प्रेम न होने पर भी यौथ समाज के बच्चों को वे सब संरक्षण तथा व्यावहारिक फायदे उपलब्ध थे, जो अब बच्चों को अपनी माँ तथा अपने पिता से प्राप्त हैं। बर्ट्रेंड रसेल इस बात की सम्भावना देखते हैं कि ऐसा हो सकता है कि राष्ट्र धीरे-धीरे अभिभावकों के सारे कर्तव्यों को अपने ऊपर ले ले। रोमन पिता को बच्चे के जीवन तथा मृत्यु पर अधिकार रहता था, पर यदि ब्रिटिश पिता अपने बच्चे के साथ उस प्रकार का व्यवहार करे, जैसा सौ वर्ष पहले बच्चे की नैतिक शिक्षा के लिए उपयुक्त समझा जाता था, तो उसे निष्ठुरता के लिए सजा दी जाती है। कल्याणकारी राष्ट्र बच्चे की चिकित्सा तथा दवा-दारू करता है, साथ ही उसके दाँतों की देखरेख रखता है, और यदि उसके अभिभावक इस योग्य न हुए कि उसका पालन-पोषण करें तो उसे खिलाता भी है। इस प्रकार पिता के कर्तव्य कम-से-कम हो गए, क्योंकि उसके अधिकांश कर्तव्य राष्ट्र के कर्तव्य हो गए हैं। सभ्यता की उन्नति के साथ-साथ यह अनिवार्य है। आदिम अवस्था में पिता पुत्र के लिए बन्दर तथा चिड़ियों की तरह जरूरी था और इसलिए भी जरूरी था कि वह बच्चे की और उसकी माँ की रक्षा करे। शेषोक्त क्रिया तो राष्ट्र ने बहुत पहले ही ले ली थी। अब बाप या माँ या दोनों जीवित रहें या न रहें, बच्चे की हत्या किए जाने की बात नहीं उठती।

जहाँ तक पिता के प्रेम का सम्बन्ध है, उस सम्बन्ध में भी रसेल ने दिखलाया है कि आजकल के पिता कमाई में सारा समय देते हैं। शायद ही कभी उनसे बच्चों की भेंट होती है। सवेरे तो पिता को कोई फुरसत नहीं होती और जिस समय रात को वे घर लौटते हैं, उस समय बच्चों को सोए हुए देर हो चुकी होती है। रसेल ने बताया कि पिता के सम्बन्ध में बच्चे अक्सर इस तरह से बात करते हैं कि अच्छा, वह आदमी जो सप्ताह के अन्त में घर आता है! रसेल के मतानुसार, बच्चे के पालन और शिक्षा में पिता का कोई हाथ नहीं होता, माँ तथा शिक्षक या शिक्षिका ही इस कर्तव्य को पूरा करते हैं। इस पर पिता को बच्चों के प्रति प्रेम होता है, पर यह जो सप्ताहान्त कुछ समय के लिए पिता को बच्चे के साथ रहने का अवकाश मिलता है, उसके सम्बन्ध में भी रसेल ने स्पष्ट कह दिया है कि पिता के दृष्टिकोण से चाहे कुछ भी हो, बच्चे की दृष्टि से यह एक खेल मात्र है और उसे कोई विशेष महत्व देने की आवश्यकता नहीं। उच्च वर्ग के परिवारों में तो बच्चे को नर्स के सिपुर्द किया जाता है, इसके बाद किसी बोर्डिंग में भेजा जाता है। फिर पिता का पालन में हिस्सा कहाँ रह जाता है? रहा आर्थिक हिस्सा सो हम पहले ही बता चुके हैं कि राष्ट्र इसको बखूबी दे सकता है। ऐसी अवस्था में यह आशंका व्यर्थ है कि सन्तान प्रेम का वर्तमान रूप बदल जाने पर भी न तो उसका कोई मानसिक कल्याण होगा और न व्यावहारिक हानि। यह द्रष्टव्य है कि कल्याणकारी राष्ट्रों में सन्तानहीन पिता-माता दूसरे की सन्तान को कानूनन गोद ले सकते हैं और लेते

हैं। इससे तो यही जाहिर होता है कि अपनी औरतजात या गर्भजात सन्तान हो या न हो, बच्चों को प्यार करने की प्रवृत्ति एक स्वाभाविक प्रवृत्ति है। माँ तो हर हालत में बच्चे को प्यार करेगी ही, यौथ समाज में भी वह अपने बच्चों को प्यार करती थी। अवश्य इसके साथ ही वह (हमारी भाषा में) अन्य की सन्तानों को भी प्यार करती थी। रहा पिता की ओर से बच्चे को प्यार करना, सो यौथ समाज में इस प्यार के साथ और सब सन्तान होने की शर्त नहीं लगी थी। उस समय प्रत्येक पुरुष कुल के सब पुत्रस्थानीयों से प्यार करता था; और हम देख चुके हैं कि इस प्यार के कारण कई बार वह मृत्यु के मुँह में कूदने को भी तैयार रहता था।

नेहरू की स्त्रीयोजना

पण्डित जवाहरलाल नेहरू के नेतृत्व में 1940 में राष्ट्रीय योजना कमेटी की ओर से उसकी स्त्री-उपसमिति ने स्त्रियों के सम्बन्ध में जो योजना बनाई, वह सबसे बड़े भारतीय दिमागों की उपज थी, इसलिए यहाँ संक्षेप में उस पर विचार करना अप्रासंगिक न होगा। इस योजना को पढ़ते ही सबसे पहली बात जो ध्यान में आती है, वह यह है कि इसमें उस समय के समाजवादी रूस की तत्सम्बन्धी योजना के अनुकरण की प्रशंसनीय चेष्टा की गई है। इस योजना में करीब-करीब वे सब बातें आ गई हैं, जिनमें प्रभेद है, उन्हीं पर यहाँ रोशनी डाली जाएगी। दफा-1 की उपधारा में यह कहा गया है कि स्त्रियों को स्त्री होने के कारण ही किसी प्रकार के कार्य से अलग न रखा जाएगा। कहना न होगा कि इस प्रकार नकारात्मक विधान से काम नहीं चलने का, बल्कि साफ-साफ यह नियम होना चाहिए कि स्त्रियों को काम करने के लिए प्रोत्साहन दिया जाएगा। यह नहीं कहा जा सकता कि इस नकारात्मक उपधारा का अर्थ कितना विस्तृत है, पर हमारा कहना है और इसे बार-बार साफ करने की जरूरत है कि स्वावलम्बी हुए बगैर स्त्रियों को कभी वास्तविक स्वतन्त्रता नहीं मिल सकती।

इस योजना में यह कहा गया है कि स्त्रियों को पुरुषों के साथ बराबरी की शर्त पर ही प्रत्येक स्थान में काम करने का मौका दिया जाएगा। इस योजना की दफा-12 में यह जो कहा गया है कि शादी के अन्दर तथा बाहर पैदा हुए बच्चों की आर्थिक, कानूनी, और सामाजिक एक ही मर्यादा होगी, बहुत ही सत्साहस का परिचायक है। यह नियम उपसमिति में निर्विरोध पास न हो सका, इसमें हमें आश्चर्य नहीं हुआ। मिस्टर ए. डी. शिराफ ने इस पर यह आपत्ति की थी कि जायज तथा नाजायज सन्तान में भेद नहीं होना चाहिए। मिस्टर कुरैशी ने इस पर यह कहा कि यदि लड़का जायज रूप से पैदा न हुआ हो, तो उसको पिता-माता से देखभाल, शिक्षा तथा भरण-पोषण का अधिकार होगा, पर जायज और नाजायज सन्तानों में उत्तराधिकार सम्बन्धी फर्क होंगे। इन आपत्तियों के बावजूद नियम पारित

हो गया। इस उपसमिति की 19वीं सिफारिश के अनुसार भारत के सब नागरिकों के लिए एक ही नागरिक कानून होना चाहिए। इस कानून का आधारगत सिद्धान्त यह होगा कि पुरुष और पुरुष तथा पुरुष और स्त्री में सम्पूर्ण बराबरी हो। परिवर्तनकाल में यह केवल उन लोगों पर लागू होगा जो इसको स्वीकार करना चाहें। जो लोग इस कानून को मानने में असमर्थ हैं, उन पर उनका साम्प्रदायिक कानून (Personal Law) लागू होगा। फिर भी जहाँ भी इस साम्प्रदायिक कानून में कोई ऐसी बात हो जो स्त्रियों के हितों के विरुद्ध हो, उसके फौरन प्रतिकार की चेष्टा करनी चाहिए।

इस धारा पर बहुत वाद-विवाद हुआ। मिस्टर कुरैशी ने इस धारा के विरुद्ध मत दिया, मिस्टर जी.एम. सैयद ने कहा कि नागरिक कानून सब पर लागू होना चाहिए, और इससे कोई भी अपने को पृथक न कर सके। बेगम हामिदा अली और बेगम शाहनवाज, श्रीमती जारीना करीमभाई तथा श्रीमती इस्माइल ने यह मत दिया कि यह नागरिक कानून सब पर लागू न हो, बल्कि जो सम्प्रदाय चाहे, उसी पर लागू हो। कहना न होगा कि इन नियमों ने केवल धार्मिक कट्टरता के कारण इस प्रकार की अदूरदर्शिता का इजहार किया। हमें तो सबसे अधिक अफसोस उस समय होता है जब स्त्रियों की अवस्था के सुधार में स्त्रियाँ स्वयं बाधक होती हैं, और समाजवाद के आगमन के इस युग में निहायत जाहिल धार्मिक कानूनों की तरफ से पैरवी करती हैं।

हमारा यह निश्चित मत है कि सारे भारत के लिए जहाँ तक अधिकार है, वहाँ तक एक कानून होना चाहिए। कानून के क्षेत्र में हिन्दू के लिए अलग कानून और मुसलमान के लिए अलग, इससे बढ़कर मूर्खतापूर्ण कोई बात हो नहीं सकती। अवश्य परिवर्तनकाल में कुछ क्रमिकवाद से काम लेना जरूरी हो सकता है, पर अपने अन्तिम उद्देश्य को हम हमेशा सामने रखें। इस नियम की दफा-22 की उपधारा 3 के अनुसार एकविवाह का प्रवर्तन किया गया है, पर इस उपधारा को पास कराने में सुयेव कुरैशी नामक उसी व्यक्ति ने अड़चन डाली। इन महाशय का कहना था कि यों तो एकविवाह को हर प्रकार से प्रोत्साहन दिया जाए तथा राष्ट्र की ओर से बहुविवाह को निरुत्साहित किया जाए, पर वह चाहते थे कि बहुविवाह—उनका मतलब बहुपत्नीत्व—के विरुद्ध कोई कानूनी रोक न लगाई जाए। उन्होंने यह भी कहा कि यदि पति दूसरा विवाह करे, तो प्रथम स्त्री को तलाक का अधिकार न हो। कहना न होगा कि इस प्रकार की बातें बिल्कुल प्रतिक्रियावादी हैं और इसका मतलब बहुतपत्नीत्व को कायम रखना है। मिस्टर कुरैशी जैसे लोगों को यह जानना चाहिए था कि राष्ट्र किसी काम में अपनी नाराजगी केवल कानूनी रोक के द्वारा ही व्यक्त कर सकता है तथा तलाक का हक प्राप्त होने से ही तलाक नहीं हो सकता, तलाक के लिए यानी इस क्षेत्र में द्वितीय विवाहकारी पति को तलाक देने के लिए

आर्थिक-सामाजिक अवस्थाओं का होना भी जरूरी है।

जोशी नामक एक महाशय ने इस नियम पर यह कहा कि यदि उम्र बढ़ा कर बालिग कर दी जाए तथा तलाक आसान कर दिया जाए तो एकविवाह के नियम की कोई जरूरत नहीं है। इस प्रकार के अगर-मगर से दिलों में जमी दकियानूसी छिप नहीं सकती। डॉक्टर दूबे और मिस्टर सर्राफ ने भी मिस्टर जोशी के साथ मतैक्य जाहिर किया, इसमें सन्देह नहीं, क्योंकि इन्होंने इस बात के लिए भरसक चालाकी की कि नया समाज जन्म ही न ले सके। सहशिक्षा के विषय में उपसमिति की यह राय है कि सहशिक्षा होनी चाहिए, पर अध्यापक मेघनाथ साहा तथा कुरैशी की राय यह रही कि 12 से 18 तक की उम्र के अन्दर सहशिक्षा न हो।

बर्मा की स्त्रियाँ

डब्ल्यू.जी. वरचेट नामक एक युद्ध-सम्वाददाता ने 'Truck back from Burma' नामक पुस्तक में बर्मी स्त्रियों के सम्बन्ध में कहा है कि बर्मा ने स्त्रियों को जितनी स्वतन्त्रता दी है, उतनी अधिक स्वतन्त्रता रूस के अतिरिक्त और कहीं नहीं है। इसलिए हम संक्षेप में देखेंगे कि वहाँ स्त्रियों को क्या अधिकार है। पिता-माता की सम्पत्ति पर पुत्र-कन्या को बर्मा में बराबर अधिकार होता है। सबसे बड़े पुत्र को—और यदि कन्या हुई तो कन्या को—सारी सम्पत्ति की चौथाई मिलती है और बाकी सम्पत्ति अन्य सन्तानों में बराबर बाँट दी जाती है। विवाह होते ही पति और पत्नी एक-दूसरे की सम्पत्ति के आधे के अधिकारी हो जाते हैं। यदि दोनों राजी हों तो बिना किसी आडम्बर के विवाह विच्छेद हो सकता है। विवाह विच्छेद के बाद संयुक्त सम्पत्ति दो बराबर हिस्सों में बाँट दी जाती है। हाँ, दोनों में से एक पर कोई ज्यादती करनेवाले या करनेवाली को सम्पत्ति नहीं मिलेगी। बर्मी पुरुष एक से अधिक विवाह कर सकते हैं। हाँ, पहली स्त्री चाहे तो विवाह विच्छेद कर सकती है, पर यदि वह अपने पति के द्वितीय विवाह के विषय में राजी है या इस पर विवाह विच्छेद नहीं कराती तो यदि पति तृतीय या चतुर्थ विवाह भी करे तो भी वह विवाह विच्छेद नहीं करा सकती। तृतीय या चतुर्थ विवाह करने पर द्वितीय स्त्री को विवाह विच्छेद का हक नहीं होता। विवाह पारस्परिक सम्मति से होता है। बर्मा में स्त्रियाँ जीवन के हर एक क्षेत्र में जा सकती हैं और जाती हैं। विवाह होने पर या जननी होने पर किसी स्त्री की लगी-लगाई नौकरी नहीं छूट जाती। वरचेट का कहना है कि इन्हीं कारणों से बर्मा में वेश्याएँ कम हैं और देश के बाहर तो बर्मी वेश्याएँ बहुत ही कम हैं। वरचेट का यह विवरण मोटे तौर पर सच है और यह खुशी की बात है कि बर्मा में स्त्रियों को इस प्रकार के अधिकार हैं। यह द्रष्टव्य है कि यह अधिकार बराबरी के न होने पर भी अन्य देशों से अधिक

हैं और आर्थिक क्षेत्र में बर्मी स्त्रियों की बराबरी के कारण हैं। बर्मा की अब क्या स्थिति है, पता नहीं है।

भविष्य

भविष्य के समाज में स्त्री और पुरुष का कैसा सम्बन्ध होगा, इस बारे में यह बात विचारणीय है कि जिस पारस्परिक प्रेम को हम एकविवाह का एकमात्र सही नैतिक आधार करार दे रहे हैं, और जिसके आधार पर यह कहते हैं कि भविष्यत समाज में यौन सम्बन्ध सही अर्थों में एकविवाह होगा, वह स्वयं कहाँ तक ऐतिहासिक उपज है, कहाँ तक भविष्य में स्थायी होगा तथा कहाँ तक समाज को उसकी आवश्यकता है? यह तो ज्ञात है कि आदिम यौथ समाज में जिसे हम पति-पत्नी या प्रेमिक का प्रेम कहते हैं, वह नहीं था। फिर भी हम जानते हैं कि वह समाज चला और इस कारण कोई शिथिलता नहीं आई। इस अवस्था में यह प्रश्न स्वाभाविक रूप से जोर पकड़ता है कि कदाचित आगामी समय में भी यह न रहे या इसका यह रूप न रहे। यह तो माना जा सकता है कि वर्तमान रूप में यौन प्रेम का उदय यौथ समाज के टूटते समय हुआ, पर यौथ समाज में लोगों में किसी न किसी प्रकार के प्रेम का सम्बन्ध था, यौथ पत्नियों और यौथ पतियों में किसी न किसी प्रकार का पारस्परिक प्रेम होता था, इसमें सन्देह नहीं। इसी प्रकार क्या इसकी कोई संभावना नहीं है कि भविष्य समाज में इस प्रेम का रूप कुछ और हो जाए? यह तो सर्वविदित है कि प्रेमविवाह बड़ी संख्या में टूट जाते हैं। कहना न होगा कि इस सम्बन्ध में कोई निश्चित उत्तर देने के लिए हमारे निकट कोई मसाला नहीं है। दाम्पत्य प्रेम का अर्थ एक व्यक्ति से यौन सम्बन्धों के मामले में एक और तो सम्पूर्ण रूप से इच्छापूर्वक बँध जाना और दूसरी ओर सब तरह के गलत, रूढ़िपूर्ण, कष्टकर, असामाजिक बन्धनों से मुक्त होना है। इन दोनों का समन्वय हम समझते हैं कि इसी बात में होगा कि जब स्त्री और पुरुष दोनों राजी हों तब तक वे एक-दूसरे से सम्पूर्ण रूप से बँधे होंगे, पर बँधे होने की यह शर्त खत्म होते ही वे सम्पूर्ण रूप से मुक्त हो जाएँगे। पर यह युक्ति किसी अगले इच्छावृत्त बन्धन के लिए होगी। अब तक जो नक्शा हमारे सामने है, उससे हम यहीं तक कल्पना कर सकते हैं (एंगेल्स ने यहीं तक चीजों की कल्पना की है), पर यदि हमारी वर्तमान मनोवृत्तियों का स्वरूप मौलिक रूप से परिवर्तित हो जाए—जैसा कि असम्भव नहीं है—तो उस हालत में क्या होगा, यह कहना केवल अँधेरे में ढेला मारना होगा। जो भी हो, इसमें सन्देह नहीं कि हम इस विषय पर किसी प्रकार के वितण्डे में पड़कर गालियाँ देने के पहले यह स्मरण रखें कि आदिम यौथ समाज में, जब न तो प्रेम ही था और न एकविवाह ही था, तथा उसके बाद के समाजों में जब प्रेम कुछ क्षेत्रों में आया और एकविवाह केवल स्त्री के लिए नियत हुआ, इन दोनों हालात में समाज

में एक दृढ़बद्ध संस्था थी, और उसके संगठन में किसी भी प्रकार की कोई शिथिलता नहीं थी। इसलिए हमें किसी भी हालत में समाज के विषय में यह कहकर डरने की आवश्यकता नहीं है कि वह बिखर जाएगा या नष्ट हो जाएगा। यौथ विवाह का प्रत्यावर्तन उस रूप में नहीं हो सकता जिस रूप में वह आदिम यौथ समाज में था। वह एक उन्नत रूप में ही लौट सकता है और शायद जैसा कि हम बता चुके हैं, उसका रूप यही होगा कि प्रेम पर आधारित कट्टर दोतरफा एकविवाह होगा और प्रेम के खत्म होते ही यह विवाह खत्म हो जाएगा। भविष्यत समाज में चूँकि आर्थिक दबाव का बिल्कुल खात्मा हो जाएगा, इसलिए प्रत्येक पुरुष प्रत्येक स्त्री का सम्भव पति होगा। इसी अर्थ में यौथ विवाह एक उन्नति के रूप में दृष्टिगोचर होगा।

शारीरिक सम्बन्ध पर स्वस्थ दृष्टिकोण

स्त्री और पुरुष के सम्बन्ध में जो सबसे बड़ी गड़बड़ी इस समय है, वह यह है कि लोगों ने शारीरिक सम्बन्ध को एक लज्जाजनक कृत्य करार दे रखा है। महान चिन्तक और कथाकार यशपाल ने अपनी आत्मकथा में इस रुख की हास्यास्पदता का उद्घाटन यह कहकर किया है कि स्वामी दयानन्द आदि इसी घृणित कृत्य से पैदा हुए। बात यह है कि गुरुकुल के विद्यार्थियों में यही दृष्टिकोण पैदा किया जाता है। शारीरिक सम्बन्ध के प्रति यह दृष्टिकोण न केवल अस्वाभाविक, बल्कि अस्वास्थ्यकर भी है। इस प्रकार जिस चीज की ओर से लोग दृष्टि हटाना चाहते हैं, उसी की ओर सबसे ज्यादा दृष्टि जाती है। जितना ही इस वृत्ति पर सात फेरा कपड़ा लपेटा जाता है, उतना ही दृष्टि उस ओर जाती है, और यदि दृष्टि प्रतिहत होती है तो वह इस सातफेरा कपड़े के अन्दर, जहाँ इस मनोवृत्ति का केन्द्र है। यदि इस वृत्ति को अन्य वृत्तियों की तरह एक साधारण और स्वाभाविक वृत्ति समझा जाता, तो निश्चय ही इस ओर उतना ध्यान न जाता। जंगली लोग निरापद भाव से नंगे रहते हैं, किन्तु यदि सभ्य लोगों में कोई नंगी स्त्री आ जाए तो उसका जो हाल होगा, वह कल्पनीय है।

इंग्लैण्ड में मलिका विक्टोरिया के राज्यकाल के प्रथम युग में एक स्त्री की एड़ी भी अत्यन्त उत्तेजक समझी जाती थी, पर जैसा कि बर्ट्रेंड रसेल ने बतलाया है कि आधुनिक पुरुष स्त्री की जाँघ तक देखने पर भी अविचलित रहता है, इसलिए उनके मतानुसार यह केवल कपड़े में फैशन की बात है। वह ठीक ही कहते हैं कि यदि नंगे रहना ही फैशन होता तो फिर इससे पुरुषों को उत्तेजना न होती। हमारे यहाँ पर्दाप्रथा के कारण तो हालत इतनी खराब हो गई है कि बहुत से पुरुषों के लिए स्त्री का मुख देखना या साड़ी देखना ही यथेष्ट रूप से उत्तेजक है।

हम देख चुके हैं कि समन आदि जो वैदिक संस्थाएँ थीं, उनमें स्त्री-पुरुष

क मिलन के सम्बन्ध में एक स्वास्थ्यकर दृष्टिकोण का प्रचार था। इसी प्रकार समस्त आदिम समाजों में यह बात थी और अब भी है। उदाहरणार्थ देहरादून की खासा जाति को लीजिए। इस जाति के सम्बन्ध में विशेषज्ञ डॉक्टर डी. एन. मजूमदार का कहना है कि खासा जनपद के विषय में जिस बात पर सबसे अधिक आश्चर्य होता है, वह यह है कि यौन सम्बन्ध के विषय में आजादी के साथ सार्वजनि रूप से बातचीत की जाती है। बाप, भाई और लड़के दूसरों के सामने इन विषयों में खुलकर आलोचना करते हैं। लड़के और पतोहू में जो प्रेम-कलह होता है, उसमें आकर अक्सर माएँ हस्तक्षेप करती हैं। इसी प्रकार पिता अक्सर अपने लड़कों को कैसे क्या करना चाहिए, इन विषयों में सलाह देता है। ऐसे विषयों में इस प्रकार के सम्बन्धयुक्त लोगों में तो हमारे यहाँ बिल्कुल बातचीत हो ही नहीं सकती। लोगों में यौन अवदमन का बिल्कुल अभाव है, और ज्यों ही किसी को इच्छा होती है और जितनी बार इच्छा होती है, त्यों ही और उतनी बार वह अपनी इच्छा को तृप्त कर लेता है।[1] हमने इस उदाहरण को यह दिखाने के लिए दिया कि बर्ट्रेंड रसेल की बात पर बहुत ध्यान से विचार करने की आवश्यकता है, क्योंकि जब तक उनकी बात केवल उनकी तरह कुछ व्यक्तियों तक ही सीमित है, तब तक उसे कोई भी झक कहकर उड़ा दे सकता है, पर जब खासा समाज जैसा एक जीता-जागता समाज इस प्रकार के विचारों पर चल रहा है, तब इस विषय में गम्भीरता से विचार करने की बात बहुत जोरों से हमारे सामने आती है।

सभ्यता या जंगलीपन?

कहा जाएगा कि यह तो हमारी सभ्यता है, पर कथित सभ्यता के लिए यदि प्रत्येक घर में एक या एकाधिक न्योरेटिक (विकृतमस्तिष्क) का मूल्य चुकाना पड़े, तो उस सभ्यता से जंगलीपन अधिक अच्छा है। बचपन से ही यह कथित शिक्षा शुरू होती है। बर्ट्रेंड रसेल ने लिखा है कि बच्चों से कहा जाता है कि वे कभी भी अपने गुप्त स्थान को स्पर्श न करें या उनके सम्बन्ध में बात न करें। यौन जीवन के सम्बन्ध में उनके प्रत्येक प्रश्न को किसी तरह घबराहट के लहजे में दबा दिया जाता है। इनसे कहा जाता है कि बच्चों को स्टार्क नामक पक्षी लेकर आता है या गूजबेरी की झाड़ी के नीचे से खोदकर निकाला गया है। धीरे-धीरे वे जानने लगते हैं कि वास्तविकता क्या है, पर साथ ही वे इसे 'गन्दा' समझने लगते हैं। इस प्रकार वे इस नतीजे पर पहुँचते हैं कि उनके माता-पिता ने परस्पर यह गन्दा आचरण किया और इसके सम्बन्ध में वे लज्जित भी हैं, क्योंकि उन्होंने इसे बड़े जतन से छिपाया। इसके साथ उन्हें यह भी ज्ञात हो जाता है कि जिनसे उन्हें उम्मीद थी कि वे उन्हें सही रास्ता दिखलाएँगे और शिक्षा देंगे, वे ही उन्हें बराबर

1. Fortunes of primitive tribes by D.N. Mazumdar, Page 217-18

धोखा देते रहे। पिता-माता के प्रति, विवाह के प्रति, तथा भिन्न लैंगिक व्यक्तियों के प्रति उनका रुख इस प्रकार बिल्कुल दूषित हो जाता है।...जैसा फ्रॉयड ने पहले-पहल दिखलाया और जो लोग बच्चों के साथ कुछ भी आन्तरिक परिचय रखते हैं, वे जानते हैं कि स्टार्क पक्षी तथा गूजबेरी झाड़ी से सम्बन्धित कथाओं पर बच्चे आमतौर पर अविश्वास करते हैं। इस प्रकार बच्चों को यह ज्ञान हो जाता है कि पिता-माता उनसे झूठ बोल सकते हैं। यदि वे एक मामले में अपने बच्चों से झूठ बोल सकते हैं, तो और मामलों में भी झूठ बोल सकते हैं। इस प्रकार उनके नैतिक और बौद्धिक कर्तृत्व की जड़ें हिल जाती हैं।[1]

बच्चे विशेष दिलचस्पी नहीं लेते

बर्ट्रेंड रसेल ने ही अन्यत्र लिखा है कि उन्होंने अपने सात वर्ष के बच्चे को साफ-साफ यह बता दिया कि उसका जन्म किस प्रकार हुआ। बच्चे ने सुन लिया, एकाध प्रश्न किया, फिर खेलने चला गया और फिर उसके सम्बन्ध में कोई भी कौतुहल नहीं दिखलाया। रसेल ने यह भी लिखा है कि करीब तीन साल की उम्र में बच्चे की ऐसी अवस्था होती है, जब वह इस सम्बन्ध में दिलचस्पी लेता है कि उसके बाप और उसकी माँ में क्या फर्क है। इस समय वह इस फर्क को अपने और अपनी बहन में तुलना करके देखता है, पर यह अवस्था जल्द ही समाप्त हो जाती है।

अश्लीलता का खुला चिन्तन

किसी सम्बन्ध में स्वास्थ्यकर दृष्टि अपनाने के लिए यह आवश्यक है कि पूर्ण सत्य का ज्ञान हो। जब तक भले-बुरे दोनों पहलू सामने न आएँगे तब तक यह सम्भव नहीं कि सही दृष्टिकोण कायम हो, पर प्रत्येक समाज में 'शरीफ' लोग कुछ बातों को निरन्तर अँधेरे में रखना चाहते हैं। इससे जो शरीरिक क्षति होती है तथा मानसिक विकार उत्पन्न होते हैं, उनकी कोई सीमा-परिसीमा नहीं है। यूरोप में जो सेन्सर विभाग है, वह यदि कभी किसी 'शरीफ' के हाथ में पड़ गया तो सत्य को सामने आने में दिक्कत होती है। बर्नार्ड शॉ की एक पुस्तक को सेन्सर के बक्से में वर्षों तक सड़ना पड़ा। इसी प्रकार हेवलक एलिस की पुस्तक 'Studies in Psychology of sex' को ब्रिटेन में प्रकाशित होने नहीं दिया गया। अवश्य हमारे कहने का मतलब यह नहीं है कि किसी भी हालत में अश्लील साहित्य का प्रचार किया जाए, पर अगर वैज्ञानिक या समाजतात्विक जरूरतों के कारण अश्लील समझी जानेवाली बातें जनता के सामने रखी जाएँ, तो उसमें आपत्ति करना गलत होगा। ऐसी अवस्था में नीम-हकीमों और दूसरे खतरनाक लोगों की बन आएगी। अब

1. Marriage and Moral by B. Russel, Page 84

तो हमारे गाँवों तक में कथित ब्लू फिल्में पहुँच गई हैं, जिससे अपराध बढ़ रहे हैं। इस सम्बन्ध में जो सबसे आश्चर्यजनक तथ्य है, वह यह कि एक ही बात को जब श्रीमती सेंगर ने सहज भाषा में लिखा तो वह पुस्तक जब्त हो गई, पर जब उसी बात को डॉक्टर मेरी स्टोप्स ने वैज्ञानिक भाषा में लिखा और वह विषय मजदूरों या मजदूरिनों के समझने लायक नहीं रहा, तब उस पर कोई बन्धन नहीं लगाया गया। इस प्रकार जिस चीज को सजा दी गई, वह अश्लीलता नहीं, बल्कि सहज भाषा थी। इस सम्बन्ध में कोई भी सरकार सही रूप से अपना कार्य सम्पादन नहीं कर सकती, क्योंकि सभी प्राचीन धर्म पुस्तकें और काव्य अश्लील हैं। जब उन्हें रहने दिया जाता है तो वैज्ञानिक उद्देश्य से जो 'अश्लीलता' अनिवार्य होती है, उसे सजा देने का क्या अर्थ है? इस सम्बन्ध में एक नई बात सामने आई कि जब पूर्वी जर्मनी समाजवाद को त्यागकर पश्चिमी जर्मनी में मिल गया तो पूर्वी जर्मनी के लोग बड़े चाव से अश्लील साहित्य पर टूट पड़े और इस तरह पूँजीवाद के सबसे घृणित रूप के शिकार हुए।

यह विषय स्वयं एक स्वतन्त्र विषय है, इसलिए हम इस पर अधिक न लिखकर यही कहेंगे कि एक तो यौनेच्छा में कोई बुराई नहीं है, बशर्ते वह प्रतिसामाजिक पटरी पर चले। वैदिक युग में जैसा कि हम पहले बता चुके हैं, प्रव्रज्या को कोई महत्व प्राप्त न था। सच बात तो यह है कि चतुराश्रम संस्था में संन्यास अन्त में ही आता है। इस कारण यह स्पष्ट है कि स्वाभाविक इच्छा की परितृप्ति और उसकी अधिक से अधिक परितृप्ति में कोई बुरी बात नहीं है। जिन धर्मों या संस्थाओं ने इस स्वाभाविक वृत्ति से इन्कार किया, उनका बाद को कैसा पतन हुआ—यद्यपि एकाध व्यक्ति बहुत दिव्य निकले—यह इतिहास बताता ही है।

इसमें सन्देह नहीं कि भारतवर्ष में वैदिक युग के उत्तरकाल में ही यौन जीवन पर रोक, नारी को बुरा समझने की प्रवृत्ति का उदय हुआ, फिर भी वात्स्यायन के कामसूत्र आदि से पता लगता है (वात्स्यायन के कामसूत्र से यह ज्ञात होता है कि इसके पहले इस विद्या की उन्नति सदियों से जारी थी) कि इस प्रकार संसार त्याग की प्रवृत्ति के साथ-साथ एक दूसरी स्वास्थ्यकर धारा भी बराबर रही।[1]

महात्मा गाँधी के विचार

यौन परितृप्ति को स्वास्थ्यकर तथा किसी तरह से त्याज्य न समझने पर भी यह प्रश्न स्वतः उठता है कि क्या यौन परितृप्ति का अपरिहार्य अर्थ सन्तान-प्रजनन है, यानी दूसरे शब्दों में जन्मनिरोध कहाँ तक उचित है। गाँधी जी जैसे लोगों का

1. Sex Life in ancient Indian by Pisharoti in Silver Jubilee volume of the Bhandarkar Institute.

इस सम्बन्ध में कहना यह है कि सन्तान प्रजनन के कारण ही यौन सम्बन्ध त्याज्य नहीं होता। ऐसे लोगों के अनुसार यदि इस उद्देश्य से इसे अलग कर दिया जाए तो इसकी हैसियत किसी भी प्रकार अप्राकृतिक व्यभिचार के द्वारा यौन परितृप्ति से पृथक नहीं की जा सकती। इसमें सन्देह नहीं कि यौन परितृप्ति का जीववैज्ञानिक उद्देश्य प्रजनन है।

गाँधी जी का मत

गाँधी जी का कहना है कि जब किसी कारण से पति-पत्नी यह तय करें कि उन्हें सन्तान उत्पन्न नहीं करनी चाहिए, तो उन्हें ब्रह्मचर्य का पालन करना चाहिए। कहना न होगा कि यह दवा रोग से भी बुरी है। रहा यह कि प्रजनन के साथ यौन परितृप्ति का सम्बन्ध है, यह सभी को मानना पड़ेगा, पर देश को, समाज को और बच्चों की जरूरत है या नहीं, यदि बच्चा पैदा होगा तो उसका परिपालन ठीक ढंग से हो सकेगा या नहीं हो सकेगा, इस प्रश्न का उत्तर व्यक्ति को नहीं देना है, बल्कि समाज को, और जब तक पूर्ण रूप से वर्गहीन समाज स्थापित नहीं हो जाता, तब तक राष्ट्र को देना है। यदि समाज को और बच्चों की जरूरत नहीं है, और इस बात की सम्भावना है कि दुनिया में आने पर बच्चे का स्वागत नहीं होगा, तो क्या बच्चे पैदा करते जाना अच्छा हो सकता है? प्रजनन के जीववैज्ञानिक उद्देश्य के अतिरिक्त यौन क्रिया में आनन्द का जो उपादान है, हम इसको भूल नहीं सकते और वह इसका अपरिहार्य हिस्सा है। यदि समाज पर और जब तक ऐसा न हो व्यक्ति पर ही अपने बच्चे के लालन-पालन तथा शिक्षा का सारा भार हो, तो क्या उस हालत में यह उचित होगा कि इस जोड़े से यह कहा जाए कि वह अपने को यौन परितृप्ति रूपी आनन्द से वंचित करे, और फिर क्या कोई ऐसा कहने से ही मानेगा। यदि इक्का-दुक्का कोई माने भी तो उनके त्याग-स्वीकार से किसको फायदा है? ऐसी व्यवस्था में हम ब्यौरे में गए बिना ही कह सकते हैं कि बिना बच्चों के पालन तथा शिक्षा की व्यवस्था के बच्चे उत्पन्न करना असामाजिक—यानी अपराध है। इस निष्कर्ष पर पहुँचते ही जन्मनिरोध—यदि उसके कारण जो हम बता चुके वे मौजूद हैं तो—जायज हो जाता है। फिर जैसा कि हम देख चुके हैं, सभी प्राणियों में प्रजनन के साथ मैथुन का सम्बन्ध नहीं है, इसलिए यह कैसे कहा जा सकता है कि इसका एकमात्र उद्देश्य प्रजनन ही है, बल्कि यों क्यों न कहा जाए कि एक खास जीववैज्ञानिक सोपान में प्रजनन ने रूप ग्रहण किया, पर इसके साथ ही उसका मानसिक-शारीरिक रूप बहुत जटिल हो गया है। सम्भव है कि कृत्रिम रूप से सन्तान पैदा हो सके, फिर भी यौन सम्बन्ध रहेगा। जो भी हो, यौन परितृप्ति को एक गौण उद्देश्य समझने के बजाय मामूली लोगों के व्यवहार से तो यही मुख्य उद्देश्य नजर आता है और प्रजनन भी गौण रूप से

यदा-कदा इसके फलस्वरूप हो जाया करता है। पहले मनुष्य परतन्त्र था, पर अब परिवार नियोजन के वैज्ञानिक उपायों ने उसे प्राकृतिक अत्याचार से मुक्त कर दिया।

किसी भी हालत में हमारा मतलब यह नहीं है कि भविष्यत् समाज में केवल यौन परितृप्ति ही विवाह का उद्देश्य होगा, बल्कि इसके विपरीत हमारा वक्तव्य यह है कि इस समय कम-से-कम पुरुषों के लिए विवाह का उद्देश्य यौन परितृप्ति, साथ ही बहुत सस्ते में नौकरानी, महाराजिन तथा सेविका प्राप्त करना है। बर्ट्रेंड रसेल ने ठीक ही कहा है कि स्त्री का प्रथम कर्तव्य यह हो गया कि वह सस्ते में प्राप्त एक घरेलू जानवर है।[1] हाँ, जहाँ तक स्त्रियों का सम्बन्ध है, उनके लिए यह सम्बन्ध समाजवाद के अतिरिक्त प्रत्येक व्यवस्था में अध्यात्मवादियों की भाषा में यज्ञ या तपस्या है। केवल साम्यवादी समाज में यानी उस समाज में जिसमें स्त्री और पुरुष की आर्थिक विषमता दूर कर दी जाएगी, पहले-पहल यह बात सम्भव होगी कि स्त्री के लिए भी विवाह सुख का साधन हो। इसमें कोई लज्जा की बात नहीं है कि स्त्री-पुरुष का सम्बन्ध शारीरिक परितृप्ति के लिए है, पर यह शारीरिक परितृप्ति सभ्य लोगों में सूक्ष्म से सूक्ष्मतर रूप धारण करने के लिए बाध्य है। इस सम्बन्ध में कवीन्द्र रवीन्द्र की वह उक्ति याद आती है जो उन्होंने उर्वशी पर कही है कि तू आधी मानवी है, आधी कल्पना। कल्पना शब्द में कला, साहित्य में नारी अपने पूरे रूप में सामने आ जाती है। इस परितृप्ति में मैथुन का रूप एक तो अधिक से अधिक उच्चतर सतह पर चला जाएगा और दूसरा इस विशेष शारीरिक कृत्य को कम से कम महत्व प्राप्त न होगा। अवश्य इसका अर्थ यह न लिया जाए कि इस कृत्य की आवश्यकता घट जाएगी, बल्कि विस्तृततर परिप्रेक्ष्य में वह स्वाभाविक रूप से पहले से कम महत्वपूर्ण हो जाएगा, इतना ही हमारा कहना है।

रूस में क्रान्ति चिन्तन

रूस में क्रान्ति के प्रथम जोश में लोगों ने पुरुष और स्त्री सम्बन्ध को कुछ हल्के रूप में लिया था, पर रूस के नेतागण जल्दी ही इस खाई तो ताड़ गए और उन्होंने हल्केपन या गैरजिम्मेदारी के साथ यौन सम्बन्ध ग्रहण करने का विरोध किया। इस बात को पढ़कर रूढ़िवादियों को हँसने का काफी मौका मिल सकता है और वे यह कह सकते हैं कि "देखा, हमारे ऋषि, मुनियों और मुल्लाओं ने जो रोकें लगाई थीं, वे धीरे-धीरे उन्हीं पर आ जाएँगे।"

हम पहले ही बतला दें कि उनकी इस शुभेच्छा के पूरा होने की कोई आशा नहीं है। ऋषि, मुनियों की रोकों का उद्देश्य–चाहे वे पश्चिम के हों चाहे पूर्व के–पुरुषप्रधान समाज को दृढ़ करना तथा केवल स्त्री पर एकतरफा सतीत्व का बोझा लादना था। पर मुक्त राष्ट्र का किसी भी हालत में यह उद्देश्य नहीं हो सकता।

---

1. Marriage and Moral by B. Russel, Page 106.

उदाहरणस्वरूप मुक्त राष्ट्र में विवाह-बन्धन के बाहर उत्पन्न सन्तान को हमेशा विवाह बन्धन के अन्दर उत्पन्न सन्तान के बराबर हैसियत प्राप्त रहेगी। अवश्य यह भी हम बता देते हैं कि झमेलों से बचने के लिए तथा अन्यथा किसी प्रकार का लाभ न होने के कारण अपने सम्बन्ध की रजिस्ट्री कराना करीब-करीब आम हो जाएगा, तथा किसी भी हालत में ऐसा न होगा कि पुरुष तलाक दे सके और स्त्री तलाक न दे सके। यद्यपि जैसा कि हम देख चुके हैं, भविष्यत् सन्तानों के प्रति दृष्टि रखते हुए बात-बात में तलाक होना कानूनन तो नहीं, सामाजिक रूप से बुरा समझा जाएगा। यद्यपि 'जितनी बार इच्छा उतनी बार तलाक' देने का अधिकार क्रान्ति बाद से राष्ट्र के अन्य नागरिकों की तरह साम्यवादी दल के प्रत्येक सदस्य को था, पर इसका अकारण, अधिक उपयोग या हल्केपन के साथ उपयोग रूस में निन्दनीय समझा जाता था। यह कोई बुर्जुआ कुसंस्कार नहीं, बल्कि अत्यन्त सामाजिक मनोवृत्ति का परिशीलन था।

लेनिन के विचार

लेनिन से जब यह कहा गया कि यौन सम्बन्ध को एक गिलास पानी से अधिक महत्व देना बेकार है, तो इसका प्रतिवाद करते हुए उन्होंने साफ कहा था कि कोई भी व्यक्ति गन्दे गिलास से गन्दा पानी पिए, यह ठीक नहीं है। उनके शब्द यों हैं—"क्या कोई सही दिमाग व्यक्ति मामूली अवस्था में गन्दगी में पड़ा रहकर एक गन्दे नाले से पानी पीना पसन्द करेगा, या एक ऐसे गिलास से पानी पीना पसन्द करेगा जो बहुत से होंठों के स्पर्श के कारण चिपचिपा और दागी हो गया है?" साथ ही लेनिन ने एक अन्य स्थान पर कहा है कि जो लोग यौन सम्बन्ध के पीछे पड़े रहते हैं, वे न तो किसी मामले में सही राय कायम कर सकते हैं, न उनके किसी विचार का भरोसा ही किया जा सकता है। ऐसी हालत में इस सम्बन्ध में साम्यवादियों का रुख स्पष्ट हो जाता है। इस रुख का आशय न तो यह है कि यौन सम्बन्ध को त्याज्य समझकर उससे भागा जाए—अधिकांश क्षेत्र में भागना यों भी केवल ऊपरी आवरण मात्र होता है—और न उसको इतना महत्व दिया जाए कि चौबीसों घण्टे उसी के पीछे तथा उसी की चिन्ता में लगा रहा जाए।

सैंकड़ों वर्षों की रोक के बाद 1917 की क्रान्ति के फलस्वरूप जब रूसी पुरुषों तथा स्त्रियों को एकाएक स्वतन्त्रता के आलोक का सामना हुआ तो वे चकाचौंध हो गए थे, और उनमें से एक बड़े हिस्से ने उच्छृंखल आचरण करना शुरू किया। इसी से एक गिलास पानी की धारणा उत्पन्न हुई थी। लेनिन ने उसकी जिस प्रकार निन्दा की, वह बतलाया जा चुका है। उन्होंने उसी समय महान क्रान्तिकारिणी क्लाराजिटकिन से यह भी कहा था—"आप जिसे नौजवानों का नवीन यौन जीवन कहती हैं, वह बुर्जुआ चकलों का ही एक विस्तृत रूप है। हमारे नौजवान

एक गिलास पानी वाले सिद्धान्त से बिल्कुल गुमराह हो गए हैं और उनका दिमाग फिर गया है।''

किसी भी हालत में यौन सम्बन्ध का उद्देश्य स्त्री का पुरुष द्वारा या पुरुष का स्त्री द्वारा शोषण नहीं है इसलिए इसके सम्बन्ध में बहुत से ऐसे कानून तथा विचार—जैसे कि पुरुष को अपनी पत्नी पर बलात्कार करने का हक है—मुक्त समाज में नहीं रह सकते। पूर्ण मुक्त समाज में पुरुष और स्त्री के अधिकार तथा कर्तव्य बराबर होंगे। मुक्त समाज में अवश्य ही यौन सम्बन्ध को वह महत्व प्राप्त न रहेगा, जो उसको हजारों वर्षों से सैकड़ों रोक लगाने के कारण प्राप्त हो चुका है। यौन सम्बन्धों पर धार्मिक रोकों के कारण दृश्यमान रूप से उसकी मर्यादा घटने पर भी हमारे अवचेतन में उसका इतना प्रबल प्रभाव हुआ है कि ऐसे लोग दुनिया में मौजूद हैं, जो गम्भीर रूप से यह समझते हैं कि यौन सम्बन्ध ही हमारे सारे कार्यों का उत्सस्थल है। साम्यवादी समाज में यौन विषयक भूख की तृप्ति हमारी बहुत-सी भूखों की तृप्तियों में से एक होगी।

पुरुषों को खुश करना एक ध्येय

पुरुषप्रधान समाज में स्त्रियों के लिए एकमात्र सहारा यह था कि पुरुष उन पर खुश रहें। क्लिओपेट्रा और नूरजहाँ ने अपने-अपने प्रेमियों को कब्जे में रखकर ही बहुत बड़े भूभाग तथा विपुल जनसंख्या पर शासन किया था। ऐसी हालत में पुरुषों को खुश करना और उनकी आँखों में लोभनीया होने का एक अलग ही महत्व हो गया। अति आधुनिक उच्च घरानों की स्त्रियों को तो कदाचित प्रसाधन के अलावा कुछ काम नहीं है। लिपस्टिक से लेकर नाखूनों की पालिश तक न मालूम क्या-क्या साधन और क्या-क्या उपाय उनके प्रसाधन के लिए आविष्कृत हुए हैं। कहना न होगा कि प्रसाधन द्रव्यों के व्यवसाय को ऐसे समाज में बहुत महत्त्व प्राप्त हो चुका है। विज्ञापनों में उन्हीं की तूती बोलती है। कवीन्द्र रवीन्द्र ने उर्वशी नामक अपनी कविता में यह जो लिखा है कि न मालूम कितने प्राणियों की जानें स्त्री के प्रसाधान के लिए जाती हैं तथा न मालूम कौन-कौन से सागरों में इसके लिए गोता लगाया जाता है, यह कोई अतिरंजना नहीं, बल्कि सच्ची बात है। यदि जरा भी गहराई से सोचा जाए तो ज्ञात होगा कि जिन स्त्रियों के चौबीस घण्टों में कम-से-कम छः घण्टे प्रसाधन में जाते हैं, उनके लिए यह बहुत अपमान की बात है, क्योंकि इसी के पीछे यह बात छिपी है कि अति प्रसाधन की बदौलत ही उनकी कदर है।

भविष्य का समाज वैरागियों का समाज नहीं

हमारा भविष्यत् समाज वैरागियों का समाज न होगा। इसलिए उसमें प्रसाधन का स्थान होगा, पर यह प्रसाधन दुतरफा होगा। भिन्न लिंगी व्यक्तियों की आँखों में

अच्छा या अच्छा मालूम होने की इच्छा का उसमें उचित स्थान होगा। आगामी समाज में यह प्रसाधन एकतरफा यानी आज की तरह स्त्रियों तक सीमित न होगा। जंगलियों के चित्रों में जब हम देखते हैं कि पुरुष भी कानों में बालियाँ पहने हुए हैं—स्मरण रहे कि वैदिक तथा महाभारत युग में पुरुष बाकायदा स्त्रियों की तरह बहुत से अलंकार पहनते थे—तो हमें कुछ हँसी आती है, पर यह बात नहीं कि इसका कोई ऐतिहासिक अर्थ न हो। प्रसाधन धीरे-धीरे जो एकतरफा होता गया, उसके ऐतिहासिक कारण स्पष्ट हैं। हम यह नहीं कहते कि भविष्यत् समाज में पुरुष फिर कान में बाली या हाथ में बाजूबन्द पहनेंगे, बल्कि हमारा विचार तो यही है कि भविष्य में अलंकार और प्रसाधन तो होंगे, पर सूक्ष्म हो जाएँगे तथा प्रसाधन पुरुष और स्त्री दोनों की ओर से होगा। स्पष्ट है कि भविष्यत् समाज की आत्मनिर्भर, श्रमशीला स्त्री दिन के छः घण्टे प्रसाधन में नहीं बिताएगी, न इसकी उस समय कोई सामाजिक आवश्यकता रहेगी और सांस्कृतिक दृष्टि से भी यह बुरा नहीं समझा जाएगा। हिसाब लगाकर देखा गया है कि अमेरिका की स्त्रियाँ करोड़ों डालर सालाना प्रसाधन द्रव्यों पर व्यतीत करती हैं। इन प्रसाधन द्रव्यों में लिपस्टिक, रूज़, पाउडर, चर्मखाद्य, उड़नेवाली क्रीम, स्नो, बालों का टॉनिक और न जाने क्या-क्या होता है। अमेरिका दुनिया में सबसे धनी देश है, इसलिए वहाँ इस मद में खर्च भी अधिक है। पर इंग्लैण्ड आदि देशों में भी इसका खर्च कम नहीं है। यह सच है कि ग्रीक, बैबीलोनिया, चीन, भारतवर्ष, मिस्र सभी स्थानों में प्राचीन काल में भी प्रसाधन द्रव्यों के इस्तेमाल का परिचय मिला है।

मोहनजोदड़ो में आभूषण

मोहनजोदड़ो में आभूषणों का व्यवहार प्रत्येक वर्ग के लोगों में था। "श्री दीक्षित तथा साहनी महोदय को यहाँ चाँदी की कलसियों में जो आभूषण मिले थे, उनकी वर्णछटा अति सुन्दर है। बड़े हारों पर भिन्न-भिन्न रंगों की सुन्दर गुरियों तथा स्वर्ण के पहियों का प्रयोग हुआ है। आभूषणों में बहुमूल्य पत्थरों का कम प्रयोग हुआ है...बाजूबन्द, कण्ठहार, बड़े हार, चूड़ियाँ, भुजबन्ध, अन्तक, अँगूठियाँ इत्यादि वस्तुएँ बड़ी मनोहर हैं। उनकी निर्माण शैली देखते ही बनती है। मोहनजोदड़ो में थोड़ी अलंकृत लाल गोमेद की गुरियाँ भी प्राप्त हुई हैं। एक समय इस शैली की गुरियों का इराक, ईरान तथा सूसा में बड़ा प्रचार था। इन गुरियों पर काले या सफेद रंग की कारीगरी की जाती थी। निर्धन समाज के लिए मिट्टी की बनी गुरियों को ही प्रयुक्त करते थे। सोने की कम गुरियाँ प्राप्त हुई हैं।..." (काला)

मोहनजोदड़ो मे तावीजें भी प्राप्त हुई हैं। ये तावीजें गले में पहनी जाती थीं। मोहनजोदड़ो की स्त्रियाँ तथा पुरुष जो प्रसाधन करते थे, उनमें से केवल वे ही चीजें प्राप्त हो सकी हैं, जो काल के गाल से बचकर हम तक पहुँच सकीं। अधिकांश

प्रसाधन द्रव्य ऐसे होते हैं जो थोड़े ही समय में नष्ट हो जाते हैं। फिर भी हम ऊपर दिए गए विवरण से अनुमान लगा सकते हैं कि प्राचीन भारत की इस सभ्यता में प्रसाधन के लिए यथेष्ट स्थान था। यह प्रसाधन केवल स्त्रियों तक ही सीमित नहीं था, यह उस युग के खिलौनों से ज्ञात होता है। हड़प्पा में प्राप्त बोतल की तरह के एक पात्र में ऐसा ज्ञात होता है कि सुरमा या ऐसा ही कोई पदार्थ रखा जाता था। यह पात्र अब मिला है। नेत्रों में लगाने के अंजनों के जो पात्र तथा सींक प्राप्त हुई हैं, उनसे ज्ञात होता है कि स्त्रियाँ तथा पुरुष आँखों में इसका प्रयोग करते होंगे। कई बर्तनों में लाल मिट्टी, जो गेरू की तरह है, मिली है। डिब्बियों में यह पदार्थ रखा जाता था। यह पदार्थ सुमेर, क्रीट, उर तथा नाल में भी प्रचलित था और निःसन्देह प्राचीन काल के पूर्वी देशों में रहनेवाले सभी इसका प्रयोग करते थे। नेत्र-सौन्दर्यवर्द्धक कई प्रकार के और पदार्थ भी मिले हैं। मोहनजोदड़ो तथा हड़प्पा निवासी स्त्रियाँ बालों पर पिन लगाती थीं। कदाचित पुरुष भी ऐसा ही करते थे। स्त्री-पुरुष दोनों के बाल लम्बे होते थे और वे कंघियों का इस्तेमाल करते थे। हाथी दाँत की सुन्दर कंघियाँ इन स्थानों से प्राप्त हुई हैं। हड़प्पा में कुछ खिलौनों के शिरोवस्त्रों पर पुष्प लगे हैं। कुछ आकृतियों से ऐसा ज्ञात होता है कि स्त्रियाँ कभी-कभी नुकीली टोपियाँ पहनती थीं। नुकीला भाग सिर के एक ओर लटकता रहता था। ऐसी ही टोपी पुरुष आकृतियों पर भी मिली है। किन्तु उसमें नुकीला भाग एक ओर सीधा है। एक फीता माथे पर लगाकर यह टोपी गिरने से बचाई जाती थी। इसमें यह द्रष्टव्य है कि पुरुष और स्त्री समान रूप से प्रसाधन करते थे। केवल इसी से कहा जा सकता है कि मोहनजोदड़ो में स्त्रियों की अवस्था अभी बहुत गिरी न होगी तथा पितृप्रधान युग का अभी प्रारम्भ हुआ ही होगा।

सुधीन्द्र राय ने लिखा है कि जब प्रथम महायुद्धकाल (1914-18) में देशों में पुरुषों की कमी हो गई, तभी वहाँ प्रसाधन और फैशन ने अति आधुनिक रूप धारण किया। पहले तो स्कर्टें घुटनों तक पहुँच गईं। इसके लिए बहाना यह बनाया गया कि सैनिकों की वर्दियों के लिए कपड़ा बचाने की जरूरत है। श्री राय का कहना है कि इसका असली उद्देश्य घुटनों को और समय-समय पर जाँघों को दिखाकर पुरुषों को आकृष्ट करना था। इसी प्रकार बदन पर जो शेमीज आदि पहनी जाती थी, उसमें 'वी' कालर का प्रवर्तन हुआ। इसका उद्देश्य कपड़ा बचाना नहीं, बल्कि स्तनों को जहाँ तक हो सके दिखलाना था, ऐसा सुधीन्द्र बाबू का मत है। लड़ाई में जिनके पति खेत हो जाते थे, वे अपने शोकवस्त्र के रूप में इसी प्रकार की अभिव्यक्ति करते थे। अध्यापक मैंगनस हीर्शफेल्ड ने लिखा है कि युद्धकालीन स्त्री के वस्त्रों में पुरुषत्व और स्त्रीत्व दोनों गुण दिखाई पड़े। इसका कारण भी यह बताया गया कि वे भी उस युग के वीर अर्थात् सैनिकों की तरह बनना चाहती थी। ऐसी स्त्रियाँ सामरिक टोपी भी पहनती थीं। 1914 के पहले कहा जाता है

कि बहुत कम स्त्रियाँ लिपस्टिक, रूज आदि लगाती थीं, बहुत ही कम स्त्रियाँ भौंहों को पेंट करती थीं, पर युद्धकाल में पुरुषों की कमी के कारण स्त्रियों में इसकी प्रतियोगिता बढ़ी और इन पदार्थों का व्यवहार बढ़ गया। धीरे-धीरे इनका व्यवहार आम हो गया। यह भी लिखा गया है कि युद्ध के पहले अधिक बनना-ठनना वेश्याओं का काम समझा जाता था, पर बाद को यह सर्वत्र फैल गया। कहना न होगा कि इस लेखक के ऐसे वक्तव्यों में सत्य का यथेष्ट अंश है, पर असली कारण वही है—वर्तमान समाज में स्त्रियों के रूप-सौन्दर्य का बाजार भाव।

रूस में सौन्दर्य-प्रधासन

1917 की क्रान्ति के बाद रूस में प्रसाधन सम्बन्धी परिस्थिति क्या थी, यह जानना बहुत ही दिलचस्प होगा। कहना न होगा कि वास्तविक समाज में प्रसाधन का वह उद्देश्य हो ही नहीं सकता जो अन्य देशों में है। रूस के प्रथम युग में यानी जब रूस दुनिया में उत्पादन की दौड़ में बहुत पिछड़ा हुआ था, उस समय तो यह प्रश्न ही नहीं उठता था, पर जब हालत अपेक्षाकृत अच्छी हुई और लोगों के पास उपभोग के अधिक सामान इकट्ठा होने लगे तब यह नारा दिया गया कि अब प्रसाधन किया जा सकता है। इस सम्बन्ध में भी योजना से ही काम लिया गया। एक लेखक ने लिखा है कि "इस अजीब देश में यौन इच्छा भी योजना के अनुसार चलाई जाती है। समृद्धि बढ़ी तो कहा गया कि सौन्दर्य को उत्तेजक बनाने के लिए बाहरी वस्तुओं की मदद लेनी चाहिए, तदनुसार मोलोटोव की स्त्री कास्मेटिक या प्रसाधन द्रव्यों की मंत्राणी नियुक्त हुई। कालिनिन ने यह हुक्मनामा निकाला कि सोवियत स्त्रियों को दुनिया में सबसे अधिक सुन्दर होना चाहिए। परम गौरवशाली महान दर्जी स्कियापारेल्ली मास्को में इसलिए बुलाए गए कि कम्युनिस्ट नगरों में वस्त्रों का नियन्त्रण करें। पर कामरेडों ने लिपस्टिक, रूज़ तथा नाखून रँगने आदि को आसानी के साथ ग्रहण नहीं किया। इस काम को लोगों ने बहुत गम्भीरता से उठाया, क्योंकि यह समझा गया कि यदि इसमें कुछ कमी की गई तो कदाचित यह क्रान्ति की अग्रगति के साथ विश्वासघात न हो।[1]

प्रसाधन के सम्बन्ध में रूसियों का यह दृष्टिकोण उन लोगों की दृष्टि में कतई आश्चर्यजनक न होगा जो जीवन के अन्तर्निहित तथा आधारभूत दार्शनिक विचारों से परिचित हैं। समाजवादी देश में प्रसाधन आर्थिक रूप से श्रेष्ठ पुरुष या स्त्री को प्रलुब्ध करने का साधन नहीं, बल्कि स्वाभाविक सौन्दर्यबोध की तृप्ति का साधन हो सकता है। यदि इसमें किसी को खुश करने का विचार है, तो वह सम्पूर्ण रूप से आर्थिक दबाव से मुक्त है, और रिझाने की यह चेष्टा केवल स्त्री की ओर से पुरुष के प्रति नहीं, बल्कि दोनों की ओर से दोनों के प्रति होगी।

अत्यन्त प्राचीन काल से सारे समाज पुरुषप्रधान हो चुके थे, फिर भी इनमें

स्त्रियों के साथ पुरुषों में भी उसी प्रकार के प्रसाधन का परिचय मिलता है। ईसा से दस वर्ष पूर्व आविड ने रोम की कुमारियों को यह उपदेश दिया था कि "बेटियो, यह सीखो कि कैसे चेहरे को सुन्दर बनाया जाए तथा किन साधनों से तुम्हारे सौन्दर्य की रक्षा हो सकती है। जिसकी चर्चा की जाती है, वही बाद को सुख देता है। तुम अपने सौन्दर्य के लिए केवल जड़ी-बूटियों, रसों तथा अन्य उपायों पर विश्वास न करो।" कहते हैं, विभिन्न समय में गाजर से लेकर प्याज आदि के रस का प्रचार सौन्दर्य रक्षा के लिए हुआ था। इस विषय में तरह-तरह के नुस्खे प्राप्त हुए हैं। दूध में नहाना, सागर जल में स्नान तथा अत्यन्त ठण्डे देशों में धूप लेना इसी प्रकार के उपाय बतलाए जाते हैं। कहते हैं कि इंग्लैण्ड में एलिजाबेथ के युग में ही इतना अधिक प्रसाधन का चलन हो गया था कि यदि "किसी के बाल अच्छे हैं तो देखना चाहिए कि वे बाल उसी के हैं या नहीं। यदि किसी का चेहरा अच्छा है, तो देखना चाहिए कि उस पर पलस्तर (Plaster) तो नहीं है और यदि किसी की छातियाँ उभरी हुई हैं, तो देखना चाहिए कि वह कहीं बनावटी तो नहीं हैं।" कहना न होगा कि इस प्रकार का प्रसाधन झूठे विज्ञापन की तरह त्याज्य है, और एक तरह से समाज को धोखा देता है। भविष्य के समाज में प्रसाधन का मुख्य उद्देश्य वास्तविक रूप से शारीरिक स्वास्थ्य की उन्नति करना होगा। उस हालत में प्रसाधन में कृत्रिमता कम होगी।

तलाक कब और कैसे

विवाह, यौन सम्बन्ध, तलाक, सहशिक्षा, जन्मनिरोध इन सभी विषयों में यदि कोई निरवच्छिन्न नियम आगामी समाज में हो सकता है तो यही कि पुरुष तथा स्त्री की हैसियत बराबर हो। बाकी नियमों में समाज की तत्कालीन आवश्यकता को देखते हुए नियम बदल भी सकते हैं। तलाक के सम्बन्ध में हम बहुत कुछ कह चुके हैं। उस सब का सार यह निकलता है कि तलाक कोई हर समय काम में लाने लायक पद्धति नहीं है, बल्कि इसका उपयोग व्यक्ति और समाज के दुःख कम करने के लिए होना चाहिए। तलाक के विरोधी यह भूल जाते हैं कि जिस समय तलाक की स्थिति मौजूद है, उस समय तलाक न होने देना बलात्कार को प्रोत्साहन देना है। यह समझना गलत है कि तलाक का अधिकार प्राप्त होते ही उसका ज्यादा प्रयोग होगा ही, जैसा 1917 की क्रान्ति के बाद रूस में हुआ, क्योंकि जो विवाह सम्बन्ध बिना प्रेम के चालू हैं, उनका पहले झोंके में बिखर जाना ही ठीक है। किन्तु उसके बाद कोई रोज-रोज तलाक देना चाहेगा, ऐसा समझना भूल है। फिर भी लोगों का एक ऐसा तबका हो सकता है जो गैर-जिम्मेदारी से इसका उपयोग करे। इसके लिए रोकथाम जरूरी है। अवश्य ही आगामी समाज में लोगों

1. Hindustan Times, 13th August, 1944

में इस प्रकार का कोई न कोई ढंग निकल आएगा जिससे लोग विवाह के पहले ही यह समझ लें कि आगे कहाँ तक आपस में पटेगी। तद्नुसार कम से कम तलाकों की आवश्यकता होगी। पर जब तक ऐसा नहीं होता तब तक एकविवाह को सही अर्थ में एकविवाह बनाने के लिए दोतरफा तलाक का हक होना चाहिए। दोतरफा तलाक की सम्भावना ही एक बहुत अच्छे अंकुश का काम करेगी।

हिटलरी सूत्र गलत

हिटलर ने स्त्रियों को गिरजे, पाकशाला, तथा बच्चों तक सीमित करने का जो नारा फासिज्म के प्रारम्भिक युग में दिया था, तथा स्पेंगलर ने अपनी पुस्तक में यह जो कहा था कि स्त्रियों को चाहिए कि वीर जननी हों, और वीरों के प्रजनन में सुख का अनुभव करें[1] तो स्त्रियाँ कभी इस संक्रमित दायरे में नहीं रह सकतीं। रहा यह कि समाजवादी चिन्तन में इस सम्बन्ध में जिस प्रकार प्रत्येक कार्य में स्त्री और पुरुष की बराबरी की चेष्टा की जा रही है, वह कहाँ तक प्रयोगात्मक रूप से सही ठहरेगी, यह देखने की बात है। सम्भव है कि बराबर असंगतियों का समाधान करते-करते स्वास्थ्य तथा भविष्यत् सन्तानों की दृष्टि से कुछ काम बिल्कुल पुरुष के बता दिए जाएँ और कुछ बिल्कुल ही स्त्रियों के लिए छोड़ दिए जाएँ। इस सम्बन्ध में अभी जो प्रयोग जारी हैं, उन्हें ध्यानपूर्वक सहानुभूति से देखने की आवश्यकता है। स्त्रियों के सारे इतिहास का अनुशीलन करने के बाद हम इस नतीजे पर तो पहुँचे ही हैं कि कुछ भी हो, पुरुष और स्त्री की सामाजिक समता कायम रखने के लिए यह आवश्यक ही नहीं बल्कि अपरिहार्य है कि आर्थिक क्षेत्र में स्त्रियों और पुरुषों की हैसियत बराबर हो, इसमें कोई परिवर्तन हो नहीं सकता, और होगा तो वह खतरे का कारण होगा।

सम्पूर्णानन्द के विचार

भारत में समाजवाद का डंका बजानेवाले श्री सम्पूर्णानन्द द्वारा लिखित एक लेख का शीर्षक 'स्त्रियाँ पुनः गृहलक्ष्मी बनें' ('संसार' दीपावली अंक 1944) है। इस लेख का शीर्षक ही हमें नापसन्द था, क्योंकि एक गृह, और फिर उसमें लक्ष्मी शब्द जुड़ जाने से हमें बड़ा आश्चर्य हुआ कि एक परम विद्वान समाजवादी नेता ऐसी बात कैसे लिख सकते हैं। लक्ष्मी शब्द से हमें इसलिए आश्चर्य हुआ, क्योंकि लक्ष्मी के साथ क्षीर सागर में आराम करते नारायण की पदसेवा की बात अपरिहार्य रूप से आ जाती है। जो भी हो, हमने आँख पर अविश्वास किया और लेख को पढ़ना शुरू किया। विद्वान लेखक यों लिखते हैं, "कई साल हुए (वह 1944 में लिख रहे थे) काशी के हिन्दू गर्ल्स स्कूल के वार्षिकोत्सव के अवसर पर बोलते हुए मैंने

1. Fascism by R.P. Dutt, Page 69

स्त्री शिक्षा की प्रचलित पद्धति की आलोचना की थी और यह आशा प्रकट की थी कि जल्दी ही विचारकों और मुख्य स्त्रियों का ध्यान इस ओर जाएगा कि ऐसी पद्धति निकाली जाए जो स्त्रियों के लिए विशेष रूप से उपयुक्त हो। मैंने यह भी कहा था कि अन्य देशों में विश्वविद्यालयों को छोड़कर लड़कियों के लिए लड़कों से भिन्न शिक्षाक्रम होता है।'' आगे इसी लेख में वे लिखते हैं, ''अभी हाल में कलकत्ते में श्रीमती विजयलक्ष्मी पण्डित ने इसी आशय का व्याख्यान दिया है। इनसे मेरा इस विषय पर पत्र व्यवहार भी हुआ है। वह भी अनुभव करती हैं कि स्त्रियों की शिक्षा की दिशा में परिवर्तन होना चाहिए।''

आगे इस लेख में सम्पूर्णानन्द जी यह स्पष्ट कर देते हैं कि यदि किसी स्त्री को विद्या से व्यसन है, किसी शास्त्र विशेष की ओर विशेष अभिरुचि है, तो उसके लिए उच्च शिक्षा की प्राप्ति के मार्ग में किसी प्रकार की रुकावट न होनी चाहिए। वह कहते हैं, ''दूसरे सिरे पर प्रारम्भिक शिक्षा के क्षेत्र में बालक-बालिका में विशेष भेद नहीं हो सकता, दोनों को समान रूप से अच्छी व्यापक शिक्षा मिलनी चाहिए।...भेद का प्रश्न इन दोनों सीमाओं के बीच के लिए उठता है। अधिकतर लड़कियों को आगे चलकर लड़कों की भाँति जीवन बिताना नहीं है। लड़के बड़े होकर व्यापार, उद्योग या अन्य पेशों में लगेंगे। लड़कियों को बड़े होने पर घर सँभालना होगा। प्रत्येक को ऐसी शिक्षा मिलनी चाहिए जो उसके भावी जीवन के अनुकूल हो, जो उसको कर्तव्य पालन के योग्य बनाए। स्त्रियों को गृहस्थी का सुचारु रूप से संचालन करना है।''

कहीं ये बातें बिल्कुल ही फासिस्ट (हमारा मतलब 1918 के युद्ध-पूर्व के फासिस्ट) आदर्श और व्यवहार न जँचें, इसलिए बाबू जी इसे यों साफ करते हैं। (पर इस साफ करने में ही वह खुलते हैं, क्योंकि लेख का नाम कहाँ जाएगा?) वह आगे लिखते हैं, ''उनका काम केवल रोटी बनाना या बच्चों का तेल-उबटन कर देना नहीं है।'' अर्थात् ये मुख्य काम तो खैर हैं ही, पर इस बात को यों न कहकर वे आगे कहते हैं, ''घर का प्रबन्ध ऐसा होना चाहिए कि उसके प्रत्येक अवयव की शक्ति का अधिकतम विकास हो। गृहस्थी को राष्ट्र सेवा और मनुष्य सेवा का सोपान बनाना स्त्री का ही काम है।''

आगे वह स्त्रियों से यह शिकायत करते हैं कि वे तितलियाँ बन गई हैं और ढंग से मनोरंजन नहीं कर पातीं, इसलिए लोगों को सिनेमा, रेडियो का सहारा लेना पड़ता है। इस प्रकार सम्पूर्णानन्द जी का आदर्श यह भी ज्ञात होता है कि हम मनोरंजन के क्षेत्र में भी सामन्तवादी युग में लौट जाएँ! आखिर स्त्रियों पर ही इसका भार क्यों डाला जा रहा है कि वे घरवालों का मनोरंजन करें, क्या यह काम समान रूप से पुरुष का भी नहीं है कि वह स्त्रियों का मनोरंजन करे? वह बिल्कुल स्पष्ट कहते हैं कि ''पत्नी का भूगर्भ तथा प्राणीशास्त्र का ज्ञान घर के प्रबन्ध में सहायक

नहीं होता, उसका गृह संचालन विषयक अज्ञान आए दिन समस्याएँ खड़ी करता रहता है।...तरकारी जल जाने पर उसमें अमृतांजन डालने से लाभ होगा या नहीं ...श्री कृष्णदेव प्रसाद गौड़ की एक कहानी में नायिका ने यह अभूतपूर्व प्रयोग किया था—इस विषय में उसको कितना ज्ञान है, यह जानना अनावश्यक समझा जाता है।''

स्त्रियों से सम्पूर्णानन्द जी क्या चाहते हैं तथा औसत स्त्रियों के लिए वे कैसी शिक्षा की सिफारिश करते हैं, यह ऊपर स्पष्ट हो गया। अब इसी लेख में हम यह भी जान सकते हैं कि सम्पूर्णानन्द जी स्त्रियों के लिए किस प्रकार की संस्कृति चाहते हैं। वह शिकायत करते हुए लिखते हैं, ''आजकल की स्त्रियाँ संस्कृति के भाण्डार से एकदम दूर पड़ गई हैं। उन्होंने रामायण, महाभारत की कहानियों को उसी प्रकार पढ़ा है जैसे ग्रीस, रोम और इंग्लैण्ड की वीर गाथाओं को। वह अपने बच्चों में सुदृढ़ संस्कार भरने में असमर्थ हैं।''

इन पुस्तकों को जो लोग शुरू से पढ़ते आए हैं, उनको यह सहज ही ज्ञात होगा कि कोई कारण नहीं कि रामायण-महाभारत की कहानियों को ग्रीस, रोम और इंग्लैण्ड की वीर गाथाओं से अन्य रूप में पढ़ा जाए। जब प्रतिक्रियाबाद चलता है, तो वह प्रत्येक क्षेत्र में चलता है, इसीलिए इस लेख में हम श्री सम्पूर्णानन्द को शोविनिज्म या अन्ध देशभक्ति का प्रचार करते पाते हैं। इस पुस्तक को जिन लोगों ने पढ़ा है, क्या वे अपने सीने पर हाथ धरकर यह कह सकते हैं कि भारत में मानव कुछ और है और अन्य स्थानों में और था? अवश्य मानव में विचित्रता है, यह तो हम दिखा ही चुके हैं, पर संस्कृति के नाम पर एक समाजवादी नेता हमें रामायण-महाभारत को अन्य देश की वीर गाथाओं से अलग तरीके से यानी अन्ध श्रद्धा से पढ़ने के लिए कहेगा, यह बहुत ही आश्चर्यजनक है।

सम्पूर्णानन्द जी यह दिखलाते हैं कि इस प्रकार जो हमारी स्त्रियाँ रामायण-महाभारत विशेष दृष्टिकोण से नहीं पढ़तीं, उसके कारण वे अपने बच्चों को सुदृढ़ संस्कार देने में असमर्थ हैं। यदि गहरे जाकर समझा जाए तो हम यह कहेंगे कि यह कथित संस्कार पुरुषप्रधान समाज का संस्कार मात्र है और इसी को विद्वान लेखक संस्कृति के नाम पर चिरस्थायी करना चाहते हैं। कदाचित पुरुषप्रधान समाज की यह संस्कृति नष्ट हो जाए तो उनकी दृष्टि में सब संस्कृति ही नष्ट हो जाएगी। यह दृष्टिकोण और जो भी हो, वैज्ञानिक नहीं है।

वह आगे लिखते हैं कि सीता, सावित्री स्त्रियों को अपील नहीं करतीं। उनकी शिक्षा उनके सामने कोई दूसरा आदर्श भी नहीं रखती, अतः उनका जीवन आदर्शहीन हो जाता है। वह केवल वर्तमान में रहती हैं। हम इस पुस्तक में इन समस्याओं पर विवेचन कर चुके हैं, पर हम इतने दिवालिए नहीं हैं, और न किसी को इतना दिवालिया होना चाहिए कि पुरुषप्रधान समाज के आदर्श को विध्वस्त कर देने के

बाद हम उसकी जगह कोई अन्य आदर्श न रख पाएँ। यदि यह बात सच है कि पुरुषप्रधान समाज का आदर्श टूट जाने पर कोई दृढ़ आदर्श उसकी जगह नहीं ले पाता तो सम्पूर्णानन्द जी का यह कर्तव्य था कि उसकी जगह अपने समाजवादी समाज के वृहत्तर आदर्श को लाकर रख देते। सैकड़ों काम होते हुए भी सब युगों के श्रेष्ठ व्यावहारिक क्रान्तिकारी लेनिन ने ऐसा किया, इसलिए यदि केवल उन्हीं के आदर्शों को सामने रख देने का काम सम्पूर्णानन्द जी करते तो वह किसी प्रकार उनकी मर्यादा को क्षय नहीं करते, इसमें हमें सन्देह नहीं है। सम्पूर्णानन्द जी यह सब कहने के बाद आगे बिल्कुल अध्यात्मवादी ढंग से कहते हैं, ''स्त्री को पुरुष से नीचा मानना, स्त्री-पुरुष के लिए चरित्र विषयक भिन्न प्रकार के मानदण्ड रखना अधर्म है।'' लेकिन इतना कहने के बाद घबड़ाकर वे जल्दी से कहते हैं, ''बराबरी का यह अर्थ मानना भूल है कि सबका कार्यक्षेत्र सर्वथा एक ही है। जिनको प्रकृति ने भिन्न बनाया है, उनको समाज में हठात एक ही काम में नियुक्त करना प्रकृति से लड़ना है। अपवाद तो सदैव रहते हैं, पर स्त्री का प्रधान कार्यक्षेत्र घर है।''

अब इसके आगे किसी बात को उद्धृत करने की आवश्यकता नहीं है। अंग्रेजी तरीके से हम कहेंगे कि इस वाक्य में उन्होंने थैले से बिल्ली निकाल ली है। उनकी बड़ी-बड़ी बातों की आड़ में पुरुषप्रधान समाज का रोना है, यह स्पष्ट है। हम पहले ही बता चुके हैं कि सभी संशोधन हम मान सकते हैं, पर उत्पादन पद्धति में स्त्री का स्थान पुरुष के मुकाबले कम हो, तो उसे स्वतन्त्रता नहीं मिल सकती, यह बिल्कुल स्पष्ट है। क्या हमें यह स्मरण कराने की जरूरत है कि नारी का कार्यक्षेत्र आदिम युग में घर नहीं था, और भविष्य में भी उसका कार्यक्षेत्र घर तक सीमित नहीं रहेगा। सुप्रशस्त जगत ही स्वतन्त्र समाजवादी नारी का कार्यक्षेत्र होगा। इस विषय में वह पुरुष से किसी भी तरह पीछे नहीं रह सकती।

●●●